《햄릿》 오필리아 존 위터하우스. 1894.

《햄릿》 오필리아의 발광 단테 가브리엘 로제티. 1864.

《햄릿》 오필리아의 죽음 존 에버렛 밀레이. 1852.

《햄릿》묘지에서 햄릿과 호레이쇼 외젠 들라크루아. 1765.
오필리아의 무덤 자리에서 나온 요릭(햄릿 어린 시절의 광대)의 두개골

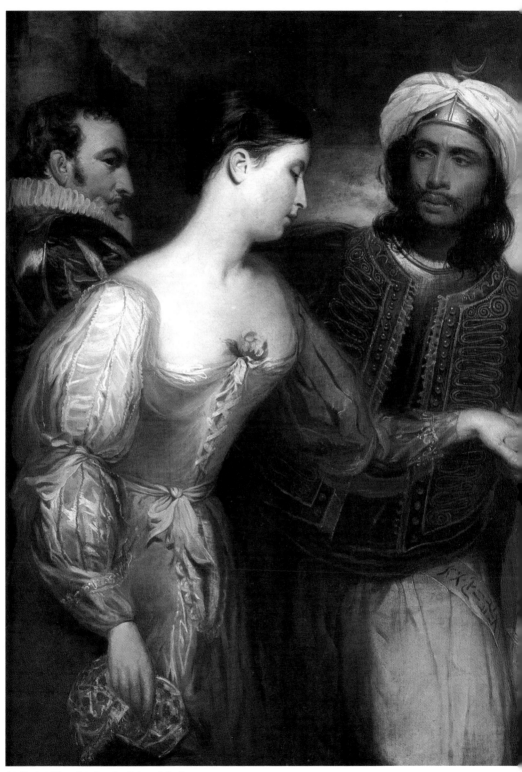

《오셀로》 오셀로·데스데모나·이아고 헨리 먼로

《오셀로》 아버지 발아래 무릎 꿇은 데스데모나 외젠 들라크루아. 1852.

《오셀로》 자신의 모험담을 이야기하는 오셀로 로버트 알렉산더 힐링포드. 1869.

《오셀로》 데스데모나의 죽음

▲《리어 왕》 리어 왕
과 그의 세 딸 윌리
엄 힐튼. 1814.

◀《리어 왕》 폭풍우
속의 리어 왕 조지
롬니

《리어 왕》 감옥에서 아버지 리어 왕을 위로하는 코델리아 조지 윌리엄 조이. 1886.

《리어 왕》 코델리아의 죽음 요한 하인리히 퓌슬리

《맥베스》 맥베스 부인 요한 하인리히 퓌슬리

《맥베스》 1막 7장 동정심은 폭풍우에 걸터앉은 벌거벗은 갓난아이처럼… 윌리엄 블레이크. 1795.

《맥베스》 맥베스와 세 마녀 테오도르 샤세리오. 1855.

《맥베스》 맥베스 부인 역을 연기하는 엘렌 테리 존 싱어 사전트. 1906.

《율리우스 카이사르》 브루투스 역의 에드먼드 킨 제임스 노스코트, 1819.

《율리우스 카이사르》 2막 2장, 3월 15일 에드워드 존 포인터. 1883,

영화 〈율리우스 카이사르〉 포스터 조셉 L. 맨키비츠 감독. 말론 브란도·제임스 메이슨 출연. 1953.

World Book 284
셰익스피어전집3 [비극I]
William Shakespeare
HAMLET/OTHELLO/KING LEAR/MACBETH
JULIUS CAECAR

햄릿/오셀로/리어 왕
맥베스/율리우스 카이사르

셰익스피어/신상웅 옮김

동서문화사

디자인 : 동서랑 미술팀

셰익스피어전집 3 [비극 I]

햄릿/오셀로/리어 왕/맥베스/율리우스 카이사르

차례

Hamlet

햄릿

[등장인물]

햄릿 죽은 햄릿 왕과 거트루드의 아들, 현왕의 조카

클로디어스 덴마크 왕, 죽은 왕의 동생

폴로니어스 재상(宰相)

호레이쇼 햄릿의 친구

레어티스 폴로니어스의 아들

볼티먼드, 코넬리어스 노르웨이로 파견되는 사신

로젠크란츠, 길덴스턴 햄릿의 동창

오스릭 경박한 멋쟁이 귀족

마셀러스, 버나도, 프랜시스코 근위장교

신사

사제

레이날도 폴로니어스의 하인

배우들

두 어릿광대 무덤 파는 일꾼

포틴브라스 노르웨이 왕자

노르웨이 부대장

잉글랜드 사절들

거트루드 덴마크 왕비, 죽은 왕의 아내이며 지금 왕의 아내

오필리아 폴로니어스의 딸

그 밖에 귀족들, 병사들, 선원들, 전령, 시종들, 시녀들, 군중, 심판관, 햄릿 아버지의 유령 등

[장소]

덴마크

햄릿

〔제1막 제1장〕

엘시노어성.

성벽 위 초소 오른쪽 왼쪽에는 망대로 통하는 문이 있다. 별이 빛나는 추운 밤, 미늘창을 든 프랜시스코가 왔다 갔다하며 보초를 선다. 종이 열두 번 울린다. 곧 보초 버나도가 무장을 하고 성에서 나온다. 그는 어둠 속에서 들려오는 프랜시스코 발소리에 깜짝 놀란다.

버나도 누구냐?

프랜시스코 넌 누구냐? 멈춰서 이름을 대라!

버나도 국왕 전하 만세!

프랜시스코 버나도?

버나도 맞아.

프랜시스코 시간에 딱 맞춰 왔군.

버나도 이제 12시를 쳤어. 자, 교대하세. 어서 가서 자게, 프랜시스코.

프랜시스코 교대해 줘서 고맙네. 어찌나 추운지, 가슴속까지 얼어붙는 것만 같아.

버나도 별다른 일 없었나?

프랜시스코 생쥐 한 마리 얼씬하지 않았네.

버나도 그래, 잘 가게. 호레이쇼와 마셀러스를 보면, 함께 보초를 서게 빨리 오라고 전해 주게나.

호레이쇼와 마셀러스 등장.

프랜시스코 (발소리를 듣고) 이제들 오는 모양이군. 멈춰라! 누구냐?

호레이쇼 이 나라의 백성.

마셀러스 덴마크 왕의 신하.

프랜시스코 수고하게.

마셀러스 아, 잘 가게. 누가 교대했나?

프랜시스코 버나도. 그럼 부탁하네. (퇴장)

마셀러스 이봐, 버나도!

버나도 그런데 호레이쇼도 함께 왔는가?

호레이쇼 (악수를 하며) 손만 왔네.

버나도 잘 왔네, 호레이쇼. 잘 왔어, 마셀러스.

호레이쇼 그래, 그것이 오늘 밤에도 나왔는가?

버나도 아직은 못 봤어.

마셀러스 호레이쇼는 우리가 허깨비를 본 거라며 도무지 믿어주질 않아. 두 번이나 우리 눈앞에서 벌어진 무서운 광경인데 말이야. 그래서 오늘 밤에는 우리와 함께 느긋하게 망을 보자고 했지. 그 망령이 나타나면 그때는 우리 눈을 믿어줄 게 아닌가. 말을 건네볼 수도 있을 테고 말이야.

호레이쇼 쯧쯧, 나오긴 뭐가 나와.

버나도 어쨌든 좀 앉게. 우리가 이틀 밤이나 봤단 말일세. 그렇게 막무가내로 귀를 틀어막지만 말고 한 번 더 들어보게.

호레이쇼 그럼, 앉아서 버나도의 이야기나 들어볼까?

버나도 바로 어젯밤에 북극성의 서쪽, 저기 보게. 저 별이, 지금 반짝이고 있는 저 자리까지 와서 하늘을 환히 비추기 시작했을 때, 마셀러스와 나 둘뿐이었네. 그때, 종이 막 한 시를 쳤는데……

유령이 나타난다. 빈틈없이 갑옷을 입었고, 손에 원수장(元帥杖)을 들고 있다.

마셀러스 쉿, 조용히. 저것 봐, 또 나왔어!

버나도 죽은 왕 모습 그대로인걸.

마셀러스 자네는 학자잖아, 호레이쇼. 말을 걸어보게.

버나도 선왕과 똑같잖아? 잘 봐, 호레이쇼.

《햄릿》의 무대 엘시노어성 덴마크 동부 젤런드섬 헬싱괴르에 있는 성

호레이쇼 어쩜 이럴 수가! 무서워서 몸이 오그라 붙는 것 같군.

버나도 말을 걸어주었으면 하는 눈치 같은데.

마셀러스 말 좀 건네보게, 호레이쇼.

호레이쇼 너는 무엇이기에 이 한밤에 떠도느냐? 더욱이 지하에 잠드신 선왕의 늠름하고 빛나는 갑옷 차림을 하고 나타나다니? 명령한다. 순순히 대답해라.

마셀러스 화가 났나봐.

버나도 아, 그냥 가버리잖아.

호레이쇼 게 섰거라. 말해라, 말해. 명령이다. 대답하라. (유령이 사라진다)

마셀러스 가버렸어. 아무 말도 않고.

버나도 왜 그러나, 호레이쇼? 자네 떨고 있군. 얼굴빛도 창백하고, 어떻게 생각하나, 허깨비가 아니지?

호레이쇼 아, 놀랍네. 내 눈으로 똑똑히 보았는데 어찌 안 믿을 수 있겠는가.

마셀러스 선왕과 닮았지?

호레이쇼 닮은 정도가 아닐세. 그 모습 그대로야. 저 갑옷은 선왕이 야심만만한 노르웨이 왕과 싸우셨을 때 무장했던 거라네. 잔뜩 찌푸린 표정도, 격렬했던 휴전 담판이 깨지자 썰매를 타고 온 폴란드 군사 사절들을 얼음판에 내동댕이쳤을 때와 똑같네. 참으로 해괴하군.

마셀러스 오늘까지 이렇게 두 번, 시간도 똑같은 자정에 우리 보초들 앞을 의젓하게 지나갔지.

호레이쇼 뭐라고 말할 순 없지만, 나라에 무슨 변괴가 일어날 징조 같군.

마셀러스 자, 우리 앉지. 좀 물어보겠네만, 무엇 때문에 밤마다 이렇게 엄중한 경비를 세워 백성들을 괴롭히고, 무엇 때문에 날마다 번쩍이는 대포를 만들어대고, 외국에서 무기 탄약을 사들인다며 야단법석인가? 무엇 때문에 조선공들을 징발해다가 휴일도 없이 혹사시키는가? 대체 어떤 사태가 닥쳐왔기에 밤낮으로 비지땀을 흘리게 하느냐 말이야. 누가 알면 말 좀 해보게.

호레이쇼 내가 설명해 주지. 적어도 소문은 이렇네. 방금 우리 앞에 모습을 나타내신 선왕은 자네들도 알다시피, 오만한 야욕에 불타는 노르웨이 왕 포틴브라스의 도전을 받으시지 않았는가? 그래서 세상에 그 용맹을 떨친 용감무쌍하신 우리 선왕은 일격에 포틴브라스의 목을 베어버리셨지. 그리고 포틴브라스는 목숨과 더불어 영토를 모두 승리자인 선왕에게 몰수당했는데, 그건 기사도 법칙에 의한 엄격한 조약에 따른 것이었지. 물론 우리 쪽에서도 상당한 영토를 걸었었지. 만약 포틴브라스가 이겼다면 그 영토가 적의 손아귀에 들어갔을 걸세. 바로 이러한 약조에 따라 적의 영토가 우리 쪽에 귀속되고 만 것이네. 그런데 포틴브라스의 아들이 어린 혈기로 노르웨이 변방 이곳저곳에다 그저 배만 채우면 만족하는 불한당들을 끌어모아 놓고, 무모하게도 소동을 일으킬 기미를 보이고 있다네. 바로 아비가 잃은 영토를 무력으로 되찾아 보겠다는 수작이지. 물론 우리 쪽에서도 그 속셈을 환히 알고 있네. 이것이 우리가 군비를 서두르는 주된 동기일세. 우리가 밤새워 망을 서는 것도, 온 나라 안이 물 끓듯 하는 이유도 다 그 때문이라네.

버나도 그런 것 같아. 맞는 이야기야. 그 갑옷을 입은 기분 나쁜 그림자가 보초 앞을 지나간다는 것은, 더욱이 선왕과 모습이 똑같다는 것은 전쟁이 다시 일어난다는 조짐인지도 몰라.

호레이쇼 하기야 티끌 하나만 들어가도 눈이 아프듯 마음의 눈도 다를 바 없지. 옛날, 한참 번영을 누리던 로마에서도 영웅 카이사르가 쓰러지기 직전에 무덤들이 텅텅 비고, 수의를 입은 시체들이 로마의 길거리를 헤매면서 끙끙거리며 울부짖었다고 하네. 게다가 별은 훨훨 타는 불꼬리를 끌고, 이슬은 핏빛으로 물들고, 태양은 병들고, 바다를 지배하는 달도 세상의 끝인 듯 어두워졌다고 하지 않는가. 두려운 재앙을 예고하듯 하늘과 땅까지도 상서롭지 못한 징조들을 이 나라 이 백성에게 보여주지 않았나. 다가올 운명과 재난의 징조로서 말일세.

유령이 다시 나타난다.

호레이쇼 아, 쉿, 저것 봐. 또 나타났다. 죽는 한이 있더라도 이번에는 가로막아 보자. (두 팔을 벌리고 가로막는다) 게 섰거라, 헛것아! 목소리를 낼 줄 알거든 말해 봐라. 너에게는 위안이 되고 내게는 축복이 될 만한 좋은 일이 있거든 말을 해라. 미리 알면 피할 수도 있을 조국의 비운을 네가 알고 있거든 제발 말해 다오! 어쩌다 들리는 말처럼 너도 살아 있을 때 땅속 깊숙이 묻어 둔 부정한 보물에 미련이 남아 떠도는 망령이라면 그렇다고 말을 해라. (닭이 운다) 가지 말고 말해! 못 가게 막아라. 마셀러스!

마셀러스 창으로 찌를까?

호레이쇼 그래라, 안 서거든.

버나도 여기다!

호레이쇼 여기다! (유령이 사라진다)

마셀러스 가버렸어. 그렇게 존귀한 혼령을 난폭하게 대한 우리 잘못이야. 공기처럼 아무 반응도 없는데, 괜히 창을 휘둘러대는 우리 몰골만 더 우습네.

버나도 무슨 말을 하려는 것 같았는데 그만 닭이 울었단 말이야.

호레이쇼 그때 움찔 놀라더군. 죄 지은 사람이 갑자기 무서운 호출이라도 당한 것처럼 말일세. 듣기로는 수탉은 새벽을 알리는 나팔수라는군. 그 우렁찬 목청이 태양신을 깨우고, 그 울음소리에 물과 불, 땅과 공중에 떠다니던 망령들이 허둥지둥 제집으로 달아난다는데, 이제 보니 그 말이 맞는군그래.

마셀러스 닭 울음소리에 황급히 사라졌어. 사람들이 성탄을 축하하는 계절이 되면 새벽을 알리는 닭이 밤새도록 노래를 부르고, 그러면 망령들은 감히 나오지도 못한다더군. 청아한 밤에는 별의 저주도 미치지 못하고 요정도 붙지 못하며, 마녀들도 맥을 못 춘다더군. 그처럼 그 계절은 맑고 깨끗하고 거룩한 시기지.

호레이쇼 나도 그렇게 들었네만, 그럴 법도 하네. 아, 보게. 새벽이 적갈색 망토를 걸치고 저기 저 산마루의 이슬을 밟으며 넘어오고 있네. 자, 그만 우리도 보초를 걷어치우세. 한데 내 생각에는 밤에 본 일을 햄릿 왕자께 아뢰는 것이 좋을 것 같네. 그 망령이 우리에게는 말을 안 했지만 왕자님에게는 무슨 말을 할지도 모르지 않나. 자네들은 어찌 생각하나? 왕자께 아뢰는 것이 우리의 의무이고 도리가 아닐까?

마셀러스 그래, 그렇게 하세. 마침 오늘 아침에 왕자님을 만나뵐 수 있는 장소를 내가 알고 있네. (모두 퇴장)

〔제1막 제2장〕

성안의 호화로운 방.
나팔 소리 덴마크 왕 클로디어스, 왕비 거트루드, 귀족들, 폴로니어스와 그의 아들 레어티스, 그리고 볼티먼드와 코넬리어스, 모두 격식을 갖춘 차림새로 대관식에서 물러나온다. 끝으로 검은 상복을 입은 햄릿 왕자가 고개를 숙이고 등장. 왕과 왕비가 옥좌에 앉는다.

왕 사랑하는 형님인 햄릿 선왕에 대한 기억이 아직 생생하여 모든 백성이 수심에 싸이고, 다 같이 비탄에 잠겨 그의 죽음을 슬퍼함은 마땅한 일이오. 그러나 나는 자연의 정을 이성으로 극복하고 선왕을 깊이 애도하면서도 나 자신의 본분을 지키려 하였소. 지난날의 형수를 막강한 이 나라 덴마크의 왕비로 맞이한 것도 그 때문이오. 이는 슬픔 속의 기쁨, 말하자면 한 눈으로 울고 한 눈으로 웃으며 장례식은 성대하게, 결혼식은 구슬프게 해, 슬픔과 기쁨을 똑같이 저울질하며 왕비를 맞이한 것이오. 이 일에 대해 나는 그대들의 현명한 의견에 귀를 기울였으며, 그대들은 내 의견에 찬성해 주었소.

영화 《햄릿》 로렌스 올리비에 감독·출연, 에일린 헐리·배질 시드니 출연. 1948.

다들 감사하오. 이제 말할 것은, 모두 알다시피 저 젊은 포틴브라스 일이오. 그는 우리 실력을 얕잡아 보았는지, 아니면 형님이 돌아가셔서 우리나라가 분열되고 해체될 줄 아는지, 꿈같은 헛된 기대를 품고 있소. 기어이 사절에 게 친서를 보내어, 지혜롭고 용감하신 우리 형님께 제 아비가 잃은 영토를 되돌려 달라 요구하고 있소. 그건 그렇다 치고 우리의 대책이 문제인데, 오늘 회의를 갖는 것도 그 때문이오. 여기 노르웨이 왕에게 보내는 친서가 있소. 왕은 젊은 포틴브라스의 숙부가 되는 사람으로 늙고 병들어 줄곧 자리에 누워 있어 조카의 야심을 잘 모르는 것 같으나, 곧 그의 행동을 제지하라 요구했소. 왜냐하면 그의 계획에 필요한 군대를 모두 왕의 백성 가운데서 징발해야 하기 때문이오. 이에 그 사신으로서 코넬리어스와 볼티먼드를 임명하오. 노르웨이 왕과 교섭할 개인적 권한은 여기에 그 조항이 밝혀져 있으니 그 범위 안에서 절충토록 하오. (문서를 두 사람에게 건네준다) 그럼 다녀오시오. 부디 임무를 완수하고 돌아오기 바라오.

코넬리어스, 볼티먼드 예. 분부대로 서둘러서 이행하겠습니다.

왕 경들을 믿겠소. 잘 다녀오시오. (두 사람 퇴장) 그리고 레어티스, 너는 무슨 이야기지? 바라는 바가 있다고 한 것 같은데? 이치만 닿는다면야 이 덴마크 왕이 안 들어줄 리 없지. 대체 네가 바라는 바가 무엇이냐? 네가 굳이 조르지 않아도 들어주고 있지 않느냐? 이 덴마크 왕과 네 아버지는 머리와 심장이 저절로 이어지고 손이 입의 도구이듯 그보다 더 가깝다. 그래 네가 바라는 바가 무엇이냐?

레어티스 황공하오나 전하, 저를 프랑스로 돌아가게 해주십시오. 전하의 대관식에 참석하고자 기꺼이 귀국하였사오나, 이제 그 의무도 끝난 지금, 솔직히 말씀드리면 제 마음은 벌써 프랑스에 가 있습니다. 황공하오나 부디 허락해 주십시오.

왕 아버지의 허락은 받았느냐? 폴로니어스 경은 어찌 생각하오?

폴로니어스 예, 자식 놈이 어찌나 졸라대는지, 내키지는 않았지만 승낙을 해주었습니다. 저도 간청하오니 떠나도록 허락해 주십시오.

왕 가서 잘 지내도록 해라, 레어티스. 아무쪼록 열심히 공부하고 돌아오너라. 자, 내 조카이자 이제는 내 아들이 된 햄릿⋯⋯.

햄릿 (혼잣말로) 조카보다는 가깝지만 마음은 너무나 멀구나!

왕 네 얼굴에는 아직도 어두운 구름이 걷히지 않으니 어찌 된 일이냐?

햄릿 그렇지 않습니다. 저는 햇살을 듬뿍 받고 있는걸요.

왕비 햄릿, 그 어두운 색일랑 벗어던지고, 덴마크 왕을 좀더 정답게 바라보아라. 그렇게 언제나 눈을 내리뜨고 땅속에 묻힌 아버님만 찾고 있으면 되겠느냐? 이제 그만해라. 너도 알지 않느냐, 생명이 있는 자는 반드시 죽고 자연을 거쳐서 영원으로 떠나가게 된다는 걸 말이다.

햄릿 예, 어머니, 인간의 운명이지요.

왕비 그렇다면 어째서 그게 네게만은 유별난 것처럼 보이느냐?

햄릿 보이다니요, 어머니? 아니, 사실이 그렇습니다. 저는 '보인다'는 말을 모릅니다. 다만 어머니, 이 새까만 외투나 격식을 갖춘 엄숙한 상복, 억지로 짓는 호들갑스러운 한숨이나 강물처럼 넘치는 눈물, 일부러 찌푸려 보이는 얼굴이나 그 밖에 슬픔을 나타내는 모든 형식과 분위기와 표정에도 저의 심정을 그대로 드러내지는 못한다는 것입니다. 그런 것들은 정말 그럴듯하게 보이겠지요. 그따위 연극은 아무나 할 수 있습니다. 하지만 저의 가슴속에 남아 있는 비애는 그런 꾸민 슬픔이나 거짓 눈물과는 다릅니다.

왕 그토록 아버지를 애도한다는 것은 참으로 아름답고 갸륵한 성품이다. 그러나 알아둬야 할 것은 네 아버지도 아버지를 여의셨고, 그 아버지 또한 아버지를 여의셨다. 그리고 뒤에 남은 자는 자식된 도리로 어느 기간 동안 상복을 입는 것은 마땅한 일이다. 그러나 언제까지나 비탄에 잠기는 것은 신을 모독하는 고집이다. 그리고 대장부답지 못한 일이야. 이는 하늘을 거스르는 불손한 의지일 뿐 아니라 마음속에 신앙도 인내심도 없으며, 분별과 교양이 없는 자임을 드러내는 일이다. 죽음을 피할 수 없다는 것은 누구나 다 알고 있고, 누구나 보고 들을 수 있는 일처럼 마땅한 일일진대 왜 굳이 그렇게 슬퍼해야 한단 말이냐? 쯧쯧, 그것은 하늘과 죽은 이에게 죄짓는 일이요, 자연의 도리와 이성에도 어긋나는 것이다. 이성에 비추어 보건대 어버이가 먼저 죽음을 맞이하는 것은 당연한 일이다. 인간이 처음에 죽음을 당했을 때부터 오늘 죽은 이에 이르기까지 '죽음만은 피할 수 없다'고 이성은 외치고 있지 않느냐. 제발 그 불필요한 비애는 던져버리고 나를 친아버지로 생각해라. 세상에 외치건대 너는 나의 왕위를 이을 사람이요, 나는 가장 인자한 아버지 못지않게 너를 사랑하고 있다. 너는 비텐베르크 대학으로 돌아가고 싶어하나, 그것은 나의 뜻과는 아주 어긋나는 일이다. 제발 이대로 남아 나의 중신으로서, 그리고 나의 조카이자 아들로서 나에게 기쁨과 위안이 되어다오.

왕비 이 어미의 바람을 저버리지 말아다오. 햄릿, 제발 비텐베르크에 가지 말고 우리와 함께 있어다오.

햄릿 아무쪼록 어머니 분부대로 하겠습니다.

왕 음, 사랑이 넘치는 아름다운 대답이다. 이 덴마크에서 나와 함께 지내도록 해라. 여보, 갑시다. 햄릿이 이렇게 기꺼이 받아들여 주어 내 마음이 여간 기쁘지 않소. 이를 축하하는 뜻에서 오늘 덴마크 왕이 축배를 들 테니, 즐거운 잔을 들 때마다 축포를 올려 하늘에 알립시다. 그러면 하늘도 왕의 축배에 화답하여 이 땅 위에 환희의 천둥을 울려주지 않겠소. 자, 갑시다.
(나팔 소리. 햄릿만 남고 모두 퇴장)

햄릿 아, 더러워질 대로 더러워진 이 살덩어리, 차라리 녹고 녹아 이슬이 되어버려라! 자살을 금하는 신의 계율만 없었다면! 오 하느님, 하느님! 아, 세상일이 모두 따분하고 부질없다. 아무 쓸모가 없구나. 아, 싫다. 싫어. 잡초만 무성한 세상, 천하고 더러운 것들만 활개를 치는구나. 게다가 이렇게 되다니—돌아가신 지 겨우 두 달, 아니 두 달도 채 못 된다! 참 훌륭한 왕이셨지. 이번 왕에 비하면 히페리온(태양신)과 사티로스(반인반수), 하늘과 땅 차이야. 어머니를 그토록 사랑하셨는데. 행여 하늘에 부는 바람이 거셀까 어머니 얼굴을 감싸주셨는데, 아, 이 모든 기억을 떨쳐버릴 수는 없는 것일까? 늘 아버지께 매달리시던 어머니, 애정을 먹으면 먹을수록 욕심이 사나워지기라도 하듯이. 그런데 채 한 달이 지나지 않아서—아예 생각하지를 말자. 약한 자여, 그대 이름은 여자인가? 겨우 한 달, 니오베처럼 온통 눈물에 젖어 가엾은 아버지의 유해를 따라가던 신발이 닳기도 전에. 아, 그 어머니가, 그런 어머니가 숙부의 품에 안기다니. 사리를 모르는 짐승이라도 좀더 슬퍼했을 것이다. 한 형제라고는 하지만 나와 헤라클레스만큼이나 닮지 않은 자와 한 달도 안 되어 어머니는 결혼을 하다니! 거짓 눈물에 짓무른 자국이 벌게진 눈에서 가시기도 전에. 오, 그토록 더럽게 허겁지겁 시동생과의 추악한 잠자리로 달려가다니! 옳지 않다. 옳을 수가 없다. 결코 잘될 리가 없다. 그러나 이것만은 내 가슴이 터져도 결코 입 밖에 내서는 안 된다.

호레이쇼, 마셀러스, 버나도 등장.

호레이쇼 안녕하십니까, 왕자님!
햄릿 잘 있었나. 호레이쇼…… 호레이쇼가 틀림없겠다?
호레이쇼 바로 그렇습니다. 왕자님! 왕자님의 하찮은 충복이지요.
햄릿 무슨 소릴. 나의 좋은 친구지. 내가 오히려 그렇게 말하고 싶네. (호레이쇼와 악수한다) 그런데 호레이쇼, 비텐베르크에서 무슨 일로 돌아왔나? 아, 마셀러스도. (악수하려고 손을 내민다)
마셀러스 왕자님!
햄릿 정말 반갑네. (버나도에게) 아, 자네도 별일 없었나. (호레이쇼에게) 그런데 자네 정말 무슨 일로 비텐베르크에서 돌아왔나?
호레이쇼 무척 놀기 좋아하는 놈이라서요.

현대판 〈햄릿〉 영화 마이클 알메레이다 감독, 에단 호크(햄릿 역)·다이안 베노라(거트루드 역) 출연. 2000. 이 영화는 현대 도시인 뉴욕을 무대로 하여 비디오와 폴라로이드 카메라 등의 현대적 장비를 사용했으나 셰익스피어의 대사는 그대로이다.

햄릿 자네 적들이 그런 말을 해도 곧이들을 내가 아닌데, 하물며 자기 욕을 하는 자네 말을 내가 믿을 줄 아나. 자넨 게으름뱅이가 아니야. 대체 무슨 일로 엘시노어에 왔나? 여기에 오래 있다간 돌아가기 전에 술고래가 되고 말 거야.

호레이쇼 실은 선왕 전하의 국상(國喪)에 참례하러 왔습니다.

햄릿 제발 농담하지 말게. 내 어머니의 혼례를 보러 왔겠지.

호레이쇼 그러고 보니 참, 잇달아 있네요.

햄릿 절약이야, 절약. 장례 음식이 식기 전에 그대로 잔칫상에 올린다 이 말이거든. 그런 일을 겪기보다는 차라리 원수를 만나는 게 훨씬 나았을 거다, 호레이쇼! 아버님이—아버님의 모습이 보이는 것 같다.

호레이쇼 어디서 말씀입니까?

햄릿 내 마음의 눈이야, 호레이쇼.

호레이쇼 저도 한 번 뵌 적이 있습니다. 참 훌륭한 왕이셨습니다.

햄릿 훌륭한 분이셨지. 어느 모로 보나 다시는 그런 분을 만날 수 없을 거야.

호레이쇼 왕자님, 실은 어젯밤에 뵈었습니다.

햄릿 뵈었다고? 누구를?

호레이쇼 선왕 전하 말이옵니다.

햄릿 선왕 전하? 내 아버님을 말인가?

호레이쇼 잠시 마음을 가라앉히시고 제 말을 들어주십시오. 그 괴이한 일을 말씀드리겠습니다. 이 사람들이 증인입니다. (마셀러스와 버나도를 바라본다)

햄릿 어서 들려주게!

호레이쇼 여기 있는 마셀러스와 버나도 두 사람이 이틀 밤을 함께 보초를 서다가 목격한 일입니다. 쥐 죽은 듯이 고요한 한밤에 선왕 전하의 모습을 닮은 형상이 머리에서 발끝까지 완전 무장을 하고 나타나서, 겁에 질린 두 사람 앞을 엄숙한 걸음걸이로 천천히 걸어가셨답니다. 그것도 손에 쥔 지휘 장이 닿을 듯한 가까운 거리에서 세 번씩이나 말입니다. 그동안 두 사람은 너무나 무서워서 멍청히 선 채 말도 걸어보지 못했답니다. 그 무서운 일을 저에게 몰래 이야기해 주기에, 사흘째 밤에는 저도 함께 보초를 섰습니다. 그랬더니 두 사람이 말한 그 시각, 그 모습 그대로 혼령이 나타났습니다. 저는 선왕 전하를 알고 있습니다. 아마 이 두 손도 그렇게 같을 수는 없을 것입니다.

햄릿 그게 어딘가?

마셀러스 저희들이 보초를 선 망대 위입니다.

햄릿 말을 걸어보지 않았나?

호레이쇼 걸어보았습니다. 그러나 대답은 없었습니다. 다만 한 번 얼굴을 들고 머뭇머뭇 무슨 말을 할 것같이 보였는데, 바로 그때 닭이 요란하게 우는 바람에 놀라 급히 사라져 버렸습니다.

햄릿 참으로 이상하구나.

호레이쇼 절대로 거짓말이 아니옵니다. 저희들은 이 일을 반드시 아뢰어야 한다고 생각했습니다.

햄릿 물론 그렇지. 그러나 몹시 마음에 걸리는구나. 오늘 밤에도 보초를 서는가?

마셀러스, 버나도 예.

햄릿 무장을 했다고 했지?

마셀러스, 버나도 예, 갑옷을 입고 있었습니다.

햄릿 머리끝에서 발끝까지?

마셀러스, 버나도 예, 머리에서 발끝까지요.

햄릿 그럼 얼굴은 못 보았는가?

호레이쇼 아니오, 보았습니다. 마침 투구의 얼굴가리개를 들어올리고 있었으니까요.

햄릿 그래, 화난 얼굴이던가?

호레이쇼 화난 얼굴이라기보다는 슬픈 표정이었습니다.

햄릿 창백하던가, 붉던가?

호레이쇼 아주 창백했습니다.

햄릿 자네를 지그시 바라보던가?

호레이쇼 거의 내내 그랬습니다.

햄릿 내가 그 자리에 있었더라면.

호레이쇼 무척 놀라셨을 겁니다.

햄릿 그랬을 테지. 그래, 오래 머물렀나?

호레이쇼 보통 속도로 백은 족히 셀 만한 시간이었습니다.

마셀러스, 버나도 좀더 길었네. 더 긴 시간이었어.

호레이쇼 내가 봤을 때는 그렇게 오래지 않았네.

햄릿 수염은 희끗희끗하던가?

호레이쇼 생전에 뵈었을 때처럼 검은 수염에 은빛이 섞여 있었습니다.

햄릿 오늘 밤에는 나도 보초를 서겠다. 또 나타날지도 모르니까.

호레이쇼 반드시 나타납니다.

햄릿 존귀한 선왕 전하의 모습을 하고 나타난다면, 지옥이 입을 벌려 잠자코 있으라 명령하더라도 내가 말을 걸어보겠다. 자네들에게 부탁하겠는데, 이제까지 이 일을 숨겨두었거든 앞으로도 침묵을 지켜주게. 그리고 오늘 밤에 무슨 일이 벌어지더라도 그저 알고만 있지 입 밖에 내지 말아주게. 자네들의 우정에는 보답하겠네. 그럼 잘들 가게. 열한 시에서 열두 시 사이에 망대에서 만나세.

모두 충성을 다하겠습니다.

햄릿 아니, 우리의 우정이라고 하세나. 그럼, 잘들 가게. (모두 절을 하고 퇴장)

아버님의 혼령이라! 갑옷을 입고! 상서롭지 못한 징조인데 무슨 나쁜 일이 있으려나 보다. 밤이 기다려지는구나! 나의 영혼아, 그때까지 가만히 기다려라. 악행은 설령 온 땅에 덮여 있더라도 사람의 눈에 드러나고야 마는 법이다. (퇴장)

〔제1막 제3장〕

폴로니어스 집의 한 방.
레어티스와 그의 누이 오필리아 등장.

레어티스 이제 짐도 다 실었다. 그럼 잘 있거라, 오필리아. 순풍에 배편이 있거든, 잠만 자지 말고 소식을 전해 주려므나.

오필리아 안 그럴 것 같으세요?

레어티스 그리고 햄릿 왕자님에 대한 일인데, 너에게 좋은 마음을 지니고 있는 모양이다만 그건 다 한때의 기분, 청춘의 혈기인 줄 알아라. 이른 봄에 피는 제비꽃이랄까. 일찍 피지만 지는 것도 빠르고 곱지만 오래가지 않는다. 덧없는 순간적 향기, 일시적 위안, 그뿐이야.

오필리아 정말 그뿐일까요?

레어티스 그렇다고 생각해라. 본디 인간이란 근육과 체중만 성장하는 것이 아니라 몸이 자라면 안에 있는 마음과 정신도 함께 크는 거야. 지금은 햄릿 왕자님도 너를 사랑하고 있겠지. 그분의 순수한 마음을 더럽히는 흠이나 거짓은 아직 없을 거다. 그러나 지위가 지위니만큼 그분의 뜻도 그분의 것이 아니라는 점을 명심해야 해! 왕자라는 신분의 지배를 받으니까. 그러니 신분이 낮은 사람들과는 달리 자기 마음대로 행동할 수가 없단 말이야. 한 나라의 안정과 번영이 그분의 선택에 달려 있으니까. 그래서 아내를 맞이하는 일도 자기가 다스리는 국민 전체의 뜻에 따라간단 말이야. 그러니 너를 사랑한다고 말씀하시더라도 믿지 않는 게 현명하다. 이 나라 백성들의 찬성이 따라야 하는 특별한 지위에 있는 분의 말씀이거든. 그분의 사랑 노래에 솔깃해져서 제정신을 잃고 보배 같은 정조를 내주는 날이면 얼마나 창피를 당하게 될 것인지 잘 생각해야 해. 조심해라, 오필리아. 내 말을 명심해야 한다. 애정의 뒤쪽으로 물러서서 욕망의 위험한 화살이 미치지 않는 곳에 있어야 한다. 정숙한 처녀는 달님 앞에 고운 살을 내놓는 것조차 망측스럽게 여긴다더라. 절개가 굳은 여자도 세상의 모함은 피하지 못하는 법이다. 봄철의 새싹은 트기도 전에 벌레한테 먹히는 수가 많고, 맑은 아침 이슬은 땅위에 내리자마자 독기가 서려든다고 하잖느냐. 그러니 조심해라. 몸을 보호하기 위해선 조심하는 게 으뜸이야. 청춘이란 상대가 없어도 저절로 욕망이 일어나는 법이니까.

오필리아 오빠의 좋은 말씀, 가슴에 소중히 간직해서 마음의 파수꾼으로 삼겠어요. 하지만 오빠, 악덕한 목사처럼 나한테는 험한 가시밭길을 천국으로 가는 길이라고 가르쳐 주면서, 오빠는 뻔뻔스러운 방탕아처럼 환락의 꽃길을 가시면 싫어요.

레어티스 내 걱정은 하지 마라. 너무 오래 이야기했군.

폴로니어스 등장.

레어티스 아버지 오신다. 축사가 거듭되면 축복도 갑절이 되겠지. 좋은 기회다. 다시 작별 인사를 드려야겠다. (무릎을 꿇는다)

폴로니어스 아직도 여기 있었느냐, 레어티스? 서둘러 배를 타거라, 어서. 돛은 바람을 안고 너를 기다리고 있다. 자, 부디 내 축복이 너와 함께하길! (아들 머리에 손을 얹는다) 그리고 몇 마디 훈계를 할 테니 명심해 두어라. 속마음을 함부로 입 밖에 내지 말 것이며, 옳지 못한 생각을 행동에 옮기지 말아라. 친구는 사귀되 잡스러워선 안 되고, 한번 사귄 좋은 친구는 쇠고리로 마음속에 단단히 걸어두어라. 그러나 잘난 체하는 풋병아리들과 악수나 하다가는 손바닥만 두꺼워진다. 싸움은 하지 않도록 해라. 하지만 일단 하게 되면 상대가 앞으로 너를 조심스레 여기도록 철저히 해라. 누구의 말에나 귀를 기울이되 네 의견은 말하지 말아라. 즉 남의 의견은 들어주되 판단은 삼가라는 말이다. 옷차림에는 지갑이 허락하는 데까지 돈을 써도 좋지만, 요란스럽게 치장하지는 말아라. 값지되 번쩍거리지 않는 옷을 입도록 해라. 옷은 인품을 나타내는 것이니까. 프랑스 상류계급 인사들은 이 방면에 세련된 눈을 지니고 있단다. 돈은 빌리지 말고, 빌려주지도 말아라. 빌려주면

돈과 사람을 잃고, 빌리면 절약하는 마음이 무디어진다. 무엇보다도 네 자신에게 성실해라. 그러면 자연히 밤이 낮을 따르듯 남에게 성실한 사람이 되는 법이다. 그럼, 잘 가거라. 내 축복이 그대 마음속에서 성실함을 단련시키리라.

레어티스 그럼 다녀오겠습니다.

폴로니어스 시간이 없다. 가거라, 하인들이 기다린다.

레어티스 (일어서면서) 잘 있거라, 오필리아. 내가 한 말 잊지 말고.

오필리아 이 가슴속에 간직하고 자물쇠를 잠갔으니, 열쇠는 오빠가 맡으세요. (껴안는다)

레어티스 잘 있어. (퇴장)

폴로니어스 오필리아, 오빠가 무슨 말을 하더냐?

오필리아 저, 햄릿 왕자님 이야기예요.

폴로니어스 그렇지 않아도 한번 묻고 싶었는데 마침 잘되었다. 그래, 듣자니 왕자님이 요즘 너한테 꽤 자주 드나들고, 너도 선선히 만나준다면서? 나더러 조심하라고 일러준 사람이 있었다. 그게 사실이라면, 해둘 말이 있다. 네가 내 딸로서 지켜야 할 체면을 잘 모르고 있으니 큰일이다. 대체 둘 사이는 어느 정도냐? 사실대로 말해 보아라.

오필리아 왕자님은 요즘 몇 번이나 제게 사랑을 고백하셨어요, 아버지.

폴로니어스 사랑? 허! 이런 철부지 같은 말 좀 들어보게. 하기야 그런 위험한 꼴을 겪어본 적이 없으니. 그래, 그 '고백'인가 뭔가 하는 말이 곧이들리더냐?

오필리아 어떻게 생각해야 할지 모르겠어요.

폴로니어스 저런, 내가 가르쳐 주마. 그런 고백을 진짜로 알아듣고 좋아하고 있으니, 너는 정말 젖먹이로구나. 좀더 비싸게 처신하도록 해라. 하도 써서 바람이 다 빠진 말이지만, 안 그러면 너는 나를 웃음거리로 만들 게야.

오필리아 아버지, 그분은 진실한 모습으로 저를 사랑한다고 하셨어요.

폴로니어스 그래, '모습'뿐이야. 그만둬라, 그만둬.

오필리아 그리고 절대로 거짓이 아니라시며 몇 번이나 하늘에 맹세하셨는걸요.

폴로니어스 아, 그게 바로 새를 잡는 덫이란 말이다. 피가 달아오르면 함부로 맹세를 하는 법이야. 애야, 그렇게 타오르는 것은 열보다 빛이 더 많이 나지만, 한참 맹세를 하는 도중에 빛도 열도 다 사라지고 만단다. 그런 것을 진짜 애정인 줄 알았다가는 큰일 난다. 이제부터는 처녀로서 몸가짐을 함부로 하지 말고, 만나잔다고 쉽게 허락해서는 안 된다. 좀 도도하게 굴란 말이야. 왕자님으로 말하면 나이도 젊고 너보다는 훨씬 자유로우신 분, 그리 알고 대해야 한다. 요컨대 오필리아, 그분의 맹세를 믿어서는 안 돼. 그런 맹세는 겉과는 달리 속으로는 더러운 욕망을 이루려고 여자에게 잘못을 저지르게 하는 뚜쟁이처럼, 말만 신성하고 거룩한 체하는 거야. 그러기에 더 잘 속지. 다시 한 번 분명히 말해 두는데, 앞으로는 잠시도 왕자님과 말을 하거나 만나서는 안 된다. 알겠지? 내 명령이다. 자, 들어가자.

오필리아 분부대로 하겠어요, 아버지. (모두 퇴장)

〔제1막 제4장〕

망대 위.
햄릿, 호레이쇼, 마셀러스, 등장.

햄릿 공기가 살을 에는 듯이 차구나. 몹시 추운 날이다.

호레이쇼 살을 콕콕 찌르는 것 같군요.

햄릿 지금 몇 시나 됐지?

호레이쇼 아직 자정은 안 된 것 같습니다.

마셀러스 아닙니다. 열두 시를 쳤습니다.

호레이쇼 그래? 난 못 들었는데. 그럼 슬슬 유령이 나타날 때가 됐군. (안에서 느닷없이 나팔 소리와 대포 소리) 저건 뭡니까, 왕자님?

햄릿 왕이 밤을 새워 술잔치를 베풀고 부어라 마셔라 난장판이라네. 그리고 왕이 라인산(産) 포도주를 한 잔 들이켤 때마다 저렇게 북을 치고 나팔을 불어서 왕의 건배를 떠들썩하게 알리는 거야.

호레이쇼 그게 풍습입니까?

햄릿 그래. 하지만 이곳 태생이고 이 나라 풍습에 젖어 있는 나까지도, 지키는 것보다는 깨뜨리는 편이 도리어 명예가 될 거라는 생각이 드네. 저런 술

타령 덕분에 온 세계 사람들이 우리를 비난하고 경멸하며 주정뱅이니 돼지니 욕을 하고 있거든. 그러니 아무리 훌륭한 공적을 세워도 모처럼의 명예가 다 헛것이 되고 말지. 타고난 결함 같은 것이 있으면 개인에게도 흔히 있는 일이야. 하기야 인간의 탄생은 제 마음대로 되는 일이 아니니까 그런 건 물론 당사자 잘못은 아니지. 하지만 어떤 사람은 성질이 과격해서 이성의 울타리를 넘기도 하고, 성벽 밖으로 뛰어넘어 세상 관습에 어긋나게 되기도 하거든. 어쨌든 그것이 자연이 입혀준 옷이든 운명의 별이 내려준 것이든 어떤 결점을 하나 짊어진 사람들은 순수한 미덕을 아무리 많이 가지고 있더라도 그 하나의 흠 때문에 세상 눈에는 부패한 것으로 보인단 말이야. 고귀한 성품도 티끌만 한 결점 때문에 그 본질을 의심받고 비난을 듣게 마련이지.

유령이 나타난다.

호레이쇼 저기 보십시오, 왕자님. 나타났습니다.
햄릿 모든 천사들이여, 우리를 보호해 주소서! 그대는 거룩한 영인가, 악마인가? 하늘의 영기(靈氣)인가, 지옥의 독기인가? 그대의 의도가 선하든 악하든 간에, 그런 수상한 모습으로 나타났으니 말을 건네보지 않을 수 없다. 내 그대를 햄릿, 전하, 아버님, 덴마크의 왕이라 부르리라. 오, 대답해 주십시오! 답답해서 가슴이 터질 것 같습니다. 죽어서 교회의 격식대로 땅에 묻힌 그대의 유해가 어째서 수의를 벗어 던지고 나타나십니까? 그대를 안치한 무덤이 어째서 그 육중한 대리석 입을 벌려 다시 그대를 뱉어내는 것입니까? 시체가 다시 완전 무장을 하고, 어스름 달빛 아래 나타나 이 밤을 무섭게 만드는 까닭은 무엇입니까? 자연의 노리개인 우리의 영혼이 이르지 못하는 갖가지 의혹으로 우리의 간담을 이토록 서늘하게 해 우리 일상을 뒤흔드는 까닭은 무엇입니까? 말해 보십시오. 무엇 때문입니까? 어떻게 하란 말입니까? (유령이 손짓한다)
호레이쇼 따라오라고 손짓합니다. 왕자님께만 무슨 할 이야기가 있나 봅니다.
마셀러스 보십시오. 아주 정중하게 딴 데로 가자고 손짓하고 있습니다. 그러나 따라가지 마십시오.

망대 위에 나타난 **부왕의 혼령** 헨리 퓨젤리. 1796.
친구 호레이쇼로부터 부왕의 혼령이 나타났다는 말을 들은 햄릿은 한밤중 망대에서 부왕의 혼령과 만난다. 햄릿은 말리는 이들을 뿌리치고 혼령의 뒤를 쫓는다.

호레이쇼 결코 가시면 안 됩니다.

햄릿 여기서는 아무 말도 안 하려 하는구나. 좋아, 따라가 보겠다.

호레이쇼 안 됩니다, 왕자님.

햄릿 왜, 무서울 게 뭐가 있나? 한 푼의 값어치도 없는 이 목숨이다. 내 영혼 또한 저와 같이 불멸인데 무슨 짓을 할 수 있겠는가?

호레이쇼 바닷속으로라도 끌려가시면 어떻게 하시렵니까, 왕자님? 아니면 바다로 쑥 튀어나온 무서운 절벽 꼭대기로 끌고 갈지도 모릅니다. 그러고는 갑자기 무슨 괴물로 변하여 이성의 힘을 빼앗고 미치게 만들기라도 하면 어떻게 하시렵니까? 생각해 보십시오. 까마득한 절벽 위에서 저 아래 바다를 내려다보고 우렁찬 파도 소리만 듣고 있어도, 아무런 이유 없이 괜히 미칠 것처럼 불안해지는 법입니다.

햄릿 여전히 손짓하고 있다. 앞서시오, 따라가겠소.

마셀러스 안 됩니다, 왕자님.

햄릿 어서 이 손을 놔라.

호레이쇼 진정하십시오, 못 가십니다.

햄릿 내 운명이 부르고 있다. 온몸의 핏줄이 저 네메아 산중의 사자 힘줄처럼 부풀어 오르는구나. 저렇게 부르고 있다. 어서 놔라. (두 사람을 뿌리치고 칼을 뺀다) 비키라니까! 앞서시오, 따라가겠소. (유령이 옆의 작은 망대 쪽으로 사라지자 그 뒤를 따라간다)

호레이쇼 환상에 홀려서 결사적이시구나.

마셀러스 따라가 보세. 하라는 대로 가만히 있을 수는 없으니.

호레이쇼 따라가 봐야지. 이 일이 대체 어떻게 될까?

마셀러스 이 덴마크는 어딘가 썩어 있어.

호레이쇼 하늘에다 맡기는 수밖에.

마셀러스 자, 따라가 보세. (모두 퇴장)

〔제1막 제5장〕

다른 망대 위.

유령 등장. 햄릿이 뽑은 칼을 십자가처럼 받쳐 들고 그 뒤를 따라 걸어 나온다.

햄릿 어디로 데리고 가는 거요? 말하시오. 이제 더는 가지 않겠소.

유령 (뒤돌아 보면서) 잘 들어라.

햄릿 그러겠소.

유령 유황불이 타는 지옥의 불길에 몸을 맡겨야 하는 시간이 다 되어간다.

햄릿 아, 가엾은 혼령!

유령 동정하지 말고 내 이야기를 잘 들어라.

햄릿 말하시오, 듣겠소.

유령 듣고 나거든 원수를 꼭 갚아다오.

햄릿 뭐라고요?

유령 나는 네 아비의 혼령이다. 밤에는 일정한 시간 동안 어둠 속을 헤매어 다니고, 낮에는 불에 싸여서 탄식하며 살아 있을 때 저지른 악행이 타서 깨끗해지기를 기다려야 하는 것이 내 운명이야. 연옥의 비밀은 말할 수 없

햄릿과 부왕의 혼령 요한 람베르크
햄릿은 부왕의 혼령으로부터 자신이 아우에게 독살당했으며 왕관도, 왕비도 모두 잃게 되었다
는 것을 듣고 복수를 결심한다.

다만, 말을 한다면 당장에 네 영혼은 두려움에 오그라들고 네 젊은 피는 얼
어붙을 것이며, 두 눈은 별똥별이 천공을 튀어나오듯 눈구멍에서 튀어나오
고 곱슬곱슬 엉긴 네 머리칼은 화난 고슴도치의 바늘 같은 털처럼 가닥가
닥 곤두서리라. 그러나 저승의 비밀은 인간의 귀에 전할 수는 없다. 들어라,
들어라, 오 들어봐라! 진정 네가 아비를 조금이라도 사랑했거든⋯⋯.
햄릿 오, 오!
유령 그 비열하고 무도한 암살자에게 복수해 다오.
햄릿 암살?
유령 암살은 아무리 좋게 보아도 비열하지만, 이것은 그야말로 가장 비열하
고, 괴이하며, 무도한 살인이었다.
햄릿 어서 말씀해 주십시오. 상상력이나 사랑의 날개보다도 더 빨리 원수를
갚으러 날아가겠습니다.

유령　기특하다. 이 말을 듣고 분개하지 않는다면, 저승에 흐르는 레테 강변의 무성한 잡초보다도 더 쓸모없는 인간이겠지. 자, 햄릿, 들어라. 내가 정원에서 잠들어 있었을 때 독사에 물려 죽은 것으로 세상에 알려지고, 덴마크 백성들은 그 꾸며진 죽음의 원인에 감쪽같이 속고 있다. 햄릿! 실은 네 아비를 죽인 그 독사가 지금 아비의 왕관을 쓰고 있다.

햄릿　아, 어쩐지 그런 예감이 들더라니! 역시 숙부가?

유령　그렇다. 그 음탕하고 불륜을 일삼는 짐승 같은 놈이 악마의 지혜와 음험한 재주를 가지고, 아! 그토록 교묘하게 여자의 마음을 농락할 수 있다니, 그 얼마나 간사한 지혜와 재주인가! 그렇게도 정숙해 보이던 왕비의 마음을 꾀어 수치스런 음란의 잠자리로 끌어들였다. 아, 햄릿, 이 무슨 배신이냐. 결혼식에서 한 맹세를 자나 깨나 한결같이 지켜온 나의 사랑을 배반하고, 타고난 자질이 나와는 비교도 안 되는 그 비열한 놈의 품에 안기다니! 정숙한 여자는 욕정이 설령 천사로 가장하고 와서 유혹해도 움직이지 않지만, 음탕한 여자는 빛나는 천사와 짝을 지어도 천상의 잠자리에 싫증을 내고 쓰레기통에서 썩은 고기를 뒤진다. 아, 가만, 새벽 공기 냄새가 나는구나. 간단히 이야기하마. 오후면 늘 하던 버릇대로 그날도 정원에서 낮잠을 자는데, 마음 놓고 자는 틈에 너의 숙부가 헤보나 독약이 든 병을 들고 살금살금 다가와 살을 뭉그러뜨리는 그 흉측한 독약을 내 귀 안으로 부어넣었다. 이 독약은 사람의 피를 썩게 하는 극약인지라, 수은처럼 삽시간에 몸뚱이의 모든 핏줄을 구석구석 돌아 우유에 식초를 한 방울 떨어뜨린 듯이 갑자기 맑고 건강한 피를 응고시키고 만다. 내 피도 그렇게 되어 매끄러운 온몸에 문둥이처럼 보기에도 징그러운 부스럼이 바로 솟아났다. 이렇게 나는 낮잠을 자다가 아우의 손에 생명과 왕관과 왕비를 한꺼번에 빼앗기고 말았다. 하필 죄악의 꽃이 흐드러진 시기에 목숨이 끊겨 성찬식도 못 올리고, 신부님의 위안도 받지 못하고, 장례 때 성유도 바르지 못하고, 참회도 못하고, 온갖 죄상으로 몸과 마음이 더럽혀진 채 심판장에 끌려 나가고 말았다. 아, 무섭다, 무서워! 너무나도 무섭다! 만일 너에게 효심이 있거든 그대로 참지 말아라. 덴마크 왕의 잠자리를 패륜과 음욕의 자리로 만들어서는 안 된다. 그러나 어떤 수단을 쓰더라도 이성을 잃지 말고 네 어머니를 해칠 생각을 해서는 안 된다. 네 어머니는 하늘에 맡겨라. 양심의 가시가 마음을 아프게 찔러대도록 맡겨두어라. 이제 가야겠다. 반딧불이 희미해지는 것을 보니 날이 새는 모양이다. 잘 있거라, 잘 있거라, 잘 있거라. 나를 잊지 말아라. (땅속으로 사라지자 햄릿은 미친 듯이 무릎을 꿇는다)

햄릿 오, 해와 달이여, 별이여, 땅이여, 또 무엇이 있지? 지옥도 불러내 볼까? 무슨 소리! 흥분하지 말아라, 햄릿. 오, 나의 힘줄들아, 갑자기 늙어버리지 말고 꿋꿋이 버티어 다오. (일어선다) 잊지 말라고요? 그렇게 하겠습니다, 가엾은 혼령이여! 이 미친 뇌 속에 조금이라도 기억이 남아 있는 한 잊지 않겠습니다. 잊지 말라고요? 좋습니다. 제 기억의 장부에서 하찮은 기록일랑 싹싹 지워 버리겠습니다. 책에서 얻은 모든 격언, 젊었을 때 관찰에서 얻은 모든 형상과 모든 인상을 지워 버리겠습니다. 당신의 명령만을 기억 속에 간직해 두고 하찮은 것들과 섞지 않겠습니다. 맹세코 그렇게 하겠습니다! 오, 참으로 고약한 여자! 오, 악당, 악당, 미소를 띠고 있는 이 저주받을 악당! 그래, 수첩에 적어둬야지. (무엇을 적는다) 인간은 미소를 짓고 또 미소를 지으면서도 악당이 될 수 있다. 적어도 이 덴마크에서는 틀림없이 그렇다. 자, 삼촌, 분명히 적어놓았소. 다음에는 나 자신의 격언, '잘 있거라, 잘 있거라, 이 아비를 잊지 말아라'에 대해서…… (무릎을 꿇고 칼집에 손을 얹고 맹세) 이제 맹세했다. (기도)

호레이쇼와 마셀러스, 성문에서 나와 어둠 속에서 불러대고 있다.

호레이쇼 왕자님, 왕자님!
마셀러스 햄릿 왕자님!
호레이쇼 하늘이여, 왕자님을 보살펴 주소서!
마셀러스 보살펴 주소서!
호레이쇼 왕자님, 왕자님, 어디 계십니까?
햄릿 어이, 여기다. 이리 오너라! (두 사람이 햄릿을 발견한다)
마셀러스 괜찮으십니까, 왕자님?
호레이쇼 어떻게 됐습니까, 왕자님?
햄릿 아주 놀라워!
호레이쇼 말씀해 주십시오.

햄릿 안 돼. 누구한테 말할지도 모르니.

호레이쇼 하늘에 맹세코 아무에게도 말하지 않겠습니다.

마셀러스 저도 맹세합니다.

햄릿 그렇다면 어떻게 생각하나? 사람의 마음이 그런 일을 생각할 수 있을까? 그런데 비밀은 지킬 테지?

호레이쇼, 마셀러스 하늘에 맹세합니다, 왕자님.

햄릿 덴마크에 사는 악인치고 극악무도한 악당이 아닌 놈이 없다는 말이다.

호레이쇼 그 말을 하려고 유령이 일부러 무덤에서 나올 것까지는 없습니다.

햄릿 그래, 맞아. 자네 말이 옳아. 그러니 이제 이러쿵저러쿵 더 말할 것 없이 악수나 하고 헤어지는 게 좋을 것 같군. 자네들도 해야 할 일과 하고 싶은 일이 있을 것 아닌가. 누구나 다 저마다 해야 할 일과 하고 싶은 일이 있는 법이니까. 나는 나대로 기도하러 가야겠네.

호레이쇼 허황되고 부질없는 말씀만 하십니다.

햄릿 자네 기분을 상하게 해서 미안하네, 정말 미안해.

호레이쇼 기분이 상하다니요, 별 말씀 다하십니다.

햄릿 (호레이쇼에게) 아냐, 그럴 일이 있어, 정말이야. 매우 기분이 상하는 일이 있네. 아까 나온 헛것 말일세. 진짜 혼령이야. 그것만은 말해 두지. 혼령과 무슨 이야기를 했는지 궁금하겠지만, 그건 참아주게. (두 사람에게) 그런데 친구로서, 학자로서, 그리고 군인으로서 들어주겠나?

호레이쇼 무엇입니까, 왕자님? 기꺼이 들어드리겠습니다.

햄릿 오늘 밤에 본 일을 누구에게도 이야기하지 말게.

호레이쇼, 마셀러스 절대로 하지 않겠습니다.

햄릿 그래, 맹세하게.

호레이쇼 맹세코 말하지 않겠습니다.

마셀러스 저도 말하지 않겠습니다, 맹세코.

햄릿 (칼을 빼들고) 이 칼을 두고 하게.

마셀러스 이미 맹세했습니다, 왕자님.

햄릿 정식으로 이 칼을 두고 하게.

유령 (지하에서) 맹세하라!

햄릿 하, 하, 이 녀석도 그렇게 말하는군. 거기 있었나, 친구? 자, 이 친구가 땅속에서 하는 소리 들리지? 어서 맹세하게.

호레이쇼 맹세의 말씀을 하십시오.

햄릿 오늘 밤에 본 일을 절대로 말하지 않는다. (두 사람이 칼자루에 손을 대고 맹세한다)

유령 (지하에서) 맹세하라!

햄릿 이거, 신출귀몰이로군. 그럼 우리 자리를 옮겨볼까. 자네들, 이리로 와서 내 칼에 손을 대게. 오늘 밤에 들은 일을 절대로 말하지 않겠다고 이 칼을 두고 맹세하게.

유령 (지하에서) 그 칼을 두고 맹세하라!

햄릿 잘도 말하는군, 두더지 선생! 그렇게 빨리 땅속을 뚫고 돌아다닐 수도 있나, 대단한 공병이로군! 자, 한 번 더 옮겨 가세.

호레이쇼 허, 그것참 기괴하다!

햄릿 그러니까 낯선 손님으로 알고 환영이나 해두게. 이 하늘과 땅 사이에는 우리 학문으로는 상상할 수도 없는 일이 얼마든지 있다네. 호레이쇼, 자, 아까처럼 맹세하게, 신의 가호를 받으려거든. 앞으로 나는 필요에 따라서는 괴상한 행동을 할지도 몰라. 그럴 때 아무리 이상하게 보이더라도 자네들은 이렇게 팔짱을 끼거나 고개를 갸웃거리면서, 또는 의미심장한 표정으로 "그래, 그래, 우리도 알아" "설명하려면야 할 수도 있지"한다든가, "잠자코 있기로 하지 뭐"라든지, "말해도 좋다면"하는 아리송한 말을 뱉어 무언가 아는 척하지 말아달라는 거야. 자, 신의 가호를 두고 맹세하게.

유령 (지하에서) 맹세하라!

햄릿 진정해라, 진정해, 이 불안한 영혼아! (두 사람 맹세한다) 그럼, 자네들, 진심으로 부탁하네. 비록 지금은 가엾은 햄릿이지만 하늘이 허락하신다면 언젠가 자네들의 우정에 보답할 수 있을 거야. 자, 같이 들어가세. 제발 언제나 입을 다물고 있어야 해. (혼잣말 비슷하게) 세상은 이제 관절이 빠져 엉망이 되어버렸다. 아, 지긋지긋하구나. 내가 그것을 바로잡을 운명을 타고나다니! (두 사람에게) 자, 같이 들어가세. (모두 성문으로 퇴장)

몇 주일이 지난다.

폴로니어스 집의 한 방.
폴로니어스와 하인 레이날도 등장.

폴로니어스 이 돈과 편지를 레어티스에게 전해 주어라, 레이날도.

레이날도 예.

폴로니어스 이렇게 하는 편이 훨씬 현명하겠구나. 그 애를 만나기 전에 그 애
행적부터 살펴보아라. 레이날도.

레이날도 저도 그럴 생각이었습니다.

폴로니어스 그래, 잘 생각했다, 잘 생각했어. 먼저 파리에는 어떤 덴마크 사
람들이 와서 살고 있는지, 그들이 누군지, 생활을 어떻게 하고 있는지, 어떤
친구들과 사귀고, 얼마나 돈을 쓰는지 조사해 보아라. 그런 것을 넌지시 물
어보다가 누가 레어티스를 안다고 하거든, 그때는 그 녀석에 대한 질문의 범
위를 좁혀가는 거야. 그리고 너도 그 애를 좀 알고 있다는 눈치를 슬쩍 보
여라. 이를테면 "그 사람 아버지와 친구들을 압니다. 그 사람에 관해서도 조
금은 알죠"하는 식으로 말이다. 알겠느냐, 레이날도?

레이날도 예, 잘 알겠습니다.

폴로니어스 "그 사람에 관해서 조금은 알죠, 하지만"이라고 전제해놓고선 "상
세히는 모릅니다. 그러나 그게 바로 그 사람이라면, 굉장히 거친 사람입니
다. 이러이러한 나쁜 버릇이 있고요"하면서 생각나는 대로 갖가지 버릇을
주워섬겨라. 다만 그 애 체면이 너무 깎일 만한 욕을 해서는 안 된다는 점
은 조심하도록 해라. 그저 구김살 없는 젊은이에게 으레 따라다니는 분방하
고 난폭한 행동 같은, 흔한 실수쯤으로 해두어야 한다.

레이날도 이를테면 노름 같은 것 말씀입죠?

폴로니어스 그렇지. 술, 칼싸움, 논쟁, 다툼, 외도 등등 이런 정도면 상관없을
게다.

레이날도 하지만 외도라면 도련님의 체면이 상하겠습니다.

폴로니어스 상관없다. 말이야 하기에 달렸느니라. 하지만 그 이상의 욕을 덧
붙여서 이름난 오입쟁이로 만들어서는 안 된다. 그건 내 진짜 마음이 아니

다. 분방한 나이에 흔히 있을 수 있는 탈선처럼 들리도록 해라. 불같은 성격의 일시적인 폭발이랄까, 혈기를 못 이긴 난폭한 행동이랄까. 아무튼 누구나 한때 겪는 그런 것으로 들리도록 말하는 게야.

레이날도 그런데, 저…….

폴로니어스 무엇 때문에 그러느냐?

레이날도 예, 그 까닭을 알고 싶습니다.

폴로니어스 오냐, 내 속마음을 말하면 이런 것이니라. 내 딴에는 묘안인 줄 알고 있다만, 내 아들을 슬쩍 험담해 보는 게야. 어쩌다가 그만 말이 헛나온 것처럼 말이다. 그러면 네가 떠보고 있는 그 상대가 만약 그 애의 그런 나쁜 짓을 예전에 현장에서 보았다면 반드시 맞장구를 칠 것이다. "예, 그래요"라든가, "친구" 또는 "선생"이라든가 하면서 그 지방의 말투와 그 사람의 신분에 따라서 적당히 부를 테지.

레이날도 예, 그렇습니다.

폴로니어스 그리고 그 사람은, 그 사람은 말이야, 어, 내가 무슨 말을 하려고 했더라? 원, 내 분명히 무슨 말을 하려고 했는데. 내가 어디까지 말했지?

레이날도 "맞장구를 칠 것이다"하고 "친구"라든가, "선생"이라고 한다는 데까지 말씀하셨습니다.

폴로니어스 맞장구를 칠 것이다? 아, 참 그렇지! 상대는 이렇게 맞장구를 칠 게 아니냐. "나도 그분을 압니다. 어제도 만났습니다"아니면 "얼마 전에 만났습니다"아니면 "이러이러한 때에 이러이러한 사람과 함께 가는 것을 봤습니다." "댁의 말씀마따나 노름을 하고 있었습니다. 많이 취해 있더군요." "테니스를 하다가 말다툼을 하고 있었습니다"하든가, 또 어쩌면 "어떤 영업집에 들어가는 것을 보았습니다"하고 말이다. 영업집은 유곽을 말한다만, 아무튼 그런 소리를 할 게 아니냐. 이렇게 거짓 미끼를 던져서 진짜 잉어를 낚자는 게야. 모든 일에 나처럼 지혜와 선견지명이 있는 사람은 간접적인 방법으로 사실을 알아낸다. 그러니 너도 내가 일러준 대로 하면 틀림없이 내 아들의 행적을 알아낼 수 있을 게다. 알아들었느냐?

레이날도 예, 잘 알겠습니다.

폴로니어스 그럼, 잘 다녀오너라.

레이날도 예.

폴로니어스 네 눈으로 그 애 동정을 잘 살펴야 한다.

레이날도 예, 염려 마십시오.

폴로니어스 사실을 털어놓게 해서 말이다.

레이날도 예, 잘 알겠습니다.

폴로니어스 그럼, 가보아라.

레이날도는 퇴장하고, 오필리아가 허겁지겁 달려 들어온다.

폴로니어스 아니, 오필리아. 무슨 일이냐?

오필리아 오, 아버지, 너무 무서웠어요.

폴로니어스 대체 뭐가 말이냐?

오필리아 아버지, 제가 방에서 바느질을 하고 있는데 햄릿 왕자님이 윗옷의 앞가슴을 풀어헤치고, 모자도 쓰지 않고, 때 묻은 양말은 대님 고리가 벗겨져서 발목까지 흘러내린 모습으로 뛰어 들어오셨어요. 그러고는 창백한 얼굴에 슬픈 눈으로, 마치 무서운 이야기를 하려고 지옥에서 풀려 나온 사람 같이 몸을 떨면서 제 앞으로 다가오셨어요.

폴로니어스 너에 대한 사랑 때문에 미친 것 아니냐?

오필리아 모르겠어요, 아버지. 그런 것도 같아요.

폴로니어스 그래, 뭐라고 하더냐?

오필리아 제 손목을 잡더니 꼭 붙든 채 팔 길이만큼 뒤로 물러서서 한쪽 손으로 이렇게 이마 위를 가리면서, 마치 초상화라도 그리려는 듯이 제 얼굴을 유심히 들여다보기 시작하셨어요. 한참 그러고 나더니 나중엔 제 팔을 가볍게 흔들고 자기 머리를 이렇게 세 번 끄덕끄덕하시면서 땅이 꺼질 듯 한숨을 푹 내쉬셨는데 어찌나 처량하고 무거운 한숨인지, 그분의 온몸이 산산이 부서지고 숨이 끊어지는 것만 같았어요. 그러고 나서야 손목을 놓아주셨어요. 그리고 어깨 너머로 저를 돌아보시고는 그대로 앞도 안 보고 곧장 걸어가시더니, 저한테서 눈도 떼지 않은 채 문밖으로 나가셨어요.

폴로니어스 자, 같이 가자. 전하께 아뢰어야겠다. 이것이 바로 상사병이라는 게야. 한번 발작하면 스스로 제 몸을 망치고 마침내는 자제력을 잃어 어떤 무모한 짓을 저지르게 될지 모르거든. 본디 인간의 본성을 괴롭히는 모든 걱정이 다 그러하지만 사랑만큼 무서운 것은 없지. 그것 참 안됐구나. 그런데 너 요새 그분께 무슨 심한 말이라도 했느냐?

오필리아 아뇨. 다만 아버지 분부대로 편지를 돌려보내고 찾아오지 마시라고 거절했을 뿐이에요.

폴로니어스 그래서 미치신 것 같다. 참으로 안됐구나, 내가 좀더 정확히 판단해서 살펴볼 것을 그랬어. 글쎄, 그분이 한때의 객기로 네 한 몸을 망치려고 하는 줄만 알았거든. 이렇게 되고 보니 내 의심이 원망스럽구나. 정말 늙은이들은 무엇이나 지나치게 생각하고 쓸데없는 걱정을 하게 마련이야. 그러니 젊은 녀석들이 분별이 없다고 탓할 수만도 없는 노릇이지. 자, 전하께 가보자. 어쨌든 이 사실을 아뢰야겠다. 가서 사실대로 아뢰면 노여워하시겠지만, 비밀로 해두었다가는 나중에 화근이 되겠다. 자, 어서 가자.

〔제2막 제2장〕

성안의 한 방.
정면 입구 뒤쪽에 큰 복도가 있고 입구 양옆에는 막이 내려져 있으며, 그 안쪽에 문이 보인다. 나팔 소리. 왕과 왕비가 로젠크란츠, 길덴스턴 등을 거느리고 등장.

왕 반갑구나, 로젠크란츠, 길덴스턴. 전부터 만나고 싶기도 했지만, 갑자기 수고를 끼칠 일이 생겨서 이렇게 급히 너희들 두 사람을 불러오게 했다. 너희들도 어느 정도 들었을 테지만, 햄릿이 완전히 딴사람이 되었구나. 이렇게 표현하지 않을 수 없다만 얼마나 많이 달라졌는지, 겉모습이나 생각하는 것이나 아주 딴사람이 되어버렸다. 한데 아버지의 죽음 말고는 그토록 지각을 잃게 된 원인을 알 길이 없구나. 그래서 너희들에게 부탁하고 싶은 것은 어려서부터 왕자와 함께 자라서 그 기질을 잘 알고 있을 터이니, 잠시 이 궁성에 머물면서 왕자의 벗이 되어다오. 즐거운 놀이도 권해 보고 기회 있는 대로 왕자를 살펴서 마음속 고민이 무엇인지 알아봐 다오. 그 원인을 알면 치료해 줄 방법도 있지 않겠느냐.

왕비 햄릿은 늘 그대들 이야기를 하고 있어요. 그대들처럼 햄릿이 그리워하는 벗은 또 없을 거예요. 잠시 이곳에 머물면서 힘이 되어준다면, 이렇게 일부러 찾아준 데 대해서는 전하께서도 잊지 않으시고 걸맞는 보답을 하실 거예요.

로젠크란츠 두 분의 높으신 권한으로 명령하심이 마땅한데 부탁이라니 황공하기 그지없습니다.

길덴스턴 저희들은 분부대로 충성을 다할 것을 맹세합니다.

왕 고맙다, 로젠크란츠, 길덴스턴.

왕비 고마워요. 그럼, 몰라보게 변해 버린 내 아들 햄릿에게로 가봐요. (시종에게) 두 분을 햄릿 왕자가 있는 곳으로 안내해 드려라.

길덴스턴 하느님, 저희들의 존재와 충성이 햄릿 왕자님께 위로가 되고 도움이 되게 하소서!

왕비 아멘! (로젠크란츠와 길덴스턴, 절을 하고 퇴장)

폴로니어스 등장

폴로니어스 전하, 사신 일행이 노르웨이로부터 좋은 소식을 가지고 돌아왔습니다.

왕 경은 언제나 기쁜 소식을 가져오는 사람이오.

폴로니어스 그렇습니까, 전하? 저는 하느님께나 은혜 깊으신 전하께나 제 영혼을 받들 듯 의무를 다하는 몸입니다. 그리고 대강 알아낸 것 같습니다만, 혹시 틀렸다면 제 머리도 이제는 늙어서 전과 같이 나랏일을 올바로 살피지 못하게 된 것이 분명합니다. 저는 드디어 햄릿 왕자님을 괴롭히는 광증의 원인을 알아냈습니다.

왕 아, 어서 말해 보오! 참으로 궁금하오.

폴로니어스 먼저 사신들을 들어오라 하십시오. 저의 소식은 그저 성찬 뒤의 입가심으로나 삼으시면 될까 합니다.

왕 그럼 경이 가서 사신들을 맞아들이시오. (폴로니어스 퇴장) 폴로니어스가 햄릿을 괴롭히는 광증의 원인을 알아냈다는구려.

왕비 알아냈다지만, 부왕의 별세와 우리의 갑작스런 결혼 말고는 다른 원인은 없는 것 같아요.

왕 어쨌든 알아봅시다.

폴로니어스가 볼티먼드와 코넬리어스를 데리고 등장

왕 경들의 귀국을 환영하오. 그래 볼티먼드, 우방 노르웨이 왕은 뭐라고 했소?

볼티먼드 (코넬리어스와 함께 절을 한 뒤) 전하의 친서에 매우 정중한 말씀을 주셨습니다. 저희들의 첫 제의에 곧 신하를 파견하여, 조카 포틴브라스의 병사 모집을 중지시켰습니다. 왕은 그것이 폴란드와 싸우기 위한 준비인 줄로만 알았습니다만, 조사해 보니 사실은 전하에 대한 음모로 밝혀졌다고 합니다. 늙고 병들어 자리에 누운 자신의 무기력함을 알고, 속았다는 사실에 슬퍼하며 조카에게 중지 명령을 내리자 포틴브라스는 곧 그 뜻에 따랐습니다. 그리고 늙은 왕의 대단한 꾸지람을 받고 결국 앞으로 다시는 전하께 감히 무력행사를 꾀하지 않을 것을 숙부 앞에서 맹세했습니다. 그래서 늙은 왕은 무척 만족하여 연금 3천 크라운에 해당하는 토지를 내리고, 이미 모집한 군대는 폴란드 원정에 써도 좋다는 권한을 주었습니다. 아울러 늙은 왕이 의뢰하시는 일은 이 편지에 상세히 적혀 있습니다만, (편지를 왕에게 바치면서) 그 원정을 위한 군대가 전하의 영토를 지나가도록 허가해 주시기 바란다는 것이었습니다. 영토를 지나갈 때, 이쪽의 안전과 그쪽의 행동 규범 등에 대해서는 이 편지에 적혀 있습니다.

왕 (편지를 받으면서) 음, 잘되었소. 이 편지는 적당한 틈을 타서 읽어보고, 신중히 고려한 뒤에 회답하기로 하겠소. 먼저 경들의 활약을 치하하오. 물러가서 쉬도록 하오. 저녁에는 축하하는 잔치를 열겠소. 귀국을 진심으로 환영하오! (볼티먼드와 코넬리어스, 절을 하고 퇴장)

폴로니어스 일은 원만히 잘 처리되었습니다. 그런데 전하, 그리고 왕비마마, 여기서 국왕의 주권은 어떠해야 하고 신하의 본분은 무엇이며, 어째서 낮은 낮이고 밤은 밤이며 시간은 시간인가 하는 문제를 따지는 것은 괜히 밤과 낮과 시간을 허비하는 것밖에 안 됩니다. 그래서 무릇 간결은 지혜의 진수요, 장황함은 그 팔다리이며 겉치레이므로 간단히 아뢰겠습니다. 감히 말씀드립니다만, 햄릿 왕자님은 실성하신 것이 틀림없습니다. 왜냐하면 실성의 성질을 규정하건대, 그 말 이외에는 달리 표현할 수 없기 때문입니다. 하지만 이건 그만하겠습니다.

왕비 요점을 말씀하세요, 문장은 그만 꾸미시고.

폴로니어스 왕비마마, 저는 결코 수사법을 쓰는 게 아닙니다. 왕자님의 실성, 그건 사실입니다. 사실이어서 유감된 일이며, 유감이지만 사실입니다. 이런 어리석은 수사법은 이제 그만하겠습니다. 그럴 생각은 조금도 없습니다. 그런데 왕자님의 실성, 일단 그렇게 단정하기로 한다면, 남은 문제는 이러한 결과의 원인, 아니 이러한 결함의 원인을 알아내는 것입니다. 왜냐하면 이러한 결함의 결과에는 반드시 원인이 있게 마련이기 때문입니다. 그런데 남은 문제라는 것은 이러하오니 신중히 고려하십시오. (윗옷 속에서 몇 장의 종이쪽지를 꺼낸다) 저에게 딸이 하나 있습니다. 분명히 혼례를 올리기 전까지는 제 딸임에 틀림없습니다만, 이 딸애가 아비에 대한 효심과 의무에서 이런 것을 내놓았습니다. 부디 살펴주십시오. (햄릿의 편지를 읽는다)

천사 같은 내 영혼의 우상, 가장 아름다운 오필리아에게.

졸렬하고 속된 문구입니다. '아름다운', 이건 속된 문구입니다. 하여튼 들어 보십시오, 이렇습니다. (편지를 읽는다)

당신의 티 없이 새하얀 가슴에, 이 말을……

왕비 그 편지를 햄릿이 오필리아에게 보냈단 말이에요?

폴로니어스 잠깐만 기다리십시오, 왕비마마. 모두 읽어드리겠습니다. (편지를 읽는다)

별은 불이 아닐까 의심하고, 태양은 과연 돌까 의심하고, 진리도 거짓이 아닐까 의심스러울지라도, 나의 사랑만은 의심하지 말아주오. 아, 사랑하는 오필리아, 나는 이런 운율에 서툰 사람이라 사랑의 고민을 시로 잘 읊어낼 만한 재주가 없소. 그러나 나는 당신을 아주 깊이, 무엇보다도 깊이 사랑하고 있소. 이것만은 믿어주오. 잘 있으시오. 아름다운 여인에게. 이 몸이 살아 있는 한 영원히 당신의 것인 햄릿.

이 편지를 딸애는 순순히 이 아비에게 내놓았습니다. 뿐만 아니라 둘이서 언제, 어떻게, 어디서 정담을 나누었나 하는 것까지 모두 아비에게 털어놓았습니다.

왕 그런데 오필리아는 어떻게 했소? 그의 사랑을 받아들였소?

폴로니어스 전하께서는 저를 어떻게 생각하십니까?

왕 물론 충성되고 정직한 인물인 줄 알고 있소.

폴로니어스 그런 인물이면 얼마나 좋겠습니까? 그런데 어떻게 생각하시겠습니까? 날개를 단 이 뜨거운 사랑을 보았을 때, 실은 딸애가 고백하기 전부터 눈치채고 있었습니다만, 마치 책상이나 탁자 위의 장식용 책처럼 멍청하게 방관했다면 어떻게 생각하시겠습니까, 전하, 그리고 왕비마마? 아니옵니다. 저는 바로 손을 써서 딸애에게 말했습니다. "햄릿 님은 왕자의 신분, 네게는 하늘의 별이다. 이건 도저히 안 될 일이다."그리고 앞으로는 왕자님이 드나드시는 곳에서 몸을 피하고, 심부름 온 사람도 들이지 말고, 선물도 받지 말라고 타일렀습니다. 딸애는 물론 그대로 따랐습니다. 하지만 이렇게 거절당한 왕자님은, 간단히 말씀드리면 비탄에 단식하시다가 다음에는 불면, 다음에는 쇠약, 다음에는 난봉, 이렇게 차츰차츰 나빠지셔서 마침내 오늘처럼 되신 것입니다.

왕 당신은 어떻게 생각하시오?

왕비 그런지도 모르겠어요, 있을 법한 일이에요.

폴로니어스 지금까지 제가 '그렇다'고 말씀드려서 그렇지 않은 때가 단 한 번이라도 있었는지 알고 싶습니다.

왕 아마 없었던 것 같구려.

폴로니어스 만약 그렇지 않을 때에는, (자기 머리와 어깨를 가리키며) 이것을 여기에서 떼어버리십시오. 그저 실마리만 잡히면 숨은 진실을 찾아내겠습니다. 만일 그것이 이 땅속에 묻혀 있다 할지라도 말입니다.

이때 햄릿이 정면 입구를 통해 복도로 들어온다. 단정치 못한 옷차림으로 들어오면서 책을 읽고 있다. 실내에서 말소리가 들리자 커튼 뒤에 숨는다.

왕 좀더 상세히 알아볼 길은 없겠소?

폴로니어스　아시다시피 왕자님은 가끔 이 큰 복도를 몇 시간이나 왔다 갔다 하십니다.

왕비　정말 그래요.

폴로니어스　그런 때를 노려서 딸애를 보내볼까 합니다. 그리고 전하와 저는 벽걸이 뒤에 숨어서 두 사람이 만나는 모습을 살펴보는 것입니다. 만약 왕자님이 딸애를 사랑하는 게 아니고, 따라서 사랑 때문에 이성을 잃으신 것이 아니라면 저는 전하를 받드는 자리에서 물러나 시골에 가서 말과 소를 부리며 농사를 짓겠습니다.

왕　아무튼 시험해 봅시다.

　햄릿, 책을 읽으면서 걸어 나온다.

왕비　아, 저것 보세요. 가엾은 것이 슬픈 얼굴로 뭘 읽으면서 걸어오고 있어요.

폴로니어스　어서 두 분께서는 저리로 가십시오. 제가 곧 상대해 보겠습니다. 아, 어서들 피해 주십시오. (왕과 왕비, 허둥지둥 자리를 뜬다) 햄릿 왕자님, 안녕하십니까?

햄릿　아, 잘 있네.

폴로니어스　저를 아시겠습니까?

햄릿　알고말고, 생선장수 아닌가.

폴로니어스　아닙니다, 왕자님.

햄릿　그렇다면 생선장수만큼이라도 정직한 인간이 되어봐.

폴로니어스　정직한 인간이요?

햄릿　그렇지. 지금 세상에는 정직한 인간이 만 명에 하나나 있을까.

폴로니어스　그렇긴 그렇군요.

햄릿　만약에 태양이 개의 시체에 구더기를 끓게 한다면 햇빛은 썩은 고기에 입을 맞추는 셈이지…… 자네는 딸이 있나?

폴로니어스　예, 있습니다.

햄릿　햇빛 아래 너무 나다니게 하지 말게. 세상을 알아가는 건 좋은 일이지만 임신을 하게 되면 큰일이니까. 그러니 조심해, 친구. (다시 눈을 책으로 돌린

햄릿에게 말을 거는 신하 폴로니어스 변해 버린 햄릿을 걱정하는 왕과 왕비에게 폴로니어스는 자신의 딸 오필리아 때문이라고 말한다.

다)

폴로니어스 (혼잣말로) 이것 좀 봐, 어떤가? 여전히 내 딸 타령이 아닌가. 그렇지만 처음에는 날 몰라보고 생선장수라고 했겠다. 아주 돌았는데, 돌았어.

하기야 나도 젊어서는 사랑으로 고민깨나 했지. 그거나 별 차이 없을 게야. 한 번 더 말을 걸어보자. 뭘 읽고 계십니까, 왕자님?

햄릿 말(言語)이다, 말, 말.

폴로니어스 문제가 무엇입니까, 왕자님?

햄릿 누구 사이의 문제?

폴로니어스 아니, 지금 읽고 계시는 책의 내용이 무엇에 대한 문제냐는 말입니다.

햄릿 (폴로니어스에게 대들 자세를 취하자 폴로니어스는 슬금슬금 물러선다) 욕설이지 뭐야. 풍자가인 놈이 여기 뭐라고 했는고 하니, 늙은이들은 수염이 희고 얼굴은 주름투성이에 눈에선 진한 호박색 송진 같은 눈곱이 흘러나오고, 노망해서 정신력은 없는 데다가 무릎엔 영 힘이 없다더군. 하나하나 옳은 말이지. 그래도 이렇게 쓴다는 건 옳지 못해. 자네만 하더라도 나같이 젊어질 수 있거든. 게처럼 뒤로 기어갈 수 있다면 말이야. (다시 책을 읽기 시작한다)

폴로니어스 (혼잣말로) 돌긴 돌았는데, 말에 조리는 있단 말씀이야. (큰 소리로) 바깥 공기는 해롭습니다. 안으로 들어가십시오.

햄릿 내 무덤 안으로?

폴로니어스 (혼잣말로) 그렇지, 거기도 안은 안이지. 이따금 말에 뼈가 들어 있군! 미치광이 말치곤 정곡을 찌른단 말이야. 이성과 제정신을 가진 사람은 생각지도 못할 말을 하니. 그럼 이만 해두고, 이제 내 딸과 만나게 할 방법이나 얼른 연구해 보자. (큰 소리로) 왕자님, 이제 물러가려 하니 허락해 주십시오.

햄릿 어서 물러가라고. 그보다 더 기꺼이 허락해 줄 것도 없으니. 다만 내 목숨은 제외하고, 내 목숨은 제외하고 말이다.

폴로니어스 그럼 안녕히 계십시오. (절을 한다)

햄릿 따분한 늙은이 같으니! (다시 책을 들여다본다)

로젠크란츠와 길덴스턴이 걸어온다.

폴로니어스 햄릿 왕자님을 찾아가는 길인가? 저기 계시네.

로젠크란츠 (폴로니어스에게) 안녕히 가십시오. (폴로니어스 퇴장)

길덴스턴 왕자님!

로젠크란츠 안녕하십니까, 왕자님!

햄릿 (쳐다보면서) 이거 참 반가운 친구들이구나! 어떻게 지내나, 길덴스턴? (책을 덮는다) 아, 로젠크란츠도! 그래, 요새 자네들 형편이 어때?

로젠크란츠 그저 그렇습니다.

길덴스턴 너무 행복하지 않은 것이 다행이라고나 할까요. 행운의 여신이 쓴 모자 꼭대기에는 올라가지 못하고 있습니다.

햄릿 그렇다고 여신의 발바닥 아래도 아닐 테고?

로젠크란츠 예, 둘 다 아닙니다.

햄릿 그럼, 여신의 허리께쯤인가 아니면 가운데쯤에서 여신의 총애를 받고 있단 말이지?

길덴스턴 실은, 여신의 은밀한 가운데이지요.

햄릿 여신의 비밀스러운 부분에서? 그럴 테지. 행운의 여신은 음탕하니까. 무슨 소식이라도 있나?

로젠크란츠 없습니다. 세상이 정직해졌다는 것밖에는요.

햄릿 그렇다면 마지막 심판의 날도 가까워졌구나. 하지만 그런 소식은 믿을 수 없어. 좀더 자세히 물어보겠는데, 그래 자네들, 행운의 여신께 무슨 죄를 졌기에 이곳에서 감옥살이를 하게 됐지?

길덴스턴 감옥이요?

햄릿 덴마크는 감옥이라니요, 왕자님.

로젠크란츠 그렇다면 이 세계도 감옥이겠네요.

햄릿 훌륭한 감옥이지. 그 안에는 독방도 있고, 병동도, 지하 감방도 있지. 그 가운데서도 덴마크는 가장 지독한 감옥이지.

로젠크란츠 저희들은 그렇게 생각하지 않습니다.

햄릿 그렇다면 자네들한테는 아닌가 보군. 본디 좋고 나쁜 것은 다 생각하기 나름이니까. 하지만 나한테는 감옥이란 말이야.

로젠크란츠 그것은 왕자님께서 야망을 품고 계시기 때문입니다. 왕자님의 뜻을 담기에 이 나라는 너무 좁습니다.

햄릿 아, 나는 호두 껍데기 속에 갇혀 있어도 나 자신을 끝없는 우주의 왕이라 생각할 수 있는 사람이야. 나쁜 꿈만 꾸지 않는다면 말이야.

길덴스턴 그 꿈이 야망입니다. 야망의 실체는 꿈의 그림자에 지나지 않기 때문입니다.

햄릿 꿈 자체가 그림자에 지나지 않는 거야.

로젠크란츠 옳은 말씀입니다. 야망은 현실성이 없고 그림자의 그림자처럼 허망한 것이라고 생각합니다.

햄릿 그렇다면 거지야말로 실체고, 왕이나 거들먹거리는 영웅호걸들은 거지의 그림자가 되는 셈이군. 궁전에나 갈까? 요즘 나는 이치를 따질 수 없게 되었단 말이야.

로젠크란츠, 길덴스턴 모시고 가겠습니다.

햄릿 그런 게 아냐. 자네들을 하인으로 대접할 수 있나. 솔직히 말해서, 요새는 지긋지긋하게 뒤를 따라다닌단 말이야. 그런데 친구로서 묻네만, 무슨 일로 엘시노어에 왔나?

로젠크란츠 왕자님을 뵙고 싶어서 왔을 뿐 다른 목적은 없습니다.

햄릿 나는 지금 거지나 다름없는 신세라 인사도 제대로 못하겠네만, 아무튼 고맙네. 하기는 이것도 자네들에게는 지나친 인사가 될 걸세. 자네들, 누가 불러서 온 것 아냐? 정말 오고 싶어서 왔는가? 그저 자연스런 방문인지 아닌지, 자, 나한테는 바른 대로 말해도 돼. 자, 어서들 말해 봐.

길덴스턴 뭐라고 말씀드려야 좋겠습니까, 왕자님?

햄릿 무슨 일이든 분명히만 말하면 되네. 자네들은 누가 불러서 왔어. 얼굴에 그렇다고 씌어 있는걸. 딴전을 부릴 만큼 자네들은 아직 교활하지 못해. 다 알고 있단 말이야, 왕과 왕비가 불러서 왔다는 걸.

로젠크란츠 무슨 목적으로 말씀입니까?

햄릿 그거야 자네들이 대답할 일이지. 친구로서의 도리로 보나, 같은 젊은이의 우의로 보나, 서로 변함없는 사랑의 의무로 보나 말일세. 말주변이 좋은 사람 같으면 이보다 더 훌륭한 말로 자네들을 감동시킬 수 있을 텐데. 자, 솔직히 대답하게. 자네들은 누가 불러서 왔지? 아닌가?

로젠크란츠 (길덴스턴에게만 들리게) 뭐라고 말해야 하나?

햄릿 (혼잣말로) 누가 속을 줄 아나. (큰 소리로) 나를 사랑하거든 숨기지 말고 말하게!

길덴스턴 왕자님, 실은 불러서 왔습니다.

햄릿 그 이유는 내가 말하지. 내가 미리 말해 버리면 자네들은 털어놓지 않아도 되고, 왕과 왕비로부터 비밀을 누설했다는 비난을 털끝만큼도 받지 않을 게 아닌가. 웬일인지 모르지만 요즘 내가 모든 일에 흥미를 잃었고, 여느 때 즐기던 운동도 모두 그만두었네. 참으로 기분이 우울해져서, 지구라는 이 훌륭한 조직체도 황량한 곳(串)처럼 느껴지고, 더없이 장대한 저 천공, 저 대기, 보게나, 우리 머리 위 찬란한 공간, 불같은 황금의 별들로 아로새겨진 장엄한 천장—저것도 마치 독기가 깃든 탁하고 더러운 것으로만 보이거든. 인간이란 얼마나 조화로운 걸작인가. 고상한 이성, 무한한 능력, 그 명백하고 감탄할 만한 형상과 자태와 천사 같은 행동을 보게. 신의 지혜를 지닌 인간은 세상의 꽃이요, 만물의 영장이 아닌가! 그런데 내겐 인간이 먼지 덩어리에 지나지 않는다네. 나는 인간에게서는 어떤 기쁨도 느낄 수 없단 말이야. 여자도 마찬가지야. 웃는 것을 보니 자네 둘은 그렇지 않은 모양이군.

로젠크란츠 그런 뜻에서 웃은 것은 아닙니다.

햄릿 그럼 왜 웃었나? '나는 인간에게서는 어떤 기쁨도 느낄 수 없단 말이야' 라고 말했을 때 말이야.

로젠크란츠 왕자님께서 인간이 싫으시다면 배우들은 얼마나 냉대받을까 하는 생각이 들어서 그랬습니다. 오는 길에 배우 일행을 만나 앞질러 왔습니다만, 그들은 왕자님 앞에서 연극을 보여드리려고 지금 이리로 오고 있는 중입니다.

햄릿 국왕 역을 맡는 배우는 대환영이야. 공손하게 맞이하지. 무예를 닦는 기사 역에는 검과 방패를 실컷 휘두르게 할 거고, 애인 역을 맡은 배우의 탄식이 헛되지 않게 후한 대우를 해주지. 풍자 역은 끝까지 하도록 내버려 둘 거고. 어릿광대 역에게는 잘 웃는 사람들의 허파를 터뜨려 놓게 할 거야. 귀부인 역은 마음대로 지껄이게 내버려 둬야지. 그렇지 않고는 대사가 술술 나오지 못할 테니까. 그런데 그들은 어디에 소속된 배우들인가?

로젠크란츠 왕자님께서 좋아하시던 도시의 그 비극 배우들입니다.

햄릿 어떻게 해서 지방을 돌아다니게 됐지? 명성이나 수입 둘 다 도시가 더 나을 텐데.

로젠크란츠 얼마 전 사건으로 공연이 금지된 것 같습니다.

햄릿 내가 도시에 있을 때처럼 평판은 여전한가? 그때처럼 관객이 많은가?

로젠크란츠 그렇지 못합니다.

햄릿 왜 그렇지? 고리타분해졌는가?

로젠크란츠 아닙니다. 사람들은 여전히 애쓰고 있습니다. 그러나 요즘 새끼 매 같은 어린이 극단이 나타나서 요란스레 고함을 질러대자, 세찬 박수갈채 를 받고 있습니다. 이것이 대유행이 되고, 이렇게 그들을 부릅니다만 통속 극은 사정없이 배척당하고 있습니다. 그래서 멋을 좀 부린다는 사람들은 작 가들의 붓끝이 무서워 그리로는 감히 드나들지 못하는 형편입니다.

햄릿 뭐, 어린이 배우들이라고? 누가 운영을 하는데? 재정 후원은 어느 정도 이고? 그럼 변성기 이전까지만 배우 노릇을 할 수 있단 말인가? 그 애들도 자라면 통속극 배우가 될 텐데. 달리 생계가 마련되면 별문제지만 그렇지 못할 때에는 결국 자기네 장래를 욕하는 셈이 되지 않는가. 그렇다면 나중 에 그렇게 만든 작가를 원망하지 않을까?

로젠크란츠 사실 양쪽에서 굉장히 법석이 일었습니다. 게다가 세상 사람들까 지 염치도 없이 그 싸움에 불을 지르는 형편입니다. 그래서 한때는 작가와 배우가 싸우는 장면이 없는 각본은 팔리지 않을 정도였답니다.

햄릿 그럴 수가 있나?

길덴스턴 그래서 그 문제로 양쪽에서 이리저리 머리를 썼습니다.

햄릿 결국 어린이 극단들이 이겼나?

로젠크란츠 예, 그랬습니다. 대중극장이고 뭐고 모조리 쓸어버렸습니다.

햄릿 하기야 그다지 이상할 것도 없지. 지금 덴마크 왕으로 계신 내 숙부의 경우를 봐도 그러니까. 내 아버지가 살아 계셨을 때는 숙부를 멸시하던 사 람들까지도 이제 와서는 숙부의 초상화랍시고 조그만 그림 한 장에도 수십 더컷, 아니 1백 더컷씩이나 돈을 쓰는 세상이니까. 제기랄, 이런 부조리는 학문으로도 설명할 수 없을 걸세. (나팔 소리)

길덴스턴 배우들이 도착한 모양입니다.

햄릿 아무튼 자네들, 이 엘시노어에 잘 왔네. (머리 숙이며 인사한다) 손을 이리 주게. 사람을 환영하는 데는 마땅히 예법이 따라야 하니까. 자, 악수하세. (두 사람과 악수한다) 이제 내가 배우들을 더 정중히 환영한다고 오해하지야 않겠지. 미리 말해 두지만 그들에게는 어느 정도 상냥하게 대해 줘야 한단 말이야. 정말 잘들 왔네. 그런데 내 숙부님 겸 아버님과 숙모님 겸 어머니는 속고 계시네.

길덴스턴 무엇을 말씀입니까?

햄릿 나는 북북서로만 미쳤을 뿐이야. 바람이 남쪽으로 불면 나도 매와 톱은 분간할 수 있거든.

폴로니어스 등장.

폴로니어스 아, 두 사람 다 잘 있었는가?

햄릿 (폴로니어스가 오는 것을 보고 두 사람에게) 이크, 길덴스턴, 그리고 자네도 잘 들어봐. 저기 저 큰 아기는 아직도 기저귀 신세를 못 면하고 있어.

로젠크란츠 아마도 다시 어린애가 되셨나 봅니다. 늙으면 어린애가 된다고 하니까요.

햄릿 배우들이 왔다는 이야기일 테니 들어봐. (큰 소리로) 자네 말이 맞았어. 월요일 아침이었지. 정말 그랬어.

폴로니어스 왕자님, 반가운 소식입니다.

햄릿 나도 반가운 소식이 있지. 로스키우스가 로마의 배우였을 때…….

폴로니어스 배우들이 도착했습니다.

햄릿 그것 봐.

폴로니어스 제 명예를 걸고…….

햄릿 그때 배우들이 노새를 타고 왔지.

폴로니어스 세계 최고의 배우들입니다. 비극, 희극, 역사극, 전원극(田園劇)은 물론 전원 희극, 역사 전원극, 비극적 역사극, 희비극적 역사 전원극, 그 밖에 고전물, 신작물 할 것 없이 모두 다 능숙합니다. 세네카도 너무 무겁게 다루지 않고, 플라우투스도 너무 가볍게 다루지 않으며, 정형물이든 자유물이든 이들을 따를 자가 없습니다.

햄릿 오, 이스라엘의 재판관 입다(Jephthah)여, 그대는 참으로 훌륭한 보배를 가졌구나!

폴로니어스 보배를 가졌다니요, 왕자님?

햄릿 아, 왜, 있지 않은가? (노래한다)

　무남독녀 귀여운 딸
　애지중지 길렀도다.

폴로니어스 (혼잣말로) 여전히 내 딸 타령이구나.
햄릿 내 말이 옳지 않은가, 늙은 입다여?
폴로니어스 저를 입다라 부르신다면, 저에게는 애지중지 기른 딸이 하나 있습니다.
햄릿 아니, 그러면 노래가 이어지지 않아.
폴로니어스 그럼 어떻게 하면 이어집니까?
햄릿 그걸 모르다니. (노래한다)

　신만이 아시는 운명으로,

　그리고 그다음은 이렇지.

　예외 없이 그 일이 일어났도다.

이 성가 제1절을 보면 더 상세히 알 수 있으니 이제 그만하는 게 좋겠네. 저기 배우들이 오는군.

　배우, 너덧 명 등장.

햄릿 어서 오게. 배우 여러분, 다 잘 왔어—참 반갑네—귀한 친구들! 환영하네. 아, 자네는 코 밑에 수염을 길렀군. 요전에는 없었는데. 그걸 길러 내 앞에서 어른 행세를 하려고 덴마크에 왔나?—아, 아가씨도? 아가씨는 전에 봤을 때보다 구두 뒤축만큼 하늘에 가까워졌는걸. "제발 내 목소리에 금이 가지 않게 해주십시오"하고 하느님께 빌어야 해. 금화도 금이 가면 못 쓰거든. 배우 여러분들, 참 반갑소. 프랑스의 매사냥꾼처럼 우리도 뭐든지 덤벼들어 해볼까? 그럼 당장 한마디 들어보기로 하지. 어디 솜씨 좀 보여달라고. 자, 아주 열정적인 대사로 말이야.

배우 1 어떤 것이 좋으시겠습니까, 왕자님?

햄릿 언젠가 들려준 것 있잖은가. 아마 상연은 한 번도 안 했을 거야. 아니, 한 번쯤 상연했던가? 어쨌든 내 기억으로는 그 연극이 대중에겐 인기가 없었네. 일반인들에게는 철갑상어 알처럼 너무 고급이었지. 하지만 내가 보기엔 참 훌륭한 연극이었어. 아니, 나뿐 아니라 나보다 훨씬 식견 있는 분들도 같은 의견이었으니까. 장면 구성도 좋고, 대사도 적절하고 능숙하고. 어떤 비평가 말에 따르면, 억지로 구수하게 만들려고 문구에 마구 양념을 치거나, 문장의 멋을 부리려고 얄팍한 말투를 함부로 쓴 흔적이 없다고 하더군. 작품이 진실하고 건전하며 재미가 있으면서도 필치가 화려하지 않고 수수한 작품이라더군. 그 가운데 내가 좋아하는 대사가 있는데, 아이네이아스가 디도에게 이야기하는 대목 말이야. 그중에서도 프리아모스 왕의 살해 장면이 특히 좋더군. 아직도 기억에 남아 있어. 거기서부터 시작하게나—가만있자, 가만있자.

사나운 피로스, 히르카니아의 맹호처럼.

그게 아니지. 피로스로 시작하기는 하는데…….

사나운 피로스, 그이 마음처럼 시커먼 갑옷을 입고
칠흑같이 어두운 밤에 그 흉한 목마의 배 속에 숨어들더니,
이제 그 무서운 검은 모습에 또다시 처참한 피를 칠하였구나.
머리에서 발끝까지 피투성이라.
아버지의 피, 어머니의 피, 딸과 아들의 피,
거리에서는 불꽃이 타올라 피를 말리고,
생지옥의 불인 양 학살자의 앞길을 비추어 준다.
분노와 불길에 피는 아교풀처럼
온몸에 엉겨 붙어 몸은 부풀어 오르고,
홍옥 같은 눈을 번들거리면서 지옥의 피로스는

늙은 왕 프리아모스를 찾는다.

자, 받아서 계속해 주게.

폴로니어스 허, 참으로 잘하십니다. 자연스런 운율과 억양이 일품입니다.

배우 1 마침 그때 보니 늙은 왕은
　　그리스군을 치려 하나 힘이 미치지 않아
　　허공을 친 낡은 칼은 땅에 떨어지고 만다.
　　이 기회를 놓칠세라 프리아모스에게 달려들어
　　분노의 칼을 내리치는 피로스. 내리친 칼은 빗나가고,
　　그 매서운 칼바람에 늙은 왕은 힘없이 쓰러지고 만다.
　　이때 무심한 트로이 궁전도 일격의 아픔을 느꼈는지
　　불길에 싸인 누각은 땅 위에 허물어져
　　이 요란한 소리에 피로스는 귀청이 찢어진다.
　　보라! 프리아모스의 백발을 향해 내리치던 칼은 허공에 얼어붙고,
　　피로스도 그림 속의 폭군처럼 얼빠진 채
　　우뚝 서서 어찌할 바를 모른다.
　　폭풍이 오기 전에 하늘이 고요해지고,
　　구름은 멎고 바람은 말이 없으며,
　　대지는 죽은 듯이 잠잠하다.
　　이때 느닷없이 천둥이 터져 허공을 찢자,
　　잠시 망설이던 피로스의 적의가 되살아나 그를 분발시키니,
　　군신 마르스의 불후의 갑옷을 단련하던
　　애꾸눈의 거인 키클롭스의 철퇴 같은 피로스의 혈검(血劍)이
　　사정없이 프리아모스의 머리 위에 떨어진다.
　　물러가라, 너 부정한 운명의 여신아!
　　오 모든 신들이여, 뜻을 모아 이 여신의 권력을 빼앗고,
　　여신의 물레바퀴에서 살과 테를 부수어,
　　둥근 물레 통만 하늘 언덕 아래로 굴려
　　지옥의 밑바닥에 떨어지게 하소서.

폴로니어스 이건 너무 깁니다.

햄릿 이발사에게 부탁해서 잘라버리게 할까? 그대의 수염과 함께. 어서 다음을 계속해 주게. 이 사람은 웃음거리나 음란한 장면이 나와야지, 안 그러면 졸고 마니까. 자, 어서. 헤카베의 대목을 부탁하네.

배우 1 그러나 아, 가엾다. 남편 잃은 왕비는 머리를 감싸고…….

햄릿 왕비는 머리를 감싸고?

폴로니어스 거참 좋군요. '왕비는 머리를 감싸고'라, 좋아요.

배우 1 맨발로 이리저리 허둥거리며,
활활 타는 불이라도 끄려는 듯 억수같이 눈물을 흘린다.
왕관이 얹혀 있던 머리에는 초라한 천 조각이 말려 있고,
많은 자식들을 낳아 뼈만 남은 허리에는 비단옷은 간 데 없고,
엉겁결에 주워 걸친 담요 한 장뿐.
왕비의 이 모습을 본 사람이라면,
어느 누가 독설로써 운명의 여신을 저주하지 아니할까!
신들이 이 광경을 본다면,
피로스가 칼을 휘둘러 남편의 온몸을 난도질하는 순간
왕비가 내지른 비명을 듣는다면,
인간의 일에 무심한 신들도
하늘에 반짝이는 별들의 눈을 눈물로 적시게 하고,
왕비의 슬픔을 함께 나누리라.

폴로니어스 저런 보십시오. 배우의 얼굴빛이 변하고 눈물까지 글썽거립니다. 이제 그만하게.

햄릿 이제 그만. 나머지는 잠시 뒤에 듣기로 하지. 그럼 재상, 이 배우들을 잘 좀 부탁하네. 부디 후하게 대접해 주게. 알겠소? 이들은 시대의 축도이자 간략한 연대기(年代記)이니까. 죽은 뒤 좋지 못한 묘비명을 받기보다 살아서 이 사람들에게 나쁜 소리를 듣지 않는 편이 나을 걸세.

폴로니어스 이 사람들 공적에 맞게 대접하지요.

햄릿 원, 재상도, 더 잘 대접해야지! 공적에 따라 대우한다면, 이 세상에서 회초리를 면할 사람이 누가 있겠소? 그대의 명예와 체면에 어울리게 대접

하게. 상대에게 그만한 자격이 없으면 없을수록 이쪽의 선심은 그만큼 더 빛날 테니까. 안으로 데리고 가게.

폴로니어스 자, 이리들 오게. (문 쪽으로 간다)

햄릿 자 여러분, 따라들 가게. 내일 여러분의 연극을 보기로 하지. (배우 1에게) 여보게, 〈곤자고의 암살〉을 상연할 수 있겠나?

배우 1 예, 왕자님.

햄릿 그럼, 내일 밤 그걸 보여다오. 그런데 대사에 내가 열두 줄이나 열여섯 줄쯤 써서 덧붙이고 싶은데 욀 수 있겠나?

배우 1 예, 왕자님. (폴로니어스와 다른 배우들 모두 퇴장)

햄릿 됐다. 그럼 재상을 따라가게. 그이를 너무 놀리지는 말고. (배우 1 퇴장. 다음에는 로젠크란츠와 길덴스턴을 향하여) 자네들도 밤에 다시 만나세. 엘시노어엔 잘 왔네.

로젠크란츠 그럼, 안녕히 계십시오. (길덴스턴과 함께 퇴장)

햄릿 아 그래 잘들 가게! 이제 나 혼자 남았구나. 아, 나는 어쩌면 이렇게 지지리도 못나고 비열한 인간일까! 아까 그 배우 좀 보라. 참으로 기괴하지 않은가. 하나의 허구, 그 가공의 정열에 취해서 온갖 상상의 힘으로 스스로의 영혼을 움직이고, 그의 얼굴은 온통 창백해지며 눈에는 눈물을 글썽이고 고민으로 얼굴이 일그러지며 목은 메고, 움직임 하나하나가 상상에 맞추어 온갖 표정을 다 나타내지 않는가? 아무런 까닭도 없는데. 오직 헤카베 때문이다! 대체 헤카베가 그에게 무엇이며, 그는 헤카베에게 무엇이기에 그가 울어야 하는가? 나만큼 분노하고 슬퍼할 동기를 가졌다면 어떻게 할까? 눈물로 무대가 잠기게 하고, 무서운 대사로 관중의 귀를 찢고, 죄지은 자들을 미치게 하고, 죄 없는 자를 두려움에 떨게 하고, 어리석은 자를 현혹시키고, 관중의 눈과 귀를 멍청하게 만들어 놓을 것이다. 그런데 나, 아둔하고 미련한 이 못난 놈은 얼간이처럼 대의명분도 찾지 못한 채 선왕을 위해서도 할 말을 못하고 있지 않은가. 아버지는 흉측하고 비열한 속임수에 빠져 왕위와 가장 귀중한 생명을 빼앗기지 않았는가. 나는 비겁한 놈인가? 누가 나를 악한이라 부르는가? 누가 내 머리통을 후려갈기는가? 누가 내 수염을 뽑아서 내 얼굴에 불어 보내는가? 내 코를 비틀고, 나를 멀쩡한 거짓말쟁이라고 욕하는 자가 누군가? 나한테 그럴 자가 누구인가? 제기랄, 있어도 할 수 없구나. 달게 받을 수밖에. 나는 간이 비둘기만도 못하고, 그놈의 포악에 성낼 배짱도 없다. 그런 배짱이 있었다면 벌써 그놈의 썩고 비열한 고기로 하늘의 솔개 떼를 살찌게 했을 것이다. 잔인하고 음흉하며 철면피 같은 악당 같으니! 아, 복수다! 이 얼마나 못난 자식이냐! 참 장하기도 하다. 친아버지가 참살당하고, 하늘과 지옥이 나에게 복수하라고 명령하는데도 창부처럼 그저 혀끝으로만 토하고 입속에서만 욕설을 중얼거리다니. 잡것이로다! 부끄러운 줄 알아라! 정신 좀 차려라. 머리를 써! 그래, 죄를 지은 놈들은 연극을 구경하다가도 박진감 있는 장면에서는 감동한 나머지 그 자리에서 자기 죄를 털어놓았다고 하지 않는가. 살인죄는 입이 없어도 참으로 신기하게 털어놓는 법이다. 아까 그 배우들을 시켜 숙부 앞에서 아버지의 살해 장면과 비슷한 연극을 하게 해야지. 그리고 숙부의 표정을 살펴 급소를 찌르자. 움찔하면 그때는 주저할 게 없다. 아니면 내가 본 혼령이 마귀일지도 모른다. 마귀는 어떤 모습이든 마음대로 취할 수 있으니까. 그래, 어쩌면 내가 허해지고 우울해진 틈을 타서 파멸의 구렁텅이로 나를 끌고 가려고 나타났는지도 모른다. 그럴 때는 특히 마귀가 힘을 발휘한다니까, 좀더 확실한 증거를 잡아야 한다. 왕의 본심을 살피는 데는 연극이 으뜸이다. (퇴장)

하루가 지난다.

〔제3막 제1장〕

성안의 한 방.
벽에는 휘장이 드리워져 있다. 중앙에는 탁자가 놓여 있고, 한쪽 구석에는 십자가가 달린 기도대가 있다. 왕과 왕비 등장. 그 뒤에 폴로니어스, 로젠크란츠, 길덴스턴 등장. 조금 뒤에 오필리아 등장.

왕 결국 어떤 방법을 써봐도 끝내 알아낼 수가 없단 말이지, 햄릿이 어째서 그렇게 광태를 부리며 공연히 소란하게 하는지를?
로젠크란츠 자신도 기분이 이상하다는 것을 인정하고 계십니다만, 그 원인에 대해서는 도무지 말하지 않으십니다.

길덴스턴 게다가 남이 캐어묻는 것을 싫어하시는 눈치로, 진실을 알아보려고 털어놓으시도록 유도하면 슬쩍 미친 사람을 가장하여 교묘하게 피해 버리십니다.

왕비 반갑게 맞이해 주던가요?

로젠크란츠 아주 점잖게 대해 주셨습니다.

길덴스턴 그러나 내키지 않는 일을 억지로 하시는 것 같았습니다.

로젠크란츠 먼저 말을 꺼내지는 않으셨지만, 묻는 말에는 아주 선선히 대답하셨습니다.

왕비 무슨 오락이라도 권해 보았어요?

로젠크란츠 예, 실은 마침 여기 오는 길에 어떤 배우 일행을 만났기에 그 말씀을 드렸더니 꽤 반가워하셨습니다. 일행은 지금 궁 안에 와 있습니다만, 아마 오늘 밤에 왕자님 앞에서 연극을 하게 될 모양입니다.

폴로니어스 그렇습니다. 그리고 전하 내외분께서도 관람하시도록 부디 청하라는 말씀이 있으셨습니다.

왕 기꺼이 관람하고말고. 그 애 마음이 그런 일에 쏠린다고 하니 반가운 일이야. 그럼 두 사람은 그 애 기분을 더욱 북돋워 이런 오락에 마음이 끌리도록 애써주게.

로젠크란츠 예, 그렇게 하겠습니다. (길덴스턴과 함께 퇴장)

왕 미안하오만 왕비, 당신도 좀 들어가 계시오. 사실 은밀히 햄릿을 이리 불러놓았소. 여기서 우연인 것처럼 오필리아와 만나게 할 것이오. 그 애 아버지와 나는 여기 숨어서 몰래 두 사람이 만나는 장면을 엿볼 생각이오. 다 햄릿을 위해 하는 일이니 엿본다고 죄 될 거야 없지 않겠소? 아무튼 그 애의 행동을 봐서, 병이 과연 사랑에서 온 것인지 알아낼 생각이오.

왕비 그렇게 하겠어요. 오필리아, 햄릿이 그렇게 된 것이 다행히도 네 아름다움 때문이라면 얼마나 좋겠니. 그러면 너의 상냥한 성품으로 그 애를 다시 정상으로 돌려놓고, 두 사람이 기쁜 일을 맞이하기를 바랄 수도 있잖겠느냐?

오필리아 네, 저도 그렇게 되기를 바라고 있습니다. (왕비 퇴장)

폴로니어스 오필리아, 여기서 서성거리고 있거라. (기도대에서 책을 집어 오필리아에게 준다) 책에 빠져 있는 것처럼 꾸미고 있으면 혼자 있어도 수상해 보이지 않을 게다. 이건 마귀의 본성 위에 제법 경건한 듯 가면과 가장으로 사탕발림하는 수작이라 죄가 되기는 하지만, 세상에 흔히 있는 일이니라.

왕 (혼잣말로) 아, 과연 그렇다. 그 말이 내 양심을 아프게 채찍질하는구나! 화장술로 곱게 단장한 창녀의 볼이 추악하다 한들, 그럴싸한 말로 꾸민 내 행실보다 추하지는 않을 것이다. 아, 무거워라, 이 죄의 짐!

폴로니어스 오는 소리가 들립니다. 어서 숨으시지요, 전하. (왕과 함께 휘장 뒤에 숨는다. 오필리아는 기도대 앞에 무릎 꿇는다)

햄릿, 침통한 표정으로 등장.

햄릿 사느냐, 죽느냐, 그것이 문제로다. 가혹한 운명의 화살을 참아내는 것이 중요한가, 아니면 고통의 물결을 두 손으로 막아 이를 조절하는 것이 중요한가? 죽음은 잠드는 것, 그뿐이다. 잠들면 모든 것이 끝난다. 마음의 번뇌도 육체가 받는 온갖 고통도. 그렇다면 죽고 잠드는 것, 이것이야말로 열렬히 찾아야 할 삶의 극치가 아니겠는가? 잠들면 꿈도 꾸겠지. 아, 여기서 걸리는구나. 이 세상의 온갖 번뇌를 벗어던지고 영원히 죽음의 잠을 잘 때 어떤 꿈을 꾸게 될 것인지, 이를 생각하면 망설여지는구나. 이 망설임이 비참한 인생을 그토록 오래 끌게 하는 것이다. 그렇잖으면 누가 참겠는가, 이 세상의 채찍과 멸시를, 폭군의 횡포를, 세도가의 거만을, 모욕당한 사랑의 고통을, 질질 끄는 재판을, 관리들의 오만을, 덕 있는 사람이 당해야 하는 소인배의 불손을? 한 자루의 단도면 깨끗이 해결할 수 있는 것을, 누가 이 무거운 짐을 지고 따분한 인생을 신음하며 진땀을 빼겠는가? 죽은 뒤의 그 어떤 두려움과 한 번 가면 영영 돌아오지 못하는 미지의 세계가 결심을 무디게 하고, 그래서 미지의 저승으로 날아가느니 차라리 현재의 고통을 참게 만드는 것인가? 분별심 때문에 우리는 모두 겁쟁이가 되는구나. 생기 넘치던 결심은 창백한 병색으로 물들고, 의기충천하던 의지도 그 때문에 옆길로 빗나가 실행의 힘을 잃고 만다. 가만, 아름다운 오필리아, 숲의 여신아! 기도 중이거든 내 죄의 용서도 함께 빌어주오.

오필리아 (일어나면서) 왕자님, 오래 뵙지 못했어요. 그동안 안녕하셨어요?

햄릿 고맙소.

오필리아 왕자님께서 저에게 주신 선물을 진작 돌려드렸어야 했는데 시간이 오래 걸렸습니다. 이제라도 받아주시면 좋겠어요.

햄릿 아니오. 나는 아무것도 선물한 것이 없소.

오필리아 어머, 저한테 주신 선물을 왕자님도 잘 알고 계세요. 너무나 정다운 말씀까지 곁들이셔서 그 선물이 더욱 값지게 여겨졌었는데, 이제는 그 향기도 사라졌습니다. 돌려드리겠어요. 성품이 고귀한 사람에게는 보낸 사람의 마음이 담겨 있지 않은 선물은 아무리 값진 것이라도 초라해지는 법이지요. 자, 여기 있습니다. (품에서 보석을 꺼내어 햄릿 앞 탁자 위에 놓는다)

햄릿 하하! 그대는 정숙하오?

오필리아 네?

햄릿 그대는 아름다운가?

오필리아 무슨 말씀이신지요?

햄릿 정숙하고 아름답다면, 그 정숙과 아름다움을 너무 가까이하지 않는 것이 좋을 것이오.

오필리아 아름다움과 정숙보다 더 잘 어울리는 연분이 있을까요?

햄릿 정말이지. 아름다움의 힘은 정숙한 여자를 금방 창녀로 바꾸어 버리니까. 정숙의 힘은 아름다운 여자를 제대로 이끌어 가지 못하지만 말이오. 예전 같으면 이것이 하나의 역설로 들렸겠지만, 이제는 진리임을 확증해 주는 좋은 예가 생겼소. 나도 한때는 그대를 사랑했지.

오필리아 저도 정말 그런 줄 믿고 있었어요.

햄릿 믿지 말았어야 했소. 썩은 나무 밑동에 아무리 미덕을 접붙여 봐야 본디 성질은 사라지지 않거든. 나도 당신을 사랑하지 않았던 거요.

오필리아 그렇다면 저는 더욱더 속았던 거군요.

햄릿 (기도대를 가리키며 차츰 열렬하게 자신의 생각을 말하기 시작한다) 수녀원으로 가시오. 뭣 때문에 죄 많은 인간을 낳고 싶어하는 거요? 나 자신은 꽤 성실한 인간이오. 그런데도 차라리 어머니가 나를 낳아주지 않았더라면 좋을 만큼이나 나는 온갖 죄를 짓고 있소. 너무나 오만하고, 복수심이 강하고, 야심이 많고, 이 밖에 또 무슨 죄를 지을지 모를 인간이지. 그것을 하나하나 생각해 낼 힘도, 그것에 형태를 부여할 상상력도, 그것을 실행에 옮길

영화 〈햄릿〉 케네스 브래너(햄릿 역)와 케이트 윈슬렛(오필리아 역). 1996.

시간도 없을 만큼 많은 죄악을 짊어지고 있는 사람이오. 나 같은 인간이 이 하늘과 땅 사이를 기어 다니면서 대체 무슨 일을 한단 말이오? 우리는 모두 순전히 악당들이오. 아무도 믿지 마시오. 수녀원이나 찾아가요. (갑자기) 당신 아버지는 어디 있소?

오필리아 집에 계세요.

햄릿 그럼 못 나오게 문을 꼭꼭 닫아걸으시오. 바보짓은 집에서만 하고 밖에 나와서는 못하게. 잘 있으시오.

오필리아 (기도대 앞에 무릎을 꿇고) 오, 인자하신 하느님, 저분을 구해 주소서!

햄릿 (광란한 태도로) 만일 네가 혼인한다면, 지참금 대신 이런 저주를 보내주마. 네가 얼음처럼 정결하고 눈처럼 순결하더라도 세상의 욕설을 면치는 못하리라. 수녀원으로 가라, 수녀원으로 가. (거칠게 왔다 갔다 하면서) 기어이 혼인하려거든 바보와 해라. 영리한 사람이라면 너와 혼인했다가는 괴물이 되어버린다는 것을 너무나 잘 알고 있다. 수녀원으로 가라. 그것도 빨리 가라. 잘 가거라.

오필리아 아, 하느님, 저분이 제정신을 차리게 해주소서!

햄릿 나도 들어서 잘 알고 있다. 너희들이 얼굴에 덧칠을 한다는 걸. 하느님이 주신 얼굴 위에 위선의 탈을 뒤집어쓰고 있다. 아장거리고, 엉덩이를 흔들고, 간드러진 소리를 내고, 신의 창조물에 별명을 붙이는가 하면, 부정한 짓을 해놓고 모른다고 잡아뗀다. 제기랄, 이제 더는 못 참겠다. 그 때문에 나는 미쳤다. 이제 다시는 세상 년놈들이 혼인하지 못하게 할 테다. 어차피 혼인한 것들은 살려두지만, 딱 한 놈만은 안 된다. 나머지 혼인을 안 한 것들은 그대로 있어야 한다. 수녀원으로 가라. (퇴장)

오필리아 아, 그토록 고상하시던 마음이 저리되시다니! 그 귀족답고, 무인답고, 나라의 꽃이자 희망이며, 예절의 본보기로 모든 사람이 우러러보던 왕자님이 저토록 비참해지실 줄이야! 아, 세상 여자들 가운데 가장 괴롭고 불쌍한 나, 그분의 음악 같은 맹세의 달콤한 꿈을 맛본 적도 있었는데, 오늘은 그 기품 있고 고귀한 이성이 금이 간 아름다운 종처럼 엉뚱하고 거친 소리를 내는 것을 보는구나. 활짝 핀 청춘의, 비할 데 없이 아름다운 용모와 자태가 광란의 바람을 맞고 저렇게 져버리다니! 오, 가슴을 저미는 듯 슬프구나. 옛일을 보고 알고 있는 이 눈으로 이런 꼴을 보다니! (기도를 드린다)

왕과 폴로니어스가 휘장 뒤에서 살그머니 나타난다.

왕 사랑 때문이라고? 당치 않은 소리! 그 애 마음은 결코 사랑으로 향하고 있지 않소. 조리가 맞진 않으나 그 말 한마디 한마디가 미친 사람이 내뱉는 말 같진 않구려. 반드시 마음속에 무엇을 간직한 채 드러내지 않기 때문에 저렇게 우울한 것이오. 그것이 껍질을 깨고 나오면 아무래도 위험하겠소. 그걸 막기 위해서는, 그래 빨리 결정을 내려야겠군. 곧 저 애를 잉글랜드에 보내기로 합시다. 밀린 조공(朝貢)을 독촉한다는 명목으로. 수륙만리의 길을 떠나 다른 나라의 색다른 풍물을 구경하노라면 마음속에 맺힌 고민도 자연스레 가실 것이 아니오. 그것을 가지고 밤낮으로 머리를 썩히고 있으니 저렇듯 실성할 수밖에. 어떠하오, 이 생각이?

폴로니어스 좋은 생각이십니다. 하지만 그 비탄의 뿌리는 아무래도 실연에 있다고 저는 생각합니다. (오필리아가 다가온다) 무슨 일이냐, 오필리아? 왕자님이 하신 말씀은 전하지 않아도 좋다, 다 들었으니까. 전하, 처분대로 하십시오. 하오나 연극이 끝난 뒤 왕비께서 조용히 왕자님을 부르셔서 까닭을 말하라고 간곡히 분부하시면 어떻겠습니까? 그리고 허락하신다면 제가 어디에 숨어서 두 분의 대화를 상세히 엿듣기로 하겠습니다. 그래도 원인을 찾아낼 수 없다면, 그때는 잉글랜드에 보내시든 어디 적당한 곳에 감금하시든, 전하의 뜻대로 하시기 바랍니다.

왕 그렇게 하오. 귀인의 광증을 모른 체 내버려 둘 수는 없소. (모두 퇴장)

〔제3막 제2장〕

성안의 홀.
양쪽에 관람석이 마련되어 있고, 전면에 연단이 있다. 막 뒤는 안쪽 무대.
햄릿과 배우 세 사람 등장.

햄릿 (배우 1에게) 대사는 아까 내가 해 보인 것처럼 가볍게 혀끝으로 굴리듯이 또렷하게 말해 주게. 대부분의 배우들이 하듯 신파조로 떠들어댄다면 차라리 마을 포고꾼을 불러다가 떠들게 하겠네. 그리고 너무 자주 손으로 허공을 휘젓지 말고, 점잖게 해야 해. 감정이 격해져서 격류나 폭풍, 또는 뭐라고 할까, 회오리바람처럼 일어나는 순간일지라도 자제심을 잃지 말고 부드럽게 할 줄 알아야 하는 거야. 가발을 쓴 난폭한 배우가 관중의 귀청이 찢어지도록 고함을 질러 감격적인 장면을 망쳐놓고 마는 꼴을 보면 정말 화가 나니까. 엉터리 무언극이나 왁자지껄 떠드는 것밖에 아무것도 이해하지 못하는 관중이 상대라면 모르지만, 그런 배우는 채찍으로 갈겨주고 싶어진단 말이야. 난폭한 터머건트 신이나 폭군 헤롯 왕보다 한 술 더 뜨는 인간이거든. 제발 그런 짓만은 하지 말아다오.

배우 1 분부대로 하겠습니다.

햄릿 그렇다고 너무 활기가 없어서도 안 돼. 중용을 지켜서 연기에 대사를, 대사에 연기를 일치시켜야 해. 특히 자연의 절도를 넘어서는 안 된다는 점을 명심하라고. 무엇이고 지나치면 연극의 목적에서 벗어나는 법이니. 연극의 목적은 예나 지금이나 자연을 거울에 비추는 것, 곧 선은 선한 모습으로 악은 악한 모습으로 그 시대의 양상을 본질 그대로 보여주는 것이니까. 그것이 지나치거나 반대로 모자랄 때는, 서툰 관객을 웃길 수 있을지 모르나 식견 있는 관객은 한탄하지 않을 수 없지. 안목을 지닌 한 사람의 비난은 온 관객의 칭찬보다 더 중요한 법이야. 참, 나도 보았지만, 지독한 배우가 있었어. 남들이야 다 칭찬이 대단했지. 그런데 좀 지나친 말 같으나 대사는 예수교도답지 않고, 게다가 그 걸음걸이는 예수교도는커녕 이교도, 아니 도대체 인간의 걸음걸이가 아니었단 말이야. 그저 꺼떡거리기나 하고 어찌나 고함을 치는지, 창조의 신이 제자들을 시켜서 얼치기로 만든 인간이라고 생각될 정도였네. 인간의 흉내를 냈지만 너무나 비인간적이었어.

배우 1 저희 극단은 그 점에 대해서는 상당히 고쳐졌다고 생각합니다.

햄릿 아, 철저히 고쳐야지! 그리고 어릿광대 역도 대본에 없는 대사는 말하지 않도록 해야 해. 또 그 가운데는 둔한 관객을 웃기려고 자기가 먼저 웃는 자들이 있는데, 그러는 사이에 필요한 것들은 까맣게 잊어버리거든. 말도 안 되는 소리야. 광대가 그따위 수작으로 치사한 야심을 드러내 보인다는 것은. 자, 어서들 준비하게. (배우들, 휘장 뒤로 들어간다)

이윽고 폴로니어스, 로젠크란츠, 길덴스턴 등장.

햄릿 아, 어떻게 되었소, 재상? 전하께서는 오늘 밤 연극을 보시게 되오?

폴로니어스 예, 왕비께서도. 곧 나오십니다.

햄릿 그럼 가서 배우들에게 서두르라고 해주시오. (폴로니어스 퇴장) 자네들도 가서 빨리 하도록 거들어 주겠나?

로젠크란츠 예. (길덴스턴과 함께 퇴장)

햄릿 어서 오게, 호레이쇼!

호레이쇼 등장.

호레이쇼 부르셨습니까?

햄릿 호레이쇼, 내가 이제까지 사귄 사람들 가운데 자네만큼 올바른 사람도 없네.

호레이쇼 오, 왕자님……

햄릿 아니, 아니, 그저 입에 발린 소리가 아니네. 자네는 그 아름다운 성품밖에는 없는 사람이야. 그러한 자네에게 아첨해서 내 무슨 출세를 바라겠는가? 가난뱅이에게 아첨할 필요가 어디 있는가? 바보 같은 세도가를 핥는 일은 달콤한 혓바닥을 가진 놈에게 맡기고, 아첨에 이득이 따라옴직한 데는 무릎 관절이 잘 움직이는 놈더러 가서 굽실거리라지. 알겠는가? 내 영혼이 분별력을 지니고 사람을 분간할 줄 알게 된 뒤, 난 자네를 내 영혼의 벗으로 정해 놓고 있었네. 자네는 인생의 모든 고통을 다 겪으면서도 전혀 꿈쩍하지 않을뿐더러, 운명의 신이 내리는 상과 벌을 똑같이 감사한 마음으로 받아들이는 사람이야. 감정과 이성이 잘 조화를 이루어 운명의 신의 손가락이 희롱하는 대로 소리를 내는 패거리와는 근본부터 다르니 참으로 복받은 사람이네. 정열의 노예가 되지 않는 사람, 그런 사람이 있으면 내 마음속 깊은 곳에 간직하고 싶단 말일세. 그런데 자네가 바로 그런 사람이야. 말이 좀 길어졌군. 오늘 밤 전하 앞에서 연극이 상연되는데, 그 가운데 한 장면은 내 아버지의 죽음에 대해서 내가 자네에게 이야기한 장면과 비슷하네. 그 장면이 나오거든 온 정신을 다 쏟아서 내 숙부를 살펴주게. 만일 숙부의 숨은 죄악이 그 대목에서 드러나지 않을 때는 우리가 본 유령은 악귀가 분명하고, 나의 상상은 불의 신 불카누스의 대장간처럼 추잡했던 셈이야, 숙부를 잘 살펴주게. 나도 그의 얼굴에서 잠시도 눈을 떼지 않을 테니. 나중에 우리 두 사람의 의견을 모아서 전하의 태도에 대해 판단을 내리기로 하세.

호레이쇼 잘 알겠습니다, 왕자님. 연극을 하는 동안 전하의 움직임을 한순간이라도 놓치는 일이 있으면, 그때는 제가 벌을 받겠습니다. (안에서 나팔 소리와 북소리)

햄릿 드디어 연극을 보러 나오는구나. 나는 미친 체하고 있어야 해. 자네도 가서 앉게.

나팔과 북소리. 왕과 왕비에 이어서 폴로니어스, 오필리아, 로젠크란츠, 길덴스턴, 그 밖의 사람들 등장.

왕 어떠냐, 햄릿?

햄릿 원기왕성합니다. 카멜레온처럼 공기를 먹고, 공허한 약속으로 속이 그득합니다. 이런 모이로는 닭도 살이 안 찌지요.

왕 동문서답이로구나, 햄릿. 그건 내 말과 상관없는 대답이다.

햄릿 이제는 저와도 상관없는 말입니다. 입 밖에 나와버렸으니까요. (폴로니어스에게) 폴로니어스 경은 대학 시절에 연극을 했다죠?

폴로니어스 그랬습니다. 괜찮은 연기라는 평을 들었지요.

햄릿 무슨 역을 맡았소?

폴로니어스 율리우스 카이사르 역을 했습니다. 신전에서 암살을 당했는데, 브루투스가 저를 죽였습니다.

햄릿 그런 늙은이를 죽이다니, 브루투스도 어지간히 잔혹한 놈이로군. 배우들은 다 준비되었나?

로젠크란츠 예, 왕자님. 분부만 기다리고 있습니다.

왕비 햄릿, 이리 와서 내 곁에 앉아라.

햄릿 아뇨, 어머니. 이쪽에 더 강한 자석이 있는걸요. (오필리아 쪽으로 간다)

폴로니어스 (왕에게) 오호! 저 말씀 들으셨습니까?

햄릿 아가씨, 무릎 위에 누워도 괜찮겠소?

오필리아 안 됩니다, 왕자님.

햄릿　머리만 무릎 위에 얹겠다는 말이오.

오필리아　그러세요, 왕자님.

햄릿　(오필리아의 발아래 누우면서) 내가 무슨 상스러운 짓이라도 할 줄 알
　　았소?

오필리아　그런 생각은 안 했습니다.

햄릿　처녀 다리 사이에 눕는 것도 참 괜찮은 생각이구먼?

오필리아　무슨 말씀이세요?

햄릿　아무것도 아니오.

오필리아　기분이 좋으신 것 같네요.

햄릿　누가? 내가?

오필리아　네, 왕자님.

햄릿　그야, 나는 허튼소리나 지껄이는 놈에 지나지 않으니까. 사나이가 그런
　　재미도 없다면 어찌 살겠소? 저기 좀 봐요. 내 어머니의 저 행복한 얼굴을.
　　아버지가 돌아가신 지 채 두 시간도 안 되는데. (왕비가 얼굴을 돌리고 왕과 폴
　　로니어스와 무엇을 속삭인다)

오필리아　아니에요. 두 달의 두 배나 됩니다.

햄릿　그렇게 오래됐나? 그렇다면 상복을 악마에게 물려주고, 나는 담비 털
　　가죽 옷이라도 입어야겠군. 맙소사! 두 달 전에 죽었는데 아직도 잊히지 않
　　다니? 위인의 명성이라면 죽은 뒤에 반년은 거뜬히 남을 수 있겠군. 그 뒤
　　에는 교회를 지어놔야지. 안 그러면 잊히고 말 테니까. 목마(木馬)처럼 말이
　　야. 그 비문은 이런 거지. 아, 목마는 잊혔다!

나팔 소리, 정면의 막이 양쪽으로 열리고, 안쪽 무대가 나타난다. 안쪽 무대에서 무
언극(無言劇)이 시작된다.

무언극

왕과 왕비가 등장하여 서로 정답게 껴안는다. 왕비는 무릎을 꿇고, 왕에 대한 애정
의 맹세를 표현한다. 왕은 왕비를 일으켜 세우고 머리를 왕비의 어깨에 기대고 나
서 꽃이 흐드러진 둑에 눕는다. 왕비는 왕이 잠든 것을 보고 그 자리를 떠난다. 곧

한 사나이가 등장하여 왕의 머리에서 왕관을 벗겨 들고 그 왕관에 입을 맞춘다. 그리고 잠든 왕의 귀에 독약을 부어넣고 나간다. 왕비가 돌아와 왕이 죽은 것을 알고 몹시 슬퍼하는 모습을 보인다. 왕을 독살한 사나이가 서너 명의 부하를 데리고 다시 돌아와 왕비와 함께 슬퍼하는 체한다. 죽은 왕이 들려 나간다. 독살한 사나이는 선물을 왕비 앞에 내놓으면서 사랑을 구한다. 왕비는 처음에는 쌀쌀한 태도를 보이다가, 마침내 그 사랑을 받아들인다. (배우들 퇴장)

무언극이 진행되는 동안, 햄릿은 초조한 듯이 자주 왕과 왕비를 바라본다. 왕과 왕비는 처음부터 끝까지 폴로니어스와 무엇을 속삭이고 있다.

오필리아 저건 무슨 뜻입니까, 왕자님?
햄릿 원, 형편없는 엉터리구려. 저건 음모를 뜻하는 거요.
오필리아 아마 무언극이 연극의 줄거리인 것 같습니다.

막 앞에 배우 한 사람이 등장. 왕과 왕비는 그쪽으로 눈길을 모은다.

햄릿 저자의 말을 들어보면 알겠지. 배우들은 비밀을 숨겨두지 못하고, 모두 털어놓거든.
오필리아 그러면 아까 그 무언극의 의미도 설명해 줄까요?
햄릿 물론이지. 그대가 해 보이는 어떤 몸짓이라도 설명해 줄걸. 그러니 부끄러워할 것 없이 아무 행동이라도 해봐요. 저자가 망설이지 않고 그 뜻을 말해 줄 테니까.
오필리아 어머, 짓궂으시군요. 저는 연극이나 보겠어요.
배우 저희 극단 일동과 이제부터 상연하는 비극을 대표하여 너그러우신 여러분께서 끝까지 보아주시기를 청하옵니다. (퇴장)
햄릿 이게 극의 서사인가? 아니면 반지에 새겨진 글귀인가?
오필리아 정말 너무 짧아요.
햄릿 여자의 사랑처럼.

왕과 왕비로 분장한 두 배우 등장.

극 중 왕　우리의 마음이 사랑으로 합쳐지고 혼인의 신이 우리의 손을 신성한 백년가약으로 맺어주신 날부터, 태양신의 수레는 해신(海神)의 바닷길과 지신(地神)의 둥근 땅을 이미 서른 번이나 돌았고, 열두 번을 찼다가 기우는 달도 지구를 서른 번의 열두 곱이나 돌았구려.

극 중 왕비　참으로 기나긴 여행길, 앞으로도 해와 달이 횟수를 거듭하여 우리의 사랑이 이어지게 하소서! 하지만 슬프게도 요즘 전하께서 병환이 나시어, 웃음도 사라지고 혈색도 평소 같지 않으시니 저는 여간 염려되지 않습니다. 하지만 제가 염려한다고 해서 조금도 언짢게 생각지 마소서. 본디 여자는 사랑하면서 걱정하게 마련이고, 여자의 사랑과 걱정은 같은 크기로 따라다니는 법이라 둘이 다 전혀 없는가 하면, 둘이 다 지나치기 일쑤랍니다. 제 사랑은 이미 잘 아시는 바이고, 사랑이 크니 두려움도 큽니다. 사랑이 커지면 하찮은 의심은 두려움으로 바뀌고, 두려움이 커지는 곳에 사랑 또한 자라는 법입니다.

극 중 왕　나는 머지않아 당신을 떠나야 할 몸이오. 내 생명의 힘이 쇠약해져 작용하지 않고 있다오. 그대는 이 아름다운 세상에 살아남아 존경받고 사랑받으시오. 그리고 혹 정다운 남편을 만나게 된다면…….

극 중 왕비　아, 그만하세요! 그런 사랑은 제 가슴에 추악한 배신의 마음이 일어나야 할 거예요. 재혼을 할 바에야 저주를 받겠어요. 첫 남편을 죽인 여자가 아니고서야 어찌 재혼을 하겠습니까.

햄릿　(혼잣말로) 아, 쓰디쓰구나.

극 중 왕비　재혼하려는 마음의 동기는 천한 욕망이지 결코 사랑이 아닙니다. 둘째 남편의 잠자리에서 입맞춤을 하는 것은 돌아가신 남편을 두 번 죽이는 일입니다.

극 중 왕　그 말을 나는 진심이라 믿지만 인간이란 결심해 놓고 깨뜨리기 일쑤라오. 사람의 의지는 결국 기억의 노예에 지나지 않는 것. 생길 때는 맹렬하지만 살아가는 힘은 약한 것이오. 그것은 마치 열매 같은 것. 익지 않았을 때에는 가지에 매달려 있다가도 익으면 저절로 떨어지고 마오. 자신에 대한 빚을 스스로 갚기를 잊는 것도 인정상 어쩔 수 없거니와, 격정에 못 이겨 세운 뜻은 그 격정이 식으면 끝나는 것이오. 슬픔이나 기쁨이나 격정이 지나면 그 실행의 힘도 함께 사라지고 마오. 기쁨이 깊으면 슬픔도 깊고,

하찮은 일로 기쁨과 슬픔이 뒤바뀌게 마련이오. 이 세상에 바뀌지 않는 것이 없으니, 우리 사랑이 운명이 바뀌면 함께 바뀐다는 것은 조금도 이상한 일이 아니오. 사랑이 운명을 이끄느냐, 운명이 사랑을 이끄느냐, 이것은 아직도 풀지 못한 문제요. 세도가가 몰락하면 그 아래 무리들도 흩어지고, 미천한 자가 입신하면 어제의 원수가 친구로 바뀌는 것이오. 이는 사랑이 운명을 따르는 증거이며, 부유한 자는 친구가 모자라는 일이 없는 반면, 가난한 자는 부실한 친구를 시험해 보다가 도리어 단번에 원수가 되고 마는 법이오. 아무튼 시작했던 말을 맺자면, 우리의 의지와 운명은 엇갈리기 때문에 우리 계획은 늘 뒤바뀌고 마오. 뜻하는 것은 자유지만, 결과는 뜻대로 되지 않는 법이오. 그러니 그대가 오늘은 재혼할 뜻이 없더라도, 그 뜻은 나의 죽음과 더불어 사라지고 말 것이오.

극중 왕비 만일 대지가 양식을 주지 않고 하늘은 빛을 주지 않으며 낮과 밤의 오락과 휴식이 거부되고 믿음과 희망이 절망으로 변할지라도, 만일 옥중에 갇혀 평생 은둔자같이 살며, 기쁨을 빼앗는 온갖 재앙이 이 몸을 덮쳐 저의 소망을 짓밟고, 영겁의 고민이 현세뿐 아니라 내세까지 이 몸을 쫓아올지라도, 한 번 남편을 여의고 어찌 다시 남의 아내가 될 수 있겠어요!

햄릿 (오필리아에게) 설마 저 맹세를 깨뜨릴까!

극중 왕 참으로 굳은 맹세구려. 자, 잠시 혼자 있게 해주오. 기운이 빠졌으니 조금 자고 나면 이 지루한 하루가 개운해질 것 같소. (잠이 든다)

극중 왕비 편히 주무세요. 우리 사이에 행여 재앙이 닥치는 일이 없었으면!
(퇴장)

햄릿 어머니, 마음에 드십니까, 이 연극?

왕비 맹세하는 대목이 너무 수다스러운 것 같구나.

햄릿 아, 하지만 그 맹세를 지킬 겁니다.

왕 햄릿은 내용을 알고 있냐? 극 내용 가운데 불쾌한 점은 없느냐?

햄릿 아뇨, 그저 장난입니다. 장난으로 독살하는 것뿐이고 불쾌한 점은 전혀 없습니다.

왕 연극의 제목이 무엇이냐?

햄릿 〈쥐덫〉이라고 합니다. 어째서냐고요? 물론 비유지요. 이 연극은 빈에서 일어난 암살 사건을 그대로 딴 것입니다. 왕의 이름은 곤자고, 왕비의 이름은 밥티스타라고 합니다. 이제 곧 아시게 될 테지만 매우 흉측한 내용입니다. 하지만 무슨 상관이 있겠습니까? 전하나 저희들처럼 양심이 깨끗한 사람에게는 상관없는 이야기입니다. 제 발이 저린 놈은 떨게 내버려 두세요. 우리는 아무렇지도 않으니까요.

이때 루시아너스로 분장한 배우 1 등장. 까만 옷차림에 손에는 독약병을 들고 있다. 얼굴을 잔뜩 찌푸리고 거만한 태도로 잠자는 왕의 곁으로 다가간다.

햄릿 저건 왕의 조카 루시아너스입니다.

오필리아 왕자님은 해설자처럼 설명을 잘하시네요.

햄릿 꼭두각시들이 희롱하는 수작만 보아도, 난 그대와 애인 사이의 관계를 해설할 수 있소.

오필리아 너무하세요, 왕자님. 너무하세요.

햄릿 너무하지 못하게 하자면, 아마 신음께나 해야 할걸.

오필리아 점점 더하시네요, 험담이.

햄릿 남편은 그렇게 대하라고—(무대를 바라보고) 시작해라, 살인자야, 얼굴만 찌푸리지 말고 어서 시작하라니까. 자, 어서. "까마귀는 까악까악 복수하라고 울부짖는다"에서부터.

루시아너스 검은 마음에 손은 빠르며, 약효는 확실하고, 때는 바로 지금, 하늘이 나를 돕는구나. 다행히도 보는 사람도 없다. 한밤중에 약초를 캐다가 세 번 마녀의 주문 속에 말리고 세 번 독기를 쐬어 만든 독약아, 자연의 마력과 놀랄 만한 약효를 발휘하여 당장에 저 싱싱한 생명을 끊어라. (독약을 왕의 귀에 붓는다)

햄릿 왕위를 빼앗으려고 정원에서 왕을 독살하는 장면이오. 왕의 이름은 곤자고, 이 이야기는 지금까지 전해져 내려오고 있는데, 훌륭한 이탈리아어로 씌어 있소. 이제 보게 되겠지만, 저 살인자는 곧 왕비를 구슬려서 손에 넣게 되지. (창백해진 왕이 비틀비틀 일어선다)

오필리아 전하께서 일어나셨어요.

햄릿 뭐, 공포(空砲) 소리에 놀라셨나?

왕비 어쩐 일이십니까?

폴로니어스 연극을 멈춰라.

왕 등불을 가져오너라, 저리로! (비틀비틀 달려 나간다)

폴로니어스 등불을 비추어라, 등불, 등불을! (햄릿과 호레이쇼만 남고 모두 퇴장)

햄릿 (노래한다)

다친 사람은 울어라.
성한 암사슴은 춤을 추어라.
밤새워 지키는 놈, 잠을 자는 놈,
이렇듯 세상은 굴러간다.

어때, 이만하면 나도 극단에 한몫 낄 수 있겠지? 옷에 깃털이나 잔뜩 달고, 샌들 코에 장미꽃 리본이나 매고 나서면? 앞으로 내 팔자가 기구해졌을 때 말이야.

호레이쇼 반사람 몫은 되겠습니다.

햄릿 아니지, 한 사람 몫이야. (노래한다)

알잖느냐, 오, 마귀야.
제우스 신은 쫓겨나고
이 땅을 통치하는 것은
몹시 으스대는 한 사나이.

호레이쇼 운(韻)이 잘 맞지 않는군요.

햄릿 아, 호레이쇼. 그 유령의 말, 이제는 1천 파운드를 주고라도 믿겠네. 자네도 보았는가?

호레이쇼 예, 잘 봤습니다, 왕자님.

햄릿 그 독살 장면 때도?

호레이쇼 예, 아주 자세히 살펴보았습니다.

로젠크란츠와 길덴스턴이 돌아온다.

연극을 보는 왕과 왕비 햄릿은 배우들에게 〈곤자고의 암살〉이라는 연극을 하게 한다. 독살 장면
에서 왕은 얼굴빛이 창백해지고 비틀거리며 일어난다.

햄릿 허! (두 사람에게 등을 돌리고) 자, 음악을 울려라! 자, 피리를 불어! 전하
께선 연극이 싫으시단다. 아니, 그렇다면 정말 싫으신 거다. 자, 음악이다,
음악!

길덴스턴 왕자님, 죄송합니다만 한 말씀 아뢰고자 합니다.

햄릿 얼마든지 아뢰게나.

길덴스턴 실은 전하께서…….

햄릿 그래, 어떻게 되셨는가?

길덴스턴 몹시 언짢아하시면서 안으로 드셨습니다.

햄릿 과음하셨나?

길덴스턴 아닙니다. 아주 화가 나셨습니다.

햄릿 원, 그렇다면 의사한테 알리는 게 현명하지 않은가? 섣불리 내가 치료
했다가는 점점 화를 내실걸.

길덴스턴 좀 조리 있게 말씀해 주십시오, 왕자님. 그렇게 요점을 피하시지만

마시고요.

햄릿 얌전하게 듣겠다. 어서 말해 봐.

길덴스턴 어머니이신 왕비님께서 매우 염려하시어 이렇게 저를 보내셨습니다.

햄릿 잘 오셨습니다.

길덴스턴 왕자님, 그런 정중한 인사는 이 자리에 어울리지 않는 줄 압니다. 죄송하지만 사리에 맞는 대답을 해주시면 어머님의 분부를 전해 드리겠지만, 그렇지 않으시면 이만 실례하고 물러가겠습니다. (절을 하고 돌아선다)

햄릿 그건 못하네.

길덴스턴 뭐가 말씀입니까?

햄릿 사리에 맞는 대답 말이야. 나는 머리가 돌았잖은가. 하지만 할 수 있는 대답이라면 자네가 묻는 말에, 아니 자네 말대로 어머니의 말씀에 선선히 대답해 주지. 그러니 나를 찾아온 까닭을 말해 보게. 어머니께서 뭐라고 하셨는가……

로젠크란츠 그럼 말씀드리겠습니다. 왕비께서는 왕자님의 행동이 너무나 뜻밖이라 매우 놀라셨다 하십니다.

햄릿 그래? 대단한 자식이로군. 어머니를 그토록 놀라게 하다니. 그런데 놀라서 어떻다는 말씀은 없으셨는가? 말해 봐.

로젠크란츠 왕자에게 할 말이 있으니 잠자리에 들기 전에 왕비님 방으로 오라는 분부이십니다.

햄릿 알았어, 분부대로 하지. 지금보다 열 배나 훌륭한 어머니가 되신다면. 나에게 할 말이 더 있나?

로젠크란츠 왕자님, 전에는 저를 아껴주셨습니다.

햄릿 지금도 마찬가지야. 버릇 나쁜 이 두 손에 맹세하네.

로젠크란츠 왕자님, 요즘 울적해하시는 까닭이 무엇입니까? 슬픈 속마음을 친구에게 숨기시는 것은 분명히 왕자님 스스로를 부자유함 속에 가두시는 것입니다.

햄릿 사실은 출세를 못해서 그러네.

로젠크란츠 원, 별말씀을. 왕자님을 덴마크 왕의 후계자로 책봉한다는 전하의 말씀이 있었지 않습니까?

햄릿 그야 그렇지. 하지만 '풍년이 들어도 굶는 사람이 있다'—이 속담도 어째 케케묵었군.

배우들이 피리를 들고 등장.

햄릿 아, 피리가 나왔구나. 어디 하나 보자. (피리를 하나 받아 들고 길덴스턴을 한쪽 구석으로 데리고 간다) 저리 잠깐. 그런데 자네는 왜 자꾸만 사람을 몰아세우나? 나를 덫에라도 몰아넣으려고 그러나?

길덴스턴 오, 왕자님. 제가 직책상 좀 지나친 일이 있더라도 애정에서 비롯된 무례라고 생각해 주십시오.

햄릿 무슨 소린지 잘 모르겠구나. 이 피리 좀 불어주겠나?

길덴스턴 저는 불 줄 모릅니다, 왕자님.

햄릿 부탁하네.

길덴스턴 정말 불 줄 모릅니다.

햄릿 제발 부탁하네.

길덴스턴 만져본 적도 없는데요, 왕자님.

햄릿 거짓말처럼 쉽다고. 이렇게 구멍을 손가락으로 막고 입으로 바람만 불어넣어 봐. 가슴을 울리는 소리가 나올 테니까. 잘 봐, 여기를 눌러서 음조를 바꾸는 거야.

길덴스턴 하지만 저는 잘 조화를 시켜서 아름다운 소리를 낼 줄 모릅니다. 그런 재주가 없습니다.

햄릿 아니 그렇다면, 자네는 어지간히도 나를 얕잡아 본 모양이군! 나 같은 건 마음대로 불어보겠단 말이지. 내 어디를 누르면 음조가 바뀌는가 알고 있는 것처럼. 내 마음속 비밀을 빼내고 싶단 말이지. 가장 낮은 소리에서 가장 높은 소리에 이르기까지 나를 모조리 울려보고 싶다, 이 말이군. 이 조그만 악기 속에는 많은 가락, 절묘한 소리가 들어 있어. 너는 그것을 불 줄 몰라. 제기랄, 그래 내가 피리보다 다루기 쉬울 것 같으냐? 나를 무슨 악기인 양 다뤄도 좋다만, 화나게는 해도 소리 나게는 못한다.

폴로니어스 등장.

폴로니어스 왕자님, 왕비님께서 하실 말씀 있으니 곧 오라는 분부입니다.

햄릿 저기 저 낙타처럼 생긴 구름이 보이시오?

폴로니어스 아, 예. 꼭 낙타를 닮았군요.

햄릿 족제비같이 생겼네.

폴로니어스 등 모양이 족제비 같군요.

햄릿 고래를 닮았나?

폴로니어스 아, 정말 고래 같습니다.

햄릿 그럼 곧 가서 뵙는다고 아뢰게. (혼잣말로) 이것들이 사람을 조롱해도 분수가 있지. (큰 소리로) 곧 가겠소!

폴로니어스 그렇게 아뢰지요. (로젠크란츠, 길덴스턴과 함께 퇴장)

햄릿 '곧'이라고 말하기는 쉽지. 자, 다들 물러가 주게. (나머지 사람들 모두 퇴장) 밤이 깊었구나. 이제는 마귀들이 활개 칠 시각. 무덤은 크게 입을 벌리고, 지옥은 무서운 독기를 이 세상에 내뿜는다. 지금 같으면 나도 산 사람의 뜨거운 피를 마실 수 있고, 낮에는 엄두도 못 낼 잔인한 행위도 할 수 있다. 가만있자, 먼저 어머니한테 가봐야지. 이 마음아, 천륜의 정을 잃지 말아라. 폭군 네로 같은 마음을 이 착실한 가슴속에 들어오게 해서는 안 된다. 가혹하게는 대하더라도 자식의 도리는 잊지 말아라. 혀끝으로 찌르고 칼은 쓰지 않을 테다. 이 일에서만은 마음과 혀가 서로를 속여, 말로는 아무리 거칠게 욕하더라도 그것을 결코 행동으로 옮겨서는 안 된다. 알았는가, 내 영혼아! (퇴장)

〔제3막 제3장〕

성안의 한 방.
한쪽에 기도대가 놓여 있다. 복도 바깥쪽은 알현실(謁見室). 왕, 로젠크란츠, 길덴스턴 등장.

왕 마음에 안 드는 녀석이다. 그리고 미치광이를 그렇게 내버려 둔다는 것은 위험한 일이야. 그러니 준비하도록 해라. 위임장을 써줄 테니, 자네들은 그것을 가지고 그 녀석과 함께 잉글랜드로 떠나도록 해라. 그 광증으로 끊임없이 일어나는 위험을 이렇게 가까이 두고서야 어찌 나라가 편안할 수 있겠느냐.

길덴스턴 곧 떠나도록 준비하겠습니다. 성덕에 목숨을 의지하고 사는 모든 백성의 안전을 보호해 주시고자 하심은 참으로 거룩하고 황송하신 베푸심입니다.

로젠크란츠 사사로운 한 개인의 생명도 위험할 때에는 정신의 모든 힘을 다하여 보호하거늘, 하물며 무수한 생명이 그 평안에 달려 있는 전하의 옥체야 두말할 나위도 없습니다. 임금의 불행은 옥체 한 몸에 그치는 것이 아니라 소용돌이와 같아서 둘레의 모든 것을 끌어들입니다. 아니면 높은 산봉우리에 꽂힌 무거운 수레바퀴 같아서, 그 큰 바퀴살에는 조그만 인간들이 수없이 많이 매달려 있습니다. 바퀴가 굴러떨어질 때에는 그에 속해 있는 것들도 함께 무너지고 맙니다. 전하의 탄식은 바로 온 백성의 신음 소리입니다.

왕 어서 준비해서 빨리 떠나거라. 이제까지 너무 내버려 두었던 이 위험에 쇠고랑을 채워 놓아야겠다.

로젠크란츠, 길덴스턴 서둘러 준비하겠습니다. (퇴장)

폴로니어스 등장.

폴로니어스 전하, 지금 햄릿 왕자님은 왕비님 방에 드시려나 봅니다. 저는 숨어서 그 이야기를 엿듣겠습니다. 왕비께서는 아마 매우 심하게 꾸중하실 것입니다만, 옳으신 전하의 말씀대로 왕비님 말고 누군가 엿듣는 게 좋을 줄 아옵니다. 모자간이라 자연히 아드님에게 생각이 치우치실지도 모르니까요. 그럼 다녀오겠습니다, 전하. 잠자리에 드시기 전에 결과를 아뢰겠습니다.

왕 고맙소. (폴로니어스가 퇴장하자 이리저리 걸어 다니면서) 아, 부패한 나의 죄악. 악취가 하늘을 찌르는구나. 인류 최초의 저주를 받은 형제 살인의 죄. 그 때문에 마음은 아무리 간절해도 기도를 드릴 수도 없구나. 기도하고 싶은 마음은 강하나 더 강한 죄악에 짓눌리고 만다. 한꺼번에 두 가지 일을 하려는 사람처럼 어디서부터 시작할까 망설이다가 둘 다 못하고 마는구나. 비록 이 저주받은 손 가죽이 형의 피로 두꺼워졌을지라도, 자비로운 하늘에는 이 손을 하얀 눈처럼 희게 씻어줄 단비가 없을까? 자비가 죄인이 아니면 베풀어질 데가 어디 있겠는가? 죄를 미리 막고, 또 일단 죄를 지은 뒤에는 용서해 주는 이중의 힘이 있기에 기도를 올리는 것이 아닌가? 그렇다면 나도 얼굴을 들자. 나의 죄는 이미 지나간 일. 하지만 아, 뭐라고 기도를 드려야 용서받을 수 있을까? "비열한 살인죄를 용서하소서"하면 될까? 그럴 수는 없다. 나는 살인으로 얻은 이득을 아직도 다 갖고 있지 않은가? 나의 왕관과 나의 야심과 나의 왕비를, 죄로 얻은 것을 간직하면서 그 죄를 용서받을 수 있을까? 이 세상의 썩은 물결 속에서는 범죄의 손도 황금으로 입히면 정의를 밀어젖힐 수 있겠지. 부정한 수단으로 얻은 금력을 가지고 국법을 매수하는 일도 흔히 보니까. 그러나 하늘에서는 그렇게 되지 않는다. 속임수가 통하지 않아. 우리의 행위는 본바탕을 그대로 드러내고, 지은 죄에 대해서는 낱낱이 증거를 대면서 고백해야 한다. 그렇다면 어찌해야 좋은가? 앞으로 어떻게 하면 되는가? 뉘우치자. 뉘우칠 만큼 뉘우쳐서 안 될 일이 있겠는가? 그런데 뉘우칠 수 없을 때에는 어떻게 해야 하나? 아, 비참한 신세로다! 죽음같이 어두운 내 가슴! 오, 덫에 걸린 새 같은 이 영혼, 벗어나려고 몸부림칠수록 더 꼼짝할 수 없게 되는구나! 도와주소서, 천사여! 어디 한번 해보자. 자, 구부러져라, 억센 무릎아. 부드러워져라, 강철 같은 마음아. 갓난아기의 힘줄처럼 부드러워져라. 모든 일이 잘되어 주었으면. (무릎을 꿇는다)

이때 햄릿이 알현실로 등장하여 왕이 기도하고 있는 것을 보고 멈추어 선다.

햄릿 (복도 입구에 다가서면서) 기회는 지금이다. 마침 기도를 하고 있구나. 자, 해치우자. (칼을 빼든다) 그러면 저자는 천국으로 가고, 나는 원수를 갚게 된다. 가만있자, 이건 생각해 볼 문제구나. 악한이 내 아버지를 죽였는데 그 보답으로 외아들인 내가 그 악한을 천국으로 보내? 아니, 이건 복수가 아니라 도리어 사례를 하는 일이 된다. 저자의 손에 아버지는 현세의 온갖 욕망을 짊어진 채 죄업이 5월의 꽃처럼 한창 피어나고 있을 때 살해당하지 않았는가. 그러니 저승에서 어떤 심판을 받게 될 것인지 하느님밖에 누가 알겠는가? 그러나 우리 인간 세상의 기준으로 생각해 보면 무거운 벌을 받을 게 틀림없다. 그런데 저자가 영혼을 깨끗이 씻어서 천국의 길을 떠나기에 꼭 알맞은 이때 죽이는 것이 과연 그런 아버지에 대한 복수가 되겠는가? 천만에. (칼을 다시 칼집에 꽂는다) 칼아, 참고 기다렸다가 좀더 끔찍한 기회를 보자. 만취하여 곤드라졌을 때나 격분했을 때, 잠자리에서 추한 쾌락에 빠져 있을 때나 노름하고 욕할 때, 그 밖에 전혀 구원의 여지가 없는 나쁜 짓을 하고 있을 때에 저자를 처리하자. 그러면 뒷발로 하늘을 차고 굴러 떨어지는 그의 영혼은 자기가 찾아가는 지옥만큼이나 저주받게 될 테니. 어머니가 기다리고 계신다. 너를 살려두는 것은 너의 괴로운 나날을 연장시켜 주기 위해서다. (그곳을 떠난다)

왕 (일어나면서) 나의 말은 하늘로 날아가지만 생각은 땅에 남아 있구나. 생각이 따르지 않는 말은 결코 하늘에 이르지 못한다. (퇴장)

〔제3막 제4장〕

왕비의 방.
벽에 휘장이 드리워졌고, 다른 쪽에는 선왕의 초상화와 현왕의 초상화가 걸려 있다. 긴 의자와 작은 의자 몇 개가 놓여 있다. 왕비와 폴로니어스 등장.

폴로니어스 곧 오실 겁니다. 단단히 타이르십시오. 장난을 해도 정도껏 해야 하지 않겠습니까. 중간에서 전하의 진노를 겨우 막았노라고 말씀하십시오. 저는 이 뒤에 숨어 있겠습니다. 제발 단단히 일러두십시오.

햄릿 (무대 밖에서) 어머니, 어머니, 어머니!

왕비 그러겠어요. 염려 마세요. 어서 숨으세요. 오는 소리가 들려요. (폴로니어스, 휘장 뒤에 숨는다)

햄릿 등장.

햄릿 어머니, 무슨 일이십니까?

왕비 햄릿, 너의 아버지께서는 너 때문에 몹시 화가 나셨다.

햄릿 어머니, 아버지께서는 어머니 때문에 몹시 화가 나셨습니다.

왕비　아니, 그런 불성실한 대답이 어디 있느냐?

햄릿　아니, 그런 부도덕한 질문이 어디 있습니까?

왕비　왜 그러느냐, 햄릿?

햄릿　왜 그러십니까?

왕비　나를 잊었느냐?

햄릿　잊다뇨, 천만에요! 왕비시고, 남편의 동생의 아내십니다. 그리고 그렇지 않았으면 좋았을 텐데, 저의 어머니이십니다.

왕비　정 그렇다면 너를 혼내줄 수 있는 분을 불러야겠다. (퇴장하려 한다)

햄릿　(왕비를 붙들고) 자, 자, 앉으십시오. 꼼짝도 하지 마시고. 그 마음속을 거울에 환히 비추어 보여드릴 테니. 그 전에는 한 발짝도 뜨지 못하십니다.

왕비　어쩌자는 거냐, 나를 죽일 참이냐? 사람 살려!

폴로니어스　(휘장 뒤에서) 큰일 났다. 사람 살려!

햄릿　(칼을 빼들고) 이건 뭐냐, 쥐냐? 뒈져라, 뒈져! (휘장 속을 칼로 찌른다)

폴로니어스　(쓰러지면서) 아이고, 나 죽는다!

왕비　아니, 이게 무슨 짓이냐?

햄릿　저도 모릅니다. 왕입니까? (휘장을 들고 보니 폴로니어스가 죽어 있다)

왕비　아, 이 무슨 난폭하고 잔인한 짓이냐!

햄릿　잔인한 짓이요? 어머니, 왕을 죽인 그 동생과 결혼하는 것보다는 나을걸요.

왕비　왕을 죽인!

햄릿　네, 그렇습니다. (죽은 폴로니어스를 보면서) 경솔하게 아무 데나 참견하는 못난 바보 같으니. 좀더 훌륭한 인간인 줄 알았지. 다 네 운명으로 받아들여라. 지나치게 설치면 위험하다는 걸 이제는 알았겠지. (휘장을 놓고 왕비를 향하여) 그렇게 손만 쥐어뜯지 마시고 진정하고 앉으십시오. 제가 그 가슴을 쥐어짜 드릴 테니까. 그 가슴에 도리가 통한다면 말입니다. 그 망측한 습관으로 가슴이 놋쇠처럼 굳어서 감정이 전혀 뚫고 들어갈 수 없을 만큼 느낌이 무디어지지 않았기를 바랍니다.

왕비　내가 무슨 행동을 했기에, 감히 네가 그토록 무례하게 혀를 놀리느냐?

햄릿　여자의 정숙함과 수줍음을 더럽히고, 미덕을 위선이라 부르게 했으며, 깨끗하고 참된 연인의 아름다운 이마에서 장미꽃을 뜯어내고 그 자리에

햄릿의 폴로니어스 살해 코크 스미스. 19세기

창부의 낙인을 찍었고, 결혼의 맹세를 도박꾼의 맹세처럼 거짓되게 만든 행
동을 하지 않았습니까? 아, 백년가약의 맹세에 담긴 정신을 저버리고, 신성
한 예식을 한낱 헛소리로 만든 행동을 하시지 않았습니까? 그 행동에는 하
늘도 격분하여 얼굴을 붉히고, 이 단단한 대지도 최후 심판의 날이라도 당
한 것처럼 수심에 잠겨 있습니다.

왕비 아니, 대체 그게 어떤 행동이길래 이렇게 떠들고 야단법석이냐?

햄릿 (벽에 걸린 두 초상화 쪽으로 왕비를 데리고 가서) 자, 보십시오, 이 그림과 저
그림을. 같은 피를 나눈 형제의 초상화입니다. 보십시오, 저 빼어난 아름다
운 얼굴을. 태양신 아폴로처럼 물결치는 머리카락과 마치 유피테르 같은 이
마, 주위를 위압하고 호령하는 군신 마르스 같은 눈, 하늘로 치솟는 산꼭대
기에서 갓 내려앉은 사신(使神) 메르쿠리우스 같은 의젓한 자세. 참으로 그
조화와 그 형상은 모든 신이 인간의 본보기로서 우리에게 보증해 줄 분, 이
분이 전남편이십니다. 자, 다음에는 이쪽 그림을 보십시오. 현재의 남편입
니다. 병든 보리 이삭처럼 형을 말려 죽인 놈입니다. 눈이 있습니까, 어머니
는? 이런 아름다운 산을 버리고 이런 황무지에서 맛있는 먹이를 찾다니, 기

가 막혀서! 정말 눈이 있습니까? 이걸 사랑이라 부를 수는 없지요. 어머니 정도의 나이가 되면 불같은 욕정도 순해지고 분별심에 복종하는 것이 아닙니까? 분별심이 여기서 이리로 자리를 옮긴단 말입니까? 욕정이 있는 것을 보면 틀림없이 감각도 있을 텐데, 그 감각이 마비되어 버린 것이 틀림없어요. 미치광이도 그런 실수는 안 합니다. 하물며 아무리 광증에 자유를 빼앗긴 감각이기로 얼마쯤 판단력은 남아 있을 텐데, 이런 뚜렷한 차이를 구별하지 못하시나요? 귀신한테 홀려서 눈뜬 장님이라도 되셨단 말입니까? 만질 수 없어도 눈이 있으면, 볼 수 없어도 만질 수 있으면, 손이나 눈이 없어도 귀가 있으면, 다른 아무것이 없어도 코만 있으면, 또는 병든 감각일지라도 한 조각만 남아 있다면 이렇듯 망령을 부릴 수는 없었을 것입니다. 아, 수치심아, 너의 부끄러움은 어디 갔느냐? 저주받을 욕정아, 네가 중년 부인의 뼛속에서 반란을 일으킬 수 있다면 피 끓는 청춘 속에서는 도덕이 초처럼 불에 녹아 없어지려무나. 감당 못할 욕정에 빠지더라도 창피할 것은 조금도 없다. 머리에 서리 앉은 늙은이도 활활 정욕의 불에 타고, 이성이 정욕의 앞잡이 노릇을 하는 판이니.

왕비 오, 햄릿, 그만해라. 네 말을 들으니 비로소 이 마음속이 뚜렷이 들여다보이는구나. 내 마음속에 새겨진 이 시커먼 얼룩, 아무리 씻어도 지워지지 않을 게다.

햄릿 아니, 지워지긴커녕 땀내 나는 기름에 절인 이불 속에 들어가 정욕에 넋을 잃고, 돼지처럼 엉겨서 시시덕거리고 몸을 섞다니.

왕비 오, 그만해라. 네 말이 비수처럼 내 가슴을 찌르는구나. 그만해 다오, 햄릿.

햄릿 살인자, 악당, 부왕의 오백 분의 일만도 못한 하인 같은 자식, 폭군 중의 폭군, 영토와 왕권을 가로챈 소매치기. 선반 위의 귀중한 왕관을 훔쳐다가 제 주머니에 집어넣은 놈…….

왕비 그만!

햄릿 누더기를 걸친 거지 왕 같은 놈이…….

이때 유령이 나타난다.

햄릿 오, 하늘의 수호신들이여, 저를 구해 주소서. 당신들의 날개로 나를 덮

영화 〈햄릿〉 로렌스 올리비에 감독·주연, 에일린 헐리(거트루드 역) 출연. 1948.

어 보호하소서! (유령에게) 무슨 일로 나오셨습니까?

왕비 오, 제정신이 아니구나.

햄릿 이 게으른 자식이 때를 놓치는 우유부단한 꼴을 꾸짖으러 오신 것입니까? 아, 말씀하십시오!

유령 잊지 말아라! 내가 이렇게 찾아온 것은 무디어진 네 결심을 날카롭게 갈아주기 위해서다. 하지만 보아라. 네 어머니의 저 두려움에 떠는 모습을. 아, 저 고민을 덜어드려라! 몸이 약한 자일수록 고민은 강하게 작용하는 법이다. 자, 어머니에게 말을 건네드려라, 햄릿.

햄릿 어떠십니까, 어머니?

왕비 오, 어찌 된 일이냐, 그렇게 허공을 보고 아무 실체도 없는 공기와 이야기를 하다니? 비상경보에 놀라 깬 군인처럼 네 영혼은 눈을 번득이고, 잘 빗은 머리카락이 오물통에라도 빠진 듯 곤두섰구나. 애야, 진정해라. 비록 불길처럼 정신이 달아오르더라도 냉정을 되찾고 꾹 참아다오. 아니, 어디를 그렇게 보느냐?

햄릿 저분을 보십시오! 저토록 창백한 얼굴로 이쪽을 바라보고 계십니다! 저 모습, 저 가슴에 맺힌 사연을 들으면 돌도 눈물을 흘릴 것입니다. 그렇게 저를 보지 마십시오. 그렇게 애처로운 행동을 하시면 저의 굳은 결심이 꺾이고 맙니다. 그러면 제가 해야 할 일이 빛을 잃어, 피 대신 눈물을 흘리게 되고 맙니다.

왕비 누구에게 하는 말이냐?

햄릿 저기 아무것도 안 보입니까?

왕비 아무것도 없잖니.

햄릿 그럼, 아무 소리도 안 들립니까?

왕비 아니, 우리 두 사람의 말소리밖에는.

햄릿 아, 저기를 좀 보십시오! 지금 사라지고 있잖습니까! 아버님이 살아 계실 때와 똑같은 모습으로! 보십시오, 저리로 가십니다. 지금 막 문밖으로 나가십니다! (유령이 사라진다)

왕비 네 눈에 헛것이 보인 게냐. 광증은 때때로 그런 환상을 그린다더라.

햄릿 환상? 제 맥박은 어머니 맥박과 똑같이 규칙적으로 건강하게 고동치고 있습니다. 제 말은 절대로 광증에서 나온 게 아닙니다. 시험해 보십시오. 지금 한 말을 한마디도 틀림없이 되풀이할 테니까요. 미치광이라면 어딘가에서 빗나갈 것입니다. 어머니, 제발 부탁드립니다. 그렇게 야심에 자기 위안의 고약을 발라 자기 죄를 아들의 광증 탓이라고 말씀하지 마십시오. 그런 고약은 상처를 얇은 거죽으로 덮어주겠지만, 썩은 뿌리는 자꾸만 속으로 파

어머니(거트루드)를 비난하는 부왕의 혼령과 햄릿 혼령은 1막에서 등장하고 3막 4장에서 다시 등장한다. 그녀는 햄릿의 반응을 그가 미친 증거라고 해석한다.

먹어 들어가 모르는 사이에 온몸에 퍼지고 맙니다. 죄를 하느님께 고백하십시오. 지난날의 잘못을 뉘우치십시오. 앞으로 근신하십시오. 그리고 잡초에 거름을 주어 더욱 무성하게 만드는 짓은 하지 마십시오. 이런 충고를 용서하십시오. 이런 썩을 대로 썩은 세상에서는 미덕이 악덕에게 용서를 구해야 하지요. 아니, 이로운 말을 하는데도 머리를 조아리고 비위를 맞춰야 하는 판입니다.

왕비 아, 햄릿. 너는 내 가슴을 둘로 쪼개놓는구나.

햄릿 아, 그 나쁜 쪽은 버리시고, 나머지 좋은 쪽으로 좀더 깨끗하게 살아가십시오. 그럼 안녕히 주무십시오. 그러나 숙부의 잠자리에는 가시면 안 됩니다. 정절이 없거든 있는 체라도 하십시오. 습관은 악습에 대한 인간의 모든 감각을 먹어 삼키지만 천사 역할도 합니다. 늘 좋은 행동을 하고 있으면, 처음에는 어색한 옷 같지만 어느새 몸에 꼭 어울리게 만들어 줍니다. 오늘 밤에는 참으십시오. 그러면 내일 밤에는 참기가 한결 쉬워지고, 그다음 날 밤에는 더욱 쉬워집니다. 이렇듯 습관은 거의 천성을 바꿀 수도 있고 악마를 다스릴 수도, 내쫓을 수도 있는 신비로운 힘을 가지고 있습니다. 다시 한 번 안녕히 주무십시오. 하느님의 자비를 구하시고 싶을 때에는 함께 축복을 기도해 드리겠습니다. (폴로니어스를 가리키면서) 이 사람은 유감스럽게 되었습니다. 하지만 다 하늘의 뜻, 하느님은 이것으로 저를 벌주시고, 제 손을 빌려 이 늙은이를 처벌하신 것입니다. 저는 신의 벌을 전하고 집행하는 구실을 한 것입니다. 시체는 제가 처리하지요. 그리고 이 사람을 죽인 책임은 모두 제가 지겠습니다. 그럼 다시 한 번 안녕히 주무십시오. 자식 된 도리로 간언을 하자니 이렇게 가혹해지지 않을 수가 없었습니다. 이것은 불행의 서막이고, 더 끔찍한 일이 뒤에 남아 있습니다. (나가려다 다시 돌아서서) 한마디만 더 드리지요, 어머니.

왕비 나는 어떻게 하면 좋으냐?

햄릿 제가 절대로 하지 말라고 한 일들을 하시지요. 돼지 같은 왕이 끌거든 다시 침실로 따라가시고요. 음탕하게 볼이나 꼬집히고, "귀여운 내 생쥐야" 하는 소리나 듣고, 퀴퀴한 입으로 두어 번 입이나 맞추게 하고, 그 징글맞은 손가락으로 목이나 애무하게 하면서 다 고해바치시라고요. 실은 그 애가 미친 게 아니라 미친 체하고 있다고. 사실대로 알려주는 것이 좋을걸요. 아름답고 정숙하며 슬기로운 왕비가 아니고서야 누가 그 두꺼비, 박쥐, 수괭이 같은 놈한테 이런 중대한 일을 끝내 숨길 수 있겠습니까? 분별이고 비밀이고 다 소용없어요. 유명한 원숭이 이야기도 있지 않습니까? 지붕에 새장을 들고 올라가서 뚜껑을 열어 새들을 다 날려 보내고, 자기도 한번 날아본답시고 그 속에 기어들어가서 뛰어내리다가 지붕에서 떨어져 목이 부러졌답니다.

왕비 염려 말아라. 사람의 말이 숨결에서 나오고, 숨결은 목숨으로 된 것이라면 나는 네 말을 누설할 숨결도 목숨도 없다.

햄릿 저는 잉글랜드로 가야 합니다. 아십니까?

왕비 아 참, 깜박 잊고 있었구나. 그렇게 결정되었단다.

햄릿 국서는 이미 봉해지고, 독사처럼 간교한 저의 두 벗이 왕명을 받고 기다리고 있습니다. 그놈들이 길잡이가 되어서 저를 함정으로 몰고 갈 모양이지만, 해보라죠. 제 손으로 묻은 지뢰가 터져서 허공에 날아올라가는 꼴을 구경하는 것도 재미있을 테니까요. 수고스럽긴 하겠지만, 그놈들이 묻어놓은 지뢰의 석 자 밑을 파서 놈들을 달까지 날아올라가게 만들죠…… 이거 참 재미있겠는데. 외나무다리에서 원수를 만나는 격이군. 이 양반 덕분에 내가 바빠지게 생겼구나. 시체를 옆방으로 끌고 가야겠다. 그럼 어머니, 안녕히 주무십시오. 폴로니어스는 이제야 조용히 입을 다물고 엄숙해졌군요. 살아 있을 적에는 어리석은 수다쟁이였는데. 자, 가볼까. 이것으로 그대와의 일도 끝내야지. 안녕히 주무십시오, 어머니. (시체를 끌고 퇴장. 혼자 남은 왕비는 엎드려 흐느낀다)

〔제4막 제1장〕

성안의 한 방.
왕과 왕비, 로젠크란츠와 길덴스턴을 거느리고 등장.

왕 이 한숨 소리를 들으니 무슨 일이 있는가 보구려. 이 깊은 탄식의 까닭을 이야기해 보시오. 나도 알아야 하지 않겠소. 그런데 햄릿은 어디 갔소?

왕비 두 사람은 잠시 물러나 주세요. (로젠크란츠와 길덴스턴 퇴장) 아, 오늘 밤에는 참으로 끔찍한 일을 당했습니다!

왕 무슨 일이오, 왕비? 햄릿이 어떻게 했소?

왕비 파도와 바람이 서로 어느 쪽이 더 센가 겨루면서 한창 미쳐 날뛰고 있는데 휘장 뒤에서 무슨 소리가 나니까, 휙 칼을 빼들고 미치광이처럼 "쥐새 끼다, 쥐새끼!" 외치더니 뒤에 숨은 노인을 찔러 죽였어요.

왕 오, 그럴 수가! 나도 그 자리에 있었더라면 변을 당할 뻔했구나. 내버려 두었다가는 나나 당신이나, 다른 누구라도 큰 화를 입겠소. 아, 이 유혈 행 위를 뭐라고 해명한단 말이오? 세상은 나를 나무랄 것이 아니겠소. 이 젊 은 미치광이를 미리 경계해서 나다니지 못하게 감금하고 바깥과의 접촉 을 끊어놓았어야 하는 것을. 그러나 그 애를 너무나 사랑했기 때문에 그 방법만은 피하려고 했었소. 하지만 병에 걸린 사람처럼 소문이 나지 않게 숨기려다가 도리어 자기 생명을 갉아먹힌 처지가 되었구려. 그 애는 어디 갔소?

왕비 자기가 죽인 시체를 치우러 나갔습니다. 하찮은 광석 속에 묻힌 순금처 럼 그 광기 속에도 한 조각의 맑은 정신이 남아 있는지, 자기가 한 일에 대 해서 눈물을 흘렸어요.

왕 아, 여보, 들어갑시다! 해가 저 산에 솟아오르자마자 햄릿을 배에 태워야 겠소. 이런 상서롭지 못한 일은 권력과 계책으로 적당히 얼버무려서 해명 하는 수밖에 없소. 여봐라, 길덴스턴!

길덴스턴과 로젠크란츠 다시 등장.

왕 자네들은 가서 몇 사람 더 불러오도록 해라. 햄릿이 광란 중에 폴로니어 스를 살해하고, 제 어머니 방에서 시체를 끌고 나간 모양이다. 빨리 가서 찾아보아라. 부드러운 말로 타이르도록 해라. 그리고 시체는 교회당에 안치 하여라. 서둘러라, 부탁한다. (로젠크란츠와 길덴스턴 퇴장) 왕비, 곧 유능한 신 하들을 불러서 이 갑작스런 사고와 대책을 알려야겠소. 세상의 비방은 포 탄이 과녁을 정확히 맞히듯 지구 끝까지 그 독설을 싣고 가는 법이지만 이 렇게 대비책을 마련해 두면 내 명성은 맞히지 못하고 허탕만 치게 될 거요. 자, 들어갑시다! 내 마음은 갈피를 잡을 수 없고 불안만 가득하오. (왕비와 함께 퇴장)

성안의 다른 방.
햄릿 등장.

햄릿 이만하면 잘 숨겼겠지.
로젠크란츠, 길덴스턴 (안쪽에서) 햄릿 왕자님!
햄릿 가만, 저 소리는 뭐지? 누가 나를 부르나? 아, 저기들 온다.

로젠크란츠와 길덴스턴, 호위병을 데리고 허겁지겁 등장.

로젠크란츠 시체는 어떻게 하셨습니까, 왕자님?
햄릿 흙과 섞였지, 서로 같은 종류니까.
로젠크란츠 어디 두셨는지 말씀해 주십시오. 저희들이 찾아다가 교회당에
   안치하겠습니다.
햄릿 믿지들 말아.
로젠크란츠 무엇을 말씀입니까?
햄릿 내가 자네들의 비밀은 지킬 수 있고, 내 비밀은 지킬 수 없다는 걸 말이
   야. 더구나 왕의 아들이 해면 같은 족속들의 질문에 대답을 해야 되겠나?
로젠크란츠 저를 해면으로 보십니까, 왕자님?
햄릿 그래. 전하의 총애와 보상과 권세를 빨아들이는 해면이지. 하기야 그런
   관리들이 결국 왕에게는 가장 요긴한 인간들이란 말이야. 왕은 그런 족속
   을, 원숭이가 사과를 넣어두듯이 입 한쪽에 넣어두지. 처음에는 넣고만 있
   다가 나중에는 삼켜버린다고. 자네들이 왕을 위해 모아놓은 정보를 왕은
   필요할 때 꾹 짜기만 하면 되거든. 그러나 자네들은 해면이라 다시 속이 바
   짝 말라버린단 말이야.
로젠크란츠 무슨 말씀인지 모르겠습니다, 왕자님.
햄릿 거 반가운 일일세. 어떤 악한 말이든 소 귀에는 그저 스쳐 지나가는 바
   람이거든.
로젠크란츠 왕자님, 시체를 어디다 두셨는지 말씀하셔야 합니다. 그리고 저

희와 함께 전하게 가시지요.

햄릿 몸은 왕과 함께 있지만, 왕은 몸과 함께 있지 않다. 왕 같은 것은······.

길덴스턴 왕 같은 것이라니요, 왕자님?

햄릿 아무것도 아니란 말야. 전하께 안내해라. 여우야 숨어라, 머리카락 보인다. (달려 나간다. 모두 그 뒤를 쫓아간다)

〔제4막 제3장〕

성안의 한 방.
왕이 두세 명의 귀족들과 단상의 탁자에 마주앉아 있다.

왕 햄릿을 붙들어서 시체를 찾아오라고 사람을 보냈소. 마음대로 돌아다니게 내버려 두었다가는 또 얼마나 위험할지 모르겠소! 그렇다고 엄벌에 처해서는 안 되오. 그 애는 경박한 민중의 사랑을 받고 있으니 말이오. 민중은 이성으로 판단하지 않고 눈으로 보아서 좋고 나쁘고를 결정해서, 범죄자가 받는 형벌만 문제삼고 범죄 그 자체는 생각지 않으니까. 일을 원만히 처리하기 위해서는 왕자를 서둘러 해외로 보내는 수밖에 없소. 오랜 생각 끝에 이같이 급한 조치를 취한 것처럼 보이게 해서 말이오. 가망이 없는 병은 극단적인 요법으로 치료하는 수밖에 다른 방법이 없소.

로젠크란츠와 길덴스턴, 그 밖의 몇 사람 등장.

왕 웬일이냐? 어떻게 되었느냐?

로젠크란츠 시체를 어디에 감추었는지 도무지 알려주시지 않습니다.

왕 왕자는 어디 있느냐?

로젠크란츠 밖에 계십니다. 감시를 붙여두었습니다.

왕 이리 데리고 오너라.

로젠크란츠 여봐라, 왕자님을 안으로 모셔라!

햄릿, 호위를 받으면서 등장.

왕   자, 햄릿, 폴로니어스는 어디 있느냐?

햄릿   식사 중입니다.

왕   식사 중이라, 어디서?

햄릿   먹고 있는 것이 아니라 먹히고 있는 중입니다. 지금 정치 구더기들이 모여서 한참 먹고 있는 중입니다. 구더기란 놈은 회식의 제왕이거든요. 우리는 우리가 살찌자고 다른 동물들을 살찌우고, 우리가 살찌는 것은 구더기를 살찌우기 위한 것입니다. 살진 왕이나 여윈 거지나 맛은 다르지만 한 식탁에 오르는 두 쟁반의 요리지요. 그뿐입니다.

왕   아, 한심하구나!

햄릿   왕을 뜯어먹은 구더기를 미끼로 고기를 낚고, 구더기를 먹은 그 고기를 사람이 먹을 수도 있습니다.

왕   그게 무슨 뜻이냐?

햄릿   왕이라도 거지 배 속으로 행차하실 수 있다는 말씀을 드린 것뿐입니다.

왕   폴로니어스는 어디 있나?

햄릿   천국에요. 누구를 보내어 알아보십시오. 천국에서 찾지 못하거든, 이번에는 다른 한쪽에 가서 직접 찾아보십시오. 그러나 이달 안에 찾아내지 못하시면 전하께서 복도로 통하는 계단에 올라가실 때 냄새가 날 것입니다.

왕   (시종들에게) 거기 가서 찾아보아라.

햄릿   자네들이 올 때까지 기다리겠다. (시종들 퇴장)

왕   햄릿, 이번 행동에 대해 나는 몹시 가슴 아프다. 또 무엇보다도 네 몸의 안전이 걱정되어 하는 말이다만, 일이 이렇게 되었으니 너는 한시바삐 이곳을 떠나야겠다. 그러니 곧 떠날 준비를 해라. 배편은 이미 마련되어 있고, 바람도 순풍이고 수행원들도 기다리고 있다. 잉글랜드로 떠날 준비가 모두 갖춰져 있다.

햄릿   잉글랜드로요?

왕   그렇다, 햄릿.

햄릿   좋습니다.

왕   내 뜻을 알아준다면 그래야지.

햄릿   그 뜻을 꿰뚫어 보고 있는 천사가 눈에 보입니다. 하지만 가자, 잉글랜드로! (절을 하며) 안녕히 계십시오, 어머니.

왕 사랑하는 아버지다, 햄릿.

햄릿 어머니입니다. 아버지와 어머니는 남편과 아내이고, 남편과 아내는 한 몸이죠. 그러니 어머니입니다. (호위병들을 돌아다보며) 자, 가자, 잉글랜드로! (호위를 받으며 퇴장)

왕 (로젠크란츠와 길덴스턴에게) 어서 따라가서 적당히 꾀어 바로 배에 태우도록 해라. 머뭇거리면 안 된다. 오늘 밤 안으로 당장 보내야겠다. 가거라! 그 밖의 절차는 다 준비되어 있다. 서둘러 다오. (혼자만 남고 모두 퇴장) 자, 잉글랜드 왕이여, 나의 호의를 존중한다면—나의 위대한 힘은 충분히 알고 있을 테지만, 덴마크군의 창검이 휩쓸고 지나간 상흔이 아직도 생생하고 붉으며, 또 충성을 자청한 그대일지니—설마 나의 엄명을 냉정히 다루지는 않으리라 생각된다. 내용은 친서에 밝혀져 있다만, 곧 햄릿을 죽여 없애라. 반드시 실행하라, 잉글랜드 왕이여. 무슨 열병인 양 그놈이 내 핏줄 속에서 발악하니 그대가 나를 고쳐주어야 한다. 그때까지는 아무리 좋은 일도 내게 기쁨을 주지 못하리라. (퇴장)

〔제4막 제4장〕

덴마크의 어느 들판.
포틴브라스가 군대를 이끌고 진군하고 있다.

포틴브라스 부대장, 가서 덴마크 왕께 문안을 여쭈어라. 그리고 포틴브라스가 전하의 재가를 얻어 약속대로 덴마크 영토를 지나가도록 허락해 주시기 바란다고 전해라. 우리가 만날 지점은 알고 있지? 만일 바라신다면 어전에 가서 경의를 표하겠다고 아뢰어라.

부대장 분부대로 하겠습니다. (부하들 몇 명 거느리고 퇴장)

포틴브라스 (휘하 군대에게) 자, 조용히 전진. (부대를 거느리고 퇴장)

부대장은 도중에서 항구로 향하고 있는 햄릿, 로젠크란츠, 길덴스턴, 호위병들을 만난다.

햄릿 여보시오, 이것은 어디 군대요?

부대장 노르웨이군입니다.

햄릿 목적이 무엇입니까?

부대장 폴란드의 모 기지를 공략하기 위해섭니다.

햄릿 지휘관은 누구십니까?

부대장 노르웨이 왕의 조카 포틴브라스 왕자님이십니다.

햄릿 폴란드 중심부로 진격하십니까, 아니면 국경의 일부입니까?

부대장 솔직히 말씀드리면, 명목 이외에 아무 이득도 없는 손바닥만 한 지역을 점령하러 가는 길입니다. 5더컷의 소작료만 내는 땅입니다. 단돈 5더컷 말입니다. 저 같으면 그런 땅은 부쳐 먹지도 않겠습니다. 노르웨이 왕이나 폴란드 왕이나 그걸 사유지로 팔아도 그 이상 이득은 얻지 못할 것입니다.

햄릿 그럼 폴란드인들은 그까짓 땅은 수비도 않겠군요.

부대장 웬걸요. 이미 수비대가 배치되어 있습니다.

햄릿 2천 명의 생명과 2만 더컷의 돈을 희생하더라도 이 지푸라기 같은 문제는 해결되지 않을 것이오. 나라가 부유해지고 안일에 빠지면 이런 종기가 생기게 마련이죠. 속으로 곪아 터지면 겉으로는 아무 증세도 나타나지 않은 채 목숨을 잃고 맙니다. 아, 수고가 많습니다.

부대장 안녕히 가십시오. (퇴장)

로젠크란츠 그럼 가시지요, 왕자님.

햄릿 곧 따라갈 테니 먼저들 가게. (혼자만 남고 모두 퇴장) 아, 모든 일이 나를 꾸짖고 둔해진 내 복수심을 채찍질하는구나! 인간이란 대체 무엇일까! 인간의 행위와 한평생의 삶이 단지 자고 먹는 것뿐이라면? 그렇다면 짐승과 조금도 다를 바 없다. 신이 우리 인간에게 이렇듯 위대한 사유의 힘을 주시고 앞뒤를 살필 수 있도록 해주신 것은, 그 능력과 신 같은 이성을 쓰지 않고 곰팡이가 피도록 내버려 두라는 뜻은 아닐 터. 그렇다면 짐승처럼 잘 잊어버리기 때문인가, 아니면 일의 결과를 너무 세밀하게 생각하는 좁은 마음의 망설임 탓인가—사려를 넷으로 나누면 그 하나만이 지혜이고 나머지 셋은 언제나 비겁함이기 때문인가—나는 왜 "이 일은 꼭 해야 할 일이다"되뇌며 살아가고 있는가? 그 일을 실행할 명분과 의지와 실력과 수단을 가지고 있으면서 대지처럼 엄청난 실례(實例)가 나를 훈계하고 있지 않은가. 저

군대를 보라. 수많은 인원, 엄청난 비용, 더욱이 그 인솔자는 가냘픈 젊은 왕자. 그러나 그 정신은 고매한 공명심으로 가득 차 있고, 알지 못하는 앞일을 코웃음 치면서 달걀 껍데기 같은 하찮은 일에 내일을 모르는 덧없는 목숨을 무릅쓰고 있지 않은가. 진정으로 위대한 행위에는 그만큼 훌륭한 명분이 따라야 하지만, 대장부의 명예에 관계될 때는 지푸라기만 한 문제라도 당당히 싸워야 한다. 그런데 나는 이 무슨 꼴인가? 아버지는 살해되고 어머니는 더럽혀지고, 이만하면 이성과 피가 끓어오를 만도 한데 그저 침묵하고 있으니 창피할 노릇이다. 보라, 저것을. 2만 군졸이 코앞에 닥칠 죽음으로 나아가고 있지 않은가. 환상 같은 허망한 명예를 찾아 마치 잠자리에라도 가듯 무덤을 찾아가고 있지 않은가. 대군이 승패를 가릴 수도 없는 조그만 땅, 전사자를 묻을 무덤으로 쓰기에도 모자라는 조그만 땅을 위하여. 아, 이제부터 내 마음은 피비린내 나는 일만 생각하리라, 그 밖에는 아무런 가치도 없으리라! (퇴장)

몇 주일이 지난다.

〔제4막 제5장〕

엘시노어. 성안의 어느 방.
왕비, 시녀들, 호레이쇼, 그리고 신사 한 사람 등장.

왕비 나는 그 애와 이야기하지 않겠어요.
신사 꼭 뵙겠다고 졸라댑니다. 아주 실성했는지, 그 모습이 여간 측은하지 않습니다.
왕비 어떻게 해달라는 거죠?
신사 자꾸 자기 아버지 이야기를 하고 있습니다. 세상에는 별별 괴상한 일이 다 많다고 들었다면서, 헛기침을 했다가 가슴을 쳤다가, 하찮은 일에도 화를 냈다가, 무슨 소린지 뜻도 잘 안 통하는 말을 중얼거리고 있습니다. 물론 아무것도 아닌 말들입니다만 도리어 듣는 사람의 마음을 움직입니다. 듣는 이들은 저마다 그럴듯하게 꿰맞추어 제 마음대로 해석합니다. 그런데 그녀

왕과 왕비 앞에서의 오필리아 벤자민 웨스트. 1792.

가 눈짓을 하고, 고개를 끄덕이고, 몸짓을 하는 것으로 미루어 보건대, 확실
하지는 않지만 무슨 큰 불행이 있었다는 생각을 하게 됩니다.

호레이쇼 한번 만나셔서 몇 말씀 해주시는 게 좋을 것 같습니다. 저러다가
속 검은 인간들의 마음속에 어떤 위험한 억측의 씨를 뿌리게 될지 모릅
니다.

왕비 그 애를 불러들여요. (신사 퇴장. 혼잣말로) 죄악의 본성이 본디 그런 것이
지만, 병든 내 영혼에는 하찮은 일 하나하나가 무슨 큰 재앙의 서곡처럼 여
겨지는구나. 죄지은 마음이 어리석은 두려움에 가득 차서 감추려고 애를
쓰면 쓸수록 도리어 더 나타나게 되나 보다.

미친 듯한 모습의 오필리아를 데리고 신사 다시 등장.

오필리아 덴마크의 아름다운 왕비님은 어디 계시나요?

왕비 아니, 오필리아?

오필리아 (노래를 부른다)

당신의 진실한 사랑과 다른 사랑을
어떻게 알아볼까?
지팡이와 짚신에 모자 쓴
순례자가 바로 나의 님.

왕비   아, 애야, 그 노래가 무슨 뜻이냐?
오필리아   뭐라고요? 아니 좀더 들어보세요. (노래한다)

그분은 죽어서 가버렸어요.
죽어서 가버렸어요.
머리맡엔 초록빛 잔디풀
발치에는 묘석이 하나.

으흐흐!

왕비   아니, 애, 오필리아······.
오필리아   제발 좀더 들어보세요. (노래한다)

수의는 산꼭대기 눈과 같이 희고······.

왕 등장.

왕비   아, 애를 좀 보세요.
오필리아   (노래한다)

향기로운 꽃들에 파묻혀
영원한 길 떠나가는데,
사랑의 눈물은 비 오듯 하네.

왕   웬일이냐, 오필리아?

오필리아　고맙습니다. 사람들이 그러는데 올빼미는 본디 빵집 딸이었대요.
　　우리는 오늘 일은 알고 있지만, 내일은 어떻게 될지 아무도 몰라요. 하느님
　　이 식탁에 함께하시길!

왕　아버지를 생각하고 있구나.

오필리아　제발 그 이야긴 그만두세요. 하지만 사람들이 뜻을 묻거든, 이렇게
　　대답하세요. (노래한다)

　　　내일은 성 발렌타인의 날
　　　아침 일찍 일어나
　　　이 처녀는 당신의 창 아래 가서
　　　사랑을 기다리고 있을게요.
　　　내 님은 일어나 옷을 입고
　　　얼른 방문을 열어주었네.
　　　처녀는 방으로 들어갔는데
　　　나올 때는 처녀가 아니었다네.

왕　아니, 오필리아!

오필리아　아이참, 잡담은 그만하고, 노래를 끝내야겠어요. (노래한다)

　　　아, 이 일을 어찌한다지
　　　너무나 부끄러운 나의 신세!
　　　아무리 남자의 습성이라지만
　　　그것은 너무도 얄미운 처사.
　　　그녀가 말하길 "나를 옆에 눕히기 전에
　　　당신은 결혼을 약속했어요."
　　　그가 대답하길 "태양에 걸고 정말 그랬을 거야.
　　　네가 침대로 찾아들지 않았다면."

왕　언제부터 저 모양이 되었소?

오필리아　모든 일이 잘될 거예요. 우리는 참아야 해요. 하지만 그분이 차디

찬 땅속에 묻힐 것을 생각하니 울지 않을 수가 없어요. 오빠도 그걸 알게 될 거예요. 좋은 충고 고맙습니다. 자, 마차야 가자! 안녕히 주무세요, 여러분들. 안녕히 주무세요, 아름다운 여러분들. 안녕히 주무세요, 안녕히 주무세요. (퇴장)

왕   곧 따라가 보아라. 잘 감시해 다오. (호레이쇼와 신사, 오필리아를 따라서 퇴장) 아, 이 모두 슬픔이 빚어낸 병독이오. 모두 그 애 아버지의 갑작스런 죽음 때문이오. 보시오! 오, 왕비, 왕비. 슬픔은 홀로 오지 않는다더니 먼저 그 애 아버지가 살해되고 다음에는 햄릿이 떠났소. 하기야 불행의 장본인이니 추방도 마땅한 것이지만. 폴로니어스의 죽음에 대해 백성들 사이에서 억측이 구구하고 소문이 떠들썩해 진흙밭처럼 어지럽소. 나도 경솔한 짓을 했소, 그 시체를 쉬쉬해 가며 허겁지겁 묻어버렸으니. 가엾은 오필리아는 실성하여 판단력을 잃었소. 이제 그 애는 말이 사람이지 몰골은 그저 짐승에 지나지 않소. 그런데 이 모든 것보다 중대한 일은, 오필리아의 오라비가 몰래 프랑스에서 돌아와서도 의혹에 싸여서인지 도무지 모습을 나타내지 않는 일이오. 아버지의 죽음에 대한 해로운 소문을 그의 귀에 속살거려 주는 무리들이 어찌 없겠소. 그렇게 되면 진실이 모호하니만큼 나에 대한 비난이 귀에서 귀로 거침없이 번져갈 것이오. 아, 왕비, 이 비난이 죽음의 화살처럼 나의 온몸에 박혀 이윽고 나는 목숨을 잃게 될 것이오. (이때 밖에서 요란스런 소리가 들려온다)

왕비   아, 저 소리가 뭐지요?

왕   (큰 소리로) 여봐라!

시종 한 사람 등장.

왕   호위병들은 어디 갔느냐? 문을 지키라고 해라. 대체 무슨 일이냐?

시종   전하, 어서 피신하십시오! 바닷물이 둑을 넘어와 무서운 기세로 평지를 넘쳐흐르듯 레어티스가 폭도를 거느리고 들이닥쳐 호위병들을 제압하고 있습니다. 폭도들은 그놈을 왕이라고 부르면서, 마치 이 세계가 지금 막 새로 시작이나 된 것처럼 온갖 질서의 기준이자 기둥인 과거를 잊고, 관습도 아랑곳없이 입을 모아 소리를 지르고 있습니다. "우리는 레어티스를 왕으로 모시자!"하고 말입니다. 그리고 모자를 공중에 내던지고 손뼉을 치며 하늘이 무너져라고 "레어티스를 왕으로! 레어티스가 왕이다!"외치고 있습니다.

(안에서 함성이 갈수록 더욱 높아진다)

왕비 제 딴에는 의기양양하게 짖어대지만 냄새를 잘못 맡았어! 아, 방향을 잘못 짚었단 말이다. 이 배은망덕한 덴마크의 개들아!

왕 문이 부서지는구나.

레어티스, 무장을 하고 함부로 들어온다. 그 뒤로 군중이 따라 들어온다.

레어티스 왕은 어디 있나? 여러분들은 밖에서 기다리시오.

군중 아닙니다. 우리도 들어가겠습니다.

레어티스 제발, 이 일은 내게 맡겨주시오.

군중 그러지요, 기다리겠습니다. (모두 문밖으로 물러간다)

레어티스 고맙소. 문을 지켜주게. 이 흉악한 덴마크 왕아, 내 아버지를 내놔라!

왕비 진정해라, 레어티스.

레어티스 진정할 수 있는 피가 내 몸에 한 방울이라도 남아 있다면 나는 내 아버지의 자식이 아닐 테고, 내 아버지는 오쟁이 진 남편이며, 진정 정숙한 내 어머니의 이마에는 창녀의 낙인이 찍히게 될 것이오. (앞으로 다가간다. 왕비가 그를 가로막는다)

왕 레어티스, 무슨 이유로 이렇게 엄청난 반역을 꾀하느냐? 왕비, 내버려 두시오. 내 걱정은 마시오. 왕의 몸은 신의 가호가 둘러싸고 있으니, 역신이 나쁜 뜻을 품고 기웃거릴 수는 있어도 그 뜻을 이루지는 못하는 법이오. 말해라, 레어티스. 왜 그리 분개하느냐? 왕비, 내버려 두시오. 레어티스, 말해라.

레어티스 내 아버지는 어디 있나?

왕 죽었다.

왕비 하지만 전하가 하신 일이 아니다.

왕 뭐든 물어봐라.

레어티스 어떻게 죽었나? 나를 속이지는 못할 것이다. 충성 따위는 지옥에

나 가라! 충성의 맹세는 흉측한 악마에게 주겠다! 양심도, 신앙도, 모두 지옥의 구렁 속에 떨어져라! 나는 저주받아도 좋다. 똑똑히 말해 두지만, 현세고 내세고 간에 그런 건 내가 알 바 아니다. 될 대로 되라지. 그러나 내 아버지의 원수만은 기어코 갚고 말겠다.

왕 누가 막는다더냐?

레어티스 내가 그만두기 전에는 온 세상이 다 덤벼도 못 막을 것이다. 비록 내 힘은 모자라도 온갖 수단 방법을 다해서 기어이 끝까지 해내고 말 테니.

왕 레어티스, 네 아버지의 죽음에 대해서 확실하게 알아야 할 것 아닌가? 네 복수라는 것은 친구와 원수, 이긴 자와 진 자를 가리지 않고 닥치는 대로 해치우겠다, 이 말이냐?

레어티스 상대는 아버지의 원수뿐이다.

왕 그럼, 원수를 알고 싶으냐?

레어티스 아버지 편이라면 이렇게 두 팔을 크게 벌리고 맞이하겠소. 제 피로 새끼를 기른다는 펠리컨처럼 내 피를 가지고 대접하겠소.

왕 이제야 너도 기특한 자식답고 훌륭한 신사답게 옳은 말을 하는구나. 네 아버지 죽음에 대해서 나는 아무런 죄가 없을 뿐 아니라, 누구보다 깊이 슬퍼하고 있다. 이는 밝은 햇빛이 네 눈에 찾아들 듯 뚜렷이 알게 될 게다.

군중 (밖에서) 이 여인을 들여보내 주어라!

레어티스 뭐야, 저게 무슨 소리야?

오필리아가 손에 꽃을 들고 다시 등장.

레어티스 아, 이 몸의 열기야, 나의 뇌수를 바짝 말려버려라! 눈물아, 일곱 배로 짜게 되어 내 눈의 시력을 태워버려라! 하늘에 맹세한다. 너를 미치게 만든 원수는 저울대가 기울도록 넉넉히 갚아주마. 아, 오월의 장미, 귀여운 처녀, 다정한 누이, 아름다운 오필리아! 아, 이럴 수가! 젊은 처녀의 이성이 노인의 목숨처럼 이렇게 시들 수도 있는가? 부모를 사랑하는 자식의 정은 아름다워서, 그 사랑하는 이를 위해 자기의 가장 소중한 것을 내버리게 마련인가.

오필리아 (노래한다)

얼굴도 덮지 않고 관에 얹어 갔지.
헤이 논 노니, 노니, 헤이 노니.
무덤에는 눈물이 억수로 쏟아지네.

나의 소중한 분, 안녕!

레어티스 네가 제정신으로 복수를 애걸해도 이렇게 내 마음을 움직이지는
못했을 거다.
오필리아 노래 부르세요. "아래로 아래로"하고 노래를 부르셔야 해요. 그분은
지하에 파묻혔으니 "아래로"라고 부르세요. 오, 물레바퀴에 장단이 잘도 맞
네! 주인 딸을 훔친 것은 못된 부하였대요.
레어티스 그 뜻 없는 말들이 내게는 더 뼈저리게 느껴진다.
오필리아 (레어티스에게) 로즈메리 여기 있어요. 이건 잊지 말라는 표시예요.
제발, 사랑하고 잊지 마세요. 그리고 이 팬지는 생각해 달라는 꽃이고요.
레어티스 미쳐서도 훈계로구나! 생각하고 잊지 말라고. 옳은 말이다.
오필리아 (왕에게) 왕께는 이 회향풀과 매발톱꽃을 드리겠어요. 왕비님께는
참회의 꽃을 드릴게요. 저도 좀 갖고요. 이것은 안식일의 은혜의 풀이랍니
다. 아, 왕비님이 이 꽃을 달 때는 좀 다른 뜻으로 다셔야 해요. 데이지도 있
어요. 제비꽃을 좀 드리고 싶지만, 그 꽃은 모두 시들어 버렸어요. 내 아버
지가 돌아가시던 날에요. 아버지는 훌륭하게 돌아가셨대요. (노래한다)

귀여운 로빈 새만이 나의 기쁨.

레어티스 수심과 번민과 고뇌와 지옥의 가책까지도 너의 마음속에서는 즐겁
고 아름다운 것이 되는구나.
오필리아 (노래한다)

그럼 그분은 다시 오지는 않으시려나?
그럼 그분은 다시 오지는 않으시려나?
아니, 아니, 돌아가셨으니

죽음의 침실로 가셨으니
결코 그분은 다시 오진 않는다네.
수염은 흰 눈 같고
머리는 서리 같은 분,
이제 영영 가셨으니,
한탄한들 다시 오리.
하느님, 불쌍히 여기소서!

그리고 여러분의 영혼에도 축복이 내리길 하느님께 빌겠어요. 안녕히 계세요. (퇴장)

레어티스 저 꼴 보았소! 오, 하느님!

왕 레어티스, 너의 그 슬픔을 나도 나누어 갖고 싶다. 거절할 까닭은 없을 게다. 그럼 물러가서 네 친구 가운데 누구든지 좋으니 가장 똑똑한 사람을 골라서, 너와 나 사이의 일을 이야기해 주고 판단하게 하자. 만약 이번 사건에 직접적으로 또는 간접적으로 내가 손을 댄 혐의가 드러날 때는 나의 왕국도, 왕관도, 그 밖에 나의 모든 소유를 그 보상으로 네게 넘겨주겠다. 그러나 그렇지 않을 때에는 참고 내 말을 들어야 한다. 그러면 너와 힘을 합쳐서 너의 원한이 풀리도록 힘써 주마.

레어티스 좋소, 그렇게 합시다. 아버지의 그와 같은 죽음, 은밀한 장례식—유해를 장식한 투구도 칼도 문장도 없었을 뿐더러 엄숙한 장례식도, 예를 갖춘 의식도 없었다니—억울한 혼령의 원성이, 하늘이 땅에 외치듯 진동합니다. 나는 기어이 진실을 밝히고 말 것이오.

왕 그래야지. 그리고 죄 있는 곳에 응징의 철퇴를 내리쳐라. 자, 함께 안으로 들어가자. (모두 퇴장)

〔제4막 제6장〕

성안의 다른 방.
호레이쇼와 시종 한 사람 등장.

호레이쇼 나를 만나고 싶다는 사람들이 누구냐?

시종 선원입니다. 편지를 가지고 왔답니다.

호레이쇼 들여보내게. (시종 퇴장) 외국에서 편지를 보내올 사람이 없는데, 햄 릿 왕자님 말고는.

시종이 선원들 몇 명을 안내해 온다.

선원 1 주님의 은총을!

호레이쇼 그대들도 은총을!

선원 1 예, 편지를 한 장 가지고 왔는뎁쇼. 잉글랜드로 가는 사절께서 보내 신 편집니다. 댁이 호레이쇼 님이십니까요? 그렇게 알고 왔는뎁쇼.

호레이쇼 (편지를 받아서 읽는다)

호레이쇼, 이 편지를 받아 보거든 이 사람들을 왕과 만날 수 있도록 해주 게. 왕께 보내는 편지를 가지고 가네. 우리는 출항한 지 이틀도 채 못 되어 어마어마하게 무장한 해적단의 추적을 받았네. 우리 배가 속력이 느려 도 망치지 못하고 부득이 용기를 다하여 싸웠는데, 배가 맞닿을 때 나는 해적 선으로 뛰어 건너갔네. 그 순간 그 해적선은 우리 배에서 떨어져 나와 결국 나 혼자만 포로가 되고 말았네. 그들은 의적처럼 나를 대우해 주었네. 사실 이것은 나를 이용하여 나중에 덕을 보자는 속셈이지. 따로 봉한 편지는 꼭 왕의 손에 들어가게 해주게. 그리고 자네는 죽음에서 도망치기라도 하듯 이 재빨리 나한테로 달려오게. 자네에게 할 말이 있어서 그러는데, 이야기 를 들으면 자네는 놀라서 말문이 막힐 걸세. 하지만 어떤 말로도 사건의 중 대함은 도저히 전할 수 없는 것이네. 이 사람들이 내가 있는 곳으로 안내해 줄 걸세. 로젠크란츠와 길덴스턴은 계속 잉글랜드로 가고 있네. 이 두 사람 에 대해서도 할 이야기가 많네. 잘 있게. 참된 마음의 친구 햄릿.

자, 가져온 편지를 왕께 전하도록 해줄 테니 이리들 오시오. 되도록 빨리 전달하고 나를 안내해 주시오, 그 편지를 보내신 분에게로. (모두 퇴장)

성안의 다른 방.
왕과 레어티스가 들어온다.

왕 이제는 내가 아무 죄도 없다는 것을 네 양심으로 믿고, 나를 너에게 둘
도 없는 친구로 알아야 하느니라. 들어서 잘 알았을 테지만, 귀중한 네 아
버지를 살해한 자는 내 생명까지도 노리고 있다.

레어티스 그런 것 같습니다만, 왜 바로 처벌하지 않으셨습니까? 마땅히 처벌
하셔야 할, 참으로 놀랄 만한 큰 죄가 아닙니까? 전하의 안전으로 보나, 분
별과 그 밖의 모든 점으로 보아서 말입니다.

왕 아, 그건 두 가지 특별한 이유가 있다. 너에게는 하찮게 보일지도 모르나
나에게는 아주 중대한 이유가 된다. 햄릿의 어머니, 왕비는 거의 그 녀석을
보는 것을 즐거움 삼아 살아가고 있다. 또 나로 말하면 이게 내 장점인지
화근인지 모르겠다만, 어쨌거나 왕비는 내 목숨과 영혼에 너무나 굳게 맺
어져 있어서, 별이 궤도를 떠나 움직이지 못하듯이 나도 왕비 없이는 살 수
가 없구나. 내가 그를 공공연히 재판하여 처벌하지 못한 또 하나의 이유는,
일반 백성이 그를 무척 사랑하고 있기 때문이다. 백성들은 그 녀석의 허물
을 애정 속에 담고, 마치 나무를 돌로 변하게 하는 샘물처럼 그놈에게 쇠
고랑을 채워도 도리어 장신구로 보고 칭찬하는 형편이다. 그러니 내가 쏜
화살은 그 거센 바람에 부딪쳐 내가 겨냥한 곳으로 날아가기는커녕 내게로
되돌아오고 말았을 게다.

레어티스 그 바람에 저는 소중한 아버지를 잃고, 누이는 절망적인 상태에 빠
지고 말았습니다. 이제는 칭찬해야 아무 소용도 없지만, 누이는 사람됨이
나무랄 데 없고 시대에 관계없이 세상의 본보기로 자랑할 만한 아이였습니
다. 기어이 이 원수를 갚고야 말 겁니다.

왕 안심하고 잠이나 편히 자거라. 위험한 놈이 와서 내 수염을 잡아당기는데
도 내가 재미있어할 만큼 둔한 바보라고 생각해서는 안 된다. 차츰 더 상세
히 이야기하마. 나는 네 아버지를 사랑했다. 나 자신도 사랑하고. 이쯤 말해
두면 너도 짐작이 갈 테지……

이때 전령이 두 통의 편지를 들고 등장.

왕 왜 그러느냐? 무슨 소식이냐?

전령 햄릿 왕자님한테서 편지가 왔습니다. 이것은 전하께, 이것은 왕비님께
온 것입니다.

왕 햄릿한테서? 누가 가지고 왔느냐?

전령 선원들이라고 합니다. 저는 직접 만나지 않았습니다. 이 편지는 클로디
오가 저에게 전해 준 것입니다. 그가 가지고 온 사람한테서 직접 받았다고
합니다.

왕 레어티스, 너도 들어보아라―너는 물러가거라. (전령 퇴장 뒤 편지를 읽는다)

지극히 높으신 전하께 아룁니다. 저는 알몸으로 전하의 영토에 상륙했습니
다. 내일 배알의 영광을 얻고자 하오며, 그때 허락해 주신다면 이렇듯 갑자
기 기이하게 귀국하게 된 까닭을 상세히 아뢰겠습니다. 햄릿 올림.

이게 무슨 영문이냐? 다른 일행도 다 돌아왔을까? 아니면 무슨 속임수 같
은 것일까?

레어티스 글씨를 알아보시겠습니까?

왕 햄릿의 글씨다. '알몸으로', 또 여기 추신에 '혼자서'라고 했구나. 무슨 까
닭인지 짐작이 가느냐?

레어티스 전혀 모르겠습니다, 전하. 그러나 오라지요! 이제 무거운 가슴속이
후련해집니다. 제가 살아서 그놈을 맞대놓고 "이놈, 너도 이 맛 좀 봐라" 쏘
아줄 수 있게 됐으니까요.

왕 이것이 사실이라면, 레어티스……그런데 어떻게 돌아왔을까? 어떻게 된
일이지? 레어티스, 너는 내가 하라는 대로 하겠느냐?

레어티스 예, 전하. 가만히 있으라는 무리한 말씀만 아니시라면.

왕 네 마음을 편하게 해주자는 게야. 만약 항해 도중에 돌아와 다시 떠날 생
각이 없을 때는, 내가 전부터 생각해 온 계략을 그놈에게 써야겠다. 이 계
략에 걸리면 그놈도 쓰러질 수밖에 없을 게다. 더욱이 이 계략이면 그놈이
죽어도 나에게 시비를 걸 사람도 없을 것이며, 심지어 그 어머니도 진실을

꿰뚫어 보지 못하고 그저 우연한 사고라고 말하게 될 거야.

레어티스 전하, 분부대로 하겠습니다. 저를 그 계략의 수단으로 이용해 주신다면 더욱 기쁘겠습니다.

왕 일이 제대로 되는구나. 실은 네가 외국으로 떠난 뒤, 네 그 뛰어난 재주에 대해서 칭찬이 자자했다. 물론 칭찬은 햄릿 귀에도 들어갔지. 그런데 나머지를 모두 합친 것보다도 특히 그 한 가지 재주를 햄릿은 시기하는 모양이더라. 내가 보기에는 네 재주 가운데서도 가장 하찮은 것이더라만.

레어티스 무슨 재주 말씀이십니까, 전하?

왕 젊은이의 모자를 장식하는 띠 같은 것에 지나지 않지만 짐짓 없어서는 안 될 물건이지. 말하자면 청년들에게는 화려하고 멋진 옷이 어울리고, 침착한 노인들한테는 수달피 외투가 역시 건강이나 관록에 어울린다. 사실 두 달 전에 노르망디에서 어떤 신사가 여기에 왔었다. 나도 프랑스인들을 만나도 보고 또 그들과 싸워도 보았다만, 그들의 기마술은 대단하더구나. 그런데 이 씩씩한 기마술의 신기를 보여주지 않았겠느냐. 몸이 안장에 뿌리를 내려 거의 그 용감한 말의 일부가 된 것만 같더구나. 참으로 상상도 못할 멋진 모습이었지. 그런 묘기를 이 눈으로 직접 보기 전에는 도저히 생각도 하지 못했다.

레어티스 노르망디 사람이라고 하셨습니까?

왕 그래, 노르망디 사람이다.

레어티스 라모르가 틀림없습니다.

왕 바로 그렇다.

레어티스 그 사람 같으면 저도 압니다. 그 사람은 정말 프랑스의 꽃입니다. 보석입니다.

왕 그 사람이 네 재주를 인정하여 극구 칭찬하기를, 검술에서 특히 세검(細劍)을 이용하는 겨루기에서 으뜸이라며, 네 상대가 되는 사람이 있다면 참으로 볼 만한 시합이 될 것이라고 공언하더구나. 그리고 프랑스 검객들도 너와 맞서면 동작이나 방어나 눈초리가 무엇 하나 제대로 되지 않는다고 말이다. 이런 칭찬을 듣고 햄릿은 어찌나 심하게 샘을 내던지, 네가 빨리 귀국해서 한번 맞서보고 싶다고 그것만 바라고 있었다. 그래서……

레어티스 그래서 무엇입니까, 전하?

왕 레어티스, 너는 아버지를 진정으로 사랑했느냐, 아니면 슬픔은 겉치레뿐이고 마음은 다른 것이냐?

레어티스 왜 그런 말씀을?

왕 네가 아버지를 사랑하지 않았다는 게 아니라 애정에는 시작의 시기가 있는 것이고, 또 나의 여러 경험으로 미루어 그 시기가 애정의 불꽃을 세게도 하고 약하게도 한다고 생각하기 때문에 하는 말이다. 사랑의 불꽃, 바로 그 속에는 어떤 심지랄까 탄 찌꺼기 같은 것이 들어 있어서, 이것이 불길을 약하게 만들지. 세상일이란 한결같이 좋게만 지속되지는 않는단다. 좋은 일도 도가 지나치면 도리어 그 지나침 탓으로 스스로 사라지는 법. 그러니 한번 하겠다고 생각한 일은 바로 실행해야 한다. 이 '하겠다'는 마음 자체가 변하기도 하고, 세상 사람들의 그 많은 입방아와 방해에 부딪쳐 약해지고 미뤄지게 마련이거든. 그렇게 되면 이 '해야 한다'는 생각도 피를 낭비하는 탄식과 같아서 마음은 편할지 모르나 끝내 몸에는 해로운 게야. 뼈대만 말한다면―햄릿은 돌아온다. 그래, 너는 어떻게 할 참이냐? 네가 아버지의 자식이라는 것을 말로만이 아니라 행동으로 보여주기 위해서 말이다.

레어티스 교회당 안에서라도 그놈의 목을 자르겠습니다.

왕 아무리 신성한 장소라고 해도 살인의 죄를 보호할 수야 없지. 복수는 장소의 제한을 받지 않는 게야. 하지만 레어티스, 이렇게 하지 않겠느냐? 방 안에 틀어박혀 있거라. 햄릿이 돌아오면 네 귀국을 알리고 네 재주를 자자하게 칭찬시키되, 그 프랑스인이 한 찬사보다 한술 더 떠서 네 명성에 더욱 빛이 나게 하는 게야. 그래서 결국 내기를 걸게 하여 시합으로 승부를 가리도록 하자. 햄릿은 조심성이 없는 데다가 너그러운 성미여서 술책이라는 걸 모르는 위인이니까, 겨루기에 쓸 칼을 잘 살펴보지도 않을 것이다. 그러니 손쉽게, 혹은 슬쩍 농간을 부려서 끝이 무디지 않은 칼을 골라 쥐고 그것으로 멋지게 찔러 아버지의 원수를 갚으란 말이다.

레어티스 그렇게 하겠습니다. 그리고 뜻을 이루기 위해서 칼끝에 독약을 칠하겠습니다. 실은 어떤 돌팔이 의원한테서 기름약을 샀는데, 어찌나 효력이 강한지 그걸 조금 바른 칼끝에 살짝 스치기만 해도 목숨을 잃게 됩니다. 달밤에 캔 약초로 만든, 제아무리 효험이 있는 명약으로도 목숨을 구할 도리가 없게 됩니다. 제 칼끝에 이 독약을 칠해 놓겠습니다. 그것으로 살갗을 슬쩍 긋기가 무섭게 그놈은 이 세상을 떠나게 될 것입니다.

왕 이 점을 좀더 생각해 보자. 언제 어떻게 하는 것이 우리 계획에 가장 알맞겠는가 따져보잔 말이다. 만일 실패하여 계략이 탄로 날 바에야 차라리 일을 시작하지 않는 편이 낫다. 그러니 이 일이 도중에 좌절되는 경우에 대비해 미리 두 번째 방책을 마련해 놓아야 한다. 가만있자, 두 사람의 기량에 대해서는 어디까지나 공정하게 내기를 한다 치고―옳지! 겨루기에 열을 올리다 보면 땀이 나고 목도 마를 테지. 또 그렇게 되도록 가능한 한 맹렬하게 대결을 해줘야만 한다―그러면 그놈은 마실 것을 청할 테니까, 그때 준비해 놓은 잔을 내주는 게야. 그놈이 요행히 독 묻은 칼끝을 벗어났다 하더라도 그 한 모금만으로 우리 목적은 이루어진다. 그런데 가만, 저게 무슨 소리냐?

왕비가 울면서 등장.

왕비 재앙이 꼬리를 물고 일어나는구나. 네 누이가 물에 빠져 죽었구나, 레어티스.

레어티스 물에 빠졌어요? 오, 어디서요?

왕비 하얀 잎사귀를 거울 같은 수면에 비치면서 시냇가에 비스듬히 서 있는 버드나무 한 그루가 있지. 그 애는 거기서 미나리아재비와 쐐기풀, 데이지와 자란으로 이상한 화관을 만들고 있었단다. 무식한 목동들은 자란을 상스러운 이름으로 부르지만, 얌전한 처녀들은 '죽은 자의 손가락'이라고들 부르지. 아무튼 오필리아는 그 화관을 늘어진 버들가지에 걸려고 올라갔다가 심술궂은 은빛 나뭇가지가 부러져서 화관과 함께 흐느끼는 시냇물 속에 떨어지고 말았다는구나. 그리고 옷자락이 활짝 펴져서 마치 인어처럼 물에 한참 둥실둥실 떠 있으면서 그동안에 옛 찬송가를 토막토막 부르더래. 절박한 불행도 아랑곳없이, 마치 물에서 자라 물에서 사는 생물처럼 말이야. 하지만 그게 오래갈 리 없지. 물이 배어 무거워진 옷이 그 가엾은 것을 물속의 진흙 사이로 끌고 들어가고 아름다운 노래도 끊어지고 말았다는구나.

레어티스 아, 죽었습니까?

왕비 그래, 빠져 죽었어.

오필리아의 죽음

레어티스 너에게는 이제 물이 지긋지긋하겠지, 가엾은 오필리아. 그래, 나는
결코 눈물을 쏟지 않겠다. 그러나 이것도 인간의 정, 자연히 흐르는 눈물이
야 어찌할 수 없구나. 세상이야 뭐라고 욕하든, 눈물을 흘리고 나면 이 연
약한 마음도 사라지겠지. 안녕히 계십시오, 전하. 하고 싶은 말이 불길처럼
타오르려 합니다만, 이 어리석은 눈물에 젖어 자꾸만 꺼집니다. (퇴장)

왕 따라가 봅시다, 왕비. 저 녀석의 분노를 가라앉히느라고 내 얼마나 진땀
을 뺏는지! 다시 발작할까 두렵소. 뒤를 쫓아가 봅시다. (왕비와 함께 레어티스
의 뒤를 쫓아간다)

〔제5막 제1장〕

교회 묘지.
두 명의 어릿광대(무덤 파는 일꾼)가 삽과 곡괭이를 들고 등장하여 파기 시작한다.

광대 1 이렇게 기독교식으로 묻어도 되는 건가, 제멋대로 죽은 여자를?

광대 2 된다는군그래. 그러니까 어서 파기나 하라고. 검시관이 시체를 살펴보고, 기독교식으로 묻어도 좋다는 결정을 내렸으니까.

광대 1 어떻게 그럴 수가 있나? 자기 몸을 지키려고 어쩔 수 없이 뛰어든 것도 아닌데.

광대 2 아무튼 그렇게 결정이 났다는군.

광대 1 그렇다면 이건 정당 행위겠구먼. 그게 틀림없지. 요는 말이야, 이를테면 내가 일부러 빠져 죽었다면 이건 하나의 행위가 되는 거라고. 그런데 행위라는 것은 세 가닥으로 갈라지지. 말하자면 행동하고, 수행하고, 실천하는 거지. 그러니까 이 여자는 일부러 빠져 죽은 거야.

광대 2 하지만 여보게, 내 말 들어봐.

광대 1 가만있어. 여기 물이 있다고 치자. 좋아, 여기 사람이 있다고 치세. 그런데 만약에 이 사람이 물가로 와서 빠져 죽는다면, 그건 두말할 것도 없이 자기가 죽은 거야, 알겠나? 그런데 만약에 물이 와서 사람을 빠뜨려 죽인다면 그건 자기가 죽은 게 아냐. 그러니까 자살하지 않은 자는 제 손으로 목숨을 끊은 게 아니란 말이야.

광대 2 그게 법률이라는 건가?

광대 1 암, 물론이지. 검시관의 검시법이라는 거지.

광대 2 사실을 알려줄까? 만약에 이게 상류층 아가씨가 아니었다면 말이야, 이렇게 기독교식으로 묻히지는 못한다고.

광대 1 허, 옳은 말이군. 하기야 가엾은 이야기지. 이 세상은 같은 기독교 신자라도 높으신 분들이 물에 빠져 죽거나 목매달아 죽기가 편리하게 되어 있으니 말이야. 자, 내 삽 이리 주게. 그런데 말이야, 아무리 훌륭한 집안이라 해도 조상이 정원 손질하고, 도랑 치고, 무덤 파는 일을 하지 않은 사람이 어디 있나. 그들은 다 아담의 직업을 물려받았단 말야. (파놓은 무덤 구덩이에 들어가 본다)

광대 2 아담도 신사였나?

광대 1 암, 그 사람은 이 세상에서 가장 먼저 연장을 가졌던 신사였지.

광대 2 아니야, 안 가졌어.

광대 1 뭐, 그러고도 신자라고! 성경에서 뭘 읽었나? 성경 말씀이 '아담이 팠

노라'하지 않았는가? 연장 없이 어떻게 파? 하나 더 물어보지. 똑바로 대답
하지 못할 때는, 참회하라고.

광대 2 이거 왜 이래?

광대 1 석수나 조선공이나 목수보다 더 튼튼한 걸 만드는 사람이 누구야?

광대 2 그야, 교수대 만드는 사람이지. 교수대는 천 명이 빌려 써도 끄떡없
거든.

광대 1 거참, 말 잘했다. 교수대면 제격이지. 하지만 무엇에 제격인가? 나쁜
짓 하는 놈한테 제격이지. 그런데 교수대를 교회당보다 튼튼하다고 말하는
건 나쁜 일이란 말이야. 그러니까 자네는 교수대가 어울린다는 말이야, 자,
다시 해봐.

광대 2 석수나 조선공이나 목수보다 더 튼튼한 걸 만드는 사람이 누구야?

광대 1 그래, 대답해 봐. 얼른 짐을 벗으라고.

광대 2 옳지, 알았다.

광대 1 말해 봐.

광대 2 제기랄, 모르겠는걸.

광대 1 없는 머리 그만 짜라고. 둔한 말에 아무리 채찍을 쳐도 속력이 날 리
없으니까. 이번에 다시 그런 질문을 받거들랑 '무덤 파는 산역꾼'이라고 하
게. 산역꾼이 만든 집은 최후 심판 날까지 견디니까. 자, 저기 요한네 집에
가서 술이나 한 병 받아오게. (광대 2 나간다)

선원 차림의 햄릿과 호레이쇼 등장.

광대 1 (무덤을 파면서 노래한다)

젊은 시절에는 사랑을 했네.
참으로 달콤한 사랑을 했네.
당장 죽어도 여한이 없고,
그보다 더 좋은 일 없는 줄만 알았네.

햄릿 이 친구 자기가 하고 있는 일이 무엇인지 모르는군. 무덤을 파면서 노

래를 부르다니.

호레이쇼 오래 익숙해져서 아무렇지도 않게 된 모양이지요.

햄릿 그런가 보군. 쓰지 않은 손일수록 더 예민한 법이니까.

광대 1 (노래한다)

그러나 나이가 슬며시 찾아와서
손아귀에 나를 휘어잡더니
차가운 땅속에 밀어넣었네
사랑을 한 옛날이 꿈만 같구나. (해골을 한 개 던져 올린다)

햄릿 저 해골 속에도 한때는 혀가 있었고, 노래를 부를 수 있었겠지. 그런데 저 녀석은 인류 최초로 사람을 죽인 카인이 살인에 썼던 노새의 턱뼈나 되는 것처럼 땅에 마구 내동댕이치지 않는가! 지금은 저 바보 녀석한테 형편없는 대접을 받고 있지만 본디는 정치가의 머리였는지도 몰라. 하느님을 골탕 먹이는 그 모사꾼 말야, 그렇잖은가?

호레이쇼 그럴지도 모릅니다, 왕자님.

햄릿 어쩌면 어떤 궁정인의 것인지도 모르지. "밤새 안녕하십니까, 재상! 요새 편안하십니까, 궁정인?"하고 지껄일 수 있었을지도 몰라. 나중에 얻을 속셈으로 어느 궁정인의 말(馬)을 칭찬한 어떤 궁정인의 것인지도 모르지. 그렇잖은가?

호레이쇼 예, 왕자님.

햄릿 틀림없어. 지금은 구더기 부인의 신세를 지고 턱뼈는 없어진 채 무덤 파는 일꾼의 삽으로 얻어맞고 있지만 말이야. 우리가 알아챌 눈만 가졌다면 이거야말로 덧없는 세상일의 훌륭한 본보기지. 이 뼈들은 결국 막대 던지기 장난감이 되기 위해서 태어났단 말인가? 그걸 생각하니 내 뼛골이 지끈지끈 쑤시는구나.

광대 1 (노래한다)

곡괭이 한 자루에 삽이 한 자루, 삽 한 자루
수의도 한 벌 있어야 하고

이런 손님 모시기에 꼭 알맞은
흙구덩이를 파야겠구나. (해골을 또 하나 던져 올린다)

햄릿 또 하나 나왔구나. 저것이 법률가의 해골이 아니었다고 어떻게 말할 수
있는가? 그렇다면 그 능숙한 궤변과 말재주는 지금 어디 갔는가? 그 소송
과 소유권은, 또 계략은 다 어디 갔는가? 이 미친 녀석에게 더러운 삽으로
얻어맞고도 왜 가만히 있는가? 왜 폭행죄로 고소하겠다고 말하지 않는가?
(해골을 집어 들고) 흠! 이자는 살아 있을 때 많은 땅을 사들인 놈인지도 모
르겠군. 담보 증서니 소유권 변경 소송이니, 이중 증인이니 토지 양도 소송
이니, 온갖 수단을 끌어들여서 말이야. 그런데 그 소유권 변경 소송과 토지
양도 소송의 결과가 이 훌륭한 머릿속에 이 훌륭한 흙을 가득 채우는 일이
란 말인가? 그 증인들은, 심지어 그 이중 증인들조차도 무엇을 증언하겠는
가? 두 통을 만들어서 나눠 가진 매매 계약서의 크기만도 못한 매매밖에
더 증언하겠는가? 그런데 이 통에야 어디 (해골을 가볍게 두드리면서) 그 토지
양도 증서인들 다 들어가겠나, 더구나 토지 소유자인 본인은 이 골통 하나
밖에 가진 것이 없단 말이야. 응?

호레이쇼 그렇습니다.

햄릿 증서는 양가죽으로 만들지 않는가?

호레이쇼 예, 송아지 가죽으로도 만듭니다.

햄릿 그따위 증서를 믿는 자들은 양이나 송아지와 다름없지. 저 친구와 말
좀 해볼까. (앞으로 서며) 그게 누구의 무덤이냐?

광대 1 제 것입니다. (노래한다)

이런 손님 모시기에 꼭 알맞은
흙구덩이를 하나 파야겠구나.

햄릿 과연 네 것인가 보구나, 네가 그 안에 있는 걸 보니.

광대 1 댁은 바깥에 계시니까 댁의 것은 아닙죠. 하지만 저로 말한다면 거짓
말은 안 하니까, 이건 제 것입죠.

햄릿 그건 거짓말이다. 그 안에 서서 그걸 네 것이라니. 무덤이란 죽은 사람

이 들어가는 곳이지 산 사람이 들어가는 데가 아니잖느냐. 그러니까 너는 거짓말을 하고 있어.

광대 1 이런 걸 산 거짓말이라고 합죠. 이제 댁이 말씀하실 차례입니다.

햄릿 어떤 남자가 들어갈 무덤을 파고 있느냐?

광대 1 남자의 무덤이 아닙니다.

햄릿 그럼, 여자의 무덤이냐?

광대 1 여자의 무덤도 아닙니다.

햄릿 누구를 묻을 참이냐?

광대 1 전에는 여자였습니다만, 가엾게도 지금은 죽었답니다.

햄릿 이거 대단히 까다로운 녀석이군! 조심해서 말해야지, 함부로 말하다가는 말꼬리를 붙잡히고 말겠다. 정말이지 호레이쇼, 지난 3년 동안 깨달은 일이네만, 세상이 어떻게나 뾰족해졌는지, 농사꾼의 발가락이 궁정인 발뒤꿈치를 따라서 아픈 곳을 건드리는 형편이거든. 너는 언제부터 산역꾼 노릇을 하고 있느냐?

광대 1 제가 이 일을 하기 시작한 날은 선대 햄릿 왕께서 포틴브라스를 무찌르신 날입니다.

햄릿 그게 언젠데?

광대 1 그걸 모르시나요? 바보들도 다 아는데. 햄릿 왕자님이 태어나신 날이지 뭡니까. 미쳐서 잉글랜드로 쫓겨 간 햄릿 왕자님 말입니다.

햄릿 참, 왕자는 왜 잉글랜드로 쫓겨 갔나?

광대 1 그야 미쳤으니까 그렇죠. 거기 가면 제정신을 되찾게 되겠죠. 그러나 뭐 회복이 안 돼도 거기서는 그리 상관이 없고요.

햄릿 왜?

광대 1 사람들 눈에 안 띌 테니까요. 그곳 사람들은 모두 왕자님처럼 미쳤답니다.

햄릿 왕자는 왜 미치게 됐을까?

광대 1 소문이 참 괴상하더군요.

햄릿 어떻게 괴상하지?

광대 1 그야 정신을 잃었으니 말입니다.

햄릿 그 원인이 어디에 있는가?

광대 1 물론 이 덴마크에 있습죠. 저는 어려서부터 30년 동안이나 여기서 산 역꾼 노릇을 하고 있습니다.

햄릿 시체는 무덤 속에 얼마나 있으면 썩나?

광대 1 글쎄요, 죽기 전부터 썩은 놈만 아니라면 요새는 마마로 죽은 놈이 많아서 묻기가 무섭게 썩어버립니다만, 보통은 한 8, 9년 갑죠. 가죽을 다루는 무두장이는 9년은 갑니다.

햄릿 무두장이는 왜 더 오래가나?

광대 1 그야 직업 덕분에 살가죽이 질겨져서 꽤 오래 물을 튕겨내거든요. 물이란 그 경칠 놈의 시체를 썩히는 덴 지독한 힘이 있거든요. 또 해골바가지가 있네요. 이건 23년 동안 흙 속에 묻혀 있었죠.

햄릿 누구 것인데?

광대 1 어떤 빌어먹을 미친 녀석입니다. 누군 줄 아시나요?

햄릿 모르겠는걸.

광대 1 이 미친 녀석, 염병할 녀석 같으니! 언젠가 이 녀석이 제 머리에 라인 포도주를 병째로 들이붓잖겠어요. 이 해골바가지는 바로, 그 왕의 어릿광대 요릭입니다.

햄릿 이게?

광대 1 예, 그렇습니다.

햄릿 어디 좀 보자. (해골을 받아 든다) 아, 가엾은 요릭, 나는 이 사람을 아네, 호레이쇼. 뛰어난 재담꾼이라 아주 재미있는 소리를 잘했지. 수없이 나를 업어줬는데, 이렇게 되고 보니 생각만 해도 소름이 끼치는군! 구역질이 날 지경이야. 여기 입술이 달려 있었겠다. 내가 수없이 입을 맞춘 입술이. 네 비웃음은 이제 어디 갔나? 사람들을 마냥 웃기던 그 익살, 그 노래, 그 신나는 재치는 다 어디 갔나? 이렇게 이를 드러내고 있는 꼬락서니를 스스로 놀려볼 수는 없나? 정말 턱이 떨어져 나갔구나. 자, 귀부인들 방으로 가서 말해 줘라. 분을 1인치나 발라봐야 결국 이런 얼굴을 면하지 못합니다 하고. 그래서 실컷 웃겨봐. 호레이쇼, 한 가지 물어볼 말이 있네.

호레이쇼 무슨 말씀입니까, 왕자님?

햄릿 알렉산더 대왕도 흙 속에서는 이런 꼴을 하고 있을까?

호레이쇼 물론입니다.

요릭의 두개골에게 이야기하는 햄릿(이노켄티 스모크투노프스키) 러시아 영화. 1964.

햄릿 이렇게 냄새나고? 흥! (해골을 땅에 내려놓는다)

호레이쇼 그렇습니다, 왕자님.

햄릿 사람이 죽으면 무슨 천한 일에 쓰일는지 모르겠구나, 호레이쇼. 알렉산더의 존엄한 유해가 마지막에는 술통 마개가 되어버린다는 것도 상상 못할 거야 없지 않은가?

호레이쇼 그렇게까지 말씀하시는 것은 좀 지나친 상상인 것 같습니다.

햄릿 아니야, 조금도 그렇지 않아. 아주 온당하게 추리해 봐도 결국 그렇게 될 것 같군. 이렇게 말일세. 알렉산더는 먼지가 된다, 먼지는 흙이다, 흙으로 찰흙을 만든다. 그러니 결국 알렉산더가 변해서 된 찰흙으로 맥주통을 왜 막을 수 없겠는가? 제왕 카이사르 죽어서 흙이 되어, 구멍 때우는 바람막이 될 수도 있으리니. 오, 한 시대를 두려움에 떨게 했던 그 흙덩이가 이제는 벽을 때워 찬바람을 막는구나! 쉬, 가만. 잠시 가만있게. 저기 왕비와 신하들을 거느리고 왕이 오는군.

장례 행렬이 묘지에 등장. 뚜껑 없는 관에 든 오필리아의 유해 뒤를 레어티스, 왕, 왕비, 사제, 시종들 등이 따라온다.

햄릿 누구의 장례식일까, 더구나 저렇게 의식도 간단하게? 아마도 저 유해의 주인은 제 손으로 자기 목숨을 끊었나 보구나. 그러나 신분은 상당했나 보다. 잠시 숨어서 살펴보자. (호레이쇼와 함께 나무 아래 쭈그리고 앉는다)

레어티스 의식은 다 끝난 겁니까?

햄릿 (호레이쇼에게) 레어티스구나. 참으로 훌륭한 청년이지. 잘 지켜보자.

레어티스 다른 의식은 없습니까?

사제 교회가 허락하는 한도까지 장례식은 정중히 모셨습니다. 본디 죽은 원인에 의문스러운 점도 있지만 전하의 명령으로 관례를 굽혔기에 망정이지, 그렇지 않았더라면 그냥 부정한 땅에 묻혀 최후 심판 날까지 방치될 뻔했습니다. 고별 기도는커녕 사금파리나 부싯돌이나 조약돌을 던져서 덮을 뻔했습니다. 그러나 이번에 특별히 처녀의 장례답게 꽃다발로 꾸미고, 꽃을 뿌리고, 조종(弔鐘)을 쳐서 장사 지내는 절차가 허가된 것입니다.

레어티스 이 이상은 안 되는 겁니까?

사제 이 이상은 안 됩니다! 조용히 세상을 떠난 사람들에게 하듯이 진혼가를 불러 명복을 빈다면 신성한 장례의 격식을 모독하는 것이 됩니다.

레어티스 무덤에 내려라. 아름답고 눈처럼 순결한 몸에서 제비꽃이 피어다오! (관이 무덤 속에 내려진다) 이 야박스런 사제야, 내 누이는 네놈이 지옥에서 울부짖고 있을 때쯤은 하늘의 천사가 되어 있을 게다.

햄릿 뭐, 아름다운 오필리아가?

왕비 (꽃을 뿌리며) 아름다운 처녀에게는 아름다운 꽃을. 잘 가거라! 네가 햄릿의 아내가 되기를 바랐건만. 그리고 이 꽃으로 네 신방을 꾸며주고 싶었는데, 이렇게 네 무덤에 뿌려주게 될 줄이야.

레어티스 오, 삼중의 재앙이 서른 곱으로 그 저주받을 놈의 머리 위에 쏟아져 내려라. 그놈의 흉악한 행위로 네 정신은 미쳐버렸다! 잠깐, 흙을 끼얹지 말고 기다려라. 한 번 더 안아줘야겠다. (무덤 속으로 뛰어 들어간다) 자, 이제 산 사람과 죽은 사람 위에 똑같이 흙을 쌓아올려라. 이 평지가 저 옛 펠리온산이나 하늘을 찌르는 푸른 올림포스산보다 더 높아지도록 쌓아올려라.

햄릿 (앞으로 나가면서) 이렇게도 요란스레 자기 슬픔을 떠들어대는 자가 누구냐? 그 비분강개의 소리에 하늘의 별조차 운행을 멈추고 고개를 갸웃거리는구나. 나는 덴마크의 왕자, 햄릿이다. (구덩이에 뛰어든다)

레어티스 (햄릿을 움켜잡고) 이놈, 지옥에 떨어질 놈!

햄릿 악담을 하는군. 내 목에서 손을 놓아라. 나는 화를 잘 내는 난폭한 인간은 아니다만, 급하면 무슨 짓을 할지 모른다. 그러니 조심하는 것이 현명할게다. 손을 놓아라.

왕 두 사람을 떼어놓아라.

왕비 햄릿, 햄릿!

모두 자, 두 분 다! (신하들이 둘을 떼어놓는다. 두 사람 구덩이에서 나온다)

호레이쇼 왕자님, 진정하십시오.

햄릿 내 이 문제를 가지고 끝까지 싸울 테다. 내 눈을 감을 때까지.

왕비 아, 햄릿, 무슨 문제 말이냐?

햄릿 나는 오필리아를 사랑했다. 4만 명의 오라비가 그 애정을 다 합쳐도 내 사랑에는 미치지 못한다. 너 따위가 오필리아에게 뭘 해준다는 거냐?

왕 아, 그 애는 미쳤다, 레어티스.

왕비 제발 참아다오.

햄릿 말해 봐라, 뭘 해주겠는가? 울 테냐, 싸울 테냐? 굶어 죽을래? 옷을 찢어? 식초를 마실 거냐, 악어를 먹을 테냐? 나도 하겠다. 여긴 통곡하러 왔나? 무덤 속에 뛰어 들어가서 나를 부끄럽게 만들려고 왔나? 네가 오필리아와 산 채로 묻히겠다면 나도 그렇게 하마. 네가 산이 어떻다 수다를 떨었지만, 우리 위에도 얼마든지 흙을 쌓아올리게 해라. 꼭대기가 태양까지 치솟아 열에 타고, 오사의 산봉우리가 사마귀만큼 보이게 될 때까지 쌓아올리게 해! 네가 호언장담을 한다면, 질 내가 아니다.

왕비 저게 다 광증 탓이에요. 발작이 일어나면 잠시 저러다가도, 암비둘기가 한 쌍의 황금빛 새끼를 깠을 때처럼 곧 온순해지고 침묵에 잠겨버려요.

햄릿 이봐, 뭣 때문에 내게 이런 태도를 취하는가? 나는 늘 너를 사랑해 왔다. 그러나 상관없다. 헤라클레스가 아무리 애를 써봤자 고양이는 여전히 고양이고, 개는 개일 뿐이니. (퇴장)

왕 호레이쇼, 따라가서 돌봐 주어라. (호레이쇼가 나가자 레어티스에게) 꾹 참아라. 지난밤의 이야기, 잊지는 않았겠지? 일을 곧 시작하자. 왕비, 누구를 시켜서 저 애를 좀 감시해 주오. 이 무덤에는 불멸의 기념비를 세워야겠다. 머지않아 평화로운 날이 돌아오겠지. 그때까지 꾹 참고 일을 진행해야 한다.

(모두 퇴장)

성안의 홀.
정면에 옥좌가 마련되어 있고, 양옆에 의자와 탁자 등이 놓여 있다. 햄릿과 호레이쇼가 이야기하면서 등장.

햄릿 그 이야기는 그만 해두고, 다음 이야기를 하자. 그때 사정을 자네는 잘 기억하고 있지?

호레이쇼 기억합니다, 왕자님.

햄릿 내 가슴속에 싸움이 일어나서 밤새 잠을 이루지 못했네. 반란을 일으키다가 족쇄를 찬 선원보다 더 비참했을 거야. 그런데 무모하게도, 아니 이런 경우에는 그 무모함을 오히려 칭찬해 줘야겠지. 때에 따라서는 무분별이 도리어 도움이 되고 심사숙고한 계획이 물거품으로 돌아가는 수가 있으니까. 그러니 결국 다듬어서 완성하는 것은 신의 힘이야. 대강대강 모양을 깎는 것은 인간이지만.

호레이쇼 그런 것 같습니다.

햄릿 그래서 살며시 선실을 빠져나가 선원용 외투를 걸치고 어둠 속을 더듬어서 찾은 결과, 목적물을 발견하고는 살그머니 그 꾸러미를 빼내 들고 선실로 돌아왔네. 불안한 나머지 체면도 잊고 대담하게도 그 국서를 뜯어봤지. 그랬더니, 아 여보게, 호레이쇼—왕의 흉계 좀 보게!—왕의 엄명이라며, 덴마크 왕의 옥체가 위험할 뿐 아니라 잉글랜드 왕의 목숨까지 위태롭다는 등 터무니없는 이유를 잔뜩 늘어놓고, 나를 살려두면 화약고를 내버려 두는 거나 같으니 이 친서를 보는 대로, 도끼날을 갈 겨를도 없이 내 목을 치라는 것이었네.

호레이쇼 그럴 수가!

햄릿 이것이 그 친서네. 나중에 틈을 타서 읽어보게. 그 뒤에 내가 어떻게 했는가 들어보겠나?

호레이쇼 예, 말씀해 주십시오.

햄릿 그래서 꼼짝없이 흉계에 걸려들고 만 셈인데, 연극의 서막이 오르기 전에 막이 오른 셈이야. 나는 책상에 앉아 새로운 친서를 꾸미기 시작했지, 깨끗한 글씨로 말일세. 한때는 이 나라 정객들처럼 서예를 경멸하고 습득한 솜씨를 일부러 잊으려고 애쓴 적도 있네만, 이제 와서 그게 꽤 도움이 되었네. 내가 위조한 친서의 내용을 알고 싶은가?

호레이쇼 예, 왕자님.

햄릿 왕의 간곡한 청탁서 형식으로 해서, 잉글랜드는 덴마크의 충실한 속국이니만큼이라든가, 두 나라 사이의 우의는 종려나무처럼 번영하기를 바라니만큼이라든가, 평화의 여신은 늘 밀 이삭 화환을 쓰고 두 나라 친선의 인연이 되어야 하니만큼이라든가, 이 밖에도 그럴듯한 '하니만큼'을 많이 늘어놓고 나서, 이 친서를 읽는 대로 1초도 망설이지 말고 친서의 지참자 두 명을 사형에 처하되, 참회의 여유도 주지 말라고 했지.

호레이쇼 봉인(封印)은 어떻게 하셨습니까?

햄릿 아, 그것 또한 하늘의 도움이었지. 마침 내 주머니에 아버지의 옥새가 들어 있었거든. 현왕의 옥새는 이걸 본따 새긴 거야. 그래서 편지를 먼저 것과 똑같이 접어서 서명을 하고 옥새를 누르고, 바꿔치기 한 것을 아무도 모르게 살그머니 본디 장소에 갖다두었지. 그리고 그다음 날은 해적과 싸움이 있었고, 그 뒤의 사정은 자네도 이미 잘 알고 있는 일이야.

호레이쇼 그럼, 길덴스턴과 로젠크란츠는 곧장 그리로 가겠군요.

햄릿 그 둘은 자청해서 이 일을 맡고 나섰네. 나는 조금도 양심의 가책을 느끼지 않아. 스스로 화를 불러들인 것이니, 아첨꾼들에게는 마땅한 운명이지. 불꽃 튀는 결사의 승부를 벌이고 있는 두 강자 사이에 그런 소인배들이 끼어든다는 것은 위험한 일이야.

호레이쇼 참 지독한 왕도 다 보겠습니다!

햄릿 이쯤 되었으니 나도 그냥 물러설 수 없지 않은가. 내 아버지인 왕을 죽이고, 내 어머니를 더럽히고, 이 나라 왕위를 가로막은 데다가 까닭 없이 내 목숨마저 없애려고 그런 간교한 술책을 썼으니. 이런 놈은 이 손으로 처치해 버리는 것이 양심에 떳떳한 일 아닌가? 이런 인류의 독충이 세상에 해독을 끼치게 내버려 두는 것이 오히려 죄악이 아니겠는가?

호레이쇼 잉글랜드 왕은 곧 일이 어떻게 되었는가 전말을 보고해 올 것입니다.

햄릿 곧 올 테지. 그때까지의 시간은 내 것이야. 어차피 인간의 목숨이란 '하나'하고 세는 동안에 사라지는 거야. 그런데 호레이쇼, 레어티스에게 참으로 미안하게 되었어. 그만 흥분해서 이성을 잃었었네. 내 경우에 비추어 보아도 그 사람의 비통한 심정을 잘 알 수 있을 것 같아. 사과해야겠네. 너무나 야단스럽게 애통해하는 바람에 나도 모르게 그만 울화가 치밀어 올라왔단 말이야.

호레이쇼 쉿, 누가 옵니다.

몸집이 작고 경박한 멋쟁이 귀족 오스릭 등장. 그는 두 어깨에 날개가 달린 듯한 윗옷을 걸치고 최신 유행의 모자를 썼다.

오스릭 (모자를 벗고 허리를 깊이 숙여 절을 하면서) 왕자님의 귀국을 충심으로 환영합니다.

햄릿 고맙네. (호레이쇼에게만 들리게) 자네 이 날파리 같은 인간을 아는가?

호레이쇼 모릅니다.

햄릿 (호레이쇼에게만 들리게) 그거 다행이군. 저런 녀석은 알기만 해도 재앙을 입지. 저래 봬도 기름지고 드넓은 영지를 가지고 있다네. 짐승 같은 놈이 짐승을 많이 부려 귀족이 되더니만, 이젠 저 녀석의 여물통이 왕의 식탁에까지 늘어서는 판이야. 수다밖에는 아무것도 없는 녀석이지만 어쨌든 엄청난 흙을 소유하고 있는 건 사실이니까.

오스릭 (또 절을 하고) 왕자님, 지금 시간이 되신다면 전하의 분부를 전해 올릴까 하옵니다.

햄릿 열심히 정성을 다해서 듣겠네. (오스릭이 자꾸 절을 하면서 계속 모자를 내흔드는 꼴을 보고) 모자는 제자리에 올려놓게나. 그건 머리에 쓰는 물건이니까.

오스릭 감사합니다, 몹시 더워서요.

햄릿 아냐, 사실은 대단히 추운걸. 북풍이 불고 있어.

오스릭 예, 사실 꽤 춥군요, 왕자님.

햄릿 그러나 역시 무더운 것 같군, 내 체질 때문인지.

오스릭 굉장합니다, 왕자님. 예 무덥습니다. 저, 뭐라고 표현을 못하겠군요. 그런데 왕자님께 알려드리라는 전하의 어명입니다. 이번에 전하께서는 왕자님을 위해 엄청난 내기를 거셨답니다. 내기의 내용인즉…….

햄릿 (모자를 쓰라고 손짓을 하면서) 제발 모자를 쓰게.

오스릭 아닙니다, 왕자님. 제게는 이게 편합니다. 저, 실은 이번에 레어티스가 귀국했는데, 그분은 정말 나무랄 데 없는 신사입니다. 뛰어난 장점을 두루 갖추고, 대인 관계에서도 매우 상냥할뿐더러 풍채도 당당합니다. 떠벌리는 말 같지만, 감히 평한다면 그분이야말로 신사도의 표본이요 일람표라고나 할까요. 아무튼 신사로서 지니고 싶은 미덕은 모두 그분 안에서 찾을 수 있습니다.

햄릿 그렇게 찬사를 늘어놓는다고 레어티스에게 해가 될 건 없지. 그러나 재고품 정리하듯 그 사람의 장점을 나열하자면, 보통 기억력으로는 현기증이 일어나고 말 거야. 하지만 어찌나 빨리 달음질치는지 미처 따라갈 수가 있어야지. 그러나 참으로 그를 칭찬하려면 그 사람을 귀히 대접해야 할 거야. 그 드물고도 귀중한 천품은 정말이지 그의 거울만이 그와 비교될 수 있을 뿐, 그의 모습 말고 그 밖에 누가 감히 그를 따를 수 있겠나?

오스릭 참으로 옳은 말씀이십니다.

햄릿 이야기의 목적은 뭐지? 그 신사를 우리가 왜 볼품없는 말로 욕보이고 있는 거야.

오스릭 예?

호레이쇼 다른 말로 알기 쉽게 이야기하실 수 없습니까? 자, 말씀해 보십시오.

햄릿 그 신사의 이름을 뭣 때문에 꺼냈나?

오스릭 레어티스 말씀입니까?

호레이쇼 (햄릿에게만 들리게) 이제 말주머니가 텅 비어버렸군요. 황금의 미사여구 밑천이 다 떨어진 모양입니다.

햄릿 그래, 레어티스 말이야.

오스릭 왕자님께서도 결코 모르지는 않으시리라 생각합니다만.

햄릿 그렇게 생각해 주는 것은 좋지만, 뭐. 그렇게 생각해 준댔자 그다지 내 명예가 될 것도 없지. 그래서?

오스릭 모르지 않으시리라고 생각합니다만, 레어티스가 얼마나 뛰어난가에 관해서 말하자면…….

햄릿 어찌 내가 감히 그걸 안다고 할 수 있겠나? 나는 그 사람과 우열을 겨루고 싶지 않아. 하기야 남을 잘 안다는 것은 나를 아는 일이지만.

오스릭 제가 말씀드리고자 하는 것은 그 사람의 무예입니다. 그 사람의 하인들 평판에 따를 것 같으면, 천하무적이랍니다.

햄릿 무기는 무엇을 쓰는데?

오스릭 가는 장검과 단도입니다.

햄릿 쌍칼잡이란 말이구나. 그래서?

오스릭 전하께서는 바버리산(産) 말 여섯 필을 그 사람과의 내기에 거셨답니다. 그리고 그 사람은, 제가 알기로는 프랑스제 장검과 단도 각각 여섯 자루와 허리띠, 칼고리, 그 밖의 부속품 모두를 걸었답니다. 그 가운데서도 칼고리 세 개는 매우 정교하고 칼자루와도 조화가 잘되어 있어, 참으로 정묘하며 창의적이랍니다.

햄릿 칼고리가 뭐지?

호레이쇼 (햄릿에게만 들리게) 주석(註釋) 없이는 모르실 것 같습니다.

오스릭 칼고리는, 저, 칼을 묶어두는 끈 말씀입니다.

햄릿 허리에 대포라도 차고 다닌다면 그 말이 알맞을 것 같군. 그렇게 될 때까지는 역시 칼고리가 좋겠어. 계속할까! 여섯 필의 바버리 말에 대하여 프랑스제 검 여섯 자루와 모든 부속품, 그 밖에 창의적인 칼고리 세 개라. 그러니 덴마크 대 프랑스의 내기로구나. 그런데 그 사람은 왜 그런 물건을 내기로 걸었을까?

오스릭 전하께서는 왕자님과 레어티스 사이에 열두 판을 시키되 아무리 레어티스라도 왕자님께 세 판을 더 이기기는 어려울 것으로 보고 계십니다. 그래서 보통 아홉 판이지만, 그래서는 레어티스가 불리한 것이므로 결국 열두 판을 시키기로 결정하셨답니다. 왕자님께서 이 도전을 받아들이신다면 겨루기는 곧 시작됩니다.

햄릿 내가 싫다고 하면 어떻게 되지?

오스릭 아닙니다, 왕자님. 저는 왕자님께서 검투사 경기장에 나오시는 경우를 두고 말씀드리는 것입니다.

햄릿 전하께서 좋으시다면 나는 이 홀을 거닐고 있겠네. 마침 내 운동 시간이니까. 칼을 가져오게 하라. 레어티스도 하고 싶어하고 전하께서도 꼭 검술 겨루기를 바라신다면, 전하를 위해서라도 되도록 이기고 싶군. 지면 창피를 당하고 따끔한 맛을 보게 될 테니까.

오스릭 가서 그렇게 아뢸까요?

햄릿 대략 그런 취지로, 바란다면 미사여구로 장식을 하시든지.

오스릭 (절을 하면서) 앞으로도 잘 부탁드리겠습니다.

햄릿 잘 부탁하네, 잘 부탁해. (오스릭, 한 번 더 깍듯이 절을 하고 모자를 쓴 다음 으스대며 걸어 나간다) 자기 자신에게 잘 부탁하는 게 좋을걸. 달리 맡아줄 사람도 없을 테니까.

호레이쇼 저 도요새 같은 녀석, 알껍데기를 머리에 쓰고 도망치는 격이지요.

햄릿 제 어미젖을 빨아먹을 때 먼저 유방에 인사한 인간이라네. 저 녀석은, 아니 저 녀석뿐 아니라 이 말세 풍조에 꺼덕거리는 숱한 똑같은 녀석들은, 세풍에 박자를 맞추어 경박한 사교술에 정신이 없고, 거품 같은 미사여구나 잔뜩 배워서 세파와 싸워 온 훌륭한 사람들의 여론을 속이고 누벼 나가거든. 그러나 한번 훅 불어보게나. 거품이라 곧 꺼져버릴 테니까.

귀족 한 사람 들어온다.

귀족 왕자님, 조금 전 오스릭 청년이 전해 드린 전하의 분부에 대해 홀에서 기다리신다는 대답이셨는데, 전하께서 저더러 다시 확인해 오라시는 분부입니다. 레어티스와의 겨루기에 지금도 이의가 없으십니까, 아니면 잠시 미루시겠습니까?

햄릿 내 생각은 변함이 없소. 전하의 뜻을 따를 뿐이오. 그러니 전하께서 형편만 좋으시다면 나는 언제든지 상관없소. 오늘도 좋고, 나중에 해도 좋소. 내 몸의 상태가 지금처럼 좋기만 하다면.

귀족 전하와 왕비마마를 비롯하여 모두 지금 나오시고 계십니다.

햄릿 마침 잘됐군.

귀족 왕비마마께서는 겨루기를 시작하기 전에 왕자님께서 레어티스에게 따뜻하게 한 마디 해주시기를 바라고 계십니다.

햄릿　마땅한 분부시오. (귀족 퇴장)

햄릿　나는 그렇게 생각하지 않아. 그 사람이 프랑스로 떠난 뒤로 나도 계속 연습을 해왔으니까. 게다가 조건도 유리하니 이길 테지. 그런데 자네가 상상도 못할 만큼 마음이 편하질 않네. 그렇지만 상관없어.

호레이쇼　아니, 왕자님······.

햄릿　어리석은 말에 지나지 않아. 여자 같으면 혹 이런 불안감을 꺼림칙해 할는지도 모르지.

호레이쇼　마음이 내키지 않으시면 굳이 하시지는 마십시오. 제가 달려가 이리로 오시지 않게 하고, 왕자님께서 기분이 언짢으시다고 전하겠습니다.

햄릿　그럴 것 없네. 나는 징조 같은 것을 두려워하지 않으니까. 참새 한 마리 떨어지는 것도 신의 특별한 섭리야. 지금 오면 나중에 오지 않고, 나중에 오지 않으면 지금 오네. 올 것은 지금 안 와도 나중에 오고야 마는 거야. 중요한 것은 각오야. 언제 버려야 좋은지, 그 시기는 어차피 아무도 모르는 목숨이 아닌가? 그저 될 대로 되는 거지.

시종들 등장하여 의자, 방석 등을 갖다 놓고 자리를 마련한다. 이윽고 나팔수와 북 치는 사람들 등장. 그다음에 왕과 왕비, 귀족들, 그리고 심판을 볼 오스릭과 귀족 한 사람 등장. 심판관이 장검과 단검을 벽 앞에 있는 탁자 위에 갖다 놓는다. 끝으로 경기복을 입은 레어티스 등장.

왕　자, 햄릿, 이리 와서 레어티스와 악수해라. (레어티스와 햄릿의 손을 끌어 악수시킨다. 그런 다음 왕비와 함께 가서 자리에 앉는다)

햄릿　용서해 주게, 레어티스. 내가 잘못했네. 신사답게 용서하게. 여기 모인 사람들이 다 알고 계시고 자네도 이미 들었을 줄 아네만, 나는 심한 정신 착란에 시달리고 있네. 내가 한 짓에 자네는 자식의 도리로서 아버지를 사랑하는 마음과 명예와 감정이 몹시 상했을 것이네만, 내 여기서 밝히거니와 광증에서 비롯된 일이었네. 햄릿이 레어티스를 해쳤는가? 결코 햄릿이 아니야. 만일 햄릿이 자아를 빼앗기고 자아 없는 햄릿이 레어티스를 해쳤다면, 그건 햄릿이 한 짓이 아니지. 햄릿은 그것을 부인하네. 그럼 누가 했나? 그의 광증이지. 그렇다면 햄릿도 피해자의 한 사람이야. 내 무례가 고의적인 것이 아니었다는 변명을 제발 이렇게 여러분들 앞에서 너그럽게 받아들이고 양해해 주게. 지붕 너머로 쏜 화살이 우연히 자기 형제를 맞힌 거라고 생각해 주게.

레어티스 자식의 도리, 오직 이 점이 복수심을 일으킨 동기였지만 이제 마음이 풀립니다. 그러나 제 명예에 대한 점에서는 이대로 물러서지 않겠습니다. 화해도 하지 않겠습니다. 높은 명예를 가진 어른들이 가운데 서서 화해해도 좋다는 선례를 제시하고 제 체면을 세워주기 전에는. 하지만 그때까지는 햄릿 왕자님이 보여주신 우정을 우정으로 받아들이고, 그것을 어기지는 않겠습니다.

햄릿 나도 그 말을 반갑게 받아들이고 허심탄회하게 형제끼리의 겨루기를 하겠네. 자, 검을 다오.

레어티스 자, 내게도 하나 주시오.

햄릿 내, 자네를 돋보이게 하는 구실을 하지. 서툰 나에 비하면 능숙한 자네 솜씨는 밤하늘의 별처럼 반짝일 거야.

레어티스 놀리지 마십시오.

햄릿 아니, 정말이야.

왕 두 사람에게 검을 주어라, 오스릭. (오스릭이 너덧 자루의 경기용 칼을 들고 앞으로 나온다. 레어티스가 그 가운데 하나를 집어 들고 한두 번 흔들어 본다) 애, 햄릿. 내기를 건 것을 알고 있느냐?

햄릿 예, 잘 알고 있습니다. 친절하시게도 유리하게 조건을 정해 주셨습니다.

왕 나는 걱정하지 않아. 두 사람의 실력은 내가 잘 알고 있으니까. 그러나 레어티스의 실력이 많이 나아졌기에 그만큼 조건을 네게 유리하게 해놓았지.

레어티스 이건 좀 무겁군. 다른 것을 보여주시오. (탁자로 가서 끝이 뾰족하고 독이 칠해진 장검을 집어 든다)

햄릿 (오스릭에게서 검을 받아 들고) 나는 이게 마음에 드는군. 길이는 다 같겠지?

오스릭 예, 왕자님.

심판관과 시종들 경기를 준비할 때 다른 시종들이 포도주를 담은 병과 잔을 가지고 등장.

왕 그 포도주 잔을 저 탁자 위에 올려놓아라. 그리고 햄릿이 첫 판이나 둘째 판에서 득점을 하거나 셋째 판에서 비기거든 모든 성벽에서 일제히 축포를 터뜨리도록 하라. 그때 나는 햄릿의 건투를 위해 축배를 들고, 잔에는 진주를 넣겠다. 그것은 덴마크 왕관에 4대에 걸쳐 달았던 진주보다 훌륭한 것이니라. 잔을 이리 다오. 그리고 북을 쳐서 나팔수에게 알리고 나팔수는 바깥 포수에게 알려서 포성이 하늘로, 하늘에서 땅으로 은은히 울리게 하여, "지금 왕이 햄릿을 위해 축배를 드노라" 알려라. 자, 시작하라. 심판관들은 정신을 차리고 똑똑히 지켜보도록 하라. (잔이 곁에 놓여진다. 나팔 소리. 햄릿과 레어티스, 저마다 갈라선다)

햄릿 자, 덤벼라.

레어티스 자, 오시오.

1회전이 시작된다.

햄릿 한 대!

레어티스 아니오.

햄릿 심판, 어떻소?

오스릭 한 대, 정통으로 한 대입니다. (햄릿과 레어티스, 떨어져 선다. 북소리와 나팔 소리. 그리고 밖에서 대포 소리)

레어티스 자, 2회전을.

왕 잠깐, 술을 부어라. (시종이 잔에 술을 따른다) (햄릿에게 보석을 들어 보이면서) 진주는 이제부터 네 것이다. 너의 건강을 위해서 내가 축배를 들마. (잔을 비우고, 그 잔에 진주를 넣는 체한다) 햄릿에게 이 잔을 들게 하라.

햄릿 이 승부부터 먼저 내겠습니다. 잔은 잠시 거기 놔두십시오. (시종이 잔을 뒤쪽 탁자 위에 갖다 놓는다)

2회전이 시작된다.

햄릿 또 하나, 어떤가?

레어티스 조금 스쳤소. 인정합니다. (햄릿에게서 떨어져 선다)

왕 우리 아들이 이길 것 같군.

왕비 저 애는 저렇게 땀을 흘리고 숨이 가빠요. 자, 햄릿, 내 손수건이 여기 있다. 이마를 닦아라. (수건을 햄릿에게 주고 탁자로 가서 햄릿의 술잔을 집어 든다) 네 행운을 위하여 내가 축배를 들마, 햄릿.

햄릿 감사합니다!

왕 왕비, 마시지 마오.

왕비 마시겠어요. 전하, 축배를 들게 해주세요. (조금 마시고 잔을 햄릿에게 준다)

왕 (혼잣말로) 저건 독을 탄 술인데, 너무 늦었구나!

햄릿 아직 마실 수 없습니다, 어머니. 잠시 뒤에 마시겠어요.

왕비 자, 네 얼굴을 닦아주마.

레어티스 (왕에게만 들리게) 이번엔 한 대 먹이겠습니다.

왕 글쎄.

레어티스 (혼잣말로) 아무래도 양심에 찔리는구나.

햄릿 자, 3회전이야. 레어티스, 자네 힘이 안 들어갔군. 좀 세차게 찔러보게. 나를 놀리는 것 같잖은가.

레어티스 그렇게 말씀하신다면, 자 갑니다.

3회전이 시작된다.

오스릭 무승부! (햄릿과 레어티스, 떨어져 선다)

레어티스 (느닷없이) 자, 간다! (햄릿이 옆을 보는 틈을 노려 상처를 입힌다. 상대의 비겁한 행동에 햄릿은 격분하여 레어티스와 격투한다. 그러다가 두 사람은 우연히 칼을 바꿔 쥔다)

왕 둘을 떼어놓아라. 둘 다 흥분했다.

햄릿 (레어티스를 향하여) 아니다. 자, 다시! (왕비가 쓰러진다)

오스릭 아, 왕비님을 보십시오! (햄릿, 레어티스에게 깊은 상처를 입힌다)

호레이쇼 양쪽이 피를 흘리고 있다. 왜 그러십니까, 왕자님?

오스릭 (레어티스를 안아 일으키면서) 왜 그러시오, 레어티스?

레어티스 아, 도요새처럼 내 덫에 내가 걸렸소. 오스릭, 나 자신의 술책으로

분노한 햄릿을 연기하는 데이비드 테넌트　로열 셰익스피어 극단 공연. 2008.

내가 죽으니 벌을 받는 게 아니겠는가.

햄릿 왕비님께서는 어찌 되신 것입니까?

왕 피를 보고 기절하셨다.

왕비 아니다, 아니다, 저 술, 저 술! 아, 나의 햄릿! 저 술, 저 술! 독이 들어 있었다! (죽는다)

햄릿 오, 나쁜 자식! 아, 문을 닫아걸어라, 배신이다! 범인을 찾아라!

레어티스 범인은 여기 있습니다. 왕자님도 목숨을 잃습니다. 이 세상의 어떤 약도 이제 아무 소용이 없습니다. 앞으로 반 시간도 사시지 못합니다. 흉기는 왕자님 손에 쥐어져 있습니다. 뾰족한 칼끝에 독약이 묻어 있습니다. 그 흉계는 결국 제 자신한테로 돌아왔습니다. 보십시오, 저는 이렇게 쓰러져 있습니다. 이제 다시는 일어나지 못합니다. 왕비님께서도 독살되셨습니다. 장본인은 왕, 저 왕입니다.

햄릿 칼끝에 독을? 그렇다면 독약이여, 네 임무를 다해라. (왕을 찌른다)

오스릭과 귀족들 반역이다! 반역이다!

왕 아, 이놈들아, 나를 보호하라! 상처를 입었을 뿐, 난 아직 죽지 않았다.

햄릿 살인하고 불륜을 저지른 이 저주받을 덴마크 왕아, 이 독이 든 잔을 비워라. (술잔을 억지로 왕의 입에 갖다 대고 기울인다) 네 진주가 들어 있느냐? 내 어머니를 따라가라. (왕, 숨이 끊어진다)

레어티스 자기 손으로 만든 독약, 마땅히 먹을 사람이 먹었습니다. 우리 서로 용서하십시다, 햄릿 왕자님. 저나 아버지의 죽음은 왕자님의 죄가 아니고, 왕자님의 죽음은 저의 죄가 아닙니다! (숨이 끊어진다)

햄릿 하느님이 자네 죄를 용서하시기를! 나도 자네 뒤를 따라가네. (쓰러진다) 나는 죽는다, 호레이쇼. 가엾은 어머니, 안녕히! 이 참변에 파랗게 질려 떨고 있는 여러분에게, 이 연극의 무언 배우나 관객이 된 그대들에게, 시간만 있다면―이 죽음의 잔인한 사자는 사정없이 나를 붙잡아 가는 구나―아, 해두고 싶은 이야기가 있는데―그러나 하는 수가 없다. 호레이쇼, 나는 가네. 자네는 살아남아, 나를 비난하는 사람들에게 나와 내 처지를 올바르게 전해 주게.

호레이쇼 살아남다니요, 천만의 말씀입니다. 저는 덴마크인이 아니라 고대 로마인이고 싶습니다. 아직 독주가 남아 있군요. (잔을 든다)

햄릿 (일어서서) 자네가 대장부라면, 그 잔 이리 주게. 자, 놔. 제발 이리 주라니까! (호레이쇼의 손을 쳐서 잔을 마루에 떨어뜨리고 쓰러진다) 아, 호레이쇼, 전말을 분명히 밝히지 않고 둔다면, 내가 죽은 뒤에 얼마나 더러운 이름이 남게 되겠는가! 자네가 진정 나를 소중히 여긴다면, 잠시 천국의 행복을 물리치고 고생스러울지라도 이 험한 세상에 살아남아 내 이야기를 전해 주게……. (멀리서 진군하는 소리가 들려온다. 이윽고 대포 소리)

오스릭 등장.

햄릿 저 용맹스러운 소리는 무엇인가?

오스릭 (돌아와서) 노르웨이 왕자 포틴브라스가 막 폴란드에서 개선해 오다가 마침 잉글랜드 사절을 만나 저렇게 용맹스럽게 예포를 쏘고 있는 중입니다!

햄릿 아, 나는 죽는다. 호레이쇼! 맹독이 내 정신을 마비시켜 버렸다. 살아서

햄릿의 죽음 햄릿은 호레이쇼에게 이제까지의 일들을 사람들에게 알려달라는 말을 남기고 죽는다.

잉글랜드 소식도 듣지 못할 것 같다. 예언해 두지만, 덴마크의 대를 이을 사

람은 포틴브라스밖에 없다. 죽음에 즈음하여 내 그를 추천한다. 그 사람에
게 그렇게 전해 다오. 그리고 사태가 여기에 이르게 된 사정도 상세하게. 그
나머지는 다 침묵이다. (숨을 거둔다)

호레이쇼 아, 이제 그 고귀한 정신도 다 사라지고 말았구나. 편히 주무십시
오, 다정하신 왕자님. 많은 천사들이 노래로 왕자님을 안식처로 인도하리
다! (진군하는 소리) 그런데 어째서 저 북소리가 이리로 오고 있지?

노르웨이 왕자 포틴브라스, 잉글랜드 사절, 그 밖의 사람들 등장.

포틴브라스 어딘가, 그 현장은?

호레이쇼 무엇을 보고 싶어하십니까? 비참하고 놀라운 것이라면, 더 찾으실
필요가 없습니다.

포틴브라스 이 시체 더미는 무참한 살육을 말해 주는구나. 아, 교만한 죽음
아, 지하의 네 영원한 굴속에서 무슨 향연이라도 베풀겠단 말이냐, 이렇듯
많은 귀인들을 한 칼로 무참히 쓰러뜨려 놓다니!

잉글랜드 사절 차마 볼 수 없는 참상입니다. 잉글랜드에서 가져온 우리 보고
도 너무 늦었습니다. 그것을 들어주실 귀는 이미 감각이 없고, 명령대로 길
덴스턴과 로젠크란츠를 사형에 처했는데, 들어주실 분이 없어졌으니 치사
는 어디서 받아야 합니까?

호레이쇼 왕은 치사를 하지 않았을 겁니다. 만일 살아 있어서 고마워할 힘
이 있다 할지라도 왕은 두 사람의 사형을 명한 적이 없으니까요. 그러나 아
무튼 이 유혈의 참극과 때를 같이하여 이렇게 한 분은 폴란드 원정에서, 또
한 분은 잉글랜드에서 도착하셨으니, 이 시체들을 많은 사람들이 볼 수 있
는 높은 단 위에 모시도록 명령해 주십시오. 그리고 이 일이 어떻게 일어났
는지, 그 사건의 전말을 아무것도 모르는 세상 사람들에게 설명하게 해주
십시오. 그러면 여러분은 잔혹한 불륜의 행위를, 우발적으로 내려진 판단과
뜻하지 않은 살해, 어쩔 수 없이 감행한 계략에 의한 살인, 그리고 끝으로
간사한 꾀가 빗나가 도리어 꾸민 자들의 머리 위에 떨어지게 된 마지막 일
을 들으실 수 있습니다. 제가 사실대로 다 이야기할 수 있습니다.

포틴브라스 어서 들어봅시다. 곧 이 나라의 귀족들을 모으십시오. 나로서는

한편으로는 슬퍼하면서 이 행운을 맞이하겠소. 이 왕국에 대해서는 나도 권리를 가지고 있는 사람이오. 이 기회에 그 권리를 주장하지 않을 수 없소.

호레이쇼 그 일에 대해서도 말씀드릴 것이 있습니다. 더구나 그것은 햄릿 왕자의 마지막 말씀으로 많은 사람들이 지지하리라 생각됩니다. 그러나 방금 말씀드린 일부터 처리하십시다. 민심이 소란한 때니 음모나 잘못으로 또 무슨 불상사가 일어날지 모르는 일입니다.

포틴브라스 부대장 네 명은 무인의 예를 갖추어 햄릿 왕자님을 단상으로 모시도록 하라. 때를 만났던들 세상에 보기 드문 왕이 되셨을 분이다. 자, 왕자님의 서거를 애도해 군악과 조포(弔砲)를 울려 이분의 덕을 찬양하자. 저 시체들도 들어내라. 이 같은 광경은 싸움터에는 어울릴지라도, 이 자리에서는 너무나 보기 흉하다. 누가 가서 병사들에게 조포를 쏘게 하라. (병사들이 시체를 들고 퇴장. 그동안 장례 행진곡. 이윽고 조포 소리가 은은히 울려 퍼진다)

Othello
오셀로

[등장인물]

오셀로　베니스 정부에 근무하는 왕족 출신의 무어인

베니스 공작

브라반티오　원로원 의원, 데스데모나의 아버지

그라티아노　브라반티오의 동생

로도비코　브라반티오의 친척

카시오　오셀로의 부관

이아고　오셀로의 기수(旗手)

로데리고　베니스의 신사

몬타노　키프로스의 전 총독

광대　오셀로의 시종

데스데모나　브라반티오의 딸, 오셀로의 아내

에밀리아　이아고의 아내

비앙카　카시오의 정부(情婦)

그 밖에 의원들, 관리들, 신사들, 수병(水兵), 전령들, 악사들, 수행원들, 하인들, 주민들 등

[장소]

베니스 및 키프로스

오셀로

〔제1막 제1장〕

베니스 거리.
로데리고와 이아고 등장.

로데리고 흥, 듣기 싫네. 그런 일이 어디 있나. 여보게 이아고, 내 지갑을 제 것처럼 마구 쓰던 자네가 이 일을 훤히 알고 있으면서 시치미를 떼다니, 그럴 수가 있나.

이아고 막무가내로군. 내 말을 잘 듣게. 내가 꿈에라도 그 일을 알고 있었다면 목을 치게나.

로데리고 자네, 그자를 미워한다고 그랬지?

이아고 미워하다뿐인가. 장안의 세도가가 세 분이나 일부러 찾아가서 공손히 나를 그자의 부관으로 천거했었지. 솔직히 말해서 내 가치는 내가 알지만 그만한 자격은 충분하단 말일세. 하나 그 작자는 제 고집을 주장하며 잘난 체하고 싶은지, 온갖 미사여구에 군대 용어를 섞어가며 교묘하게 피하여, 끝내는 싹 거절하단 거야. "실은 이미 인선은 결정됐소" 하고. 한데 대체 그자가 누군지 알아? 쳇, 말뿐인 전술가 미카엘 카시오라는, 피렌체 출신으로 미인을 아내로 맞아 으스대고 있지만 머지않아 욕깨나 볼 사람이야. 그자는 실전 지휘 경험도 없거니와 병력 배치법도 모르는 위인이니 계집애와 다를 게 뭐야…… 그자가 아는 건 탁상공론뿐이지. 그 정도의 전술이야 관복을 걸친 집정관들도 논할 수 있어. 입만 나불댈 뿐 경험도 없이 대단한 군인인 체하는데, 그런 놈이 뽑히고 나같이 로도스섬, 키프로스섬, 그 밖의 기독교 땅, 이교도 땅 곳곳에서 큰 공헌을 세운 사람은 이런 계산기 같은 녀석 밑에 들어가 꼼짝을 못해야 하다니. 이 주판 같은 녀석이 부관으로 출세하고, 나는 허, 기가 막혀서! 무어 녀석의 기수란 말이거든.

로데리고   나 같으면 차라리 그 녀석의 교수형 집행인이 되겠어.

이아고   하지만 별수 있어야지. 남의 밑에서 일하려면 별별 욕을 다 봐야 하니까. 승진은 추천장이나 정실 관계로 좌우되고 예전같이 둘째 번이 첫째 번을 따르는 세상은 아니거든. 자, 판단 좀 해보게. 이래도 내가 그 무어인한테 충성을 다하겠는가?

로데리고   나 같으면 어림도 없는 소리지.

이아고   아, 잠깐. 내가 그자를 따르는 데는 사실 속셈이 있단 말이야. 우리는 저마다 다 주인 노릇을 할 수도 없거니와, 어디 또 주인이라고 아랫놈들이 굽실거리는 줄 아나? 세상에는 그저 굽실거리며 한평생 충성을 다하는 녀석들도 많지만, 그 녀석들은 주인네 당나귀처럼 멍에를 메고 꼴이나 얻어먹다가 늙으면 내쫓기게 마련이거든. 그런 것들은 바보 병신이나 다름없지. 반면 충성을 가장하여 실속은 실속대로 차리고 주인에게 굽실굽실해 가면서 짜낼 대로 짜내서 주머니가 두둑해지면, 그때는 자신에게 충성을 하게 되는 놈도 있거든. 이게 제정신을 가진 놈들이지. 내가 바로 이런 부류의 하나란 말이야. 글쎄 이봐, 내가 만약 무어 녀석 같은 팔자가 된다면야 지금 같은 이아고로 있을 필요가 없지. 이건 자네가 로데리고인 것만큼이나 확실한 일이지 뭔가. 내, 녀석을 주인으로 받들고는 있지만 사실 주인은 나야. 하늘도 알다시피 충성심에서 받드는 것이 아니라 가면일 뿐, 실은 속셈이 있어. 설마 내가 마음속에서 생각하는 일, 하고 있는 일을 밖으로 꺼내서 보여주겠는가? 그럴 바에는 차라리 내 심장을 소매에 매달아 까마귀가 쪼아 먹게 하겠어. 지금의 나는 내가 아니라네.

로데리고   일이 제대로 된다면, 그 입술 두꺼운 놈 복도 많지 뭐야!

이아고   그 여자의 아버지를 소리쳐 깨우는 거야. 그런 다음 그치(오셀로)를 뒤쫓아 가게 해서 한참 재미 보고 있을 때 훼방을 놓게 하고, 큰길에서 떠들어대 여자의 친척들을 꼬드겨서 녀석이 흐뭇한 기분으로 있을 때, 파리 떼가 꾀듯 들쑤시게 해놓는 거야. 그래도 당사자의 기쁨은 여전할지 모르나, 적어도 안절부절못하여 흥이 깨지게 해주는 걸세.

로데리고   이게 그 여자의 아버지 집이군. 어디 불러볼까?

이아고   불러봐, 한바탕 요란스럽게. 아닌 밤중에 밀집한 거리에서 불이 난 것

산 마르코 광장의 성 십자가 행렬 젠틸레 벨리니. 1496.
이 광장에는 산 마르코 성당과 총독의 저택이 있으며, 몇 세기에 걸쳐 이어진 베니스 힘의 기반이
었다.

처럼 말야.

로데리고 여보세요, 브라반티오 님! 브라반티오 각하! 여보세요!

이아고 일어납쇼! 여보세요, 브라반티오 님! 도둑이야! 도둑! 도둑! 집 안을
둘러봅쇼. 따님과 돈뭉치를 찾아봅쇼! 도둑이야! 도둑!

브라반티오가 2층 창가에 나타난다.

브라반티오 왜 이렇게 사람을 깨우고 야단이야? 대체 무슨 일이냐?

로데리고 각하, 가족들이 다 안에 계십니까?

이아고 문단속은 잘하셨습니까?

브라반티오 대체 그건 왜 물어?

이아고 큰일 났습니다. 각하, 댁에 도둑이 들었어요. 어서 옷이나 입으시지요.
각하의 심장이 터지고 혼비백산할 일입니다. 지금, 바로 지금, 시커먼 늙은
숫양이 댁의 흰 양을 올라타고 있는 중이에요. 일어나세요. 어서 종을 쳐서

쿨쿨 자는 시민들을 깨우세요. 안 그러시면 그 악마가 각하의 외손자를 만들고 말 것입니다. 자, 어서 일어나시라니까요.

브라반티오 뭐라고, 미쳤나?

로데리고 아 각하, 제 목소리를 아시겠습니까?

브라반티오 몰라, 누구냐?

로데리고 로데리고입니다.

브라반티오 듣고 보니 더 괘씸하군. 내 집 근처에 얼씬대지 말라고 했지 않았나. 그리고 똑똑히 들려주지 않는가, 내 딸을 줄 수 없다는 이야길. 한데 이게 뭐야. 미친놈같이 술을 잔뜩 퍼마시고 엉큼스럽게 찾아와서 단잠을 깨우다니!

로데리고 각하, 저 글쎄…….

브라반티오 명심해 두라고. 원로원 의원인 내 비위를 거스르면 혼이 날 줄 알아.

로데리고 좀 진정하십시오, 각하.

브라반티오 도둑이라고? 여긴 베니스야. 내 집은 들판의 외딴집이 아니야.

로데리고 브라반티오 각하, 저는 성심 성의껏 여쭈러 찾아왔습니다.

이아고 원 이럴 수가, 각하께선 신에게 해야 할 일도 악마의 권고라면 거절하실 분이군요. 모처럼 알려드리러 왔는데, 불한당 취급을 하시다니요. 바버리산(産) 말이 따님을 올라타게 되었다니까요. 말처럼 히잉 우는 외손들이 생기게 된다니까요. 글쎄, 경주용 말, 스페인 말들의 일가친척이 되고 마시겠다는 것인가요?

브라반티오 고얀 놈, 대체 네가 누구냐!

이아고 저는 말입죠, 따님과 무어 놈이 지금 등이 둘이고 몸은 하나인 짐승 짓을 하고 있다고 알려드리러 온 사람입니다.

브라반티오 이 악당 같으니.

이아고 각하는…… 원로원 의원입지요.

브라반티오 이건 자네 책임이야. 나는 자네를 알아, 로데리고.

로데리고 네, 뭐든 책임지고말고요. 하지만 각하, 그게 각하의 의향이십니까? 잘 생각한 끝에 동의하신 일입니까? 아마 그러신가 본데요. 글쎄 이 한밤중에 아름다운 따님이 어쨌든 천한 사공 한 녀석밖에 없는 곳에서 저 무어 놈에게 함부로 안겨 있습니다만...... 이걸 알고 계시고, 또 동의하신 일이라면 저희들이 주제넘은 짓을 했나 봅니다. 하나 모르신다면 그렇게 저희들을 꾸짖으실 게 아닙니다. 오해 마십시오. 버릇없이 각하를 조롱하자거나 무시하자는 건 아니니까요. 거듭 말씀드리지만, 따님이 승낙도 없이 나간 것이라면 큰 불효를 한 셈이지요. 자식 된 도리와 아름다움, 분별, 미래 등을 몽땅 이곳저곳 방랑하는 떠돌이 외국인에게 내맡긴 셈이니까요. 당장 살펴보십시오. 만일 이게 거짓이라면 법의 처벌을 달게 받겠습니다.

브라반티오　불을 켜라! 여봐라, 초를 가져와! 모두 깨워! 어쩐지 꿈자리가 사납더라니. 심장이 조이더라니. 불을 켜! 불을! (퇴장)

이아고　그럼 또 만나세. 나는 가봐야겠네. 무어의 적수가 되었다간 내 처지가 난처해지기도 하고 위태로우니. 난 정부(政府)의 태도를 알고 있어. 글쎄, 이번 사건으로 어느 정도 견제는 가할망정 그를 쉽사리 파면할 순 없단 말이야. 키프로스에서는 전쟁이 벌어졌으니, 이 전쟁도 놈이 맡게 돼 있어. 이 녀석 말고는 이 일을 감당할 만한 인물이 아무도 없으니 말이야. 그러니까 지옥의 고통을 받고 있는 나이지만, 당장 살아가려니 충성의 깃발과 간판을 내걸 수밖에. 물론 가장일 뿐이지만. 그럼, 사람들을 몰아서 놈의 숙소 새지터리로 가보게. 틀림없이 거기 있을 걸세. 나도 거기에 가 있겠어. 그럼 난 가네. (퇴장)

브라반티오와 횃불을 든 하인들 아래층 입구에 등장.

브라반티오　이거 야단났다. 딸이 없어졌다. 이제 희망 없는 여생은 슬픔만 남았구나. 여보게, 로데리고, 어디서 보았지, 내 딸을? 아 불쌍한 것! 무어 놈하고 함께 있다고 그랬지? 이러니 어디 애비 노릇도 해먹겠나! 어떻게 알았나, 내 딸인지를? 오, 아비를 그렇게 감쪽같이 속이다니! 그 애가 자네한테 뭐라던가? 여봐라, 촛불을 더 가져와. 일가친척들을 모두 깨워. 정말 결혼을 해버린 것 같던가?

로데리고　아마 그런 줄로 압니다.

브라반티오　아이고 맙소사! 도대체 어떻게 나갔을까! 혈육을 다 배반하다니! 세상의 어버이들에게 일러줘야겠어. 겉만 보고 딸자식을 믿지 말라고. 젊은 처녀의 마음을 흔들어 놓는 마약이 있는 모양이지? 그런 이야기를 읽은 일 있나, 로데리고?

로데리고 네, 있습니다.

브라반티오 내 아우를 깨워라. 아, 자네를 사위로 삼을 것을! 자! 한 패는 이 쪽으로, 한 패는 저쪽으로 가라. 자네는 아나, 어디 가면 그 애와 무어 놈을 잡을 수 있을지?

로데리고 찾아드리겠습니다. 경호할 몇 사람을 데리고 저를 따라오시면.

브라반티오 그럼 안내하게. 집집마다 불러 깨워야지. 거의 내 명령에 따를 것 이다. 여봐라, 다들 무기를 들어라! 야경꾼을 깨워. 자, 로데리고, 자네의 수 고는 잊지 않겠다. (모두 퇴장)

〔제1막 제2장〕

다른 거리.
오셀로, 이아고, 횃불을 든 수행원들 등장.

이아고 전쟁에선 살인도 했습니다만, 계획적인 살인만은 양심이 허락지 않습 니다. 전 악당이 못 돼서 가끔 손해를 보곤 하죠. 그저 몇 번을 생각했는지 모르겠습니다. 놈(로데리고)의 갈비뼈 밑을 푹 찔러줄까 하고요.

오셀로 내버려 두게.

이아고 하지만 놈은 마구 욕설을 늘어놓고 장군님을 욕하고 있습니다. 성인 이 못되는지라 겨우 참았습니다. 참 결혼은 하셨습니까? 아시다시피, 그 의 원님은 대단히 인망이 있어 실력에서는 베니스 공 못지않은 세력을 가진 분 입니다. 그러니까 그분이 이 결혼을 취소시키거나, 또는 국법의 한계 내에서 무슨 부당한 억압책을 마련할지도 모릅니다.

오셀로 맘대로 해보라지. 내 공로로 봐서라도 그분의 고소쯤은 문제도 안돼. 그리고 이건 여태껏 아무에게도 말하지 않았지만…… 명예를 위해서 때론 자랑도 필요하다면 이젠 입을 열겠는데…… 나는 왕족의 혈통을 지닌 사람 이야. 내 공로로 봐서도 이번에 얻게 된 행운은 정정당당히 요구할 권리가 있지. 여보게 이아고, 데스데모나를 사랑하지 않는다면 내가 무엇 때문에 이 자유스런 생활을 가정이라는 우리 속에 얽매어 놓겠는가. 만일 바닷속의 보물을 얻는다 해도 말이야. 그런데 저 횃불들은 무언가!

이아고 잠을 깬 아버지와 그 일당입니다. 숨으시는 게 상책입니다.

오셀로 아냐, 당당히 만나지. 나의 기질이나 신분이나 양심 등, 어느 모로 보나 당당히 행동해야지. 그 패들인가?

이아고 아닌가 본데요.

카시오와 횃불을 든 몇몇 관리 등장.

오셀로 베니스 공의 부하들과 내 부관이군! 한밤에 수고들 하네! 무슨 일인가?

카시오 공작님이 보내신 사자입니다. 장군님을 급히 모시고 오라는 분부십니다.

오셀로 무슨 사건이 일어났나?

카시오 키프로스에서 무슨 정보가 온 모양입니다. 긴급한 일인가 본데, 밤새 함대로부터 잇따라 보고가 들어오고 있습니다. 의원들은 거의 다 일어나 이미 베니스 공작 저택에 모였습니다. 공작께선 장군님을 서둘러 모시고 오라는 분부였지만, 숙소에 가봐도 안 계시고 해서…… 지금 원로원은 세 패로 사람을 보내어 장군님을 찾는 중입니다.

오셀로 만나서 잘됐네. 일러둘 말이 있으니 잠깐 안에 들어갔다 나오겠어. 그러고 나서 곧 함께 가도록 하세. (안으로 들어간다)

카시오 여보게 기수, 장군은 여기서 뭘 하고 계신가?

이아고 뭐, 장군님은 오늘 밤 육지를 달리는 큰 배를 한 척 약탈하셨지. 이게 합법적인 전리품으로 결정된다면 복도 많지 뭐야.

카시오 무슨 말인지 모르겠는걸.

이아고 결혼하셨다네.

카시오 누구와?

오셀로 다시 등장.

이아고 왜, 저…… 아 장군님, 가보실까요?

오셀로 음, 가세.

카시오 또 다른 패가 장군님을 찾으러 오는군요.

이아고 브라반티오예요. 장군님, 조심하십쇼. 악의를 품고 온 것이니까요.

브라반티오, 로데리고, 햇불과 무기를 든 관리들 등장.

오셀로 멈춰라! 움직이지 마라!

로데리고 각하! 무어 놈입니다.

브라반티오 때려눕혀라, 저 도둑놈을! (칼을 빼들자 로데리고도 칼을 뽑는다)

이아고 잘 만났다, 로데리고! 너는 내가 상대해 주겠다.

오셀로 이아고, 번쩍이는 칼을 칼집에 꽂아라, 이슬에 녹이 슬라. 의원 각하, 그만한 경력이면 명령이 통하실 텐데요. 무기에 호소하지 않으시더라도…….

브라반티오 이 더러운 도둑놈 같으니! 내 딸을 어디다 감춰 놨느냐? 이 개 같은 놈! 내 딸을 요술로 홀려내다니. 글쎄 사리를 따져봐라. 요술에 홀리지 않고서야 그렇게도 상냥하고 아름답고 행복한 딸애가, 아니 이 나라의 유복한 귀공자와 결혼할 것도 마다하던 내 딸이 남의 웃음거리가 되려고 아비 품에서 빠져나가, 너 같은 사내의 그 시커먼 가슴에, 보기만 해도 소름이 끼치는 그 가슴에 안길 수가 있겠는가. 세상 사람에게 물어봐라. 뻔한 일이 아니냐. 요술을 부리지 않았느냐. 연약한 처녀를 마약으로 홀리고, 분별을 잃게 하지 않았느냐. 법정에서 진실을 밝힐 테다. 틀림없을 거다. 그러니 너를 체포 구금하겠다. 세상을 해치고 금지된 요술을 행사한 죄로 저놈을 결박하라. 반항하면 사정없이 저놈을 매질해라.

오셀로 손을 대지 마라. 두 사람 다 기다려. 내가 나설 경우는 내가 알아서 하겠어. 지시는 안 받는다. 자초지종을 해명하겠습니다. 어디로 갈까요?

브라반티오 감옥에 가 있어. 규정대로 법정에 불려나올 때까지.

오셀로 괜찮을까요, 그대로 복종해도? 베니스 공께서 쉽게 이해하실까요? 이렇게 사람을 보내 긴급한 나랏일로 저를 급히 부르고 계시는데요?

관리 1 그건 사실입니다, 각하. 공작님께서는 회의를 소집하셨습니다. 각하께도 사람이 갔을 것입니다.

〈레판토 해전〉 안드레아 비센티노. 1580.
1571년 스페인이 이끄는 200척이 넘는 그리스도교 연합군 함대가 오스만 튀르크 해군을 레판토
해에서 물리친 해전.

브라반티오 뭐, 공작께서 회의를 소집하셨다고! 이 밤중에! 저놈을 묶어라.
난 나대로 중대한 일이니까. 공작이나 동료 의원들도 이 화를 남의 일처럼
생각하지는 않을걸. 이런 불법을 활개치게 놔둘 바에야 이 나라 정치는 노
예나 이교도에게 맡기라지. (모두 퇴장)

〔제1막 제3장〕

회의실.
공작과 의원들이 탁자를 에워싸고 앉아 있고, 관리 몇 명이 곁에 서 있다.

공작 이 정보들은 갈피를 잡을 수 없어 믿을 수가 없구려.
의원 1 서로 일관성이 없습니다. 제게 온 문서에는 적 함대의 병력이 107척이
라고 되어 있는데요.
공작 이 문서에는 140척이라고 되어 있소.

의원 2 제게는 200척이라고 되어 있습니다. 정확히 일치하지는 않습니다만, 이런 경우엔 추측해서 보고하기 마련이니 착오도 있을 법합니다. 하여간 터키 함대가 키프로스로 진격하고 있는 것만은 틀림없습니다.

공작 음, 있을 수 있는 일이오. 숫자에 착오가 있다 해서 안심할 수는 없소. 사실이 어떤가 우려되오.

수병 (밖에서) 여보세요! 여보세요! 여보세요!

관리 1 함대에서 병사가 왔습니다.

수병 등장.

공작 그래 무슨 일인가?

수병 터키 함대가 로도스섬으로 항해 중입니다. 이 사실을 정부에 보고하라는 안젤로 제독 명령입니다.

공작 이 정세의 급변, 다들 어떻게 생각하오?

의원 1 그럴 리가 없습니다. 우리를 기만하기 위한 하나의 위장이 아닐까요? 키프로스섬은 터키에게는 요충지일뿐더러 다들 아는 바와 같이 로도스섬 이상으로 이해관계가 있으면서 요새 설비나 장비가 로도스섬보다 보잘것없는 실정이니까, 훨씬 쉽게 공략할 수 있는 상태에 있습니다…… 이런 상황으로 미루어 본다면 터키군이 졸렬하게 앞뒷일을 거꾸로 하여, 쉽고 유익한 공략을 포기하고 무익한 모험을 하리라고는 생각되지 않습니다.

공작 음, 로도스섬이 확실히 목표는 아닌 것 같소.

관리 1 또 보고가 들어왔습니다.

전령 등장.

전령 아뢰오. 로도스섬으로 직행 중이던 터키 함대는 그 섬 근처에서 후속 함대와 합류했습니다.

의원 1 음, 그럴 줄 알았지. 후속 함대는 몇 척이나 되더냐?

전령 30척쯤입니다. 이제 다시 되돌아서 키프로스로 출동하기 시작했습니다. 충성스럽고 용맹한 몬타노 총독께서 이상의 경과를 의원님들께 알리고 구원을 부탁드리라고 하셨습니다.

공작 음, 확실히 키프로스가 목표란 말이지. 마르쿠스 루치코스는 그곳에 없는가?

의원1 지금 피렌체에 머물고 있습니다.

공작 그분께 내 명의로 문서를 만들어 서둘러 사신을 보내시오.

의원1 마침 브라반티오가 오시는군요. 무어 장군도 같이.

브라반티오, 오셀로, 이아고, 로데리고, 관리들 등장.

공작 오셀로 장군, 우리의 적 터키 격퇴의 임무를 장군이 당장 맡아주어야 되겠소. (브라반티오에게) 오신 것을 몰라봤구려. 참 잘 오셨소. 오늘 밤은 귀하의 고견을 듣고 조력을 받고 싶었던 참이었소.

브라반티오 저 또한 공작 각하의 고견과 조력을 받고자 합니다. 실례지만 각하, 이렇게 잠자리에서 일어나 온 것은 직책상도 아니요, 이 사건을 들었기 때문도 아닙니다. 또는 위기를 걱정해서도 아닙니다. 사실은 저의 개인적인 슬픔이 다른 슬픔들을 삼켜버릴 만큼 걷잡을 수 없었기 때문입니다. 그저 그 일만은 어떻게 할 도리가 없습니다.

공작 아니, 무슨 일인데요?

브라반티오 제 딸이! 아, 딸이!

모두 죽었단 말이오?

브라반티오 네, 저에게는 죽은 거나 마찬가지지요. 제 딸은 농락당했습니다. 돌팔이 의사한테서 구한 마술과 마약으로 당했어요. 바보도 아니고 장님도 아니고 정신도 멀쩡한 그 애가 마술에 걸리지 않고서야, 이렇게 터무니없이 실수를 할 리는 없습니다.

공작 그놈이 어떤 놈이건 그런 괘씸한 수단으로 그대 딸의 마음을 속여 꾀어낸 놈은, 귀하의 엄한 법규에 비추어 처분대로 극형에 처하시오. 만일 그 범인이 내 자식이라도 용서할 수 없는 일.

브라반티오 감사합니다. 바로 이 무어인이 범인입니다. 나랏일에 대한 각하의 특명으로 불려 나온 모양입니다만.

모두 이것 참 난처하게 되었네.

공작 (오셀로에게) 당사자로서 해명할 말은 없소?

브라반티오 있을 턱이 없지요. 사실이 그러한데.

오셀로 존경하는 원로원 의원 여러분, 제가 이 노인의 따님을 꾀어낸 것은 사실입니다. 결혼한 것도 사실입니다. 저의 죄목은 그것뿐입니다. 본디 말솜씨가 거칠고 얌전하지 못한 사람입니다. 이 두 팔은 힘이 생기기 시작한 일곱 살 때부터 오늘날까지 아홉 달만 빼곤 줄곧 싸움터에서 전력을 다해 온 탓으로 싸움 말고는 일반 세상 관습에 대해서는 잘 모릅니다. 따라서 저 자신도 변명할 재주는 거의 없습니다. 그러나 참고 들어주신다면 앞뒤 사정을 사실대로 말씀드리겠습니다. 제가 무슨 마약, 무슨 요술, 무슨 주문, 무슨 마술을 썼다고 해서 고발당하였습니다만, 저분 따님의 마음을 어떻게 샀는가를 밝히겠습니다.

브라반티오 그렇게도 조용하고, 단정하고, 행여 마음의 동요가 있을까 얼굴을 붉히던 딸이, 그런 제 딸이 천성이나 나이, 나라, 체면 등 모든 것을 배반하고 보기만 해도 질겁할 인간을 사랑할 리가 없습니다. 어딘가 모자라거나 바보라면 뭐라 판단하는지 모르지만, 티끌만 한 흠도 없는 여자가 인정의 법칙을 어겨 잘못을 저지를 리가 없지요. 교활한 악마의 장난이 아니고서야 이런 해괴한 일이 어떻게 일어나겠습니까? 그러니 거듭 단언하지만, 피를 어지럽히는 무슨 강력한 약이나 마법으로 그만한 약효를 발휘하는 것으로 딸을 농락한 것이 분명합니다.

공작 단언만으로는 증거가 되지 않소. 좀더 확실한 증거 없이는 그런 빈약한 피상적 추측을 가지고 사람을 죄인 다루듯 할 수는 없소.

의원 1 오셀로 장군이 말해 보시오. 과연 장군은 비열한 수단으로 처녀의 마음을 유혹했소? 아니면 정당히 구애하여 마음과 마음이 이해하게 된 것이오?

오셀로 그럴 것 없이 새지터리로 사람을 보내어 당사자를 불러, 그 아버지 앞에서 물어보십시오. 만약 그녀의 말로 미루어 저에게 부당한 점이 있거든, 제가 받고 있는 신임과 지위를 박탈할 것은 물론 사형을 선고하셔도 좋습니다.

공작 데스데모나를 불러오너라.

오셀로 (이아고에게) 기수, 안내하게. 장소는 자네가 잘 알지. (이아고와 시종들 퇴장) 그녀가 올 때까지 신 앞에 저의 죄상을 참회하는 심정으로 여러분의 귀에 사실대로 말씀드리겠습니다. 어떻게 제가 그녀의 사랑을 얻고 어떻게 그녀가 저의 사랑을 얻게 되었나를.

공작 그럼 말해 보오, 오셀로 장군.

오셀로 그녀의 아버지는 저를 사랑하여 이따금 집으로 불러서 제 이야기를 묻곤 했습니다…… 전투, 성을 공략했던 이야기, 승패 등등 해마다 겪어온 운명을 말이지요. 그래서 저는 어린 시절부터 명령하시는 때까지의 경험을 모조리 이야기했습니다. 기가 막힌 모험담, 바다와 육지에서의 놀라운 사건, 위기일발의 성벽을 뚫고 구사일생으로 살아난 이야기, 잔인한 적에게 포로가 되어 노예로 팔렸다가 몸값을 치르고 풀려난 이야기, 방랑 시절의 체험담, 예를 들면 거대한 동굴이나, 불모의 사막, 험한 돌산, 암석, 하늘을 찌르는 산악 등등이 화제에 오르내리게 됐지만…… 그런 이야기를 해드렸지요. 또 동족을 잡아먹는 식인종, 어깨 밑에 목이 달린 미개인 이야기도 해드렸지요. 그런 이야기들을 데스데모나도 열심히 듣곤 했습니다. 때때로 안으로 들어갈 일이 있으면, 얼른 일을 마쳐놓고 다시 돌아와서 열심히 제 말을 듣곤 했습니다. 그런 것을 보고 한번은 기회를 노려서, 그편에서 제 방랑의 전 생애를 진정으로 듣고 싶다고 넌지시 말해 오게끔 만들었지요. 그녀는 여태까지 띄엄띄엄 들었을 뿐, 처음부터 끝까지 다 듣지는 못했으니까요. 저는 승낙하고 어렸을 때 고생하던 이야기를 꺼내어 그녀를 울리곤 했습니다. 이야기가 끝나자, 그녀는 저의 고난을 동정하며 깊은 한숨을 몰아쉬고, 원 그런 일이, 어머나, 신기해라, 딱해라, 가엾어라, 이렇게 소감을 말했습니다. 그리고 차라리 듣지 말걸 하면서도 자기도 그런 남자로 태어났더라면 좋았겠다며 제게 감사를 하고, 이렇게 부탁했습니다. 만약 제 친구 가운데 그녀를 사랑하는 남자가 있거든, 저와 같은 경험담을 이야기해 주도록 말입니다. 그러면 그는 그녀의 사랑을 얻을 거라고요. 이 말에 힘을 얻어 저는 사랑을 고백했지요. 그녀는 지난날의 고생을 동정하여 저를 사랑해 주었고, 동정해 주는 까닭에 저는 그녀를 사랑했습니다. 이것이 바로 제가 쓴 요술입니다. 데스데모나가 왔습니다. 직접 물어보십시오.

데스데모나, 이아고, 시종들 등장.

공작 그런 말을 들으면 내 딸이라도 흔들리겠소. 브라반티오, 어차피 이렇게 된 이상 잘 해결되도록 좋게 처리하시오. 맨주먹보다는 부러진 칼이라도 있는 게 낫다 하지 않소.

브라반티오 어쨌든 딸아이의 말을 들어봅시다. 저 애한테도 죄가 없는 게 아니라면, 저 사람을 비난한 제 머리에 천벌이 내려도 좋습니다. 자, 애야, 이렇게 여러 어른들 앞에서 묻겠는데, 너는 누구 말에 가장 복종해야 될 것으로 아느냐?

데스데모나 아버지, 저한테는 두 가지 의무가 있습니다. 아버지께선 저를 낳아주시고 길러주셨습니다. 이 은혜로 저는 아버지를 존경해야 한다는 것을 알았습니다. 아버지는 제 의무의 주인, 그러니까 저는 아버지의 딸입니다. 하지만 여기 남편이 있습니다. 어머니는 아버지를 외할아버지보다 소중히 생각하셨습니다. 그와 마찬가지로 이 딸자식도 무어 님을 주인으로 섬기려 하옵니다.

브라반티오 그럼 잘 살림! 다 끝장났다. 공작 각하, 회의를 진행해 주십시오. 자식을 낳는 것보다 차라리 얻다 기르는 것이 낫겠군요. 이리 오게, 무어 장군. 이렇게 된 바에야 이의 없이 내 딸을 주겠네. 아직 자네 사람이 되지 않았던들 거절하겠네만. 네 행실을 생각하니, 내가 무남독녀만 둔 것이 천만 다행이지. 딸의 탈선에 마음이 거칠어져 난폭하게 다른 자식들에게 족쇄를 채울지 모르니 말이야. 공작 각하, 제 일은 끝났습니다.

공작 그렇다면 내가 귀하의 처지에서 교훈을 하나 말하겠소. 뜻밖에 이것을 발판삼아 두 사람과 화해할 날도 있는 법이니. 최악의 경우를 생각하면 슬픔도 끝나는 법, 섣불리 희망을 걸면 슬픔만 커질 뿐이오. 지나간 불행을 슬퍼하는 것은 새 불행을 불러오는 일, 화를 만나 맞설 길이 없을 때는 참으면 그 악행도 웃음거리로 변하오. 도둑을 맞아도 미소를 짓는 자는 오히려 도둑한테서 무엇인가를 빼앗는 셈이고, 무익한 슬픔에 잠기는 자는 자기 자신을 잃어버리는 셈이오.

브라반티오 그럼 키프로스를 터키 놈들에게 점령당해도 웃고만 있으면 안 뺏긴 게 되겠군요. 지금 말씀은 달리 위로받을 길이 없는 사람에게는 편리하겠습니다만은, 슬픔을 참을 수 없는 자에게는 교훈도 고통이 될 뿐입니다. 교훈이란 이렇게도 저렇게도 해석되는 모호한 것입니다. 요컨대 말은 말이니까요. 그냥 귀로 듣기만 하고도 슬픔이 멎었다는 이야기는 이제껏 들은 적이 없습니다. 그럼, 어서 회의를 진행하십시오.

공작 터키군이 대거 키프로스로 향하고 있소. 오셀로 장군, 그곳 요충지는 장군이 잘 알고 있을 거요. 물론 유능한 총독 대리가 주둔하고 있지만, 일의 성패를 좌우하는 여론으론 장군이 와줘야 안심된다는 거요. 그러니 수고스럽지만 신혼의 행복을 버리고 외적 소탕에 나서주어야겠소.

오셀로 의원 여러분, 습관의 위력으로 저는 몹시 힘들고 고생스러운 전쟁터에서 돌과 강철을 잠자리로 삼는 것을 오히려 포근한 깃털 잠자리같이 여기게 되었습니다. 유사시에는 금방 뛰어가고 싶은 마음이니, 터키 침략군 소탕의 임무를 완수하겠습니다. 한 가지 특별히 청할 말씀은, 아내를 부탁합니다. 거처와 수당은 물론 그 밖의 편리 등 가문에 부끄럽지 않도록 배려해 주시기 바랍니다.

공작 그 일 같으면 장인께 맡기면 되지 않겠소?

브라반티오 그건 안 될 말씀입니다.

오셀로 저도 반대입니다.

데스데모나 저 또한 싫습니다. 함께 살며 불쾌하게 해드리고 싶지는 않습니다. 공작님, 제 말에 부디 귀를 기울여 주십시오. 저의 소원을 허락해 주시기 바랍니다.

공작 무슨 소원이지, 데스데모나?

데스데모나 제가 무어 님을 사랑하고 같이 살고 싶어한다는 사실은, 대담하게 집을 버리고 오직 운명에 맡겨버린 이번의 제 행동으로 보아 세상이 다 알 것입니다. 저는 본디 그이의 천직 자체에도 마음이 끌렸습니다. 그리고 오셀로의 참모습을 그 마음속에 발견하고 그이의 명예와 용맹 속에 제 몸과 마음을 바쳤습니다. 그러니 저는 뒤에 처져서 평안한 날을 보내고 남편만 출정한다면, 백년가약을 한 보람도 없이 독수공방으로 얼마나 외롭겠습니까? 부디 함께 가게 해주십시오.

오셀로 아내의 소원을 들어주십시오. 그러나 하늘에 맹세하건대 절대로 제 한 몸의 욕정을 채우고자 애원하는 것은 아닙니다. 또 정열과 혈기에 못 이겨 제 몸의 만족을 취하기 위한 것도 아닙니다. 오직 너그럽게 아내의 소원을 이루어 주자는 것뿐입니다. 부디 지나친 염려는 하지 말아주십시오. 아내와 함께 있다고 해서 제가 중대한 나랏일을 소홀히 하지는 않을 테니까요. 만약 날개가 가벼운 큐피드의 장난으로 긴장한 눈이 가려져 경박하게 임무를 그르치거든, 하녀들에게 제 투구를 냄비 대용으로 쓰게 하고, 온갖 비천한 재앙을 제 이름 위에 내리게 해도 좋습니다.

공작 두고 가건 데리고 가건 장군 생각대로 하시오. 사태는 긴박하니, 서둘러 출발하도록.

의원 1 오늘 밤 출발하시오.

오셀로 네, 그렇게 하겠습니다.

공작 내일 아침 아홉 시 이곳에서 다시 모입시다. 오셀로 장군, 장교를 하나 남겨두고 가오. 그편에 사령장을 전달하겠소. 그 밖에 지휘 통수에 필요한 사령도 함께.

오셀로 그러면 기수를 남겨두겠습니다. 정직하고 성실한 사람입니다. 무엇이고 보낼 필요가 있는 물건들은 그편에 보내주십시오.

공작 그렇게 하겠소. 그럼 편히들 쉬시오. (브라반티오에게) 이보게, 훌륭한 인품을 아름답다고 불러도 좋다면, 귀하의 사위는 겉모습은 검어도 참으로 아름다운 인물이오.

의원 1 그럼 무어 장군, 잘 다녀오시오. 데스데모나를 잘 보살피시고.

브라반티오 무어여, 눈을 가졌거든 아내를 경계하게. 아비를 속인 여자인데 남편인들 못 속이겠나.

오셀로 아내의 절개에 이 생명을 걸죠! (공작, 의원들, 관리들 퇴장) 성실한 이아고, 내 아내를 부탁하네. 자네 부인에게 시중을 들게 하고, 때를 봐서 함께 오게. 데스데모나, 같이 이야기할 시간은 한 시간밖에 없구려. 게다가 뒤처리며 타협할 일이 있소. 시간만은 엄수해야 하오. (데스데모나와 함께 퇴장)

로데리고 이아고!

이아고 아, 웬일이야?

로데리고 나는 어떻게 해야 좋겠나, 대체?

이아고 원, 가서 잠이나 잘 일이지.

로데리고 당장 물에 뛰어들어 죽을까봐.

이아고 그래 봐야 나는 시원섭섭할 거다. 참 어리석은 사람이로군!

로데리고 사는 게 고통일 바에야 산다는 게 어리석지. 처방치곤 죽는 게 상

오셀로가 브라반티오와 데스데모나에게 '자신의 인생 이야기'를 들려주는 모습을 묘사한 동판화(1883)

책이야, 죽는 게 약이 된다면.

이아고 못난 소리! 나는 이 세상을 4 곱하기 7의 28년 동안 보아왔네. 그러나 그 사이 이해관계를 분별할 줄 알고부터는 제 자신을 아낄 줄 아는 놈을 보지 못했어. 나 같으면 그까짓 암탉 한 마리 때문에 투신자살할 바에야 차라리 사람 노릇을 그만두는 게 낫겠네.

로데리고 그럼 어떻게 해야 좋겠나? 이렇게 녹초가 되고 보니 정말 창피해. 하지만 내 힘으론 어찌할 도리가 없어.

이아고 힘이라고! 쳇! 이렇게 되고 저렇게 되는 게 다 자기 책임 아냐? 우리 육체가 정원이라면, 의지는 정원사랄까. 그러니 쐐기풀을 심든, 상추를 심든, 우슬초를 기르고 독보리를 없애든, 한 가지 풀로만 해놓든, 온갖 풀을 섞어 심든, 게을러서 묵히든, 거름을 주어 부지런히 가꾸든…… 아무튼 이렇게 하든 저렇게 개선하든 모든 게 다 우리 의지에 달려 있지. 인간은 저울과 같아서 한쪽에 이성의 저울판이 있어서 욕정의 저울판과 균형을 맞추어 주지 않는다면, 비열한 본능에 사로잡혀 비참한 최후를 당하고 말지. 그러나 다행히도 이 이성이라는 것이 있어서 욕정의 폭풍이나 육욕의 유혹, 방종한 색욕을 식힐 수가 있거든. 그러니 아마 자네의 그 애정이라는 것도 결국 그런 욕망의 새순이나 마찬가지일 거야.

로데리고 천만에!

이아고 그렇다면 그건 단순히 욕정의 소용돌이가 의지를 물리쳤을 뿐이야. 여보게, 정신 바짝 차리게나. 투신자살을 하겠다고! 그런 짓은 고양이나 눈먼 강아지를 대신 시키지. 난 한번 우정을 약속한 이상 자네와는 앞으로 영원히 끊을 수 없는 친구가 됐단 말씀이야. 마침내 내가 도와줄 시기가 왔어. 지갑에다 돈을 마련하게. 싸움터로 함께 가는 거야. 가짜 수염으로 변장을 해가지고. 알겠나, 두둑이 돈을 마련하라니까. 데스데모나가 언제까지나 무어 놈을 좋아할 리가 없지…… 돈을 마련하게. 또 무어인 쪽에서도 마찬가지지. 시작이 맹렬했으니까…… 지갑에 돈을 장만하라고. 무어족이란 본디 변덕이 심하거든…… 돈을 장만하게. 지금은 꿀맛같이 달겠지만, 곧 콜로신스 오이같이 쓰다고 뱉어버릴 놈이야. 여자 또한 젊은 사람한테로 쏠릴 거야. 그 녀석의 육체를 포식하고 나면, 그때는 잘못된 선택을 깨달을 테지. 그러니 돈을 준비하게. 어차피 지옥에 떨어질 생각이라면, 투신자살보다는 좀더 근사한 방법을 선택해야 될 거 아닌가. 돈을 긁어모으라고, 돈을. 떠돌이 야만인과 간사한 베니스 계집 사이의 그럴듯한 관계쯤, 내 지혜와 악마의 출동에는 배겨나지 못할 테니. 그때는 자네가 그 여자를 즐길 수 있을 게 아니냐 말이야. 그러니 돈이야, 돈. 물에 뛰어들어 죽다니! 안 될 소리지. 계집 하나 정복하지 못하고 투신자살을 할 바엔, 차라리 실컷 즐겨나 본 뒤에 교수형을 당할 각오를 하시라고.

로데리고 그럼 자네 말대로 한다면 꼭 소원을 풀어주겠나?

이아고 문제없어. 자, 돈이나 마련하게. 내가 늘 말하지 않았는가. 골백번이나 말했잖나, 나는 무어인이 밉다고. 내 원한은 뿌리 깊어. 자네도 마찬가지고. 자, 그러니 우리 손을 잡고, 원수를 갚잔 말야. 간통에 성공한다면 자네는 재미를 많이 볼 테고, 나는 속이 시원할 거고. 시간의 배 속에는 여러 일들이 잉태되어서, 달이 차면 태어나게 마련이거든. 자, 어서 가서 돈을 장만하게. 그럼 내일 아침에 다시 이야기하자. 잘 가게.

로데리고 내일 아침 어디서 만날까?

이아고 내 숙소에서.

로도비코 그럼 아침 일찍 찾아가겠네.

이아고 그럼 잘 가게. 참, 이거 봐.

로데리고 왜 그래?

이아고 제발 부탁인데 물에 빠져 죽진 말게나. 알겠나?

로데리고 생각을 돌렸네.

이아고 그럼 가보게. 걱정 말고 돈이나 두둑이 장만하라고.

로데리고 땅뙈기를 몽땅 팔 작정이야! (퇴장)

이아고 이렇게 바보가 늘 내 돈지갑이 되거든. 어차피 저런 바보를 상대로 시간을 낭비할 바엔, 재미나 보고 실속을 차리지 못해서는 내가 갈고닦은 지식의 위신 문제지. 가증할 무어 놈 같으니. 사실 여부는 알 수 없지만 놈이 내 이불 속에서 나 대신 무슨 짓을 했다는 소문도 나돌고 있잖은가. 하지만 내가 그런 소문을 들은 이상, 단순한 의심일 뿐이라도 복수를 해주지 않고서는 시원치 않거든. 놈은 나를 철석같이 믿고 있어. 그만큼 내 목적 달성엔 안성맞춤이야. 카시오는 미남이긴 한데, 음, 그 녀석의 지위를 빼앗는 음흉한 꾀를 부려서 일거양득의 효과를 올리는 거야. 음, 음, 그러고는 조금 뒤에 오셀로 귀에 들어가게 하자. 그 녀석이 사모님과 너무 친하다고. 태도가 나긋나긋하고 생김생김이 반반한 놈이니까, 금방 혐의를 받게 마련이지. 한편 무어 놈은 너그럽고 솔직해서, 겉으로 성실하게 보이면 속도 그런 줄 알거든. 그러니 코를 잡아끌면 나귀처럼 순순히 끌려오게 되지. 됐어, 그 수를 쓰자. 겨우 내 계략이 만들어졌군. 이제 지옥과 어둠의 힘을 빌려, 이 잉태된 악에게 세상의 빛을 쐬게 하는 일만 남았어.

〔제2막 제1장〕

키프로스의 항구. 부두 근처의 빈터.
몬타노와 신사 두 사람 등장.

몬타노 곶(串)으로부터 바다에 무엇이 보이오?

신사 1 아무것도 안 보입니다. 풍랑이 심할 뿐, 하늘과 바다 사이에는 돛대 하나 보이지 않습니다.

몬타노 하긴 육지에서는 바람이 몹시 불고 있소. 이 성벽만 하더라도 그 만한 질풍은 받아본 적이 없었소. 그렇게 바다 위로 휩쓸었다면, 참나무로 만든 배의 늑재(肋材)도 산사태 같은 성난 파도에 짓눌려서 박살이 나겠지요. 어찌 된 일인지 궁금하군요.

신사 2 터키 함대는 산산이 흩어져 버린 모양입니다. 이 파도치는 기슭에 서 보십시오. 사나운 파도는 하늘을 찌르고 바람에 뒤끓는 해수면은 무서운 갈기를 풀어헤치면서, 불타는 작은곰자리에 물을 끼얹어 움직이지 않는 북극성을 지키는 저 별들의 빛을 꺼버릴 기세입니다. 이렇게 성난 바다는 이때까지 본 일이 없습니다.

몬타노 제아무리 터키 함대라도 항구에 들어가서 피난하지 않았다면 침몰했을 거요. 이 폭풍에 도저히 무사할 리가 없소.

신사 3 등장.

신사 3 좋은 소식입니다. 여러분! 전쟁은 끝났습니다. 이 폭풍우가 터키 놈들을 쳐부수고 적의 계획은 좌절됐습니다. 베니스에서 온 우리 쪽 배는, 적 함대가 대부분 비참하게 조난당한 것을 목격하고 왔다고 합니다.

몬타노 뭐! 그게 정말이오?

신사 3 우리 군함이 입항했습니다. 베로나에서 건조한 배입니다. 용감한 무어 사람 오셀로 장군의 부관, 미카엘 카시오가 상륙했습니다. 무어 장군은 아직 해상에 계신데, 키프로스 수비의 전권을 위임받았다고 합니다.

몬타노 참 잘됐소. 그분은 훌륭한 장군이오.

신사 3 그런데 카시오는 터키 함대의 전멸을 기뻐하면서도 한편으론 몹시 걱정되는 모양인지 무어 장군이 무사하시길 빌고 있습니다. 이 거센 폭풍우로 서로 헤어지게 됐다고 합니다.

몬타노 아무 일이 없었으면 좋겠는데. 나는 그분 밑에서 근무한 적이 있소. 참으로 대장다운 분이지요. 자, 해안으로 가봅시다! 입항하는 배를 지켜보면서 바다의 푸른빛과 하늘의 푸른빛이 구별되지 않을 때까지 바라보며 오셀로 장군을 기다립시다.

신사 3 네, 그렇게 합시다. 이러고 있는 사이에도 언제 배가 들어올지 모릅니다.

카시오 등장.

카시오 군사적 요충지인 이 섬을 지키는 용감한 당신이 무어 장군을 칭찬해 주시니 감사합니다. 하느님! 장군을 이 풍파로부터 보호해 주소서! 저는 위험한 해상에서 장군을 잃어버리고 말았습니다.

몬타노 장군의 배는 튼튼합니까?

카시오 그 배는 구조도 튼튼하고, 선장도 경험이 많은 유능한 사람입니다. 그러니 저도 안심은 되지 않지만, 틀림없이 안전하시리라고는 생각하고 있습니다. (안에서 "배다, 배다!" 하는 소리)

신사 4 등장.

카시오 이 법석은 뭐요?

신사 4 거리는 텅텅 비었습니다. 모두 바닷가로 몰려와서 "배가 보인다!"고 외치고들 있습니다.

카시오 장군임에 틀림없을 거요. (대포 소리가 들린다)

신사 2 예포(禮砲)를 쏘고 있습니다. 아무튼 우리 편임에 틀림없습니다.

카시오 가서 누가 도착했는지 확인해 주시오.

신사 2 그렇게 하겠습니다. (퇴장)

몬타노 그런데 부관, 장군께서는 부인이 계십니까?

카시오 확실히 운이 좋으신 분입니다. 뭐라고 형용할 수 없고 이야기책에서도 볼 수 없을 정도의 부인을 맞으셨습니다. 아무리 좋은 문구를 짜내도 따를 수 없으며, 타고난 아름다움은 어떤 명필로도 표현할 수 없을 만큼 매우 아름다운 부인입니다.

신사 2 다시 등장.

카시오 어찌 됐소? 누가 입항했소?

신사 2 이아고라고 하는 분입니다. 장군의 기수입니다.

카시오 운 좋게도 빨리 도착했군. 모진 바람도, 거친 파도도, 죄 없는 배를 노리는 비겁한 암초도, 그리고 여울도, 아름다운 것을 알아봤는지 참혹한 본성을 숨기고 천사와 같은 데스데모나를 무사히 통과시켜 주었군요.

몬타노 그건 누구입니까?

카시오 지금 말한 부인, 우리 장군님의 또 장군님이라고 할 부인입니다. 용감한 이아고가 호위하고 있었습니다만, 우리 예상보다 일주일이나 빨리 도착한 셈입니다. 하느님, 이제는 오셀로 장군을 보호해 주소서. 그리하여 장군께서 데스데모나 품에서 격전을 달래고, 우리의 침체한 사기를 새로 불타게 하여, 키프로스섬 전체가 환희로 들끓게 해주소서.

데스데모나, 에밀리아, 이아고, 로데리고, 수행원들 등장.

카시오 이보시오, 배의 보물이 상륙합니다! 키프로스의 여러분들, 장군 부인께 인사드리오. 부인, 축하합니다! 하느님의 은총이 부인의 앞뒤 곳곳으로 에워싸 주시옵기를!

데스데모나 고마워요, 카시오 부관. 장군이 어떻게 되셨는지 아십니까?

카시오 아직 도착하지 않으셨습니다. 보고도 없습니다만, 곧 무사히 도착하실 것입니다.

데스데모나 아 그렇지만, 글쎄요…… 어떻게 해서 따로 떨어지게 되셨나요?

카시오 바다와 하늘의 서로 지지 않는 사나운 싸움 때문에 떨어지게 됐습니다. 한데 저 소리는! 배입니다! (안에서 "배다, 배다." 예포 소리)

신사 2 성에 대고 예포를 쏘고 있습니다. 이번에도 우리 쪽 배입니다.

카시오 가서 알아보고 오시오. (신사 2 퇴장) 기수, 잘 왔소. (에밀리아에게) 부인도 잘 오셨습니다. 친절이 도를 넘더라도 화내지 마오, 이아고. 이렇게 대담하게 인사를 하는 것이 나의 격식이니까. (에밀리아에게 키스한다)

이아고 저는 아내의 잔소리엔 골치가 아픈데, 부관님도 그 입술을 그만큼 받아본다면 아마 진력이 날 겁니다.

데스데모나 어머나, 그다지 말이 없는 부인인데요.

이아고 천만에요. 말이 너무 많아 탈이지요. 제가 자려고 하면 그때부터 큰 일이랍니다. 그야 부인 앞에서는 혓바닥을 가슴에 말아 넣고, 하고 싶은 말도 배 속에서 중얼거릴지도 모르지만요.

에밀리아 별소릴 다 들어보겠네요.

이아고 허, 허. 주로 여자들이란, 바깥에서는 그림자같이 얌전하지만 일단 집에 돌아오면 시끄럽기가 종소리 같고, 부엌에선 꼭 살쾡이 같다니까요. 나쁜 짓은 성인처럼 시치미를 떼고 해내는 주제에 한번 화가 나면 마귀 같죠. 정작 바쁠 때는 빈둥거리면서 이불 속에선 바쁘게 돌아갑니다.

데스데모나 어머 저런, 입도 걸기도 해라!

이아고 아니 정말입니다. 이게 거짓말이면 저는 터키 사람입니다. (에밀리아에게) 당신이야말로 잠자리에서 일어나면 놀고, 이불 속에 들어가야 바빠지는 여자지 뭐야.

에밀리아 그렇게 칭찬 안 해줘도 좋아요.

이아고 그러니까 칭찬받게 하지 말란 말이야.

데스데모나 그럼 나를 칭찬한다면, 뭐라고 하겠어요?

이아고 아 부인, 그렇게 공격하지 마십쇼. 저는 입을 열면 욕이 먼저 나오는 사람이니까요.

데스데모나 그러지 말고 어서…… 누가 부두에 나갔어요?

이아고 네, 갔습니다.

데스데모나 (혼잣말로) 조금도 재미는 없지만, 그런 내색을 하지 않고 들어봐야지. (큰 소리로) 그래 날 칭찬해 봐요, 뭐라고 할래요?

이아고 지금 입에서 나오는 중입니다만, 멋진 말이 머리에 붙어서 마치 끈끈이가 헝겊에 붙은 것같이 잘 안 떨어지는군요…… 억지로 잡아떼면, 뇌 속의 골이 튀어나올 지경이라서요. 자, 이제 시의 여신(女神)이 산기(産氣)가 돌기 시작하는군요. 낳았습니다. 자, 낳았어요, 이렇게요. 얼굴이 희고 지혜가 있다면, 얼굴 희어 좋고 지혜 있으니 더욱 좋지요.

데스데모나 정말 멋있군요! 그럼 얼굴이 검고 지혜가 있다면?

이아고 얼굴이 검어도 지혜만 있다면, 검은 얼굴에 어울리는 얼굴 흰 남편을 언지요.

데스데모나 점점 나빠지는데요.

에밀리아 얼굴이 희어도 바보라면 어떻게 되고요?

이아고 얼굴이 흰 여자치고 바보는 없죠. 바보짓 하더라도 손해는 없어요. 배 속에 자식을 선물받게 될 테니까요.

데스데모나 그런 건 모두 술집에서 바보들을 웃기는 낡은 바보 소리예요. 그렇지 않은가요? 그럼, 얼굴이 검고 지혜 없는 여자에겐 뭐라고 비참하게 찬사를 해요?

이아고 얼굴이 검고 우둔하더라도, 예쁘고 지혜로운 여자 못지않게 음탕한 장난에는 선수랄까요.

데스데모나 갈수록 모르는 소리만 하네요! 가장 못된 것을 가장 칭찬하네요. 그럼, 정말 훌륭한 여자는 어떻게 칭찬해야 하나요? 정말 똑똑해서, 욕을 해주고 싶어도 칭찬을 안 하고는 못 배길 여자 말이에요.

이아고 얼굴이 예뻐도 거만하지 않고, 말을 잘해도 떠들지 않고, 돈이 많아도 사치하지 않고, 맘대로 되는 일도 욕심을 버리고, 화는 나지만 복수하지 않고, 게다가 머리도 좋고, 대구가 탐난다고 연어와 바꾸지 않고, 생각은 깊으나 겉으로 드러내지 않고, 남자들이 줄줄 따라와도 거들떠보지 않는 그런 여자가 있다면, 그런 여자는⋯⋯.

데스데모나 어떻게 하죠?

이아고 자식새끼 젖 빨리고 가계부나 적게 하지요.

데스데모나 어머나, 시시한 결론이네요! 에밀리아, 아무리 당신 남편이 하는 말이지만 곧이듣지 말아요. 안 그래요, 카시오? 저 사람은 함부로 무례한 말만 하나요?

카시오 본디 입이 건 사람입니다, 부인. 군인이니까, 학자라고 생각하시면 안 됩니다.

이아고 (혼잣말로) 저놈이 여자의 손을 만지는구나. 그리고 음, 귀엣말을 하는구나. 이렇게 작은 그물을 쳐놓고 카시오라는 큰 파리를 잡는단 말이거든. 응, 그렇게 눈웃음으로 알랑대고 있으라고. 잘한다. 저렇게 은근히 하고 있을 때 꼼짝 못하게 만들어야지. 그래, 응, 그래. 손가락 셋을 합쳐서 입맞춤하고 신사인 척하지만 이제 내 꾀로 부관 자리도 미끄러질 판이니, 그 짓

오셀로의 귀환 토마스 스토타드

을 안 하는 게 좋을걸. 잘한다. 멋진 입맞춤이구나! 훌륭한 인사로군! 또 손
가락을 입에 갖다 대는군! 차라리 관장기(灌腸器)를 입에 물고 있는 게 훨
씬 신상에 나을걸! (안에서 나팔 소리) 무어 장군이시다! 그분의 나팔 소리입
니다.

카시오 나팔 소리만 들어도 압니다.

데스데모나 마중 나갑시다.

카시오 여기, 벌써 오셨습니다.

오셀로와 수행원들 등장.

오셀로 아, 어여쁜 나의 병사!

데스데모나 그리운 오셀로!

오셀로 여기 당신이 와 있는 걸 보고 놀라기도 했지만 몹시 반갑소. 참 기쁘
오! 폭풍우가 지나간 뒤 언제나 이런 고요함을 가져온다면, 바람은 죽은 자

를 일으켜 깨우게 할 만큼 불어도 괜찮소! 배가 아무리 희롱당하여 올림포스산만큼 높이 쳐들려서 천국에서 지옥으로 곤두박질하더라도 상관없어! 죽는다면 지금 죽는 것이 가장 행복할지 모르오. 뭐라고 말할 수 없이 마음이 흡족해서, 이런 만족은 알 길 없지만 앞으로도 두 번 다시 오지는 않을 것만 같소.

데스데모나 어쩌면, 그런 말씀을. 하느님, 우리의 애정도 기쁨도 날이 갈수록 더 깊어지게 해주소서!

오셀로 신들이여, 나도 그렇게 기도드립니다! 이 만족스러운 기분을 어떻게 표현해야 좋을지 모르겠구려. 여기가 꽉 막혀서 말이 안 나오니 과분한 기쁨이지. 이거요, 이렇게 하는 거요, 둘의 사이가 가장 벌어진 때도. (데스데모나에게 키스한다)

이아고 (혼잣말로) 음, 지금은 장단이 잘 맞는군! 하지만 두고 봐라, 이제 곧 그 줄감개를 비틀어 놓을 테니. 나의 명예를 걸고라도 그렇게 해놓고말고.

오셀로 자, 성으로 갑시다. 여러분들 들어보시오. 전쟁은 끝났소. 터키군은 전멸했소. 이 섬의 내 친구들은 어떻게 지내고 있소? 데스데모나, 당신도 이 키프로스에서 대환영을 받을 거요. 나도 대단한 환대를 받은 바 있소. 아, 두서없는 이야기만 했군. 너무 기뻐서 혼자 떠들었어. 수고스럽지만 이아고, 부두에 가서 내 짐을 배에서 가져와 주게. 그리고 선장을 성으로 안내해 오게. 그는 좋은 사람이야. 그리고 똑똑한 사람이니 잘 대해 주게. 자 데스데모나, 이렇게 키프로스에서 다시 만나니 너무나 기쁘오. (데스데모나, 수행원들과 함께 퇴장)

이아고 (옆에 있는 수행원에게) 부두에 가 있게. 나도 곧 가겠네. (로데리고에게) 잠깐 이리 오게. 자네도 용기를 내라고. 비천한 놈이라도 여자한테 반하면 평소보다 훌륭하게 된다고 하니까. 잘 듣게. 부관은 오늘 밤 순찰을 하게 됐어. 그래서 먼저 이야긴데…… 데스데모나는 분명히 그 녀석을 사랑하고 있네.

로데리고 그 녀석을! 그럴 리가 없어.

이아고 이렇게 손가락을 입에 대고 조용히 내 말을 듣기나 해. 이것 봐, 그 여자가 애당초 무어 녀석에게 반한 것은 단지 꿈같은 거짓말을 주워섬겼으니까 그런 거고, 그까짓 거짓말에 언제까지 반하겠어? 자네의 분별만 가지

데스데모나를 향한 사랑으로 기쁨을 감추지 못하는 오셀로   테오도르 샤세리오의 〈베니스의 오셀로와 데스데모나〉에서. 루브르 박물관

고도 이쯤은 알겠지. 그 여자도 눈요기가 하고 싶을 텐데, 그 악마 같은 얼굴을 보고 있어 봐야 무슨 눈요기가 되겠나? 재미를 본 뒤 열이 식으면 그걸 한 번 더 부채질해서 싱싱한 식욕을 만족시키기 위해서는 얼굴도 잘생기고 나이도 맞고, 풍채나 외모도 근사해야 되겠는데, 무어 녀석은 어느 하나도 갖추고 있지 않아. 또 그런 조건이 부족하면 자기의 세심한 마음씨도 속았구나 싶어서 여태껏 먹은 것도 토하고 싶어지고, 무어가 싫어지고 미워지거든. 이것이 인간의 본성이니, 그 지시로 어떻게 해서든지 다음 상대가 필요해지는 거야. 그래서 말이야. 반드시 그렇다고 하면…… 이거, 뭐, 명백한 자연의 이치지만, 그렇다면 그 카시오 녀석 말고 누가 그 행운의 계단에 다리를 디뎌놓고 있겠는가? 혀도 머리도 잘 도는 놈이니 말이야. 양심은 있지도 않아. 더러운 욕정만 가만히 만족시키고 나면 나중엔 얌전한 척 남과 같이 시치미를 떼고 더는 아랑곳하지 않을 놈이야. 응, 안 그래? 간사하고 교활한 놈이야. 기회만 노리고, 조건이 나쁠 때도 맘대로 기회를 만들어 내는 수완을 가진 놈이야. 꼭 악마 같은 놈이지. 게다가 얼굴은 잘생겼겠다, 나이도 젊겠다. 어리석은 풋내기 계집애들이 반할 만한 조건은 모두 갖추고 있어. 완전무결하고도 지독한 악당이지. 그래서 그 여자가 눈독을 들인 거야.

로데리고 그 여자가 그렇다고 믿어지지 않는걸. 그 여자는 천사야.

이아고 쳇, 천사라니! 그 여자가 마시는 술도 다 같은 포도로 만든 게 아닌가. 천사라면 무어 같은 것한테 반하지도 않아. 큰일 날 천사군! 그 여자가 카시오의 손바닥을 만지작거리고 있는 걸 자넨 못 봤나! 눈치도 못 챘어?

로데리고 그야 봤지. 하지만 그건 단순한 인사에 지나지 않아.

이아고 생각이 달라서 그래. 틀림없어. 욕정의 서론(序論), 음란한 서막이야. 입술을 그렇게 가까이 대면 입김과 입김이 서로 맞닿지 않겠어? 그게 음탕한 생각이 있어서지, 로데리고! 그렇게 진행하고 있다가, 다음은 진짜 활극을 벌여 꼭 붙어버리고 말거든. 쳇! 아무튼 내 말을 들어줘. 자네를 베니스에서 데리고 오지 않았나. 오늘 밤 순찰을 나가서 지휘는 내가 해줄게. 카시오는 자네를 몰라볼 거야. 내가 가까이 있어줄 테니, 무슨 떼를 써서라도 카시오의 비위를 잔뜩 거슬러 놓아. 큰 소리로 떠들든지, 그놈의 욕을 마구 하든지. 그때 분위기에 따라 아무거나 자네 마음대로 해서.

로데리고 알았네.

이아고 그 녀석은 발끈하는 성질이라, 자네를 때리려고 할 거야. 그렇게 나오게 하란 말이야. 그러면 내가 그걸 트집 잡아서 키프로스의 큰 소동으로 만들어 볼게. 카시오를 파면시키지 않는 한 도저히 진압이 안 될 만한 큰 소동으로 말일세. 그렇게 된다면 자네 소원도 이루어지고, 장애물도 적당히 없애버리게 되지. 그렇지 않고서는 도저히 좋은 일은 생길 수가 없어.

로데리고 그렇게 해보겠어. 자네가 기회만 만들어 준다면.

이아고 그건 내가 책임 지지. 곧 또 성에서 만나세. 나는 장군의 짐을 가지러 가야겠어. 자, 그럼 잘 가게.

로데리고 그럼 또 만나세. (퇴장)

이아고 카시오가 그 여자한테 반한 게 틀림없어. 그 여자가 그 녀석에게 반할 수도 있는 거고. 무어란 녀석이 못마땅하지만 그런대로 건실하고 인정 많고 훌륭한 놈이지. 데스데모나 편에서 보면 아주 소중한 남편이라고 할 수 있어. 그렇지만 나도 그 여자에게 맘이 있어. 그렇다고 욕정 때문만은 아냐. 하기야 그 점이 전혀 없다고는 할 수 없지만 한편으로는 원수를 갚기 위해서지. 그 음탕한 무어 녀석이 내 잠자리에 들어간 혐의가 있으니까. 그걸 생각하면 독이라도 마신 것같이 배 속이 온통 쥐어뜯기는 것만 같아. 어떻게든지 그자와 똑같이, 계집은 계집으로 복수해 주지 않고서는 시원치 않을 것 같아. 그렇게 되지 않는다면 적어도 무어가 사려 분별로는 억제하지 못할 맹렬한 질투쯤은 내게 해줘야겠어. 이것을 잘해 내려면 먼저 저 베니스의 개 로데리고 놈, 그놈이 몸이 달아 뛰어가는 것을 내가 잡아매 놨으니까, 그놈이 잘 조종에 맞춰 준다면 미카엘 카시오는 내 맘대로 되지…… 귀가 아플 만큼 무어한테 그 녀석의 험담을 해야지. 카시오 녀석도 내 베개에서 잤다는 혐의가 있으니까. 그리고 무어 놈을 실컷 바보 취급하며 휘둘러서 미칠 만큼 들쑤셔 놓고, 나는 너에게 감사한다, 나는 네가 좋다, 보답을 한다 말하게 해줘야지. (이마에 손을 대고) 모든 일은 이 속에 있지만 아직은 형태를 이루지 못하고 있어. 흉계의 정체는 유사시가 아니면 분명치가 않은 법이거든. (퇴장)

어느 거리.
전령이 포고문을 들고 등장. 뒤따라 주민들 등장.

전령 우리의 고귀하고 용감하신 오셀로 장군의 분부를 전달한다. 지금 터키 함대가 전멸했다는 소식이 들어왔으니, 누구나 전승을 축하하라. 더욱이 이 기쁜 보도에 겹쳐 오늘은 장군의 결혼을 축하하는 날이니, 춤을 추든, 모닥불을 피우든 맘대로 축하의 잔치를 벌여라. 이상, 장군의 말씀을 알립니다. 성내의 주방(廚房)을 모두 개방해 놓았으니, 다섯 시 현재부터 열한 시 종이 칠 때까지 자유롭게 음식을 드시오. 키프로스섬과 오셀로 장군 만세! (모두 퇴장)

성안의 홀.
오셀로, 데스데모나, 카시오, 수행원들 등장.

오셀로 미카엘, 오늘 밤 순찰을 부탁하네. 각자 주의해서 체면을 잃지 않도록 하고, 떠들고 놀더라도 도를 넘어서는 안 되네.
카시오 모든 일을 이아고가 잘 알아서 할 겁니다. 물론 저도 잘 감독하겠습니다.
오셀로 이아고는 정말 성실한 사람이지. 미카엘, 잘 가게. 내일 아침 일찍 만나서 또 이야기하세. (데스데모나에게) 자, 데스데모나, 피로연은 끝났으니, 이제 정말 결혼이오. 당신과 나는 이제부터가 정말 즐거운 거요. (카시오에게) 잘 가게. (데스데모나, 수행원들과 함께 퇴장)

이아고 등장.

카시오 이아고, 잘 왔네. 우리 둘이서 순찰을 돌아야겠네.

이아고 아직 시간이 안 되었는데요, 부관님. 아직 열 시 전입니다. 장군님은 데스데모나 아씨가 예뻐서 못 견디겠으니까 이렇게 일찍 들어가 버리셨군요. 그것도 그럴 수밖에요. 아직 하룻밤도 달콤하게 지내지 못하셨으니까요, 저 유피테르 신도 반할 만한 미인하고.

카시오 정말 더할 나위 없이 아름다운 부인이셔.

이아고 거기다 수단도 제법 능란하신 모양이죠, 분명히.

카시오 정말, 신선하고 섬세하신 분이야.

이아고 또 눈은 얼마나 매력적인지! 남자의 마음을 뒤흔들어 놓을 것 같잖아요?

카시오 사람을 끌어당기는 눈이야. 그러면서도 정말 정숙하게 보이거든.

이아고 또 그 목소리는 듣는 이로 하여금 사랑으로 이끄는 종소리 같지 않습니까?

카시오 정말 나무랄 데가 없는 분이야.

이아고 아, 두 분의 신방에 축복 있으라! 그런데 부관님, 술 좀 준비해 놨습니다. 실은 밖에서 키프로스의 젊은 패거리 두세 명이 검은 장군 오셀로의 건강을 축복하여 한잔하자고 기다리고 있습니다.

카시오 오늘 밤은 안 돼, 이아고. 나는 술이 약해서 탈이야. 축하를 하더라도 다른 방법이 없을까?

이아고 하지만 모두 우리의 좋은 친구인걸요······ 그러지 마시고 한 잔만 하십시다. 다음 잔부터는 제가 대신 마시리다.

카시오 실은 오늘 밤 꼭 한 잔이라지만, 벌써 했어. 그것도 물에 타서 마셨는데도, 이 꼴을 좀 보게. 불행히도 나는 이게 큰 약점이거든. 나도 그 점을 알고 있으니 무리하지 않기로 했어.

이아고 아, 기운을 내세요! 오늘 밤은 진탕 마셔야 해요. 젊은 패들도 그걸 바라고 있어요.

카시오 어디들 있는가?

이아고 바로 문 앞에 있어요. 들어오게 합시다.

카시오 그럼 들어와도 좋네. 그다지 맘은 내키지 않지만. (퇴장)

이아고 오늘 밤 벌써 한 잔 마셨다고 했겠다. 이제 한 잔만 더 먹이면 그놈은 젊은 여자들이 끌고 다니는 개처럼 이빨을 내밀고 짖어대겠지. 못난 로데리고는 사랑에 눈이 어두워 앞뒤를 분간 못하고, 오늘 밤은 데스데모나에게 축배를 올린답시고 술병째 들고 퍼붓듯이 마셨겠다. 그 녀석도 함께 순찰을 돌기로 돼 있지. 그리고 키프로스섬의 그 젊은이 셋, 그들 다 집안 좋고 기품 있고 명예를 존중하고 의젓한 사람들이지만, 싸움 좋아하기론 이 섬의 알짜들이지. 오늘 밤 넉넉히 술을 먹여서 얼큰하게 해놨는데, 그치들도 순찰자들이다. 이 주정뱅이들이 모여 있는 속에서 저 카시오를 건드려 온 섬이 떠들썩하게 만들어야지. 아, 그 패들이 오는 모양이다. 내 계획대로 그럴싸하게 진행만 되어준다면, 내 배는 바람과 물결 타며 자유롭게 항해하는 격이지 뭐야.

카시오가 몬타노와 섬 신사들을 데리고 다시 등장.
그 뒤를 하인이 술을 가지고 등장.

카시오 아니, 정말 아까 실컷 마셨습니다.
몬타노 조그만 잔인데 뭘 그러시오. 세 홉들이도 안 되오, 정말이오.
이아고 여, 술을 가져와! (노래한다)

술잔을 울려라, 건배 건배
술잔을 울려라, 건배
군인도 사람이다.
아, 그러나 인생은 짧다.
그러니 군인들아, 술을 마셔라.
애들아, 술 좀 가져와!

카시오 허, 참 재미있는 노랜데.
이아고 잉글랜드에서 배운 거지요. 거기는 모두 술이 세던데요. 덴마크 사람도 독일 사람도, 그리고 배불뚝이 네덜란드 사람도…… 여, 마셔라! 잉글랜드 사람에겐 어림도 없지.
카시오 잉글랜드 사람들은 그렇게 고주망태가 되도록 마시나?
이아고 암요, 덴마크 사람쯤은 문제도 안 되죠. 독일 사람을 이기는 데는 땀도 안 흘리고, 네덜란드 사람 상대로는 잔뜩 먹여 토하게 만들어 놓고 그들은 여유작작하게 또 한 잔 기울이는 형편이지요.

카시오 우리 장군의 건강을 위해 축배!

몬타노 부관, 내가 상대를 해주겠소. 정당하게 말이오.

이아고 아, 즐거운 잉글랜드! (노래한다)

위대한 스티븐 왕이
입으신 바지는 단돈 1크라운짜리
6펜스도 비싸다고
재단사를 몹시 나무랐다나.
높으신 분들도 그러시거늘
하물며 너는 지체가 낮아
사치는 금물이네. 나라를 위해
낡은 외투로 참고 지내세.
술을 가져와, 여!

카시오 이건 더 재미있는 노래군.

이아고 또 한 번 부를까요?

카시오 아냐, 그런 인색한 자는 왕으로 둘 수 없어. 아무튼 하느님이 가장 위에 계시다. 아래에 있는 영혼들은 구원받을 놈도 있고, 구원받지 못할 놈도 있어.

이아고 옳은 말씀입니다, 부관님.

카시오 그래서 나는 말이야. 장군이나 다른 높은 분들께는 미안하지만, 나는 구원받게끔 돼 있거든.

이아고 저도 그렇게 돼 있어요, 부관님.

카시오 응, 그래도 미안하지만 나보다는 나중이야. 부관은 기수보다 먼저 구원받게 돼 있으니까. 인제 그 이야긴 그만두고, 우리의 임무에 대해서 말하세. 하느님, 우리의 죄를 용서하소서! 여러분, 직무를 완수합시다. 나는 취하지 않았소. 이 사람은 내 기수요. 이 사람은 나의 오른손이고, 이 사람은 왼손이오. 취하지 않았어. 똑바로 설 수 있고 똑바로 말도 할 수 있어.

모두 그렇고말고요.

카시오 정말 멀쩡해. 그러니까 날 취했다고 생각해서 안 된단 말씀이야. (퇴장)

몬타노 여러분, 초소로 갑시다. 자, 순찰 준비를!

이아고 지금 나간 그 사람을 보셨습니까? 그 친구는 카이사르 옆에 서서 지휘를 해도 부끄럽지 않을 군인입니다. 그러나 그 추태는 도저히 봐줄 수 없습니다. 그런 나쁜 점과 좋은 점이 꼭 반반으로 비슷하게 있어 참 가엾습니다. 오셀로 장군은 그 사람을 매우 신용하고 계십니다만, 한번 버릇이 나오면 이 섬에 큰 소동이 일어나지나 않을까 염려됩니다.

몬타노 그렇지만 이따금 그런 일이 있소?

이아고 언제나 그것이 서론이고 그 뒤엔 자버립니다. 마시고 곤드레만드레 취하지만 않는다면, 시계가 두 바퀴 돌아도 눈을 붙이지 않고 배겨내는 사람입니다.

몬타노 그런 사실은 장군의 귀에 들려주는 것이 좋겠소. 아마 모르고 계실 거요. 본디 선량한 성품이니까, 카시오의 장점만 보고 약점은 못 보고 계실 거요. 그렇게 생각하지 않소?

로데리고 등장.

이아고 (작은 소리로) 어쩐 일이야, 로데리고! 자, 부관을 쫓아가게, 어서. (로데리고 퇴장)

몬타노 그렇지만 적어도 무어 장군쯤 되시는 분이 자기 부관이라는 중요한 지위를 그런 깊은 결함이 있는 자에게 맡겼다는 것은 유감이군. 무어 장군께 그렇게 말씀드리는 것이 옳지 않겠소?

이아고 이 훌륭한 섬 전체를 준대도 저는 말씀드릴 수 없습니다. 저는 카시오라는 사람을 좋아하기 때문에 어떻게 해서든지 그 나쁜 버릇을 고쳐드리려 생각하고 있으니까요. 아! 무슨 소동일까? (안에서 "사람 살려! 사람 살려!" 비명 소리)

카시오가 로데리고를 뒤쫓아 다시 등장

카시오 이 악당! 이 불한당!

몬타노 어쩐 일이오, 부관?

카시오 건방진 녀석이 날보고 지시를 해! 술병 속에 처넣어 버릴 테다.

로데리고 나를 처넣어 버리겠다고?

카시오 그래도 지껄여, 이놈이? (로데리고를 때린다)

몬타노 아서요, 부관. 손을 놓아요.

카시오 놔요, 놔. 놓지 않으면 당신 대갈통을 부숴 버릴 테야.

몬타노 아, 당신 취했군요.

카시오 취했다고! (몬타노와 싸운다)

이아고 (로데리고에게 작은 소리로) 저리 가. 가서 큰일 났다고 떠들어. (로데리고 퇴장) 그만하세요. 부관님! 제발 두 분 다! 여, 누구 손 좀 빌려줘! 아, 부관 님…… 이보세요, 몬타노 님…… 다들 이리 좀 와줘요! 이거 볼 만한 순찰이 됐군! (안에서 종소리) 누구야, 종을 치는 놈은? 빌어먹을 녀석! 온 시내가 다 깨어버리겠다. 부관님, 제발 그만두시라니까요. 일생의 수치입니다.

오셀로와 수행원들 등장.

오셀로 어찌 된 일이냐, 대체?

몬타노 제길, 피가 안 멎네. 치명상을 입은걸. 이놈, 죽여버리고 말 테다. (다시 카시오에게 덤빈다)

오셀로 그만둬라, 그만두지 않으면 둘 다 가만두지 않겠다!

이아고 참으세요, 그만둬요! 부관님…… 그리고 몬타노 님…… 두 분 다 지위나 임무를 잊으셨습니까? 장군님의 말씀이 안 들리십니까? 그만, 그만. 창피하지 않습니까?

오셀로 뭐냐, 이게. 허! 왜 이렇게 되었어? 모두 터키인의 흉내를 내고 싶으냐? 그렇게 우리에게 칼을 든 죄로 터키 놈들은 천벌을 받고 말았는데! 그리스도교도의 수치야. 야만적인 소동은 그만둬. 분노를 못 이기고 함부로 손을 대는 놈은 목숨이 아깝지 않은 놈이지. 움직이면 자를 테다. 저 시끄러운 종을 그만 치게 해. 섬 사람들이 놀라서 일어나겠다. 웬일이냐, 둘이다? 이아고, 너는 몹시 걱정스런 표정인데, 말해 봐, 누가 시작한 거냐? 나를 위한다면 정직하게 말해 봐, 어서!

이아고　저는 잘 모릅니다. 이 두 사람은 바로 조금 전만 해도 사이좋은 친구로서 이제부터 신방에 들어가는 신랑 신부같이 친밀했었는데, 그게 갑작스레 별의 힘에 미치기라도 한 것처럼 칼을 빼들고 서로의 가슴을 겨누고 처참한 격투를 시작했습니다. 왜 이런 바보 같은 싸움이 시작됐는지는 모르겠습니다. 싸움이 한창일 때 끼어든 이 두 다리를 차라리 화려한 전쟁에서 떳떳하게 잃고 말았더라면 좋았을 것을 그랬습니다.

오셀로　어쩐 일이냐 미카엘, 왜 이렇게 앞뒤를 분간하지 못하느냐?

카시오　제발 용서해 주십시오, 드릴 말이 없습니다.

오셀로　몬타노, 당신은 평소에 예의범절이 단정한 분이었소. 나이는 어려도 근엄하고 온후하다는 것을 세상이 모두 인정하고 높은 분들도 대단히 당신을 칭찬하고 있소. 대체 어떻게 된 일이오? 그런 당신이 이런 창피를 드러내고 좋은 평판도 아랑곳없이 밤중에 소동을 일으키다니? 대답을 해보시오.

몬타노　오셀로 장군, 나는 중상을 입었습니다. 장군의 장교 이아고가, 괴로워서 도저히 말이 안 나옵니다만, 다 알고 있습니다. 아무리 생각해 봐도 나는 오늘 밤 잘못된 소리를 하거나 잘못된 짓을 한 기억은 없습니다······ 폭력이 날뛸 때, 자애가 악덕이고 정당방위가 죄악이라면 몰라도.

오셀로　음, 아무리 냉정히 하려고 해도 참을 수가 없군. 아무리 이성적으로 생각하려 해도 감정이 앞장을 서버리는군. 내가 조금만 움직여 봐라, 아니, 이 팔 하나만 올려봐라, 너희들 가운데 어느 놈이든지 한 칼에 쓰러지고 말 테니. 말해 봐, 이 더러운 소동은 왜 일어났느냐. 누가 시작했어? 이 사건을 만든 자는 내 쌍둥이 형제라도 용서 못해. 무슨 짓이냐! 수비도 풀리지 않고, 아직도 민심이 어수선하고 전전긍긍하는 이때에, 더군다나 야밤에 치안을 맡고 있는 순찰대의 본부에서 같은 편끼리 사사로운 싸움을 하다니! 해괴망측하구나. 이아고, 누가 처음 시작했느냐?

몬타노　사사로운 관계나 동료의 우의에서 사실을 왜곡해서 이야기한다면, 자네는 군인이라고 할 수 없소.

이아고　그렇게 윽박지르지 마세요. 미카엘 카시오에게 불리한 이야기를 할 바에야 차라리 제 혓바닥을 빼버리는 게 좋겠어요. 하지만 제 생각으론 사실대로 말해도 카시오 부관에게 불리하진 않을 것 같습니다. 장군님, 바로

영화 〈오셀로〉 로렌스 피시번(오셀로 역)·케네스 브래너(이아고 역)·나다니엘 파커(카시오) 출연.
1995.

이렇습니다. 몬타노 님과 제가 이야기를 하고 있는데, 누가 사람 살리라고 소리 지르며 뛰어 들어왔습니다. 그 사람을 카시오 부관이 칼을 들고 뒤쫓아 와서, 찔러 죽인다고 했습니다. 그래서 이분이 카시오 부관을 붙들어 말리고 저는 소리 지르는 녀석을 쫓아갔습죠. 그 녀석의 소리로 시민들이 놀라서 소동이 일어나면 안 되니까요…… 결국은 그렇게 되고 말았습니다만, 그런데 그놈은 어찌나 날쌔던지 따라잡지 못했습죠. 그래서 되돌아왔습니다. 칼싸움하는 소리와 카시오 부관이 떠드는 소리가 들렸으니까요. 이런 일은 오늘 밤이 처음입니다. 곧 돌아왔습니다만, 그사이에 두 사람이 맞붙어 때리고 찌르고 야단났었습니다. 그런 짓을 또 되풀이하고 있는데 장군께서 떼어놓으신 겁니다. 저는 이것밖에 모릅니다. 그렇지만 인간인 이상, 성인 군자도 자기를 잊어버리는 수가 있게 마련이지요. 카시오 부관도 이분께 좀 대들긴 했습니다만, 사람이 화가 날 때는 자기에게 호의를 가지고 있는 사람마저 때리고 싶어지잖겠어요. 그렇지만 확실히 카시오 부관도 그 도망간 놈에게서 무슨 커다란 모욕을 받아 참을 수가 없었던 것 같습니다.

오셀로　이아고, 잘 알았다. 너는 성실하고 동정심이 많으니 카시오의 죄를 가볍게 하려고 사건을 둘러대는 거야. 카시오, 나는 너를 사랑하지만, 이제 내 부관으로 둘 수는 없어.

데스데모나 하인을 데리고 등장.

오셀로 보아라, 내 아내까지 잠을 깨지 않았는가! 너를 본보기로 처벌하겠다.

데스데모나 무슨 일인가요?

오셀로 이제 일은 다 끝났소. 여보, 우리는 침실로 갑시다. 당신의 상처는 내가 직접 봐드리리다. 저쪽으로 모셔라. (몬타노 부축되어 나간다) 이아고, 거리를 잘 둘러보고 이 망측한 소동으로 미친 듯이 혼란에 빠진 주민들을 진정시켜 주게. 자 갑시다, 데스데모나. 군인이란 사건이 생기면 단꿈을 꾸다가도 깨야 한다오. (이아고와 카시오만 남고 모두 퇴장)

이아고 아니, 부관님도 다치셨습니까?

카시오 이제 아무리 약을 써도 소용없게 됐네.

이아고 그럴 리가요.

카시오 명예, 명예, 명예 말이야! 아, 나는 명예를 잃어버렸어! 내가 가지고 있는 것 중에서 가장 소중한 것을 잃어버렸어. 이제는 짐승과 같아졌어. 나의 명예. 이아고, 나의 명예 말이야!

이아고 어디 실제로 다치신 줄 알았지요, 정말. 명예가 다친 것보다는 그쪽이 더 아픕니다. 명예란 건 쓸데없고 허망한 겉치레일 뿐이에요. 그만한 자격이 없어도 들어올 땐 들어오고, 이렇다 할 이유도 없이 나갈 때는 나가는 걸요. 당신도 자신이 잃어버렸다고 생각하지 않으신다면 명예를 잃어버린 건 아닙니다. 자, 기운 내세요! 장군님의 마음을 돌릴 방법은 얼마든지 있지요. 순간의 화로 면직시키겠다고 하셨지만, 정말 미운 게 아니라 정책상의 처벌이에요. 사나운 사자를 위협하려고 죄 없는 개를 때려준 셈이지요. 한번 간청해 보세요. 그분의 마음도 풀어지실 겁니다.

카시오 차라리 경멸해 달라고나 간청하겠어. 이런 못난이, 주정뱅이, 분별없는 놈이 저런 훌륭한 지휘관을 속이고 부관으로 앉아 있느니보다는. 이 주정뱅이! 쓸데없는 소리만 지껄이는 놈! 제 그림자를 가지고 큰소리 땅땅 치는 이 못난 놈! 아, 사람 눈에 보이지 않는 술의 신아, 남들은 뭐라고 부르는지 모르지만 네놈은 악마다!

이아고 부관님이 칼을 빼들고 쫓아갔던 건 어떤 놈이었습니까? 당신에게 어떻게 했어요?

카시오 몰라.

이아고 그럴 수가 있나요?

카시오 여러 생각이 나긴 나는데 하나도 확실치 않아. 싸움을 하긴 했는데, 왜 했는지 통 모르겠어. 아, 사람은 자기의 적을 일부러 입속에 처넣어서 스스로 정신이 나가게 하거든! 기뻐하고, 신이 나고, 떠들고, 노래하고, 그래서 스스로 자기를 짐승으로 만들거든!

이아고 하지만 지금은 멀쩡하잖아요. 어떻게 그렇게 감쪽같이 회복되었습니까?

카시오 주정뱅이 악마가 쑥 들어가고, 이제는 분노의 악마가 나타났다네. 한 가지 결함이 들어가면 다른 결함이 나오니, 정말 내가 생각해 봐도 정나미가 떨어지네.

이아고 원, 그렇게 고지식해서야. 물론 시기로 보나 장소로 보나 시국으로 보나 이런 일이 생긴 건 정말 유감이지요. 그렇지만 지나간 일은 지나간 일이고, 이젠 잘되도록 해결책을 생각하셔야죠.

카시오 다시 한 번 복직시켜 달라고 사정해 봐야겠군. 그렇지만 주정뱅이라고 하실 테지! 그렇게 대답하신다면, 괴물 히드라같이 입이 여러 개 달렸더라도 할 말이 없지. 이때까지 멀쩡한 인간이 순식간에 바보 같은 짐승이 돼버리고 말다니! 정말 이상해! 주정뱅이에게 저주나 내려라, 술이란 건 악마다.

이아고 아니, 술도 정도껏 마시면 보약이 되는 것이랍니다. 너무 욕하지 마세요. 그런데 부관님, 제가 당신을 좋아한다는 건 알고 계시죠?

카시오 그야 알고 있지. 아, 취하는구나!

이아고 당신뿐 아니라 누구든지 때로는 취할 때가 있지요. 한 가지 방법을 가르쳐 드리겠습니다. 지금은요, 장군 부인이 장군인 셈입니다. 장군님은 재주 있고 아름다운 부인을 넋 나간 사람처럼 바라보고만 계시니까 말입니다. 당신의 심정을 솔직히 부인에게 고백하고, 부인의 협력으로 어떻게 복직이 되도록 사정해 보세요. 부인은 상냥하고 친절하며, 인정 많고 하느님 같은 마음씨를 가졌으니 부탁받으면 그 이상의 것을 못 해줘서 미안해할 사람입니다. 이번 일로 장군님과 당신 사이는 관절이 빠졌다고 하겠는데, 이것은 부인에게 부목을 대서 붕대를 감아달라는 게 상책입니다. 이 일에 저의 재산을 모두 걸어도 좋아요. 만일 그렇게만 한다면 한번 금이 간 것이긴 해도 장군님과의 사이가 전보다 더 두터워질 거예요.

카시오 좋은 것을 가르쳐 줬네.

이아고 믿어주세요. 진심으로 당신을 위해서 그러는 거니까요.

카시오 알겠네. 날이 새면 데스데모나 부인을 찾아뵙고 힘이 돼달라고 부탁해 봐야겠어. 그래도 안 되면, 내 운명은 글러버리는 거야.

이아고 옳은 말씀입니다. 안녕히 주무십시오, 부관님. 저는 순찰을 돌러 갑니다.

카시오 그럼 잘 가게, 이아고. (퇴장)

이아고 이래도 나더러 악당이라고 하는 자가 있을까? 오늘 말해 준 충고는 어느 모로 봐도 솔직하고 성의 있고 그럴듯할 뿐 아니라, 사실 무어 녀석의 마음을 돌려놓을 한 가지 길이기도 하지. 데스데모나는 상냥한 여자니까, 진심으로 사정하면 거절하지 않을 거야. 그 너그러움은 모든 이의 볼을 스쳐 가는 봄바람 같다고나 할까. 더구나 그 여자로 말하면 무어 녀석 맘대로 움직일 수 있거든. 예를 들면 세례를 취소하고 속죄의 신앙을 모두 버리라 해도 싫다고 못할 만큼 온통 반해 있으니, 이렇게 해라, 저렇게 하지 말라는 등 뭐든지 맘대로 그 형편없는 작자를 조종할 수 있단 말야. 그러니 카시오를 위해서 묘약을 권한 내가 악당일 수는 없지. 지옥의 신성함! 극악무도한 죄악을 인간에게 시킬 때 악마는 반드시 천사처럼 나타나서 유혹한다. 지금의 나처럼 말이야. 그 순진한 바보 녀석 카시오가 자기 운명을 바꿔달라고 데스데모나에게 사정을 하고, 그 여자도 무어 녀석에게 열심히 간청을 한다. 그사이에 나는 무어 녀석의 귀에 독약을 부어넣는단 말씀이야. 부인이 그 녀석을 복직시키려고 하는 것은 사실 자기 욕정 때문이라고. 그러면 데스데모나가 카시오를 위해서 애를 쓰면 쓸수록 그 무어 녀석은 더욱 의심하게 되겠지. 결국 그 여자의 정숙을 독으로 변질시켜 놓고는, 그 여자의 친절을 그물 삼아 한꺼번에 모조리 잡는단 말씀이야.

로데리고 등장.

이아고 어쩐 일이야, 로데리고?

로데리고 이런 곳까지 따라오기는 했지만 내 역할은 사냥감을 쫓아가는 사냥개가 아니라, 다른 여러 개에 끼어 옆에서 멍멍 짖는 꼴밖에 안 되네. 돈은 몽땅 써버리고, 오늘 밤은 늘씬하게 두들겨 맞았어. 혼이 난 것 대신에 경험을 얻었다고 할 수 있지. 그리고 돈은 다 없어졌지만 그 대신 지혜는 좀 얻었으니, 이쯤에서 다시 베니스로 돌아가야겠어. 자네 생각은 어떤가?

이아고 참을성 없는 사람은 할 수 없군! 어떤 상처도 조금씩 낫는 법이야. 우리가 하는 일은 이치에 맞게 하는 것이지, 마술을 부리는 건 아니야. 이치에 닿게 하려면 시간이 지나가기를 기다려야 해. 얼마나 잘돼 가고 있느냐 말이야? 물론 카시오한테 얻어맞긴 했지. 하지만 자네로 말하면 조금 맞고 카시오를 몰아냈잖은가? 내 계획은 모두 햇볕을 받고 있지만, 그중에서도 맨 먼저 꽃이 핀 곳에 열매가 열린단 말씀이야. 조금만 더 참는 거야. 벌써 아침이군. 흥겹게 움직이고 있으면 시간도 빨리 가는구먼. 자, 어서 돌아가게. 정해진 부서로 돌아가 있으라고. 어서 돌아가라니까. (로데리고 퇴장) 두 가지 일을 해야겠군. 내 여편네를 시켜서 카시오가 부인을 만나게 해주도록 해야지! 서둘러야겠어. 그동안 나는 그 무어 녀석을 데리고 나와 있다가, 카시오가 부인에게 사정하고 있는 현장으로 안내한단 말씀이야. 음, 바로 그거야. 멀거니 머뭇거리고 있다가 잡혀선 안 돼. (퇴장)

〔제3막 제1장〕

성 앞.
카시오와 악사 몇 명 등장.

카시오 악사들, 여기서 한 곡 연주하게. 돈을 충분히 내겠네. 아무거나 짧은 걸로. 그게 끝나면 "안녕하십니까, 장군님" 인사하는 거야. (음악)

광대 등장.

광대 아니 악사들, 당신네 악기는 나폴리에서 나쁜 병이라도 옮겨왔단 말이오? 그렇게 코맹맹이 소리를 내게?

악사 1 아, 왜요?

광대 좀 물어보겠는데, 이건 늘 이렇게 붕붕 소리가 나는 악기인가요?

악사 1 아, 네, 그렇습니다.

광대 아하, 뭣이 달려 있는 게로군.

악사 1 뭣이 달려 있다니요?

광대 붕붕 소리 나는 것 곁에는 주로 뭣이 달려 있잖아요. 하지만 악사 여러분, 돈을 드리겠소. 장군은 여러분의 음악이 어찌나 마음에 드시던지, 제발더 이상 소리를 내지 말아달라는 분부시오.

악사 1 네, 그럼 그만두겠습니다.

광대 소리 안 나는 음악이라면 더 해도 좋소. 장군께서는 음악 듣기를 그다지 좋아하시지는 않는다고 하니까.

악사 1 원, 그런 음악이 어디 있습니까?

광대 그럼 그 피리를 자루 속에 집어넣어요. 나는 들어가겠으니 당신들도 가시오. 흔적도 없이 사라지라고요. 어서! (악사들 퇴장)

카시오 여보게, 내 말 좀 들어보게나.

광대 당신 이름은 모르겠습니다만, 당신이 말하는 건 들립니다.

카시오 농담은 그만두게. 자, 적지만 돈이야. 장군 부인께 시중을 들고 있는 시녀가 일어나거든, 카시오라는 사람이 찾아와서 잠깐 만나 뵈었으면 하더라고 전해 주게. 그렇게 해주겠나?

광대 그분이라면 일어나 있어요. 이곳에 나오시면 그렇게 알리지요.

카시오 부탁하네. (광대 퇴장)

이아고 등장.

카시오 마침 잘 왔네, 이아고.

이아고 간밤에 못 주무신 게로군요?

카시오 그야 물론이지. 자네하고 헤어지기 전에 벌써 날이 새지 않았나. 여보게, 나는 실례를 무릅쓰고 자네 부인을 부르러 사람을 보냈네. 지금 곧 데스데모나 부인을 만나게 해달라는 부탁을 하려고.

이아고 곧 이리로 나오도록 하죠. 그리고 어떻게 해서든지 무어 장군님을 다른 데로 모시고 나가겠습니다. 그러면 이야기를 맘 놓고 하실 수 있을 테니까요.

카시오 그거참 고맙네. (이아고 퇴장) 내 고장 피렌체 사람 중에는 저렇게 친절하고 정직한 사람은 없어.

에밀리아 등장.

에밀리아 안녕하세요, 부관님. 이번에 당한 일은 참 안됐어요. 하지만 다 잘될 거예요. 장군님과 부인이 그 이야기를 하고 계시더군요. 부인은 당신을 무척 변호하셨어요. 그러나 장군님은 당신이 상처를 낸 상대가 키프로스섬의 명사일 뿐 아니라 고위층을 친척으로 두고 있는 사람이라서 마땅하게 조치하자면 부관님을 면직시키지 않으면 안 되는 거래요. 그래도 부관님을 아끼고 있으니, 부탁을 받지 않아도 적당한 기회를 봐서 복직시키겠다고 말씀하셨어요.

카시오 그래도 부탁합니다. 당신이 좋다고 생각하거나 가능하다고 생각하면, 잠깐이라도 좋으니 데스데모나 부인과 둘이서 이야기할 수 있게 좀 해주시오.

에밀리아 그럼 어서 들어오세요. 가슴을 털어놓고 이야기할 수 있는 곳으로 안내해 드리겠어요.

카시오 정말 고맙소. (모두 퇴장)

〔제3막 제2장〕

성안의 한 방.
오셀로, 이아고, 그리고 신사 서넛 등장.

오셀로 이아고, 이 서류를 선장에게 주고, 원로원에 문안을 드려달라고 전해주게. 나는 성벽 근처를 거닐고 있을 테니까 일이 끝나면 그리로 오게나.

이아고 네, 잘 알겠습니다. 그렇게 하겠습니다.

오셀로 여러분, 요새를 돌아볼까요?

신사들 기꺼이 모시겠습니다. (모두 퇴장)

〔제3막 제3장〕

성 앞 정원.
데스데모나, 카시오, 에밀리아 등장.

데스데모나 안심하세요, 카시오. 제가 힘닿는 데까지 해보겠습니다.

에밀리아 모쪼록 그렇게 해드리세요, 아씨. 제 남편도 정말 자기 일처럼 걱정하고 있답니다.

데스데모나 당신은 참 성실한 분이네요. 카시오 님, 걱정 마세요. 어떤 방법을 써서라도 주인과 당신 사이를 반드시 예전과 같이 만들어 드릴 테니까요.

카시오 부인, 고맙습니다. 이 미카엘 카시오는 어떤 일이 일어나더라도 언제나 부인께 충성을 다하겠습니다.

데스데모나 잘 알겠어요, 정말 고마워요. 당신은 제 주인을 사랑하고, 또 오래전부터 아는 사이니 안심하세요. 만일 그분이 멀리하시는 기색을 보이시더라도 그건 정책상 어쩔 수 없어 그러는 것일 테니까요.

카시오 네, 그래도 부인, 그 정책상이란 것이 오랫동안 이어지다 보면 싱겁게 흐지부지 되거나 외려 뿌리를 단단히 내릴 수도 있습니다. 저는 옆에 없고 어차피 자리는 메워질 테고, 그렇게 되면 결국 장군은 저의 성의나 공적 같은 것도 잊게 되실 겁니다.

데스데모나 그런 걱정은 말아요. 저 에밀리아가 증인이에요. 꼭 복직되게 해드리지요. 염려 말아요. 제가 친구가 된 이상은 힘이 되어드릴게요. 주인을 못 자게 하고, 부탁을 들어줄 때까지 밤새껏 이야기해서 지치게 하겠어요. 잠자리에서도 훈시를 하고, 식탁에서도 설교를 그치지 않고, 뭣이든 그분이 하시는 일에 당신의 부탁을 꺼내겠어요. 그러니 기운을 내세요, 카시오. 부탁을 받았으니 죽어도 소망을 이루어 드리겠어요.

오셀로와 이아고 등장.

에밀리아 아씨, 장군님께서 오십니다.

카시오 부인, 저는 실례하겠습니다.

데스데모나 여기 계세요. 제가 여쭈어 보고 올 테니까요.

카시오 아니오, 부인. 지금은 기분이 언짢아서, 제 부탁을 꺼낼 수가 없습니다. (퇴장)

이아고 저런! 저런 안됐군.

오셀로 뭐가?

이아고 뭐, 아무것도 아닙니다. 실은 지금…… 아, 아무것도 아닙니다.

오셀로 지금 아내하고 헤어진 건 카시오가 아니었나?

이아고 카시오! 아뇨, 그럴 리가 있겠습니까. 그 사람이라면 장군님이 오시는 것을 봤는데, 죄진 사람처럼 그렇게 슬그머니 달아날 리가 없습니다.

오셀로 아냐, 분명히 카시오였어.

데스데모나 당신이군요! 지금 여기서 부탁을 가지고 온 분하고 이야기하고 있었어요. 당신 비위를 상하게 해서 비관하는 사람이에요.

오셀로 누구 말이오?

데스데모나 당신의 부관, 카시오 말예요. 저도 이런 데 조금 참견할 수 있지요? 그럼, 그 사람을 용서해 주세요. 그가 당신을 얼마나 위한다고요. 실수로 잘못을 저지를 수는 있을지라도 계획적으로 나쁜 짓을 할 사람은 아니에요. 그건 그 성실한 얼굴을 보면 누구든지 알 수 있어요. 부디 다시 복직시켜 주세요.

오셀로 지금 여기서 나갔소?

데스데모나 네. 하도 풀이 죽어 있어서 저까지 슬퍼졌어요. 여보, 카시오를 다시 불러주실 수 있지요?

오셀로 지금은 안 돼, 데스데모나. 두고 봅시다.

데스데모나 그럼 곧 해주시겠어요?

오셀로 될 수 있는 대로 빨리 해주겠소, 당신의 부탁이니까.

데스데모나 오늘 밤 저녁 식사 때요?

오셀로 아니, 오늘 밤은 안 되오.

데스데모나 그럼 내일 점심때요?

오셀로 내일 점심은 집에서 안 하오. 요새에서 장교들을 만나기로 되어 있으니까.

데스데모나 아 그럼, 내일 밤, 그렇지 않으면 화요일 아침, 또는 화요일 낮이나 밤, 또는 수요일 아침이라도 좋으니 시간을 정해 주세요. 그렇지만 사흘을 넘기시면 안 돼요. 그는 정말 후회하고 있어요. 그리고 그의 잘못은, 보통 생각으로는…… 그야 전쟁 때에는 가장 뛰어난 사람 중에서 본보기를 내야 하는 일이 있다고 하지만 인연을 끊을 정도의 죄는 아닌 것 같네요. 언제 부르시겠어요? 말씀해 보세요. 오셀로, 당신 분부를 제가 거절하거나 푸념한 적이라도 있었어요? 아, 미카엘 카시오 부관은 당신이 제게 청혼하러 오셨을 때도 함께 오지 않았나요? 그리고 제가 당신 욕을 할 때도 언제나 당신 편을 들곤 했어요. 그런 사람을 복직시키는 데 이렇게 힘이 들다니…… 정말 저 같으면…….

오셀로 아, 알았소. 오고 싶을 때 오라고 하시오. 당신 부탁은 무엇이든지 들어주겠소.

데스데모나 어머나, 그다지 대단찮은 부탁을 가지고. 장갑을 끼시라든가, 영양분 있는 것을 잡수시라든가, 따뜻하게 하시라든가, 몸조심하시라든가 등등과 같은 부탁이잖아요? 만일 제가 당신의 애정을 시험해 볼 참이라면, 중대하고 어렵고 걱정스러워서 여간해서는 허락될 수 없는 일을 부탁할 거예요.

오셀로 뭐든지 들어주지. 그리고 나도 부탁이 있는데, 제발 잠깐 동안 나를 혼자 있게 해주오.

데스데모나 제가 그것을 싫다고 할 줄 아셨나요? 천만에요. 저리 가 있지요.

오셀로 이따 만나요, 데스데모나. 곧 가겠소.

데스데모나 당신 마음 내키는 대로 하세요. 무슨 말씀을 하셔도 전 따르겠어요. 에밀리아, 이리 와요. (에밀리아와 함께 퇴장)

오셀로 정말 귀여운 것! 내가 너를 사랑하지 않는다면 내 영혼이 지옥에 떨어져도 좋다! 너를 사랑하지 않게 되면, 그때는 다시 이 세상이 원시의 어둠으로 되돌아가겠지.

이아고 장군님…….

데스데모나 프레데릭 레이턴. 19세기

오셸로 왜 그래, 이아고?

이아고 미카엘 카시오는 장군님의 구혼 시절에 장군님과 부인 사이를 알고
　　있었습니까?

오셸로 처음부터 끝까지 모조리 알고 있었지. 그건 왜 묻나?

이아고 그저 좀 생각난 게 있어서요. 그 이상은 별달리 뭐.

오셀로 생각난 거라니 뭔가, 이아고?

이아고 그 사람이 부인과 아는 사이인 줄을 저는 모르고 있었어요.

오셀로 그야 우리 둘 사이를 자주 왔다 갔다 했는데.

이아고 정말입니까?

오셀로 정말입니까라니? 응, 정말이야. 미심쩍은 데라도 있단 말이야? 그가 성실하지 않다는 건가?

이아고 성실하다고요?

오셀로 성실하다고요라니? 그야 성실하지.

이아고 그럴지도 모르죠.

오셀로 자넨 어떻게 생각하나?

이아고 어떻게 생각하다뇨?

오셀로 어떻게 생각하다뇨라니! 아, 자넨 내 말을 흉내만 내는군. 무슨 생각이 머리에 있지만 무서워서 남에게 말하지 못하는 것처럼. 무슨 까닭이 있지? 자넨 안됐다고 했지, 카시오가 내 아내와 작별하는 것을 보고. 뭐가 안됐다는 거지? 그리고 내가 구혼할 때에도 그에게 처음부터 끝까지 도움말을 들었다니까, 자네는 "정말입니까?" 말했겠다. 그리고 무슨 무서운 생각을 머릿속에 감추고 있는 듯이 미간에 주름을 지었겠다. 나를 위한다면, 지금 곧 생각하고 있는 바를 말해 주게.

이아고 장군님, 물론 저는 성의를 다 바치고 있습니다.

오셀로 나도 그렇게 생각하고 있어. 자네가 나에게 성심성의껏 봉사하고 있는 것은 알고 있어. 경솔하게 말을 입 밖에 안 내는 줄도 잘 알아. 그래서 자네가 입안에서 우물우물하니 더욱 불안하단 말이야. 그런 건 속이 시커먼 불성실한 놈이 남을 속일 때에 하는 수작이지만, 정직한 사람이 그런 행동을 하는 건 진정으로 화가 나서 도저히 참을 수 없을 때니까.

이아고 미카엘 카시오로 말하자면 분명히 정직한 사람이라고 생각합니다.

오셀로 나도 그렇게 생각하네.

이아고 사람은 모두 겉모습과 같아야 한다고 생각합니다. 그렇지 않은 자는 정직한 척하는 얼굴을 하지 말았으면 좋겠어요.

오셀로 그렇지, 사람은 겉모습과 같아야 하지.

이아고 그렇다면 물론 카시오도 정직한 사람이겠지요.

오셀로　아냐, 뭔가가 더 있어. 자네가 마음속에 되씹고 있는 것을 터놓고 이야기해 봐. 어떤 괴상한 생각일지라도 솔직히 그대로 말해 봐.

이아고　장군님, 용서하십시오. 직책상의 일이라면 명령에 복종하겠습니다만, 마음속의 생각을 말할 의무는 노예에게도 없습니다. 생각을 말하라고 하십니까! 그것이 얼마나 더럽고 잘못된 생각일지 모르잖습니까…… 아무리 훌륭한 궁정이라도 때로는 더러운 것이 들어 있잖습니까? 아무리 숭고한 마음속에도 불결한 잡념이 올바른 판단과 마주 앉아서 사람들을 심판할지도 모르잖습니까?

오셀로　친구가 모욕을 당한 것을 알면서도 그것을 귀에 넣어주지 않는 것은, 친구를 배반하는 것과 마찬가지야, 이아고.

이아고　제발 장군님…… 사실을 말씀드리자면 저는 나쁜 버릇이 있어 남의 잘못을 캐내고 질투심에서 엉뚱한 억측을 하곤 하는데, 저의 이번 추측 또한 억측이 아닐까 생각됩니다만…… 잘 판단하셔서 이런 망측한 추측에 의심을 품거나, 스산하고 불확실한 관찰 때문에 고민하지 마십시오. 암만 생각해도 이 생각은 말씀드리지 않는 게 좋을 것 같군요. 장군님의 기분만 상하실 테고 유익하지도 않을뿐더러 저로서도 남자답지 못하고 천박한 사람만 되고 말 테니까요.

오셀로　대체 무슨 뜻이냐?

이아고　남자나 여자나 명예는 곧 영혼의 보배와 같습니다. 만약 누가 제 지갑을 훔쳐간다면 그건 쓰레기를 가져가는 셈입니다. 있고도 없는 거나 마찬가지예요. 한때는 제 것이던 것이 이제는 다른 이의 것이며 수많은 이들의 손을 거치는 노예와 같은 것입니다. 하지만 만일 누군가 제 명예를 빼앗아 간다면 비록 그 사람을 부유하게 만들지는 못할지라도 저는 참으로 초라하게 될 것입니다.

오셀로　아무래도 자네 생각을 들어봐야겠어.

이아고　그건 안 될 말씀입니다. 혹 제 심장이 장군님의 손바닥에 있다 해도, 적어도 지금은 제가 꼭 쥐고 있으니까요.

오셀로　하!

이아고　장군님, 질투를 경계하셔야 합니다. 그건 파리한 눈빛을 한 괴물인데, 사람의 마음을 먹이로 삼고 있어 먹기 전에 마냥 조롱하는 그런 놈입니다.

아내의 부정을 알면서도 그걸 자기의 운명이라 단념하고 아내에게 미련을 갖지 않는 남자는 행복합니다. 그러나 깊이 사랑하고 있으면서도 의심을 하고, 의심을 품고 있으면서도 더욱 열렬히 사랑하는 남자는 정말 하루하루가 얼마나 저주스럽겠습니까?

오셀로 그야 비참하겠지!

이아고 가난해도 만족하는 사람은 부자도 큰 부자지요. 그렇지만 더없는 부자라도, 언젠가는 가난뱅이가 되는 게 아닌가 하고 벌벌 떨고 있다면 가난하기가 엄동설한 같다 할까요. 아, 모든 인간이 질투만은 모르고 지냈으면 얼마나 좋을까요.

오셀로 아니, 왜 그런 소릴 하는가? 자네는 내가 앞으로 질투에 사로잡혀 달〔月〕의 모양이 바뀔 때마다 새로운 의심을 가질 줄 아는가? 아냐, 나는 한 번 의심을 품으면 단번에 해결짓는 성미라네. 내가 자네 말대로 그런 쓸데없고 허망한 억측에 마음을 쓴다면 나는 겁 많은 염소로 변해도 좋아. 사람들이 내 아내를 아름답고, 사교성 좋고, 이야기 잘하고, 노래도 음악도 잘하고, 춤도 잘 춘다고 해서 내가 질투를 할 필요는 없지. 이런 점은 정숙하기만 하다면 더욱더 빛나 보이거든. 또 나 자신이 약점 때문에 지레 겁을 내서 아내가 바람을 피울까봐 걱정하거나 의심하는 일은 더욱 없어. 아내는 자기 눈으로 나를 고른 것이니까. 아니, 이아고, 나는 의심하려면 먼저 잘 알아보고 의심하지. 그리고 의심한 이상은 증거를 잡지. 증거가 잡히면 방법은 하나야…… 즉시 애정을 포기하든가, 또는 질투심을 버리든가.

이아고 그 말씀을 들으니 안심이 됩니다. 이제는 장군님에 대한 제 성의에서 나온 생각을 거리낌 없이 여쭐 수 있습니다. 그러니 명령에 따르겠습니다. 들어보십시오. 확증은 없습니다만 부인을 살펴보십시오. 특히 카시오와 함께 있을 때를 조심하십시오. 그저 잘 지켜보시고, 의심하지도 않지만 안심하지도 않는다는 식으로 말입니다. 장군님은 너그럽고 고결하신 분이니 자신의 착한 성품으로 해서 속으신다면, 저로서도 보기 딱한 일입니다. 조심하십시오. 저는 한 고향 사람의 기질을 잘 압니다. 베니스 여자들은 음탕한 장난을 하느님에게는 보이는 한이 있더라도 남편에게는 들키지 않겠다는 식이라, 그들의 최고 도덕은 안 하는 게 아니라 모르게 하는 것이니까요.

오셀로 정말인가?

오셀로를 파멸로 이끄는 간계를 꾸미는 이아고　헨리 먼로의 〈오셀로, 데스데모나, 이아고〉에서

이아고　장군님과 결혼하기 위해서 아버지를 속인 부인입니다. 겉으로는 장군
　　님의 얼굴을 무서워해서 몸을 떨고 있으면서도 속으로는 깊이 사랑하고 있
　　었을 겁니다.
오셀로　그건 그랬어.

이아고　자, 그렇다면 말씀이지요. 저렇게 젊은 나이에 그렇게 속이 다르고 겉이 다른 행동으로 아버지를 속여서 그저 마술 때문이라고 생각하게 만든 부인입니다. 이거, 죄송합니다. 용서하십시오. 그저 장군님을 위하는 마음에서 이런 말까지…….

오셀로　자네 호의는 평생을 두고 잊지 않겠어.

이아고　아무래도 기분이 좀 상하신 모양인데요.

오셀로　아냐, 조금도.

이아고　아니, 아무래도 기분이 좋지 않으신 모양인데요. 지금 말씀드린 건 저의 성의에서 나온 말이라고 생각해 주십시오. 너무 장군님의 기분을 상하게 한 것 같군요. 부탁입니다만 제가 말씀드린 것은 단지 의심스럽다는 정도로 흘려버리시고, 더 이상 확실한 결론을 캐내거나 문제를 확대시키지는 마십시오.

오셀로　그런 짓은 하지 않겠어.

이아고　만일 그러신다면 장군님, 제 말에서 엉뚱한 결과가 생겨서 생각지도 않은 일이 벌어질지도 모릅니다. 카시오는 소중한 친구니까요…… 장군님, 아무래도 기분이 상하신 것 같습니다.

오셀로　아냐, 그렇지는 않아. 데스데모나가 정직한 여자라는 것 말고는 아무것도 생각지 않고 있어.

이아고　부인께서 언제까지나 그러하시기를! 그리고 장군님의 마음도 변하지 마시기를 빕니다!

오셀로　하긴 순리를 어기고 나 같은 사람에게…….

이아고　그겁니다. 문제는 바로 그겁니다. 글쎄…… 털어놓고 말씀드리면…… 얼굴빛도 문벌도 서로 같은 자기 나라 남자들의 많은 청혼을 거절하지 않았습니까. 누구나 이런 선택을 하는 게 도리일 텐데…… 쳇! 사람이면 눈치챌 수 있지요. 여기에는 분명 불순한 마음이 있습니다. 사실 전혀 어울리지도 않을뿐더러 부자연스럽거든요. 용서하십시오. 저는 꼭 부인을 두고 말하는 건 아닙니다. 그야 걱정은 걱정이죠. 차츰 분별을 차리게 되어 자기 나라 사람과 장군님을 비교해 보고 후회하는 일은 없으셔야 할 텐데.

오셀로　알았네, 알았어. 뭐 더 눈치채거든 알려주게. 자네 부인에게 감시를 하라고 그러게. 이만 물러가 주게, 이아고.

이아고 (나가면서) 그럼 물러가겠습니다.

오셀로 내가 왜 결혼을 했을까? 저 정직한 친구는 분명히 지금 말한 것보다 더 많이 보고 알고 있는 거야.

이아고 (되돌아서서) 장군님, 부탁입니다. 이 일은 더 캐지 마시고 되는 대로 내버려 두십시오. 카시오를 복직시키는 일도요. 확실히 그 사람은 능력이 뛰어나고 충분히 임무도 완수할 수 있습니다. 하지만 잠시 동안만 기다려 보십시오. 그렇게 하시면 그의 인간성과 의도를 잘 아시게 될 겁니다. 부인께서 카시오의 복직을 강경히 말씀하시는지 어쩐지를 주의해 보십시오. 그러면 또 여러 가지를 아시게 될 겁니다. 그때까진 제 걱정은 지나친 노파심에서라고 생각해 두십시오. 저로서는 혹시나 그렇지 않을까 하고 의심이 가는 점이 있어서 그런 겁니다만. 그리고 부디 부인을 결백한 분이라고 생각해 두십시오.

오셀로 내 걱정은 하지 말게.

이아고 그럼, 이만 물러가겠습니다. (퇴장)

오셀로 저자는 매우 성실한 사람이다. 게다가 세상 물정에 밝아서 인간관계를 잘 알고 있어. 데스데모나가 도저히 길들일 수 없는 매라는 것을 확실히 알게 되면, 만일 마음속에 꼭 잡아매 놓고 싶더라도 나는 휘파람을 불며 깨끗이 놓아줘야지. 돌아오지 않도록 바람 부는 쪽으로 날려 보내고 제멋대로 먹이를 찾게 해야지. 혹시 내가 피부색이 검고 한량들같이 고상한 사교술이 없다고 해서, 또는 내 나이가 이미 한창때를 지났다고 해서—아직 그렇게 많은 나이는 아니지만—그녀가 날 버리는지도 모르지. 결국 모욕을 당한다면, 나를 구하는 길은 그녀를 미워하는 거야. 아, 결혼이란 원망스럽구나. 상냥한 여자를 입으로는 제 것이라고 하면서 그 여자의 욕망은 갖지 못하거든! 사랑하는 사람을 남의 자유에 맡겨 놓고, 자기는 한 모퉁이나 차지할 바에야 차라리 두꺼비가 돼서 땅속 구멍에서 습기나 마시고 사는 것이 낫지. 이것은 지체 높은 사람들이 받는 저주거든. 차라리 하층 계급 사람만도 못해. 죽음과 마찬가지로 이건 피할 수 없는 운명이야. 이마에 뿔 돋친다는 이 저주는 어머니의 배 속에서 꿈틀거리기 시작한 그 순간부터 정해진 운명인 것이야. 아, 데스데모나가 오는군.

데스데모나와 에밀리아 등장.

오셀로 아, 저 여자가 불의를 저지르다니. 만일 그렇다면 하늘은 스스로를 속인 거야! 나는 도저히 믿을 수 없어.

데스데모나 웬일이세요, 사랑하는 오셀로! 식사 시간이에요. 당신이 초대한 이 섬의 유지분들도 아까부터 기다리고 계세요.

오셀로 미안하오.

데스데모나 왜 그렇게 목소리에 힘이 없으세요? 어디 편찮으세요?

오셀로 여기 이마가 아프오.

데스데모나 밤에 못 주무신 탓일 거예요. 곧 나을 거예요. 꼭 동여매 드릴게요. 한 시간도 못 돼서 나을 거예요.

오셀로 당신 손수건은 너무 작소. (머리에 매어준 손수건을 풀어버린다. 그것은 바닥에 떨어진다) 내버려 두고 같이 들어갑시다.

데스데모나 어떡하지요? 기분이 많이 언짢으신 모양이군요. (오셀로와 함께 퇴장)

에밀리아 잘됐다, 바로 이 손수건이다. 이건 부인이 무어 님한테서 받은 첫 선물이지. 우리집 고집불통 남편이 이걸 훔쳐오라고 골백번도 더 졸라댔었지. 하지만 부인은 장군님께서 언제나 몸에 지니고 있으라고 말씀하셨기 때문에 손에서 떼시지 않고, 입맞춤하고 이야기하며 그야말로 소중히 하고 계셨지. 이 무늬를 본떠서 이아고에게 줘야지. 이걸 대체 어쩌자는 것인지 내가 신경 쓸 바는 아니지만. 나는 그저 변덕이 심한 그이의 마음을 즐겁게 해주기만 하면 되니까.

이아고 등장.

이아고 난 또 누구라고! 여기서 혼자 뭘 하고 있어?

에밀리아 혼내지 말아요. 당신한테 줄 물건이 있으니까요.

이아고 내게 줄 물건? 신통한 것이 있을라고…….

에밀리아 뭐라고요?

이아고 뭐든 신통치 않단 말야. 바보 계집과 함께 산다는 건.

에밀리아　그 말뿐인가요? 손수건을 준다면 뭐라고 하겠어요?

이아고　무슨 손수건?

에밀리아　무슨 손수건? 왜, 장군님이 처음 데스데모나 님께 선물한 것, 훔쳐 오라고 당신이 귀찮게 조르던 것 말이에요.

이아고　훔쳐냈어?

에밀리아　아녜요, 부인이 어쩌다 떨어뜨리셨어요. 그걸 운 좋게 내가 옆에 있다가 주웠어요. 봐요, 이거예요.

이아고　기특하구먼. 이리 줘.

에밀리아　대체 이걸로 어쩌자는 건가요? 훔쳐오라고 그렇게도 야단이었지만.

이아고　(잡아채며) 당신은 알 것 없어.

에밀리아　그다지 필요 없으면 돌려줘요. 부인은 가엾게도 그 손수건이 없어진 걸 알면, 미쳐버릴 거예요.

이아고　모르는 체하고 있어. 내게는 쓸 데가 있으니까. 그럼 저리 가 있어. (에밀리아 퇴장) 카시오 숙소에 이걸 떨어뜨려 놓고, 놈의 눈에 띄게 해야지. 공기처럼 가벼운 일이라도 질투에 사로잡힌 놈에게는 성경 구절만큼 효력 있는 증거가 되거든. 이걸 한번 써먹어야지. 무어는 내 독약 처방으로 벌써 마음이 변해 가고 있어. 위험한 억측도 본디 독약과 같아서 처음에는 거의 싫은 맛이 안 나지만 조금만 혈액 속에 작용하면 유황처럼 불타오르거든. 말한 대로야. 저기 오는군!

오셀로 다시 등장.

이아고　보라, 저 모습을! 아편이건, 만드라고라건 세상에 있는 어떤 수면제를 먹어도 어제까지처럼 편안하게 자지는 못할 것이다.

오셀로　아! 아! 나를 배신하다니?

이아고　아 장군님! 그 일은 잊어버리세요.

오셀로　꺼져! 물러가! 너는 나를 고문대에 올려놨다. 설불리 알고 있느니, 차라리 아주 모욕당하는 게 낫겠다.

이아고　왜 이러십니까, 장군님!

오셀로　내 아내가 음탕한 짓을 했다고는 느끼지도 않았거니와 보지도 않았고, 생각지도 않았어. 그래서 괴롭지도 않았다. 그다음 밤도 난 잘 잤다. 기분도 좋고 명랑했다. 그녀의 입술에서 카시오의 키스 자국은 알아내지도 못했어. 도둑맞아도 도둑맞은 줄을 모르는 놈에게는 가르쳐 주지 않는 편이 좋아. 그렇게 하면 도둑을 안 맞은 것과 다름없으니까.

이아고 그런 말씀을 들으니 죄송스럽습니다.

오셀로 만일 온 진중의 일꾼 같은 공병 하나하나까지도 빠짐없이 그녀의 아름다운 몸을 맛보았다 하더라도, 나만 아무것도 모르고 있다면 나는 행복할 것 아닌가. 아, 평온한 마음과는 영원히 작별이구나! 만족할 줄 아는 마음도 안녕! 깃털 장식을 한 군대도, 공명 수훈을 다투는 전쟁도 마지막, 아, 마지막이다! 울어대는 군마, 드높은 나팔 소리, 마음을 설레게 하는 북 소리, 귀를 꿰뚫는 피리 소리, 장엄한 군기, 그 어떤 영광스런 전쟁의 자랑도 찬란함도 장관도 다 마지막이다. 그리고 아, 위력 있는 대포야, 무서운 절규로 번개의 신 유피테르의 성난 외침을 압도해 버리는 너와도 작별이다! 오셀로의 직분은 다 끝나고 말았다.

이아고 왜 그런 말씀을 하십니까, 장군님?

오셀로 이놈아, 내 아내가 음탕한 계집이라면 확실히 증명을 해봐라. 증거를 보여라. 눈에 보이는 증거를 내놔라. (이아고의 멱살을 잡는다) 그렇지 못하면 나의 영혼에 두고 맹세하지만, 나의 거센 분노에 맞서느니 차라리 개로 태어났더라면 좋았을걸 하고 생각하게 만들겠다.

이아고 그렇게까지 말씀을?

오셀로 증거를 내게 보여라. 그렇지 않으면 적어도 증명을 해라. 한 점의 의심을 품을 틈바구니도 구멍도 없는 확실한 증거를 보여라. 그렇지 못하면 목숨이 없어질 줄 알아라.

이아고 장군님, 그건…….

오셀로 만약 아무 근거도 없이 그녀를 중상하고 나를 괴롭혔다면 새삼스레 기도 따위 그만둬. 양심 같은 건 내던져 버리고 죄업에다 죄업을 쌓아올려라. 하늘을 울리고 땅을 놀라게 할 만한 짓을 해라. 이런 죄악보다 더한 죄는 있을 수 없다.

이아고 무슨 말씀을! 너무 심하십니다. 장군님은 인간이십니까? 온전한 마음을 가지고 계십니까? 저는 사직하겠습니다. 면직시켜 주십시오. 아, 나는

오셀로(치웨텔 에지오포)를 위협하듯 서 있는 이아고(이완 맥그리거) 런던 돈마 웨어하우스 극장 공연. 2007
이아고는 계급적·인종적·성적인 원한에 자신의 지휘관을 파멸시켰다.

못난 놈이다. 성심성의껏 이야기한 것이 그만 악당이 되어버렸어! 아, 해괴한 세상이로구나! 아, 다들 정신 차리시오. 조심하시오. 정직하면 위험한 세상입니다. 덕택에 하나 배웠습니다. 이제부터는 남에게는 친절하지 않기로 했습니다. 친절히 하면 원망을 산다는 것을 알았으니까요.

오셀로 아냐, 기다려. 자네의 성실을 의심하고 싶지는 않아.

이아고 이젠 저도 약아져야겠습니다. 정직한 자는 바보가 되어 땀을 흘리고 손해를 볼 테니까요.

오셀로 사실 나는 내 아내가 결백하다고 생각하다가도 금방 그렇지 않다고 생각하게 되네. 자네 또한 정직한 사람이라 생각되다가 반면 안 그렇다고도 생각되거든. 그러니 무슨 증거가 있어야겠어. 달님 얼굴처럼 깨끗하게 생각됐던 그녀의 이름이, 이제는 더러워지고 검어져서 마치 내 얼굴빛같이 돼버렸어. 밧줄이나 단검이나, 독약이나 불이나, 그녀를 처박을 냇물이 여기 있다면 난 가만있지 않겠어. 아, 증거를 봤으면, 증거를!

이아고 장군님, 너무 흥분에 사로잡혀 계십니다. 이야기해 드린 것이 후회됩니다. 증거를 보고 싶으십니까?

오셀로 보고 싶지! 아냐, 꼭 봐야겠어.

이아고 그야 안 되는 것도 아니죠. 그러나 어떻게 해야 좋을까요? 어떻게 보시겠다는 말씀이에요? 장군님께서 설마 구경꾼이 돼서 멍청하게 입을 딱 벌리고…… 보시겠습니까, 그 녀석이 장군님의 부인을 올라타고 있는 것을 말씀이에요!

오셀로 맙소사, 더럽다! 아!

이아고 그 현장을 보여드리기는 좀 어려운 일이겠지요. 둘이 나란히 자고 있는 것을 남에게 보인다는 것은 당치도 않은 소리니까요! 그렇다면 어떻게 할까요? 어떻게 하라는 건지요? 어떻게 해야 만족스런 증거가 될까요? 장군님께서 직접 눈으로 보실 수는 없는 일이지요. 만일 그분들이 염소처럼 색이 세고, 원숭이처럼 음탕하고, 암내 나는 늑대처럼 음란하고, 술에 취한 바보같이 못난이라도 말입니다. 하지만 만일 진실의 문으로 곧장 이어줄 확실한 증거로 만족하시겠다면, 이야기하겠습니다.

오셀로 내 아내가 부정하다는 증거를 대라.

이아고 그런 역할은 좀 곤란한데요. 그렇지만 저도 고지식하게 충성스런 마음으로 여기까지 발을 들여놓고 말았으니, 이야기를 안 할 수도 없겠죠. 제가 요전에 카시오와 함께 자는데 이가 쑤셔서 잠을 자지 못했습니다. 이 세상에는 자고 있을 때 주책없이 자기 일을 뇌까리는 놈이 있는데, 카시오가 그런 축으로, 그놈이 이런 잠꼬대를 했습니다. "귀여운 데스데모나, 조심합시다. 둘의 사랑을 남들 모르게 감춥시다." 그리고 글쎄 제 손을 꽉 잡고는 "귀여운 것" 하고 소리 질렀습니다. 그러고는 저에게 키스를 하지 않겠습니까. 마치 제 입술에 키스가 돋쳐 있기라도 한 듯 그것을 뿌리째 뽑아낼 기세였습니다. 그러고는 다리를 제 가랑이 위에 척 올려놓고는 한숨을 내쉬고 또 입 맞추고, 그리고 큰 소리로 "당신이 무어 녀석한테 가다니 아, 참혹한 운명이다!" 소리쳤습니다.

오셀로 아, 괘씸하다! 괘씸한 놈이다!

이아고 아니, 꿈결에 한 짓일 뿐입니다.

오셀로 하지만 전에 해본 일이 있다는 증거다. 꿈이라도 얼마든지 의심할 여지가 있어.

이아고 그리고 다른 확실하지 않은 증거를 보충하는 것도 되고요.

오셀로 그년을 갈가리 찢어버려야지.

이아고 아, 그렇지만 신중하셔야 합니다. 아직 현장을 잡은 건 아니니까요. 부인은 아직 결백한지도 모릅니다. 단지 한 가지 여쭈어 보겠는데요, 장군님은 딸기를 수놓은 손수건을 부인이 가지고 계신 것을 보신 일이 있습니까?

오셀로 내가 그런 걸 그녀에게 줬어. 나의 첫 선물이지.

이아고 그런 사실은 전혀 몰랐습니다만, 그런 손수건으로, 그건 부인 것임에 틀림없는데…… 그걸로 카시오가 수염을 닦고 있는 것을 오늘 제가 보았습니다.

오셀로 그게 그것이라면…….

이아고 그게 그것이 아니라도 아무튼 부인 거라면, 이건 다른 증거도 있는 터이고, 더욱더 부인이 의심스러운 게 되지요.

오셀로 에잇, 그 못된 놈의 모가지가 천만 개쯤 된다면 그냥 모조리! 복수를 하려 해도 하나로는 부족해, 너무 적어. 그러고 보니 틀림없을 것 같군. 봐라, 이아고, 이렇게 나는 나의 어리석은 애정을 모두 하늘로 팽개쳐 버리겠다…… 날아가 버렸다. 시커먼 복수야, 지옥의 구렁에서 일어나라! 아니 마음속에 왕좌를 차지한 애정아, 왕관을 저 잔악한 증오에게 넘겨주어라. 내가슴아, 독사의 혓바닥에서 토해진 그 독으로 퉁퉁 부어올라라!

이아고 장군님, 고정하십시오.

오셀로 아, 피, 피다! 피를 보기까지는, 피를!

이아고 진정하십시오. 다시 마음이 바뀌실지도 모르니까요.

오셀로 절대로 변하지 않는다, 이아고. 폰투스해(海)의 격류가 뒤로 물러서는 일 없이 곧장 프로폰투스해에서 헬레스폰트 해협으로 흘러드는 것같이, 그렇게 잔혹한 내 피는 마음껏 복수를 하기 전에는 단연코 뒤를 돌아보지도 않고 하찮은 애정 때문에 썰물같이 물러서지도 않겠다. 단연코 지금 나는 영원히 변치 않는 하늘을 보고 (무릎을 꿇고) 경건하게 신성한 맹세를 하겠다.

이아고 아직 일어나지 마세요. (무릎을 꿇고) 영원히 하늘에서 불타는 빛들이여, 굽어 살피소서. 우리를 에워싸고 있는 하늘이여, 보소서. 여기 이아고는 지혜와 두 팔과 마음의 힘을 다해서 배신당한 오셀로 장군을 위해 봉사하겠습니다. (일어선다)

오셀로 (일어나며) 자네 성의에 감사하네. 입으로만이 아니라 진정으로. 그래, 지금 여기서 일을 명령하겠네. 사흘 안으로 카시오는 살아 있지 않다는 보고를 가지고 오게.

이아고 친구지만 그놈의 목숨은 벌써 없어진 거나 다름없습니다. 명령이 내린 이상 해치운 거나 마찬가지입니다. 하지만 부인의 목숨만은 용서하십시오.

오셀로 가증스런 탕녀! 아, 지옥으로 떨어져라, 지옥으로! 자, 함께 가자. 나는 집에 가서 그 아름다운 계집을 빨리 없애버릴 궁리를 하겠다. 이제부터는 자네가 부관이다.

이아고 언제까지나 충성을 다하겠습니다. (모두 퇴장)

〔제3막 제4장〕

성 앞.
데스데모나, 에밀리아, 광대 등장.

데스데모나 이봐, 카시오 부관이 어디에 있는지 알아?

광대 그분이 어디서 거짓말을 하고 계시는지를 말할 수는 없습니다.

데스데모나 왜 말을 못해?

광대 그분은 군인인데 군인이 거짓말을 한다고 했다간 칼침을 맞아요.

데스데모나 원, 어디 묵고 계시냐 말이야.

광대 어디서 묵고 계시다고 말씀드리는 것은, 곧 어디서 거짓말을 하느냐와 같습니다.

데스데모나 무슨 소릴 하는 거지?

광대 숙소가 어딘지 저는 모르니까요. 그러니 무리하게 밝혀서 여기서 지낸다, 아니 저기서 묵는다라고 말하는 건, 제 이 목구멍이 거짓말을 하는 것이 되니까요.

데스데모나 누구에게 물어서 알아볼 수는 없을까?

광대 어디 계신지, 온 세계와 문답을 해야겠군요. 말하자면 찾아다녀 보고, 그러고 나서 대답하는 거지요.

데스데모나 찾아서, 이리 오시라고 해. 장군님을 설득해 놨으니까, 모든 일이 다 잘될 거라고 전해 줘.

광대 그런 심부름 같으면 사람의 지혜로 되지요. 그러면 그 일을 맡기로 하겠습니다. (퇴장)

데스데모나 내가 어디서 그 손수건을 잃어버렸을까, 에밀리아?

에밀리아 모르겠는데요, 아씨?

데스데모나 차라리 돈이 잔뜩 든 주머니를 잃은 편이 나았을 것. 무어 님은 진실하셔서 의심 많은 사람에게서 볼 수 있는 비열한 데가 전혀 없으니 망정이지, 그렇지 않으면 정말 언짢게 생각하실 거야.

에밀리아 그렇게 의심이 없으신 분인가요?

데스데모나 누구, 그분? 그분 고향의 밝은 태양이 그런 기질을 다 빨아들인 모양이지.

에밀리아 아, 저기 오십니다!

데스데모나 이번에야말로 카시오 부관을 불러들이겠다는 말씀이 떨어지기 전엔 결코 그이 곁을 떠나지 않을 테야.

오셀로 등장.

데스데모나 당신 기분이 좀 어떠세요?

오셀로 으응, 좋소. (혼잣말로) 아, 마음을 숨기기란 괴롭군! 당신은 어떻소, 데스데모나?

데스데모나 좋아요.

오셀로 손을 이리 주오. 이 손은 참으로 곱군.

데스데모나 아직 나이도 어리고 슬픔도 모르니까요.

오셀로 이건 마음이 무르익고 너그럽다는 것을 말하오. 따뜻하고, 윤기가 돌고. 당신의 이 손은 들어앉아서 자유를 버리고 단식하고 기도하고, 그리고 고행과 예배를 해야 할 손이오. 젊고 다정다감한 악마가 숨어 있어서 자주 배반을 한다는 손금이니까. 어쨌든 좋은 손이오. 솔직한 손이오.

데스데모나 그렇지요, 옳아요. 이 손으로 전 제 마음을 드렸으니까요.

오셸로 마음이 넓은 손금이오. 옛날엔 마음을 허락하고 손을 내줬다는데, 요새 격식은 마음이 아니라 손이 먼저거든.

데스데모나 글쎄 무슨 말씀인지 잘 모르겠군요. 그건 그렇고, 그 약속은요?

오셸로 무슨 약속?

데스데모나 제가 카시오 부관을 부르러 보냈어요. 당신과 직접 이야기해 보 도록 말이죠.

오셸로 감기가 들었는지 콧물이 자꾸 나오는군. 손수건을 좀 빌려주오.

데스데모나 자, 여기 있어요.

오셸로 내가 준 것은?

데스데모나 지금 안 가지고 있는데요.

오셸로 안 가지고 있다고?

데스데모나 네, 정말이에요.

오셸로 그건 안 돼. 그 손수건은 어머니가 이집트 여자한테서 얻은 거요. 마 술을 하는 여자였는데, 남의 마음을 거의 꿰뚫어 볼 수가 있어서 어머니께 이렇게 말하더래요. 이 손수건을 가지고 있는 동안은 사람들에게 귀염을 받 고 남편의 애정도 마음대로 할 수 있으나 한번 잃어버리거나 남을 주거나 하면 남편에게 미움을 받고 남편의 마음이 새 재미를 찾게 된다고. 어머니 는 돌아가실 때 그걸 내게 주셨소. 그리고 네가 만일 결혼하게 되면 이걸 아내에게 주라고 하셨소. 그래서 그렇게 한 거요. 그러니 조심해요. 자기 눈 처럼 소중히 해요. 잃어버리거나 남에게 주거나 하면, 그야말로 재앙이 일 어날 거요.

데스데모나 어머, 그럴 수가?

오셸로 정말이오. 그 헝겊에는 마력이 있소. 이 세상에서 200년이나 나이를 먹은 무녀가 예언을 할 때 황홀해져 수를 놓은 것이오. 그 명주실을 뱉어낸 것은 신성한 누에이고, 그 실은 어떤 명인이 처녀의 미라 심장에서 뽑은 묘 약으로 물들인 거요.

데스데모나 어머나! 정말인가요?

오셸로 아주 확실한 이야기요. 그러니까 조심해요.

베르디 오페라 〈오셸로〉 프랑스 테너 가수 로베르토 알라냐(오셸로 역)·알바니아 소프라노 가수 인바 물라(데스데모나 역) 출연. 2008.

데스데모나   그렇다면 보지 않았더라면 좋았을걸!

오셸로   뭐라고! 왜?

데스데모나   왜 그렇게 격하고 급하게 말씀하세요?

오셸로   없어졌소? 잃어버렸소? 어디다 내버렸소?

데스데모나   이를 어쩌나!

오셸로   뭐라고?

데스데모나   없어지진 않았어요. 하지만 없어졌다면 어떻게 하실래요?

오셸로   뭐?

데스데모나   없어지진 않았다니까요.

오셸로   그럼, 가지고 와서 보여봐요.

데스데모나   그야 보여드릴 수 있지요. 그래도 지금은 싫어요. 제 부탁을 얼버무리려고 그러시는걸요. 카시오를 복직시켜 주세요.

오셸로   손수건을 가져와 봐요. 어쩐지 걱정되는군.

데스데모나   여보, 그보다 훌륭한 사람은 없어요.

오셀로 손수건을 내놔.

데스데모나 카시오 이야기를 하세요.

오셀로 손수건을!

데스데모나 오직 당신의 호의만 믿고 줄곧 갖은 위험을 같이 겪어온…….

오셀로 손수건을!

데스데모나 정말 너무 하세요.

오셀로 듣기 싫소! (퇴장)

에밀리아 저래도 질투하지 않는 분이라고요?

데스데모나 이런 일은 처음이야. 아무래도 그 손수건에는 무슨 이상한 마력이 있나봐. 잃어버렸으니, 정말 어떡하나!

에밀리아 남자의 마음은 1년이나 2년으론 모릅니다. 남자가 밥통(胃)이라면 여자는 음식인 셈이지요. 걸신이 들린 것처럼 먹고서는 배가 차면 토해 버리니까요. 어머, 카시오 님과 우리집 양반이 오는군요.

카시오와 이아고 등장.

이아고 다른 방법은 없습니다. 부인께 부탁하는 수밖에. 아, 마침 잘됐군요! 자, 부탁해 봐요.

데스데모나 아, 카시오! 어쩐 일이세요?

카시오 부인, 그 부탁입니다만, 부인의 힘으로 다시 한 번 저를 살려주십시오. 그리고 진정으로 더없이 존경하는 장군의 사랑을 되찾게 해주십시오. 이제는 더 기다릴 수 없습니다. 만일 제 죄가 너무 커서 지난날의 공적이나 현재의 참회도 소용없고, 앞으로 충성을 다하겠다 말씀드려도 저를 용서해주실 수 없다면, 그 사실만이라도 알려주시면 감사하겠습니다. 그러면 저는 억지로라도 단념하고, 운명에 내맡겨 다른 길을 찾아보겠습니다.

데스데모나 아, 착하고 점잖은 카시오! 간청해 보았지만 장군께서 지금 좀 기분이 좋지 않으세요. 보통 때와 다르세요. 아주 달라지셔서 같은 사람이라고 볼 수가 없을 만큼요. 왜 그러신지 모르겠어요. 당신을 위해 지나치게 말을 해서 그런지 끝내는 그분의 비위를 상하게 하고 말았으니. 어떻게 해야 좋을지 모르겠어요! 하지만 좀 참아보세요. 될 수 있는 데까지는 해볼 테니까요. 저 자신을 위해서라면 하지 못할 일까지도 해보겠으니까요…… 그러니 용서하세요.

이아고   장군님이 화나셨습니까?

에밀리아   지금 저쪽으로 가셨어요. 확실히 이상하게 안절부절못하시던데요.

이아고   그분도 화를 내시는 일이 다 있나요? 저는 언젠가 장군의 병졸들이 포탄을 맞고 공중으로 날아가고, 친동생 또한 바로 옆에서 처참하게 날아가 버렸던 때에도 그분이 태연자약하신 걸 보았는데, 그런 분도 화를 내실 때가 있나요? 그렇다면 무슨 중대한 사건이 있는 모양입니다. 가서 만나 뵈어야겠어요. 만일 화를 내셨다면 틀림없이 무슨 까닭이 있으실 겁니다.

데스데모나   그렇게 해주세요. (이아고 퇴장) 정치적인 사건 때문일 거야. 베니스에서 무슨 소식이 왔거나, 어떤 음모가 이 키프로스에서 탄로 났거나 해서 그분의 맑은 기분을 망쳐놓은 걸 거야. 그럴 때 남자들은 정작 상대할 것은 큰 사건이면서 조그만 일에 조바심을 내게 마련이지. 정말 그래. 손가락이 아프면 다른 멀쩡한 데까지 아픈 것처럼 여겨지는 거야. 그리고 남자도 신은 아니니까, 신혼 때의 상냥한 마음씨만 언제까지나 계속 보여줄 거라 기대해선 안 되지. 나는 정말 부끄러워, 에밀리아. 군인의 아내답지 않게 그분이 불친절하다고 불평하다니, 지금 생각하니 내가 나빴어. 그분은 하나도 잘못이 없는 거야.

에밀리아   정말 그런 정치적인 일이라면 좋겠는데요. 아씨에게 관계된 당치 않은 상상이나 질투가 아니고요.

데스데모나   왜, 그런 말을. 난 아무 짓도 안 했는데!

에밀리아   그렇지만 의심 많은 사람은 그런 대답만으로는 만족하지 않아요. 그만한 이유가 있어 의심하는 게 아니거든요. 의심하기 때문에 의심하는 것뿐이에요. 의심이란 건 저절로 잉태되고 저절로 태어나는 괴물이니까요.

데스데모나   제발 그런 괴물이 오셀로 님 마음속에 들어가지 않게 하소서!

에밀리아   저도 그렇게 빌겠습니다, 아씨.

데스데모나   내가 찾아서 모시고 올게요. 카시오, 여기서 잠시 거닐고 있어요. 기분이 좋으신 것 같으면 당신의 부탁을 꺼내서 되도록 빨리 결말지어 보지요.

카시오   진심으로 감사합니다, 부인. (데스데모나와 에밀리아 퇴장)

비앙카 등장.

비앙카 안녕하세요, 카시오!

카시오 어떻게 왔지? 잘 있었어, 아름다운 비앙카? 지금 당신을 찾아가려고 하던 참이었는데.

비앙카 나는 당신 숙소로 찾아가는 길이었어요, 카시오. 일주일이나 따돌리기예요? 이레 낮 이레 밤이나? 168시간이나요? 기다리는 사람 쪽은 그것의 또 160배나 기다린 듯 지루해요. 아, 셈하는 데만도 지쳐버릴 지경이에요.

카시오 미안해, 비앙카. 나도 요새 우울한 일이 있어서 그랬어. 그러나 머잖아 찾아가서 오래 묵으면서 한참 못 가본 벌충을 해주지. 그런데 비앙카, (데스데모나의 손수건을 주며) 이 수(繡)를 좀 본떠주지 않겠어?

비앙카 어머 카시오, 이게 웬 거예요? 또 좋은 사람이 생긴 건가요? 그래서 나를 혼자 내버려 두었군요. 이젠 알았어요. 어느새 이렇게 된 줄도 모르고. 좋아요. 알았어요.

카시오 이봐, 당신은 대체 누구에게 그런 억측을 배웠는지 모르지만 그런 건 지옥의 마귀한테나 던져버리라고. 어떤 여자에게서 선물로 받은 줄 알고 강짜로군. 아냐, 절대로 그렇지 않아, 비앙카.

비앙카 그럼 누구 거예요?

카시오 누구 건지 몰라. 내 방에 떨어져 있었어. 나는 그 수 모양이 마음에 들어. 그래서 찾으러 오기 전에…… 반드시 누군가가 찾으러 올 거야. 그 전에 본을 떠두고 싶어. 가지고 가서 본을 좀 떠줘. 지금은 돌아가고.

비앙카 돌아가라고요! 왜요?

카시오 여기서 장군님을 기다리는 중이야. 여자와 같이 있어서야 체면도 안 서고 좀 난처하지 않겠어.

비앙카 그건 왜요?

카시오 당신이 싫어서가 아냐.

비앙카 아녜요, 싫어서 그러시는 거예요. 그럼 조금만 바래다주세요. 그리고 오늘 밤에 찾아오겠다고 약속하세요.

카시오 바래다주겠으나 멀리는 못 가. 나는 여기서 기다리고 있어야 해. 그렇지만 곧 찾아가 보도록 하지.

비앙카 참 고맙군요. 그럼 할 수 없지요. (모두 퇴장)

〔제4막 제1장〕

키프로스성 앞.
오셀로와 이아고 등장.

이아고 그렇게 생각하십니까?

오셀로 그렇게 생각하느냐고? 뭐 말인가, 이아고!

이아고 말하자면 숨어서 키스하는 것 말입니다.

오셀로 용서할 수 없는 키스지.

이아고 그럼 벌거벗고 남자 친구와 한 시간이나 그 이상을 함께 누워 있으면
요? 그러면서도 조금의 나쁜 마음도 품지 않는다고 한다면요?

오셀로 벌거벗고 눕는다고? 그러면서도 조금의 나쁜 마음도 품지 않고? 이
아고, 그런 짓은 악마라도 위선이라고 욕하네. 깨끗한 마음으로 그런 위험
한 짓을 하는 놈은, 곧 악마한테 유혹당하여 결국 자기가 천벌을 받지.

이아고 실제 아무것도 안 하면 죄가 안 되지요. 그러나 제가 아내에게 손수
건을 줬다 치고……

오셀로 그래서?

이아고 글쎄, 그렇게 되면 그건 아내 것이지요. 그래서 그게 아내 것이 된다
면, 그녀가 그걸 누구에게 주건 상관없을 것 같은데요.

오셀로 그렇지만 여자는 정조를 지켜야 하지. 그것도 아무에게나 줘도 괜찮
다는 거냐?

이아고 여자의 정조란 눈에 보이지 않는 거니까요. 그리고 사실은 그렇지
도 않은데 정숙한 여자인 체하는 세상인데요. 그렇지만 그게 손수건이라
면……

오셀로 아, 그런 건 제발 잊어버리고 싶어. 자네는 나에게, 아, 머리에서 떠나
지 않아, 꼭 까마귀가 전염병 앓는 집 위를 떠나지 않고 불길한 소리로 울
어대는 것같이…… 그놈이 내 손수건을 가지고 있다고 했지?

이아고 네, 그게 어쨌습니까?

오셀로 그건 안 될 말이야.

이아고 아무것도 아니잖습니까? 그놈이 장군님을 모욕하는 것을 제가 봤다고 말하더라도, 떠들고 다니는 것을 제가 들었다고 말하더라도 말입니다. 그런 놈이 세상에는 있습니다만, 자기 쪽에서 구슬러서 손에 넣었든지, 여자 쪽에서 반해서 굴러들어왔든지, 아무튼 떠들지 않고는 못 배기는⋯⋯.

오셀로 그놈이 뭐라고 하던가?

이아고 네, 미리 말씀드리지만 여차하면 자기는 모른다고 잡아뗄 수 있는 정도의 내용이었습니다.

오셀로 뭐라고 했어?

이아고 분명히 그자는⋯⋯ 글쎄, 뭐라더라.

오셀로 뭐라고 하던가?

이아고 누웠다고요⋯⋯.

오셀로 내 아내하고?

이아고 같이요. 그리고 위에요.

오셀로 그놈과 같이! 위에 누웠다고! 내가 속았단 말이지⋯⋯ 음, 같이 누웠다고! 에잇, 더럽다! 손수건⋯⋯ 자백⋯⋯ 손수건! 먼저 자백하고, 그 결과로 교수형을 받는 게 순서지. 하지만 놈을 먼저 목 졸라 죽이고, 그러고 나서 고백시켜야지. 나도 소름이 끼친다. 무슨 예감이 아니고서야 인간이 이렇게 암담한 격정에 싸일 수는 없지. 단지 말만 듣고 이렇게 마음이 어지러울 수는 없지. 흥! 코와 코를, 귀와 귀를, 입술과 입술을 비벼대고 있었구나. 그럴 수가? 고백했다고? 손수건에 대한 것을? 에이, 악마 같은 놈! (기절해서 쓰러진다)

이아고 작용하라, 내 약 기운아, 작용하라! 이렇게 하여 고지식한 바보들이 걸려든다. 훌륭하고 정숙한 여자들도 이렇게 억울하게 당하는 거야. 웬일이십니까, 이보십시오! 장군님! 장군님! 이보십시오! 오셀로 장군님!

카시오 등장.

이아고 아, 카시오 님!

불안한 결혼 생활 다니엘 매클라이즈
데스데모나가 애원하는 표정으로 바라보는데, 오셀로는 저주받은 손수건을 꼭 쥔 채 고민하고
있다.

카시오 웬일인가?

이아고 장군께서 뇌전증으로 쓰러지셨어요. 두 번째 발작입니다. 어제도 한
번 그랬었지요.

카시오 관자놀이 부근을 문질러 드리게.

이아고 아니오. 가만두는 게 좋아요. 이 병은 조용히 놔둬야 해요. 그렇지 않
으면 입에서 거품을 뿜고 곧 광포한 미치광이가 되거든요. 아, 움직이신다.
저리 좀 비켜주세요. 곧 의식을 되찾으실 겁니다. 장군이 가신 뒤에, 당신과
중대한 문제를 의논하고 싶은데요. (카시오 퇴장) 어떻습니까, 장군님? 머리가
아프십니까?

오셀로 나를 놀리는 건가!

이아고 장군님을 놀려요? 천만에요! 장군님께서 대장부답게 운명을 견디어
내시도록 기도드리고 있습니다.

오셀로 뿔이 돋친 남자는 괴물이자 짐승이다.

이아고 그렇게 말씀하시면 큰 도시는 짐승이나 신사인 체하는 괴물들로 득실거리게 되게요.

오셀로 그놈이 자백했나?

이아고 정신 차리고 생각해 보세요. 주로 결혼한 남자는 모두 장군님과 마찬가지입니다. 밤마다 눕는 잠자리가 사실은 남의 것인데 자기 생각으로는 제 것이라고 단정하는 남자가 수백만이나 살고 있지요. 장군님은 그나마 나은 편이십니다. 잠자리에서 안심하고 부정한 여자의 입술을 핥으며 이걸 정숙한 여자라고 생각한다면, 그야말로 지옥의 저주요 악마의 조롱이지요! 아니, 저 같으면 그걸 알아두겠는데요. 자신의 처지를 알면 대처하는 방법이 있을 테니까요.

오셀로 음, 자네는 현명해, 확실히 그렇다.

이아고 잠깐 이 자리를 비켜주셨으면 합니다. 잠깐만 참아주십시오. 아까 장군님이 상심한 나머지 여기 쓰러져 계셨을 때—그건 장군님답지 않은 흥분이셨습니다만—카시오가 왔기에 적당한 말로 돌려보냈습니다. 기절하신 이유는 잘 얼버무려 놓았습니다만, 할 이야기가 있으니 다시 오라고 했더니 그러겠다고 하더군요. 그러니 잠깐 숨어 계시면서 그놈이 멸시나 조롱을 하지 않는가, 그놈의 얼굴 표정을 빠짐없이 잘 살펴봐 주십시오. 제가 그 이야기를 다시 한 번 시켜보지요. 어디서, 어떻게, 몇 번, 그리고 전에 언제 부인과 만났고, 또 다음에는 언제 만나기로 돼 있는가를. 아시겠습니까? 그놈의 표정을 주의해 살펴보세요. 하지만 참으셔야 합니다. 참지 못하시면 감정에 빠져 형편없는 사람이 되고 맙니다.

오셀로 듣게, 이아고. 나는 누구보다도 냉정히 참아 보이겠네. 하나…… 누구보다도 잔인한 짓도 해 보이겠어.

이아고 그야 그러셔야죠. 그러나 모든 일을 너무 조바심하지 마십시오. 저리 물러가 계십시오. (오셀로 멀찍이 물러선다) 그러면 카시오에게 그 비앙카, 색을 팔아서 먹고살 길을 마련하는 갈보 이야기를 들어보자. 그 여자는 카시오에게 반해 있거든. 갈보의 숙명이라고 할까, 뭇 남자들을 속여도 결국은 한 남자에게 속기 마련이니, 놈은 그 여자에 대한 이야기만 들으면 웃음을 참지 못하거든.

카시오 다시 등장.

이아고 그 녀석이 웃으면 오셀로는 극도로 흥분하겠지. 곧 터무니없는 의심을 일으켜서 카시오의 웃는 꼴이나 몸짓이나 들뜬 태도 등 모든 것을 나쁘게만 해석할 거야. 어떻게 됐습니까, 부관님?

카시오 그 부관이란 소리 집어치우게. 그 소리만 들으면 죽을 만큼 괴롭네.

이아고 데스데모나 님에게 잘 부탁해 보세요. 틀림없이 잘될 겁니다. (작은 소리로) 그렇지만 이 부탁이 비앙카 힘으로 된다면 당신 운도 빨리 펴질 텐데 말이에요.

카시오 홍 그까짓 게!

오셀로 허 벌써 웃고 있어!

이아고 그렇게 남자를 열렬히 사랑하는 여자는 첨 봤는데요.

카시오 쳇, 하찮은 계집이지! 나한테 반한 것만은 확실하지만.

오셀로 이번엔 마지못해 부정하고 웃으며 얼버무리는군.

이아고 그렇지만 카시오 님?

오셀로 이제 그 이야길 시켜보려고 하는군. 흠, 아주 잘하는걸.

이아고 그 여자는 당신과 결혼한다고 떠들고 다니던데요. 당신도 그럴 생각이십니까?

카시오 하, 하, 하!

오셀로 의기양양하군. 짐승 같은 놈! 그렇게 의기양양하단 말이냐?

카시오 그것하고 결혼! 허, 갈보하고! 미안하지만 나도 그렇게 바보는 아니네. 그렇게 얕보지 말아주게. 하, 하, 하!

오셀로 그래그래. 의기양양한 놈은 웃는 법이지.

이아고 그렇지만 당신이 그 여자와 결혼한다는 소문인데요.

카시오 농담은 그만두게.

이아고 농담이라뇨, 천만의 말씀.

오셀로 나를 모욕했겠다? 음.

카시오 그것은 그 원숭이가 제멋대로 퍼뜨린 걸세. 내가 약속한 게 아니라 혼자 반해 가지고 우쭐해서 결혼한다고 제멋대로 정한 것이지.

오셀로 이아고가 눈짓을 한다. 이제 이야기를 시작할 모양이군.

카시오 그 여잔 방금 여기 있었어. 어딜 가나 귀찮게 쫓아다니거든. 저번에
도 항구에서 베니스 사람들과 이야기하는데, 못난 것이 쫓아와서 바로 이
렇게 내 목에 매달리지 않겠나······.

오셀로 "아 사랑하는 카시오 님!" 이렇게 불렀겠지. 저자의 몸짓으로 봐선 꼭
그랬을 거야.

카시오 매달리고 늘어지며 울잖겠어. 그리고 나를 막 흔들며 끌어당겼지. 하,
하, 하!

오셀로 그렇게 해서 내 침실로 끌고 갔다는 거지. 에이, 저놈의 코를 도려서
개한테 내던져 주고 싶은데 개가 없구나.

카시오 하지만 언제까지나 상대해 줄 수도 없지.

이아고 어럽쇼! 저기 오는군요.

카시오 이렇다니까, 저 암캐 같은 것이! 흠, 향수 냄새가 코를 찌르는군.

비앙카 등장.

카시오 그렇게 나를 쫓아다니면 어쩌자는 거야?

비앙카 당신 같은 사람은 악마에게 쫓겨다니다가 지옥에나 떨어지라지! 지
금 준 손수건은 대체 뭣하자는 거예요? 그런 걸 받다니, 나도 참 바보였지.
수를 본떠 달라고요? 방에 떨어져 있었는데 누가 흘렸는지 모른다고요? 그
럴싸하군요! 어떤 바람둥이 년이 준 거겠죠. 그걸 나보고 본을 떠달라고요?
당신의 바람둥이 년에게나 주시구려. 어디서 가져왔는지 모르지만 난 본떠
주기 싫어요.

카시오 이봐, 비앙카! 왜 그래, 응!

오셀로 틀림없이 저건 내 손수건이다!

비앙카 오늘 밤 식사하러 오세요. 만일 못 오시겠다면 이다음에 부를 때나
오세요. (퇴장)

이아고 뒤따라가 봐요, 어서요.

카시오 그래 가봐야지, 내버려 두면 길거리에서 떠들고 돌아다닐 게 뻔하
니까.

이아고 역시 그곳에서 저녁 식사하실 겁니까?

카시오 음, 그렇게 할 생각이야.

이아고 그럼 저도 찾아갈지 모릅니다. 꼭 할 이야기가 있으니까요.

카시오 꼭 오게. 오는 거지?

이아고 아무 말 말고 어서 따라가 보기나 해요. (카시오 퇴장)

오셀로 (앞으로 나와서) 저놈을 어떻게 죽일까, 이아고?

이아고 나쁜 짓을 하고도 즐거워하는 걸 보셨지요?

오셀로 아, 이아고!

이아고 손수건도 보셨지요?

오셀로 내 것이던가?

이아고 장군님 것이에요, 분명히! 부인을 꼭 바보처럼 생각하고 있잖습니까! 부인께서 주신 걸, 자기 갈보에게 줘버렸습니다.

오셀로 그놈을 9년 동안 두고두고 곯려 죽이고 싶어. 아내는 훌륭한 여자다! 아름다운 여자! 상냥한 여자다!

이아고 아니오, 그건 이제 다 잊으셔야 합니다.

오셀로 음, 그년은 오늘 밤 안에 썩어버려라. 꺼져 없어져라, 지옥으로 떨어져 버려라! 절대로 살려두진 않을 테다. 내 심장은 돌처럼 굳어버렸다. 심장을 때리면 손이 부러질 것이다. 아, 이 세상에 그렇게 귀여운 것은 없어. 제왕 옆에 누워 그 사업을 이끌 자격도 있는 여자지.

이아고 안 되겠습니다. 장군님답지도 않습니다.

오셀로 짐승 같은 것! 아니, 나는 사실대로 말하는 거야. 바느질 잘하고, 음악도 잘한다. 아, 그것이 노래를 부르면 성난 곰도 얌전해진다. 재주 있고 재치 있고…….

이아고 그러니까 더욱 나쁘다는 겁니다.

오셀로 그래, 천 배의 천 배나 나빠…… 하지만 그토록 얌전한 여자가!

이아고 지나치게 얌전하죠.

오셀로 응, 정말 그래. 하지만 너무나 애처롭다, 이아고! 정말 가엾다. 이아고.

이아고 부인의 부정을 알고서도 그렇게 미련을 두실 바에야 차라리 정식으로 간통을 허락해 주지 그러십니까? 장군님만 아무렇지 않으시다면, 다른 사람이 신경 쓸 바가 아니니까요.

오셀로 그년을 갈기갈기 찢어놓겠어…… 간통을 하다니!

이아고 정말 더러운 일입니다.

오셀로 더군다나 내 부관하고!

이아고 그러니까 더욱 나쁘지요.

오셀로 이아고, 독약을 가져오게. 오늘 밤 안에 당장! 두말할 필요 없어. 아름다운 얼굴을 보면 결심이 무디어질 테니…… 오늘 밤에 말일세, 이아고.

이아고 독약은 안 됩니다. 그냥 잠자리에서 목을 조르시지. 부인이 스스로 더럽혀 놓은 바로 그 잠자리에서 말입니다.

오셀로 음, 그래. 정당한 죗값이니까 그게 좋겠다.

이아고 그리고 카시오의 일은 저에게 맡겨주십시오. 밤중까지는 또 다른 보고를 가지고 오겠습니다. (안에서 나팔 소리)

오셀로 좋아! 저건 무슨 나팔 소린가?

이아고 아마 베니스에서 누가 온 모양입니다. 아, 공작님이 로도비코 님을 보내셨습니다. 부인도 함께 오시는데요.

로도비코, 데스데모나, 하인들 등장.

로도비코 안녕하십니까, 장군!

오셀로 어서 오십시오. 잘 오셨습니다.

로도비코 베니스의 공작 각하와 원로원 의원들의 안부를 전합니다. (편지를 준다)

오셀로 편지는 감사히 받겠습니다. (편지를 뜯어서 읽는다)

데스데모나 뭐, 별다른 소식이라도 있어요, 로도비코 오라버니?

이아고 뵙게 되어 반갑습니다, 각하. 키프로스에 잘 오셨습니다.

로도비코 고맙네. 카시오 부관은 잘 있는가?

이아고 네, 잘 있습니다.

데스데모나 그 사람과 제 주인은 슬프게도 사이가 나빠졌어요. 오라버니라면 반드시 화해시킬 수 있을 거예요.

오셀로 정말 그럴 수가 있을까?

데스데모나 네?

오셀로 (편지를 읽는다)

커다랗고 하얀 침대가 놓인 베를린 상연 무대　레오폴트 예스너 연출. 1921.
4막 2장에서 데스데모나의 침대는 그녀가 혼인한 날 밤 장면이 만들어지고, 최종 막에서는 그녀의 죽음을 맞이하는 장소가 된다.

이 일은 꼭 이행하시기 바라며, 귀하의……

로도비코　너에게 한 말이 아니라 열심히 편지를 읽고 있어. 장군과 카시오
　　사이가 나쁜가?

데스데모나　정말 슬픈 일이에요. 두 분 사이를 전처럼 해주신다면, 저는 뭐든
　　지 하겠습니다. 저는 카시오 부관이 좋으니까요.

오셀로　에잇, 빌어먹을!

데스데모나　네?

오셀로　당신은 제정신이오?

데스데모나　왜 그러실까, 화가 나셨나 봐요.

로도비코　편지에 기분이 상한 모양이군. 카시오를 후임으로 하고 돌아오라
　　는 편지 같았거든.

데스데모나　어머, 기뻐라.

오셀로 정말이오?

데스데모나 무엇 말이에요?

오셀로 나도 기뻐, 그렇게 미치는 꼴을 보여줘서.

데스데모나 무슨 말이에요, 오셀로?

오셀로 (데스데모나를 때리며) 악마 같은 것!

데스데모나 제가 뭘 잘못했는데요?

로도비코 장군, 이 광경은 내가 두 눈으로 봤다고 맹세해도 베니스에서는 아무도 곧이듣지 않을 거요. 너무하십니다. 위로해 주시오. 울고 있지 않습니까?

오셀로 에이, 악마 같은 것, 이 악마야! 대지가 계집의 눈물로 임신한다면, 네년이 흘리는 거짓 눈물방울 하나하나에서 악어가 태어나겠지. 썩 꺼져 버려!

데스데모나 그렇게 화가 나신다면 가지요. (가려고 한다)

로도비코 얼마나 온순한 부인입니까, 장군? 다시 부르시오.

오셀로 이거 봐!

데스데모나 네?

오셀로 이 여자와 무슨 할 말이 있소?

로도비코 누가요? 나 말입니까?

오셀로 아, 당신이 불러달라고 하시지 않았소? 이 여자는 몇 번이고 돌아오지요. 아, 몇 번이고 돌아눕지요. 그리고 자주 울고요. 아주 잘 울어요. 게다가 온순하고요, 당신 말대로 온순합니다. 암, 온순하죠. 자, 더 울어봐. 편지는 잘 보았습니다. 흥, 우는 시늉도 잘하는군! 나더러 귀국하라는 명령이군요. 당신은 들어가 있어. 이따가 부를 테니. 명령에 복종해서 베니스로 돌아가겠습니다. 냉큼 들어가! 꼴도 보기 싫어! (데스데모나 퇴장) 카시오를 후임으로 하겠습니다. 그리고 오늘 저녁 식사를 함께하십시다. 키프로스에 잘 오셨습니다⋯⋯ 에이, 짐승 같은 것! (퇴장)

로도비코 저 사람이, 의원들 모두가 입을 모아 무엇 하나 나무랄 데 없다던 무어 장군인가? 어떠한 감정에도 흔들리지 않는다는 사람인가? 빗발치는 총알도, 난데없이 날아드는 화살도 스치거나 뚫을 수 없다는 바로 그 정신력을 지녔다는 사람이 맞는가?

이아고의 간계로 질투심에 눈이 멀어가는 오셀로와 절망하는 데스데모나 주세페 사바텔리의 〈오셀로와 데스데모나〉에서. 브레라 국립미술원

이아고 많이 변하셨습니다.

로도비코 정신은 멀쩡한가? 머리가 돈 게 아닌가?

이아고 보시는 바와 같습니다. 앞으로 어떻게 되실는지 저로서는 말씀드릴 수 없습니다만, 아직 그렇게까진 안 되셨다면 차라리 그렇게 돼버리시는 게 낫겠습니다.

로도비코 세상에, 부인을 때리다니!

이아고 확실히 좋지 않은 일이죠. 그러나 그 정도로 끝났으면 좋겠습니다.

로도비코 늘 그런가? 아니면 그 편지를 보고 화가 나서 그런 짓을 처음 한 건가?

이아고 아, 제가 보고 아는 것을 여쭙기도 난처합니다. 몸소 살펴보십시오. 제가 말씀드리지 않아도, 그분의 행동을 보면 저절로 알게 되실 겁니다. 뒤따라가셔서 어떻게 행동하는지 잘 보십시오.

로도비코 유감스럽게도 내가 사람을 잘못 봤어. (모두 퇴장)

〔제4막 제2장〕

성안의 한 방.
오셀로와 에밀리아 등장.

오셀로 그럼, 아무것도 못 봤단 말이지?

에밀리아 못 봤을 뿐 아니라 들은 적도, 미심쩍게 여긴 적도 없습니다.

오셀로 그렇지만 카시오가 내 아내와 함께 있는 것은 봤지?

에밀리아 하지만 이상한 일은 없었어요. 그리고 그때 두 분이 말씀하시는 것은 한마디도 빼놓지 않고 몽땅 들었어요.

오셀로 그러나 둘이서 소곤대지 않던가?

에밀리아 아뇨, 절대로요.

오셀로 혹 그대를 밖에 내보내지 않던가?

에밀리아 그런 일도 없었어요.

오셀로 아내의 부채든지 장갑이든지 마스크든지, 무엇을 가져오라는 핑계 등으로!

에밀리아 아녜요, 장군님. 절대로 그런 일은 없었어요.

오셀로 그거 이상하군.

에밀리아 장군님, 부인이 결백하다는 것은 제가 영혼을 걸고라도 보증하겠어요. 그렇지 않다고 생각하신다면 그런 의심은 버리십시오. 그런 생각은 자기 모독이에요. 그런 의심을 장군님 머릿속에 넣어드린 놈이 있다면 그놈에게는 반드시 무서운 천벌이 내립니다! 부인께서 결백하지도 정숙하지도 진실하지도 않다면, 행복한 남자는 하나도 없는 셈이 되지요. 아무리 마음이 깨끗한 아내라도, 그렇게 되면 모조리 더러운 것이 되고 마는 셈이니까요.

오셀로 아내를 불러와라, 어서. (에밀리아 퇴장) 저것도 말만은 제법 하는군. 하지만 뚜쟁이라면 바보가 아닌 이상 그 정도는 말할 수 있지. 간사한 년 같으니. 부정한 비밀의 열쇠는 저것이 쥐고 있어. 그런 게 제법 무릎을 꿇고 기도를 드리는 년이야. 하지만 그것을 실제 내 눈으로 본 이상에야.

데스데모나, 에밀리아 등장.

데스데모나 부르셨어요?

오셀로 잠깐 이리 와보오.

데스데모나 무슨 일이신데요?

오셀로 어디 눈 좀 봅시다. 내 얼굴을 좀 쳐다봐요.

데스데모나 무슨 무서운 생각을 하고 계세요?

오셀로 (에밀리아에게) 늘 하던 대로 해. 둘만 남기고 문을 닫아줘. 누가 오면 기침을 하든지, 에헴 하든지 적당히 해줘…… 그럼 일 봐. 일 보라고. 어서 저리로 가. (에밀리아 퇴장)

데스데모나 무슨 말씀이세요? 화를 내고 계시는 건 말투로 알겠으나, 무슨 말인지는 하나도 모르겠어요.

오셀로 이봐, 당신은 대체 뭐야?

데스데모나 당신의 아내입니다. 당신의 진실하고 충실한 아내입니다.

오셀로 그래, 뭐라고 맹세해도 지옥으로 떨어질 뿐이야. 얼굴만은 천사 같으니까, 지옥의 악마들도 두려워서 감히 손을 대지 못할 테지만. 그러니까 두 번 저주받도록 결백하다고 맹세해.

데스데모나 하느님은 잘 알고 계십니다.

오셀로 하느님은 잘 알고 계시고말고. 당신이 부정을 저지르고 있다는 것을.

데스데모나 네? 누구하고요? 상대는 누군데요? 제가 어떻게 부정해요?

오셀로 아, 데스데모나! 가! 가! 가버려!

데스데모나 아, 슬퍼요! 왜 우세요? 저 때문에 우시나요? 이번 소환을 제 아버지가 꾸미신 일로 의심하실지 모르지만, 그렇더라도 저를 나무라지 마세요. 당신과 아버지와의 인연이 끊어졌다면, 저도 당신과 함께 아버지와의 인연은 끊어진 셈이니까요.

오셀로 하늘의 뜻이 내게 고난을 내리고자 온갖 상처와 치욕을 내 머리 위에 비같이 퍼붓는다 해도, 가난의 구렁 속에 빠져 몸과 희망이 모두 꼼짝달싹하지 못하게 된다 해도 내 마음 한구석에 한 방울의 인내심이 남아 있을 텐데. 하지만 아, 아침부터 밤까지 세상의 비웃음에 이 몸을 드러내고 손가락질을 받아야 되다니! 아니, 그래도 나는 참을 수 있어. 잘 참을 수 있어. 하지만 당신의 가슴, 그 속에 나는 나의 마음을 간직해 두었어. 사는 것도 죽는 것도 거기에 달려 있지. 내 생명의 강물이 흐르는 것도 마르는 것도 그 샘에 달려 있었어. 그런데 거기서 추방을 당하다니! 이 샘을 더러운 두꺼비들이 흘레하여 새끼를 치는 웅덩이로 만들다니! 싱싱한 장밋빛 입술을 가진 인내의 천사도 이렇게 되면 얼굴빛을 바꾸고…… 그렇다, 처참한 지옥의 형상이 돼버려라.

데스데모나 제발 제 결백을 믿어주세요.

오셀로 암, 당신의 결백이란 푸줏간에 날아드는 여름 파리지. 방금 알을 낳았나 하면 벌써 배고 하는. 아, 독초 같으니. 눈도 코도 아프게 할 만큼 아름답고 향기 강한 독초 같으니. 당신 같은 건 태어나지 않았더라면 좋았을 텐데!

데스데모나 아, 제가 저도 모르는 사이에 어떤 죄를 저질렀다는 건가요?

오셀로 이 흰 종이는, 이 아름다운 책은 이 위에 갈보라고 씌어지기 위해서 만들어져 있는가? 어떤 죄를 저질렀느냐고? 저질렀지! 에잇, 이 갈보야! 네년이 한 짓을 말로만 해도 나는 용광로의 불처럼 뺨이 달아서 수치심도 타버리고 재가 돼버리겠다. 어떤 죄를 저질렀느냐고! 하늘도 코를 틀어막는다! 달도 눈을 감는다! 만나는 사람마다 입 맞추고 다니는 음란한 바람마저 땅 밑 굴속에서 숨을 죽이고 들어보려 하지 않을 거다. 어떤 죄를 저질렀느냐고? 이 뻔뻔스런 갈보야!

데스데모나 정말 너무하십니다.

오셀로 갈보가 아니냐, 네가?

데스데모나 네, 저는 그리스도교도입니다. 남편을 위해 더러운 불의는 얼씬도 하지 못하도록 몸을 소중히 간직하는 게 갈보가 아니라면, 저는 그런 여자가 아니에요.

오셀로 뭐야, 갈보가 아니야?

데스데모나 아녜요, 절대로.

오셀로 맹세코?

데스데모나 아, 어떻게 하면 좋을까요?

오셀로 그럼 대단히 미안하게 됐군. 나는 당신을 오셀로와 결혼한 베니스의 교활한 갈보라고만 생각하고 있었지. (소리를 높여서) 야, 성 베드로의 반대편에서 지옥문을 지키는 아낙네!

에밀리아 등장.

오셀로 그대다, 그대, 맞아 그대지! 우리의 일은 끝났어. 자, 수고한 값을 주지. 오늘 이야기는 입에 자물쇠로 꼭 잠그고 비밀로 해줘. (퇴장)

에밀리아 아, 저분은 무슨 생각을 하시는 걸까요? 어떻게 된 겁니까? 아, 아씨, 어찌 된 거예요?

데스데모나 마치 꿈을 꾸고 있는 것만 같구나.

에밀리아 아씨, 도대체 어떻게 되신 겁니까, 주인님이?

데스데모나 누가?

에밀리아 주인님 말이에요, 아씨?

데스데모나 주인님이라고, 누구?

에밀리아 아씨의 주인님 말이에요. 아씨도 참.

데스데모나 내게는 이제 주인이 없어. 아무 말도 하지 마. 울려고 해도 눈물이 안 나오지만, 대답하면 눈물이 쏟아져 나올 것만 같아. 오늘 밤은 내 침대에 결혼식 때의 이불을 깔아줘, 잊지 말고. 그리고 자네 남편을 좀 불러다 줘.

에밀리아 정말 이렇게 변하시다니! (퇴장)

데스데모나 당연하지, 나 같은 게 이렇게 되는 건 정말 마땅해. 그렇지만 내가 무슨 짓을 했을까? 왜 그이는 나의 조그만 잘못을 그토록 세세하게 꾸짖는지 모르겠어.

에밀리아, 이아고 등장.

이아고　부르셨습니까, 부인? 무슨 일이 있었습니까?

데스데모나　뭐라고 해야 좋을지 모르겠어요. 어린아이에게 가르칠 때는 조용히 쉬운 것부터 가르치는 법이지만, 그분도 나를 그렇게 꾸중하신 셈인지도 몰라요. 그러니까 나도 어린애처럼 꾸중을 듣고 있어야죠.

이아고　무슨 일입니까, 도대체?

에밀리아　여보, 장군님이 아씨를 갈보 대하듯 대하시면서 차마 입에도 못 담을 말씀을 하셨어요. 착한 사람들도 도저히 참을 수 없을 만큼요.

데스데모나　내가 그런 여잘까요?

이아고　그런 여자라니, 부인, 뭐 말입니까?

데스데모나　나를 그렇게 말했다고 지금 저 사람이 이야기했잖아요.

에밀리아　아씨더러 갈보라고 하셨어요. 술이 취한 거지도 자기 아내를 부를 때 그렇게는 말하지 않을 거예요.

이아고　왜 그러셨는데요?

데스데모나　나도 모르겠어요. 나는 정말 그런 여자가 아녜요.

이아고　울지 마십시오. 울지 마십시오. 아, 어쩐 일일까!

에밀리아　그렇게 많은 좋은 혼처도, 아버지도, 태어난 나라도, 친구도 모두 버리셨는데 갈보란 말을 듣다니! 누군들 울지 않겠어요?

데스데모나　내 운이 나쁜 거야.

이아고　아니, 그럴 수가! 어떻게 그런 생각을 하시게 됐을까요?

데스데모나　아무도 모르는 일이에요.

에밀리아　어떤 심술궂은 악당이, 비위를 맞추는 알랑꾼, 사기꾼, 거짓말쟁이, 노예 놈이 자리를 얻으려고 이런 중상모략을 꾸민 거예요. 제 말이 틀리다면 목을 바치겠어요.

이아고　바보같이 그런 놈이 어디 있겠어? 있을 리 없어.

데스데모나　비록 그런 사람이 있더라도 하느님께서 용서해 주시옵기를!

에밀리아　용서가 어디 있어요! 뼈다귀까지 악마더러 질겅질겅 씹게 해야죠! 뭐가 갈보야? 상대는 누구라는 거야? 어디서? 어떻게? 무엇이 증거란 말이야? 무어 장군님은 엉뚱한 나쁜 놈에게, 비겁하고 야비한 불한당에게, 어떤 몹쓸 놈에게 속으신 거야. 아, 하느님! 그런 놈들을 펼쳐 보여주세요. 그리고 정직한 인간 하나하나에게 회초리를 주어서, 그놈들을 발가벗겨 세상의 동쪽 끝에서 서쪽 끝까지 끌고 다니며 때리게 해주세요!

이아고 조용히 해, 밖에 들리겠어.

에밀리아 아, 빌어먹을 녀석들! 당신의 분별을 뒤집어놓고 나와 무어 님 사이를 의심하게 해놓은 것도 그런 녀석일 거예요.

이아고 바보 같으니, 무슨 소리를 하는 거야?

데스데모나 아, 이아고, 어떻게 해야 그이의 기분이 다시 돌아올까요? 가서 이야기해 보세요. 어째서 화가 났는지 도저히 모르겠어요. 무릎을 꿇고 맹세합니다만, 나는 마음속으로나 실제 행동으로나 그분의 사랑을 배반한 일은 절대로 없어요. 그분 말고 다른 사람에게 나의 눈이나 귀나 다른 어떤 감각을 판 적이 한 번도 없어요. 오늘도, 오늘까지도, 지금부터 앞으로도, 영원히 그분만을 진정으로 사랑해요. 비참하게 버림을 받는다 하더라도 말이에요. 만일 거짓말이라면 모든 위안을 빼앗아 가도 좋아요. 그러나 냉대는 강력해서 내 삶을 무너뜨릴지도 몰라요. 그래도 내 사랑만은 변하지 않아요. 갈보라니 그런 말, 입에 담기도 싫어요. 그런 이름으로 불릴 짓은 세상에 있는 보물을 다 받아도 나는 할 수 없어요.

이아고 부디 진정하십시오. 그저 한때의 기분으로 하신 말씀이겠죠. 정치적인 문제가 잘 안 풀려서 부인께 화풀이를 하신 거겠죠.

데스데모나 그것뿐이라면 좋겠어요!

이아고 그것뿐입니다. 틀림없어요. (안에서 나팔 소리) 저녁 식사를 알리는 나팔 소리가 납니다. 베니스에서 온 사람들이 기다리고 있습니다. 어서 가보십시오. 울지 마시고, 모든 일이 잘될 겁니다. (데스데모나와 에밀리아 퇴장)

로데리고 등장.

이아고 여, 로데리고!

로데리고 자네는 나를 함부로 대하고 있군.

이아고 뭐, 잘못된 게 있나?

로데리고 날마다 요리조리 피하고만 있잖은가. 이아고, 이제 와서 생각해 보니, 자네는 조금이라도 희망을 주기는커녕 모든 기회를 내게서 빼앗아 가는 것 같아. 더는 참을 수 없어. 이젠 누가 뭐라 해도 지금까지 바보 대접

받아 온 것을 그냥 두진 않겠어.

이아고 내 말 좀 들어보게, 로데리고.

로데리고 질리도록 들었네. 자네는 말과 행동이 도무지 일치하지 않는 사람이야.

이아고 자네 비난은 정말 억울하네.

로데리고 사실이 그런 걸. 나는 돈을 몽땅 써버렸어. 데스데모나에게 준다고 자네가 가져간 보석의 절반만 있으면, 믿음이 지극한 수녀라도 무너뜨릴 수 있을 거야. 그걸 그녀가 받았다고 자네가 말하잖았나. 대단히 기뻐하며, 곧 친해지고 싶다는 대답이었다고 자네는 말하지 않았나. 그런데 전혀 진전이 없잖아.

이아고 좋아. 그렇게 해, 아주 좋아.

로데리고 아주 좋다고! 그렇게 하라고! 나는 그렇게 하지도 못하겠고 아주 좋지도 않단 말이야. 솔직히 정말 가증스럽고 완전히 속았다는 생각만 들어.

이아고 아주 좋아.

로데리고 뭐가 아주 좋아? 내가 데스데모나를 직접 만나볼 테야. 만일 보석을 돌려주면 나도 단념하고 무리한 연정을 뉘우치겠어. 그러나 돌려주지 않는다면 나는 자네한테 받아낼 테야.

이아고 그렇게 말했겠다.

로데리고 분명히 말했어. 말한 이상은 반드시 실행하겠어!

이아고 음, 이제 보니 자네도 꽤 용기가 있는 사람이군그래. 오늘 이 시각부터 다시 알아 모시겠네. 악수하세, 로데리고. 자네가 화를 내는 것도 무리는 아니네. 그렇지만 똑똑히 말해 두는데, 이 일에 관해서 나는 정직하게 처신해 왔네.

로데리고 여태까지는 그렇게 안 보이는걸.

이아고 그야 아직 그렇게 보이지는 않을 거야. 그리고 자네가 의심을 품는 것은 마땅하고 정당하지. 그렇지만 나는 오늘 그것을 알고 더욱 믿음직해졌는데, 자네가 가지고 있는 결심과 용기 말이야…… 그게 만약 진짜라면 오늘 밤 보여주게. 그 결과 내일 밤 자네가 데스데모나와 재미를 못 본다면 나를 이 세상에서 하직시켜 주게. 무슨 수단을 쓴다고 해도 상관이 없으니 말이야.

로데리고 그래 대체 뭐야, 그건? 이치에도 닿고, 할 수 있는 일이겠지?

이아고 글쎄, 베니스에서 특명이 내려왔는데, 오셀로 자리에 카시오가 앉게 됐단 말이야.

로데리고 그게 정말인가? 그럼 뭐야, 오셀로와 데스데모나는 베니스로 돌아가게 되겠구먼.

이아고 아냐, 안 그래. 그 작자는 모리타니아로 간다네. 아름다운 데스데모나와 함께. 하지만 무슨 사건이 일어나서 여기 더 머물러야 할 필요가 생긴다면 또 다른 문제지. 그러기 위해선 카시오를 해치워 버리는 게 상책이란 말씀이야.

로데리고 해치워 버리다니, 무슨 말이야?

이아고 오셀로의 자리를 넘겨받을 수 없게 하는 거지, 그놈의 머리를 쪼개서.

로데리고 그걸 나보고 하라는 거야?

이아고 그렇지, 자네가 자기의 이득과 권리를 위해 하겠다는 용기만 있다면. 카시오는 오늘 밤 갈보집에서 저녁을 먹게 돼 있어. 나도 함께 가게 돼 있고. 그는 아직 자기가 그런 높은 자리에 앉게 된 걸 모르고 있어. 그 작자가 돌아가는 것을 지키고 있다가, 내가 열두 시와 한 시 사이로 마련할 테니, 자네 마음대로 처분하란 말이야. 내가 옆에서 거들어 주겠어. 그야말로 독 안에 든 쥐지. 자, 그렇게 멍하니 서 있지만 말고 함께 가세. 죽이지 않을 수 없는 이유를 자세히 들려줌세. 들어보면 그럴 수밖에 없다고 생각하게 될 걸세. 벌써 저녁 식사 시간이야. 망설이고 있다간 날이 새버려. 자, 어서 시작하세.

로데리고 좀더 이유를 들려주게나.

이아고 암, 충분히 이해하게 들려주지. (모두 퇴장)

〔제4막 제3장〕

성안의 다른 방.
오셀로, 로도비코, 데스데모나, 에밀리아, 수행원들 등장.

로도비코 이제 그만 들어가 보시오.

오셀로 괜찮습니다. 나도 좀 걷고 싶어 그럽니다.

로도비코 부인, 그럼 안녕히. 잘 대접받았군.

데스데모나 와주셔서 참으로 고맙습니다.

오셀로 먼저 가실까요? 참, 데스데모나!

데스데모나 네?

오셀로 당신은 곧 가서 자요, 나도 금방 돌아올 테니. 시녀는 돌려보내요, 알았지?

데스데모나 네, 알았어요. (오셀로, 로도비코, 수행원들 퇴장)

에밀리아 뭐라고 하세요? 아까보다는 풀리신 것 같은데요.

데스데모나 곧 돌아오신다고, 나보고는 잠자리에 들어가 있으라고 하셨어. 그리고 자네를 돌려보내라고 하셨어.

에밀리아 저를 돌려보내라고요!

데스데모나 그러셨어. 그러니까 에밀리아, 내 잠옷을 가져와. 그리고 가서 자. 지금 비위를 거스르면 안 되니까.

에밀리아 아씨는 그분을 만나지 않았더라면 좋았을 텐데 그랬어요.

데스데모나 나는 그렇게 생각지 않아. 나는 진심으로 그이가 좋은걸. 그래서 그이가 아무리 쌀쌀하게 대해도, 꾸중을 하셔도, 기분 나쁜 얼굴을 하셔도…… 이 핀을 빼줘…… 나는 좋아, 사랑해.

에밀리아 말씀하신 홑이불은 침대에 깔아놨어요.

데스데모나 아무래도 좋아. 참, 사람이란 왜 이토록 어리석을까! 만일 내가 에밀리아보다 먼저 죽는다면 부탁이니 그 홑이불로 나를 감싸줘.

에밀리아 어머 그게 무슨 말씀이세요!

데스데모나 내 어머니에게는 바르바라라는 몸종이 있었어. 그 애가 사랑에 빠졌지. 그런데 남자가 미쳐서 그 애를 버렸어. 그 애는 늘 〈버들〉이라는 제목의 노래를 부르곤 했지…… 오래된 노래였지만 노랫말이 그 애의 운명을 말한 것 같았거든. 그 애는 그 노래를 부르며 죽었어. 그 노래가 오늘 밤에 생각나는군. 나도 고개를 한쪽으로 숙이고 가엾은 바르바라처럼 노래하고 싶은 생각이 간절해. 자, 어서 가봐.

에밀리아 잠옷을 가져올까요?

데스데모나 아냐, 여기 핀이나 빼줘. 로도비코는 훌륭한 분이셔.

에밀리아 참 잘생기셨어요.

데스데모나 말솜씨도 좋으시잖아.

에밀리아 그분의 입술에 입을 맞출 수만 있다면 팔레스타인까지 맨발로 걸어가도 좋다고 한 여자가 베니스에 있었어요.

데스데모나 (노래 부른다)

무화과나무 그늘 아래
한숨짓는 가엾은 아가씨
푸른 버들, 버들 노래를 부르자.
가슴에 손을 얹고
무릎에 머리를 묻고
버들, 버들, 버들 노래를 부르자
맑은 시냇물도 아가씨와 함께
슬픈 노래 부르네
버들, 버들, 버들 노래를 부르자
떨어지는 눈물방울에
바위도 한숨짓네……

이것들을 저리로 치워줘. (노래 다시 계속)

버들, 버들, 버들 노래를 부르자.

빨리 서둘러 줘, 그이가 곧 오실 테니……. (또다시 노래가 이어진다)

버들, 버들, 버들 노래를 부르자.
버들가지를 비녀 삼아
그를 원망 마라, 내 못난 탓이려니……

틀렸어, 그다음이…… 누굴까, 문을 두드리는 건.

에밀리아 바람이에요.

데스데모나 (다시 노래)

> 거짓 사랑 나무랐더니
> 그때 그님 하는 말이?
> 버들, 버들, 버들 노래를 부르자.
> 내 다른 여자 사랑하거든
> 당신도 다른 남자 데려다 자려무나.

자, 어서 가서 자. 눈이 간지럽네. 울 일이 있으려나?

에밀리아 그런 게 아니에요.

데스데모나 그렇다던데? 오, 남자란! 남자란! 세상에 자기 남편에게 지독한 욕을 보이는 여자가 있다던데…… 에밀리아, 정말일까?

에밀리아 그야 있지요, 물론.

데스데모나 온 세상을 다 준다면 그런 짓을 할 수 있겠어?

에밀리아 그럼 아씨는 안 하시겠어요?

데스데모나 그야 하지 않지, 저 달님에게 맹세코!

에밀리아 저도 달님 앞에서는 하지 않지요. 캄캄한 밤에는 할 수 있어요.

데스데모나 세계를 모두 얻는다면, 자네는 그런 짓을 하겠어?

에밀리아 세계 모두라면 굉장하잖아요. 조금쯤 나쁜 짓을 해서 그만큼 많이 받는다면야 괜찮지 뭐예요.

데스데모나 아냐, 에밀리아는 절대로 그렇지 않을 거야.

에밀리아 아녜요, 틀림없이 할 수 있을 것 같아요. 그 대신, 하고 나면 하나도 흔적 없이 하지요. 그렇지만 일이 일인 만큼 가락지나 천 몇 필이나, 옷이나 속옷, 모자나 용돈 같은 것으로는 하지 않겠어요. 그러나 세계 모두라고 하셨지요…… 그야 제 남편을 왕으로 만든다면야, 누구든지 다른 남자쯤 보는 걸 안 하겠어요? 저 같으면 지옥으로 떨어지는 한이 있더라도 하겠어요.

데스데모나 나는 그런 나쁜 짓은 못 해. 세계를 다 얻는다 해도.

에밀리아 나쁜 짓이래야 이 세계에서의 일이 아닙니까. 그러니 애를 쓴 보람으로 이 세상이 손에 들어온다면 나쁜 짓쯤 자기 세계 안의 일이니까 곧

데스데모나를 시중드는 에밀리아(1849)   데스데모나는 자신의 죽음을 예감하고 뼈에 사무치는 '버들' 노래를 부르고 있다.

좋게 생각할 수 있잖겠어요.

데스데모나　그런 여자는 없을 것 같아.

에밀리아　얼마든지 있어요. 가득할걸요. 어디 그것뿐인가요. 나쁜 짓을 해서 얻은 세상을 나쁜 짓을 해서 만든 아이들로 가득 채울 만큼 있어요. 그렇지만 여편네가 나쁜 짓을 하는 건 남편이 나빠서 그런 것 같아요. 남편 구실을 게을리하고 여편네 주머니를 다른 년에게 털어주고, 갑자기 터무니없이 질투하기 시작하여 가두어 놓고 때리고 심술궂게 용돈을 줄이고 하니 그러죠…… 이쪽도 화가 나지 뭐예요. 아무리 여자 체면이 있다 해도 복수해 주고 싶어지지요. 남편들에게 가르쳐 줘야지요. 여편네도 감각은 마찬가지라는 걸. 눈이나 코도, 그리고 달고 시고 맛을 아는 것도 조금도 다르지 않다는 걸. 대체 우리를 다른 여자들과 바꿔보는 게 무엇 때문일까요? 기분 전환일까요? 그럴지도 모르죠. 또는 본디 색을 좋아해서 그럴까요? 그럴 거예요. 하지만 여자도 남자처럼 색을 좋아하고 기분 전환도 하고 싶고, 그만 실수를 하고 말 때가 있지요. 그러니 남자들도 여편네를 위해야죠. 안 그러면 여자의 나쁜 짓은 모두 남자가 가르쳐 준 거라고 말해 줘야죠.

데스데모나　어서 가서 자. (에밀리아 퇴장) 하느님, 부디 나쁜 짓을 봐도 나쁜 짓을 배우지 말게 하시고, 나쁜 짓을 거울삼아 나 자신의 잘못을 고치게 해주소서. (퇴장)

〔제5막 제1장〕

키프로스. 어느 거리.
이아고와 로데리고 등장.

이아고　여기, 이 진열대 뒤에 서 있게. 그 녀석이 곧 올 거야. 단검을 빼들고 있어. 콱 찔러야 해. 빨리 해, 빨리. 겁낼 것 없어, 내가 바싹 곁에 있을 테니. 성공이냐 실패냐다. 알겠지? 각오를 단단히 하게!

로데리고　곁에 있어줘. 내가 실패할지도 모르니까.

이아고　바로 곁에 있을게. 대담하게 잘해 봐. (물러선다)

로데리고 그다지 마음이 내키진 않지만, 듣고 나니 그만한 이유가 있군. 뭐, 사람 하나 없어지는 것뿐이지. 자, 뺀다. 이것으로 그 녀석도 마지막이다.

이아고 (혼잣말로) 저 풋내기 여드름쟁이 녀석을 아플 만큼 비벼놨더니, 열이 올랐군. 자, 저놈이 카시오를 죽이든지, 카시오가 저놈을 죽이든지, 나란히 죽든지 어쨌든 덕을 보는 건 나야. 그러나 로데리고가 살아남으면 내가 데스데모나에게 전한답시고 가로챈 막대한 금과 보석을 돌려달라고 할 것이니…… 그건 안 되지. 하나 카시오가 살아남더라도 그 녀석 하는 일이 훌륭해서 내 꼴이 말이 아냐. 게다가 무어 녀석이 사실을 말할 테니…… 이것도 무척 위험하지. 아무래도 그놈을 죽여야겠어. 그렇게 하기로 하지. 이제 오는 모양이군.

카시오 등장.

로데리고 걸음걸이로 알지. 그놈이다. 에잇, 각오해라……. (카시오를 찌른다)

카시오 하마터면 큰일 날 뻔했지만, 내 옷은 네놈 것보다는 나아. 어디 네놈 것은 어떤가 보자. (칼을 빼서 로데리고를 찌른다)

로데리고 아, 찔렸다! (이아고, 뒤에서 카시오의 다리를 찌르고 퇴장)

카시오 평생 온전치 못한 몸으로 살겠구나. 사람 살려! 살인이다! 살인이다! (쓰러진다)

오셀로 등장.

오셀로 카시오 목소리군. 이아고, 약속을 지켰구나.

로데리고 아, 나는 악당이었다!

오셀로 확실히 그래.

카시오 아, 사람 살려, 불을 비쳐줘! 의사를 불러줘!

오셀로 그 녀석이다…… 과연 이아고는 성실하고 정직하군. 이처럼 나의 모욕을 생각해 주다니! 나도 배웠어. 갈보년, 네 상대는 이렇게 죽었다. 네년의 저주받은 운명도 이제 끝장이다. 갈보년아, 기다려라. 네년의 매력도, 그 아름다운 눈도, 내 가슴에서 지워져 버렸다. 음탕하고 때가 낀 네 침대를 네

음탕한 피로 물들여 줄 테다. (퇴장)

로도비코와 그라티아노 등장.

카시오 아! 순찰병은 어디 있어? 지나가는 사람도 없어? 살인이다! 살인
이다!

그라티아노 무슨 사고가 났나 본데. 무서운 비명이군.

카시오 여기, 사람 살려!

로도비코 저 소리는!

로데리고 아, 내가 참말 나쁜 놈이야!

로도비코 두세 사람이 신음하고 있습니다. 음산한 밤이군요. 무슨 계략이 있
는지도 모릅니다. 다른 사람들 도움 없이 단둘이서 소리 나는 곳으로 가까
이 가면 위험해요. (그라티아노와 뒤로 비켜선다)

로데리고 아무도 안 와주나? 이젠 틀렸어, 이렇게 피를 많이 흘려서야!

로도비코 저 소리!

이아고, 횃불을 들고 다시 등장.

그라티아노 잠옷 바람으로 오는 사람이 있네, 횃불과 칼을 들고.

이아고 누구요, 살인이라고 소리 지르는 사람은 누구요?

로도비코 우리도 모르겠소.

이아고 소리 지르는 것 들었지요?

카시오 여기야, 여기! 제발 좀 살려줘!

이아고 어찌 된 일이오?

그라티아노 저건 오셀로 장군의 기수네, 분명히.

로도비코 정말 그렇습니다. 용감한 사람이에요.

이아고 누가 이렇게 울부짖는 거요?

카시오 이아고인가? 아, 내가 다쳤어! 악당들한테 당했어! 좀 도와주게.

이아고 아, 부관님이군요? 악당이라니 어떤 악당들이 이런 짓을?

카시오 그중 한 놈은 미처 달아나지 못하고 이 근처에 있을 거야.

이아고 이런 괘씸한 놈들. 거기 누구요? (로도비코와 그라티아노에게) 이리 와서 거들어 주시오.

로데리고 이보게, 이쪽도 부탁하네.

카시오 저놈이 그 패의 한 놈이야.

이아고 에잇, 살인마! 죽일 놈! (로데리고를 찌른다)

로데리고 야, 이아고! 개 같은 놈!

이아고 어둠 속에서 살인을 해? 살인자, 도둑놈은 어디로 도망쳤어? 왜 이렇게 시내가 조용할까! 여기, 살인이다! 살인이다! 당신들은 누구요? 어느 편이오?

로도비코 잘 보시오, 알 수 있을 테니까.

이아고 로도비코 님이십니까?

로도비코 그렇소.

이아고 이거 실례했습니다. 여기 이렇게 카시오가 나쁜 놈한테 다쳤습니다.

그라티아노 카시오가?

이아고 어떻게 된 겁니까, 부관님?

카시오 다리가 두 동강이 났어.

이아고 저런, 맙소사! 횃불을 부탁합니다. 제 잠옷으로 동여맵시다.

비앙카 등장.

비앙카 무슨 일이에요, 대체? 누구예요, 신음하는 사람이?

이아고 거 누구냐, 떠드는 게!

비앙카 아, 나의 카시오! 소중한 카시오, 아, 카시오, 카시오, 카시오!

이아고 아, 바로 그 갈보구나! 카시오, 당신을 누가 이렇게 난도질해 놨는지 모르겠습니까?

카시오 몰라.

그라티아노 이런 변을 당했으리라고는 생각도 못 했소. 당신을 찾아다니던 중이었지요.

이아고 양말 대님을 좀 빌려주십시오. 아, 그리고 의자 같은 게 있으면 좋겠어요. 가만히 옮겨야겠는데요.

비앙카 아, 까무러치시네! 아, 카시오, 카시오!

이아고 여러분, 아무래도 이 여자도 수상한 가담자 같습니다. 카시오, 잠깐만 참으세요. 자, 불을 이리 주십시오. 이놈의 얼굴을 확인해 봐야죠. 앗, 이건 내 친구, 한 고향 사람 로데리고 아닌가? 아냐, 확실히 그래, 아, 로데리고다.

그라티아노 뭐, 베니스의?

이아고 바로 그잡니다. 당신도 아십니까?

그라티아노 암, 알고 있지!

이아고 그라티아노 님이십니까? 이거 실례했습니다. 이런 잔인한 소동 틈에 전혀 몰라 뵈었습니다. 용서하십시오.

그라티아노 아, 만나서 반갑소.

이아고 어떠시오, 카시오? 의자를, 의자를!

그라티아노 로데리고였구나!

이아고 그렇습니다, 바로 그 녀석입니다.

사람들이 의자를 들고 온다.

이아고 아 됐어, 의자를 가져왔군! 누가 조심해서 메고 가주시오. 나는 장군님의 의사를 불러와야겠소. (비앙카에게) 아, 당신은 손대지 말아. 카시오, 여기 쓰러져 있는 사람은 제 친구입니다. 둘 사이에 무슨 원한이 있었나요?

카시오 그런 일은 전혀 없었어. 난 그 사람을 몰라.

이아고 (비앙카에게) 아, 얼굴색이 파리하게 변하는군. 여기, 빨리 안으로 메고 가요. (사람들이 카시오와 로데리고를 메고 간다) 잠깐 기다려 주시오. 얼굴빛이 해쓱하게 변하는군. 여러분, 저것 보세요, 이 여자의 눈빛이 무섭지요? 그렇게 쏘아봐도 소용없어. 곧 실토 안 하고는 못 배길걸. 이 여자를 좀 잘 보세요. 자세히 보세요. 여러분 아시겠지요? 그렇게 묵묵히 있어도 나쁜 짓은 저절로 드러나게 마련입니다.

에밀리아 등장.

에밀리아 아, 웬일이에요? 어찌 된 일이에요, 여보?

이아고 카시오 부관이 여기 어둠 속에서 로데리고 일당에게 당했어. 다른 놈들은 다 도망쳤어. 그는 중상을 입고, 로데리고는 죽었어.

에밀리아 어머! 그분이! 가엾게도 카시오 님이!

이아고 그건 계집질 탓이야. 이봐 에밀리아, 카시오한테 가서 오늘 저녁 식사를 어디서 했는가 물어봐. (비앙카에게) 뭐야, 지금 내가 한 말에 왜 떠는 거야?

비앙카 그분은 내 집에서 저녁 식사를 하셨어요. 그렇지만 그 일 때문에 떠는 건 아니에요.

이아고 역시 그랬었군? 자, 명령이다, 가자.

에밀리아 원, 세상에 더러운 갈보 같으니!

비앙카 나는 갈보가 아녜요. 당치 않은 소리 하지도 말아요. 나도 그런 말을 하는 당신처럼 떳떳한 여자니까!

에밀리아 나처럼이라고! 홍! 무슨 소리야!

이아고 여러분, 카시오 부관이 치료받는 걸 보러 갑시다. 비앙카, 너도 따라와! 더 물어볼 게 있어. 에밀리아, 당신은 성으로 뛰어가서, 장군님과 부인께 이 사건을 알려. 여러분, 자, 앞장을 서시죠. (혼잣말로) 오늘 밤은 성공하느냐 완전히 파멸하느냐, 둘 중 하나다. (모두 퇴장)

〔제5막 제2장〕

성안의 한 침실.
데스데모나가 침대에서 자고 있다. 오셀로, 등불을 들고 등장.

오셀로 죄 때문이다. 이것(데스데모나)의 죄 때문이다. 순결한 별들아, 인제는 내가 이것을 입 밖에 내지 않게 해다오! 다 이것 때문이다. 그래도 아내의 피는 흘리게 하지 말자. 그 눈보다 희고, 대리석같이 매끄러운 살결에 상처는 내지 말자…… 하지만 죽여야 한다. 그렇지 않으면 또 남자를 속일 거다. 먼저 이 불을 끄고, 그러고 나서 목숨의 불도 꺼야지. 하지만 타오르는 촛불아, 나는 너를 한번 꺼도 뉘우치면 다시 켤 수도 있지. 그렇지만 정묘한 자연이 만든 아름다운 네 육체 속에 타고 있는 불은 한번 꺼버리면 결코 다시는 켤 수 없지. 프로메테우스의 불을 찾아 어디를 헤매야 되나. (촛불을 내려놓는다) 한번 꺾이면 장미는 이제 영영 살아날 길이 없어. 시들어 버릴 수밖에 없지. 아직 가지에 있을 때 향기를 맡아보자. (데스데모나에게 키스한다) 아, 향긋한 입김, 정의의 신이라도 여기서는 칼을 꺾지 않을 수 없겠구나! 한 번 더, 한 번 더. 죽어서도 이대로 있어다오. 나는 너를 죽이고, 그리고 너를 안아주겠어. 한 번만 더, 이제 마지막이다. 이렇게 사랑스런 것이, 그토록 나쁠 수도 있을까. 눈물을 참을 수 없구나. 그러나 잔인한 눈물이다. 아니, 신성한 슬픔이다. 사랑하는 사람을 쳐야 하는. 잠을 깨려나 보다.

데스데모나 누구죠? 오셀로?

오셀로 음, 데스데모나.

데스데모나 어서 주무세요.

오셀로 데스데모나, 오늘 밤 기도를 올렸소?

데스데모나 네.

오셀로 아직 하느님께 용서를 빌지 않은 무슨 죄가 있거든 지금 기도해요.

데스데모나 아, 여보, 그게 무슨 뜻인가요?

오셀로 어서 해요, 간단히. 나는 여기를 거닐고 있을 테니. 마음의 준비도 없는 사람을 죽이고 싶진 않아. 아냐…… 절대로 그런 짓은 할 수 없어…… 당신의 영혼까지 죽이고 싶진 않아!

데스데모나 죽인다고요?

오셀로 그래.

데스데모나 아, 하느님, 이 몸을 지켜주소서!

오셀로 아멘. 나도 진심으로 그렇게 비오.

데스데모나 그러시면 죽인다고는 하지 마세요!

오셀로 흠!

데스데모나 그래도 당신이 무서워요. 그렇게 무서운 눈을 하실 때는 예사롭지 않은걸요. 왜 무서운지 모르겠어요. 나쁜 짓도 안 했는데 말이죠. 하지만 어쩐지 겁이 나요.

오셀로 네 죄를 생각해 봐.

데스데모나 죄라면 당신을 사랑한 죄뿐이에요.

오셀로 음. 그러니까 죽어야 하는 거야.

주세페 베르디의 오페라 〈오셀로〉의 한 장면 이탈리아 주간지 〈일루스트라지오네 이탈리아나〉의
표지. 이 오페라는 1887년 밀라노에서 처음 공연했다.

데스데모나 사랑하니까 죽어야 한다는 건 이치에 닿지 않는걸요. 아, 왜 그렇
게 입술을 깨무세요? 무슨 무서운 생각으로 몸을 떨고 계시나요? 그런 게

틀림없어요. 하지만 저 때문에 그러시는 건 아니지요?

오셀로　잠자코 가만히 있어!

데스데모나　그러지요. 하지만 무슨 일 때문이지요?

오셀로　당신에게 선물한 수놓은 그 손수건, 내가 그토록 소중히 하던 물건인데, 그걸 카시오에게 줬지?

데스데모나　아녜요, 절대로! 불러다 물어보세요.

오셀로　잘 생각해 봐. 거짓 맹세를 하지 않도록 해. 당신은 그 침대에서 죽어야 해.

데스데모나　거짓말은 하지 않아요. 하지만 제가 죽어야 하다니요?

오셀로　죽어야 해, 지금 곧. 그러니까 정직하게 죄를 고백하는 거야. 하나하나 맹세하며 아니라고 해봐도, 내가 이렇게 신음하는 데는 뚜렷한 증거가 있는 거니까. 그걸 없앨 수도, 누를 수도 없어. 당신은 죽어야 해.

데스데모나　아, 하느님, 저를 구원해 주소서.

오셀로　아멘, 저도 그렇게 기도하나이다.

데스데모나　그럼 당신도 저를 도와주시지요! 저는 한 번도 당신에게 나쁜 짓을 한 기억이 없어요! 카시오를 사랑한 일도 없어요. 하느님이 허락하신 호의를 보였을 뿐이에요. 물건을 준 일도 없어요.

오셀로　아냐, 나는 내 손수건을 그놈이 가지고 있는 것을 봤어. 이 거짓말쟁이야! 내 가슴을 돌같이 만드는구나! 정의를 위해 당신을 제물로 바칠 작정인데, 그걸 단순한 살인자로 만들겠다는 거냐! 나는 손수건을 봤어!

데스데모나　그럼 주웠겠지요. 전 절대로 준 일이 없어요. 그분을 이리 불러오세요. 그리고 사실대로 말하라고 하세요.

오셀로　그놈이 고백했어.

데스데모나　네? 뭐라고요?

오셀로　당신에게 손을 댔다고.

데스데모나　어떻게요? 불의를 저질렀다고요?

오셀로　그렇지.

데스데모나　그런 소릴 할 리가 없어요.

오셀로　아냐, 이제 그 녀석 입은 막혀버렸어. 충실한 이아고가 처치했으니까.

데스데모나　아, 역시! 그럼 그 사람은 죽었군요?

오셀로 그놈의 머리털 한 올 한 올이 생명을 가졌다 해도 내 복수 상대로는 부족해.

데스데모나 아마도 그는 간교한 술책에 걸린 것 같군요. 저도 이제 파멸이고요.

오셀로 꺼져, 갈보년아! 내 눈앞에서 그놈을 위해 울어 보이려느냐?

데스데모나 아, 저를 쫓아내시고, 죽이진 마세요.

오셀로 내려와, 갈보년!

데스데모나 내일 죽이세요. 오늘 밤만은 용서해 주세요!

오셀로 아니, 반항하면······.

데스데모나 반 시간만이라도!

오셀로 이렇게 된 이상 지체할 수 없어.

데스데모나 한마디 기도를 올릴 동안만!

오셀로 너무 늦었어. (데스데모나의 목을 졸라 죽인다)

에밀리아 (문밖에서) 장군님, 장군님! 보세요, 보세요, 장군님, 장군님!

오셀로 뭐냐, 저 소리는······ 아직 덜 죽었나? 죽어버리지 않았나? 잔인한 짓은 해도 자비심은 가졌어. 고통 속에 오래 있게 하진 않겠어. 이렇게, 이렇게.

에밀리아 (문밖에서) 장군님! 장군님! 여보세요.

오셀로 누구냐?

에밀리아 (문밖에서) 아, 장군님, 잠깐 여쭐 일이 있어요!

오셀로 음, 에밀리아군. 곧 가겠다! 이젠 죽었구나. 에밀리아는 카시오가 죽었다는 소식을 알리러 온 모양이군······ 그 소리였군. 흥! 이젠 꿈틀거리지 않나? 무덤처럼 고요하군. 에밀리아를 들어오라고 할까? 그래도 괜찮을까? 또다시 꿈틀거리는 것 같은데. 아니군. 어찌해야 가장 좋을까? 에밀리아는 들어오면 아내한테 말을 걸겠지······ 아내! 아내! 내게 아내는 없어. 아, 견딜 수 없어! 아, 비참한 시간이다! 일식이 일어나 해도 달도 빛을 잃고, 놀란 대지는 이 변고에 입을 크게 벌리겠지!

에밀리아 (문밖에서) 부디 여쭐 말씀이 있어요, 장군님!

오셀로 아, 깜박 잊고 있었군. 그럼 들어와, 에밀리아. 잠깐만 기다려. 곧 열어 줄 테니. 침대 커튼을 닫아야지. 에밀리아, 어디 있어? (문을 연다)

에밀리아 등장.

오셀로　이 시간에 무슨 일이야?

에밀리아　아, 장군님, 저쪽에서 끔찍한 살인이 났어요.

오셀로　뭐, 지금?

에밀리아　네, 조금 전에요.

오셀로　달이 망령이 들었기 때문이야. 달이 여느 때의 궤도에서 지구로 가까워지면 사람은 미치게 마련이지.

에밀리아　카시오 님이 베니스 청년 로데리고를 죽였어요.

오셀로　로데리고가 죽었어? 카시오도 죽었나?

에밀리아　아뇨, 카시오 님은 죽지 않았어요.

오셀로　카시오는 죽지 않았다고! 그럼 암살의 순서가 틀려버렸군. 모처럼의 복수가 물거품으로 돌아갔어.

데스데모나　아, 억울해, 억울하게 살해당했어!

에밀리아　어머, 저게 무슨 소리지요?

오셀로　저 소리라니! 뭐 말인가?

에밀리아　어머, 저건 아씨 목소리예요! (커튼을 연다) 누구, 누구, 여보세요! 누구 좀 오세요! 아, 아씨, 한 번만 더 말씀을! 데스데모나 님! 아, 아씨, 어서 말씀 좀 하세요.

데스데모나　나는 억울하게 죽어.

에밀리아　아, 대체 누가 이랬습니까?

데스데모나　누가 그런 게 아니라 내 손으로 그랬어. 주인님께 말씀 잘 전해 줘. 아, 잘 있어! (죽는다)

오셀로　뭐야, 왜 이렇게 살해됐지?

에밀리아　그걸 누가 알겠습니까?

오셀로　아내가 자기를 죽인 게 내가 아니라고 그랬지?

에밀리아　그랬어요. 사실대로 알려야겠어요.

오셀로　거짓말쟁이, 저것은 지옥에 떨어졌을 거야. 죽인 것은 나야.

에밀리아　아, 그렇다면 아씨는 정말 천사예요. 거기에 비하면 장군님은 악마예요!

오셀로   저것은 더러운 짓을 했어. 갈보였어.

에밀리아   아씨를 그렇게 모욕하다니. 당신이야말로 악마예요!

오셀로   물거품처럼 마음이 들뜬 여자였어.

에밀리아   당신은 불같이 분별없어요. 부인이 부정하다뇨. 아, 아씨는 천사처럼 진실하셨어요.!

오셀로   카시오하고 간통했어. 믿지 못하겠다면 그대 남편에게 물어봐. 이처럼 엄청난 짓을 내가 정당한 이유도 없이 했다면, 그야말로 나는 지옥의 밑바닥으로 떨어져도 괜찮아. 그대 남편이 모조리 알고 있어.

에밀리아   제 남편이!

오셀로   그대 남편이.

에밀리아   아씨가 불의를 저질렀다는 것을요?

오셀로   음, 카시오하고. 그러나 이 여자가 정숙했다면 하늘이 보석으로 완전 무결한 세계를 만들어 준다 해도 바꾸지 않았을 거야.

에밀리아   제 남편이!

오셀로   그렇다, 처음 이야기해 준 게 그이다. 성실한 사람이니까, 불결한 행위의 더러움을 미워하는 거야.

에밀리아   제 남편이!

오셀로   아니, 몇 번 말해야 알겠나? 그대 남편이라고 하지 않았나.

에밀리아   아, 아씨, 나쁜 계략이 사랑을 함정에 빠뜨렸군요! 제 남편이 아씨를 부정하다고 했다고요?

오셀로   그렇다니까. 그대 남편이다. 알겠어? 내 친구이자, 그대 남편이며, 성실하고 성실한 이아고 말이다.

에밀리아   그이가 그런 말을 했다면, 그놈의 사악한 영혼은 날마다 썩어 들어가라! 터무니없는 거짓말쟁이! 아씨는 이런 더러운 남편을 너무도 소중히 하셨어!

오셀로   뭐?

에밀리아   마음대로 나쁜 짓을 해봐요. 과분한 부인을 이렇게 해놓은 당신 같은 사람은 어차피 천국에는 가지 못할 테니.

오셀로   잠자코 있어. 그래야 이로울 테니.

에밀리아   어디 맘대로 해봐. 나를 해치진 못할걸. 아, 머저리! 아, 바보! 흙 같은 무지렁이! 당신이 한 짓은…… 칼 따윈 무섭지 않아! 나는 당신이 한 짓을 알릴 거야. 죽이려면 얼마든지 죽여봐. 누구 좀 와줘요! 누구 좀 와줘요! 여기 누구 좀 와줘요! 무어 장군이 부인을 죽였어요! 살인이다! 살인!

몬타노, 그라티아노, 이아고 등장.

몬타노 무슨 일이오? 어떻게 된 일입니까, 장군?

에밀리아 아, 오셨군요, 이아고. 당신도 참 장하군요. 살인죄를 뒤집어쓸 신분이 됐으니.

그라티아노 무슨 일이오?

에밀리아 당신이 남자라면, 이 악한 놈에게 그건 거짓말이라고 해요. 부인이 나쁜 짓을 했다는 걸 당신한테 들었다고 하던데요. 당신이 그랬을 리 없어요. 당신은 그런 악당이 아니니까요. 뭐라고 말해 봐요. 가슴이 답답해요.

이아고 생각한 바를 말했을 뿐이고, 그것뿐이야. 장군 스스로 과연 그럴 거라고 생각하신 그 밖의 말은 아무것도 하지 않았어.

에밀리아 아씨가 불의를 저질렀다고 당신이 장군께 말했어요?

이아고 했어.

에밀리아 거짓말, 더러운 거짓말! 무서운 거짓말이야. 정말 엉뚱한 거짓말이야! 아씨가 카시오 님하고 불의를 저질렀다고! 카시오 님하고 했다고!

이아고 카시오하고 했어. 입 못 다물어?

에밀리아 나는 입 다물지 못하겠어요. 떠들지 않곤 못 배겨요. 부인이 살해당했어요. 이 침대에서.

모두 아, 큰일 났군!

에밀리아 당신 때문에 일어난 살인이에요.

오셀로 아, 모두 그렇게 놀라지 마시오. 모두가 사실입니다.

그라티아노 믿을 수 없는 사실이군.

몬타노 아, 끔찍한 짓이군.

에밀리아 이런 짐승만도 못한 놈, 너무해! 그래 생각나는 게 있어. 그런 것 같더라니. 아, 이런 짐승만도 못한 놈! 그때도 미심쩍긴 했었는데. 차라리 죽어버리고 싶어. 아, 지독해라, 너무나 지독해.

이아고 뭐야, 미쳤어? 집에 가 있어.

에밀리아 여러분, 제 말을 들어보세요. 남편 말에 따르는 게 마땅하지만 지금은 싫어요. 저는요, 이아고, 절대로 집에 안 가겠어요.

오셀로 아! 아! 아! (침대에 쓰러진다)

에밀리아 그렇게 쓰러져서 몸부림치는 것이 마땅해. 세상 빛을 본 사람 중에서 둘도 없이 사랑스럽고 순진한 분을 죽였으니!

오셀로 (일어나며) 아, 저것은 간통을 했다! 숙부님이셨군요. 몰라봤습니다. 저기 조카딸이 쓰러져 있습니다. 방금 이 손으로 목숨을 끊어놨습니다. 잔혹하고 끔찍한 소행이라고 생각하시겠지요.

그라티아노 가엾은 데스데모나! 네 아버지가 돌아가셔서 다행이다. 너의 결혼에 큰 충격을 받아 슬퍼한 나머지, 노인의 목숨줄이 끊어지셨다. 오늘 살아 계셔서 이 광경을 보신다면, 무슨 짓을 하실는지 몰라. 수호천사까지도 떠밀어 내고 지옥 속으로 뛰어들었을지도 몰라.

오셀로 불쌍합니다. 그렇지만 이아고가 알고 있습니다. 이 여자는 수없이 카시오와 추잡스런 행동을 했소. 카시오는 자백했소. 더구나 아내는 내가 처음에 사랑의 표시로 준 선물을 남자의 애욕에 대한 사례로 주었소. 난 그자가 그걸 가지고 있는 것을 보았소. 손수건 말입니다. 그건 내 아버지가 어머니에게 주셨던 정표였소.

에밀리아 이걸 어쩌면 좋아! 아, 하느님!

이아고 야, 입 닥쳐.

에밀리아 말할 테야. 나는 말할 테야. 닥치라고? 싫어요! 북풍이 마구 불어대듯이 모조리 말해 버릴 테야. 신과 사람과 악마가 죄다 몰려와서 입을 다물라고 악을 써도 말할 테야.

이아고 쓸데없는 말 하지 말고 집에 가.

에밀리아 누가 간대요! (이아고가 그녀를 찌르려고 한다)

그라티아노 이게 무슨 짓이오! 여자한테 칼을 갖다 대다니!

에밀리아 아, 바보 같은 무어! 그 손수건은 내가 주워서 남편한테 준 거야. 하도 심각하게 그런 하찮은 물건을 훔쳐다 달라고 졸라대서.

이아고 이 망할 것이!

에밀리아 아씨가 카시오한테 줬다고? 아니야, 내가 주워서 남편에게 줬어.

이아고 이 망할 것아, 거짓말 작작해!

에밀리아 하늘에 맹세코 절대로 거짓말이 아니에요. 여러분, 아, 살인자, 바보! 이런 바보한테 그렇게도 좋으신 부인이!

오셀로 벼락이나 맞고 뒈져라, 이 흉측하기 짝이 없는 악당아! (이아고에게 달려든다. 이아고, 뒤에서 에밀리아를 찌르고 퇴장)

그라티아노 에밀리아가 쓰러졌어. 놈이 제 아내를 찔렀다.

에밀리아 네, 그렇습니다. 아, 나를 아씨 옆에 눕혀 주세요.

그라티아노 아내를 죽이고 도망쳤군.

몬타노 극악무도한 악당이군. 자, 이 칼을 맡아주시오. 지금 무어 장군한테서 뺏은 칼이오. 그리고 문밖에서 지키시오. 방에서 나가지 못하게 하고, 말을 듣지 않으면 차라리 죽여버리시오. 나는 저 악당을 쫓아가겠소. 참으로 끔찍한 악당이오. (오셀로와 에밀리아 남고 모두 퇴장)

오셀로 나는 이제 용기도 잃어버렸다. 저런 풋내기까지 내 손에서 칼을 빼앗아 가다니. 명예도 다 잃어버린 내가 새삼스레 무용을 자랑해서 무엇하랴, 이젠 아무 미련도 없다.

에밀리아 그 노래는 무슨 전조였나 보지요? 아씨? 자, 들으세요? 저는 백조같이 노래 부르며 죽어요. (노래한다)

버들 버들, 버들아.

무어 님, 부인은 결백했어요. 당신을 사랑했어요. 잔인한 무어 님, 저는 천국에 가요. 진실만 말했으니까요. 생각한 대로 말하며 죽는 거예요. 아, 죽어요…… (숨이 끊어진다)

오셀로 이 방에 또 한 자루 칼이 있었지. 스페인의 명도(名刀)가…… 얼음같이 찬 강물로 벼린…… 아, 여기 있군. 숙부님, 나는 밖으로 나가겠소.

그라티아노 (문밖에서) 그런 짓을 하면 목숨이 없다. 자네는 무기도 안 가졌잖나? 조용히 하지 않으면 재미없어.

오셀로 이리 들어오셔서 말씀하시죠. 그렇잖으면 맨손으로라도 상대할 테요.

그라티아노 등장.

그라티아노 왜 그러는가?

오셀로 보시오, 칼을 가지고 있소. 이렇게 좋은 칼은 여태까지 어떤 군인도 옆구리에 차본 적이 없소. 나도 한때는 이 빈약한 팔과 이 좋은 칼로 당신 같은 사람이 스무 명, 서른 명이 한 다발이 되어서 방해해 와도 무찔렀지만…… 아, 이젠 쓸데없는 큰소리지! 누가 운명을 움직일 수 있단 말인가? 이젠 글렀소. 칼을 가지고 있어도 무서워 마시오. 이제 내 인생길은 끝났소. 마지막이오. 내 항로의 마지막 부두에 배는 닿았소. 무서워서 그렇게 뒤로 물러섭니까? 겁내지 마십시오. 이 오셀로의 가슴에 갈대 한 가지만 와 닿아도 물러설 겁니다. 이 오셀로는 어디로 가야 하나? 어디 봅시다. (침대를 돌아다본다) 당신은 어떤 얼굴을 하고 있소? 아, 불운한 당신! 속옷같이 창백하구나! 최후의 심판 날 다시 만나게 되어 당신의 이 얼굴을 보기만 해도, 내 영혼은 하늘에서 내동댕이쳐져 지옥의 마귀들에게 뜯어먹히겠지. 차다, 얼음 같구나, 당신은! 당신의 정조도 이러했지. 아, 저주받을 노예! 지옥의 악마들아, 나를 채찍질해서 이 천사 같은 모습이 보이지 않는 곳으로 쫓아내 다오. 열풍 속으로 내 몸뚱이를 흩날려 다오! 유황불로 나를 태워 다오! 불바다 속에 나를 처넣어 다오! 아, 데스데모나! 죽어버린 데스데모나! 죽어버린 데스데모나! 죽어버렸구나! 아! 아!

로도비코, 몬타노, 들것에 누운 카시오, 잡힌 이아고, 관리들과 함께 등장.

로도비코 경솔하게 불운을 자초한 당사자는 어디 있나?

오셀로 한때 오셀로라고 불리던 놈, 여기 있습니다.

로도비코 그 독사 같은 놈은 어디 있나? 그 악당을 이리 끌어내라.

오셀로 어디 발 좀 보자. 악마는 발톱이 두 쪽으로 쪼개져 있다는 건 꾸민 말인가? 네놈이 악마면 내 칼은 들어가지 않을 거다. (이아고를 찌른다)

로도비코 칼을 뺏어.

이아고 피는 흘렸지만 죽지는 않았습니다.

오셀로 나도 서운할 것 없다. 오히려 살려두고 싶다. 지금의 내 심정으론 죽는 것이 행복하니까.

로도비코 아, 오셀로, 한때는 그처럼 훌륭하던 당신이 극악무도한 놈의 간계에 걸렸다니. 당신에게는 뭐라고 해야 좋을지 모르겠소.

오셀로 뭐라고 하셔도 좋습니다. 정의의 살인자라고나 해주시오. 조금도 개인적인 원한으로 죽인 건 아닙니다. 정의 때문에 한 것입니다.

로도비코 이놈은 이미 죄를 자백했소. 당신은 이놈과 공모해서 카시오를 죽이려 했다고.

오셀로 그랬습니다.

카시오 아, 장군님, 제게는 그렇게 당해야 할 이유가 없습니다.

오셀로 확실히 그렇네, 용서하게. 이 악마 같은 놈이 왜 그렇게 내 육체와 영혼을 덫에 걸어놨는지를 좀 물어봐 주오.

이아고 물어볼 것 없습니다. 아실 만큼 아셨으면 되잖습니까. 이제부터 저는 아무 말도 않겠습니다.

로도비코 뭐, 기도도 안 하겠느냐?

그라티아노 고문으로 입을 열게 할 것이다.

오셀로 그래, 말을 안 하는 게 가장 좋아.

로도비코 당신은 아직 모르겠지만, 이런 일이 있었소. 여기 편지가 있소. 살해당한 로데리고의 주머니 속에서 찾은 것이오. 그리고 여기 또 한 통, 이 편지에는 카시오의 암살은 로데리고가 맡기로 되어 있었소.

오셀로 오, 악당!

카시오 극악무도한 놈!

로도비코 또 한 통, 불평을 적은 편지. 이 또한 그놈 주머니에 있던 것으로 이것은 로데리고가 이 악당에게 보내려고 쓴 것 같소. 그러나 보내기 직전에 이아고가 찾아와서 그만 결말이 난 모양이오.

오셀로 아, 천하에 몹쓸 놈! 카시오, 그 손수건은 내 아내 것이었는데, 이걸 어떻게 자네 손에 넣었나?

카시오 제 방에 떨어져 있었습니다. 저놈이 방금 고백했습니다. 일부러 거기 떨어뜨려 놨더니, 과연 생각대로 걸려들더라고요.

오셀로 아, 바보같이! 바보였어! 바보였어!

카시오 로데리고는 편지에서 이아고를 비난하고 있습니다. 전번 순찰 돌던 날 밤도 이놈이 로데리고를 시켜서 저와 싸움을 하게 하고, 그 때문에 저는 면직이 됐습니다. 게다가 죽은 줄만 알았던 저 로데리고가 입을 열고 "이아

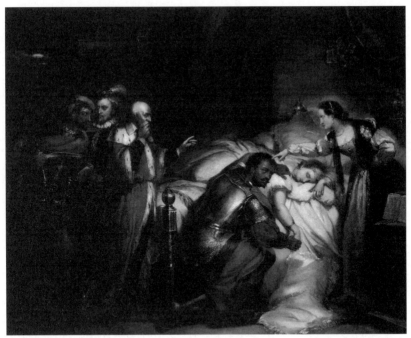

데스데모나의 주검 앞에서 비탄에 잠긴 오셀로　윌리엄 솔터 〈오셀로의 비탄〉에서. 폴저 셰익스피어 도서관(워싱턴)

고가 자기를 베었다. 부추긴 것도 이아고이다" 말했습니다.

로도비코　이 방을 나와 우리와 함께 가주시오. 당신의 관직은 모두 박탈됐소. 카시오가 키프로스를 다스릴 거요. 이 악당에게는 심한 고통을 오랫동안 줄 수 있는 고문 방법이 있다면, 그걸로 처벌하겠소. 당신은 베니스 정부에 죄상이 보고될 때까지 죄수로 다루겠소. 자, 데려가라.

오셀로　잠깐, 떠나시기 전에 한두 말씀 드리겠으니 들어주시오. 나는 국가에 얼마쯤의 공적이 있었소. 그건 정부에서도 알고 있소. 하지만 그걸 말하자는 게 아니오. 단지 바라는 건, 보고서에 이 불행한 사건을 기록할 때 사실 그대로의 나를 전해 주길 바라오. 나를 조금이라도 두둔하거나 악의를 내보이거나 하지 말아주시오. 분별은 부족했어도 진정 깊이 아내를 사랑한 사람이었다. 경솔하게 남을 의심하지 않는 사람이었으나 속임수에 넘어가 극도로 당혹하여, 어리석은 인도인처럼 자기의 온 민족보다 값진 진주를 그 손에서 내던져 버렸다. 생전 울어보지도 않던 자가 이번만은 슬픔에 못 이겨 아라비아의 고무나무가 수액을 흘리듯이 억수같이 눈물을 쏟았다…… 이렇게 써주시오. 그리고 한 가지만 더 전해 주시오. 언젠가 알레포에서 터번을 두른 터키 사람이 가증스럽게도 베니스 사람을 때리고 이 나라를 모욕한 것을 보았을 때, 그 이교도 개놈의 멱살을 잡고 그 목을 찔렀다고요…… 이렇게. (자기를 찌른다)

로도비코 아, 처참한 최후로구나!

그라티아노 여태까지 이야기한 게 다 쓸데없는 것이 됐군요.

오셀로 당신을 죽이기 전에 나는 키스했지. 지금은 이렇게밖에 할 수 없다. 나 스스로 목숨을 끊고 입 맞추며 죽는 길밖에. (침대에 쓰러져 죽는다)

카시오 이런 일을 염려했습니다만, 칼은 가지고 있지 않은 줄 알았습니다. 고결한 마음을 가진 분이었으니까요.

로도비코 (이아고에게) 이 스파르타 개 같은 놈, 어떤 고통이나 굶주림이나 험한 바다보다도 더 잔악한 놈! 침대 위에 쓰러져 있는 이 비참한 모습을 보아라…… 이건 네놈의 소행이다. 눈도 멀어버릴 광경이다. 보이지 않게 가려야지. (침실 커튼을 닫는다) 그라티아노 님, 이 집의 관리를 맡으시고 무어 인의 재산을 압수해 주시오. 당신이 상속을 받아야 하니까요. (카시오에게) 그리고 총독, 이 극악무도한 놈의 재판을 당신에게 맡기겠으니, 때와 장소와 고문 방법을 결정하시오. 나는 곧 배에 올라 이 참사를 본국에 알리겠소. (모두 퇴장)

King Lear

리어 왕

[등장인물]

리어 왕　브리튼 왕

고네릴, 리건, 코델리아　리어 왕의 딸들

프랑스 왕

버건디 공작

콘월 공작　리건의 남편

올버니 공작　고네릴의 남편

켄트 백작

글로스터 백작

에드거　글로스터의 맏아들

에드먼드　글로스터의 작은아들, 서자(庶子)

큐런　글로스터의 신하

노인　글로스터의 하인

시의(侍醫)

광대

오스왈드　고네릴의 집사

대장　에드먼드의 부하

신사　코델리아의 시종

콘월의 하인

그 밖에 리어 왕의 기사, 부대장, 전령들, 병사들, 시종들

[장소]

브리튼

리어 왕

리어 왕이 거처하는 궁전. 의전실(儀典室).

켄트 백작, 글로스터 백작, 에드먼드 등장.

켄트 국왕께서는 콘월 공보다 올버니 공을 더 생각하고 계시더군요.

글로스터 그런 것 같더군요. 그러나 막상 영토 분배의 결과로 봐선 어느 쪽을 더 총애하시는지 도무지 모르겠던데요. 양쪽 다 똑같이 나누어 아무리 따져봐도 우열을 가릴 수가 있어야지요.

켄트 저 젊은이는 아드님 아닙니까?

글로스터 제가 길렀습니다만, 저 애를 제 아들이라고 할 때마다 어찌나 얼굴이 뜨거운지. 그러다 보니 이제는 철면피가 돼버렸습니다.

켄트 무슨 얘긴지 알아들을 수가 없는데요.

글로스터 저 애 어머니는 제 말을 잘 알아들었죠. 그래서 저도 모르는 사이에 배가 차츰 불룩해졌지요. 말하자면 잠자리에서 맞을 남편과 결혼도 하기 전에 요람에 아들을 재우게 된 셈입니다. 제가 저지른 엉뚱한 실수를 아시겠습니까?

켄트 실수라도 그런 실수라면 오히려 잘한 실수지요. 이렇게 훌륭한 열매를 맺었으니.

글로스터 그런데 제에게는 정실 부인에게서 난 아들이 하나 있어요. 특별히 귀엽지는 않지만 이 녀석보다 한 살 위입니다. 이놈은 누가 기다리기도 전에 주제넘게 이 세상에 태어났습니다만, 이놈 어머니는 아주 예쁜 여자라 이놈이 생기기 전에는 꽤 재미를 보았지요…… 사생아지만 자식으로 인정 안 할 수가 없었지요. 에드먼드, 이 어른을 뵌 적이 있느냐?

에드먼드 아니요, 없습니다.

글로스터 켄트 백작이시다. 내가 존경하는 친구이니 앞으로 잘 모셔라.

에드먼드 백작님께 인사 올립니다.

켄트 반갑네, 앞으로 가까이 지내세.

에드먼드 예. 기대에 어긋나지 않도록 노력하겠습니다.

글로스터 이 애는 9년 동안 외국에서 지냈는데 곧 다시 떠날 예정이죠. (나팔 소리) 전하께서 나오십니다.

왕관을 받든 자를 선두로 리어 왕, 콘월, 올버니, 고네릴, 리건, 코델리아, 시종들 등장.

리어 왕 글로스터, 프랑스 왕과 버건디 공작을 모시고 오시오.

글로스터 예, 분부대로 거행하겠습니다. (에드먼드와 함께 퇴장)

리어 왕 오늘까지 내가 가슴속에 품고 있던 계획을 말하겠다. 그 지도를 주게. 먼저 나는 내 왕국을 셋으로 나누어 놓았다. 나의 계획은 이제 모든 어려운 나랏일을 늙은 나의 어깨에서 젊고 기운 있는 사람들에게 넘기고, 홀가분한 몸으로 남은 삶을 조용히 보내는 것이다. 사위 콘월 공과 그에 못지않게 소중히 여겨온 큰사위 올버니 공에게 말하겠는데, 나는 딸들에게 줄 재산을 발표하려고 한다. 이는 오로지 뒷날 싸움의 씨를 없애기 위해서다. 프랑스 왕과 버건디 공작은 내 막내딸의 사랑을 구하기 위해 서로 경쟁하며 벌써 오랫동안 이 궁정에 머물러 왔는데, 오늘 여기서 대답을 듣게 될 것이오. 자 딸들아, 나는 이제부터 국가의 통치권과 영토 소유권, 행정 관리권 등을 모두 벗어버릴 작정이다. 대체 너희들 중 누가 가장 이 아비를 사랑하는지 말해 봐라. 나에 대한 사랑과 효성이 가장 큰 딸에게 나는 가장 큰 몫을 주겠다. 고네릴, 맏딸이니 너부터 먼저 말해 봐라.

고네릴 말로는 도저히 표현할 수 없을 만큼 아버지를 사랑합니다. 제 눈에 보이는 기쁨보다도, 무한한 공간보다도, 자유보다도, 값지고 희귀한 그 무엇보다도, 생명보다도, 사랑과 아름다움과 건강과 명예가 다 갖추어진 생명보다도 소중한 분으로서 아버지를 모시겠습니다. 일찍이 자식이 바치고 어버이가 받은 바 있는 가장 큰 애정을 가지고, 숨이 차고 말이 막힐 만한 효성

제임스 1세 대관식 동판화(1603) 왼쪽 잉글랜드 문장, 오른쪽 스코틀랜드 문장이 보인다. 셰익스피어는 리어 왕국의 혼란의 원인은 리어가 영토를 분할한 데 있다고 썼다.

으로, 무엇과도 비교할 수 없는 애정으로써 아버지를 모시며 효도를 다하겠습니다.

코델리아 (혼잣말로) 이 코델리아는 무어라고 말씀드릴까? 아버지를 사랑하지만 잠자코 있어야지.

리어 왕 (지도를 가리키면서) 이 경계선부터 이 선까지, 울창한 숲과 기름진 평야와 어획이 많은 강과 드넓은 목장 모두를 너의 영토로 주겠다. 이것은 영원히 너와 올버니의 자손의 것이다. 다음, 내가 더없이 사랑하는 둘째딸 리건, 콘월 공의 아내인 너는 뭐라고 말하겠느냐?

리건 저도 언니와 꼭 같은 심정입니다. 조금도 차이가 없습니다. 정말이지 언니는 제 마음속을 다 들여다본 듯 하나하나 잘 이야기했어요. 다만 부족한 말을 덧붙인다면, 저는 어떤 고귀한 사람이 누리는 즐거움일지라도 효성 이외의 즐거움은 적으로 생각하고, 소중한 아버지에 대한 사랑에서만 행복을 느끼고 있습니다.

코델리아 (혼잣말로) 다음은 가엾은 이 코델리아! 뭐라고 말씀드릴까? 아니야, 상관없어. 나의 애정은 말로 다 표현 못할 만큼 무거우니까.

리어 왕 이 훌륭한 국토의 3분의 1이 너와 네 자손의 영원한 영토다. 넓이로나 가치로나, 기쁨을 주는 능력에서나, 고네릴에게 준 것과 조금도 손색이 없다. 다음은 막내, 가장 어리지만 나의 기쁨인 코델리아 차례. 맛 좋은 포도의 나라 프랑스 왕과 넓은 목장을 지닌 버건디 공작이 너의 사랑을 얻으려고 지금 경쟁하는 중이지만, 언니들 것보다 더욱 기름진 세 번째 영토를 받기 위하여 너는 무어라 말하겠느냐?

코델리아 아무 할 말도 없습니다.

리어 왕 아무 할 말이 없어?

코델리아 네, 아무 할 말이 없습니다.

리어 왕 할 말이 없으면 아무런 소득도 없을 테니, 다시 말해 봐라.

코델리아 불행하게도 저는 제 마음을 말할 수가 없습니다. 아버지를 사랑하는 것은 자식으로서의 저의 본분입니다. 그뿐입니다.

리어 왕 뭐라고? 코델리아! 말을 좀 고쳐서 하는 것이 어떠냐, 네 재산에 손해를 입지 않으려면.

코델리아 아버지, 아버지는 저를 낳으시고 기르시고, 그리고 사랑해 주셨습니다. 그 은혜의 보답으로 저는 마땅히 할 의무를 다하겠습니다. 아버지께 복종하고, 아버지를 사랑하며 그 누구보다도 공경합니다. 언니들은 오직 아버지만을 사랑한다고 하면서 왜 혼례를 올렸을까요? 아마 저는 혼례를 올린다면, 저의 맹세를 받아줄 남편을 위해 저의 애정과 관심과 의무의 절반을 바치게 될 것입니다. 언니들처럼 오직 아버지만을 사랑하려면 저는 혼례 따위는 올리지 않겠어요.

리어 왕 그게 네 본심이냐?

코델리아 네.

리어 왕 어린 나이로 어찌 그토록 냉정할 수가?

코델리아 어리기 때문에 이렇게 정직한 것입니다.

오페라 〈리어 왕〉　폴커 레흐텐브링크(리어 역)·크리스틴 홀크(코델리아 역) 출연. 독일 바트 헤르스펠트 오페라 축제 무대 상연. 2012.
리어가 세 딸에게 왕국을 나누어 준다.

리어 왕　좋다. 그러면 그 정직을 네 지참금으로 삼아라! 성스러운 태양의 빛과 달·대지·지하의 여신 헤카테와 밤의 신비, 그리고 우리의 삶과 죽음을 다스리는 별들의 작용을 두고 맹세하지만, 나는 아비로서의 애정도 한 핏줄이라는 것도 모두 부정하고 이제부터 너를 나와는 아무 관계 없는 남남으로 생각하겠다. 스키타이의 야만인처럼 식욕을 채우기 위해서 제 피붙이를 잡아먹는 놈을 차라리 이 가슴에 끌어안고 측은하게 여기고 도와주는 편이 낫겠다. 너 같은 딸자식을 사랑하기보다는.

켄트　전하…….

리어 왕　듣기 싫다, 켄트! 용의 노여움을 막지 마라. 나는 이 아이를 가장 사랑하고 있었다. 이 아이의 손에 보호를 받으며 남은 삶을 보낼까 생각했던 것인데, (코델리아에게) 나가라, 꼴도 보기 싫다! 저 애와 아비로서의 애정을 끊는 만큼, 이제는 무덤이 내 안식처가 될 수밖에! 프랑스 왕을 불러라! 무얼 꾸물거리느냐? 버건디 공작을 불러! 콘월과 올버니는 두 딸에게 준 재산 말고도 셋째에게 주려던 재산도 나누어 가져라. 너는 정직이라는 자만심을 지참금 대신으로 가지고 혼례를 올리거라. 너희 둘에게만 나의 권리와 통치권과 왕위에 따르는 모든 아름다운 영예를 넘겨주겠다. 나는 달마다 백 명의 기사를 거느리고 너희들의 부양 아래, 한 달씩 번갈아 두 집에 머무르면서 생활하기로 하겠다. 나는 왕이라는 이름과 명예만을 보유하고 나라의 통치와 수입, 그 밖의 집행권을 모두 너희들 두 사위에게 맡기겠다. 그 증거로 여기에서 이 왕관을 둘에게 줄 테니 서로 같이 써라.

켄트 전하! 저는 전하를 주군으로서 공경하고 아버지같이 경애하며, 주인으로서 따르고, 그리고 위대하신 보호자로서 그 행복을 기도해 왔습니다. 하오나…….

리어 왕 활은 당겨졌으니, 화살에 맞지 않게 하라.

켄트 차라리 쏘십시오. 그 화살에 제 심장이 뚫리는 한이 있더라도 저는 물러서지 않겠습니다! 전하의 마음에 광기가 있으시다면 켄트도 예의만 지키고 있을 순 없습니다. 왜 이러십니까? 국왕이 아부에 굴복할 때 충신이 간언하기를 두려워한다고 생각하십니까? 왕이 어리석은 행동을 하면, 명예를 존중하는 신하라면 진언을 아니할 수 없습니다. 전하의 권한을 그대로 보존하십시오. 그리고 깊이 생각해서 경솔하고 망측하신 처분을 거두십시오. 제 판단이 틀렸다면 목숨을 내놓겠습니다만, 막내따님은 절대로 효심이 뒤떨어지는 것이 아닙니다. 또한 목소리가 낮아 쩡쩡 울려대지 않는다고 해서 진심이 없는 것은 아닙니다.

리어 왕 목숨이 아깝거든 아무 말도 마라, 켄트!

켄트 제 목숨은 전하의 적과 싸우기 위해서 언제라도 버릴 각오가 되어 있습니다. 전하의 안전을 위해서 버린다면 조금도 아깝지 않습니다.

리어 왕 물러가라, 보기 싫다!

켄트 눈을 뜨시고 잘 보십시오. 그리고 언제나 저를 전하의 진정한 과녁으로 삼으십시오.

리어 왕 정말 아폴로 신을 두고 맹세하지만…….

켄트 저 또한 아폴로 신을 두고 맹세하지만, 전하께서는 신에게 허망한 맹세를 하시는 겁니다.

연극 〈리어 왕〉 코델리아(로몰라 가레이)와 버건디 공작(피터 힐턴)을 바라보는 리어 왕(이안 맥켈런).
버건디는 지참금을 목적으로 코델리아에게 구혼했으나 리어가 그녀의 상속권을 박탈했다고 말하자 그녀를 거절한다.

리어 왕 이 불충한 놈 같으니라고! (칼을 잡는다)

올버니·콘월 고정하십시오, 전하!

켄트 이 충직한 의사를 죽이고, 사례는 유행병 귀신에게 하십시오. 아까 하신 말씀을 취소하지 않으시면, 이 목에서 소리가 나오는 한 그건 단연코 잘못이라고 계속 외치겠습니다.

리어 왕 이 고얀 놈! 충성을 잊지 않았다면 내 엄명을 들어라! 내가 이때까지 깨뜨려 본 일이 없는 이 맹세를 너는 오늘 나로 하여금 깨뜨리게 하려 했을 뿐 아니라, 불손한 태도로 내 명령과 왕권 사이에 방해를 하고, 인정상으로나 지위상으로나 도저히 참지 못할 일을 나에게 하게 하려고 한 것이니……자, 국왕의 실권이 어떠한 것인지 맛을 좀 보아라. 닷새 동안의 여유를 주겠으니, 그동안에 세파의 재난을 피할 수 있는 준비를 해라. 그러나 엿새째는 이 왕국에서 그 밉살스런 등을 돌려라. 만약 열흘 뒤에도 추방된 몸을 국내에 둔다면 발견하는 즉시 사형에 처하겠다. 냉큼 물러가라! 맹세하건대, 이 명령은 절대로 취소하지 않겠다.

켄트 그럼 안녕히 계십시오. 정 그러시다면, 이 나라에는 자유는 없고 추방만이 있을 뿐입니다. (코델리아에게) 모든 신께서 공주님을 보호해 주시기를…… 공주님의 마음은 정당하고, 말씀은 성실하셨습니다. (리건과 고네릴에게) 두 분의 거창한 말씀이 실행되고, 좋은 결과가 진정한 효심에서 우러나기를 빕니다. 그리고 두 분 공작 각하, 켄트는 이만 작별의 인사를 드립니다. 이제 새로운 나라에서 제 습관대로 살아가 보겠습니다. (퇴장)

우렁찬 나팔 소리. 글로스터, 프랑스 왕과 버건디 공작을 안내하여 등장. 시종들이 따라 나온다.

글로스터 프랑스 왕과 버건디 공작이십니다.

리어 왕 버건디 공작, 먼저 공작에게 묻겠는데, 여기 계신 프랑스 왕과 더불어 내 막내딸을 두고 경쟁하는 공작은 대체 딸의 지참금으로 적어도 얼마만큼을 요구하시오? 만약 아무것도 없다면 이대로 구혼을 포기하겠소?

버건디 전하, 이미 정해 놓으신 몫 이상은 바라지도 않고, 또 전하께서 그 이하를 주시리라 생각지도 않습니다.

리어 왕 버건디 공작, 저 애가 귀여웠던 시절엔 나도 그리 생각했으나, 이제는 가치가 떨어졌소. 저기 저렇게 서 있소. 저 작은 몸뚱이 어딘가에도, 아니 저 몸과 마음을 통틀어 내 노여움밖에는 아무것도 가진 것이 없는 딸이오. 그래도 마음에 든다면 그리 아시고 데려가시오.

버건디 전하, 뭐라고 말씀을 드려야 할지 모르겠습니다.

리어 왕 결점투성이에다 편들어 주는 사람도 없고, 게다가 아비의 미움을 사게 되어 그 저주를 지참금으로 해야 하는 의절한 딸인데, 그래도 데려가겠소, 아니면 포기하겠소?

버건디 죄송하지만 전하, 그러한 조건으로는 도저히 연분이 될 수 없습니다.

리어 왕 그럼 그만두시오. 나를 만들어 주신 신을 두고 맹세하지만, 저 애 재산은 그것이 전부니까. (프랑스 왕에게) 이번에는 왕의 차례요. 대왕과의 평소의 정분을 생각하면, 내가 증오하는 딸을 감히 아내로 삼으라고 하지는 못하겠소. 그러니 피를 나눈 아비가 자기 자식이라고 인정하는 것조차 창피하게 여기는 몰인정한 아이보다는 더 훌륭한 여자에게 사랑을 돌리도록 하

연극 〈리어 왕〉 빌 알렉산더 연출, 시안 브룩(코델리아 역) 출연. 왕립 셰익스피어 극단 공연. 2005.
코델리아는 고네릴과 리건과는 어머니가 다르면서 아버지의 사랑을 받는 막내딸이기 때문에 고네릴과 리건이 코델리아를 원망하게 되었던 것이다.

　시오.

프랑스 왕 참으로 이상한 일입니다. 조금 전까지도 지극한 사랑의 대상으로

청찬을 아끼지 않으셨고, 늘그막의 위안이요, 가장 크고 깊은 사랑의 대상이던 따님이 무슨 나쁜 죄를 저질렀기에 순식간에 그렇게도 극진하시던 총애를 잃고 말았는지요! 정녕 그 죄는 인륜에 어긋나는 해괴한 죄과이겠지요. 그토록 자랑하시던 사랑이 흔적도 없이 사라져 버리다니. 하지만 따님이 그런 죄를 저질렀으리라고는, 기적이 있기 전까지 제 이성으론 믿을 수가 없습니다.

코델리아 (리어 왕에게) 전하께 간절히 청하옵니다. 제가 마음에 없는 말을 술술 잘 꺼내지 못하는 것이 흠일지 모르지만, 저는 마음에 생각한 것은 반드시 실행합니다…… 그러니 부디 한마디만 변명케 해주십시오. 제가 아버지의 총애를 잃은 것은 결코 악덕의 오명, 살인 또는 망측한 잘못 때문이거나 음탕한 짓, 혹은 불명예스런 행동 때문이 아니라, 그저 남의 낯빛을 살피는 눈이나 아첨하는 혀가 없기 때문입니다. 그런 게 없어서 아버지의 노여움을 샀을지라도 그런 것은 없는 편이 오히려 인간으로서 훌륭하다고 생각됩니다.

리어 왕 너 같은 딸은 차라리 태어나지 않았으면 좋았을 텐데. 아비의 마음을 거스르다니.

프랑스 왕 단지 그런 이유입니까? 마음먹은 것을 말하지 않고 실천하는, 말수가 적은 천성 때문에? 버건디 공작, 공작은 공주에게 뭐라고 답변하겠습니까? 사랑이 본질을 떠나 타산적이면 그것은 참된 사랑이 아닙니다. 혼례를 올리겠습니까? 공주님의 지참금은 오직 훌륭한 인품뿐입니다.

버건디 국왕 전하, 처음 전하께서 주시기로 한 것만이라도 주십시오. 그러면 이 자리에서 곧 코델리아 공주를 아내로 맞아, 버건디 공작부인으로 삼겠습니다.

리어 왕 아무것도 못 주겠소. 하느님께 굳게 맹세했소. 내 마음은 흔들림 없소.

버건디 그러시다면 유감스럽지만, 공주는 아버님을 잃었기 때문에 남편도 잃을 수밖에 없습니다.

코델리아 안심하세요, 버건디 공작! 재산을 노리는 혼인 이야기라면 저 또한 거절하겠어요.

프랑스 왕 아름다운 코델리아 공주, 당신은 가진 것이 없어도 가장 부유하고,

버림받았어도 가장 소중하며, 멸시를 받았어도 가장 사랑스러운 여인입니다. 미덕을 가진 당신을 나는 이 자리에서 내 손에 넣겠소. 버려진 것을 줍는 것은 괜찮겠죠. 참 이상하게도 주위 사람들은 몹시 멸시하는데, 오히려 나의 마음은 불붙어 사랑이 갑자기 더 타오르다니! 전하! 지참금도 없이 우연히 저에게 내던져진 따님은 저의 아내, 저희 국민의 왕후, 저희 프랑스의 왕비입니다. 버건디 공작이 떼를 지어 오더라도, 값을 모를 만큼 귀중한 이 아가씨를 저에게서 사가지는 못합니다. 코델리아 공주, 비록 저분들이 매정하다 하더라도 작별 인사만은 하시오. 공주는 이 나라를 잃었지만 그것은 좋은 나라를 발견하기 위해서였소.

리어 왕 그 애를 당신에게 드리니 전하의 것으로 하시오. 나에게는 그런 딸은 없소. 두 번 다시 보기도 싫소. 빨리 떠나라. 은혜도 애정도 축복도 못 주겠다. 버건디 공작, 우린 들어갑시다. (버건디 공작, 콘월, 올버니, 글로스터, 그 밖의 시종들과 함께 퇴장)

프랑스 왕 언니들에게 작별 인사를 하오.

코델리아 아버지의 소중한 언니들, 코델리아는 눈물을 흘리며 작별하겠어요. 언니들의 본심은 잘 알지만, 동생으로서 그것을 발설하기는 싫어요. 다만 아버지를 잘 모시세요. 아까 언니들이 공언한 효도에 아버지를 맡기겠어요. 아, 내가 아버지의 사랑을 잃지 않았다면 아버지를 좀더 좋은 곳으로 모실 수 있었을 텐데. 그럼 언니들, 안녕히.

리건 우리 일에 참견할 필요는 없어.

고네릴 그것보다 네 남편의 비위나 잘 맞춰라. 자선을 한 셈치고 너를 받아들인 남편이니까. 그리고 효도가 부족한 것이니 네가 당한 고통은 마땅한 일이야.

코델리아 가면은 때가 되면 벗겨지게 마련이에요. 나쁜 일은 아무리 감추어도 언젠가는 반드시 드러나는 법이니까요. 그럼 두고두고 행복하세요.

프랑스 왕 자, 갑시다. 코델리아 공주. (코델리아와 함께 퇴장)

고네릴 애, 우리 둘에게 직접 관계있는 일을 좀 의논해야겠어. 아버지는 오늘밤에 떠나실 것 같구나.

리건 그래요, 언니 집으로. 그리고 다음 달에는 우리집으로.

고네릴 늙으셔서 변덕이 심하시구나. 가만히 보니 망령도 어지간하시더라.

그토록 애지중지하시던 막내를 무지막지하게 쫓아내 버리시다니, 너무하시
잖니?

리건 망령이 나신 거지 뭐예요. 하지만 전부터 아버지는 당신께서 하신 일을
조금도 깨닫지 못하셨어요.

고네릴 온전하셨을 때도 성미가 급하셨는데, 이제는 늙으셨기 때문에 오랫
동안 고질이 된 성미에다가 몸이 약해지셔서 노망까지 부리시니 걷잡을 수
없는 망령이지 뭐야. 이젠 우리가 꼼짝없이 당할 수밖에 없게 됐구나.

리건 켄트를 추방하신 것처럼 우리도 언제 무슨 화를 입을지 몰라요.

고네릴 아직 저기서는 프랑스 왕과의 작별 인사로 번잡하기 이를 데 없구나.
얘, 우리는 둘이 함께 대비하자꾸나. 만일 지금 같은 태도로 위세를 부리신
다면, 이번 은퇴는 우리에게 오히려 해가 될 뿐일 테니까.

리건 앞으로 잘 생각해 보도록 해요.

고네릴 당장 무슨 조치를 취해야겠다. 쇠뿔도 단김에 빼라고 하잖니. (모두 퇴
장)

〔제1막 제2장〕

글로스터 백작의 성안.
에드먼드, 편지를 들고 등장.

에드먼드 자연이여, 너만이 나의 여신이다. 너의 법칙에만 나는 따르겠다. 무
엇 때문에 빌어먹을 습관에 복종하고, 쓸데없는 소리에 얽매여 재산 상속
권을 빼앗겨야 한담? 형보다 열두 달에서 열세 달쯤 늦게 태어났다고 해
서? 왜 사생아란 말인가? 무엇이 첩의 자식이란 건가? 나 또한 몸은 균형
잡혀 있고, 마음은 우아하며, 체격도 근사하다. 어디가 정실의 자식보다 빠
지는가? 왜 우리에게 서자라는 낙인을 찍는가? 왜 첩의 자식이란 말인가?
어째서 비천하지? 뭣이 비천하단 말이냐? 첩의 자식, 첩의 자식이라고? 건
전한 자연의 본능이 남의 눈을 피해서 만든 인간이다. 체력이며 기력이 뛰
어난 것이 마땅하지. 재미없고 김빠진 싫증 난 잠자리에서, 깨어 있는지 잠
결인지 모르는 사이에 만들어진 바보 무리와는 다른 법. 자! 그러니 적자인

에드거, 형의 영토는 내가 차지해야겠어. 아버지의 사랑은 적자나 마찬가지로 서자인 이 에드먼드에게도 차별은 없어. 적자, 좋은 말이다! 자, 적자 형님, 만일 이 편지대로 일이 성공만 하면, 서자인 에드먼드가 적자를 누르게 되지. 나는 앞으로 성공하고 출세한다. 아, 여러 신들이여, 서자들 편을 들어주옵소서!

글로스터 등장.

글로스터 켄트는 그렇게 해서 추방당하고, 프랑스 왕은 화가 나서 가버리고, 전하께서도 밤에 떠나버리시고, 왕권을 넘겨주시고 일정한 생활비만을 받게 되셨네! 그런데 이게 다 갑자기 일어났단 말이지? 에드먼드, 무슨 일이냐? 무슨 소식이냐?

에드먼드 (편지를 감추면서) 아, 아버지 아무것도 아닙니다.

글로스터 왜 그렇게 기겁을 해서 그 편지를 감추려고 하느냐?

에드먼드 알려드릴 만한 일은 아무것도 없습니다.

글로스터 지금 무슨 편지를 읽고 있느냐?

에드먼드 아무것도 아닙니다, 아버지.

글로스터 아무것도 아니라고? 그럼 왜 그렇게 허겁지겁 주머니에 쑤셔 넣었느냐? 아무것도 아니라면 감출 필요가 없지 않느냐? 어디 좀 보자. 자, 아무것도 아니라면 안경도 필요 없겠구나.

에드먼드 아버지, 용서해 주십시오. 실은 형님에게서 온 편지입니다. 아직 다는 못 읽었지만, 읽은 데까지로 봐서는 아버지께서 보시면 안 될 것 같습니다.

글로스터 그 편지를 이리 내놓아라.

에드먼드 안 보여드려도, 보여드려도 화를 내실 텐데. 아직 부분적으로밖에 모르겠습니다만, 내용이 좋지 않습니다.

글로스터 빨리 보자, 빨리.

에드먼드 형님을 위해 변명해 두겠습니다만, 아마 이것은 제 효심을 시험해 보고 떠보느라고 쓴 것 같습니다.

글로스터 (읽는다)

노인을 공경하는 세상의 인습 때문에 인생을 가장 즐길 수 있는 청춘 시절을 쓸쓸하게 지내야 하고, 상속받을 재산도 쓰지 못한 채 늙어서 참담게 맛을 즐길 수 없게 된다. 나는 노인들의 포악한 압정에 복종하는 것이 어리석은 일임을 깨닫기 시작했다. 노인들이 우리를 지배하는 것은 실력이 있어서가 아니라, 우리가 감수하기 때문이니라. 이 일에 대해서 의논해야겠으니 내게로 좀 와다오. 다만 내가 잠을 깨게 할 때까지 아버지가 주무시기만 한다면, 아버지 수입의 절반은 영원히 너의 몫이 될 것이며, 너는 나의 사랑을 받는 아우로서 지내게 될 것이다. 에드거로부터.

음! 음모로구나. '내가 잠을 깨게 할 때까지 주무시기만 한다면, 아버지 수입의 절반은 영원히 너의 몫이 될 것이다.' 내 아들놈 에드거가! 그놈이 이것을 썼단 말인가? 그놈이 이런 음모를 꾸밀 심장과 두뇌를 가졌던가? 언제 왔느냐, 이 편지는 누가 가져왔느냐?

에드먼드 누가 가져온 것이 아닙니다. 교묘하게도 제 방 창가에 던져져 있었습니다.

글로스터 이것은 틀림없이 네 형의 글씨지?

에드먼드 내용이 좋다면 형님 글씨라고 단언하겠습니다만, 이 내용으로 봐서는 그렇지 않다고 생각해 두고 싶습니다.

글로스터 분명히 네 형의 글씨다.

에드먼드 형님의 글씨지만, 설마 형님의 본심은 그렇지 않을 겁니다.

글로스터 그놈이 이 문제에 대해서 이전에도 네 마음을 떠본 일이 있었느냐?

에드먼드 그런 일은 한 번도 없었습니다. 그러나 때때로 이렇게 말하더군요. 자식이 성장하면 노쇠한 아버지는 자식의 보호를 받고, 아버지의 수입은 모두 자식이 관리하는 것이 마땅하다고 말입니다.

글로스터 오, 나쁜 놈 같으니라고! 편지의 내용이 꼭 그렇다! 흉측한 짐승 같은 놈! 짐승보다 더 고얀 놈! 그놈을 찾아오너라. 그놈을 체포해야겠다. 무도한 악당! 그놈이 지금 어디에 있느냐?

에드먼드 잘 모르겠습니다. 잠시 노여움을 참으시고, 더 확실한 증거를 잡을 때까지 형님의 마음을 살피시는 게 어떻겠습니까? 그것이 좋은 방법일 것 같습니다. 만일 형님의 뜻을 오해하시고 과격한 수단을 취하시면, 아버지 명예에 큰 흠이 생기고, 형님의 효심을 산산이 짓밟게 될지도 모릅니다. 형님을 위해서 제 목숨을 걸고 보증하겠습니다만, 형님은 틀림없이 제 효심을 시험하려고 이런 편지를 썼을 겁니다. 다른 위험한 의도는 결코 없을 것입니다.

글로스터 너는 그렇게 생각하느냐?

에드먼드 아버지께서 괜찮으시다면, 형님과 제가 이 일에 대해서 의논하는 것을 엿들을 수 있는 곳으로 모실 테니, 숨어서 아버지 귀로 사실을 충분히 들어보심이 어떻겠습니까? 오늘 밤이라도 안내해 드리겠습니다.

글로스터 그런 놈은 아닐 텐데.

에드먼드 절대로 그럴 리가 없습니다.

글로스터 이렇게 진심으로 사랑하는 제 아비에게! 이런 일이 있을 수가! 에드먼드, 그 애를 찾아가서 속마음이 어떤지 알아봐 다오. 네 지혜껏 수단을 부려봐라. 내 지위나 재산을 희생하더라도 확실한 진실을 알아내야겠다.

에드먼드 염려 마십시오. 형님을 당장 찾아내겠습니다. 그리고 온갖 수단을 다해서 일을 진행시키고, 곧 진실을 알려드리겠습니다.

글로스터 요사이 나타난 일식과 월식은 불길한 징조다. 학자들은 자연의 법칙에 비춰서 이러쿵저러쿵 이유를 붙이지만, 그런 변고 때문에 인간들은 확실히 재앙을 받게 마련이거든. 애정은 식고, 우의는 깨지고, 형제는 서로 미워하고 있다. 도시에는 폭동, 지방에는 반란, 궁중에는 역모 등이 일어나고, 아버지와 아들 사이의 의리는 끊어지고 있다. 이 흉악한 아들놈의 경우도 그 전조가 들어맞는 거지. 자식들은 아비를 배반하고, 왕은 자연의 도리에 어긋나는 행동을 하며, 아비는 자식을 버리고, 이제 세상은 말세다. 음모, 허위, 배신, 그 밖의 모든 망조가 보이는 혼란이 무덤에까지 귀찮게 우리를 쫓아오는군. 에드먼드, 이 악당을 찾아오너라. 네게는 조금도 손해가 가지 않게 하겠다. 빈틈없이 조심스럽게 해라. 기품이 있고 충실한 켄트가 추방당하다니. 그의 죄는 단지 정직함이란다! 기괴한 일이지. (퇴장)

에드먼드 참 우습구나. 운수가 나빠지면 자신의 어리석은 행동은 생각지 않고 재앙의 원인을 해나 달이나 별의 탓으로 돌리거든. 마치 인간은 필요에 따라 악한이 되고, 하늘의 강요에 따라 바보가 되고, 천구(天球)의 지배력으로 말미암아 악당이나 도둑이나 모반자가 되고, 천체(天體)의 영향을 받아 주정꾼이나 거짓말쟁이나 간통을 저지르는 사람이 되는 셈이다. 이건 여자를 밝히는 놈들에게는 그럴싸한 책임 회피이지. 음탕한 기질은 병 때문이라고 하면 그만이니까! 내 아버지는 용 별자리의 꼬리 밑에서 내 어머니와 정을 통한 게 틀림없다. 그러니 나는 큰곰자리 별 밑에서 태어난 것이 된다. 그러기에 별의 이치로 봐서 나는 난폭하고 음탕하게 마련이지. 하지만 쳇, 내가 사생아로 태어날 때 하늘에서 가장 순결한 별이 반짝이고 있었다 하더라도, 나는 지금과 조금도 다르지는 않았을 것이다. 아, 에드거……

에드거 등장.

에드먼드 쳇! 때마침 오는구나! 고희극(古喜劇)의 결말처럼, 나의 역할은 미치광이 비렁뱅이가 내뱉는 한숨처럼 지독하게 우울한 것이로구나. 아, 요사이 일식 월식은 그런 불화의 전조였구나. 파, 솔, 라, 미.

에드거 왜 그러니, 에드먼드? 뭘 그렇게 골똘히 생각하니?

에드먼드 형님, 저는 요전에 읽은 예언을 생각하고 있어요. 요즘 있었던 일식 월식 뒤에는 어떤 일이 일어나나 하고.

에드거 넌 그런 일에 흥미가 있니?

에드먼드 그 예언서에 씌어 있는 그대로가 불행히도 하나하나 실제로 일어나고 있는걸요. 예를 들면 부모와 자식 사이의 불화, 죽음과 기근, 오랜 우정의 파탄, 나라의 내란, 왕이나 귀족에 대한 비난과 공격, 까닭 없는 의혹, 친구의 추방, 군대 해산, 이혼 등등 이 밖의 여러 가지 흉사 말입니다.

에드거 대체 언제부터 너는 점성술을 연구해 왔니?

에드먼드 그보다도 언제 아버지를 뵈었습니까?

에드거 지난밤에.

에드먼드 함께 이야기하셨어요?

에드거 그래, 두 시간 동안이나.

에드먼드 좋은 기분으로 헤어지셨습니까? 아버지의 말투나 표정에 화가 나신 기색은 안 보였습니까?

에드거 그런 것은 전혀 없었다.

에드거에게 자신의 방 열쇠를 건네는 에드먼드 리어 왕의 신하 글로스터의 서자 에드먼드는 에드거를 모함한다.

에드먼드 혹시 아버지의 비위를 거스르는 말은 안 하셨습니까? 잘 생각해
보세요. 아무튼 부탁인데, 아버지의 맹렬한 노여움이 누그러지실 때까지 잠
시 아버지 앞을 피하십시오. 매우 화를 내고 계시니, 형님을 해치시게 되는
지도 모릅니다. 그 노기가 그냥 있지는 않을 겁니다.

에드거 어떤 놈이 모함했구나.

에드먼드 저도 걱정하는 점입니다. 그러니 아버지의 노여움이 좀 가라앉을
때까지는 꾹 참으세요. 먼저 제 방에 가 있으면 기회를 봐서 아버지 말씀이
잘 들리는 곳으로 안내해 드릴 테니까요. 자, 어서 갑시다. 열쇠는 여기 있습
니다. 외출할 때는 무기를 지니고 다니도록 하세요.

에드거 무기를?

에드먼드 형님, 진정으로 형님을 생각해서 하는 충고입니다. 형님에게 호의

를 가진 자는 한 사람도 없습니다. 저는 보고 들은 것을 이야기한 것뿐입니다…… 하지만 대강 이야기했을 뿐이고, 무서운 진실을 도저히 말로는 다 할 수 없습니다. 자, 어서 저리로!

에드거 곧 사정을 알려주겠니?

에드먼드 이번 일은 제가 힘이 돼드리겠습니다. (에드거 퇴장) 아버지는 쉽게 곧이듣고, 형은 마음씨가 좋지! 형은 자기가 남에게 나쁜 짓을 안 하니, 남을 의심하지 않거든. 그의 고지식함을 이용하면 내 계략은 쉽게 풀려 나간다! 일은 다 된 셈이지. 혈통으로 안 된다면 꾀라도 부려 영지를 차지해야겠다. 목적을 위해서 수단을 가릴까 보냐. (퇴장)

〔제1막 제3장〕

올버니 공작 저택.
고네릴과 그의 집사 오스왈드 등장.

고네릴 아버지의 광대를 꾸짖었다고 아버지가 우리 기사를 때렸다는 것이냐?

오스왈드 네, 그렇습니다.

고네릴 기가 막혀. 밤낮으로 내게 욕만 보이시는구나. 시간마다 이래저래 나쁜 짓만 하시고, 그럴 적마다 집 안이 온통 난장판이야. 이제는 참을 수 없어. 아버지의 기사들은 난폭해지고, 아버지는 작은 일에도 우리를 야단만 치시는구나. 사냥에서 돌아오셔도 나는 인사하지 않겠다. 몸이 불편하다고 해. 이제부터는 전처럼 받들어 모실 필요 없어. 나무라신다면 내가 책임을 지겠어. (무대 안쪽에서 뿔피리 소리)

오스왈드 전하께서 돌아오시는 모양입니다. 소리가 들립니다.

고네릴 되도록 냉담한 태도를 보여라! 자네도, 다른 하인들도. 나는 그것을 계기로 삼을 테니까. 못마땅하시면 동생에게로 가시라지. 동생도 나와 같은 마음이니까, 그냥 있지는 않을 거야. 망령 난 노인 같으니. 일단 넘긴 권력을 언제까지나 휘두르겠다고! 정말 늙으면 어린애가 된다니까. 비위만 잘 맞춰선 안 되지. 떼를 쓰기 시작하면 나무라기도 해야지. 내가 한 말 잊지

영화 〈리어 왕〉 피터 브룩 감독, 폴 스코필드(오른쪽) 출연. 1971.

말아.

오스왈드 네, 명심하겠습니다.

고네릴 그리고 아버지의 기사들에게도 냉정히 대해. 그 때문에 무슨 일이 일어나도 상관없으니까. 자네 동료들한테도 그렇게 일러. 나는 이것을 트집 잡아서 말하고 싶은 것을 다 말해 줄 테니까. 이제 곧 동생에게 편지를 써서, 나와 행동을 같이하게 해야지. 식사 준비를 해라.

〔제1막 제4장〕

올버니 공작 저택의 홀.
변장을 한 켄트 등장.

켄트 다른 사람 목소리를 꾸며서 내 말투를 감추게만 된다면, 이렇게 변장을 한 목적은 충분히 이룰 수 있을 테지. 자, 쫓겨난 켄트여, 그대를 쫓아낸 그분에게 봉사할 수 있다면, 그대가 공경하는 주군께서 그대의 충성어린 노고를 인정해 주실 날이 반드시 올 것이다.

뿔피리 소리 울리며 리어 왕이 기사와 시종들을 거느리고 등장.

리어 왕 곧 식사를 하겠다. 한시도 지체할 수 없다. 빨리 준비하라고 해라. (시종 한 사람 퇴장) 여봐라! 너는 누구냐?

켄트 남자입니다.

리어 왕 넌 뭘 하는 사람이냐? 내게 무슨 볼일이 있느냐?

켄트 보시는 바와 같은 사람입니다. 믿어주시는 분께는 진심으로 봉사를 합니다. 정직한 사람을 사랑하며, 말수가 적고 현명한 사람과 교제하고, 신의 심판을 두려워하며, 어쩔 수 없을 때에는 싸움도 하는 사람입니다. 그리고 신앙에 따라 물고기는 먹지 않습니다.

리어 왕 너는 대체 누구냐?

켄트 꽤나 정직하고 전하처럼 가난한 사람입니다.

리어 왕 왕이 왕으로서 어울리지 않게 가난하듯이 네가 신하로서 어울리지 않을 만큼 가난하다면, 넌 정말 가난하겠구나. 그래, 네 바람이 무엇이냐?

켄트 섬기고 싶습니다.

리어 왕 누구를 섬기고 싶다는 거냐?

켄트 어르신이요.

리어 왕 나를 아느냐?

켄트 아뇨, 모릅니다. 그런데 어르신 얼굴에는 무언지 모르게 주인어른이라 부르고 싶은 데가 있습니다.

리어 왕 그것이 뭐냐?

켄트 권위입니다.

리어 왕 어떤 일을 할 줄 아느냐?

켄트 정당한 비밀은 굳게 지킬 줄 압니다. 말도 타고, 달음질도 합니다. 꾸며 댄 이야기는 엉망으로 만들지만, 꾸밈없는 전갈은 솔직하게 전할 수 있습니다. 보통 사람이 하는 일은 무엇이든지 합니다. 그리고 가장 좋은 장점을 말하면 부지런합니다.

리어 왕 몇 살이냐?

켄트 노래를 잘 부르는 여자라 해서 그 여자에게 반할 만큼 젊지는 않지만, 형편없는 여자에게 넋을 빼앗길 정도로 늙지도 않았습니다. 이 등에는 사십

팔 년의 세월을 짊어지고 있습니다.

리어 왕 따라오너라, 내 부하로 삼겠다. 식사 뒤에도 내 마음에 든다면, 내 옆에 있게 하지. 여봐라, 식사를! 식사를 가져와! 내 시종은 어디 갔느냐? 내 광대는? 가서 내 광대를 좀 불러오너라. (시종 퇴장)

오스왈드 등장.

리어 왕 여, 여봐라! 내 딸아이는 어디 있느냐?

오스왈드 잠깐, 실례합니다……. (퇴장)

리어 왕 저놈이 뭐라고? 저 멍청한 놈을 불러! (기사 한 사람 퇴장) 내 광대는 어디 있느냐? 여봐라! 세상이 다 잠들었느냐?

기사 다시 등장.

리어 왕 어떻게 됐느냐! 그 개 같은 녀석은 어디 갔어?

기사 그놈 말이 공작부인께선 몸이 편찮으시다고 합니다.

리어 왕 내가 불렀는데도 왜 그 노예 놈이 오지 않는 것이냐?

기사 몹시 난폭한 말투로 오기 싫다고 합니다.

리어 왕 오기 싫다고?

기사 전하! 어찌 된 까닭인지 알 수 없으나, 제 생각엔 예전처럼 전하를 대하는 접대가 후하지 않은 듯합니다. 모두가 몹시 차갑게 대하는 것같이 보입니다. 공작과 공작부인부터 시종들에 이르기까지 모두요.

리어 왕 음! 너도 그리 생각하느냐?

기사 제가 잘못 생각했다면 용서하십시오. 하지만 전하, 전하께 소홀함이 있다고 생각될 때는 신하로서 잠자코 있을 수가 없습니다.

리어 왕 네 말을 들으니, 나도 생각나는 바가 있구나. 요즘 소홀히 대하는 기색이 보였는데, 그들이 실제로 불친절하다기보다는 내가 너무 의심이 많고 까다로운 탓으로 그런 줄 알고 있었다. 앞으로 잘 살펴보기로 하자. 그런데 내 광대는 어디 갔느냐? 이틀 동안이나 볼 수가 없으니.

기사 막내공주님이 프랑스로 떠나신 뒤부터 광대는 몹시 풀이 죽어 있습니다.

리어 왕 이제 그 말은 하지 마라. 나도 그건 알고 있다. 가서 딸아이에게 내가 할 이야기가 있단다고 전하거라. (기사 퇴장) 넌 빨리 가서 광대를 이리로 불러 오너라.

오스왈드 등장.

리어 왕 여봐라, 너, 너 이리 좀 오너라. 너는 나를 대체 누구로 아느냐?

오스왈드 주인아씨의 아버지입죠.

리어 왕 주인아씨의 아버지? 주인의 종놈이...... 이 개 같은 놈, 노예, 들개야!

오스왈드 실례지만 저는 그런 사람이 아닙니다.

리어 왕 이 무례한 놈아! 나를 노려봐? (오스왈드를 때린다)

오스왈드 저도 맞고만 있을 순 없어요!

켄트 누구한테 발길질이냐, 이 축구공 같은 놈아! (오스왈드의 발꿈치를 찬다)

리어 왕 참 잘했다, 믿음직하다. 신세는 잊지 않겠다.

켄트 어서 일어나, 꺼져버려! 위아래 구별을 가르쳐 주마. 썩 꺼져! 또 한 번 뻗어보고 싶거든 그렇게 그냥 있거라. 이놈이 분별이 있나 없나? (오스왈드 퇴장)

리어 왕 너는 친절하군. 고맙다. 월급을 일부 먼저 주겠다. (돈을 준다)

광대 등장.

광대 내게도 이 사람 좀 빌려줘요. 자, 이 광대 고깔을 주겠소. (켄트에게 광대가 쓰는 고깔을 준다)

리어 왕 이놈아! 어찌 된 거냐?

광대 이것 봐, 당신은 광대 모자를 쓰는 게 좋을 거요.

켄트 왜, 광대야?

광대 왜냐고? 쓰러져 가는 사람 편을 드니 그렇죠. 당신도 바람 부는 방향 따라 움직이지 않으면 감기에 걸려요. 자, 이 광대 고깔을 받아요. (리어 왕을 손짓하며) 저분은 두 딸을 내쫓고, 셋째 딸에게는 마음에도 없는 축복을 해

줬어요. 이런 사람 밑에 있으려면 아무래도 이런 모자를 쓰게 돼요…… 그런데 어때요, 아저씨! 나는 광대 고깔 둘과 딸 둘만 가졌으면 좋겠어요!

리어 왕 어째서, 이놈아?

광대 나 같으면 재산은 다 딸에게 내주어도 광대 고깔만은 내가 가지고 싶으니 그렇죠. 이것은 내 거니까 가지고 싶거든 당신 딸들에게 다른 걸 달라고 해요.

리어 왕 이놈아 말 조심해. 맞고 싶지 않으면.

광대 진리는 개와 같으니 정직한 개는 개집으로 쫓겨나 매만 맞아야 하고, 아첨쟁이 암캐는 따뜻한 난롯불 옆에 누워서 방귀만 뀌고 있거든요.

리어 왕 아, 아픈 데만 찌르는구나. 이놈은!

광대 좋은 교훈을 하나 가르쳐 줄게요.

리어 왕 말해 봐.

광대 그럼 잘 들어요, 아저씨! (크게 읊는다)

가진 것을 다 보이지 말고,
알고 있어도 말을 삼가고,
가진 것이 있어도 꾸어주지 말고,
걷느니보다는 말을 타고,
들어도 다는 믿지를 말고,
따서 번 것보다 적게 걸고,
술잔과 계집을 멀리하고,
그리고 언제나 집에 들어앉으면,
열의 곱인 스물보다도 돈이 많이 모인다.

켄트 쓸데없는 소리구나, 광대야.

광대 그럼 무료 변호사의 변론 같게요…… 내게 어떤 보수도 안 주셨으니까요. 아저씨, 아무것도 아닌 것이라도 어디 쓸 데 좀 없을까요?

리어 왕 그야 안 될 말이지. 아무것도 아닌 것에서는 아무것도 나올 수 없으니까.

광대 (켄트에게) 제발 저 사람에게 좀 말해 주세요. 저분 영토의 소작료가 아무엇도 없게 되었다고요. 광대 말은 곧이듣지 않는다니까요.

리어 왕 씁쓸한 말을 지껄이는 광대로군!

광대 당신은 씁쓸한 바보와 달콤한 광대의 차이점이 뭔 줄 아시나요?

리어 왕 몰라, 좀 가르쳐 줘.

광대 (크게 읊는다)

영토를 주어버리라고
당신께 권유한 신하를
내 옆에 데리고 와요.
없으면 당신이 그 사람 대신 그 역할을 해요.
달콤한 광대와 씁쓸한 광대가 당장에 나타나리다.
얼룩옷 입은 달콤한 광대는 여기 있고,
씁쓸한 광대는 저쪽에 있소.

리어 왕 이놈이 나보고 광대라고?

광대 하지만 다른 칭호는 모두 내주어 버리고 남은 것은 광대의 천성뿐이니까요.

켄트 이놈은 아주 바보는 아닌데요.

광대 그야, 영주님이나 훌륭한 분들이 나 혼자 바보 광대 노릇을 하게 놔둬야죠. 나 혼자 광대의 전매특허를 가지려고 해도 다들 몰려와서 한몫 끼겠다지 뭡니까. 귀부인들까지 끼어들어서 나 혼자 광대짓을 하게 놔둬야 말이죠. 아저씨, 달걀 하나만 주세요. 관(冠)을 두 개 드릴 테니까.

리어 왕 무슨 관이 두 개?

광대 달걀 한가운데를 쪼개어 속을 먹어버리면 관이 두 개 되잖아요. 당신이 왕관을 둘로 쪼개서 두 개 다 내주었을 때는, 자기가 탈 당나귀를 업고 진흙 길을 걸어간 셈이었지요. 금관을 줘버린 것은 그 대머리 골통 속에 지혜가 없어서예요. 내가 하는 말을 바보 같은 소리라고 한다면, 그렇게 여긴 놈부터 먼저 매를 맞아야 되죠. (노래한다)

올해는 바보가 손해 보는 해,

똑똑한 사람이 바보 되어
지혜가 잘 안 돌아
하는 짓이 온통 실수뿐이네.

리어 왕 넌 언제부터 그렇게 많은 노래를 했느냐?

광대 당신이 딸들을 어머니로 삼던 때부터죠. 그때 당신은 딸들에게 회초리를 내주고 바지를 벗어 엉덩이를 돌려댔으니까요. (노래한다)

그때 그들은 갑작스레 기뻐서 울었고,
나는 슬퍼서 노래 불렀지.
어찌 된 일인지 왕께서,
까꿍 놀이하며 바보들 틈에 끼어들었네.

아저씨, 당신의 광대에게 거짓말을 가르칠 선생 좀 불러줘요. 거짓말을 좀 배우고 싶으니.

리어 왕 거짓말을 하면 매 맞는다.

광대 당신과 당신 딸들은 어떤 관계인지 모르겠군요. 딸들은 내가 옳은 말을 하면 때린다 하고, 당신은 내가 거짓말을 하면 때린다고 하니까요. 그리고 나는 때로는 말을 않는다고 매를 맞죠. 아, 이제 광대 노릇은 집어치우고 뭐든 좋으니 다른 짓을 해야겠군요. 하지만 당신같이 되기는 싫어요. 당신은 지혜의 양쪽 끝을 다 잘라내 버려서 가운데는 아무것도 남은 게 없으니까 말이에요. 저기 잘라낸 조각 하나가 마침 오는군요.

고네릴 등장.

리어 왕 애, 왜 그러냐? 얼굴을 찡그리고 있는 것 같구나. 요샌 줄곧 왜 그렇게 이맛살을 찌푸리고 있느냐?

광대 당신은 딸의 찡그린 얼굴에 신경을 쓰지 않아도 좋았던 시절엔 좋은 사람이었는데. 이제는 값이 없는 영(0)이군요. 당신보다는 내가 낫죠. 나는 바보 광대지만 당신은 아무것도 아니거든요. (고네릴에게) 네, 아무 말도 안

하지요. 말씀은 안 하셔도, 얼굴빛으로 알아볼 수 있으니까요. (크게 읊는다)

쉿, 쉿!
제아무리 세상만사가 싫다곤 해도,
빵이 없어봐라, 배가 고프지.
(리어 왕을 가리키며) 저것은 알맹이 빠진 콩깍지요.

고네릴 아버지, 제멋대로 지껄이는 이 광대뿐 아니라 데리고 계신 다른 기사들도 모두 걸핏하면 트집을 잡고 시비를 하며, 망측하고 난폭한 것이 참을 수 없을 지경입니다. 한번 확실히 말씀드려서 안전책을 마련하려고 생각해 왔는데, 요즘 아버지 말씀이나 행동에는 이상한 점이 많습니다. 혹시 아버지가 그런 난폭한 행동을 두둔하시고, 부추기고 계신 것이 아닌지 걱정스럽습니다. 만일 그렇다면 그 잘못은 마땅히 비난을 받아야 하며, 저희들로서도 어쩔 수가 없습니다. 나라의 안녕을 위해서라도 무슨 조치를 해야 하겠는데, 그렇게 하면 아버지는 화를 내실 테고, 또 다른 때 같으면 저의 집도 불명예스럽겠습니다만, 이런 어쩔 수 없는 사정이라면 현명한 처사라고 세상은 인정할 것입니다.

광대 (크게 읊는다)

아저씨, 아시죠.
참새가 뻐꾸기를 모르고 길렀다가
끝내는 새끼 뻐꾸기에게 먹혀버렸지.
그리하여 촛불도 꺼지고
우리는 캄캄한 어둠 속에 남게 됐지.

리어 왕 넌 내 딸이냐?

고네릴 아버지는 본디 현명하시니, 그 좋은 지혜를 잘 좀 써주세요. 그리고 요사이처럼 아버지답지 않은 망령은 좀 버리세요.

광대 수레가 말을 끌면 당나귀인들 모르겠소? 아줌마! 나는 당신에게 반했어요.

리어 왕 여기 누가 나를 알아보는 자가 없나? 이것은 리어가 아니다. 리어가 이렇게 걷고, 이렇게 말을 하더냐? 리어의 눈은 어디 있지? 머리가 둔해지고, 분별력이 줄고 있나? 하! 깨어 있는가? 깨어 있지 않는가? 내가 누군지, 누가 좀 말해 줄 수 없는가?

광대 리어의 그림자요!

리어 왕 나는 그걸 알고 싶은 거다. 국왕의 표지로나 지혜, 이성으로 판단해서 내게는 딸자식들이 있었던 것 같은데, 내가 잘못 알고 있었느냐?

광대 그 딸들이 당신을 유순한 아버지로 만들자는 거죠.

리어 왕 귀부인, 당신의 이름은?

고네릴 그렇게 딴청을 부리시는 것이 요사이 아버지의 짓궂은 장난이에요. 제발 제 뜻을 올바르게 이해해 주세요. 아버지는 존경받는 노인이시니 지혜로우셔야 합니다. 아버지는 백 명의 기사와 시종을 거느리고 계시지만, 그들은 정말 난폭하고 음탕하며 방종하기 때문에 저희 집은 그들의 행실에 감염되어 무뢰한들의 여인숙 같습니다. 주색으로 이 위엄 있는 저택이 천한 주점이나 색싯집 꼴이 되었어요. 그러니 시종들을 좀 줄여주셔야겠습니다. 만약 이 요청을 들어주시지 않는다면, 이쪽에서 마음대로 조치하겠습니다. 그리고 남아서 아버지를 시중들 사람들은 자기 자신들과 아버지 처지는 물론, 아버지 나이에 어울리며 사리를 분별할 줄 아는 자들이어야 합니다.

리어 왕 지옥의 악마 같으니! 말을 준비해라! 내 시종을 모두 불러! 못된 계집년 같으니, 네 신세는 안 지겠다. 내게는 또 다른 딸이 있어.

고네릴 아버지는 제 사람들을 마구 때리고 아버지의 난폭한 시종 무리는 마치 윗사람을 하인 다루듯 합니다.

올버니 등장.

리어 왕 다 늦게 후회해도 소용없지! (올버니를 보고) 아, 왔는가? 이것은 네 뜻이냐? 답을 듣자! 말을 준비해라. 배은망덕하고 돌 같은 마음을 가진 악마년, 너는 자식의 탈을 쓰고 있으나 바다의 괴물보다 더 흉악하구나.

올버니 부디 고정하십시오.

리어 왕 (고네릴에게) 가증스러운 솔개야, 거짓말하지 마라! 내 부하는 모두 가려 뽑은 사람들뿐이다. 신하의 본분을 잘 분간하고 모든 일을 소홀히 하지 않으며, 자기 명예를 무엇보다 존중하는 사람들이다. 오, 아주 조그만 허물이었는데, 코델리아의 허물이 어째서 그토록 추악하게만 보였을까? 그 허물은 고문하는 도구같이 내가 지닌 정을 있어야 할 곳에서 뽑아내어 내 마음으로부터 모든 애정을 없애고, 증오심만 늘게 했구나. 오 리어, 리어, 리어! (자기 머리를 치면서) 이 문을 때릴 수밖에. 못난 생각만 끌어들이고, 귀중한 분별은 쫓아버렸으니! 자, 부하들아, 가자. (기사들과 켄트 퇴장)

올버니 전하, 저는 전하께서 무엇 때문에 역정을 내시는지 모를뿐더러 아무런 잘못도 없습니다.

리어 왕 그럴지도 모르지. 자연의 여신이여, 들으소서! 만일 저 인간의 몸에서 자식을 낳게 할 뜻을 가지셨다면, 그 뜻을 거두십시오. 제발 이년의 배는 자식을 못 가지게 하소서. 이년의 몸속에 있는 생식의 힘을 말려버리고, 그 타락한 육체에는 어미로서의 명예가 되는 자식을 낳지 못하게 하소서! 마지못해 아이를 낳아야 할 때라도 몹쓸 자식을 낳게 하고, 그 자식이 성장하여 부모를 배반하고 일생 어미에게 고생의 씨가 되도록 해주소서. 그 아이로 말미암아 젊은 어미의 이마에는 깊은 주름이 지고, 그 볼에는 눈물의 골이 패게 하소서. 자식을 생각하는 어미의 노고와 은혜는 죄다 모멸과 웃음거리가 되게 해주소서. 그리하여 은혜를 모르는 자식을 갖는 일은 독사의 이빨보다 무섭다는 것을 깨닫게 해주소서! 비켜, 비켜! (퇴장)

올버니 대체 어찌 된 일이오?

고네릴 당신은 모르셔도 괜찮아요. 실컷 마음대로 하시게 놔두세요. 망령을 부리시는 거예요.

리어 왕, 미친 모습으로 다시 등장.

리어 왕 뭐야, 내 시종을 단번에 쉰 명이나 줄여? 두 주일도 채 못 돼서?

올버니 대체 어떻게 된 겁니까?

리어 왕 그 이유를 말하지. (고네릴에게) 에이, 가증스러운 것! 너 같은 것 때문에 대장부가 이렇게 흥분하여 우는 것은 창피하다. 너 때문에 이렇듯 뜨거운 눈물을 흘려야 하다니. 너 같은 건 독기 찬 안개에나 싸여버려라! 애비

딸 고네릴을 원망하는 리어 고네릴 집에 머물게 된 리어 왕은 딸에게 푸대접을 받고, 자신이 거느리는 신하들의 숫자를 줄이려는 딸네 집에서 쫓겨난다. 당황한 리어 왕은 저주의 말을 퍼붓는다.

의 저주가 네 몸뚱이에 구멍을 뚫어, 모든 감각을 마비시켜 버려라! 어리석은 늙은 눈아, 두 번 다시 이런 것으로 울면 너를 뽑아서 헛되이 흘리는 눈물과 함께 땅에 내던져 땅이나 적시게 하겠다. 끝내 이렇게 되고 마는가? 하! 상관없다. 내게는 또 다른 딸이 있지. 그 애는 틀림없이 친절하게 위로해 줄 거다. 네가 이렇게 했다는 것을 들으면, 그 애는 너의 이리 같은 낯짝을 손톱으로 할퀴어 놓을 거다. 두고 봐라. 나는 다시 이전같이 되어 보일 테니. 내가 영원히 왕위를 내던져 버린 거라고 너는 생각하고 있지만. (퇴장)

고네릴 지금 보셨지요?

올버니 당신은 나의 소중한 아내지만, 그렇다고 한쪽으로 치우칠 수는 없소.

고네릴 당신은 좀 가만히 계세요…… 이봐, 오스왈드! (광대에게) 너는 광대라기보다 악당이다. 주인을 따라 썩 나가거라!

광대 리어 아저씨, 리어 아저씨, 기다리세요! 광대를 데리고 가요. (크게 읊는다)

　　　잡고 보니 여우라면
　　　여우가 딸이라면,
　　　틀림없이 교수형 신세이건만,
　　　내 모자 팔아서는 밧줄 못 사니,
　　　그래서 광대는 뒤를 쫓아간다오. (퇴장)

고네릴 아버지한테는 좋은 충고가 됐겠네요! 기사를 백 명이나 두다니! 그야 무장한 기사를 백 명이나 거느리는 것은 정치적이고 안전한 방식이겠지요. 꿈자리가 좀 사납다든가 뜬소문, 공상, 불평, 불만이 있으면 언제든지 그 사람들을 방패삼아, 망령기를 내세워 우리 생활을 쥐고 흔들 수 있을 테니까요. 오스왈드, 거기 없어?

올버니 그런데 너무 지나친 걱정이 아니오?

고네릴 지나치게 믿는 것보다는 안전하죠. 해를 입지 않을까 언제나 두려워하는 것보다 걱정거리가 되는 위험물을 없애버리는 게 좋아요. 아버지 속셈은 빤히 들여다보여요. 아버지가 하신 말을 편지로 동생에게 알려주기로 했어요. 그렇게 설명해 줘도 동생이 못 알아듣고 노인과 시종 백 명을 부양한다면…….

오스왈드 다시 등장.

고네릴 오스왈드, 어떻게 됐어? 동생에게 보낼 편지는 다 썼나?

오스왈드 네, 다 됐습니다.

고네릴 몇 사람을 데리고 곧 말을 타고 떠나게. 동생에게 내가 특히 걱정하는 점을 상세히 이야기해. 그것을 더 믿을 만하게 하기 위해서라면 자네 의견을 적당히 덧붙여도 좋아. 어서 떠나. 그리고 서둘러 돌아와. (오스왈드 퇴장) 안 돼요. 당신의 친절한 방법을 나쁘다고 말할 수는 없지만, 이해하고 들으세요. 그래도 세상은 당신의 해로운 온정을 칭찬하기보다는 지혜의 모자람을 더욱 비난하고 있어요.

올버니 당신의 선견지명이 어디까지 맞을지 의문이구려. 때로는 잘하려고 서두르다가 오히려 나쁘게 되는 일도 있으니까 말이오.

고네릴 염려 마세요. 그렇게 된다면…….

올버니 좋소, 좋아. 결과를 한번 두고 봅시다. (모두 퇴장)

〔제1막 제5장〕

같은 저택의 안뜰.
리어 왕, 켄트, 광대 등장.

리어 왕 너는 이 편지를 가지고 한 발 먼저 글로스터에게 가라. 딸이 편지를 읽고 나서 묻는 말 말고는 네가 아는 이야기라도 하지 말아라. 빨리 가지 않으면 내가 먼저 도착하고 말 거야.

켄트 이 편지를 전할 때까지는 한잠도 안 자겠습니다. (퇴장)

광대 사람의 뇌수가 발뒤꿈치에 달려 있다면 동상에 걸릴 위험이 없을까요?

리어 왕 그야 물론 걸리겠지.

광대 그럼 안심하세요. 당신에게는 칠칠한 지혜도 없으니까요.

리어 왕 하, 하, 하!

광대 두고 봐요. 또 다른 딸도 천성대로 대할 테니까. 말하자면 두 자매는 능금와 사과 정도의 차이뿐이거든요. 게다가 내가 알 수 있는 것은 알 수 있으니까요.

리어 왕 대체 네놈이 뭘 알 수 있다는 거야?

광대 이쪽과 저쪽은 맛이 같죠. 능금은 다 맛이 같듯이요. 그런데 인간의 코가 왜 얼굴 한가운데에 있는지, 아저씨는 아세요?

리어 왕 모른다.

광대 그야, 코 양쪽에 눈을 붙여놓기 위해서죠. 그렇게 해서도 냄새를 맡아 내지 못할 때는 눈으로 알아보게 하기 위해서죠.

리어 왕 (코델리아를 떠올리며) 내가 그 애한테 잘못했어.

광대 굴은 어떻게 껍데기를 만드는지 아세요?

리어 왕 몰라.

광대 나도 몰라요. 하지만 달팽이는 왜 집을 가지고 있는지 그거라면 알아요.

리어 왕 왜 그렇지?

광대 머리를 감춰 넣기 위해서 그렇죠. 그것을 딸들에게 내주지 않고, 또 뿔을 넣을 장소를 잃어버리지 않기 위해서죠.

리어 왕 이젠 자식이라고 생각지 말아야지! 그렇게도 귀여워해 주었건만! 타고 갈 말은 준비되었느냐?

광대 당나귀 같은 바보 하인들이 준비를 하러 갔어요. 북두칠성은 왜 일곱 개밖에 없느냐 하는 데는 재미있는 이유가 있지요.

리어 왕 그야 여덟 개가 아니니까 그렇지.

광대 맞았어요. 당신도 제법 그럴듯한 광대가 될 수 있겠는걸요.

리어 왕 영토를 도로 빼앗아야지! 배은망덕한 것 같으니!

광대 아저씨, 당신이 내 광대라면 내가 좀 갈겨주겠는데요. 나이보다 너무 빨리 늙어버렸으니까.

리어 왕 그게 무슨 소리냐?

광대 똑똑해지기 전에 늙어버리면 안 되잖아요.

리어 왕 하느님, 제발 제정신을 갖게 해주십시오. 미치광이가 되고 싶지는 않습니다!

켄트에게 편지를 맡긴 리어 리어 왕의 명에 따라 쫓겨났던 켄트는 고네릴 집에서 푸대접을 받는 리어 왕의 편지를 가지고 리건 집으로 급히 간다.

신사 한 사람 등장.

리어 왕 어찌 됐느냐! 말 준비는 다 됐느냐?

신사 준비는 다 됐습니다.

리어 왕 자, 가자.

광대 내가 떠나는 것을 보고 깔깔 웃는 숫처녀는 조심들 해요. 언제까지나 숫처녀로 있지는 못할 거야, 내가 아들놈을 단속하기 전에는. (모두 퇴장)

글로스터 백작의 성 안뜰.
에드먼드와 큐런 따로따로 등장.

에드먼드 안녕하시오, 큐런.

큐런 안녕하시오. 지금 아버님을 뵙고 알려드리고 오는 길입니다만, 오늘 밤
콘월 공과 부인이 이곳으로 오신다는 소식입니다.

에드먼드 어쩐 일일까요?

큐런 글쎄, 저도 모릅니다. 세간의 소문은 들으셨지요. 아주 비밀리에 수군대
는 정도의 뜬소문입니다만.

에드먼드 아직 못 들었는데, 대체 무슨 소문인가요?

큐런 쉬, 전쟁이 날지도 모른다는 소문을 못 들으셨나요, 콘월 공작과 올버
니 공 사이에?

에드먼드 전혀 못 들었소.

큐런 그럼 차츰 듣게 될 거요. 안녕히 계시오. (퇴장)

에드먼드 공작이 오늘 밤 이곳에 온다고? 잘됐다! 더없이 잘됐어! 이것이 반
드시 내 일에 도움이 되도록 해야지. 아버지는 형을 잡으려고 수배를 해놓
았지. 그런데 한 가지 어려운 일이 있어. 그것을 꼭 해내야겠다. 곧 시작하
여 행운을 맞이하자! (2층을 향하여) 형님! 잠깐만 내려오세요! 형님!

에드거 등장.

에드먼드 아버지가 감시하고 있습니다. 자, 빨리 달아나세요! 형님이 여기 숨
어 있는 것을 들켰어요. 밤이니 잘됐습니다. 형님은 혹시 콘월 공의 험담을
하신 일이 없습니까? 공작이 여기 오신답니다. 오늘 밤 갑자기, 부인 리건
도 함께. 그분의 편을 들어 올버니 공을 욕하신 일이 없습니까? 생각해 보
세요.

에드거 그런 말은 전혀 하지 않았어.

에드먼드 아버지가 오시나 봅니다. 용서하세요, 형님에게 칼을 빼들어야겠으

니까요. 형님도 칼을 빼들고 방어하는 척하세요. 자, 용감하게 싸우는 척하세요. (큰 소리로) 항복해! 아버지 앞에 나와. 여봐라, 햇불을 가져와, 여기다! (작은 소리로) 빨리 달아나세요. (큰 소리로) 햇불! 햇불을 가져와! (작은 소리로) 안녕히 가세요. (에드거 퇴장) 조금 피가 흐르면 아주 맹렬히 싸운 것처럼 보이겠지. (자기 팔에 상처를 낸다) 주정꾼들을 보니 장난으로 이런 짓도 하더군…… 아버지, 아버지! 여깁니다. 여기예요! 거기 누구 없나?

글로스터와 햇불 든 하인들 등장.

글로스터 애, 에드먼드, 그놈은 어디 있느냐?

에드먼드 이제까지 여기 어둠 속에 서서 칼을 빼들고 괴상한 주문(呪文)을 외며, 달님에게 가호해 달라고 기도하고 있었습니다.

글로스터 그래서 어디로 갔느냐?

에드먼드 보십시오, 이렇게 피가 흐릅니다.

글로스터 그놈은 어디 갔어, 에드먼드?

에드먼드 이쪽으로 달아났어요. 결국 제가…….

글로스터 자, 쫓아가! 놓치지 말아. (하인들 퇴장) 결국 어쨌다는 거냐?

에드먼드 결국 제가 아버지를 살해하는 일에 동의하지 않았기 때문입니다. 그 일에 대해 저는 제 아버지를 죽이는 자에게는 복수의 신들이 벼락을 내린다 설명하고, 또 자식이 아버지께 입은 은혜는 넓고도 커서 끝이 없다고 설명했지요…… 그랬더니 자기의 무도한 계획을 제가 끝내 반대하는 것을 본 형님은, 갑자기 거세게 달려들어 무방비인 저를 공격하고 제 팔을 찔렀습니다. 그러나 저도 제 정당함에 분발하여 지지 않고 맞섰기 때문에 그랬는지, 또는 제가 큰 소리를 질렀기 때문에 놀라서 그랬는지 갑자기 달아나 버렸습니다.

글로스터 멀리 도망친다면 몰라도, 이 나라에 있는 한 잡히지 않고 배기겠느냐. 잡히는 날에는 살려두지 않겠다. 오늘 밤 나의 은인, 귀중한 주인인 공작님이 오신다. 그분의 권위를 빌려 포고를 낼 테다. 이 악한을 잡아서 끌고 오는 자에게 상금을 주고, 숨기는 자는 사형에 처한다고.

에드먼드 형님에게 그런 계획을 포기하도록 충고해 봤으나, 막무가내로 나와서 저는 심한 말로 계획을 폭로하겠다고 위협했지요. 그랬더니 형님의 대답은 이랬습니다. "야, 유산 상속도 못 받을 서자 놈아, 내가 반대하면 누가 네 말을 곧이듣거나 너를 유덕하고 유능한 인간이라고 생각해 줄 줄 아느냐? 천만에. 내가 부정하는 날엔—물론 이번 일도 부정하겠는데, 만일 네가 내 편지를 꺼내놓아 보여도—나는 그것을 몽땅 네놈의 유혹, 모략, 간교라고 오히려 뒤집어씌울 테다. 내가 죽으면 너한테 돌아오는 이익이 매우 크기 때문에, 그게 강력한 동기가 돼서 나를 죽이려 한다는 것을 세상이 모른다고 생각하면 너는 이 세상을 너무 잘못 본 거야."

글로스터 지독하고 철저한 악당이구나! 그래 제 편지도 모른다고 잡아떼더냐? 그런 놈은 내 자식이 아니다. (안에서 나팔 소리) 저것 봐, 공작님의 나팔 소리다! 왜 오시는지 모르겠다. 어쨌든 항구는 모두 닫아버리게 해야겠다. 그놈이 달아나지 못하도록. 공작님은 그것을 허락해 주실 거다. 그러고 나서 그놈의 초상화를 곳곳에 보내어 국내에 있는 누구나가 그놈의 얼굴을 알아보게 해야지. 그리고 내 영토는 효심이 지극한 네가 상속받게 해주겠다.

콘월, 리건, 시종들 등장.

콘월 웬일이오? 이제 막 여기 오니 이상한 소문이 들리던데.

리건 그게 사실이라면, 그 죄인에게는 어떠한 엄벌을 내려도 부족해요. 어떻게 된 일인가요?

글로스터 아, 부인, 이 늙은이의 가슴은 터질 것만 같습니다.

리건 뭐! 그럼 내 아버지가 이름을 지어준 아이가 당신의 목숨을 노렸어요? 아버지가 이름을 지어준 그 에드거가요?

글로스터 아, 부인, 부끄럽기 짝이 없습니다!

리건 그 사람은 혹시 내 아버지 시중을 들고 있는 기사들과 한패가 아니었던가요?

글로스터 그건 모르겠습니다. 하지만 너무나 쓰라린 일입니다.

에드먼드 그렇습니다. 형님은 바로 그 사람들과 한패였습니다.

리건 그렇다면 그 사람이 그런 흉악한 생각을 갖게 됐다고 해도 이상할 건 없습니다. 에드거를 부추겨서 노인을 죽이려고 한 것은 그 패예요. 그들은 노인의 재산을 자기들이 가로채려고 계획한 거예요. 오늘 저녁 언니가 보내온 편지에 그 기사들 이야기가 상세히 적혀 있었어요. 그들이 우리집에 와서 묵게 되면 집을 비우라고 충고했어요.

콘월　그래서 나는 이렇게 집을 비우게 된 거요. 에드먼드, 이번에 아버지께 효도가 극진했다더구나.

에드먼드　제가 해야 할 도리를 다했을 뿐입니다.

글로스터　저 애가 그놈의 흉계를 알아냈지요. 그래서 그놈을 잡으려다가, 이렇게 상처까지 입었습니다.

콘월　그놈을 뒤쫓고 있는 중인가요?

글로스터　네, 그렇습니다.

콘월　체포만 하면 다시는 위해를 가하지 못하게 하겠소. 내 이름을 마음대로 이용해도 좋소. 에드먼드, 너의 효심에는 감복했다. 당장 이 자리에서 나의 부하로 삼겠다. 이런 믿음직한 부하가 필요하거든. 먼저 너를 부하로 삼겠다.

에드먼드　부족한 점이 많습니다만, 진심으로 충성을 다하겠습니다.

글로스터　저로서도 무척 감사합니다.

콘월　아직 모르시죠, 왜 우리가 이렇게 찾아왔는지를?

리건　글로스터 백작, 이런 시간에 어두운 밤길을 온 것은 중대한 일이 있어서입니다. 백작의 조언을 꼭 들어봐야겠어요. 아버지께서도, 언니도, 두 분 사이에 불화가 생긴 이유를 편지로 보내왔습니다. 나로서는 집을 떠나서 답장을 내는 것이 좋을 듯해서, 어느 쪽에나 심부름꾼을 여기서 보내려고 대기시켜 놓았습니다. 상심이 크시다는 걸 잘 알지만, 우리를 위해서 필요한 충고를 해주세요. 그 충고를 당장 좀 들어봐야겠으니까요.

글로스터　잘 알겠습니다. 두 분 모두 참 잘 오셨습니다. (나팔 소리, 모두 퇴장)

〔제2막 제2장〕

글로스터 백작의 성 앞.
켄트와 오스왈드, 따로따로 등장.

오스왈드 밤새 안녕하시오. 당신 이 집 사람이오?

켄트 그렇소.

오스왈드 어디다 말을 매는 거요?

켄트 저기 저 도랑에 매는 게 좋겠지요.

오스왈드 그러지 말고 좀 가르쳐 주오.

켄트 그러고 싶지 않은데.

오스왈드 그럼 마음대로 할 테다.

켄트 내 너를 립스베리 가축우리에 처넣어 두면 그따위 소리는 못 할 거다.

오스왈드 왜 이렇게 욕을 하나? 알지도 못하는 사람에게?

켄트 이것 봐, 미안하지만 나는 너를 잘 알고 있어.

오스왈드 나를 어떻게 알아?

켄트 불한당, 악한, 먹다 남은 찌꺼기나 얻어먹는 놈이지. 비열하고, 오만하며, 경솔하고, 거지 근성이 있는 데다 한 해에 세 벌밖에 옷을 못 얻어 입으며, 수입은 백 파운드밖에 안 되고, 더러운 털양말이나 신는 악당. 겁 많고, 얻어맞으면 소송을 거는 놈! 사생아, 거울이나 들여다보는 건달, 주제넘게 참견하는 놈, 까다로운 놈, 재산이라곤 가방 하나밖에 없는 종놈, 주인을 위한답시고 뚜쟁이 노릇이라도 마다하지 않는 놈, 악질, 거지, 겁쟁이, 뚜쟁이, 이것들을 뒤범벅한 놈. 잡종 암캐의 맏아들놈. 지금 내가 늘어놓은 이름을 한 자라도 아니라고 부인만 해봐, 깽깽거리도록 패줄 테니.

오스왈드 별 괘씸한 놈을 다 보겠네. 알지도 못하는 사이면서 욕을 퍼붓다니!

켄트 이 철면피 같은 종놈아, 나를 모른다고 잡아떼? 전하 앞에서 내가 네 발꿈치를 걸어찬 지 고작 이틀도 안 됐다. 자, 어서 칼을 빼라, 이 악당 놈아! 밤은 밤이지만 달밤이니 잘됐다. 달빛 속에 네 피로 곤죽을 만들어 놓겠다. 이 기생오라비같이 야비한 놈아! 썩 칼을 빼라니까! (칼을 뺀다)

오스왈드 저리 비켜! 너한테는 볼일 없어!

켄트 칼을 빼라, 이놈아! 국왕께 불리한 편지를 가지고 왔지. 인형극으로 말하자면 허영 많은 여자의 편을 들어 그 여자 아버지의 왕좌를 뒤집어엎을 놈이다. 칼을 빼라, 악당아! 빼지 않으면 네 정강이의 살코기를 저며낼 테다! 빼, 악당아! 자, 덤벼라!

오스왈드 여, 사람 살려요! 살인이다! 사람 살려요!

켄트 덤벼라, 이 노예 놈아! 맞서봐라, 이 악당아! 맞서봐. 이 능글맞은 노예야! 덤벼라! (오스왈드를 때린다)

오스왈드 사람 살려요! 살인이다! 살인!

에드먼드, 칼을 빼들고 등장. 글로스터, 콘월, 리건, 하인들 등장.

에드먼드 무슨 일이오? 웬 싸움이오? 이러지 마시오!

켄트 풋내기야, 소원이라면 상대해 주마! 자, 피 맛을 좀 보여주지. 이리 와, 풋내기 신사!

글로스터 칼을? 무기를? 대체 이게 웬 소동이냐?

콘월 목숨이 아깝거든 조용히 해라! 다시 싸우는 놈은 사형이다. 대체 무슨 일이냐?

리건 언니의 심부름꾼과 아버지의 심부름꾼이에요!

콘월 왜 싸움질이냐? 말해 봐.

오스왈드 저는 숨도 쉴 수 없습니다.

켄트 그야 그럴 테지, 너무 용기를 내셨으니까. 비겁한 악당아, 네놈은 자연의 신이 만든 인간이 아니라 재단사가 만든 놈이야.

콘월 이상한 소릴 하는구나, 재단사가 인간을 다 만들어?

켄트 그럼요. 돌장이나 화가라면 저렇게 서툰 것을 만들진 않았을 겁니다. 배운 지 2년밖에 안 된 풋내기라 할지라도 말입니다.

콘월 그런데 왜 싸움이 벌어졌나?

오스왈드 저 늙은 놈의 흰 수염이 불쌍해서 목숨을 살려줬더니…….

켄트 야, 이 제트(Z)자처럼 쓸모없는 사생아 놈아! 나리, 허락하신다면 이 막 빚은 놈을 밟아 뭉개어 회반죽을 만들어 화장실 벽을 바르겠습니다. 늙은 놈의 흰 수염이 불쌍해서라고? 이 할미새 같은 놈이!

콘월 입 닥쳐, 짐승 같은 것. 예의도 모르느냐?

켄트 잘 압니다. 그러나 화날 때는 별문제입니다.

콘월 왜 화가 났지?

켄트 염치도 없는 저런 노예 놈이 칼을 차고 있으니까요. 저렇게 히죽거리는 놈은 끊으려야 끊을 수 없는 신성한 인연의 끈을 쥐새끼처럼 끊습니다. 저런 놈은 주인의 마음속에 뒤끓는 감정에 아첨해 불에는 기름을, 얼음 같은 마음에는 눈을 던집니다. 아니라고 했다가 그렇다고 하고, 그저 주인의 기분에 맞춰 물총새의 주둥아리처럼 자유자재로 방향을 바꾸며, 개처럼 주인을 따라다니는 것밖에 모르는 놈입니다. (오스왈드에게) 뇌전증 환자 같은 낯짝에 염병이나 옮아라! 이놈이 내 말에 웃어? 나를 광대로 아나? 이 거위 같은 놈아, 만약 새럼 벌판에서 너를 만났다면, 꽥꽥 울게 하여 카멜롯까지 곧장 몰고 갔을 텐데.

콘월 이 늙은 놈이 미쳤나?

글로스터 왜 싸움이 됐느냐? 그걸 말해 보아라.

켄트 아무리 원수라도, 나와 저 악당만큼 앙숙은 없습니다.

콘월 왜 악당이란 말이냐? 저자가 무얼 어쨌다는 거냐?

켄트 저 낯짝이 마음에 안 들어요.

콘월 그럼 내 얼굴도, 저자 얼굴도, 내 아내의 얼굴도 모두 마음에 안 들겠구나.

켄트 정직하게 말하는 게 제 소임입니다만, 저는 지금 제 앞에 보이는 누구의 어깨 위에 얹힌 얼굴보다도 훌륭한 얼굴을 보며 살아왔습니다.

콘월 이놈이 솔직하다고 칭찬을 받으니 우쭐해서 일부러 더 난폭한 짓을 하고, 자기 천성과도 맞지 않는 행동을 하는 것이다. 아첨을 못 한다고! 정직하고 솔직하니까 사실을 말 안 하고 못 배긴단 말이지! 세상 사람들이 그것을 받아주면 좋고, 안 받아줘도 솔직히 할 말은 한다는 거지. 이런 놈들을 나도 알고 있어. 솔직함을 간판으로 내걸고 뱃속에는 흉측한 계획을 감추고 있거든. 이따위 부류의 떨거지들은 윗사람에겐 언제나 쩔쩔매고 굽실대면서 주인의 비위를 맞추는 아첨꾼 스무 명보다도 더 간악하고 흉측한 것들이야.

켄트 공작 각하, 진실과 성실을 가지고 위대하신 각하의 용서를 빕니다. 각하의 위엄과 권위는 빛나는 태양신의 이마를 둘러싸는 후광과도 같사오며…….

콘월 무슨 생각으로 그러는 거냐?

켄트 공작님 마음에 안 드시는 것 같아, 제 말버릇을 고쳐보자는 겁니다. 저는 아첨은 할 줄 모릅니다. 솔직한 말투로 공작님을 속인 자가 있었다면 그놈은 진짜 나쁜 놈입니다. 그런데 저로선 그런 놈이 될 수는 없습니다. 설령 공작님이 역정을 내시는 바람에 절보고 "그런 놈이 되어보라" 말을 하시게 할 수는 있을지라도요.

콘월 (오스왈드에게) 한데 무엇 때문에 저놈을 화나게 했지?

오스왈드 저는 잘못이 없습니다. 며칠 전 저놈의 주인인 국왕께서, 오해를 하시고 저를 때린 일이 있습니다. 그때 저놈이 한패가 되어 왕의 역정에 비위를 맞추어 뒤에서 제 발을 걸어찼습니다. 그래서 제가 쓰러지자 의기양양하여 조롱하고, 마치 영웅이나 된 것처럼 우쭐대고, 그것이 대견한 양 칭찬을 받았습니다. 일부러 져준 것을 가지고 그 엉뚱한 공로에 맛이 들었던지 여기서 또 칼을 뺐답니다.

켄트 이런 악당들과 거짓말쟁이들이 트로이 영웅 아이아스도 바보로 만든다니까.

콘월 족쇄를 가져오너라! 이 고집통이 늙은 악한, 나잇값도 못하는 허풍쟁이 버릇을 고쳐주겠다.

켄트 너무 늙어서 이제 배울 수는 없습니다. 족쇄는 채우지 마십시오. 저는 국왕의 시종입니다. 국왕의 일로 여기 왔습니다. 국왕의 일로 온 사람을 형틀에 채우면 불경한 일이며 명백한 악의를 표시하는 일이 될 것입니다.

콘월 빨리 족쇄를 가져오너라! 내 생명과 명예를 두고 엄명한다! 이놈을 정오까지 족쇄에 채워 놓아라.

리건 정오까지요? 밤까지, 아니 밤새도록 채워 놓게 하세요.

켄트 마님, 제가 아버님의 개라도 그렇게 마구잡이로 대우하지는 않을 것입니다.

리건 아버지가 데리고 있는 악한이니까 그렇지.

콘월 이놈이 바로 처형 편지에 있는 그 패거리다. 빨리 족쇄를 가져오너라.

하인들이 족쇄를 들고 등장.

글로스터 공작님, 그러지 마십시오. 그놈의 죄는 크지만, 주인인 국왕께서 엄히 꾸짖으실 겁니다. 각하의 처벌은 비열하고 비루한 악당들이 좀도둑질이

나 그 밖에 흔해빠진 범죄 때문에 받는 처벌입니다. 전하께서 자신의 심부름꾼이 그렇게 벌받은 것을 아시면 틀림없이 불쾌하게 생각하실 것입니다.

콘월 그 책임은 내가 지겠소.

리건 언니야말로 화를 낼 거예요. 자기 전령이 욕을 당하고 습격을 당했다는 걸 알면. 저 다리에 족쇄를 채워요. (켄트, 족쇄에 채워진다) 여보, 이제 우린 갑시다. (글로스터와 켄트만 남고 퇴장)

글로스터 참 안됐소만, 공작의 뜻이 그러하니 나로서도 어쩔 수 없어요. 누구나 알다시피 그분의 고집은 아무리 말려도 막을 수 없으니까요. 그러니 내가 한번 용서를 청해 보리다.

켄트 그만두시오. 밤새 자지 않고 걸어왔더니 몹시 고단합니다. 한잠 푹 자고 나서 잠이 깨면 휘파람이나 불겠소. 세상에는 착한 사람이라도 운이 기우는 법이 있으니까요. 그럼 안녕히 주무시오!

글로스터 이것은 공작님의 잘못이야. 국왕께서 화를 내실 거야. (퇴장)

켄트 선량하신 전하, 전하께서는 하늘의 축복을 버리고 뙤약볕으로 나간다는 격언을 몸소 체험하셔야 합니다. 이 세상을 비추는 등불이여, 어서 오라. 네 빛의 도움으로 이 편지를 읽고 싶다. 불운에 빠지지 않고서는 기적이란 거의 볼 수 없지. 이것은 확실히 코델리아 공주님의 편지다. 내가 이렇게 변장을 하고 있다는 것을 다행히도 알고 계시는 모양이구나. 시기를 보아서 이 난세로부터 나라를 구하고, 손실을 보상해 주실 모양이구나. 피로와 밤샘으로 녹초가 되었다. 졸음이 와서 눈이 무거워지니 천만다행이다. 이 굴욕적인 잠자리는 보지 않게 하니. 운명의 신이여, 안녕. 뒷날 다시 미소를 보여주고 행운의 수레바퀴를 돌려다오! (잔다)

〔제2막 제3장〕

어느 숲.
에드거 등장.

에드거 내 체포령이 내려진 모양인데, 다행히 나무 구멍 속에 숨어서 잡히는 건 면했군. 항구는 모두 봉쇄되고, 나를 체포하기 위해 엄중한 경계망이

숲속으로 달아나는 에드거 에드먼드는 아버지 글로스터를 속여 형 에드거를 잡으라는 명령을 내리게 한다. 에드거는 거지로 변장하고 숲속을 헤맨다.

쳐 있지 않은 곳이라곤 없다. 도망치는 데까지 도망쳐서 목숨을 지켜야 한다. 그러려면 구질구질하고 비천한 거지 꼴로 지내야 한다. 얼굴에는 숯검정을 바르고, 허리에는 낡은 걸레를 두르고, 머리칼은 엉기어 매듭을 짓게 하고, 비바람이나 찬 서리에도 발가벗고 지내야겠다. 이 나라에서 베들레헴의 떠돌아다니는 미치광이 거지들이 좋은 본보기다. 그들은 무서운 소리로 떠들며 마비되어 무감각해진 자기 팔에 바늘, 나무 꼬챙이, 못, 로즈메리 나뭇가지 등을 꽂곤 하더군. 그런 무서운 꼴로 구차한 농가나 가난한 마을, 양우리, 물방앗간 등을 찾아다니면서 때로는 미친놈의 저주도 해보고 때로는 기도도 외며 동냥을 달라고 볶아대더군. "불쌍한 거지 털리곳, 불쌍한 거지 톰입니다!" 이렇게 하면 목숨을 이어갈 수 있겠지! 예전의 에드거는 사라지는 거야. (퇴장)

〔제2막 제4장〕

글로스터의 성 앞.
켄트는 족쇄에 묶여 있다. 리어 왕, 광대, 신사 등장.

리어 왕 이상하군. 이렇게 갑자기 집을 비우고, 더욱이 내 전령도 돌려보내지 않는다는 것은?

신사 제가 들은 바에는, 어젯밤까지도 떠나려는 뜻이 없었다고 합니다.

켄트 어서 오십시오, 전하!

리어 왕 에잇! 너는 그런 모욕을 가만히 당하고 있었느냐?

켄트 천만의 말씀입니다.

광대 하, 하, 하! 잔인한 대님을 매고 있군요. 말은 머리를, 개와 곰은 모가지를, 원숭이는 허리를, 사람은 다리를 묶이는군요. 다리를 함부로 쓰면 나무 양말을 신게 되기 마련이죠.

리어 왕 너의 신분을 몰라보고 그렇게 한 놈은 누구냐?

켄트 두 분입니다, 따님과 사위님.

리어 왕 아니겠지.

켄트 맞습니다.

감옥에 갇힌 몸으로 리어 왕을 맞이하는 켄트 리어 왕의 편지를 가지고 리건을 찾은 켄트는 콘월에
의해 감옥에 갇히게 된다.

리어 왕 아냐, 그럴 리 없어.

켄트 제 말은 사실입니다.

리어 왕 아냐, 아냐. 그런 짓을 할 사람들이 아니다.

켄트 아닙니다, 실제로 그랬습니다.

리어 왕 유피테르 신을 두고 맹세하지만 그렇지 않아!

켄트 유노 신을 두고 맹세하지만 그랬습니다.

리어 왕 그들이 감히 그럴 리가 없어. 하지도 못 하겠지만 하려고도 안 했을
거야. 국왕의 전령에게 감히 그런 난폭한 짓을 하다니, 살인보다 더 괘씸한
짓이다. 국왕의 전령인 네가 이런 벌을 받을 짓을 했는지, 아니면 그들이 너
에게 이런 벌을 강압적으로 내렸는지, 그 상세한 내용을 빨리 말해 봐라.

켄트 제가 그 댁에 도착해서 두 분께 전하의 친서를 전하느라 무릎을 꿇고 있을 때, 자리에서 제가 채 일어나기도 전에 마침 전령 한 사람이 뛰어왔습니다. 그자는 급히 달려오는 바람에 땀범벅이 된 채 숨을 헐떡거리며 자기 주인 고네릴 마님의 안부를 전하고자 저를 제쳐놓고 편지를 내놓았습니다. 두 분은 그 자리에서 그걸 읽어보더니 갑자기 하인들을 불러 모아 말을 타고 떠나버렸습니다. 그리고 저보고는 "뒤따라 오너라. 틈이 나는 대로 답장을 쓰겠다" 하시며, 싸늘한 눈초리로 노려보셨습니다. 그리고 여기 와서 다른 전령을 만났습니다만, 그 자식의 인사에 저는 기분을 잡쳤습니다. 글쎄, 그 자식은 요전번에 전하 앞에서 무례하게 군 놈이어서 칼을 뺐습니다. 그랬더니 그 겁쟁이가 비명을 질러 이 집 사람들을 몽땅 깨워 버렸습니다. 전하의 사위님이나 따님은 제 죄는 이런 욕을 보여주어도 마땅하다고 보신 겁니다.

광대 겨울은 아직 안 지나갔군요, 기러기들이 저리 날아가는 걸 보니. (크게 읊는다)

아비가 누더기를 걸치면
자식은 모르는 척하지만,
아비가 돈주머니를 차고 있으면
자식들은 모두 다 효자.
운명의 여신은 이름난 창녀라
가난한 사람에겐 문을 열지 않는다.

하지만 당신은 딸들한테서 1년 내내 헤아려도 못다 헤아릴 만큼 근심 주머니를 얻을 겁니다.

리어 왕 아, 이 가슴속에 화가 치미는구나! 울화 덩어리야! 내려가거라! 치미는 슬픔아! 네가 있을 곳은 배 속이다! 딸애는 어디 있느냐?

켄트 백작과 함께 안에 계십니다.

리어 왕 너는 따라오지 말고 여기 있어. (퇴장)

신사 지금 말씀하신 것 말고는 다른 무례한 짓을 아무것도 안 하셨습니까?

켄트 전혀 안 했습니다. 그런데 전하께서는 왜 이렇게 시종을 조금만 데리고

드라마 〈리어 왕〉 마이클 엘리엇 감독, 로렌스 올리비에 출연. 1983.
리어 왕을 연기하는 로렌스 올리비에

　오셨습니까?

광대　그런 것을 묻다가 족쇄를 차게 된 거라면 족쇄를 차도 마땅하오.

켄트 어째서냐, 광대야?

광대 개미에게 가서 배우시게. 겨울에는 일하지 않는다는 것을. 코가 향한 데로 가는 놈도 장님 아니면 모두 눈을 믿고 가죠. 악취를 맡아내지 못하는 코는 스무 개 가운데 하나도 없어요. 커다란 수레바퀴가 산에서 굴러 내릴 때는 매달리지 말아야 하는 법이죠. 매달리고 있으면 목이 부러지고 말테니까요. 하지만 그 커다란 수레바퀴가 올라갈 때는 누구더러 뒤에서 밀어 달라고 해야 하겠죠? 현명한 사람이 와서 이보다 더 좋은 것을 가르쳐 주면, 오늘 내가 가르친 말은 내게 도로 돌려줘요. 이것은 못된 놈에게나 그대로 따르라고 해야지, 광대가 한 충고니까. (크게 읊는다)

> 돈이 탐나서 굽실거리며
> 겉으로만 부하인 척 따르는 놈은
> 비라도 내리면 보따리 싸니,
> 주인만이 홀로 남아 흠뻑 젖는다.
> 그러나 나는, 광대는 이대로 남아 있겠다
> 똑똑한 놈은 달아난대도.
> 달아나는 악당은 바보가 돼도,
> 광대는 절대로 악당이 되지 않는다.

켄트 광대야, 너는 어디서 그런 것을 배웠느냐?

광대 바보같이 족쇄 차고 배운 건 아니오!

　　　리어 왕, 글로스터 등장.

리어 왕 나를 만나지 않겠다고? 둘이 다 병이 났다고? 피곤하다고? 밤새 여행을 했다고? 순전히 핑계다. 아비를 배신하여 아비를 버리려는 징조다. 더 나은 대답을 받아 가지고 오너라.

글로스터 전하, 아시다시피 공작은 성정이 불같아 한번 이렇게 말하면 꼼짝하지 않습니다.

리어 왕 경을 칠 것! 염병이나 걸려라! 죽어버려! 박살 나버려라! 불같아? 기질이 어쩌고 어째? 이것 봐, 글로스터, 글로스터! 내가 콘월 부부를 만나려고 하는 거다.

글로스터　네, 그렇게 말씀드렸습니다.

리어 왕　말씀을 드렸다? 그대는 내가 누군지 알고 있는가?

글로스터　잘 알고 있습니다.

리어 왕　국왕이 콘월과 할 이야기가 있단 말이다. 아비가 딸과 할 이야기가 있으니 오라고 명령하는 거야. 이 말을 둘에게 전했느냐? 아니, 뭐라고? 불같다고? 불같은 공작이라고? 불같은 공작에게 이렇게 말 좀 전해라. 내가…… 아냐, 혹시 몸이 불편한지도 모르지. 건강한 사람이면 스스로 나서서 하는 일도 병이 나면 게을러지게 마련이니까. 피로 때문에 육체만이 아니라 정신까지도 고통받게 되면 본성을 잃게 마련이지. 음, 참자. 병자의 발작을 건강한 사람과 같이 생각하다니, 내 이 성급한 성질이 문제야. (켄트를 보고) 내 권세도 땅에 떨어졌구나! 무엇 때문에 저 사람을 이렇게 해놓은 거냐? 이걸 보면 공작 부부가 나를 멀리하는 것은 뭔가 흉계가 있는 게 틀림없다. 저 하인을 풀어놓아라. 공작 부부에게 내가 할 이야기가 있다고 전해라. 자, 빨리 나와서 내 말을 들어보라고 해. 그렇지 않으면 침실 문 앞에 가서 북을 쳐서 잠을 쫓아줄 테다.

글로스터　부디 화목하게 지내셨으면 좋겠습니다. (퇴장)

리어 왕　아이고, 울화통이 치미는구나. 울화통이! 진정하자!

광대　얼마든지 소리를 질러요, 아저씨. 점잔 빼는 여편네가 뱀장어 요리를 하려고 산 뱀장어를 밀가루 반죽에 넣을 때처럼요. 기어 나오는 뱀장어 대가리를 때리며 "이놈아, 들어가, 들어가!" 하듯이 말이에요. 그 여자의 오라비 또한 말이 귀엽다고 마른풀에다 버터를 발라준 괴짜라지 뭐예요.

콘월, 리건, 글로스터, 하인들 등장.

리어 왕　모두 다 잘 있었느냐?

콘월　전하께 문안 인사 여쭙니다! (시종들이 켄트를 풀어준다)

리건　오랜만에 뵙게 되어 기쁩니다.

리어 왕　그렇겠지, 리건! 마땅히 그래야지. 만난 것이 기쁘지 않다면 네 어머니가 간통한 여자인 셈이니, 그 무덤을 파내어 이혼을 해야겠지. (켄트를 보고) 오, 풀렸느냐? 그 문제는 나중에 이야기하고…… 리건, 네 언니는 지독한 년이더구나. 아, 리건, 그년은 독수리처럼 날카롭고도 매정한 부리로 여기를 쪼았다. (자기 가슴을 가리킨다) 말로는 설명할 수도 없다. 믿어지지 않을 거다. 얼마나 비열한 수단으로…… 아, 리건!

리건 제발 진정하세요. 언니가 의무를 소홀히 했다기보다는, 아버지께서 언니의 가치를 모르시는 것이 아닌가 합니다.

리어 왕 뭐? 그건 무슨 뜻이냐?

리건 언니가 조금이라도 효도를 게을리했다고는 생각되지 않습니다. 혹시 언니가 아버지 시종들의 난폭함을 막았다면, 거기에는 충분한 이유와 정당한 목적이 있어 그런 것이고, 언니에게는 잘못이 없다고 생각됩니다.

리어 왕 그 아이를 저주한다!

리건 아, 아버지는 늙으셨습니다. 아버지는 나이도 많으시고 기력도 얼마 안 남으셨으니, 사정을 잘 아는 분별 있는 사람에게 의지하고 그 충언에 따르셔야 해요. 그러니 제발 언니에게로 돌아가셔서, 용서를 빌고 잘못했다고 말씀하세요.

리어 왕 그년에게 용서를 빌라고? 그것이 아비가 할 짓이란 말이냐! "얘야, 나는 늙었다. 늙은이는 소용이 없지. (무릎을 꿇으며) 이렇게 무릎을 꿇고 애원한다. 부디 옷과 잠자리와 먹을 것을 좀 다오!" 이렇게 빌라고!

리건 그만두세요! 그건 보기 흉한 장난이세요. 언니에게로 돌아가세요.

리어 왕 (일어서면서) 절대로 안 가겠다. 그년은 내 부하를 반으로 줄였을 뿐만 아니라 나를 무섭게 노려보며 독설을 휘둘러서, 독사같이 이 가슴을 물어뜯었다. 하늘에 저장되어 있는 모든 복수가 그년의 머리 위에 쏟아져라! 하늘의 독기여, 그년이 낳는 아이들에게 스며들어서 절름발이로 만드소서!

콘월 무슨 그런 말씀을!

리어 왕 날쌘 번개야, 눈을 멀게 하는 번갯불로 오만한 그년의 눈을 찔러 다오! 강렬한 햇빛에 뿜어 오르는 수렁의 독기야, 내려와서 그년의 미모를 짓무르게 하고, 그년의 오만을 꺾어버려라!

리건 오, 하느님 맙소사! 화가 나면 저에게도 그렇게 악담을 하시겠네요.

리어 왕 아니다, 리건. 너를 저주하는 일은 절대로 없을 거다. 너는 본디 마음씨가 착하니까 몰인정한 짓은 안 하겠지. 그년 눈은 사납지만, 네 눈은 부드러워 사람을 화나게 만들지 않는단다. 너는 나의 기쁨을 훼방하거나, 하인을 줄이거나 말대답을 하거나, 부양료를 깎거나, 그리고 끝내는 내가 찾아가는 것이 싫어서 문을 잠그거나 하지는 않을 테지. 너는 잘 분간할 거다. 인간의 본분이니, 자식 된 책임이나 예의 범절, 은혜를 갚는 길들을. 내가 왕국의 반을 준 것을 너는 잊지 않았을 테니까.

리건 아버지, 이제 본론을 말씀하세요.

리어 왕 내 사람에게 족쇄를 채운 놈은 누구냐? (안에서 나팔 소리)

콘월 저 나팔 소리는?

리건 언닐 거예요. 편지에 알려 온 대로 벌써 오는군요.

오스왈드 등장.

리건 공작부인이 오셨는가?

리어 왕 요놈, 여우 같은 놈, 변덕스런 여주인의 총애만 믿고 우쭐해서 잘난 체 삐기는 놈. 썩 물러가라, 종놈아! 꼴도 보기 싫다!

콘월 왜 그러십니까?

리어 왕 내 사람에게 족쇄를 채운 놈은 누구냐? 리건, 너는 아니겠지?

고네릴 등장.

리어 왕 누구냐, 오는 건? 아 하늘이여! 늙은이를 가엾게 여기시고, 온 세계를 다스리시는 자애로운 당신께서 효심을 가상하게 여기신다면, 아니 당신이 늙으셨다면 부디 저를 보호해 주시고, 하늘의 사자를 내려보내셔서 저를 도와주소서! (고네릴에게) 너는 이 수염을 봐도 부끄럽지 않느냐? 오, 리건! 너는 그녀의 손을 붙든단 말이냐?

고네릴 손을 붙들어서 무엇이 나쁩니까? 제가 무슨 무례한 짓을 했습니까? 분별없는 사람이 생각하는 무례, 망령 난 분이 말하는 무례, 그것이 그대로 모두 무례일 수는 없어요.

리어 왕 아, 이 가슴아, 너는 어지간히 질기구나! 용케 터지지 않는구나! 왜 내 하인에게 족쇄를 채웠느냐?

콘월 제가 채웠습니다. 그놈의 무례한 행동은 더한 처벌을 받아 마땅합니다.

리어 왕 뭣이, 네가? 네가 그랬다고?

리건 아버지, 아버지는 연로하시니, 연로하신 분답게 처신하세요. 이제 돌아 가셔서 한 달이 지날 때까지 언니 집에 계시다가 시종들을 반으로 줄여 제 게로 오세요. 저는 지금은 집을 떠나 있으니, 아버지를 모시려고 해도 필요 한 준비가 되어 있지 않습니다.

리어 왕 저년한테로 돌아가라고? 그리고 시종 쉰 명을 내보내라고? 싫다. 차 라리 두 번 다시 한 지붕 아래 살지 않겠다! 늑대나 올빼미의 벗이 되어 궁 핍의 고통을 달래는 것이 낫지, 저년한테 가라고? 저년한테 갈 바에야 막내 딸을 알몸으로 데려간 저 혈기왕성한 프랑스 왕 앞에 무릎을 꿇고, 비천한 신하처럼 남은 인생을 이을 연금을 얻어 쓰겠다. 저년한테 돌아가라고? 차 라리 (오스왈드를 가리키며) 이 더러운 종놈의 노예가 되라고, 짐 옮기는 말이 되라고 그래라.

고네릴 그럼, 마음대로 고르세요.

리어 왕 (고네릴에게) 부탁이니 제발 나를 미치게 하지 말아라. 이제 네 신세 는 지지 않을 테다. 잘 있어라. 두 번 다시 널 만나지 않겠다. 다시는 너의 얼굴을 맞대지 않겠다. 하지만 너는 내 살과 피를 나눠 가진 딸. 아니, 내 살 속에 있는 병이지. 그래도 내 것이라고 하지 않을 수는 없지. 너는 내 썩은 핏속에 생긴 종기다. 곪아 터진 악성 종기, 퉁퉁 부은 부스럼이지. 하지만 나는 너를 탓하지 않겠다. 창피를 당할 날이 올 때는 오더라도 내가 그걸 불러오진 않겠다. 천둥 벼락의 신에게 널 죽여달라고 부탁하지도 않겠다. 숭 고한 심판자 유피테르 신에게 너를 고발하지도 않겠다. 뉘우칠 때가 오면 뉘우쳐라. 기회를 봐서 좋은 사람이 되어라. 나는 참을 수 있다. 리건과 함 께 있으면 돼. 나와 내 백 명의 기사는.

리건 그렇겐 안 됩니다. 저는 아버지가 오시리라고는 생각조차 하지 않았고, 그래서 맞아들일 준비가 돼 있지 않아요. 언니 말을 들으세요. 그렇게 감정 과 이성 뒤섞인 모습을 뵙고 있자니, 아무래도 나이 드신 탓이라고 생각됩 니다. 언니는 자기가 하는 일을 잘 알고 있을 겁니다.

리어 왕 그 말을 진정으로 하는 거냐?

고네릴의 편지를 손안에 넣은 리건 리어 왕은 리건에게 자신에 대한 고네릴의 박대를 호소하지만, 리건도 신하 수를 줄이라며 리어 왕을 나무란다.

리건 네, 진정으로 하는 거예요. 시종이 쉰 명이라고요? 그만하면 되지 않나요? 그 이상 둘 필요가 어디 있어요? 아니, 그것도 많지요. 그렇게 수가 많으면 비용으로나 위험성으로나 보통 일이 아닙니다. 한 집에 두 주인 아래, 어떻게 그 많은 하인이 평화스럽게 지낼 수 있겠어요? 어려워요. 거의 불가능하지요.

고네릴 동생의 하인이나 제 하인을 부리면 안 되시나요?

리건 왜 안 되시나요? 하인이 불손하면 저희들이 얼마든지 단속하지요. 이번에 저희 집에 오시려면 글쎄, 그런 위험성이 보이니까 말이에요. 제발 하인들을 스물다섯 명으로 줄이세요. 그 이상에게는 내줄 방도 없고 뒷일도 감당할 수 없으니까요.

리어 왕 너에게 모든 것을 주었는데……

리건 정말 알맞은 시기에 잘 주셨습니다.

리어 왕 너희들을 후견인으로 모든 권력을 맡겼다. 그 대신 일정한 수의 시종을 꼭 둔다는 조건이었는데, 뭐, 스물다섯 명밖에 안 된다고? 리건, 진정으로 하는 말이냐?

리건 다시 한 번 말하겠어요. 그 이상은 절대로 안 되겠어요.

리어 왕 나쁜 것도 옆에 더 나쁜 것이 나타나면 좋게 보이게 마련이지. 최악이 아닌 것이 조금은 더 가치가 있는 셈이 되니까. (고네릴에게) 네게로 가겠다. 네가 말한 쉰 명은 스물다섯 명의 배니까. 네 효심이 저년의 갑절이다.

고네릴 잠깐 기다리세요. 시종은 스물다섯 명이고 열 명이고, 아니 다섯 명도 둘 필요가 없어요. 집에는 그 갑절이나 되는 하인들이 있으니까, 언제든지 아버지 시중을 들 수 있잖아요.

리건 한 명도 필요 없잖아요?

리어 왕 오, 필요를 따지지 마라! 아무리 비천한 거지라도 아주 하찮은 물건일망정 여분을 가지고 있다. 자연이 필요 이상의 것을 인간에게 허용하지 않는다면 사람의 생활은 짐승과 다를 게 없다. 너는 귀부인이지? 한데 만일 옷을 따뜻하게 입는 것이 사치라면, 그다지 따뜻하지도 않은데 네가 입고 있는 그런 사치스런 옷은 인간으로서 무슨 필요가 있단 말이냐. 그러나 정말로 필요한 것은…… 하늘의 신들이여, 저에게 인내를 주십시오. 저에게는 인내가 필요합니다! 신들이여, 저는 이렇게 불쌍한 늙은이입니다. 슬픔은 나이만큼 가슴에 가득 차고 불쌍한 신세입니다. 이 딸년들이 마음으로 아비에게 등을 돌리게 하는 것이 당신들의 뜻일지라도 제가 그걸 참고 견딜 수 있을 만큼 바보로 만들지는 말아주십시오. 저에게 분노를 일으켜 주십시오! 여자가 무기로 쓰는 눈물방울로 이 사내의 볼을 더럽히지 않도록 해주십시오. 이 흉악한 마녀 같은 것들아! 반드시 복수를 하겠다. 두고 봐라, 꼭 할 테다. 무엇을 어떻게 할지 아직은 모르겠다만, 온 세상이 벌벌 떨게 할 테다. 네년들은 내가 울 줄 알지! 절대로 울지 않겠다. 울 이유야 충분하지만. (폭풍 소리) 하지만 이 심장이 산산조각이 나버리기 전에는 울지 않을 테다. 아, 광대야, 나는 미칠 것 같다! (글로스터, 켄트, 광대를 이끌고 퇴장)

콘월 자, 안으로 들어갑시다. 폭풍우가 일어날 것 같소.

리건 이 집은 비좁아서 그 늙은이와 시종들이 다 들어갈 수 없어요.

고네릴 자업자득이지. 스스로 편한 것을 버렸으니, 바보짓의 뒷맛을 봐도 싸지 뭐야.

리건 아버지 한 분만이라면 기꺼이 환영해 드리겠는데, 시종은 한 사람도 안 되겠어.

고네릴 나도 그럴 결심이란다. 글로스터 백작은 어디 갔을까?

콘월 늙은이를 따라갔소. 아, 돌아오는군.

글로스터 다시 등장.

글로스터 왕께서는 매우 노하셨습니다.

콘월 어디로 가셨소?

글로스터 말을 준비하라고 하셨습니다만, 어디로 가실는지 모르겠습니다.

콘월 내버려 두는 게 좋소. 고집대로 하지 않으면 직성이 풀리지 않는 분이 니까요.

고네릴 백작, 절대로 말리지 마세요.

글로스터 아, 밤은 되고, 사나운 바람이 몹시 불어옵니다. 이 근처 몇 마일은 거의 덤불 하나 없습니다.

리건 아, 고집쟁이에게는 스스로 부른 고생이 좋은 약이 돼요. 성문을 닫으세요. 아버지는 난폭한 시종들을 데리고 있어요. 그들이 아버지를 부추겨 무슨 짓을 하게 할는지 몰라요. 그러니 경계해야 해요.

콘월 문을 닫으시오. 오늘 밤은 날씨가 험악하군요. 리건 말이 옳습니다. 자, 폭풍우를 피합시다. (모두 퇴장)

〔제3막 제1장〕

황야.
천둥, 번개, 폭풍. 켄트와 한 신사가 따로따로 등장.

켄트 누구냐? 이 험한 날씨에.

신사   험한 날씨처럼 마음이 몹시 불안한 사람이라오.

켄트   난 또 누구라고. 알 만한 사람이군. 전하는 어디 계시오?

신사   사나운 폭풍우와 싸우고 계시오. 바람을 보고, 이 대지를 바닷속으로 날려버리든가, 소용돌이치는 파도가 육지로 밀려와서 세상을 뒤엎고 모든 것을 없애버리든가 하라고 호통을 치고 계십니다. 당신의 흰머리를 쥐어뜯고 계시는데, 사정없이 불어닥치는 거센 바람이 전하의 흰머리를 움켜잡고 조롱하고 있습니다. 사람의 몸이라는 작은 우주(宇宙)로써 혹심한 폭풍우와 상대하려고 발버둥을 치고 계시지요. 젖을 다 빨려버린 허기진 어미 곰도 제 집에 들어 있고, 사자나 굶주린 늑대도 비에 젖지 않으려고 하는 이 밤에, 모자도 안 쓰시고 뛰어다니며 될 대로 되라 외치고 계십니다.

켄트   곁에 누가 있지요?

신사   광대가 있을 뿐입니다. 그놈은 열심히 익살을 부려서 마음이 상하신 전하를 위로해 드리려고 애쓰고 있습니다.

켄트   나는 당신의 인품을 잘 알고 있소. 그래서 당신을 믿고 중대한 일을 부탁하오. 서로 교묘하게 가면을 쓰고 있어서 아직 겉으로 드러나진 않지만, 실은 올버니 공과 콘월 공 사이는 깊은 금이 가 있소. 하지만 두 공작의 하인 중에는, 하기야 운명의 힘으로 왕위나 높은 지위에 오른 사람에게는 그런 것이 붙어 있게 마련이지만, 충복인 척하면서 비밀리에 프랑스 왕의 간첩으로 우리나라 정보를 몰래 프랑스에 보내는 자가 있소. 그래서 그들이 탐지해 낸 두 공작의 갈등이나 음모, 또는 착한 노왕에 대한 두 공작의 가혹한 행실, 그런 드러난 이유뿐 아니라 그 속에 숨겨진 중대한 비밀이 샅샅이 보고되는 것이오…… 아무튼 프랑스군이 분열된 우리나라를 쳐들어 올 것이 확실합니다. 실제로 그들은 우리가 방심한 틈을 타서, 몰래 우리나라의 주요 항구에 이미 상륙하여 거리낌 없이 이리로 진격해 올 태세요. 그러니 부탁이오. 나를 믿고 지금 곧 도버로 가서 국왕이 얼마나 학대를 받고, 얼마나 미칠 것 같은 비탄에 빠져 계시는지를 정확히 보고해 주면 당신의 노고에 보답할 사람이 있을 것이오. 이렇게 말하는 나는 혈통으로나 가문으로나 어엿한 신사입니다. 당신에 대해서는 어느 정도 알고 있고, 신원도 확인해 두었기 때문에 이 일을 부탁하는 것이오.

신사   보다 상세한 설명을 들려주셔야지요.

켄트 염려 마시오. 내가 몰골과는 다르다는 증거로 이 돈주머니를 당신에게 드리리다. 주머니를 열고 마음대로 써도 됩니다. 만일 코델리아 마님을 뵙거든, 꼭 뵙게 될 것입니다만, 이 반지를 보이시오. 그러면 지금은 모르는 이 사람이 누군지를 직접 말씀해 주실 거요. 웬 비바람이 이렇게 심하담! 전하를 찾으러 가봐야겠소.

신사 자, 악수를. 더 하실 말은 없소?

켄트 한마디만 더, 가장 중요한 것이오. 전하를 뵙거든, 당신은 저쪽으로 나는 이쪽으로 가니까, 처음 만나는 사람이 큰 소리를 질러서 신호를 하기로 합시다. (따로따로 모두 퇴장)

〔제3막 제2장〕

황야의 다른 곳.
폭풍우. 리어 왕과 광대 등장.

리어 왕 바람아, 불어라, 내 뺨을 갈기갈기 터지게 하라! 날뛰어라! 불어닥쳐라! 폭포야, 회오리바람아, 높이 솟아 있는 뾰족탑을 흠뻑 적시고, 뾰족탑 꼭대기에 달린 바람개비를 익사시켜 버릴 때까지 솟구쳐라! 머릿속을 스치는 생각처럼 재빠른 유황불이여, 참나무를 두 쪽 내는 벼락의 선도자인 번개여, 내 하얀 머리를 불태워라! 세상을 뒤흔드는 우레여, 두껍고 둥근 지구를 때려 부숴서 납작하게 만들어라! 인간 창조의 모태를 찢어발기고, 배은망덕한 인간을 만드는 씨를 모조리 부숴 없애버려라.

광대 오, 아저씨, 비를 맞지 않는 집 안에서 아첨하는 것이 밖에서 비를 맞는 것보다는 나아요. 아저씨, 돌아가서 딸들에게 축복해 달라고 빌어요. 이런 밤은 똑똑한 놈도 바보도 동정하지 않으니까요.

리어 왕 힘껏 올려라! 불길아, 타라! 비야, 쏟아져라! 비도 바람도 천둥도 번개도 내 딸은 아니다. 자연이여, 너희들을 인정머리가 없다고 비난하지는 않겠다. 너희들은 내게 복종할 의무가 없다. 그러니 마음대로 무서운 짓을 하여라. 나는 너희들의 노예다. 가엾고, 무력하고, 쇠약하고, 천대받는 늙은이다. 그러나 나는 너희들을 비겁한 첩자라고 부르겠다. 저 악독한 두 딸의 편을 들어서 이런 불쌍한 늙은이의 흰머리 위에 하늘의 군대를 끌고 오다니!
아, 너무한다.

광대　머리를 들이밀 집이 있다는 것은 머리가 좋다는 증거죠. (크게 읊는다)

> 머리 넣을 집도 아직 없는데
> 불알 넣을 자리 가지면
> 머리나 불알에 이가 끓지.
> 거지들은 그렇게 장가들지.
> 마음을 단단하게 먹지는 않고
> 발가락을 단단히 만드는 사람은,
> 아픈 티눈이 생겨 잠을 못 자고
> 눈을 뜬 채 긴 밤을 새워야 하지.

왜 그런가 하면, 아무리 미인이라도 거울 앞에서는 온갖 얼굴을 지어 보거든.

리어 왕　아니야, 나는 인내의 본보기가 돼야지. 아무 말도 말아야지.

켄트 등장.

켄트　누구냐?

광대　윗사람과 아랫사람이다. 글쎄, 똑똑한 사람과 바보 말이야.

켄트　아이고, 여기 계셨군요? 밤을 즐기는 짐승도 이런 밤은 싫어하지요. 이렇게 날씨가 험해서야 어둠 속을 헤매는 맹수들조차 겁이 나서 굴속에 숨어 꼼짝도 않을 겁니다. 이렇게 처참한 번개, 이렇게 무서운 천둥, 이렇게 뒤끓는 폭풍우의 울부짖음은 태어나서 아직 한 번도 당해 본 일이 없습니다. 사람의 몸으로는 도저히 이런 고통이나 공포를 감당할 수가 없을 것입니다.

리어 왕　우리 머리 위에 이토록 무서운 폭풍우를 쏟고 있는 위대한 신들이여, 한시빨리 그 적을 발견하소서! 무서워서 떨어라. 비밀의 죄를 가슴속에 안고 있으면서도 아직껏 정의의 회초리를 받지 않은 죄인아. 숨어봐라, 너살인자야, 위증자야, 간음하고도 근엄한 척하는 놈아. 손발이 떨어지도록

폭풍우 속에서 리어 왕과 광대 포드 매독스 브라운. 1849.
폭풍우 속을 헤맬 때 리어 왕의 곁에는 광대가 있었다. 그는 리어 왕에게 진실을 아뢸 수 있는
유일한 인물이다.

덜덜 떨어봐라. 교묘하게 남의 눈을 속여 사람을 죽이려 한 악당아, 마음속 깊이 숨어 있는 죄업들아, 너희들을 싸서 숨기고 있는 가슴을 찢고 나와서 이 무서운 호출자에게 자비로움을 빌어라. 나는 네가 저지른 죄악보다 나 자신에게 지은 죄가 더 많은 사람이다.

켄트 아, 모자도 안 쓰시고? 전하, 근처에 오두막이 하나 있습니다. 비바람을 피하시는 데는 도움이 될 것입니다. 거기서 잠깐만 쉬고 계십시오. 그동안 제가 그 냉혹한 집, 그것을 지은 돌보다 더 차가운 집, 아까도 전하를 찾으려고 갔더니 들어오지도 못하게 하던 집, 그 집에 다시 가서 억지로라도 예의를 지키게 해보겠습니다.

리어 왕 내 정신이 미칠 것만 같구나. 왜 그러느냐 광대야, 추우냐? 나도 춥구나. (켄트에게) 네가 말한 그 짚자리는 어디 있느냐? 곤궁은 신기한 기술을 가졌거든. 천한 것도 귀한 것으로 해주니까. 그 오두막으로 가자. 애, 광대야,

나는 마음 한구석에서 너를 몹시 불쌍하게 여기고 있다.

광대 (노래한다)

지혜가 모자라는 사람이라도
야호 하면서 바람 불든 비 오든
운으로 생각하고 만족하여라.
날마다 비가 내리더라도.

리어 왕 네 말이 맞다, 착한 녀석. 자, 그 오두막으로 우리를 안내해라. (켄트와 함께 퇴장)

광대 음란한 여인의 욕정을 식히기엔 안성맞춤인 좋은 밤이군. 나가기 전에 예언이나 한마디 해야겠다. (크게 읊는다)

신부(神父)가 수도보다 아첨을 먼저 배울 때,
술장수가 물로 누룩을 망칠 때,
귀족이 재봉사의 선생이 될 때,
이교도 대신에 처녀의 애인만이 화형을 당할 때,
소송이 모두 정당하다 판결될 때,
빚에 쪼들리는 신하 없고, 가난한 기사 없을 때,
욕이 남의 혀에 오르지 않을 때,
소매치기가 사람들 틈에서 나타나지 않을 때,
고리대금업자가 들판에서 돈을 계산할 때,
뚜쟁이나 창녀들이 교회를 세울 때,
그때는 앨비언(잉글랜드)이라는 나라에
큰 혼란이 일어나지.
그때까지 살아보면 알겠지만,
발은 걷는 데 쓰자는 것이지.

이런 예언은 아서 왕의 예언자 멀린이 해야 되지, 나는 그보다는 앞선 시대 사람이니까. (퇴장)

글로스터 백작의 성안.
글로스터와 에드먼드, 횃불을 들고 등장.

글로스터 아, 이럴 수가 있느냐, 에드먼드. 그토록 의리도 인정도 없는 처사
는 처음 봤구나. 가엾게 생각하여 도와드리려고 공작 부부께 애원하다가
나는 집을 몰수당했다. 그뿐 아니라 다시 전하에 관한 이야기를 꺼내든지,
전하를 위해서 탄원하든지, 또는 어떠한 방법으로나 도움을 주든지 하면
영원히 자기들 노여움을 살 각오를 하라는 불호령이 내렸다.

에드먼드 지독하게 인정머리 없는 사람이군요!

글로스터 아서라, 아무 말 말아라. 두 공작 사이에는 지금 금이 가 있다. 거
기다가 더 불행한 일이 일어나고 있다. 오늘 밤 나는 한 통의 밀서를 받았
는데, 이걸 입 밖에 내는 건 위험하다. 밀서는 장롱 속에 감추어 자물쇠를
걸어뒀다. 현재 전하가 받고 계신 학대에 대해서는 철저한 복수가 있을 거
다. 벌써 군대가 일부 상륙했어. 우리는 전하 편을 들어야 한다. 나는 이제
부터 전하를 찾아가서 몰래 도와드려야지. 너는 가서 공작님을 상대해라.
나의 호의를 그가 눈치채지 못하도록 말이다. 내 이야기를 묻거든 몸이 불
편해서 누워 있다고 해라. 이 일로 목숨을 잃더라도, 사실 그렇게 위협도 당
했다만 오랫동안 섬겨온 분이라서 꼭 도와드려야겠다. 에드먼드, 무슨 일이
꼭 일어날 것만 같구나. 부디 몸조심해라. (퇴장)

에드먼드 금지된 충성을 곧 공작에게 알려야겠어. 밀서의 건과 함께. 이건 큰
공적이 되겠는데. 그러면 아버지가 잃은 재산은 몽땅 내 차지가 되지. 젊은
이가 일어서는 건 늙은이가 쓰러질 때다. (퇴장)

황야의 오두막집 앞.
리어 왕, 켄트, 광대 등장.

켄트 여기입니다. 자, 들어가십시오. 캄캄한 황야에 쏟아지는 폭풍우는 사람으로서는 견디지 못합니다.

리어 왕 내 걱정은 하지 마라.

켄트 들어가십시오.

리어 왕 내 가슴을 찢어놓겠단 말이냐?

켄트 오히려 제 가슴을 찢고 싶습니다. 부디 들어가십시오.

리어 왕 이렇게 밀어닥치는 폭풍우에 흠뻑 젖은 것이 너에게는 대단한 일로 생각되는가 보군. 네게는 그럴 테지. 하지만 사람이란 큰 병을 앓고 있으면 작은 병은 느껴지지 않는 법이지. 곰을 보면 누구든지 달아나지만, 앞에 파도치는 바다가 가로막고 있으면 으르렁대는 곰에게 맞설 것이다. 마음에 고민이 없을 때는 육체의 고통이 날카롭게 느껴지지. 내 가슴속에는 폭풍우가 일고 있기 때문에 육체는 아무 감각도 없다. 이 가슴을 치는 소리밖에 느껴지지 않는다. 자식들의 배은망덕! 음식을 갖다주는 자기 손을 입으로 물어뜯는 격이 아닐까? 반드시 벌을 내려야지! 아냐, 이제는 울지 않겠다. 이런 밤에 나를 내쫓다니! 비야, 억수같이 쏟아져라. 나는 끝까지 참겠다. 이런 밤에? 아, 리건, 고네릴! 아낌없이 모두를 내준 늙고 인자한 아비를. 아, 그것을 생각하면 미칠 것만 같다. 이젠 그렇게 생각하지 말아야지! 그만두자.

켄트 부디 어서 들어가십시오.

리어 왕 너나 들어가서 편히 쉬어라. 이 폭풍우 덕분에 더 몸에 해로운 일들을 돌이켜 생각해 보지 않아도 되겠구나. 하지만 들어가자. (광대를 보고) 들어가자. 너 먼저 들어가라. 집도 없는 가난뱅이…… 너 먼저 들어가라. 나는 이제 가난한 자를 위하여 기도를 올리고, 그리고 자겠다. (광대 들어간다) 헐벗고 불쌍한 가난뱅이들아, 지금 너희들이 어디 있든 간에 이런 무자비한 폭풍우에 시달리며, 머리를 넣을 집도 없이, 굶주린 배를 안고, 구멍 난 누더기를 걸치고 어떻게 험한 날씨를 감당하느냐? 아, 나는 이제까지 너무도 무심했다. 영화를 누리는 자들이여, 이걸 약으로 삼아라. 폭우에 시달려 보고 가난뱅이들의 처지를 겪어봐라. 그러면 너희들도 남는 것을 그들에게 나눠 주고, 하늘의 정의를 보여주게 될 것이다.

에드거 (안에서) 한 길 반이다, 한 길 반 물속이다! 나는 불쌍한 톰입니다.

광대, 놀라며 오두막에서 뛰쳐나온다.

광대 들어가지 마세요, 아저씨. 귀신이야. 사람 살려, 사람 살려!

켄트 내 손을 붙들어. (안에 대고) 누구냐, 거기 있는 건?

광대 귀신이야, 귀신! 자기 이름이 불쌍한 톰이라고 그랬어요.

켄트 거기 짚자리에 앉아서 중얼거리는 놈은 누구냐? 이리 나와.

미치광이로 꾸민 에드거 등장.

에드거 저리 가라! 아, 악마가 쫓아온다! 가시 돋친 산사나무 가지 사이로 찬바람이 분다. 흥! 악마야, 찬 잠자리로 들어가서 몸뚱이를 녹여라.

리어 왕 너도 딸들에게 모두 줘버렸느냐? 그래서 이 지경이 됐느냐?

에드거 누가 이 불쌍한 톰에게 동냥을 좀 해주지 않겠습니까? 악마가 톰을 끌고 다닙니다. 불 속, 불꽃 속, 개울 속, 여울 속, 늪, 수렁 위로 끌고 다닙니다. 악마는 베개 밑에 칼을 넣어놓거나, 복도에 목매달아 죽을 밧줄을 걸어놓고 있습니다. 아니면 죽 그릇 옆에 쥐약을 가져다 놓고, 교만한 마음을 일으키게 하여 다섯 치밖에 안 되는 다리[橋]를 다갈색 말로 건너게 하고, 반역자를 잡는답시고 제 그림자를 쫓게 하는 것도 그놈의 짓이야. 신의 가호로 당신은 미치지 마십시오! 톰은 추워요. 아 떨려라. 신의 가호로 당신은 회오리바람도, 별의 독기도 받지 말고, 악마에게 흔들리지도 마십시오! 불쌍한 톰에게 적선 좀 베풀어 주세요. 톰은 악마에게 잡혀 있습니다. 자, 이번엔 꼭 악마를 붙들어야지! 여기, 여기다! 아니 저기다. (여전히 폭풍우)

리어 왕 뭐야, 이놈도 제 딸 때문에 이 꼴이 되었나? 너도 네 몫을 아무것도 남겨놓지 않았느냐? 모두 주어버렸느냐?

광대 아니오, 그는 담요 한 장은 남겼어요. 그것마저 줘버렸더라면 이쪽이 창피해서 못 볼 거예요.

리어 왕 공중에 떠돌며 죄지은 사람들 위에 내리 덮치는 독기여! 네 딸들의 머리 위에 떨어지거라!

켄트 저 사람에게는 딸이 없습니다.

리어 왕 죽어라, 반역자야! 모진 딸이 없고서야 어찌 인간이 저토록 망측하게 되겠느냐? 버림받은 아비들이 저렇게 자기 몸을 무자비하게 다루는 것은 요새 세상의 유행이냐? 마땅한 벌이지! 제 아비의 피를 빨아먹는 펠리컨 같은 딸을 낳은 것은 본디 이 살(육체)이었으니까.

에드거 필리콕(남근)이 필리콕 언덕 위에 앉아 있구나. 여기, 여기, 쉬잇, 쉬잇!

광대 이런 추운 밤엔 모두 바보나 미치광이가 돼버릴 거예요.

에드거 악마를 조심해요. 부모 말을 잘 듣고, 약속을 꼭 지켜요. 함부로 맹세하지 말고, 남의 아내를 범하지 말고, 좋은 옷에 정신을 팔지 말아요. 톰은 춥다.

리어 왕 너는 전에 무엇을 했느냐?

에드거 즐겁게 살아온 건달이었죠. 머리는 지지고, 모자에는 애인한테 받은 장갑을 달고, 주인아씨 색정을 맞춰 주며 응큼한 짓도 좀 하고요. 입만 열었다 하면 맹세를 하고는 하느님의 인자한 얼굴 앞에서 깨뜨려 버리고, 자리 속에 있을 때는 성욕을 채울 궁리를 하고, 눈을 뜨면 그것을 실행하고요. 술고래에다 노름꾼이요, 투르크 제국 왕보다 더 여색을 밝히는 놈이고요. 거짓말쟁이고, 귀는 얇고, 손은 잔인했고요. 게으르기로는 돼지, 교활하기로는 여우, 욕심 많기로는 이리, 미치광이 같기로는 개, 잡아먹기로는 사자였지요. 구두 소리가 나고 비단옷 스치는 소리가 난다고 여자에게 한눈을 팔아서는 안 됩니다. 갈보집에는 발을 들여놓지 말고, 치마 속에는 손을 넣지 말고, 고리대금업자의 장부에는 서명을 하지 말고, 악마는 쫓아버리세요. 산사나무 사이에 찬바람이 불고 있군, 윙, 윙, 윙 하고. 야, 이 난봉꾼아! 자, 통과시켜 줘라! (폭풍우 계속)

리어 왕 넌 차라리 무덤 속에 들어가는 게 좋겠구나, 이런 사나운 비바람을 알몸뚱이로 견디고 있으니. 사람이 저런 꼴밖에 될 수 없느냐? 그를 봐라. 너는 누에의 비단, 짐승의 가죽, 양의 털, 고양이 이마에서 나는 향내음도 얻지 못했구나. 하! 여기 세 사람은 타락한 가짜들인데, 너만이 진짜다. 옷을 벗으면 인간은 너처럼 불쌍하고 벌거벗은 짐승에 불과해! 벗어라. 버리자, 빌려 입은 이런 것들은! 이 단추를 좀 빼라. (옷을 벗으려고 몸부림친다)

광대 아이고 아저씨, 좀 참아요. 오늘 밤은 날씨가 나빠 헤엄은 못 쳐요. 넓은 벌판에 작은 불이 하나 있어봤자, 색골 늙은이의 심장 같은 거죠. 조그만 불똥만 하나 있을 뿐, 몸뚱이는 차디 차거든요. 저것 봐요, 불이 이쪽으

연극 〈리어 왕〉 에드거를 연기한 조셉 조지 홀먼. 런던, 18세기

로 걸어와요.

에드거 저건 사악한 수다쟁이로구나. 저놈은 통행금지 시간에 나타나서 첫 닭이 울 때까지 떠돌아다니거든. 거미줄과 핀으로 우리 눈을 사팔뜨기로 만들고, 입을 언청이로 만드는 것이 저놈의 짓이야. 밀 이삭을 썩게 만들고 흙 속의 약한 벌레를 못살게 구는 것도 저놈의 짓이야. (크게 읊는다)

악마 쫓는 성자 스윗올드가 벌판을 세 번 돌다가,

꿈에 본 마귀와 그 부하를 만났지.
성자는 이렇게 꾸짖었다네.
마귀야 내려오너라, 약속을 해라.
마귀야 물러가라, 썩 물러가라!

켄트 (리어에게) 전하, 어떠십니까?

글로스터, 횃불을 들고 등장.

리어 왕 저것은 누구냐?

켄트 거 누구요? 무얼 찾느냐?

글로스터 너는 누구냐? 이름을 대라.

에드거 불쌍한 톰입니다. 이놈은 물에 노는 청개구리도, 두꺼비도, 올챙이도, 도마뱀도, 도룡뇽도 모두 먹습니다. 악마가 지랄을 하면 이놈은 화가 나서 푸성귀 대신 쇠똥을 먹고, 썩은 쥐나 하수구에 빠져 죽은 개도 삼키고, 웅덩이 물을 푸른 이끼까지 함께 마셔버립니다. 이놈은 매를 맞고 마을에서 마을로 쫓겨 다니며 족쇄에 매이고 감옥에 갇히고 하는데, 그래도 윗도리를 세 벌과 셔츠를 여섯 벌 가졌었고 말도 타고 칼도 차고 다녔지요. 하지만 기나긴 일곱 해 동안 생쥐와 들쥐 같은 작은 짐승이 톰의 음식이었답니다. 나를 따라다니는 놈을 조심해. 가만있어, 악마 스멀킨아. 가만있어, 이 악마야!

글로스터 이럴 수가, 전하께서 이런 놈하고 함께 계셨습니까?

에드거 어둠의 왕자는 신사지요! 그 이름은 모도라고도 하고 마후라고도 해요.

글로스터 전하, 살과 피를 나눈 자식들까지 몹시 악독해져서, 낳아준 부모를 미워하는 세상이 됐습니다.

에드거 불쌍한 톰은 추워요.

글로스터 자, 가시지요. 저는 전하의 신하로서 따님들의 무정한 명령에 복종할 수는 없습니다. 성문을 닫고 전하를 이 깊은 밤 폭풍우 속에 고생하게 그냥 놔두라는 것이 따님들의 엄명이었습니다만, 그럴 수는 없습니다. 저는 전하를 뵙고 따뜻한 불과 식사가 마련된 곳으로 안내해 드리려고 찾아왔습니다.

리어 왕 먼저 이 학자와 문답을 해보자. 천둥은 어째서 생기느냐?

켄트 전하, 저분의 말대로 하십시오. 그 집으로 들어가십시오.

리어 왕 나는 이 박식한 테베 학자와 이야기하고 싶다. 무엇을 연구하고 있느냐?

에드거 악마 퇴치법과 빈대 잡는 방법입니다.

리어 왕 네게 가만히 한마디 물어볼 것이 있다.

켄트 (글로스터에게) 한 번 더 권해 보시오. 실성하기 시작하는 것 같습니다.

글로스터 어디 전하 잘못이겠습니까? (여전히 폭풍우) 딸들이 전하를 죽이려고 하니 말이오. 아! 그 훌륭한 켄트! 가엾게 쫓겨난 그 사람이 이렇게 되리라고 말했지! 국왕이 실성하기 시작한 것 같다고 당신은 말하지만, 사실 나도 미칠 것 같소. 내게도 자식이 하나 있었는데 지금은 의절해 버렸소. 그 놈이 내 목숨을 노리잖았겠소. 최근, 아주 최근의 일이오. 나는 그놈을 세상의 어떤 아비보다도 사랑했었지요. 그대에게 사실을 말하는 것이오. 사실 그 설움 때문에 내가 미치게 된 것 같소. 대체 무슨 밤이 이럴까! (리어 왕에게) 전하, 제발 부탁드립니다.

리어 왕 아, 용서하게. (에드거에게) 너도 함께 가자.

에드거 톰은 추워요.

글로스터 너는 이 오두막 속에 들어가거라. 그 속에서 몸을 녹여.

리어 왕 자, 같이 들어가자.

켄트 이쪽으로 오십시오.

리어 왕 저 사람하고 같이 가겠다. 이제부터 나는 늘 저 철학 선생하고 함께 있고 싶으니까.

켄트 전하 뜻대로 하세요. 저 사람을 데리고 가게 해드리시오.

글로스터 그럼 데리고 오시오.

켄트 따라 오너라, 같이 가자.

리어 왕 자, 가자, 아테네의 학자 선생.

글로스터 조용히, 조용히, 쉿!

에드거 (계속 읊는다)

젊은 기사 롤랑이 캄캄한 탑에 도착했을 때,
거인의 입버릇은 그전이나 다름없었다.
"흐, 흥, 브리튼 사람의 피 냄새가 나는군." (모두 퇴장)

〔제3막 제5장〕

글로스터의 성안.
콘월과 에드먼드 등장.

콘월 이 집을 떠나기 전에 기어코 복수하고 말 테다.

에드먼드 부자간의 정을 어기면서까지 충성을 해야 했는가 하고 비난받을 일을 생각하니 어쩐지 두렵기만 합니다.

콘월 이제야 알았다. 네 형이 아비의 목숨을 노린 것도 네 형의 흉악한 성질 때문만은 아니었구나. 네 아비에게 비난받을 만한 점이 있어서 죽이고자 하는 나쁜 마음을 품었던 거로구나.

에드먼드 정당한 일을 하면서 그걸 뉘우쳐야만 하는 저의 운명은 얼마나 기구합니까! 이것이 아버지가 이야기하신 밀서입니다만, 이것으로 보아 아버지는 프랑스군을 돕는 첩자임이 분명합니다. 아! 이런 반역이 없었더라면 좋았을 텐데. 아니면 제가 밀고자가 되는 일이 없었더라면 좋았을 텐데!

콘월 함께 공작부인에게로 가자.

에드먼드 이 편지 내용이 사실이라면 공작께서는 큰일을 치르셔야 하겠습니다.

콘월 사실이든 아니든 이제 네가 글로스터 백작이 되었다. 아버지가 있는 곳을 빨리 알아내 바로 체포할 수 있게 해라.

에드먼드 (혼잣말로) 잘됐어. 국왕을 돕고 있는 장면이라도 발각되면 혐의는 더욱 짙어지는 거다. (콘월에게) 저는 어디까지나 충성을 다할 각오입니다. 충과 효 사이의 갈등이 제아무리 고통스럽더라도 말입니다.

콘월 너를 신임하겠다. 그리고 네 아버지보다 너를 사랑하겠다. (모두 퇴장)

글로스터의 성 부근 농가.
글로스터와 켄트 등장.

글로스터　이래도 바깥보다는 나을 테니 조금만 참아주시오. 나로서는 전하를 좀더 편안히 모실 수 있도록 최선을 다할 생각이오. 곧 돌아오리다.

켄트　전하의 모든 판단력이 성급한 감정에 휩쓸리고 말았습니다. 당신의 친절은 정말로 감사합니다. (글로스터 퇴장)

리어 왕, 광대, 에드거 등장.

에드거　악마 프라테레토가 나를 부른다. 뭐, 네로 황제가 지옥의 호수에서 낚시질을 하고 있다고? (광대에게) 바보야, 기도를 해서 악마를 빨리 쫓아버려.

광대　아저씨, 좀 가르쳐 주세요. 미친 놈은 귀족인가요, 지주인가요?

리어 왕　왕이지, 왕이야!

광대　아뇨, 귀족 아들을 가진 지주예요. 다들 그러잖아요, 자기보다 먼저 아들을 귀족이 되게 한 지주는 미친 놈이라고.

리어 왕　몇 천의 악마들이 새빨갛게 달아오른 젓가락을 들고 그년들에게 덤벼들었으면 좋겠다.

에드거　악마가 내 등을 물어뜯고 있어요.

광대　늑대가 온순하다 생각하고, 말을 병 없는 짐승이라 믿고, 소년의 사랑이나 갈보의 맹세를 진실이라고 믿는 놈은 미친 놈이죠.

리어 왕　그래, 그렇게 덤벼들게 하자. 곧 법정에서 심판하겠다. (에드거에게) 자, 박식한 재판장은 이리 앉아요. (광대에게) 지혜로운 당신은 여기에. 그리고요 암여우들!

에드거　저기 악마가 버티고 서서 노려보고 있어요. 부인, 저것들이 재판을 구경하고 있는데 괜찮습니까? (노래한다)

강 건너 이리 오라, 베시야.

광대 (노래한다)

배가 물이 새네요.
그이의 배는
건너려 해도 못 건너는 사랑의 강이라오.

에드거 악마가 꾀꼬리로 둔갑해서 불쌍한 톰에게 달라붙어 있어요. 악마 호
페댄스는 톰의 배 속에서 하얀 청어를 두 마리 달라고 야단입니다. 꿀꿀거
리지 마라, 시커먼 악마야! 네게 먹일 것은 아무것도 없으니까.
켄트 왜 그러십니까? 왜 그리 멍하니 서 계십니까? 자리에 누우셔서 좀 쉬
십시오.
리어 왕 먼저 그년들을 재판해야지. 증인을 불러와. (에드거에게) 법복을 입은
재판장, 자리에 앉아주시오. (광대에게) 당신은 동료 재판관이군요. 그 옆에
앉아주시오. (켄트에게) 당신은 특명에 의한 순회재판관이군요. 당신도 앉아
주시오.
에드거 재판은 공정하게 합시다. (노래한다)

잠이 들었느냐, 목동아!
네 양이 보리밭을 망치고 있다.
작은 입으로 한 곡조 불러라.
양이 덫에 걸리지 않게.
야옹! 어이쿠 잿빛 고양이가 나왔네.

리어 왕 먼저 그년을 불러와. 고네릴 말이야. 여기 훌륭한 분들 앞에서 맹세
합니다. 이년은 자기 아비인 불쌍한 왕을 발길로 찼습니다.
광대 이리 나오너라. 네가 고네릴이냐?
리어 왕 아니라곤 못 하지.
광대 이거 실례했어. 잘 만들어진 걸상인 줄만 알았지.

리어 왕 여기 또 하나 있다. 그 일그러진 낯짝은 심장이 돌로 되어 있다는 좋은 증거다. 붙잡아, 그년을! 칼을 가져와, 칼을! 베어버려! 화형에 처해라! 법정까지도 매수되었는가! 부정한 재판관, 왜 저년을 놓쳤는가?

에드거 제발 실성하지 마시기를!

켄트 아, 가엾어라! 그렇게도 여러 번 장담하시던 그 인내는 어디에 두셨습니까?

에드거 (혼잣말로) 전하의 처지를 생각하니 눈물이 쏟아진다. 이러다간 연극을 망치고 말겠는걸.

리어 왕 요놈의 강아지들까지. 트레이도, 블랜치도, 스위트하트까지도 모조리 날 보고 짖어대는구나.

에드거 톰이 쫓아드리죠. 저리 갓. 이놈의 들개들아! (노래한다)

콧등이 흰 놈이든 검은 놈이든
물면 이빨에 독이 있는 놈이든
싸움개, 사냥개, 잡종 개이든
큰 개, 작은 개, 암캐, 수캐든
꼬리가 없는 개든, 기다란 개든
톰이 한바탕 혼을 내줄 테다.
이렇게 머리로 박치기하면
개들은 뛰어서 도망친다.

어허, 춥다 추워. 자! 자, 출발이다. 밤 잔치 자리로, 시장으로 가자. 불쌍한 톰아, 네 동냥주머니가 텅텅 비었구나.

리어 왕 다음은 리건을 해부할 차례다. 그년의 심장에 무엇이 나 있는지 살펴보도록 해라. 이렇게 차디찬 심장이 만들어진다는 것은 자연 속에 원인이 있는 게 아닐까? (에드거에게) 너를 시종 백 명 가운데 한 사람으로 임명하겠다. 다만 그 옷차림이 보기 흉하구나. 페르시아식이라고 할는지는 모르지만, 그건 바꾸어 입어.

켄트 전하, 누워서 잠깐 쉬십시오.

리어 왕 (눕는다) 조용히 해줘, 커튼을 쳐라. 그래, 그래 됐다. 날이 새거든 저녁을 먹자.

광대   그러면 나는 한낮에 자러 가야지.

글로스터 등장.

글로스터   이리 좀 나오시오. 전하께서는 어디 계시오?

켄트   여기 계십니다. 하지만 조용히 하십시오. 실성을 하셨으니까요.

글로스터   어서 왕을 안아 일으키시오. 이제 막 암살 음모가 있다는 소문이 들어왔소. 여기 들것이 준비돼 있소. 그것에 태워서 빨리 도버로 모시고 가시오. 거기로 가면 환영과 함께 보호를 받을 것이오. 어서 전하를 안아 일으키시오. 반 시간만 지체하는 날이면 전하의 목숨은 물론 당신의 목숨도, 전하를 도와드리려고 하는 모든 사람의 목숨까지도 달아나고 말 것이오. 빨리 안아 일으키시오. 빨리! 그리고 나를 따라오시오. 여행에 필요한 물건을 놓아둔 곳으로 안내하겠으니!

켄트   피로에 지쳐 곤히 잠드셨군요. 이렇게 쉬고 계시면 어지럽던 신경도 나으실지도 모르겠으나, 형편상 휴식이 허락되지 않는다면 도저히 회복될 가망은 없습니다. (광대에게) 자, 좀 거들어라. 주인님을 안아 일으키자. 너도 뒤에 처져서는 안 돼.

글로스터   자, 자, 갑시다! (켄트, 광대와 함께 리어 왕을 안고 퇴장)

에드거   지체 높은 어른도 우리와 마찬가지로 고통당하는 것을 보니, 나의 불행 따위는 원망할 수도 없는 것 같구나. 남들이 안락하게 지낼 때 자기 혼자만 고통받는 것이 가장 괴롭지. 그러나 슬픔에도 동료가 있고 인내에도 친구가 생기면 마음의 고통도 한결 수월해지지. 이제는 내 괴로움도 가벼워져서 견디기 쉽게 된 것 같구나. 나를 굽히게 하는 것이 전하의 고개도 수그리게 하고 있으니 말이다. 왕은 딸들 때문에! 나는 아버지 때문에! 톰아, 물러가라! 귀인들 간의 소동을 보고 있다가 때가 오면 나오너라. 그릇된 오해가 네 명예를 더럽혔지만 올바른 증거로 본디의 신분을 되찾을 날이 머지않아 반드시 올 거다. 오늘 밤 무슨 일이 일어나더라도 제발 전하께선 무사하시기를! 자, 숨자, 숨어. (퇴장)

리어 왕을 두 손으로 안는 광대와 켄트 글로스터는 딸들로부터 버림받은 리어 왕을 숨겨주고, 마침 내 위험을 피해 도버로 피난시킨다.

〔제3막 제7장〕

글로스터 성의 한 방.
콘월, 리건, 고네릴, 에드먼드, 하인들 등장.

콘월 (고네릴에게) 급히 돌아가서 남편분께 이 편지를 보여드리시오. 지금 막 프랑스군이 상륙했습니다. (하인에게) 여봐라, 모반자 글로스터를 빨리 찾아 오너라.

리건 당장 교수형에 처하세요.

고네릴 눈을 뽑아버리는 게 좋아요.

콘월 처분은 내게 맡기시오. 에드먼드! 그대는 처형을 모시고 가라. 모반자인 그대 아버지에게 우리가 보복하는 모습을 보는 건 좋지 않다. 올버니 공 댁에 도착하거든, 서둘러 전투 태세를 갖추라고 전해라. 이쪽도 곧 준비를 하겠다. 앞으로는 전령을 세워 신속한 정보를 전달하도록 하겠네. 처형, 안녕히 가십시오. 그럼 잘 부탁하네. 글로스터 백작.

오스왈드 등장.

콘월 어찌 됐느냐? 왕은 어디 계시느냐?

오스왈드 글로스터 백작이 모시고 가버렸습니다. 왕의 기사 서른댓 명이 열심히 전하의 행방을 찾고 있었습니다. 그런데 성문 앞에서 만나, 백작의 하인 수십 명과 합류하여 전하를 경호하고 도버로 떠나버렸습니다. 거기에는 자기네 군대가 기다리고 있다며 큰소리쳤습니다.

콘월 마님이 타고 가실 말을 준비해라.

고네릴 그럼, 잘 있어요. 두 사람 다.

콘월 에드먼드, 잘 가게. (고네릴, 에드먼드, 오스왈드 퇴장) 모반자 글로스터를 체포해 오너라. 강도같이 두 손을 결박해 이리 끌고 오너라. (시종들 퇴장) 재판이라는 형식적 절차를 거치지 않고 사형을 선고하는 것은 옳지 않지만, 홧김에 권력을 휘두른다면 누구도 방해할 수는 없지. 비난하는 놈은 있겠지만.

하인들이 글로스터를 끌고 들어온다.

콘월 누구냐? 반역자냐?

리건 배은망덕한 여우! 바로 그자군요.

콘월 그 말라빠진 두 팔을 꼭 묶어라.

글로스터 왜 이러십니까? 잘 생각해 보시오. 두 분은 제 집의 손님이 아니십니까? 부당한 처사는 삼가십시오.

콘월 빨리 묶어라! (하인들 글로스터를 결박한다)

리건 꽁꽁 묶어라. 더러운 반역자!

글로스터 부인은 무자비한 분이군요. 나는 반역자가 아니오.

포승줄에 묶인 글로스터 백작 서자 에드먼드의 밀고로 글로스터는 붙잡혀 밀서와 리어 왕에 관한 일을 추궁당해 두 눈마저 잃고 만다.

콘월 이 의자에 묶어라. 이 악당아, 본때를 보여주겠다. (리건은 그의 수염을 쥐어뜯는다)

글로스터 자비로우신 신들은 이 철면피 같은 소행에 놀라실 것입니다. 수염을 쥐어뜯다니, 너무나 무례하십니다.

리건 그래, 그렇게 흰 수염을 하고서 모반을 해?

글로스터 잔혹한 분이군요. 당신이 이 턱에서 뽑은 수염은 다시 살아나서 당신을 저주할 거요. 적어도 나는 이 집 주인이 아닙니까? 이 주인의 얼굴에 날도둑 같은 손으로 폭행을 하는 것은 너무 심하지 않습니까? 왜 이러십니까?

콘월 이것 봐, 최근에 프랑스에서 무슨 편지를 받았지?

리건 솔직히 털어놔. 사실을 알고 있으니까.

콘월 그리고 최근 이 나라에 상륙한 모반자들과 서로 짜고 무슨 음모를 꾸미는 거냐?

리건 미친 왕을 누구에게 넘겼나? 말해.

글로스터 추측에 따라서 씌어진 편지를 받긴 받았습니다만, 그것은 어느 쪽에도 속하지 않는 제삼자로부터 온 것이오. 적들이 보낸 편지가 아닙니다.

콘월 교활한 놈.

리건 거짓말쟁이!

콘월 국왕을 어디로 보냈어?

글로스터 도버로 보냈소.

리건 왜 보냈지? 단단히 엄명해 두었잖아. 만일 그런 짓을 하면 처벌받을 거라고…….

콘월 왜 도버로 보냈나? 빨리 대답해.

글로스터 말뚝에 매인 곰 꼴이구나. 이렇게 된 이상 제아무리 개떼들이 습격해 와도 꾹 참아내야지.

리건 왜 도버로 보냈나?

글로스터 왜냐고요? 당신의 잔인한 손톱이 불쌍한 늙은 왕의 눈을 뽑는 꼴이며, 흉포한 당신의 언니가 멧돼지 같은 어금니로 신성한 옥체를 쓰러뜨리는 것을 차마 볼 수 없어서지요. 모진 폭풍우에 맨머리로 지옥 같은 밤의 어둠 속을 고생하셨는데, 그런 폭풍우에는 바다라도 하늘로 솟구쳐 올라가

연극 〈리어 왕〉 조셉 마이델(글로스터 역)·켈리 브라이트(리건) 출연. 런던 글로브 극장 공연.
2008.

서 별빛을 꺼버렸을 테지만, 가엾게도 전하는 오히려 비 오는 것을 도와주셨
소. 그런 무서운 밤이면 늑대가 문 앞에 와서 도와달라 짖더라도 "문지기,
문을 열어주게" 말해야 하지 않나요? 맹수들도 무서워서 떠는데, 당신만
은…… 두고 보시오, 그런 딸들에게는 반드시 복수의 여신이 내려칠 것이니.

콘월 네놈이 그것을 절대로 못 보게 해주마. 여봐라, 그 의자를 꽉 붙들고
있어. 너의 그 눈알을 짓밟아 주겠다.

글로스터 오래 살고 싶은 사람은 나를 좀 도와주시오. 아, 너무하다! 아, 하
느님!

리건 한쪽 눈이 다른 쪽 눈을 보고 비웃고 있어요. 아예 그쪽 눈도 마저 뽑
아버려요!

콘월 복수의 여신이 보고 싶다면…….

하인 1 나리, 그러지 마십시오! 저는 어릴 적부터 나리를 모셔왔습니다만, 오
늘 나리를 막는 것보다 더 훌륭한 일은 없다고 생각합니다.

리건 무엇이 어째? 이 개자식!

하인 1 그 턱에 수염만 있다면 사정없이 잡아 뜯으며 싸웠을 텐데. 어쩔 것이오?

리건 뭐라고?

콘월 이 종놈이? (칼을 빼든다)

하인 1 (단검을 빼든다) 그럼 해봅시다. 상대해 드리죠. 어디 이 성난 칼을 당해 낼 수 있거든 받아보시오.

리건 이 쌍놈이 감히 대들어? (다른 하인에게) 칼을 이리 줘. (칼을 받아 들고 뒤에서 하인 1을 찌른다)

하인 1 아, 죽는구나. 백작님, 남은 눈 하나로도 잘 아실 겁니다. 제가 저자에게 입힌 상처를. 아! (죽는다)

콘월 이제 다시는 보지 못하도록 미리 막아버려야지. 에잇, 더러운 썩은 생굴 같구나! 이제 네놈의 광채는 어디 갔지?

글로스터 온통 캄캄하고, 의지할 곳 없구나! 내 아들 에드먼드는 어디 있느냐? 에드먼드, 네 효성의 불길을 모조리 일으켜서 이 무서운 짓에 복수해다오.

리건 이 몹쓸 반역자야! 너를 미워하는 아들을 불러봐도 소용없어. 너의 모반을 밀고해 준 사람이 바로 네 아들이다. 네 아들은 너무도 선량해서 너같은 걸 동정하지 않는다.

글로스터 아, 내가 어리석었구나! 그러면 에드거는 모략을 당했구나. 자비로운 신들이여, 제 잘못을 용서하시고, 그 아이에게는 행운을 내려주소서.

리건 이놈을 대문 밖으로 끌어내라. 냄새나 맡아 가며 도버까지 가게. (하인들이 글로스터를 끌고 퇴장) 여보, 왜 그러세요? 낯빛이 왜 그러세요?

콘월 상처를 입었소. 나를 따라오시오. (하인에게) 저 눈 없는 악한을 쫓아내 버려라. 그리고 이 뒈진 놈은 쓰레기통에 던져버려라. 리건, 나는 피를 많이 흘렸소. 뜻밖의 상처를 입다니. 나를 좀 부축해 주시오. (리건의 부축을 받으며 퇴장)

하인 2 내 무슨 나쁜 짓이라도 서슴지 않고 하겠다. 저런 것들이 행복하게 산다면.

하인 3 저런 여자가 오래 살아서 수명을 다하고 죽는다면, 여자들은 모두 괴물이 돼버릴 거야.

하인 2 연로하신 백작님을 뒤따라가서 어디라도 그분의 손을 끌고 다녀달라고 그 미치광이 비렁뱅이에게 부탁하자고. 그놈은 떠돌아다니는 것이 본업이니, 어디라도 가줄 수 있을 거야.

하인 3 그게 좋겠어. 나는 아마포와 달걀 흰자위를 가져와서, 저 피투성이 얼굴에 발라드려야지. 하느님, 저분을 지켜주옵소서! (모두 퇴장)

〔제4막 제1장〕

황야.
에드거 등장.

에드거 차라리 이렇게 경멸당하는 것이 입으로만 간사하게 아첨을 받고 속으로는 늘 비웃음당하는 것보다는 훨씬 낫다. 운명에 버림받아 가장 천하고 가장 나쁜 처지에 놓이면, 언제나 희망은 있어도 두려운 것은 없어. 슬퍼할 것은 가장 좋은 처지에서 몰락하는 경우다. 역경의 밑바닥에 떨어지면 다시 웃음이 돌아오는 법이지. 바람아, 불어라. 너는 내 눈에는 보이지도 않는데 내 몸에는 느껴지는구나. 너로 말미암아 불운의 구렁으로 떨어진 불쌍한 몸이지만, 네가 아무리 불어와도 이젠 하나도 무섭지 않다.

글로스터, 한 노인에게 이끌려 등장.

에드거 아버지가 저리도 가엾게 이끌려서? 세상아, 세상아, 이 세상아! 이상하게 돌변하지만 않는다면 너를 미워하지도 않고, 인생의 세월에도 굴복하지 않을 것이다.

노인 백작님, 저는 선대 때부터 80년 동안이나 하인 노릇을 해온 사람입니다.

글로스터 이제 비켜라! 착한 친구, 물러가라! 네가 도와준다 해도 내게는 소용이 없어. 오히려 너마저 화를 입는다.

노인 하지만 길을 못 보시잖아요.

글로스터 나는 갈 길이 없으니 눈은 필요 없다. 눈으로 볼 때에는 오히려 잘 넘어졌다. 사람은 기댈 것이 있으면 오히려 마음을 놓게 되거든. 아무것도 없는 게 차라리 낫다. 아, 내 아들 에드거! 속아 넘어간 아비의 노여움에 희생되었구나! 내 살아서 너를 한번 만져볼 수만 있다면, 나는 시력을 되찾은 거나 마찬가지라고 말하겠다.

노인 누구냐? 거기 있는 사람은?

에드거 (혼잣말로) 아, 신이여! "지금이 가장 비참하다" 누가 말할 수 있겠는가! 나는 전보다 더욱 비참해졌구나.

노인 미친 거지 톰이구나.

에드거 (혼잣말로) 앞으로 더욱 비참해질지도 몰라. "지금이 가장 비참하다"고 할 수 있는 동안은 아직 가장 비참한 게 아니야.

노인 이놈아, 어디를 가?

글로스터 거지인가?

노인 미친 거지입니다.

글로스터 거지 노릇을 할 수 있다면 완전히 미치지는 않았겠군. 어젯밤 폭풍우 속에서 그런 놈을 봤어. 그걸 보고 사람도 벌레 같다는 생각이 들더군. 그때 언뜻 자식 생각이 떠올랐는데, 그때는 아직 마음속 노여움이 풀리지 않았더랬어. 그러나 그 뒤 여러 소문을 들어서 알게 됐지. 장난꾸러기들이 파리를 다루듯이 신들은 마음대로 인간을 다루거든. 신들은 장난삼아 우리 인간들을 죽이니까.

에드거 (혼잣말로) 대체 어떻게 해서 이렇게 됐을까? 슬픔에 빠져 있는 사람들을 상대로 광대 노릇을 해야 하는 건 가슴 아픈 일이다! 그건 나도 괴롭고 상대도 괴로운 일이다…… 안녕하십니까, 영감님!

글로스터 저놈이 벌거벗었나?

노인 그렇습니다.

글로스터 그럼 자네는 이제 그만 돌아가게. 나를 위해서 1마일이나 2마일쯤 따라와 줄 생각이 있다면, 그 친절 대신 저 벌거숭이에게 입힐 옷을 좀 갖다주게. 나는 저놈에게 안내를 부탁하겠으니.

노인 하지만 저놈은 미쳤는데요.

글로스터 미친놈이 장님의 길잡이가 되는 것도 시대의 잘못된 명령 탓이지.

에드거에게 길 안내를 부탁하는 글로스터　눈을 잃은 글로스터는 맏아들 에드거가 거지로 변장한 것도 모른 채 도버로 가는 길 안내를 부탁한다.

내가 하라는 대로 해. 싫으면 마음대로 해! 어쨌든 너는 어서 집으로 돌아가거라.

노인　그럼 빨리 달려가서 제가 가진 가장 좋은 옷을 한 벌 가지고 오겠습니다. 그 때문에 제게 어떤 재앙이 떨어진다 해도 저는 아무렇지도 않습니다. (퇴장)

글로스터　이것 봐, 벌거숭이!

에드거　불쌍한 톰은 추워요. (혼잣말로) 이젠 더 숨길 수 없구나.

글로스터　애, 이리 오너라.

에드거　(혼잣말로) 하지만 그래도 안 숨길 수가 없어. 아, 눈에서 피가 나네요.

글로스터　도버로 가는 길을 아는가?

에드거　다 알지요. 담장이나 큰문이나 말 다니는 길이나, 사람 다니는 길이나 무엇이든지 모르는 게 없어요. 불쌍한 톰은 악마에게 홀려서 제정신을 빼앗겼어요. 훌륭한 집 자제님, 당신일랑 악마에게 홀리지 않도록 조심하세요. 가엾은 톰에게는 악마가 한꺼번에 다섯 마리나 달라붙었어요. 오비디컷은 음란의 악마, 호비디덴스는 벙어리의 악마, 마후는 도둑의 악마, 모도는 살인의 악마고, 플리버티지빗은 입을 실룩샐룩하는 악마로, 이 맨 끝의 놈은 요즈음에는 궁녀 시녀들에게 달라붙어 있어요. 영감님, 조심하세요.

글로스터 애, 이 돈주머니를 받아라. 너는 하늘의 재앙을 달갑게 여기고 모든 불운을 잘 참아 견디고 있구나. 예전에는 잘 몰랐었는데, 내가 불행해지고 보니 그만큼 너를 행복하게 해주고 싶어졌구나. 하늘이시여, 언제나 그렇게 공평하게 처리해 주십시오! 한껏 쓰고도 남을 만큼 가지고 있고 게다가 포식을 하고, 신의 뜻을 자기 노예인 양 생각하고, 자기가 느끼지 않는다 하여 남의 가난을 돌보지 않는 자에게는 당장에 당신의 위력을 보여주십시오! 그러면 분배는 넘침 없이 골고루 돌아가게 되고, 그렇게 되면 모두가 풍족해질 테니까요. 도버로 가는 길을 아느냐?

에드거 네, 압니다.

글로스터 그곳에는 절벽이 있는데, 보기만 해도 무섭게 솟아 있는 그 꼭대기는 절벽으로 가로막힌 바다를 내려다보고 있다. 그 절벽 언저리까지만 데려다 다오. 그러면 내 몸에 지니고 있는 값나가는 물건으로 네가 짊어진 비참함을 없애주겠다. 그 뒤론 안내해 주지 않아도 좋다.

에드거 손을 이리 주십시오. 불쌍한 톰이 안내해 드리겠습니다. (퇴장)

〔제4막 제2장〕

올버니 공작 저택 앞.
고네릴, 에드먼드 등장.

고네릴 집까지 바래다줘서 고마워요. 그런데 웬일까, 사람 좋은 그이가 어째 마중도 안 나오시고.

오스왈드 등장.

고네릴 주인어른은 어디 계시지?

오스왈드 안에 계십니다만, 딴사람같이 변해 버리셨습니다. 적군이 상륙했다고 전하니까 빙그레 웃으시기만 하고, 부인이 돌아오셨다고 여쭈어도 대답은 "귀찮아"뿐이시고요. 글로스터 백작의 모반과 그 아들의 충성을 말씀드렸더니 저에게 바보라고 하시며, 이야기가 정반대라고 꾸중하셨습니다. 가장 싫어해야 할 것이 오히려 맘에 들고, 가장 맘에 들어야 할 것이 오히려 싫으신 모양입니다.

고네릴 (에드먼드에게) 당신은 돌아가요. 그이는 겁쟁이라서 무슨 일을 대담하게 해내려고 하질 않아요. 보복해야 할 모욕을 받아도 모르는 체하는 사람이에요. 오는 길에 이야기한 일은 우리 희망대로 이루어질 거예요. 에드먼드, 콘월 공에게로 돌아가요. 급히 군대를 소집해서 이끌어요. 내가 대신 칼을 들고 남편 손에는 물레를 쥐어주겠어요. 이 사람은 믿을 수 있으니까 우리 사이의 연락을 맡게 하겠어요. 당신만 대담하게 용기를 내면 머잖아 한 부인으로부터 명령을 듣게 될 겁니다. (반지를 주면서) 이것을 지니고 있어요. 아무 말도 하지 마요. 고개 좀 수그려요. 이 키스가 말을 한다면 당신은 틀림없이 사기가 하늘을 찌를 듯이 높아질 거예요. 알겠지요? 그럼 안녕.

에드먼드 당신을 위해서라면 죽음도 마다하지 않겠습니다.

고네릴 나의 사랑하는 글로스터! (에드먼드 퇴장) 원, 같은 남자라도 이렇게 다를까! 당신한테 여자의 정성을 다 바치겠어요. 우리집 바보는 내 몸을 새치기하고 있을 뿐이에요.

오스왈드 아씨, 나리께서 오십니다. (퇴장)

올버니 등장.

고네릴 전에는 마중 나와 휘파람 정도는 불어주셨잖아요.

올버니 오. 고네릴, 당신은 거친 바람이 당신 얼굴에 밀어붙이는 먼지만도 못한 사람이오! 걱정이 되는 건 당신의 그 성질이오. 자기를 낳아준 부모조차 업신여기는 그런 근성으로는 자기 본분을 지킬 수가 없을 거요. 자기를 길러준 어미나무에서 그 가지인 제 몸을 잘라내는 여자는 반드시 시들어서 마침내는 땔감밖에 못 되게 마련이오.

고네릴　듣기 싫어요! 그런 바보 같은 설교는.

올버니　형편없는 자에게는 지혜와 선의도 형편없는 것으로만 들리게 마련이오. 더러운 것들은 더러운 것만 마음에 들지. 당신이 한 짓은 뭐요? 사람의 딸이 한 짓이 아니라 호랑이가 한 짓이지! 아버지를, 더구나 인정 많은 노인을 당신은 미치게 했소. 쇠사슬로 목을 잡아매어 끌려다니는 곰조차도 그 어른의 손을 핥을 것. 그렇게도 잔인하고 창피한 짓이 어디 있단 말이오? 콘월 공이 그것을 가만히 보고만 있었단 말이오? 그 사람은 노왕에게 큰 은혜를 입고 그 덕택으로 왕족이 된 사람인데! 만일 하늘이 눈에 보이는 정령으로 하여금 이런 흉악무도한 자들을 당장에 벌하도록 하지 않으신다면, 반드시 인간들도 동족을 잡아먹고 바다의 괴물처럼 되고 말 것이오.

고네릴　비겁한 사람! 뺨은 얻어맞기 위해서 갖고 있고, 머리는 모욕당하기 위해서 달고 있는 줄 아세요? 이마에 눈을 둘씩이나 달고도 창피와 명예도 분간하지 못하나요? 나쁜 놈이 아직 죄를 저지르기도 전에 처벌되는 것을 보고 측은해하는 건 바보나 하는 짓이라는 것도 모르는 사람이군요. 북 치는 사람은 어디 있어요? 프랑스 왕은 조용한 이 나라에 군기를 휘날리고 투구에 꽂은 깃털을 뽐내면서 당신 나라를 위협하기 시작했는데, 당신은 설교나 하기 좋아하는 바보처럼 가만히 앉아서 "아, 왜 이러는 거야?" 소리나 지르겠단 말인가요?

올버니　악마 같으니, 당신 낯짝을 좀 보라고! 진짜 악귀보다 당신 같은 계집의 탈을 쓴 악귀가 더 무섭구나.

고네릴　정말 어리석은 바보 같으니!

올버니　여자로 둔갑하여 본성을 감추고 있는 악마 같으니. 부끄러운 줄 안다면 악마의 본체를 숨겨두도록 해라! 홧김에 이 팔을 휘두르는 날에는 당신의 살과 뼈는 박살이 날 줄 알아. 당신은 악마지만 여자 모습을 하고 있으니까 살려둔다.

고네릴　어머! 그 용기 대단하시군! 살쾡이 같으니라고!

전령 등장.

올버니　무슨 일이냐?

전령 공작님, 콘월 공이 돌아가셨습니다. 글로스터 님의 남은 눈을 마저 빼려다가 하인에게 찔려서요.

올버니 글로스터의 눈을?

전령 어릴 때부터 부리고 있던 하인이 보다 못해 말리려다가 자기 주인인 콘월 공에게 칼을 빼들었습니다. 격분한 공작께서 달려들자 마님이 뒤에서 그를 찔러 죽였습니다만, 그때 공작께서도 치명상을 입었기 때문에 곧 세상을 떠나고 마셨습니다.

올버니 이거야말로 좋은 증거다. 하늘에는 우리를 심판하는 신들이 계시다는 좋은 증거다. 이렇게도 빨리 이 세상의 죄악을 벌하시는구나! 아, 가엾은 글로스터! 그래 한쪽 눈을 잃으셨단 말이냐?

전령 두 눈, 두 눈 모두 잃으셨습니다. 마님, 이 편지는 답장이 급하답니다. 동생분의 편지입니다.

고네릴 (혼잣말로) 한편으로 생각하면 잘됐군. 하지만 동생이 홀몸이 됐으니 동생이 에드먼드를 자기 곁에 두고 있게 되면, 내가 모처럼 쌓아올린 꿈속의 누각은 무참하게 무너지고, 나에게 남은 것은 무미건조한 인생이 아닐까? 그래도 생각에 따라서는 그리 고통스런 소식은 아니야. (전령에게) 곧 읽어보고 답을 쓰겠네. (퇴장)

올버니 글로스터가 눈을 뽑힐 때 그의 아들은 어디 있었느냐?

전령 마님을 모시고 이 댁으로 오셨습니다.

올버니 이곳엔 안 왔는데.

전령 예, 돌아가시는 걸 도중에서 만났습니다.

올버니 그 사람은 이 잔인한 소행을 알고 있느냐?

전령 알다 뿐이겠습니까. 자기 아버지를 밀고해 그 지경을 만든 건 그분이었습니다. 처벌이 아무런 방해 없이 이루어질 수 있도록 일부러 그 자리를 피하셨는데요.

올버니 글로스터, 내가 살아 있는 한은 국왕에게 바친 당신의 충성을 감사히 생각하고, 당신 눈의 원수를 갚아드리겠소. 이쪽으로 가까이 오너라. 또 아는 것이 있으면 자세히 말해 보아라. (모두 퇴장)

도버 근처의 프랑스군 진영.
켄트와 신사 등장.

켄트 프랑스 왕이 왜 그렇게 갑자기 귀국하셨는지 당신은 아시오?

신사 본국에 두고 온 해결 못한 문제가 있었는데, 출전 뒤 갑자기 생각이 나셨답니다. 그냥 두었다간 나라의 안위에 관계되는 중대한 일인 만큼 마지못해 귀국하셨습니다.

켄트 누구를 지휘관으로 남겨놓으셨소?

신사 원수 라파르 장군입니다.

켄트 왕비께서는 그 편지를 보시고 슬픈 표정을 하시던가요?

신사 네, 그렇습니다. 왕비께서는 편지를 받자마자 그 자리에서 읽으셨는데, 이따금 굵은 눈물방울이 아름다운 뺨으로 흘러내렸습니다. 왕비께서는 깊은 슬픔을 억누르려고 하셨습니다만, 그 슬픔이 왕비님의 명령을 듣지 않는 것 같았습니다.

켄트 그럼 그 편지에 감동받으셨군요.

신사 그러나 이성을 잃을 만큼은 아니었습니다. 자제심과 슬픔이 서로 누가 왕비를 가장 아름답게 하는지 다투는 것 같았습니다. 햇볕이 나면서 비가 오는 일이 있지요. 마치 그러했습니다. 왕비께서 미소를 지으며 눈물을 흘리시는 모습은. 그러한 왕비님의 모습은 더욱더 매력적이었습니다. 그 아름다운 입술의 행복한 미소는 눈에 어떤 손님이 와 있는지를 모르는 것 같았고, 그 손님이 두 눈에서 떠나는 모습은 진주가 다이아몬드에서 떨어져 나가는 것만 같았습니다. 정말 슬픔처럼 아름답고 희귀한 것은 없다고나 할까요. 누구에게나 그렇게 잘 어울릴 수만 있는 거라면 말입니다.

켄트 무슨 말씀은 없었소?

신사 네, 한두 번 "아버지" 하고 안타까운 듯이 숨 가쁘게 부르셨습니다. 그리고 우시면서 "언니들, 언니들! 여자의 수치예요! 언니들! 켄트! 아버지! 언니들! 아, 폭풍우 속에! 밤중에! 자비는 이 세상에 없단 말인가!" 하시고는 그 맑은 눈에서 성수(聖水) 같은 눈물을 흘리시고, 홀로 슬픔을 달래려고 자리에서 일어나셨습니다.

켄트 별들이오, 하늘의 별들이오, 인간의 성질을 지배하는 것은. 그렇지 않고서야 한 부부 사이에서 이토록 성질이 다른 자식들이 생겨날 리가 없소. 그 뒤 만나 뵌 적은?

신사 없습니다.

켄트 이번 일은 프랑스 왕이 귀국하시기 전이었습니까?

신사 아니오, 귀국한 뒤였습니다.

켄트 사실 가엾게도 실성을 하신 리어 왕은 오늘 이 도시에 계십니다. 이따금 정신이 드실 때는 우리가 왜 여기에 와 있는지를 기억하시지만, 한사코 따님은 만나지 않겠다고 하십니다.

신사 왜 그러실까요?

켄트 더할 나위 없는 치욕에 압도되었기 때문이죠. 자신의 무자비함으로 아버지로서의 축복도 주지 않고 남의 나라 낯선 땅으로 쫓아내 위험을 당하게 했을 뿐 아니라, 그토록 애지중지하던 따님의 중대한 권리를 개보다도 못한 잔인한 다른 딸들에게 내줘 버렸으니…… 이런 일 저런 일이 독사의 이빨처럼 마음을 깨물어 그 상처의 아픔이 불타올라 코델리아 님과의 만남을 피하고만 계십니다.

신사 아, 불쌍한 어른!

켄트 올버니와 콘월의 군대에 대해서는 이야기를 못 들었소?

신사 벌써 출전했다고 합니다.

켄트 그럼 전하께 안내를 하겠으니 시중을 들어주시오. 나는 말 못할 사연이 있어서 얼마 동안 신분을 감추고 있어야 하지만, 머잖아 신분을 밝히는 날에는 이렇게 나와 알게 된 일을 후회하지는 않을 것이오. 그럼 자, 함께 갑시다. (모두 퇴장)

〔제4막 제4장〕

프랑스군 진영. 어느 군막.
고수와 기수를 선두로 코델리아 등장. 시의와 병사들이 뒤따라 등장.

코델리아 아, 그분이 아버지예요. 이제 막 만났다는 사람의 이야기로는, 성난 바다같이 미치셔서 큰 소리로 노래하고, 머리에는 무성한 현호색풀, 밭이랑에 자라는 잡초, 우엉, 독미나리, 쐐기풀, 황새냉이, 독보리, 그리고 밀밭 사이에서 제멋대로 크는 잡초들을 관처럼 쓰고 계신댔어요. 곧 한 중대를 풀어 우거진 들을 샅샅이 뒤지고 아버지를 이 눈앞에 모셔오세요. (장교 퇴장) 어떻게 해서든지 의술의 힘을 빌려 아버지의 병든 정신을 고칠 수 없을까요? 아버지의 병을 치료해 주는 사람에게는 내가 지니고 있는 패물을 무엇이든지 다 주겠어요.

시의 치료 방법이 있습니다. 사람의 생명을 양육하는 것은 편안한 잠입니다만 전하께서는 그게 부족합니다. 잠을 부르는 약초는 여러 가지 있으니, 그 힘만 빌리면 고민하는 마음에도 편안한 잠이 찾아올 수 있습니다.

코델리아 이 세상의 고마운 온갖 비약(祕藥), 아직 세상에 알려지지 않은 온갖 특효 약초가 내 눈물에 적셔져 자라나서, 그 훌륭한 분의 고민을 치유하는 데 도움이 되어주기를! 빨리 찾아와요. 실성하시어 분별이 없으시니, 스스로 목숨을 버리실지도 모르니까요.

전령 등장.

전령 아룁니다! 브리튼군이 이곳으로 진격해 오고 있습니다.

코델리아 알고 있소. 맞서 싸울 준비는 다 돼 있소. 아, 아버지! 이번 출진은 아버지를 위한 것입니다. 그래서 프랑스 왕은 울며 애원하는 저를 가엾게 여겨주셨어요. 엉뚱한 야심에 차서 군대를 일으킨 게 아니라 단지 자식으로서 늙으신 아버지의 권리를 되찾아 드리자는 것뿐입니다. 아, 아버지! 얼른 목소리를 듣고 뵙고 싶어요! (모두 퇴장)

〔제4막 제5장〕

글로스터의 성.
리건과 오스왈드 등장.

도버로 향하는 글로스터 부자 모든 것을 잃어버린 글로스터는 도버의 절벽에서 자살을 계획하지만, 아버지 마음을 알아챈 에드거의 재치 있는 지혜 덕분으로 목숨을 건진다.

리건　형부네 군대는 출진했어요?

오스왈드　네, 출진했습니다.

리건　공작도 몸소?

오스왈드　네, 야단법석을 떨며 출진하셨습니다. 언니 되시는 분이 훨씬 더 훌륭한 군인다우셨습니다.

리건　에드먼드는 그곳에서 형부와 만나지 않았나요?

오스왈드　네, 만나지 않았습니다.

리건　언니가 에드먼드에게 보내는 편지의 내용은 뭘까요?

오스왈드　글쎄요, 모르겠습니다.

리건　그분은 중대한 일로 갑자기 떠나셨어요. 글로스터를 눈만 빼고 죽이지 못한 것이 큰 실수였죠. 그는 가는 곳마다 사람들의 마음을 자극해 우리의 적으로 만들고 있어요. 에드먼드가 떠난 것은 아버지의 비참한 꼴을 보다 못해, 어두운 밤과 다름없는 목숨을 처치해 버릴 겸 적군의 실력도 정찰하기 위해서일 테죠.

오스왈드　저는 이 편지를 들고 그분을 뒤쫓아 가야겠습니다.

리건　우리 군대도 내일 출진하기로 돼 있어요. 위험하니까 하루쯤 묵었다 가도록 해요.

오스왈드　그렇게는 안 됩니다. 이 일에는 마님의 엄명이 계셨으니까요.

리건　왜 에드먼드에게 편지를 쓴 걸까요? 당신에게 말로 부탁해도 되지 않아요? 무슨 일인지는 모르지만 아마 사정이 있는 모양이군요. 당신한테 섭섭 잖게 해줄 테니…… 그 편지를 좀 뜯어보게 해주지 않겠어요?

오스왈드　그것은 좀…….

리건　다 알고 있어요. 당신 주인아씨는 남편을 사랑하지 않아요. 확실히 그래요. 그리고 요전번 여기에 왔을 때도 에드먼드에게 이상야릇한 눈짓이며 의미심장한 표정을 보냈지요. 누가 모를 줄 알아요? 당신은 내 언니의 심복이지요?

오스왈드　제가요?

리건　다 알고 말하는 거예요. 당신은 언니의 심복이란 거 다 알아요. 그러니 내가 하는 말을 명심해 둬요. 나의 주인은 죽었어요. 그리고 에드먼드와 나는 약속이 다 되어 있어요. 그는 당신 주인아씨와 결혼하는 것보다는 나하고 결혼하는 것이 이롭다고요. 이만큼 말하면 알아들었을 테니, 그를 만나면 그 점을 전하도록 해요. 그리고 당신 주인아씨가 당신에게서 그런 사정 이야기를 듣게 될 때는 분별을 차리도록 당부해 주고요. 그럼 잘 가요. 만일 그 눈먼 모반자의 거처라도 알아내어 목을 베어오는 사람은 출세는 따 놓은 당상이죠.

오스왈드 제가 그 사람을 만나게 되면 좋겠습니다! 그러면 제가 어느 편인가를 보여드릴 수 있을 테니까요.

리건 잘 가요. (모두 퇴장)

〔제4막 제6장〕

도버 근처의 들판.
글로스터와 농부 차림의 에드거 등장.

글로스터 언제쯤이나 그 언덕 꼭대기에 닿을까?

에드거 지금 그 언덕에 올라가고 있어요. 자, 이렇게 힘이 들지 않습니까?

글로스터 평지 같은데.

에드거 무서운 비탈길인데요. 보세요, 파도 소리가 들리지 않습니까?

글로스터 내 귀에는 아무것도 안 들리는데.

에드거 눈이 아픈 바람에 다른 감각까지도 둔해졌나 보죠.

글로스터 하긴 그런지도 모르지. 그러고 보니 네 목소리도 달라진 것 같구나. 전보다 말씨도 좋아졌고, 문장도 조리에 맞고.

에드거 그건 잘못 아신 겁니다. 달라진 거라곤 입고 있는 옷뿐입니다.

글로스터 말씨가 좋아진 것 같은데.

에드거 자, 여기입니다. 가만히 계십시오. 이렇게 아래쪽을 보니 무서워서 현기증이 납니다! 중간쯤을 날고 있는 까마귀나 갈까마귀는 크기가 딱정벌레만큼이나 작게 보입니다. 절벽 중턱에 매달려서 갯미나리를 캐고 있는 사람이 있네요. 참 위험한 직업도 다 있군요! 몸뚱이가 머리 크기만큼이나 작게 보이는데요. 모래밭을 걷고 있는 어부가 모두 생쥐처럼 작게 보여요. 저기 닻을 내리고 있는 큰 배는 거룻배만 하게 보이고, 또 거룻배는 부표 같아서 눈에 들어오지도 않는데요. 밀려오는 파도는 모래밭에 널린 조약돌에 부딪치고 있으나, 여기까지는 그 파도 소리가 들리지 않아요. 이제 그만 내려다봐야겠어요. 머리가 빙빙 돌고, 눈이 아찔해서 곤두박질할 것만 같네요.

글로스터 네가 서 있는 곳에 나를 세워 다오.

에드거 손을 주십시오. 자, 이제 한 발짝이면 낭떠러지입니다. 이 세상을 다 준다 해도 여기서는 못 뛰어내리겠는데요.

글로스터 손을 놔라. 자, 돈주머니를 또 하나 주겠다. 이 속에는 가난뱅이가 갖기에는 지나칠 정도의 보석이 있다. 요정이나 신의 혜택으로 이것이 네게 복이 되기를 빈다! 멀찍이 저리로 가라. 나에게 인사하고 물러가는 네 발소리를 들려다오.

에드거 그러면 영감님, 안녕히 계십시오.

글로스터 잘 가거라.

에드거 (혼잣말로) 아버지의 절망을 이렇게 우롱하는 것도 결국은 그것을 고쳐 드리고 싶기 때문이다.

글로스터 (무릎을 꿇고) 아, 위대하신 하늘의 신들이여! 저는 이 세상을 떠나고 당신들이 보시는 앞에서 이 몸에 내려진 크나큰 고통을 조용히 털어내버리겠습니다. 제가 고통을 더 참으며 거역하지 못할 당신들의 큰 뜻에 원망하지 않는다 하더라도, 타다 남은 양초 심지와 같은 지긋지긋한 이 잔해는 머지않아 타서 사라지게 마련입니다. 에드거가 아직 살아 있다면, 그 애에게 축복을 내려주소서! 그럼, 잘 있어라.

에드거 이렇게 떨어져 있습니다. 안녕히 계십시오! (글로스터, 앞으로 몸을 던지고 기절한다) 사람이 목숨을 끊고 싶다고 생각할 때는 착각으로 보배 같은 생명을 실제로 잃은 일이 있지. 아버지가 생각하던 곳에 실제로 와 있었다면 지금쯤은 그 생각도 옛일이 되고 말았을 거야. (큰 소리로) 살아 계시나, 돌아가셨나? 여보세요, 노인! 여보세요! 안 들립니까? 말 좀 해보세요. (혼잣말로) 정말 이대로 돌아가 버리실지도 모르겠구나. 아니, 살아 계시다. (큰 소리로) 당신은 누구시오?

글로스터 저리 가, 나를 죽게 내버려둬요.

에드거 대체 당신은 거미줄이오, 새털이오, 공기요? 그렇게 여러 길 낭떠러지에서 떨어졌으면 달걀같이 박살이 났을 것 아니오. 그런데 당신은 숨을

연극 〈리어 왕〉 제프리 프레시워터(글로스터 역·오른쪽) 그렉 힉스(리어 역) 출연. 눈먼 글로스터가 미쳐버린 리어 왕을 만난다. 글로스터는 자신이 에드먼드에 대해 무지했음을 깨닫는다.

쉬며 몸도 아무렇지도 않군요. 피도 나지 않고 말도 하고 아주 멀쩡하구려. 돛대 열 개를 이어도 당신이 거꾸로 떨어진 높이만큼은 못 될 거요. 목숨을 건진 것은 기적이오. 한 번 더 말을 해보시오.

글로스터 대체 난 떨어진 거요, 안 떨어진 거요?

에드거 이 흰 벽 같은 절벽 꼭대기에서 떨어졌어요. 위를 쳐다보세요. 날카로운 소리로 노래하는 종달새는 너무 멀어 보이지도 들리지도 않습니다. 자, 좀 쳐다보세요.

글로스터 아, 보고 싶어도 나에게는 눈이 없다오. 불행한 놈은 죽음으로써 불행을 면할 은혜조차도 허락되지 않는단 말인가? 자살로 폭군의 분노를 비웃어 주고, 그 오만한 의도를 꺾을 수 있다면 그래도 조금은 위안이 되겠는데.

에드거 부축해 드리죠. 자, 일어서시오. 됐어요, 어때요? 다리가 말을 잘 듣는가요? 설 수 있군요.

글로스터 설 수 있소. 아무렇지도 않아요.

에드거 참 기적이군요. 이 절벽 꼭대기에서 당신과 헤어진 자는 누구였습니까?

글로스터 불쌍한 거지였지요.

에드거 여기 서서 쳐다보니 그놈의 눈은 두 개의 보름달 같고 코는 천 개나 되며 뿔은 파도치는 바다같이 꼬불꼬불하게 꼬인 것 같던데요. 그건 악마였어요. 그러니 당신은 운이 좋은 사람입니다. 무엇에나 공정하신 신들은 인간이 할 수 없는 일들을 해내심으로써 존경을 받는데, 그 신들이 당신을 구해 주신 겁니다.

글로스터 그러고 보니 생각나는 게 있습니다. 앞으로는 고통이란 놈이 "틀렸어, 다 틀렸어"라고 비명을 지르며 뻗어버릴 때까지 꾹 참아야겠군요. 나는 당신이 말한 악마가 사람인 줄만 알았습니다. 하긴 그놈은 여러 번 "악마, 악마" 하더군요. 아무튼 그놈이 나를 저곳까지 데려다줬습니다.

에드거 너무 걱정하지 마시고, 진정하십시오. 아, 누가 오는구나.

꽃으로 기상천외하게 꾸민 관을 쓴 리어 왕 등장.

에드거 정신이 멀쩡하다면 저런 꼴은 하지 않을 거야.

리어 왕 내가 돈을 위조해도 나를 체포하진 못한다. 난 이 나라 왕이니까.

에드거 아, 저 모습, 가슴이 터질 것만 같구나!

리어 왕 왕으로 태어난 사람이 보통 사람과 같겠느냐? 자, 계약금을 받아라. 저놈의 활 쏘는 솜씨는 허수아비 같아. 힘껏 시위를 당겨봐! 저 봐, 생쥐다! 쉬, 쉬, 이 구운 치즈 조각이면 미끼로 안성맞춤이다. 자, 이 장갑을 던지겠다. 내 도전의 표시물이다. 상대가 거인이라도 물러서진 않겠다. 창을 든 병사를 불러라. 아, 잘 날아가는구나. 새처럼 과녁에 맞았구나. 과녁에. 휙! 암호를 말해.

에드거 향기로운 마저럼꽃.

리어 왕 통과.

글로스터 낯익은 목소리인데.

리어 왕 아하, 고네릴이구나. 흰 수염을 달고? 그것들은 개처럼 내게 알랑거리면서 내가 수염도 나기 전부터 수염이 흰 노인처럼 지혜로운 분이라고 말했어. 내가 하는 말에는 무엇이든 덮어놓고 "네, 옳은 말씀입니다"라고 맞장구를 쳤겠다! 하나 그 "네"도 "옳은 말씀입니다"도 진심에서 나온 말은 아니었지. 언젠가 비에 흠뻑 젖고, 바람이 불어 이가 딱딱 부딪칠 때, 천둥에게 가만히 있으라고 해도 말을 안 들었지. 그때 나는 그것들의 정체를 알아냈었지! 쳇, 그것들의 말을 믿을 수가 없어. 그것들은 나더러 뭐든지 다 할 수 있다고 했어. 새빨간 거짓말이지…… 나 또한 학질에 걸리지 않고는 못 배기잖아?

글로스터 저 목소리의 특징을 잘 알고 있지. 혹 전하가 아니실까?

리어 왕 그렇다, 머리부터 발끝까지 어디로 보나 나는 왕이다! 내가 노려보면 신하들이 벌벌 떠는 꼴을 보라. 저놈의 목숨은 살려주지. 네 죄목은 무엇이냐? 간통이냐? 죽이지는 않겠다. 간통을 했다고 사형을 해? 안 될 말이지! 굴뚝새도 그 짓을 한다. 그리고 조그만 금파리도 내 눈앞에서 음란한 짓을 해대지. 재미를 보고 싶다면 봐라. 글로스터의 서자는 엄연한 정실과의 사이에 난 내 딸들보다 효자가 아니냐. 난장판으로 음란한 짓을 해라! 난 병사도 부족하다. 저기 선웃음을 치고 있는 부인 좀 봐라. 그 얼굴로 봐선 사타구니 사이까지 눈같이 흴 것만 같고, 정숙한 척 시치미를 떼고 정사라는 말만 들어도 고개를 내젓지만, 음란한 짓을 하는 데는 암내 풍기는 고양이나 사나운 말보다도 더하잖은가. 저것들은 반인반수의 괴물이지. 허리 밑은 말이고 윗도리는 여자 탈을 하고 있는. 그저 허리띠까지만 신의 영역이고, 그 밑은 모두 악마의 것이지. 여기는 죄다 지옥이다. 암흑이고 유황이 타고 있는 나락이다. 이글이글 탄다. 화상을 입는다. 썩어 문드러져서 악취가 난다. 에이, 참을 수가 없구나, 퉤, 퉤! 여, 약장수, 사향(麝香) 한 온스만 가져다줘. 속이 메스꺼우니. 자, 돈은 여기 있어.

글로스터 아, 그 손에 입을 맞추게 해주십시오!

리어 왕 먼저 손을 좀 씻어야겠어. 시체 냄새가 나니까.

글로스터 아, 대자연의 걸작이 마침내 폐허가 되었구나! 이 위대한 세계는 이렇게 무(無)로 돌아가고 만단 말인가. 저를 알아보시겠습니까?

리어 왕 나는 그 눈을 잘 기억하고 있지. 네가 나에게 추파를 던지는 거냐? 오냐, 실컷 음탕한 눈짓을 해봐라. 눈 없는 큐피드야. 그래도 나는 여자에게 반하지는 않아. 이 결투장을 읽어봐. 그 글씨체를 똑똑히 봐둬.

글로스터 한 자 한 자가 태양이라도, 저에게는 한 자도 보이지 않습니다.

에드거 (혼잣말로) 남이 전해 준 것을 들었다면 도저히 믿지 못했겠지만, 틀림 없는 사실이다. 아, 내 심장이 터질 것만 같구나.

리어 왕 읽어보라니까.

글로스터 아니, 눈꺼풀밖에 없는 이 눈으로요?

리어 왕 어허, 그렇단 말이지? 얼굴에 눈이 없고 주머니에 돈이 없다? 눈은 구멍이 뚫렸고 주머니는 밑이 빠졌단 말이지. 하지만 세상 돌아가는 꼴쯤 은 볼 수 있을 테지.

글로스터 더듬어 압니다.

리어 왕 뭐! 그럼 너는 미쳤구나? 눈이 없더라도 이 세상 돌아가는 것쯤은 알 수 있어. 귀로 보는 거야. 봐라, 저기 재판장이 미천한 도둑을 야단치고 있지 않느냐. 귀로 듣는 거야. 하지만 두 사람이 자리를 바꾼다면, 어느 쪽 이 재판관이고 어느 쪽이 도둑인지 가려내겠느냐? 농부의 개가 거지를 보 고 짖는 것을 본 적이 있지?

글로스터 네, 본 적이 있습니다.

리어 왕 그런데 그 거지는 개를 보고 달아났지? 거기에 권력이라는 것의 위 대한 모습이 있는 거야. 개라도 직책이랍시고 짖으면 사람이 복종한다. 되 지못한 순찰꾼, 그 잔학한 손을 가만두어라. 왜 그 갈보를 때리는 거야? 네 등을 치려무나. 갈보라 해서 매질하고 있지만, 너 자신이야말로 계집을 사 고 싶어 흥분하고 있지 않느냐. 고리대금업자가 사기꾼을 교수형에 처하는 군. 누더기의 뚫어진 구멍으로는 조그만 죄악도 들여다보이지만, 법복이나 털가죽 외투면 모든 것이 감춰진다. 죄악에 금으로 만든 갑옷을 입혀봐. 법 의 날카로운 창도 들어가지 못하고 부러진다. 누더기로 싸면 난쟁이의 지푸 라기 화살로도 뚫린다. 죄지은 사람은 없어. 한 사람도 없어. 없는 거야. 내 가 보증할 테야. 내 이야기 좀 들어봐. 나는 고소인의 입을 틀어막을 권리 를 가지고 있는 사람이야. 그대는 유리 눈이라도 해서 박지그래. 그리고 비 열한 모사꾼처럼, 보이지 않는 것도 보이는 척해 봐. 자, 자, 자, 자! 내 장화 를 좀 벗겨줘. 세게, 더 세게! 됐어.

에드거 (혼잣말로) 이치에 맞는 말과 맞지 않는 말이 마구 뒤섞여 있군. 광기 속에도 이성이 들어 있는 모양이군!

리어 왕 내 불행을 위해 울어주겠다면 내 눈을 주겠다. 나는 너를 잘 안다. 네 이름은 글로스터. 너도 참아야 한다. 우린 울면서 이 세상에 태어났으니까. 너도 알다시피 우리가 처음으로 이 세상의 공기를 마실 때 으앙으앙 울잖아? 네게 일러주겠으니 잘 들어둬!

글로스터 아, 이럴 수가!

리어 왕 우리가 태어날 때, 바보들만 있는 이 큰 무대에 나온 것이 슬퍼서 우는 거야. 이건 꽤 좋은 모자. 음, 나사(羅紗)천으로 기마대에게 신을 만들어 신긴다는 것은 기막힌 생각이다. 나도 한번 시험해 봐야지. 그리고 이 사위 놈들을 몰래 습격할 수 있게만 되면, 사정없이 죽여, 죽여, 죽여, 죽여라, 죽여라, 죽여라!

신사, 시종들을 데리고 등장.

신사 오, 여기 계신다! 붙들어. 전하, 공주님께서…….

리어 왕 아무도 구원해 주는 사람은 없나? 뭐, 포로가 됐어? 나는 세상에 태어난 뒤로 운명의 조롱만 받아왔다. 나를 잘 대우해 줘, 보석금을 낼 테니까. 의사를 불러다줘. 머리를 다쳤어.

신사 무엇이든지 분부대로 하겠습니다.

리어 왕 누가 구하러 안 오느냐? 나 혼자뿐이냐? 이러다간 울보 녀석이 되겠군. 사람의 눈을 뜰 물뿌리개 대신으로 삼자는 거군. 음, 가을날에 먼지 안 나게 말이야. 나는 화려한 옷을 입고 죽을 테야. 말쑥한 새신랑처럼. 뭐, 즐겁게 하자꾸나. 나는 왕이다. 너희들은 아느냐?

신사 네, 왕이십니다. 분부대로 하겠습니다.

리어 왕 그럼, 나는 아직 살 수 있겠구나. 자, 잡을 테면 달려와서 잡아봐라. 자, 자, 자, 자. (뛰어서 나간다. 시종들도 뒤따라 퇴장)

신사 미천한 사람도 저렇게 되면 불쌍한데, 더구나 왕의 신분이고 보니 어이가 없구나! 두 공주님 때문에 모든 사람의 저주를 받았지만, 다행히 다른 한 공주님이 그 저주를 씻어줄 것입니다.

에드거 여보시오, 안녕하십니까?

신사 안녕하시오. 그런데 무슨 일이오?

에드거 혹시 전쟁이 일어난다는 소문을 못 들었습니까?

신사 그건 틀림없는 일이오. 누구나 다 알고 있소. 귀가 있는 사람이면 다 듣고 있소.

에드거 하지만 좀 가르쳐 주십시오, 저쪽 군사는 어디까지 와 있습니까?

신사 바로 가까이까지 와 있소. 더구나 거침없는 기세요. 그리고 주력 부대도 곧 나타날 것이오.

에드거 고맙습니다. 그것만 알면 됐습니다.

신사 특별한 이유 때문에 왕비께서는 여기 머물러 계시지만, 군대는 출동해 있습니다.

에드거 고맙습니다. (신사 퇴장)

글로스터 언제나 자비로우신 신들이여, 제발 이 목숨을 끊어주십시오. 제 마음속에 있는 악마의 꼬임으로 당신의 부르심을 받지 않고 죽음을 택하는 일이 두 번 다시 없도록!

에드거 어르신, 좋은 기도입니다.

글로스터 당신은 누구요?

에드거 보잘것없는 사람입니다. 운명의 매질에 갖가지 뼈아픈 슬픔을 겪어왔기 때문에 남의 불행에도 동정을 잘합니다. 손을 주십시오. 쉬실 곳에 안내해 드리겠습니다.

글로스터 정말 고맙소. 하느님의 은총과 축복이 더욱더 당신에게 내리기를 비오.

오스왈드 등장.

오스왈드 현상 붙은 수배자구나! 재수 좋군! 너의 눈 없는 그 머리는 본디 내 출세를 위해서 만들어진 것이다. 이 불행한 늙은 반역자야, 빨리 네 죄를 돌이켜 생각하고 각오해라. 칼을 뺐다. 네 목숨은 이제 내 것이다.

글로스터 오, 그 자비의 손으로 힘껏 찔러다오. (에드거가 막는다)

오스왈드 무례한 농부 녀석, 반역자로 공포된 놈을 무엇 때문에 옹호하려 드는 거냐? 비켜. 비키지 않으면 그자의 불운에 너도 같이 말려든다. 빨리 비켜!

에드거 그따위 이유로는 못 놓겠다.

오스왈드 놔, 이 노예 놈아, 놓지 않으면 네 목숨이 없는 줄 알아.

에드거 신사 나리, 자기 갈 길이나 가고 불쌍한 사람들에게 참견하지 말게. 그따위 엄포로 목숨이 없어진다면 나는 벌써 두 주일 전에 없어졌게. 안 돼, 이 노인 옆에는 한 발짝도 못 가. 비켜, 비키라니까. 안 비키겠다면 시험을 해보자. 네 대갈통과 내 몽둥이, 어느 것이 딱딱한지. 나는 거짓말은 절대로 안 해.

오스왈드 입 닥치지 못해, 이 쓰레기 같은 자식아!

에드거 그럼 네 앞니를 뽑아놓고 말겠다. 자, 덤벼봐. (오스왈드를 때려눕힌다)

오스왈드 노예 놈, 네놈 손에 내가 죽는구나. 이 돈주머니를 받아둬라. 앞으로 잘되고 싶거든 내 시체를 좀 묻어줘. 그리고 내 주머니 속에 있는 편지를 글로스터의 백작 에드먼드께 전해 줘. 브리튼군 진영에 가서 찾으면 안다. 아! 때아닌 죽임을 당하는구나! 여기서 이렇게 죽을 줄이야! (죽는다)

에드거 나는 너를 잘 안다…… 악당이었으나 충성을 다한 놈이었지. 네 주인 아씨의 나쁜 짓을 위해서는 충실하기 이를 데 없는 놈이었지.

글로스터 그놈이 죽었소?

에드거 어르신, 거기 앉아서 잠깐 쉬십시오. 저는 이자의 주머니 속을 좀 뒤져봐야겠습니다. 그 편지라는 게 우리에게 도움이 될지도 모르니까요. 저놈은 이제 죽었습니다. 다만 사형집행인의 손에 죽게 하지 못한 것이 유감입니다. 그럼 봉투를 좀 열어보자. 적의 마음속을 알려면 적의 심장까지도 찢어야 하는 판에 편지를 뜯어보는 것쯤이야 무슨 상관이겠어? (편지를 읽는다)

우리가 서로 맹세한 것을 잊지 말아요. 그 사람을 없애버릴 기회는 얼마든지 있을 거예요. 당신의 의지가 부족하지 않다면 시간과 장소는 충분히 주겠어요. 그 사람이 승리하여 개선하는 날이면 모든 것이 물거품으로 돌아갑니다. 나는 죄인이 되고, 그 사람과의 잠자리는 나의 감옥이 됩니다. 그 숨막히는 잠자리에서 나를 구해 내고, 그 노고의 대가로 그 자리에 들어와요. 당신을 남편같이 그리워하는 고네릴.

아, 여자의 욕정이란 한이 없군! 저 덕망 높은 남편의 목숨을 빼앗고, 내 동생과 바꿔치기하려는 속셈이로구나! (오스왈드의 시체를 향해) 여기 모래 속에 너를 묻어주겠다. 남의 목숨을 노린 색골들의 더러운 심부름꾼아. 그리고 시기를 기다려서 이 흉측한 편지를 내보이고 모살을 당할 뻔한 공작님의 눈을 깜짝 놀라게 해드려야지. 그분에게는 다행이다. 너의 마지막 꼬락서니와 네 임무를 내가 이야기할 수 있게 됐으니.

글로스터 국왕은 실성하셨다. 그런데 하찮은 내 목숨은 얼마나 질기기에 이렇게 버티어 커다란 슬픔을 뼈아프게 느끼고만 있는 걸까! 차라리 미치기나 했으면 좋겠다. 그렇게 되면 슬픔에 빠지지 않게 되고, 갖가지 불행도 느끼지 않을 것 아니냐. (먼 곳에서 북소리)

에드거 손을 붙잡아 드리죠. 멀리서 북 치는 소리가 나는 것 같습니다. 자, 어디 아는 집을 찾아가서 보호를 부탁해 봅시다. (모두 퇴장)

〔제4막 제7장〕

프랑스군 진영의 군막.
코델리아, 켄트, 시의, 신사 등장.

코델리아 아, 켄트 백작, 얼마나 오래 살아서 얼마나 노력을 해야 백작의 충성에 보답할 수 있을까요? 그러기에는 생명이 너무 짧고, 또 무슨 방법으로도 그 충성에는 따르지 못할 것만 같습니다.

켄트 그렇게 알아주시는 것만으로도 과분한 보수입니다. 지금 말씀드린 것은 사실 그대로입니다. 한마디도 더 보태거나 줄이지 않은 사실 그대로입니다.

코델리아 그 옷을 갈아입으세요. 그 옷은 이때까지의 불행을 생각나게 합니다. 부디 그 옷을 벗어버리세요.

켄트 용서하십시오. 지금 제 정체가 드러나면 모처럼의 계획이 틀어집니다. 적당한 때까지 저를 아는 체하지 말아주십시오. 제발 부탁드립니다.

코델리아 그럼, 그렇게 하죠. (시의에게) 전하께서는 어떠세요?

시의 그대로 주무시고 계십니다.

코델리아 아, 인자한 신들이여, 학대받은 아버지의 마음에 생긴 큰 상처를 치료해 주소서! 자식들의 불효 때문에 헝클어지고 풀려서 삐걱거리는 마음의 줄을 부디 다시 죄어주소서!

시의 전하를 깨워도 상관없겠습니까? 오랫동안 주무셨습니다.

코델리아 당신의 판단에 맡기겠습니다. 좋도록 해주세요. 옷은 갈아입히셨습니까?

신사 네, 곤히 주무시는 사이에 새 옷으로 갈아입혀 드렸습니다.

시의 깨워드릴 때 곁에 계셔주십시오. 틀림없이 정신은 회복되어 있을 것입니다.

코델리아 그렇게 하지요.

침대에 잠든 리어 왕이 운반되어 나온다. 조용한 음악.

시의 더 가까이 오십시오. (안쪽을 보고) 음악을 더 크게!

코델리아 아, 아버지, 제 입술에 아버지를 낫게 하는 묘약이 있어, 언니들이 아버지에게 입힌 큰 상처가 이 입맞춤으로 치유되기를 바랍니다!

켄트 착하시고 효성이 지극하신 공주님!

코델리아 자기들 아버지가 아니었더라도 이 흰머리는 측은함을 느끼게 했을 텐데. 이것이 사나운 비바람과 맞싸워야 할 얼굴이었나요? 그리고 세상을 뒤흔들며 무섭게 벼락을 치는 천둥과 맞서셨다죠, 더구나 날쌔게 하늘을 가로지르는 번갯불이 하늘을 찢으며 번뜩이는 속을? 한잠도 못 주무시고, 목숨을 건 보초병처럼, 이렇게 맨머리로? 나를 물어뜯은 원수네 개였다 할지라도, 그런 밤이면 그 개를 난로 곁에 있게 했을 텐데. 그런데 가엾게도 아버지는 돼지나 떠돌아다니는 거지와 함께, 곰팡내 나는 지푸라기를 뒤집어쓰신 채 오두막에서 용케 주무셨어요. 아, 아! 목숨과 정신이 단번에 끊어지지 않으신 게 기적입니다. 잠이 깨셨나 봐요, 말씀을 여쭈어 보세요.

시의 공주님께서 여쭈어 보시기 바랍니다.

코델리아 전하, 어떠십니까? 전하, 기분이 어떠십니까?

리어 왕 무덤 속에서 나를 끌어내는 것은 실례지. 당신은 하늘의 영혼이지만 나는 지옥의 불수레에 묶여 있어. 그래서 내 눈물은 녹은 납같이 내 뺨을 태우고 있지.

코델리아 저를 알아보시겠습니까?

리어 왕 당신은 망령이야, 언제 죽었소?

코델리아 아직, 아직도 착란이 심하세요!

시의 아직 잠을 덜 깨셨습니다. 잠시 놔두십시오.

리어 왕 내가 여태껏 어디 있었지? 여기는 어딘가? 햇빛이 비치는가? 나는 기막히게 속고 있어. 남이 이런 꼴을 당하는 것을 본다면 불쌍해서 아마 견딜 수 없을 거야. 뭐래야 좋을지 알 수 없구나. 이건 내 손인가? 정말 내 손이야? 어디 바늘로 찔러보자. 아프다, 아파. 지금 내가 어떻게 되어 있는지 확실히 알고 싶구나.

코델리아 (무릎을 꿇고) 아! 저 좀 보세요. 그 손을 들어 저를 축복해 주세요. (왕이 무릎을 꿇으려 하는 것을 보고) 아니에요, 아버지, 무릎을 꿇으시면 안 돼요.

리어 왕 제발 나를 놀리지 마오. 나는 어리석은 바보 늙은이야. 나이는 여든 고개를 넘었지만, 그 이상도 그 이하도 아니야. 그리고 솔직히 말해서 정신이 성하진 않은 것 같아. 당신이나 이 사람을 알 것 같은데, 확실치가 않아. 글쎄, 여기가 어딘지 전혀 모르겠구나. 그리고 아무리 돌이켜 봐도 이 옷은 기억에 없고, 어젯밤 어디에서 잤는지도 생각이 안 나는군. 비웃을지도 모르지만 내가 사내이듯, 이 부인은 내 딸 코델리아 같은데.

코델리아 네, 저예요! 코델리아예요.

리어 왕 눈물을 흘리고 있느냐? 오, 역시 그렇군. 제발 울지 마라. 네가 독약을 준다 해도 나는 마시겠다. 너는 나를 원망할 게다. 내 기억에 따르면 너의 언니들은 나를 몹시 학대했었다. 너 같으면 이유가 있겠지만 그들에게는 아무런 이유도 없는데 말이다.

코델리아 없습니다, 저에게도 이유 같은 건 아무것도 없습니다.

리어 왕 나는 프랑스에 와 있느냐?

켄트 전하의 영토 안에 계십니다.

리어 왕 속이지 말게.

시의 안심하십시오, 왕비님. 보시는 바와 같이 심한 정신 착란은 진정되셨습니다. 그러나 여태까지 있었던 일들을 되새기게 하는 것은 아직 위험합니다.

리어와 코델리아 포드 매독스 브라운. 1849.
코델리아는 아버지를 겨우 찾아내고, 프랑스 진영에서 쉬게 한다. 잠에서 깨어난 리어 왕은 딸을
바로 알아보지 못한다.

안으로 모십시오. 그리고 좀더 진정되실 때까지 편안하게 해드리는 게 좋겠
습니다.
코델리아 전하, 좀 걸으시겠습니까?
리어 왕 나를 부디 용서해 줘야겠어. 이제 모든 것을 잊고 용서해 다오. 나는
늙어서 바보가 되었으니까. (켄트와 신사만 남고 모두 퇴장)
신사 콘월 공작이 피살되었다는 게 사실입니까?
켄트 틀림없는 사실이오.
신사 그럼 그분 군대의 지휘자는 누굽니까?
켄트 소문에는 글로스터의 서자라고 합니다.
신사 듣자니 추방당한 적자 에드거와 켄트 백작은 독일에 가 있다던데요.
켄트 세간의 소문은 믿을 수가 있어야죠…… 그런데 경계해야 할 시기가 왔
소. 브리튼군이 빠르게 진격해 오고 있소.
신사 이번 결전은 피비린내 날 것 같겠습니다. 그럼 안녕히 계시오. (퇴장)

켄트 목숨을 건 내 계획이 들어맞느냐, 안 맞느냐, 그것은 오늘의 결전으로 결판이 나겠지. (퇴장)

〔제5막 제1장〕

도버 근처의 브리튼군 진영.
고수와 기수들을 선두로 에드먼드, 리건, 신사들, 병사들 등장.

에드먼드 공작에게 가서 알아보고 오너라. 지난번 계획에 변경이 없으신지, 아니면 그 뒤로 형편상 방침을 바꾸셨는지를. 공작은 변덕이 심하시고 늘 자신이 한 일에 대해 스스로를 탓하시니까, 마지막 결심을 알아가지고 오너라. (장교 퇴장)

리건 언니의 그 하인은 사고를 당한 게 틀림없어요.

에드먼드 그런지도 모릅니다.

리건 에드먼드, 내가 당신에게 호의를 가지고 있는 것은 알지요? 하지만 사실대로 말해 봐요. 당신은 언니를 사랑하죠?

에드먼드 명예로운 사랑이라 한다면, 그렇다고 할 수 있습니다.

리건 하지만 형부밖에 들어가지 못하는 장소까지 들어간 적은 없나요?

에드먼드 그건 부당한 말씀입니다.

리건 언니와 지나치게 가까워서인지 이미 언니 사람이 된 듯한 느낌이 드는데요?

에드먼드 내 명예를 두고 맹세하지만 절대로 그렇지 않습니다.

리건 언니라고 가만두지는 않을 거예요. 에드먼드, 언니와 너무 가까이 지내지 말아요.

에드먼드 걱정 마십시오. 아, 올버니 공작 부부가 오십니다.

고수와 기수들을 앞세우고 올버니, 고네릴, 병사들 등장.

고네릴 (혼잣말로) 동생에게 저 사람을 뺏길 바에는 차라리 전쟁에 지는 편이

362 셰익스피어전집 3

낫지.

올버니 콘월 공작부인, 반갑소! (에드먼드에게) 그런데 들자니 전하는 막내딸에게로 가고, 우리의 정치를 원망하는 일당도 따라갔다고 하오. 나는 공명정대하지 않은 경우엔 용감할 수 없는 사람이지만, 이번 일은 프랑스 왕이 우리나라를 침략하려는 것이고, 리어 왕과 그 무리를 돕기 위해서가 아니기 때문에 결코 무시할 수가 없소. 하긴 리어 왕과 그 일당에게는 중대하고 정당한 이유가 있어서 우리와 맞서는 것이겠지만.

에드먼드 지당한 말씀이십니다.

리건 새삼스럽게 왜 그런 말씀을 하십니까?

고네릴 같이 힘을 모아 적을 무찌릅시다. 집안끼리의 사사로운 시비는 여기서 말할 성질이 못 되잖아요.

올버니 곧 공작님의 막사로 가겠습니다.

리건 언니는 나와 함께 가요.

고네릴 싫다. 난, 안 가겠다.

리건 그래야 좋으니, 나와 같이 가요.

고네릴 (혼잣말로) 호호, 그 수수께끼는 나도 알지…… 그럼 함께 가겠어.

모두 퇴장하려고 할 때, 변장한 에드거 등장.

에드거 이렇게 비천한 사람입니다만 공작님께서 허락해 주신다면, 긴히 한 말씀 올릴 것이 있습니다.

올버니 먼저들 가시오. 곧 뒤따라가겠소. (에드거와 둘만 남고 모두 퇴장) 자, 말해 봐라.

에드거 전투 시작 전에 이 편지를 뜯어보십시오. 공작님께서 승리를 거두실 때는 나팔을 불게 해서 이 편지를 가져온 저를 불러내 주십시오. 비천한 사람으로 보이겠지만, 이 편지에 씌어 있는 것이 거짓이 아님을 칼로 증명해 보이겠습니다. 그러나 만일 공작님이 전사하신다면 속세의 번거로움도 끝장이 나고 따라서 음모도 사라지고 말 것입니다. 행운이 함께하길 빕니다.

올버니 그럼 읽어보겠으니 기다려라.

에드거 그럴 수는 없습니다. 때가 왔을 때, 전령을 시켜 불러내십시오. 반드시 나타나겠습니다.

올버니 그럼 잘 가라. 편지는 꼭 읽어보겠다. (에드거 퇴장)

에드먼드 등장.

에드먼드 적군이 나타났습니다. 단단히 준비하십시오. 성실한 척후가 정찰한 적의 병력과 군비에 관한 보고서가 여기 있습니다. (서류를 건넨다) 그러나 빨리 하셔야 되겠습니다.

올버니 곧 출전하겠소. (퇴장)

에드먼드 언니에게도 동생에게도 나는 사랑을 맹세해 버렸다. 자매가 서로 경계하는 꼴은, 독사한테 물린 사람이 독사를 경계하는 꼴과 같구나. 어느 쪽을 택할까? 둘 다? 하나만? 둘 다 그만둘까? 둘이 다 살아남아서는 어느 쪽도 내 것으로 마음 놓고 누릴 수는 없지. 과부인 리건을 택하면 언니 고네릴은 화가 나서 미칠 거야. 그렇다고 그녀의 남편이 살아 있어서는 이쪽의 승산은 없거든. 그러나 전쟁에는 그 남편의 힘을 이용해야지. 전쟁이 일단 끝나면 남편을 방해물로 알고 있는 그 여자에게 곧 남편을 없애버리게 해야겠어. 그 사람은 리어 왕과 코델리아에게 자비를 베풀 계획인 모양이지만, 전쟁이 끝나고 부녀가 우리 쪽 포로가 됐을 때는 사면을 하게 가만 놔두진 않을 테다. 지금의 내 처지로선 자신을 방어하는 일이 첫째지. 이치를 따지고 있을 때가 아니야. (퇴장)

〔제5막 제2장〕

양군 진영 사이의 평야.
경종 소리, 프랑스군 등장. 코델리아가 리어 왕의 손을 끌고 등장하여 무대를 가로질러서 퇴장. 에드거가 글로스터의 손을 끌고 등장.

에드거 자 어르신, 여기 이 나무 그늘에서 쉬고 계세요. 그리고 정당한 편이 이기도록 기도하세요. 만일 다시 무사히 돌아오게 되면 기쁜 소식을 가지고 올게요.

글로스터 그대에게 신들의 은총이 있기를! (에드거 퇴장)

경종 소리와 퇴각의 나팔 소리, 에드거 등장.

에드거 어르신, 달아나세요. 손을 주세요. 도망가요. 리어 왕은 싸움에 지고, 공주님과 함께 포로가 됐어요.

글로스터 더는 안 가겠소. 여기서도 썩어 없어질 수 있소.

에드거 아니, 또 나쁜 생각을 하십니까? 사람은 태어날 때와 마찬가지로 이 세상을 떠날 때도 뜻대로 되는 것이 아니니 참아야 합니다. 무엇보다도 중요한 것은 기회를 기다리는 일입니다. 자, 가십시다.

글로스터 듣고 보니 그 말도 옳소. (모두 퇴장)

〔제5막 제3장〕

도버 근처의 브리튼군 진영.
승리를 한 에드먼드, 고수와 기수들을 앞장 세우고 등장. 포로가 된 리어 왕과 코델리아 등장. 부대장과 병사들 등장.

에드먼드 장교 몇 명은 이 두 사람을 끌고 가라. 처분에 대해서는 상관들의 명령이 있을 때까지 기다리기로 하고 엄중히 감시해라.

코델리아 최선을 다하고도 최악을 불러온 것은 우리가 처음은 아닙니다. 하지만 국왕이신 아버지의 고생을 생각하면 저는 맥이 풀립니다. 저 혼자라면 믿지 못할 운명의 여신의 찡그린 얼굴쯤은 노려봐 줄 수도 있습니다. 저 딸들, 언니들을 한번 만나보시지 않겠습니까?

리어 왕 아냐, 아냐, 만나지 않겠다. 절대로 만나지 않겠다! 자, 감옥으로 가자꾸나. 둘이서만 새장 속의 새처럼 노래를 부르자꾸나. 네가 나에게 축복을 해달라면, 나는 무릎을 꿇고 네게 용서를 빌겠다. 우리는 그렇게 날을 보내고 기도하고, 노래하고 옛날이야기를 하고, 화려한 나비들을 보고 웃고, 불쌍한 놈들이 이야기하는 궁중 소문을 듣자꾸나. 그리고 누가 실각하고, 누가 득세하고, 누가 등용되고, 누가 쫓겨났는지를 그들과 이야기하자꾸나.

우리가 신의 밀사이거나 한 것처럼 세상에 일어나는 불가사의를 아는 척하고, 감옥의 벽에 둘러싸여서 달과 더불어 차고 기우는 신분 높은 이들의 당파를 조용히 보고 지내자꾸나.

에드먼드 둘을 데리고 나가라.

리어 왕 코델리아, 너와 같은 희생에 대해서는 신들이 향을 피워주실 거다. 내가 너를 붙잡고 있느냐? 우리를 떼어놓으려고 하는 놈은 하늘에서 횃불을 가지고 와서 우리를 여우같이 그을려 내몰아야 할 것이다. 눈물을 닦아라. 그것들이 염병에 걸려서 살과 껍질이 썩어 문드러지기 전에는 울지 말아야지! 그것들이 굶어 죽는 꼴을 봐야지. 자, 가자. (코델리아와 함께 퇴장)

에드먼드 부대장, 이리 오게. 이것을 가지고 감옥까지 두 사람 뒤를 따라가라. (쪽지를 준다) 그대는 한 계급 올려주겠다. 이번에 거기 적혀 있는 것을 실행한다면 그대 앞날은 확 트일 것이다. 명심해라. 사람은 시세에 따라야 한다. 인정 많은 것은 칼을 찬 군인에게는 어울리지 않는다. 이번의 중대한 임무는 질문을 허용치 않는다. 지시대로 하겠느냐, 아니면 출세를 다른 길로 택하겠느냐?

대장 명령대로 하겠습니다.

에드먼드 그럼, 곧 시작해라. 그리고 그 일이 끝나면 그대는 행운아가 될 거다. 알았나…… 곧 착수해라. 그 속에 씌어 있는 대로 처리해라.

대장 말같이 짐수레를 끌거나 말린 귀리를 먹거나 할 순 없지만, 사람이 하는 일이면 뭐든지 하겠습니다. (퇴장)

나팔 소리 울리며 올버니, 고네릴, 리건, 병사들 등장.

올버니 오늘은 확실히 당신의 용맹한 혈통을 증명하셨소. 또 무운도 좋으셨소. 그리고 오늘의 격전 목표인 두 사람을 포로로 잡은 것은 매우 큰 공훈이오. 그 둘의 처분에 대해서는 두 사람의 죄와 우리의 안전으로 보아서 공명하게 결정이 내려졌다고 생각될 수 있게 처리해 주시오.

에드먼드 저 비참한 노왕을 적당한 곳에 가두어 감시인을 붙여두는 것이 알맞다고 생각했습니다. 그 많은 나이에는 매력이 있고, 그 신분에는 더욱 매력이 있기 때문에 어리석은 국민들은 그를 동정하고, 우리가 불러 모은 병

붙잡힌 리어와 코델리아 폴 포크너 풀
프랑스군은 고네릴 군대에 패하고, 포로의 몸이 된 리어와 코델리아는 감옥에서 처음으로 평안함을 찾게 된다.

사들까지도 그 창을 지휘자인 우리의 눈으로 돌릴까 우려됩니다. 프랑스 왕비도 함께 가두어 놨습니다. 이유는 같습니다. 그리고 내일이나 그 뒤, 법정에 불러낼 때에는 언제든지 나올 수 있게 해놨습니다. 그러나 우리는 지금 땀과 피에 젖어 있습니다. 친구는 친구를 잃었습니다. 전쟁의 가혹함을 느낀 사람이면 그 전쟁을 저주하게 마련입니다. 코델리아와 그 아버지 문제는 뒷날 적당한 기회에 다시 논하는 것이 좋을 듯합니다.

올버니 미안하지만 나는 이번 전쟁에서 당신을 내 부하로 생각하고 있을 뿐, 동료로는 생각하지 않소.

리건 그 자격은 제가 이분에게 드리고 싶었던 거였어요. 그 말을 하시기 전에 제 뜻을 물어봤어야 옳다고 생각해요. 이분은 제 군대를 지휘하고, 제 지위와 신분을 위임받았어요. 저와는 이 정도 사이니까 마땅히 이분은 형부와는 어깨를 견줄 만한 처지라고 할 수 있습니다.

고네릴 그렇게 흥분하지 말아라! 네게서 자격을 받지 않아도 자기 자신의 가치로 높은 지위에 올라갈 분이니까.

리건 아니에요. 내가 준 권리로 이분은 높은 사람에게 뒤지지 않는 신분이 될 수 있는 거예요.

고네릴 그렇다면 차라리 네 남편으로 삼지 그러니?

리건 농담이 진담이 될지 누가 알아요?

고네릴 저것 봐! 그런 소리 하는 사람의 눈은 역시 사팔뜨기로군.

리건 언니, 지금 나는 아파서 가만히 있지만, 그렇지 않다면 화를 내고 대들었을 거예요. (에드먼드에게) 장군, 나는 당신에게 부하 장병과 포로와 상속 재산을 모두 맡기겠어요. 마음대로 처리하세요. 그리고 이 몸도. 이 몸은 당신의 것입니다. 성도 내드리겠어요. 나는 이 자리에서 당신을 나의 남편, 나의 주인으로 선언합니다.

고네릴 그렇게 네 맘대로 될 줄 알고?

올버니 어쨌거나 당신이 참견할 일이 아니오.

에드먼드 당신 또한 참견할 수는 없을 겁니다.

올버니 서자, 그건 당치 않는 소리요.

리건 (에드먼드에게) 북을 울리게 하여 나의 자격이 당신의 것이 됐음을 증명하세요.

올버니 잠깐 기다리시오. 이야기할 게 있으니까. 에드먼드, 너를 대역죄로 체포하겠다. 너를 체포함과 동시에 이 금빛 독사 고네릴도. 어여쁜 리건, 당신의 요구에 대해서는 아내를 대신하여 내가 반대하오. 내 아내는 벌써 이 귀족과 재혼할 약속이 돼 있소. 그러나 나는 그녀의 남편으로서 당신의 혼담에 이의가 있소. 남편이 필요하다면 차라리 내게 구혼하시오. 내 아내에게는 이미 약속이 되어 있으니까.

고네릴 그런 서툰 연극은 집어치워요!

올버니 에드먼드, 아직도 무장을 하고 있구나. 나팔을 불게 하라! 네가 저지른 흉악하고 명백한 온갖 대죄를 증명하려고 너에게 결투를 신청할 사람이 나타날 게다. 만일 나타나지 않는다면 내가 상대하겠다! (장갑을 땅에 던지며) 네 죄는 지금 내가 말한 것 이상임을 네 염통을 도려내어 증명해 보일 테다. 그러기 전에는 나는 빵조차도 입에 대지 않을 테다.

리건 아 괴롭다, 가슴이 아파!

고네릴 (혼잣말로) 그렇지 않고서야 약효도 믿을 수 없을 거야.

에드먼드 그 대답은 이거다! (장갑을 던진다) 나를 반역자라 부르는 놈이 대체 어떤 놈인지 모르지만, 악당 같은 거짓말쟁이다. 나팔을 불어서 불러내라. 나타나는 놈이 누구든 상대를 가리지 않겠다. 나의 결백과 명예를 확고하게 증명해 보일 테다.

올버니 여봐라, 전령!

에드먼드 전령, 전령은 거기 없느냐!

올버니 네 자신의 용기만 믿어라. 내 명의로 징집된 너의 부하 장병들은 다 내 명의로 해산시켰으니까.

리건 아이고, 죽겠다!

올버니 정말 아픈 모양이군. 내 막사로 데리고 가라. (리건, 부축을 받으며 퇴장)

전령 등장.

올버니 이리 오너라, (대장에게) 나팔을 불게 하라. (전령에게) 이것을 읽어라. (나팔 소리)

전령 (읽는다)

우리 군대에 지체나 지위 있는 자로서 글로스터 백작이라 스스로를 일컫는 에드먼드에 대하여 그자가 갖가지 대죄를 저지른 모반자임을 결투로 증명할 수 있는 자는, 세 번째 나팔 소리를 신호로 출두하여라. 에드먼드는 도전에 응하겠다고 한다.

에드먼드 불어라! (첫 번째 나팔 소리)

전령 또 한 번! (두 번째 나팔 소리)

전령 한 번 더! (세 번째 나팔 소리, 안에서 화답하는 나팔 소리)

무장한 에드거, 나팔수를 앞세우고 등장.

올버니 (전령에게) 물어보아라. 왜 나팔 소리를 듣고 나타났는가를.

전령 당신은 뭐하는 사람이요? 이름을 대시오. 신분을 말하오. 또 무슨 까닭으로 이 부름에 응했소?

에드거 이름은 잃어버렸습니다. 반역자의 이빨에 물어뜯기고 벌레에 좀먹히고 말았습니다. 그러나 태생은 여기 칼을 맞대고 싸우려는 상대에 못지않게 귀족 출신입니다.

올버니 그 상대란 누구냐?

에드거 글로스터 백작의 아들 에드먼드란 자는 어디 있느냐?

에드먼드 바로 나다. 할 말이 무엇인가?

에드거 칼을 빼라. 내 말이 귀족인 너의 비위에 맞지 않는다면, 칼을 가지고 증명해 봐라. 나는 칼을 빼겠다. 굳은 맹세로 명예 있는 기사가 된 특권을 가지고 네 눈앞에서 단언하겠는데, 네가 아무리 힘이 세고 지위가 높으며 젊다 하더라도, 또 싸움에 이겨 행운의 절정에 있다 하더라도, 또 제아무리 용기와 담력이 뛰어나다 하더라도 네놈은 모반자다. 네놈은 신과 형과 아버지를 배반하고 여기 이 공명 높으신 공작의 목숨을 노리는, 머리끝에서 발바닥의 때와 먼지에 이르기까지 두꺼비만도 못한 더러운 모반자다. 네가 그걸 부정한다면 내 칼, 내 팔, 내 용기가 네 염통을 도려내어 사실을 밝혀 보이겠다. 그리고 그 염통에 대고 나는 말하는 거다. 너는 거짓말쟁이라고!

에드먼드 이름을 묻는 것이 현명하겠지만, 보아하니 의젓하고 용감하며 말씨도 어딘지 명문 출신 같구나. 기사도의 예법에 따르면 마땅히 거절해도 좋은 결투지만 그렇게 하기는 싫다. 모반자라는 오명을 네 머리에 되던져 주고, 지옥같이 가증스런 그 거짓말로 네 가슴을 눌러놓겠다. 그러나 그 오명도 네 가슴을 스칠 뿐 거의 상처조차 입히지 않을 터이니, 그 오명을 이 칼로 네 가슴에 새겨두고 영원히 그곳에 남아 있게 하겠다. 자, 나팔을 불어라. (나팔 소리. 에드거와 싸우다가 쓰러진다)

올버니 가만, 죽이지 마라!

고네릴 이것은 음모예요. 에드먼드, 기사도의 예법에 따라 이름도 밝히지 않은 상대에게 응할 필요가 없었던 거예요. 당신은 진 게 아니에요. 계략과 속임수에 빠진 거예요.

올버니 입 닥쳐. 닥치지 않으면 이 편지로 입을 틀어막아 버릴 테다. (에드먼드에게) 기다려! (고네릴에게) 이 무도한 악녀, 네 죄상을 읽어봐라. 찢지 마라! 알고 있는 모양이군.

고네릴 그래서 어떻다는 거예요? 국법은 내 것인데요. 당신 마음대로 안 될

코델리아의 시체를 보고 절규하는 리어 왕　제임스 배리. 1786.

걸요. 그걸로 누가 날 고발할 수 있어요?

올버니　정말 지독한 계집이로군! 그럼 이 편지는 확실히 네 것이로구나?

고네릴　내가 알고 있는지 묻지 말아요. (퇴장).

올버니　뒤따라가 봐. 무슨 짓을 할지 모르니 못하게 해. (장교 한 사람 퇴장)

에드먼드　당신이 열거한 죄목은 분명히 내가 저지른 죄들이오. 그 밖에도 많이 있는데 때가 오면 다 알게 되겠지. 그러나 다 지난 일이오. 나는 이제 과거의 사람이 되었으니까. 하지만 나를 이긴 행운아는 대체 누구요? 문벌 있는 사람이라면 용서하겠소.

에드거　서로 용서하자. 나는 혈통에서는 너에게 지지 않는다, 에드먼드. 만약 혈통이 너보다 우월하다면 너가 나에게 지은 죄는 그만큼 더욱 무겁다. 나는 에드거다. 너와 똑같은 아버지의 자식이다. 신은 공평하시다. 그리고 우리의 쾌락을 가지고 우리를 벌하는 도구로 삼으신다. 아버지는 컴컴하고 부도덕한 잠자리에서 너를 만든 대가로 두 눈을 잃으셨다.

에드먼드   그래, 그 말이 맞아. 운명의 수레바퀴는 한 바퀴 돈 모양이군. 이렇게 나는 제자리에 와 있어.

올버니   (에드거에게) 그대의 걸음걸이만 보고서도 어딘지 고귀한 집안의 태생임을 알아볼 수 있었소. 자, 이 가슴에 안게 해주오. 만일 내가 한 번이라도 그대나 그대 아버지를 미워했었다면, 슬픔 때문에 이 가슴이 둘로 쪼개졌을 거요.

에드거   공작님, 잘 알고 있습니다.

올버니   이제까지 어디에 숨어 있었소? 어떻게 아버지의 불행을 알았소?

에드거   그 불행을 보살펴 왔습니다. 간단히 말씀드리겠습니다. 그리고 다 말씀드리고 나면, 아, 심장이 터져도 상관없습니다! 가혹한 선고가 내린 뒤에 바싹 뒤쫓아 오는 포고령의 눈을 피해서, 아 목숨은 소중합니다. 단번에 죽느니보다는 한 순간 한 순간 죽음의 고통을 당하더라도 살아가려고 합니다! 생각한 바 있어 누더기를 입고, 개도 깔보는 미친 거지로 변장을 했지요. 그런 꼴로 우연히 아버지를 만났는데, 그때 그분의 피를 흘리는 눈은 보석 같은 두 눈알을 갓 잃고 난 뒤였습니다. 그 뒤로 그분의 손을 이끌고 길잡이가 되어 그분을 위해서 동냥도 하고 절망으로부터 구원도 해드렸습니다. 반 시간 전 갑옷을 입을 때까지는 이름을 밝히지 않았습니다만, 지금 생각하니 큰 잘못이었습니다. 그런데 이 결투에 이기리라고 생각하면서도 승패의 판가름이기에 어딘지 불안하여, 아버지께 축복을 구하고 여태까지의 일들을 모두 이야기했는데, 이미 금이 가 있는 아버지의 심장은 기쁘고도 슬픈 감정의 충격을 감당하지 못했던지…… 기쁨과 슬픔의 착잡한 양극단에 끼여 빙그레 웃으시며 숨을 거두고 마셨습니다.

에드먼드   그 이야기는 나도 감동했소. 이제 나도 개과천선할 수 있을 것 같소. 다음을 계속해 주시오. 더 이야기가 있을 것 같소.

올버니   슬픈 이야기일 테지. 더 말하지 마오. 그 이야기만으로도 나는 눈물이 쏟아질 것 같으니까.

에드거   슬픔을 싫어하는 사람에게는 이것이 끝이라고 보이겠지만, 또 하나 이야기가 있습니다. 이것을 상세히 털어놓으면 벌써 많은 슬픔에 슬픔이 더해져 크나큰 슬픔이 될 것입니다. 제가 통곡을 하고 있는데 누군가 나타났습니다. 이분은 이전에 저의 비참한 거지꼴을 봤을 때는 소름이 끼치는 듯 저를 피했던 분인데, 이때는 슬픔을 참고 있는 사람이 누군지를 알아보고, 억센 두 팔로 제 목에 매달리고 하늘을 찢을 듯이 통곡하며 자신의 몸을 제 아버지 시체 위에 내던지고 리어 왕과 자기의 슬픈 신상 이야기를 했습니다. 그렇게도 슬픈 이야기는 들어본 적도 없습니다. 그 이야기를 하면서 그분은 슬픔을 감당하지 못하여 당장에 생명의 줄이 끊어질 것만 같았습니다. 그때 두 번째 나팔 소리가 들렸기 때문에 실신한 그분을 그대로 놔두고 이곳으로 나왔습니다.

올버니 그분은 대체 누구죠?

에드거 켄트 백작, 추방당한 켄트 백작입니다. 변장을 하고, 자기를 적대시한 국왕을 따라 노예로서도 하지 못할 시중을 들어온 분입니다.

신사, 피가 묻은 단검을 들고 등장.

신사 큰일 났습니다! 아, 큰일 났습니다!

에드거 뭐가 큰일 났단 말이오?

올버니 빨리 말해.

에드거 무슨 일이오, 그 피 묻은 칼은?

신사 아직 따뜻하고 김이 오릅니다. 지금 막 가슴에서 뽑아왔습니다…… 아, 돌아가셨습니다.

올버니 누가? 빨리 말해!

신사 아씨, 아씨께서! 그리고 동생도 아씨에게 독살당했습니다. 아씨가 그렇게 자백했습니다.

에드먼드 나는 둘에게 다 결혼 약속을 해놓았으니 이제는 셋이 함께 혼례를 올릴 차례구나.

에드거 켄트 백작이 오십니다.

켄트 등장.

올버니 죽었든 살았든 두 사람을 이리 옮겨 오너라. (신사 퇴장) 이 천벌은 우리를 떨게는 할지언정 우리에게 연민의 정을 일으켜 주지는 않는다. (켄트를 보고) 아, 이분인가? 실례가 되는 줄 알면서도 사태가 이러하니 인사말은 줄이겠습니다.

켄트 주군이신 전하께 영원한 작별을 하러 왔습니다. 여기 안 계십니까?

올버니 큰일을 잊고 있었소! 말해라, 에드먼드, 전하는 어디 계신가? 그리고 코델리아는? (하인이 고네릴과 리건의 시체를 운반해 온다) 켄트 백작, 저걸 보시오.

켄트 아, 이게 웬일입니까?

에드먼드 아무튼 이 에드먼드는 사랑받았소. 나 때문에 언니는 동생을 독살하고, 그리고 자살을 했소.

올버니 사실이 그렇소. 시체의 얼굴을 덮어라.

에드먼드 숨이 차오는구나. 난 이제까지 나쁜 일만 해왔지만, 죽기 전에 하다못해 한 가지라도 좋은 일을 해두고 싶소. (올버니에게) 성으로 빨리 사람을 보내시오. 급히 보내시오. 리어 왕과 코델리아를 죽이라는 명령을 내렸소. 늦지 않게 빨리 보내시오.

올버니 뛰어가라, 뛰어가라, 아, 빨리 뛰어가라!

에드거 누구에게 가야 합니까? (에드먼드에게) 누가 명령을 맡았어? 명령을 취소할 증거를 줘야 할 것 아니냐?

에드먼드 잘 생각해 내셨소. 이 칼을 가지고 가서 대장에게 주시오.

올버니 빨리 뛰어가라, 목숨을 걸고 빨리! (에드거 퇴장)

에드먼드 당신 부인과 내가 명령을 내려보냈습니다. 코델리아를 감옥에서 목매달아 죽이고, 절망한 나머지 자살한 것처럼 뒤집어씌우도록 하라는 명령을.

올버니 신들이여, 코델리아를 지켜주소서! 저자를 끌고 나가라. (시종들이 에드먼드를 메고 나간다)

리어 왕이 숨이 끊어진 코델리아를 두 팔에 안고 등장. 대장과 그 밖의 사람들 뒤따라 등장.

리어 왕 울부짖어라, 울부짖어라, 울부짖어라! 너희들은 돌덩이 같은 인간들이냐! 내가 너희들 같은 혀와 눈을 가졌다면, 이것들을 사용하여 하늘이 무너지도록 저주를 해줄 텐데! 이 애는 죽어버렸다. 사람이 죽었는지 살아 있는지는 나도 안다. 이 애는 죽어서 흙처럼 돼버렸다. 거울을 빌려줘. 거울이 입김으로 흐려지든지 희미해지면, 아직 살아 있는 거야.

켄트 이것이 이 세상의 종말인가?

에드거 아니면 그 공포의 모습일까?

올버니 하늘도 무너지고 시간도 멈추어라!

리어 왕 깃털이 움직인다. 이 애는 살아 있다. 살아 있다면 이제까지 내가 겪은 모든 불행은 보상된다.

켄트 아, 고정하십시오!

리어 왕 저리 비켜라!

에드거 전하의 충신 켄트 백작입니다.

리어 왕 다들 뒈지거라. 네놈들은 다 살인자, 반역자다! 나는 이 애를 살릴 수 있었을 것을. 이제는 그만이로구나! 코, 코델리아, 아직 가면 안 된다. 잠깐만 기다려라. 앗! 말을 하는가? 이 애의 목소리는 언제나 부드럽고 상냥하고 나직했지. 여자로서는 더할 나위 없었지. 너를 목 졸라 죽인 그 노예 놈은 내가 죽여버렸다.

대장 그렇습니다. 전하께서 죽이셨습니다.

리어 왕 내가 말하지 않았던가? 나도 한때는 날카로운 큰 칼을 휘둘러서 닥치는 대로 적을 몰아내던 일이 있었지. 그러나 이젠 늙고, 이렇게 고생을 해 온 탓으로 기운이 빠졌어. (켄트를 보고) 너는 누구냐? 눈이 잘 보이지 않는구나. 하지만 곧 알아볼 수 있을 거야.

켄트 운명의 신이 더없이 사랑하고 더없이 미워한 사람이 둘 있었다고 한다면, 전하와 저는 서로가 그 한 사람을 보고 있는 셈입니다.

리어 왕 눈이 잘 보이지 않아. 너는 켄트가 아닌가?

켄트 네, 그렇습니다. 전하의 신하 켄트입니다. 전하의 신하 카이어스는 어디 있습니까?

리어 왕 그놈은 좋은 놈이야, 정말. 그놈은 칼을 잘 쓰고 날쌨지. 그런데 놈도 죽어서 썩어버렸어.

켄트 아닙니다, 죽지 않았습니다. 제가 바로 카이어스입니다.

리어 왕 그럼 곧 알게 되겠지.

켄트 전하가 불우하게 되신 처음부터 그 슬픈 발자국을 줄곧 따라다닌 사람입니다.

리어 왕 참 잘 왔다.

켄트 제가 바로 그 사람입니다. 이 세상엔 이제 기쁨도 없고 암흑 같은 죽음의 세계입니다. 따님 두 분은 스스로 목숨을 끊고 자포자기의 최후를 마쳤습니다.

리어 왕 음, 그랬을 거야.

올버니 지금 상태로는 아무것도 모르시는 모양이오. 이래서는 우리의 이름을 알려드려도 소용없어요.

에드거 아무 소용없습니다.

　　대장 등장.

대장 에드먼드 님이 돌아가셨습니다.

올버니 이런 때에 그런 일은 대수롭지 않아. 귀족이며 나의 친구이신 두 분은 나의 뜻을 알아두시오. 실의에 빠진 전하를 도와드리기 위해서라면 어떤 방법이라도 찾겠습니다. 나로서는 전하께서 살아 계시는 동안은 나의 통치권을 돌려드리겠습니다. (에드거와 켄트에게) 그리고 두 분에게 본디 권리 말고도 이번의 공훈에 충분히 보답될 만한 여러 영예와 특권을 수여하겠습니다. 친구는 모두 공적으로 상을 받을 것이며, 원수는 다 처벌의 쓴잔을 맛보게 될 것이오. 저런, 저런!

리어 왕 이 불쌍한 바보가 목 졸려 죽었다! 이제, 생명은 끊어졌어! 개나 말이나 쥐에게도 생명은 있는데, 왜 너는 숨도 안 쉬냐? 너는 이제 돌아오지 않겠구나. 다시는, 다시는, 다시는, 다시는, 다시는! 이 단추 좀 풀어다오. 고맙다. 이걸 봐라! 이 애 얼굴을! 이 애 입술을, 이걸 봐라, 이걸 봐!

에드거 기절하셨습니다. 정신 차리십시오, 전하!

켄트 가슴이 터질 것 같구나! 어서 터져버려라.

에드거 얼굴을 드십시오, 전하.

켄트 전하의 영혼을 괴롭히지 마시오. 평안히 가시게 놔두시오. 이 괴로운 세상의 고문대 위에 더 이상 붙잡아 두면 오히려 원망하실 겁니다.

에드거　정말 승하하셨습니다.

켄트　이제까지 용케 견디셨습니다. 훔치신 목숨이었습니다.

올버니　옥체를 내가거라. 우리가 당장 해야 할 일은 온 나라의 애도이다. (켄트와 에드거에게) 내 마음의 벗인 두 분은 이 나라를 다스리시면서 어지러운 국정을 바로잡아 주시오.

켄트　저는 곧 길을 떠나야 합니다. 주인님이 부르시니 마다할 수 없습니다.

에드거　이 비통한 시대의 무거운 짐을 우리는 참고 버티어 이겨내야 합니다. 어떤 말이 이 자리에 어울릴지는 모르겠으나 우리는 가슴에 느껴지는 생각을 말합시다. 가장 늙으신 분이 가장 많이 참으셨습니다. 우리 젊은이들은 이만큼 고생도 하지 않을 것이요, 또 이만큼 오래 살지도 못할 것입니다. (모두 퇴장. 장송곡이 울려 나온다)

Macbeth

맥베스

[등장인물]

던컨 스코틀랜드 왕

맬컴, 도널베인 왕자

맥베스 장군, 뒤에 스코틀랜드 왕

뱅코우 장군

맥더프, 레녹스, 로스, 멘티스, 앵거스, 케이스네스 스코틀랜드의 영주들

플리언스 뱅코우의 아들

시워드 노섬벌랜드 백작, 잉글랜드군의 장군

젊은 시워드 시워드의 아들

시튼 맥베스의 부하 장교

소년 맥더프의 아들

부대장

문지기

노인

전의(典醫) 잉글랜드 왕실 의사

시의(侍醫) 스코틀랜드 왕실 의사

세 자객

맥베스 부인

맥더프 부인

세 마녀(魔女)

헤카테 지옥의 악마

환영들

그 밖에 귀족들, 신사, 장교, 병사, 시종들, 시녀들, 전령들, 하인들

[장소]

스코틀랜드, 잉글랜드

맥베스

황야.
천둥, 번개. 마녀 셋이 등장.

마녀 1 언제 우리 셋이 다시 만날까? 천둥 울릴 때, 번개 칠 때, 아니면 비가
쏟아질 때?
마녀 2 법석이 끝나고, 싸움의 승부가 끝난 다음에.
마녀 3 그건 해지기 전이 될 거야.
마녀 1 장소는?
마녀 2 저 황야.
마녀 3 거기서 맥베스를 만나자.
마녀 1 곧 갈게. 늙어빠진 고양이야!
마녀 2 두꺼비가 부르는구나.
마녀 3 곧 간다니까!
모두 고운 건 더럽고, 더러운 건 곱다. 자, 날아서 가자. 안개 속 더러운 공기
속을 헤치고. (안개 속으로 사라진다)

〔제1막 제2장〕

포레스 근처 진영(陣營).
나팔 소리. 던컨 왕이 왕자 맬컴과 도널베인, 귀족 레녹스와 시종들을 거느리고 등
장. 다른 쪽에서 몸에 상처를 입은 부대장이 나온다.

던컨 온통 피투성이가 된 저 사람은 도대체 누구냐? 모습으로 보아 저 사람은 반란군의 움직임을 잘 알고 있겠구나. 새로운 정보를 들을 수 있겠군!

맬컴 바로 저 사람입니다. 제가 포로가 될 뻔했을 때, 훌륭한 무사답게 용감히 싸워서 위기에서 저를 구해 준 사람입니다. 잘 왔소. 용감한 친구! 그대가 보고 온 전황을 빠짐없이 전하게 아뢰시오.

부대장 승부는 참으로 판단하기 어려웠습니다. 마치 헤엄치던 두 사나이가 기진맥진하여 허우적거리다 서로 붙잡고 늘어져 함께 물에 빠져 죽는 듯했습니다. 그 무도한 맥돈월드는 인간의 온갖 악행을 모조리 한 몸에 지닌 역적인지라 서쪽의 여러 섬에서 경보병(輕步兵)과 기마병(騎馬兵)들을 동원해 왔으며, 더욱이 운명의 여신마저 그의 흉악한 계책에 추파를 던지고 역적의 정부(情婦)가 된 듯싶었습니다. 그러나 어림없는 일, 용감한 맥베스 장군이 이름에 걸맞게 운명을 무시하고 피 묻은 검을 휘둘러, 무신의 총아답게 적병들을 물리치고 마침내 적장과 맞섰습니다. 그리하여 맞서기가 무섭게 다짜고짜 적장의 배에서 턱까지 한 칼에 잘라 그 목을 성벽 위에 걸어놓았습니다.

던컨 오, 과연 내 사촌이다! 참으로 훌륭하도다.

부대장 하오나 해가 떠오르는 동녘에서 배를 난파시킬 폭풍과 무서운 천둥이 일어나듯이, 기쁨이 솟을 듯 보이던 바로 그 샘에서 뜻하지 않은 비운이 솟아오르고 말았습니다. 다름이 아니오라 전하! 용기로 무장한 정의의 군이 뿔뿔이 흩어지는 적병들을 추격하고 있을 때, 때마침 기회를 염탐하고 있던 노르웨이 왕이 신식 무기와 새 병력을 투입하여 공격해 왔습니다.

던컨 그것을 보고 맥베스와 뱅코우 두 장군은 당황하진 않았는가?

부대장 네. 독수리가 참새에게, 사자가 토끼에게 쫓기는 격이었다고 할까요. 솔직히 아뢰면, 두 장군은 마치 두 배의 탄약을 잰 대포와도 같이 적에게 두 배의 공격을 퍼부었습니다. 피바다에서 목욕을 할 참이었는지, 골고다 언덕을 또다시 이 세상에 재현할 참이었는지 알 수 없을 정도였습니다. 아, 이젠 정신이 아찔해지고 상처가 쑤셔서 견딜 수가 없습니다.

던컨 너의 보고는 상처에 못지않게 훌륭하고 갸륵하다. 어서 의사를 불러라.

(시종이 부대장을 부축하여 퇴장)

로스 등장.

맬컴 로스 영주입니다.

레녹스 당황한 저 얼굴빛을 보아하니, 무슨 심상치 않은 일을 아뢸 것만 같습니다.

로스 전하의 만수무강을 비옵니다.

던컨 으음…… 로스 영주, 어디서 오는 길이오?

로스 파이프에서 오는 길입니다. 전하, 그곳은 노르웨이군의 깃발이 하늘을 위압하여 우리 백성들의 간담을 서늘하게 하고 있습니다. 노르웨이 왕은 저 대역적 코더 영주의 원조를 얻어, 직접 대군을 거느리고 쳐들어왔습니다. 그러나 맥베스 장군은 전쟁의 여신 벨로나를 아내로 삼은 군신 마르스처럼 갑옷을 몸에 두르고 용감히 맞서서 칼에는 칼로, 힘에는 힘으로 그의 오만불손을 봉쇄하여 마침내 아군을 승리로 이끌었습니다.

던컨 참으로 다행한 일이오.

로스 그리하여 지금 노르웨이 왕 스위노는 강화를 청하고 있사오나, 아군 쪽에서는 세인트 콤섬에서 노르웨이 왕으로부터 1만 달러의 배상금을 받기 전에는 전사자의 매장조차 허락하지 않겠다고 말하고 있습니다.

던컨 이제는 코더 영주가 나를 더 이상 배신하지 못할 것이오. 곧장 가서 곧 그에게 사형을 선고하오. 그리고 그의 작위를 맥베스에게 내리고, 그를 맞아주기 바라오.

로스 황공하옵니다.

던컨 코더가 잃은 것을 맥베스가 얻게 되었다. (모두 퇴장)

〔제1막 제3장〕

프레스 근처 황야.
천둥. 마녀 셋 등장

마녀 1 얘, 어딜 쏘다니다 왔니?

마녀 2 돼지 잡으러 갔지.

마녀 3　넌?

마녀 1　뱃사람의 여편네가 앞치마 자락에 밤톨을 싸가지고 아기작아기작 먹고 있기에 "좀 다오" 했더니, 그 뚱뚱한 계집어 "꺼져, 마녀야!" 소리를 치지 않겠어. 남편은 알레포에 가 있는데, 타이거호의 선장이래. 내가 쳇바퀴를 타고 바다를 건너가서 꼬리 없는 쥐로 둔갑해 실컷 골려줄 테야.

마녀 2　내가 바람을 빌려줄게.

마녀 1　고맙다.

마녀 3　내 바람도 빌려줄게.

마녀 1　그 밖의 바람은 모두 내 손아귀에 있어. 그 바람들이 불어가는 항구란 항구, 뱃사람의 지도에 나와 있는 바람들이 아는 온갖 구석구석, 그곳들은 내 마음대로 불어댈 수가 있지. 그년의 서방을 마른풀같이 만들어 놓고 말 테야. 그 녀석의 눈꺼풀 위에 밤이고 낮이고 잠이 깃들지 못하게 해야지. 저주받은 사람처럼 이레 낮 이레 밤을 구구는 팔십일로 해서 배에서 허덕이다 여위어 말라 비틀어지게 만들어 놓을 거야. 배를 부서뜨릴 수는 없지만 폭풍에 실컷 시달리게 하고 말이지. 이봐, 이것 좀 봐.

마녀 2　어디 봐, 어디?

마녀 1　이건 뱃길잡이의 엄지손가락이야. 고국으로 돌아오다가 파선당해 물에 빠져 죽은 놈의 것이야. (안에서 북소리)

마녀 3　북소리다. 북소리다. 맥베스가 온다.

모두　(손을 맞잡고 춤추며 점점 빨리 맴돈다. 노래 부른다)

운명을 조종하는 자매 셋이서
손에 손을 맞잡고 마음껏 돌자.
바다든 물이든 뜻대로 돌자.
너도 세 번 나도 세 번, 또 너도 세 번.
그러면 모두 합해 아홉 번이 되는구나.

쉬! 마술이 걸렸다. (갑자기 춤을 멈추고 모두 안개 속에 몸을 감춘다)

맥베스와 뱅코우 등장.

연극 〈맥베스〉 사이폰 러셀빌(맥베스 역) 출연. 런던 공연. 2005.
사악 그 자체인 마녀는 맥베스의 마음 깊숙이 뿌리잡고 야심을 건드린다.

맥베스 이렇게 좋은 날에 이토록 나쁜 날씨는 처음 보는걸.

뱅코우 포레스까지는 얼마나 됩니까? (안개가 차츰 걷힌다) 아니 저것은 무엇일까? 저렇게들 말라빠지고 옷차림이 괴상하니. 땅 위에 사는 생물 같지가 않은데, 그래도 저기 땅 위에 있으니. 그래, 너희들은 살아 있는 것들이냐? 인간과 말을 할 수 있느냐? 내 말을 알아듣는지 거칠게 튼 손가락을 다들 시들어빠진 입술에 갖다 대는구나. 여자 같아 보이는데 수염이 나 있으니, 참 알 수가 없군.

맥베스 말을 해봐라. 대체 무엇들이냐, 너희들은?

마녀 1 만세, 맥베스! 만세, 글래미스 영주!

마녀 2 만세, 맥베스! 만세, 코더 영주!

마녀 3 만세, 맥베스! 머지않아 왕이 되실 분.

뱅코우 왜 놀라시오? 기분 좋은 말인데 두려워하시는구려. 그런데 대체 너희들은 허깨비냐, 아니면 눈에 나타나 보이는 그대로냐? 나의 귀한 동료를 너희가 현재의 칭호와 높은 작위와 왕이 될 희망이 있다는 예언으로 환영하니, 저분은 저렇게 어리둥절해하고 있잖느냐. 그래, 나에게는 아무 말도 안 해줄 테냐? 너희가 시간 속에 든 씨앗을 꿰뚫어 보는 힘을 가지고, 어떤 씨앗이 자라나고 어떤 씨앗이 자라나지 못하는지를 예언할 수 있거든, 자, 말해 봐라. 너희의 호의를 부탁하거나 증오를 두려워할 내가 아니다.

마녀 1 만세!

마녀 2 만세!

마녀 3 만세!

마녀 1 맥베스만은 못하지만 위대하신 분.

마녀 2 운이 그만은 못하지만 행운이 있으신 분.

마녀 3 왕이 되지는 못하나 자손 대대로 왕을 낳으실 분. 그러니 만세, 맥베스와 뱅코우!

마녀 1 뱅코우와 맥베스 만세! (안개가 더 짙어진다)

맥베스 게 섰거라. 말이 모호하구나. 똑똑히 말해 봐라. 나의 아버지 시넬의 죽음으로 내가 글래미스 영주가 된 것은 알고 있다만, 코더 영주라니 이건 웬말이냐? 코더 영주는 아직 멀쩡히 살아 있지 않느냐? 더구나 왕이 되다니, 코더 영주가 된다는 말보다 더 믿지 못할 일. 도대체 어디서 그런 괴상한 이야기를 얻어왔느냐? 어째서 이 벌판에서 길목을 가로막고 이상한 예언을 가지고 인사를 하는 거냐? 자, 말해 봐라. (마녀들 안개 속으로 사라진다)

뱅코우 땅에도 물 위처럼 거품이 있는 모양이구려. 지금 저것들 말이오. 대체 어디로 사라져 버렸을까?

맥베스 공중으로. 형체가 있는 것같이 보이더니 그만 입김처럼 바람 속으로 사라지고 말았소. 좀더 잡아두고 싶었는데!

뱅코우 실제로 그것들이 눈앞에 나타났던 것일까요? 아니면 우리가 이성을 마비시키는 미친 풀뿌리를 먹은 것은 아니오?

맥베스 장군의 자손들이 왕이 된다고?

뱅코우 장군에게는 직접 왕이 되신다고 하지 않았소!

맥베스 그리고 코더 영주가 된다고도 그랬소!

뱅코우 확실히 그렇게 말했소. 그런데 저들은 누굴까?

로스와 앵거스 등장

로스 맥베스 장군, 전하께서는 장군의 승전을 몹시 기뻐하고 계십니다. 더욱이 장군이 적중에서 용감하게 싸웠다는 보고를 들으시고는 경탄과 찬양이 뒤섞인 심정으로 무척이나 감격스러워하셨습니다. 그냥 묵묵히 다음 전황을 훑어보시고는 장군이 완강한 노르웨이군 진중에 쳐들어가서, 닥치는 대로 시체의 산을 쌓으면서도 조금도 두려워하는 기색이 없었다는 사실도 알게 되셨습니다. 빗발같이 잇따라 들어오는 전령들은 모두 나라를 위해 큰 공을 세운 장군에 대한 찬양을 퍼붓듯이 아뢰었습니다.

앵거스 우리 두 사람은 전하의 치사(致詞)를 전하고 궁전으로 장군을 안내하러 왔을 뿐입니다. 은상(恩賞)은 따로 분부가 계실 것입니다.

로스 앞으로 더 큰 영예를 내리시겠다는 약속의 뜻으로 장군을 코더 영주라 부르라고 명령하셨습니다. 그 이름으로 축하를 드립니다. 코더 영주님.

뱅코우 아니, 마녀의 말이 들어맞다니?

맥베스 코더 영주는 살아 계시잖소? 왜 내게 남의 옷을 입히려 하시는 것이오?

앵거스 코더 영주였던 분은 아직 살아 있지만, 전하의 엄벌로 목숨을 잃게 되었습니다. 노르웨이군과 진짜로 결탁을 했는지, 비밀 원조와 편의를 반란군에 제공했는지, 아니면 그 두 가지 수단을 다하여 국가의 전복을 꾀했는지 알 수는 없으나 아무튼 대역죄가 명백히 규명되어 몰락했습니다.

맥베스 (혼잣말로) 글래미스와 코더 영주라. 이젠 가장 큰 것만 남아 있구나. (로스와 앵거스에게) 아, 수고들 하셨소. (뱅코우에게) 장군의 자손들이 왕이 된다는 것도 거짓말은 아니겠구려. 내게 코더 영주를 안겨다 준 그 마녀들이 장군께도 그만한 약속을 했으니까!

뱅코우 그 말을 곧이들으시면, 코더 영주 말고 왕관까지 욕심을 내게 됩니다. 아무튼 이상한 일이오. 흔히 악마의 앞잡이들은 사람을 해치려고 하찮은 진실로 유혹을 하지만 결정적인 순간에 우리를 배반한다오. 두 분, 잠깐만 이리 좀 오시오. (로스와 앵거스, 다가선다)

맥베스 (혼잣말로) 두 가지는 맞았다. 왕위를 건 웅장한 무대의 멋진 서막이랄까. (큰 소리로) 두 분 수고하셨소. (혼잣말로) 이 이상한 유혹은 불길한 징조도 좋은 조짐도 아니다. 만일 그것이 불길한 징조라면 먼저 진실을 보여 미래의 성공을 보증할 리가 없지 않은가? 나는 코더 영주가 되었다. 그러나 그것이 좋은 조짐이라면, 왜 내가 그런 유혹에 빠지는 걸까? 그 무서운 환상에 머리칼이 곤두서고, 안정된 내 심장이 갈빗대를 두드리며, 평소의 내 마음이 아니잖은가? 마음속 공포에 비한다면 눈앞의 불안쯤은 문제도 아니다. 아직은 공상에 불과한데도 살인이란 생각은 내 약한 인간성을 왜 이리 뒤흔드는지, 몸과 마음의 기능은 망상 때문에 마비되고, 환상만이 눈앞에 보이는구나.

뱅코우 저것 좀 보시오. 내 동료는 무슨 생각엔가 골똘히 빠져 있구려.

맥베스 (혼잣말로) 만일 운명이 나를 왕이 되게 한다면, 나는 가만히 있어도 운명이 내게 왕관을 갖다줄 게 아닌가?

뱅코우 새 영예는 내렸으나 새로 입은 옷처럼 몸에 잘 맞지 않는가 보군. 한참 입어서 익숙해져야지.

맥베스 (혼잣말로) 제기랄, 될 대로 되라지. 아무리 험악한 날이라도 시간은 지나간다.

뱅코우 맥베스 장군, 이젠 가보실까요?

맥베스 아, 용서하시오. 잊었던 일을 돌이켜 생각하고 있던 참이었소. 두 분의 수고는 마음속 수첩에 적어두고 날마다 펼쳐 보리다. 자, 전하를 뵈러 갑시다. (뱅코우에게) 오늘 일 잊지 마시오. 잘 생각해 두었다가 뒷날 서로 흉금을 털어놓고 이야기합시다.

뱅코우 잘 알았소.

맥베스 오늘은 이만…… 자, 다들 갑시다. (모두 퇴장)

〔제1막 제4장〕

포레스. 궁전의 한 방.
나팔 소리. 왕, 맬컴, 도널베인, 레녹스, 시종들 등장.

던컨 코더의 사형은 집행했는가? 집행자는 아직 돌아오지 않았는가?

맬컴 네, 아직 돌아오지 않았습니다. 그러나 사형을 목격한 사람의 말을 전해 듣자면, 코더는 대역의 죄상을 솔직히 인정하고 전하의 은혜를 애원하며 깊이 참회한다는 뜻을 나타냈다 합니다. 더욱이 그의 마지막 태도는 전 생

애를 통하여 가장 훌륭한 것이었다고 합니다. 마치 죽음의 장면을 연습이라
도 해둔 것처럼 소중한 생명을 초개처럼 버리고 의연하게 세상을 떠났다고
합니다.

던컨 얼굴만 보고는 사람의 마음속을 알아볼 길이 없구나. 그는 바로 내가
가장 신임했던 사람이 아니냐.

맥베스, 뱅코우, 로스, 앵거스 등장.

던컨 오, 맥베스! 지금도 나는 그대에게 소홀했던 점을 미안하게 생각하고
있소. 그대의 공적은 너무 앞질러 나아가기 때문에 아무리 날개가 빠른 은
상일지라도 따라갈 수가 없구려. 차라리 적이 좀더 적었다면, 나로서는 충
분한 감사와 보답을 할 수 있었을 텐데 말이오! 결국 장군의 공적은 너무나
커서 무엇을 가지고도 보답하기 어렵다고 할 수밖에 없구려.

맥베스 저의 충성은 신하 된 자의 본분인즉, 의무로 이를 수행하는 기쁨이
곧 포상인가 합니다. 전하께서는 오직 저희들의 의무를 받아들이시기만 하
면 됩니다. 저희들은 국왕의 신하, 국가의 충복으로 모든 일에 전하의 은총
을 입고 있사오니, 그 보답으로 저희가 당연히 해야 할 일을 하고 있을 따름
입니다.

던컨 잘 왔소. 이제 그대에게 새 지위를 내려주는 바이며, 잘 가꾸도록 나도
힘을 기울이겠소. (뱅코우에게) 뱅코우, 그대의 공적도 못지않소. 세상은 이를
마땅히 인정해야 할 것이오. 자, 이 가슴에 한번 안게 해주오.

뱅코우 전하의 품 안에서 제가 결실을 맺는다면 그 수확은 전하께 바치겠습
니다.

던컨 기쁨이 넘쳐흘러 몸 둘 바를 몰라 오히려 슬픔의 눈물 속으로 숨고자
하는구려…… 왕자들이여, 가까운 친척들이여, 영주들, 그 밖의 여러분들이
여! 지금 선포하노니, 맏아들 맬컴을 세자로 책봉하여 앞으로는 컴벌랜드
공이라 부르기로 하겠소. 물론 이 영광은 세자 한 사람만이 지닐 것이 아
니라 수많은 영예가 모든 공신들 위에 무수한 별과 같이 빛을 내게 하리다.
(맥베스에게) 그럼 이제부터 장군의 성 인버네스로 갈 것이니 장군에게 더
수고를 끼쳐야겠소.

맥베스 전하를 위하는 길이라면 휴식보다 일을 하는 편이 더욱 행복합니다. 저는 즉시 앞질러 가서 전하의 행차를 알리고 아내를 기쁘게 해주겠습니다. 그럼, 이만 물러가겠습니다.

던컨 믿음직하오, 코더 영주……

맥베스 (혼잣말로) 컴벌랜드 공이라! 이 한 계단! 내가 헛디뎌서 엉덩방아를 찧느냐, 아니면 뛰어넘느냐. 어쨌든 내 앞길을 가로막고 있구나. 별들아, 빛을 감추어라! 빛은 나의 지옥같이 시커먼 야망을 엿보지 말고, 눈은 손이 하는 짓을 보지 말아라. 그러나 단행해야 한다. 그 결과를 눈이 보면 기겁할 것이다. (퇴장)

던컨 사실 그렇소, 뱅코우. 맥베스는 참으로 용감한 위인이오. 그 사람을 칭찬하는 소리를 들으면 나는 만족을 느끼오. 진수성찬을 받는 것과도 같이 기쁘다오. 자, 뒤를 따릅시다. 저렇듯 앞서가서 환대할 준비를 하겠다는구려. 그는 내 친척 가운데 누구보다도 훌륭한 사람이오. (나팔 소리. 모두 퇴장)

〔제1막 제5장〕

인버네스. 맥베스의 성.
맥베스 부인, 편지를 들고 읽으며 등장.

맥베스 부인 (편지를 읽는다)

그것들을 만난 것은 개선하던 날이었소. 완전히 믿을 만한 정보를 통해 나중에 알았지만, 그들은 인간을 뛰어넘는 불가사의한 지혜를 지닌 자들이오. 좀더 자세히 묻고 싶은 마음이 굴뚝같았지만, 그들은 홀연히 공중으로 사라져 버렸소. 그래서 내가 놀라움에 잠겨 멍하니 서 있노라니, 그때 마침 전하의 사신이 와서 나를 "코더 영주"라 부르며 축하해 주었소. 앞서 그 기이한 마녀들이 이 이름으로 내게 인사를 했고, "만세, 머지않아 왕이 되실 분!"이라고 예언을 해주었던 것이오. 나는 사랑하는 당신에게 이 일을 알리는 게 좋겠다고 생각했소. 당신 미래에 약속한 영광을 당신이 알지 못하고, 따라서 마땅히 누릴 기쁨을 잃어서는 안 된다고 생각했기 때문이오. 이 일을 명심해 두기 바라오. 이만.

당신은 글래미스 영주이며 또한 코더 영주가 되셨습니다. 그러니 예언된 지위도 앞으로 차지하게 될 것입니다. 하지만 당신의 성품이 염려됩니다. 당신은 본디 인정이 많아서 지름길로 가지 못하시는 분. 당신은 훌륭하게 되길 바라고 야심이 없는 것도 아니지만, 그것에 필요한 잔인성이 없어요. 높은 지위는 탐이 나면서도 신성하게 얻으려 하고, 나쁜 짓을 하기는 싫으면서 어떻게 해서라도 이기고 싶어하는 분이에요. 글래미스 영주님, 당신이 소원하는 그것이 이렇게 외치고 있습니다. "소원하거든 단행하라." 그런데 당신은 단행하고 싶지 않은 것이 아니라 단행하기가 무서울 거예요. 어서 돌아오세요. 제 결심을 당신 귀에 불어넣어 드리겠어요. 그리고 이 혀의 채찍을 휘둘러서 혼을 내줄 거예요. 당신에게서 황금의 관을 방해하는 모든 것들을. 지금 운명과 초자연의 힘이 서로 협력하여 그 금관을 당신 머리 위에 씌워 주려고 하지 않습니까.

하인 등장.

맥베스 부인 무슨 일이냐?
하인 전하께서 오늘 밤 이곳으로 행차하신다는 분부십니다.
맥베스 부인 무슨 정신 나간 소리! 영주님은 전하와 함께 안 오신단 말이냐? 그렇다면 준비를 하라고 미리 기별이 있었을 텐데.
하인 죄송합니다만 사실입니다. 영주님께서도 지금 함께 돌아오시는 중이랍니다. 제 동료 한 사람이 영주님을 앞질러 방금 도착했는데, 숨이 끊어질 듯 헐떡거리며 겨우 이 소식만을 전했습니다.
맥베스 부인 그를 잘 보살펴 주어라. 굉장한 소식을 전해 왔구나. (하인 퇴장) 까마귀까지 목쉰 소리로 울어대는구나. 던컨 왕이 죽으러 이 성에 들어온다고…… 자, 악한 마음을 돕는 악령들아, 나에게 있는 여자의 마음을 버리게 하고, 이 머리 꼭대기에서 발끝까지 잔인한 마음으로 가득 차게 해다오! 온몸의 피를 혼탁하게 만들어 회한의 길을 틀어막고 연민의 정이 흉악한 계획을 흔들지 못하게 하여 실행과 계획 사이에 타협이 오가지 않도록 해다오. 자, 살인의 악마들아, 이 품 안에 들어와서 내 젖을 담즙으로 바꾸어 다오. 너희는 곳곳에서 보이지 않는 형체로 인간의 재앙을 돕지 않느냐! 어두운 밤아, 오너라. 어서 와서 너를 지옥의 시커먼 연기로 휩싸거라. 나의 예리한 칼이 낸 상처를 칼도 보지 못하도록. 그리고 하늘이 어둠의 장막 사이로 들여다보면서 "안 돼, 안 돼!" 소리치지 못하도록 해다오.

맥베스 등장.

맥베스 부인 글래미스 영주님! 코더 영주님! 이보다 더 훌륭하게 되실 어른! 당신의 편지를 읽은 저는 현재를 뛰어넘어 대뜸 황홀한 미래로 뛰어든 것 같은 심정입니다.

맥베스 나의 사랑하는 부인, 던컨 왕이 오늘 밤 이곳에 오시오.

맥베스 부인 그러면 언제 이곳을 떠나실 예정이십니까?

맥베스 예정은 내일이오.

맥베스 부인 (얼굴이 질린다) 오, 태양은 영원히 그 내일을 보지 못할 것입니다! 나의 영주님, 당신의 얼굴은 비밀스러운 내용이 적혀 있는 책 같아요. 세상을 속이려면 세상 사람들과 같은 얼굴을 하고, 눈과 손과 혀에 환영의 표정을 나타내세요. 겉으로는 무심한 꽃같이 보이게 하고, 그 꽃 밑에 숨은 독사가 되세요. 찾아오는 손님을 맞을 준비를 해야지요. 오늘 밤 큰일은 제게 맡기세요. 성공하면 앞으로 평생 밤낮없이 왕권과 지배력은 우리의 것이 됩니다.

맥베스 나중에 다시 의논합시다.

맥베스 부인 그저 명랑한 얼굴을 하세요. 수상한 표정은 마음속에 두려움이 있다는 증거입니다. 모든 일은 제게 맡기세요. (모두 퇴장)

〔제1막 제6장〕

맥베스의 성 앞.
오보에 소리와 함께 던컨 왕, 맬컴, 도널베인, 뱅코우, 레녹스, 맥더프, 로스, 앵거스, 시종들 등장.

맥베스 부인을 연기한 영국 배우 엘렌 테리 런던 공연. 1888.
맥베스 부인의 건방진 야심을 상징적으로 나타낸 장면. 초상화가 존 싱어 사전트가 딱정벌레 날
개로 만든 화려한 옷을 입은 테리의 모습을 화폭에 담았다. 1889년 작품.

던컨 이 성은 좋은 곳에 자리잡고 있소. 공기가 맑고 상쾌하여 기분이 좋구려.

뱅코우 사원을 찾아오는 여름의 길손인 제비가 저렇게 집을 지어놓은 것을 보니, 이 부근은 하늘의 산들바람이 향기로운 모양입니다. 추녀 끝, 서까래 옆, 벽받침, 그 밖의 구석구석 어디에나 집을 지어 요람을 만들고 있습니다. 제비들이 모여들어 새끼를 치는 곳 가운데 공기가 상쾌하지 않은 곳은 없습니다.

맥베스 부인 등장

던컨 오! 이 댁 부인이 나오는구려! (부인을 향하여) 호의도 지나치면 때로는 귀찮기도 하지만, 그래도 역시 호의는 기쁘게 마련이오. 그러니 부인께 수고를 끼치는 나를 위하여 신의 축복을 빌어주고, 귀찮게 하는 나에게 감사를 해야 할 것이오.

맥베스 부인 왕실에 대한 저희의 봉사, 그 하나하나를 곱절로 하고 그것을 또 곱절로 하더라도 전하께서 저희 집에 내려주신 넓고 깊은 영예에 비하면 보잘것없고 하찮을 뿐입니다. 종전의 직위에 이번에 또 새로운 직위를 내려주시었으니, 저희는 이 은혜를 어떻게 갚아야 할지 모르겠습니다.

던컨 코더 영주는 어디 있소? 바로 그의 뒤를 쫓아와 먼저 도착하여 그를 맞이할 생각이었으나, 워낙 승마에 뛰어난 데다 충성심이 박차를 가하여 결국 영주가 먼저 도착하고 말았구려. 아름답고 기품 있는 부인, 오늘 밤은 댁의 손님이 되겠소.

맥베스 부인 전하의 신하인 저희들은 저희 집 가신, 저희 자신, 그리고 저희 재산 할 것 없이 모두가 전하로부터 빌려 가지고 있는 것이오니, 분부가 계시면 언제라도 다시 바칠 생각이옵니다.

던컨 자, 손을 이리, 주인께 나를 안내해 주시오. 나는 그를 극진히 사랑하오. 앞으로도 그에 대한 나의 총애는 영원히 변치 않을 것이오. 자, 그러면 실례하겠소, 부인. (맥베스 부인의 손을 잡고 성안으로 들어간다)

〔제1막 제7장〕

맥베스 성의 안뜰.

안쪽 좌우에 입구. 왼쪽 입구는 성문으로 통하고, 오른쪽 입구는 성안의 방으로 통한다. 이 좌우의 입구 사이와 사이, 정면 안쪽에는 커튼이 쳐진 세 번째 입구가 있고, 반쯤 열린 그 커튼 사이로 방 안이 보이는데, 거기에는 2층으로 통하는 계단이 있으며, 그 계단 맞은편 벽 앞에는 의자와 탁자가 놓여 있다. 오보에 소리와 횃불, 접시와 그릇 등을 든 하인들이 무대를 가로질러 간다. 이들이 오른쪽 입구를 드나들 때마다 안에서 떠들썩한 축하 잔치 소리가 새어 나온다. 맥베스 등장.

맥베스 빨리 끝낼 수 있다면 어서 해치우는 게 좋다. 암살이 모든 것을 쓸어내고 어떤 결과든지 막아낼 수 있다면, 또 이 일격으로 모든 일이 해결되기만 한다면—이 세상, 그렇다, 시간의 이쪽 언덕이고 여울인 현세만으로 끝이 난다면 내세쯤은 무시해 버릴 수 있지 않겠는가. 그러나 이런 일은 반드시 이 세상에서 심판을 받기 마련인 것—살생이란 한번 본보기를 보여주면 반대로 가르친 자에게 되갚아 준다. 그리하여 이 공정한 정의의 손은 독배를 마련한 자의 입에 퍼부어 넣는다. 왕은 나를 굳게 믿고 이곳에 왔다. 첫째, 나는 그의 가까운 친척이요 신하이니, 어느 모로 보나 도저히 암살은 안 될 말, 또한 나는 주인으로서 문을 닫아걸고 암살자를 막아내야 옳을 터인데 내가 오히려 칼을 들려고 하다니. 더욱이 던컨 왕은 온화한 임금이며 나랏일에도 전혀 오점이 없으니, 지금 그를 살해한다면 평소의 덕망은 천사가 부는 나팔과도 같이 그 큰 죄를 온 세상에 호소할 것이다. 그리하여 사람들의 가슴에 깃드는 연민의 정은 열풍을 타고 태어난 벌거숭이 갓난아이나 눈에 보이지 않는 천마(天馬)를 탄 천사처럼 그 무서운 악행을 모든 사람들 눈 속에 남김없이 불어넣어, 폭풍도 자게 할 눈물을 억수같이 쏟게 할 것이다. 내 계획에 박차를 가할 자극이 없어지고 만다. 있는 것이라곤 날뛰는 야심뿐, 도가 지나치면 저편으로 나가떨어지고 말 것이다.

맥베스 부인 등장.

맥베스 웬일이오. 무슨 일이 생겼소?

맥베스 부인 지금 식사가 끝나갑니다. 왜 자리를 뜨셨어요?

맥베스 전하께서 나를 부르셨소?

맥베스 부인 부르셨어요. 모르고 계셨나요?

맥베스 이 일은 더 추진하지 맙시다. 이번에 전하는 내게 영예를 내렸소. 게다가 나는 모든 사람들로부터 존경을 받고 있소. 모처럼 손에 넣은 새로운 영예를 걸쳐 보지도 않고 일부러 팽개쳐 버릴 필요는 없지 않소?

맥베스 부인 그럼, 지금까지 지니고 있던 그 희망은 술에 취해 있었던가요? 그래서 잠들어 있었나요? 이제야 잠에서 깨어나 전에는 대담한 눈으로 보던 것을 파랗게 질린 얼굴로 보십니까? 저도 이제부턴 당신의 애정을 그런 것으로 알겠어요. 당신은 마음속으론 갈망하고 있으면서도, 용감하게 행동으로 나타내기를 겁내고 계시지요? 인생의 꽃이라고 생각하는 것을 갖고 싶으면서도, 스스로 비천한 생활을 앞으로 계속해 나가겠단 말씀이세요? 속담에 나오는 저 가련한 고양이처럼 '탐은 나지만' 하면서도 '안 되지' 하고 그만두겠단 말씀인가요?

맥베스 여보, 좀 조용히 하오. 인간다운 짓이라면 뭐든지 하겠소. 그러나 그 이상의 짓을 하는 놈은 인간이 아니오.

맥베스 부인 그러면 당신이 이 계획을 제게 알릴 때는 짐승이셨나요? 당신이 그런 결심을 말씀하셨을 때야말로 훌륭한 대장부셨어요. 그러니 그때 이상의 존재가 되면 더더욱 대장부답게 되십니다. 그때는 시간과 장소가 모두 여의치 않았는데도 당신은 그 두 가지 조건을 다 만들려고 하셨어요. 이제는 그 두 가지 조건이 모두 갖추어지고 기회가 무르익었는데 당신은 그만 용기를 잃어버리시는군요. 저는 젖을 먹여보아서, 자기 젖을 빠는 아기가 얼마나 귀여운지를 잘 알고 있습니다. 그러나 갓난아이가 엄마의 얼굴을 보며 방글방글 웃고 있을지라도, 보드라운 잇몸에서 젖꼭지를 잡아 빼고 그 머리통을 박살낼 수가 있어요. 만일 제가 당신처럼 그렇게 맹세를 했다면 말예요.

맥베스 하지만 실패하면?

맥베스 부인 실패라니요? 용기를 내셔야 해요. 그러면 실패는 없을 거예요. 왕이 잠들면, 그 침실을 지키는 두 사람을 제가 포도주로 취하게 해놓겠어

영화 〈맥베스〉　로렌스 올리비에(맥베스 역), 비비안 리(맥베스 부인 역) 출연. 1955.

요. 그러면 뇌수를 지키는 기억력은 연기같이 몽롱해지고, 이성의 그릇은
증류기같이 되고 말 거예요. 이렇게 두 사람이 죽은 듯이 취해 쓰러져서 돼
지처럼 잠들어 버리면, 당신과 제가 무슨 짓이든 못하겠어요? 상대는 무방
비 상태인 던컨 왕 혼자뿐인데요. 그리고 국왕 암살의 큰 죄는 만취한 그
두 사람에게 덮어씌울 수 있지 않겠어요?

맥베스　당신은 사내아이만 낳으시오! 그 대담한 기질로는 사내아이밖에 만

들지 못하겠구려. 그건 그렇고, 왕의 침실에서 함께 자고 있는 두 사람에게 피칠을 해주고 그자들의 단도를 사용한다면, 결국은 그들의 소행으로 생각될 것이 아니겠소?

맥베스 부인 누구든지 그렇게 생각하고말고요. 게다가 우리는 왕의 죽음을 전해 듣고 대성통곡할 것이니까요.

맥베스 결심을 했소. 온몸의 힘을 떨쳐 일으켜 이 무서운 일을 단행하겠소. 자, 들어가서 온화한 표정으로 꾸밉시다. 마음속 거짓은 가면으로 숨길 수밖에. (축하 잔치가 열리고 있는 자리로 다시 들어간다)

〔제2막 제1장〕

같은 곳.
한두 시간 뒤. 정면 출입문에서 뱅코우 등장. 그의 아들 플리언스가 횃불을 들고 아버지를 안내한다. 두 사람은 출입문을 닫지 않은 채 무대 정면으로 나온다.

뱅코우 몇 시나 되었느냐?

플리언스 (하늘을 쳐다보며) 달은 졌는데, 시간 알리는 소리는 못 들었습니다.

뱅코우 달은 자정에 진다.

플리언스 자정은 지났으리라고 생각됩니다.

뱅코우 얘야, 이 검을 좀 받아라…… (단도 허리띠를 풀어서 아들에게 맡긴다) 하늘은 참 인색하구나. 불(별)을 모두 꺼버리시다니…… 이것도 좀 들어라. 졸음이 무거운 납같이 덮쳐 오는구나. 그러나 자고 싶지는 않다. 인자한 천사들아, 부디 망상을 그치게 해다오. 잠이 들면 살그머니 찾아오는 망상을! (인기척에 깜짝 놀라며) 칼을 이리 다오!

오른쪽 입구에서 맥베스와 횃불을 든 하인 등장.

뱅코우 누구냐?

맥베스 친구요.

헤카테 여신 윌리엄 블레이크
그리스 신화에 나오는 여신으로 달·대지·지하의 세 여신이 한 몸이 된 여신. 부와 행운을 가져다
준다는 신.

뱅코우 아니, 아직 안 주무셨소? 전하는 침실에 드셨습니다. 전하는 자못 만
족하시어 댁의 하인들에게도 많은 선물을 내리셨소. 그리고 이 다이아몬드
는 극진한 환대를 받은 감사의 표시로, 장군 부인께 내리신 선물이오. 아무
튼 꽤나 만족스러운 하루를 보내신 것 같소.

맥베스 갑자기 준비하느라 모든 것이 여의치 않고 부족할 뿐이오. 여유만 있
었던들 충분히 환대할 수 있었을 것을.

뱅코우 원, 무슨 말씀을, 모든 것이 다 잘되었소. 나는 간밤에 그 기이한 세
마녀 꿈을 꾸었소. 그것들이 한 말이 장군에게는 일부 실현되었소.

맥베스 아, 나는 깜빡 잊고 있었구려. 하지만 한 시간쯤 여유가 생기면 그 일
에 대해서 같이 좀 의논하고 싶은데, 형편이 어떠신지?

뱅코우 언제라도 좋습니다.

맥베스 때가 되었을 때에 나를 지지해 주시면 당신께도 보답이 돌아가리다.

뱅코우 섣불리 영예를 더하려다가 도리어 잃고 마는 것만 아니라면, 그리고

언제까지나 마음의 결백을 유지하며 충성에 결함만 생기지 않는 일이라면 어느 때라도 의논하리다.

맥베스 그럼, 편히 쉬시오.

뱅코우 아, 감사하오. 장군도 편히! (플리언스와 함께 자기네 방으로 퇴장)

맥베스 여봐라, 가서 마님께 여쭈어라. 술이 마련되거든 종을 쳐주시란다고. 그리고 가서 자거라. (하인이 퇴장하자 탁자 옆에 앉는다. 갑자기 허공에 단검의 환상이 보인다) 아, 칼자루를 내 손 쪽으로 향하고 이 눈앞에 나타난 것은 단검이 아니냐? 자, 잡아보자. 잡히지 않는구나. 그래도 눈에는 보이는구나. 불쌍한 환상 같으니, 이놈, 실체가 없느냐? 너는 눈에는 보이면서 손에는 잡히지 않는 것이냐? 아니, 마음의 단검, 흥분된 상태에서 생겨난 공상의 산물이냐? 그래도 아직 눈에 보이는구나. (허리에서 자기 단검을 뽑아 든다) 지금 이 손에 쥔 실물의 단검과 똑같은 모양을 하고 있구나. 그래, 내가 가려는 곳으로 길을 안내하겠단 말이지. 바로 너다, 내가 쓰려고 생각하고 있는 것은! (의연히 일어선다) 이 눈이 어떻게 되어버린 것이냐, 아니면 눈만 멀쩡한 것이냐? 아직도 보인다. 이젠 날과 자루에 피가 생생하게 엉겨 있구나. 아까는 그렇지 않았는데. (제정신으로 돌아온다) 아니, 그런 것이 있을 리 없다. 잔인한 짓을 계획하니 그런 것이 눈에 어른거리는 것이다…… 지금 이 세상의 반은 모든 것이 죽은 듯하고, 장막 속에 든 잠은 악몽에 시달리고 있다. 그리고 마녀들은 파리한 헤카테 여신에게 제사를 드리고 있고, 말라빠진 자객은 파수병인 늑대의 울부짖음에 잠을 깨어 이렇게 살금살금 목적물을 향해 간다. 로마의 정숙한 여자를 능욕하러 가던 타르퀴니우스의 걸음걸이로 유령처럼. 흔들림 없는 확고한 대지여, 이 발이 어디를 향하든지 발소리를 듣지 말아다오. 발밑의 작은 돌들도 내가 가는 곳을 소문내지 말고, 지금 이 안성맞춤의 처참한 정적을 파괴하지 말아다오. 그러나 이렇게 입으로 위협의 말을 늘어놓아 보았자 그는 죽지 않는다. 말은 실행의 열의에 차디찬 바람을 불어넣어 줄 뿐이 아닌가! (안에서 종이 울린다) 자, 가자. 가면 끝장이 난다. 종소리가 날 부른다. 던컨, 저 종소리를 듣지 마라. 저건 너의 죽음을 애도하는 종소리다. 너를 천국 아니면 지옥으로 들어가게 하는. (열려 있는 정면 출입문으로 발소리를 죽이며 들어가 한 발 한 발, 계단을 올라간다)

같은 곳.
맥베스 부인, 술잔을 들고 오른편 입구에서 등장.

맥베스 부인 침실을 지키는 두 사람을 취하게 한 이 술로 나는 대담해졌다. 술로 그들은 잠이 들었지만 내 마음은 불타오른다. (멈칫한다) 무슨 소릴까? 쉿! 저것은 올빼미, 한밤중에 날카로운 목소리로 어둠 속에 숨어드는 불길한 밤의 인사. 그렇다. 지금 단행하는 중인가 보다. 문이 열려 있다. 두 호위병은 자기들 임무도 잊은 채 코만 드르렁거리고 있구나. 술에 약을 탔으니 삶과 죽음이 그들 속에서 싸우고 있겠구나, 살릴 것이냐 죽일 것이냐 하고.

맥베스 (안에서) 거기 누구냐? 무엇이냐!

맥베스 부인 어떻게 하지? 그들이 잠을 깬 것이라면. 아직 실행하지 못했는지도 모른다. 하려다가 실패하면 우리는 끝이다. 쉿! 단검은 두 자루 다 내놓았으니 설마 그이가 아버님 얼굴과 닮지만 않았던들 내가 해치워 버렸을 것을. (계단 쪽으로 가려다가 돌아서자 맥베스가 2층 입구에서 나타난다. 그의 두 팔은 피투성이가 되고, 왼손에는 두 자루의 단검이 쥐어져 있다. 그가 휘청거리며 내려온다) 여보!

맥베스 (중얼거리는 목소리로) 해치웠소…… 무슨 소리가 나지 않았소?

맥베스 부인 올빼미와 귀뚜라미 우는 소리밖에 나지 않았어요. 그런데 당신, 무어라고 말씀하시지 않았어요?

맥베스 언제?

맥베스 부인 지금 금방.

맥베스 계단을 내려올 때 말이오?

맥베스 부인 네.

맥베스 쉿! (가만히 귀를 기울인다) 옆방에 자고 있는 사람은 누구요?

맥베스 부인 도널베인이에요.

맥베스 이 비참한 꼴 좀 보지!

맥베스 부인 무슨 그런 어리석은 말씀을. 비참한 꼴이라니요?

맥베스 한 놈은 잠결에 웃고, 한 놈은 "살인이야!" 소리쳤는데 그 바람에 잠을 깨버렸소. 나는 가만히 서서 엿듣고 있었지. 그러나 그들은 기도를 중얼거리고는 다시 잠이 들어버렸소.

맥베스 부인 그 방에는 두 사람이 같이 자고 있었어요.

맥베스 한 녀석은 "신이여, 자비를!" 하고 외치고, 또 한 녀석은 "아멘!"이라고 했소. 이 사형집행인 같은 피 묻은 손을 한 나를 보고나 있는 것처럼. "신이여, 자비를!" 하는 그 공포의 부르짖음을 듣고도 나는 "아멘!"이라고 하지 못했소.

맥베스 부인 너무 심각하게 생각하지 마세요.

맥베스 하지만 왜 "아멘"이라고 하지 못했을까? 나야말로 신의 자비가 절실하게 필요한 사람인데 "아멘!" 소리가 목에 걸려 나오질 않았소.

맥베스 부인 이런 일은 너무 깊이 생각하지 마세요. 그렇게 생각하시다간 미쳐버리겠어요.

맥베스 누가 이렇게 외치는 소리가 들리는 것 같구려. "이젠 잠들지 못하리라! 맥베스는 잠을 죽여버렸다"고…… 아, 천진난만한 잠, 고민으로 엉킨 실타래를 풀어주는 잠, 하루하루 삶의 종착역인 잠, 노고를 씻어주는 잠, 상처 난 마음의 영약인 잠, 자연이 베푸는 두 번째 생명, 인생의 향연에 가장 중요한 자양분인 잠을 말이오.

맥베스 부인 그게 어쨌단 말이에요?

맥베스 온 집 안을 향하여 자꾸만 "더 이상 잠들지 못하리라!" 외치는구려. "글래미스는 잠을 죽였다. 그러니까 코더는 더 이상 잠들지 못할 것이고, 맥베스도 더 이상 잠들지 못할 것이다!"

맥베스 부인 외치다니, 대체 누가 그런단 말이에요? 이것 보세요, 영주님. 그렇게 미칠 듯이 생각을 하면 대장부다운 기력을 잃게 되십니다. 자, 어서 물을 떠다가 손에 묻은 그 더러운 핏자국을 씻어버리세요. 그 단검은 왜 가지고 오셨어요? 거기 그냥 놓아두지 않고. 어서 도로 가지고 가서 자고 있는 시종들에게 피를 칠해 놓으세요.

맥베스 이젠 못 가겠소. 내가 한 일이 무서워지오. 나는 다시 볼 수가 없소.

맥베스 부인 그토록 마음이 약하세요? 단검을 이리 주세요. 자는 사람이나 죽은 사람은 그림과 마찬가지예요. 그림에 그려진 악마를 보고 무서워하는 건 어린아이들이나 할 짓이에요. 아직 그가 피를 흘리고 있으면 시종들 얼

〈맥베스〉를 연기하는 데이비드 개릭과 프리처드 부인   헨리 푸젤리
던컨 왕을 살해한 단검을 남편에게서 **빼앗아** 든 맥베스 부인.

굴에 발라줘야지. 죄를 뒤집어씌울 수 있도록. (계단을 올라간다. 이때 문 두드
리는 소리가 들려온다)

맥베스 저 문 두드리는 소리는 어디서 나는 것일까? 웬일일까, 소리만 조금
나도 깜짝깜짝 놀라게 되니? 이 손 꼴이 뭐란 말이냐? 눈알이 빠져나오는
것 같구나! 넵투누스의 바닷물을 다 가지면, 내 손의 이 피를 다 씻을 수
있을까? 아니다. 오히려 이 손이 한없이 넓은 바다를 붉게 물들여 푸른 바
다를 핏빛으로 만들고 말리라.

맥베스 부인, 문을 닫으며 나온다.

맥베스 부인 제 손도 당신과 같은 색이 됐어요. 하지만 제 심장은 당신같이
창백해지지는 않았어요. (문 두드리는 소리) 문 두드리는 소리가 나는군요. 남
쪽 문에서. 자, 침실로 물러갑시다. 물만 조금 있으면 죄다 말끔히 씻길 거예

요. 문제없어요. 당신의 태연한 담력은 어디 갖다 버렸어요? (문 두드리는 소리) 아, 또 문 두드리는 소리가 나는군요. 어서 잠옷으로 갈아입으세요. 만약에 불려 나갈 경우, 아직 안 자고 있었다고 의심받으면 곤란하니까요. 그렇게 맥없이 멍청히 서 계시지 마세요!

맥베스   저지른 죄를 인식하느니보다는 차라리 자신을 멍청히 잊고 있는 게 낫지. (문 두드리는 소리) 그 문 두드리는 소리로 던컨을 깨워라. 제발 깨워 다오! (모두 퇴장)

〔제2막 제3장〕

같은 곳.
문 두드리는 소리가 점점 높아진다. 술에 취한 문지기가 안뜰에 나타난다.

문지기   원, 끈질기게도 두드려대는군! 이게 지옥의 문지기라면 열쇠를 돌려대느라 잠시도 틈이 없겠다. (문 두드리는 소리) 탕 탕 탕! 누구냐? 악마의 왕을 대신해서 묻겠다. 곡식을 사재기해 놓았다가 풍년이 들 것 같아 목매달아 죽은 농부인가 보다. 때마침 잘 왔다. 수건이나 넉넉히 준비해 둬라. 진땀깨나 뺄 테니. (문 두드리는 소리) 탕 탕! 도대체 누구냐? 또 한 놈의 악마 이름으로 묻는다만, 옳지, 양쪽에 다 통하는 서약을 얼버무리는 사기꾼이 왔나 보다. 하느님의 이름으로 반역을 한 사기꾼 같으니. 그러나 천국에선 그 사기도 통하지 않으렷다. 자, 들어오시지, 사기꾼 양반. (문 두드리는 소리) 탕 탕 탕! 대체 누구냐? 음! 프랑스식 홀태바지에서조차 옷감을 잘라먹는 잉글랜드의 재단사가 왔나 보다. 들어오시오, 재단사 나리. 여기선 지옥의 불로 다리미쯤은 달굴 수가 있다오. (문 두드리는 소리) 탕 탕 탕! 그칠 줄 모르는구나! 대체 누구란 말이냐? 그런데 여긴 지옥치고는 너무 춥구나. 지옥의 문지기 노릇은 그만해야겠다. 향락의 오솔길을 걸어 영겁의 지옥불로 가는 놈이면 직업을 막론하고 몇 놈쯤 지나도록 하려고 했다만. (문 두드리는 소리) 네네, 곧 갑니다! 제발 이 문지기를 잊지 말아주시오. (대문을 연다)

맥더프와 레녹스 등장.

드라마 〈맥베스〉 헬렌 백슨데일(맥베스 부인 역)·제이슨 코네리(맥베스 역) 출연.
"제 손도 당신과 같은 색"이라고 맥베스 부인이 남편에게 말한다. 맥베스에게 38회나 피에 대해
말하고 있으며 많은 등장인물이 끈적끈적한 피투성이로 무대에 등장한다.

맥더프 간밤에 늦게들 잤는가? 이렇게 늦잠을 자는 걸 보니.

문지기 네, 두 번째 홰를 칠 때까지 마셨습지요. 그런데 이것 보십시오. 술은
세 가지 큰 자극을 줍니다그려.

맥더프 술이 특별히 세 가지 자극을 주다니, 무엇인가?

문지기 네, 코가 빨개지고, 졸음이 오고, 그리고 오줌이 마렵지요. 그러나 성
욕은 그놈이 자극시키기도 하고 안 시키기도 합니다. 욕정은 일어나나 힘이
없거든요. 그러니 과음은 색에 대해서는 두말하는 사기꾼이랍니다. 욕망을
일으키게 했다가는 죽여버리고 자극시켰다가는 물러서게 하고, 용기를 주
었다가는 실망케 하고 시작하게 해놓고는 꽁무니를 빼게 하고, 결국은 속임
수로 꿈나라에 보내어 사람을 넘어뜨려 놓고 마니까요.

맥더프 간밤에 자넬 술에 넘어간 모양이군.

문지기 네, 바로 목덜미를 붙잡혀 넘어갔습지요. 하지만 넘어간 대신 보복을
해줬답니다. 저도 그놈에게 상당히 강하니까, 결국은 놈을 말끔히 토해서
넘어뜨려 버렸습지요. 이따금 다리를 붙들어 넘어질 뻔하기는 했습니다만.

맥더프 주인 나리는 일어나셨나?

이때 맥베스가 잠옷을 걸치고 등장.

맥더프 문 두드리는 소리에 잠이 깨셨나 보네. 여기 나오시는군.
레녹스 밤새 안녕하십니까, 영주님.
맥베스 아, 안녕히 주무셨소, 두 분.
맥더프 전하께서는 일어나셨습니까?
맥베스 아직.
맥더프 일찍 깨워 달라는 분부셨는데, 하마터면 늦을 뻔했습니다.
맥베스 자, 안내해 드리리다. (두 사람과 함께 걸어간다)
맥더프 이번 일은 기쁜 수고이신 줄은 압니다만, 그래도 수고가 너무 많으십니다.
맥베스 즐겨서 하는 일은 고통이 되지 않습니다. (계단으로 통하는 입구를 손가락으로 가리킨다) 여기가 침실로 들어가는 문입니다.
맥더프 무례하지만 들어가 뵈어야겠습니다. 분부를 받은 직책이니까요. (들어간다)
레녹스 전하께서는 오늘 출발하십니까?
맥베스 네, 그러신다는 분부셨소.
레녹스 간밤은 어수선한 밤이었지요. 저희 숙소에서는 굴뚝이 바람에 쓰러졌습니다. 사람들 말에 따르면 공중에서 곡소리가 들려오고, 죽음의 이상한 신음 소리가 났으며, 이 불행한 세상에 놀라운 혼란과 재앙이 일어날 징조를 예언하는 소리가 무섭게 들리고, 올빼미가 밤새도록 울었답니다. 또한 대지가 열병에 걸린 것처럼 벌벌 떨었다고도 합니다.
맥베스 아주 험한 밤이었지요.
레녹스 젊은 저로서는 처음 당하는 괴이한 밤이었습니다.

맥더프 다시 등장.

맥더프 아이고, 끔찍한 일이. 이렇게 끔찍한 일이 또 있을 수 있을까! 입으로 표현할 수도, 마음으로 상상할 수도 없는 무서운 일이…….

맥베스, 레녹스 대체 무슨 일이오?

맥더프 파괴의 손이 마침내 다시없는 보물을! 극악무도한 암살, 신성한 신 (神)의 궁전을 두들겨 부수고 거기서 그 생명을 훔쳐가 버리고 말았소.

맥베스 뭐라고요? 생명?

레녹스 전하의?

맥더프 침실에 가보시오. 두 눈 뜨고 볼 수 없는 괴물 고르곤의 모습이오. 나 한테는 묻지 마시오. 가서 직접 보고 말하시오. (맥베스와 레녹스 급히 계단을 올라간다) 일어나시오! 일어나시오! 경종을 울려라. 살인이다, 암살이다! 뱅코 우! 도널베인! 맬컴! 일어나시오! 죽음의 가면인 포근한 잠을 떨어버리고 죽 음 그 자체를 보시오! 일어나시어 마지막 심판의 현장을 보시오. 이 끔찍한 광경에 어울리도록 무덤 속에서 일어난 유령들처럼 걸어오시오. (경종이 울린 다)

맥베스 부인, 잠옷 차림으로 등장.

맥베스 부인 무슨 일이에요? 그렇게 무섭게 종을 울려 고이 잠든 집안 사람 들을 불러내고 있으니. 말씀하세요, 말씀을!

맥더프 오, 부인! 설사 제가 그 말을 드릴 수 있다 해도 부인께서는 들으시면 안 됩니다. 부인은 귀에 들려주기만 해도 그 자리에서 기절해 버릴 겁니다.

뱅코우, 실내복을 걸치고 허둥지둥 등장.

맥더프 오, 뱅코우! 전하께서 암살을 당하시었소!

맥베스 부인 어머나, 큰일 났네! 아니, 저희 집에서요?

뱅코우 어디서고 간에 너무도 잔인한 일이오. 여보시오, 맥더프, 제발 지금 하신 말을 취소하시오. 아니라고 말씀해 주시오.

맥베스와 레녹스 등장.

맥베스 차라리 내가 한 시간 전에만 죽었던들 행복한 일생이었을 것을. 이제 인생의 중요한 것이라곤 하나도 남지 않고 없어져 버렸구나. 온갖 것은 다 장난감에 불과하다. 명예와 자비도 죽어버렸다. 생명의 술은 다 쏟아져 버리고, 자랑할 것이라곤 그저 술 찌꺼기밖에 남아 있지 않구나. 이 술 창고 같은 세상에는.

두 왕자 맬컴과 도널베인, 오른편 입구로 허둥지둥 등장.

도널베인 무슨 사고가 일어났습니까?

맥베스 아직 모르고 계시지만, 왕자님들의 신상에 큰일이 일어났습니다. 왕자님들 혈통의 원천, 그 샘이 말라버렸습니다. 그 근원이 막혀버리고 말았습니다.

맥더프 부왕께서 암살을 당하셨습니다.

맬컴 아니, 누구한테?

레녹스 침실에서 시중을 들던 자들의 소행인 것 같습니다. 둘 다 얼굴과 손이 온통 피투성이고 단검도 피가 묻은 채 베개 밑에 놓여 있었습니다. 두 놈 다 멍청하게 눈을 뜨고, 마치 실성한 것 같았습니다. 사람의 생명을 그런 자들에게 맡긴 것이 화근입니다.

맥베스 아, 후회가 됩니다. 분개한 나머지 그 두 놈을 죽어버린 것이.

맥더프 왜 그랬습니까?

맥베스 대체 누가 그러한 엄청난 사건 앞에서 분별력을 잃지 않은 채 분개하면서도 절도를 지키고, 충성하면서도 냉정할 수가 있겠소? 불타는 충성의 조급한 행동이 그만 이성을 앞서버렸습니다. 던컨 왕은 이쪽에 쓰러져서, 은빛 피부에는 금빛 핏발이 무늬 놓여지고, 입을 벌린 상처는 파괴의 무참한 입구, 바로 갈라진 틈만 같았소. 한편 저쪽에는 하수인들이 암살의 증거로 피에 잠겨 있고, 단검은 무엄하게도 칼집에서 나와 피가 묻은 채 곁에 굴러 있었소. 그것을 보고 누가 참을 수 있겠습니까? 충성심이 있고, 그것을 행동에 옮길 용기를 가진 사람이라면.

맥베스 부인 (기절을 하는 듯이 꾸미며) 아, 나를 빨리 저리로 좀 데리고 가주세요! (맥베스가 다가온다)

맥더프 어서 부인을 돌봐드리시오.

맬컴 (도널베인에게만 들리게) 왜 우리는 입을 다물고 있을까? 우리가 가장 문제 삼아야 할 일을?

도널베인 (맬컴에게만 들리게) 지금 무슨 말을 하겠습니까? 악이 이 송곳 구멍 같은 틈 사이에 숨어 있다가 언제 튀어나와서 덤벼들지 모르는데 말입니다. 자, 어서 피해야 해요. 눈물은 아직 간직해 둡시다.

맬컴 (도널베인에게만 들리게) 격렬한 슬픔도 그대로 가슴속에 눌러두자.

맥베스 부인의 시녀들 등장.

뱅코우 (시녀들에게) 마님을 보살펴 드려라. (시녀들이 부인을 부축해 나간다) 자, 우리도 밤바람에 내놓은 이 반나체의 몸을 가린 다음, 다시 곧 모여서 이 잔인한 사건의 진실을 밝혀냅시다. 공포와 의혹에 몸이 덜덜 떨립니다. 나는 신의 손을 대신하여 이 대역죄의 음모와 단호히 싸우겠소.

맥더프 아무렴, 싸우고말고요.

모두 싸우다뿐이겠소.

맥베스 서둘러 무장을 하고 회의실로 모입시다.

모두 그렇게 합시다. (맬컴과 도널베인만 남고 모두 퇴장)

맬컴 너는 어떻게 할 것이냐? 저들과 같이 행동해서는 안 된다. 마음에도 없이 애통해하는 것은 부정한 인간들이 흔히 하는 짓, 난 잉글랜드로 가겠다.

도널베인 나는 아일랜드로 가겠습니다. 서로 헤어져 있는 편이 도리어 안전할 것 같습니다. 이곳에는 미소 속에도 칼날이 숨어 있습니다. 핏줄이 가까운 놈일수록 태연히 피를 흘리니까요.

맬컴 살인의 화살은 이미 시위를 떠났으나 아직은 하늘을 날고 있다. 아무튼 그 겨냥을 피하는 길이 가장 안전하니 어서 말에 오르자. 작별 인사를 하고 있을 때가 아니다. 곧 여기를 빠져나가자. 여기 있다가는 어떤 위험이 닥칠지 모른다. 자비가 없는 상황에서는 달아나는 게 옳으니까. (모두 퇴장)

맥베스의 성 앞.
몹시 음침한 날씨. 로스와 노인 한 사람 등장.

노인 저는 칠십 평생의 일을 잘 기억하고 있습니다만, 그 오랜 세월 동안에
는 무서운 때도 있었고 괴이한 일도 많이 당했습니다. 그러나 간밤의 처참
함에 비하면 그런 일들은 아무것도 아닙니다.

로스 (하늘을 쳐다보며) 노인장, 인간의 소행에 마음이 괴로운지 하늘도 저렇
게 이 살육의 무대를 위협하고 있구려. 지금은 대낮인데도 암흑의 밤이 햇
빛을 지우고 말았소이다. 밤이 패권을 쥐고 있는지 낮이 부끄러워하는지,
생생한 빛이 대지에 입을 맞춰야 할 시각에 암흑이 땅을 뒤덮고 있소이다.

노인 간밤의 사건도 그렇습니다만, 모든 것이 자연의 이치에 어긋난 일들뿐
입니다. 지난 화요일에는 의기양양하게 하늘 높이 날아오른 매가 쥐나 잡아
먹는 올빼미한테 잡혀 죽었답니다.

로스 그뿐 아니라 던컨 왕의 말들은—참으로 괴이한 일이지만 사실입니
다—늠름한 준마로 가장 귀염을 받고 있던 것들이 난데없이 사나워져서
마구간을 부수고 뛰쳐나와 달려들었답니다. 그 모습이 마치 사람에게 도전
하려는 것 같았답니다.

노인 말들끼리 서로 물어뜯기도 했다고 하더군요.

로스 그렇습니다. 나도 그 광경을 보곤 정말이지 놀랐습니다.

맥더프가 성에서 나온다.

로스 오, 맥더프, 그 뒤로 세상은 어떻게 돌아가고 있습니까?

맥더프 (하늘을 가리키며) 저것이 안 보이오?

로스 그 극악무도한 암살자는 밝혀졌습니까?

맥더프 맥베스가 죽여버린 그 두 사람이지요.

로스 저런! 대체 왜 그런 짓을 저질렀을까요?

맥더프 매수당한 것이지요. 맬컴과 도널베인, 두 왕자는 몰래 달아나 버리셨

소. 그래서 혐의를 받고 계십니다.

로스 이 또한 자연에 어긋나는 짓! 이 무슨 더러운 야욕일까요? 감히 자기 생명의 근원을 탐식하려 들다니! 이제 왕위는 맥베스 장군께로 돌아가겠군요.

맥더프 벌써 추대되어 대관식을 올리러 스쿤 수도원으로 떠나셨소.

로스 던컨 왕의 유해는?

맥더프 콤킬에다 모셨소. 역대 조상의 선산과 대대로 유골을 안치하고 있는 종묘니까요.

로스 사촌은 스쿤으로 가시겠습니까?

맥더프 아니, 나는 파이프로 돌아가겠소.

로스 그렇습니까? 나는 스쿤으로 가보겠습니다.

맥더프 그럼, 거기서 모든 일이 잘되기를 빌겠소. 잘 가시오! (혼잣말로) 낡은 옷이 새 옷보다 입기 편한 사태가 벌어지지 않도록!

로스 안녕히 가시오, 노인장.

노인 두 분에게 신의 축복이 내리시기를! 그리고 악을 선으로, 원수를 친구로 삼는 사람들에게도! (모두 따로따로 퇴장)

〔제3막 제1장〕

포레스. 궁전.
뱅코우 등장.

뱅코우 너는 드디어 왕도 되었구나. 코더 영주도, 글래미스 영주도 되었지. 마녀들이 약속한 대로 되었구나. 그런데 어찌 보면 더러운 수단으로 얻은 것 같긴 하다만. 그러나 이것은 네 후손에게까지 전해질 것이 아니고, 대대로 왕의 근원이며 조상이 될 사람은 나라고 마녀들이 예언했다. 만일 마녀들 말이 맞는다면—그들의 예언이 맥베스, 너에게 들어맞은 것처럼, 진실이 너에게 실현된 것을 보면, 내게도 그것이 신탁(神託)이 아닐 리는 없으리라. 그러니 희망을 걸어도 좋을 것이 아닌가? 그러나 쉿! 더 말을 말고 삼가도록 하자.

나팔 소리. 왕이 된 맥베스, 왕비가 된 맥베스 부인, 레녹스와 로스, 귀족들, 시종들 등장.

맥베스 우리의 주빈이 여기에 계시는군.

맥베스 부인 이분을 잊어서는 우리의 축하 잔치에 구멍이 뚫리어 모든 것이 어울리지 않게 되어버립니다.

맥베스 오늘 밤 만찬회가 있으니 부디 참석하기 바라오.

뱅코우 어명이시라면 오직 순종하는 것이 저의 직책인 줄 압니다.

맥베스 장군은 오늘 오후에 말을 타고 어디 가신다지요?

뱅코우 네, 전하.

맥베스 그렇지 않으면 오늘 회의에서 장군의 고견을 들으려고 했는데 말이오. 장군의 고견은 언제나 무게 있고 도움이 되니까요. 그러나 내일로 미룹시다. 그래, 멀리 나가시오?

뱅코우 네, 지금 떠나면 만찬회 시간에나 돌아올 만한 거리입니다. 말이 잘 달려주지 않으면 해가 지고도 한두 시간 더 늦어지게 될 것 같습니다.

맥베스 축하 잔치를 잊지 말아주시오.

뱅코우 네, 꼭 참석하겠습니다.

맥베스 들자니 나의 저 잔인한 친척, 두 왕자는 저마다 잉글랜드와 아일랜드에 망명해 있다는데, 잔악하게 아버지를 살해한 죄를 자백하기는커녕 도리어 괴이한 헛소문을 퍼뜨리고 있다 하오. 그러나 이 일은 내일 우리 둘이서 의논해야 할 나랏일과 더불어 다시 이야기합시다. 어서 말에 올라타시오. 돌아오면 밤에 만납시다. 플리언스도 같이 가오?

뱅코우 네, 이젠 출발할 시각이 되었으니 물러가겠습니다,

맥베스 그대들의 말이 빠르고 발이 튼튼한 놈이길 바라오. 그럼, 말 등에 맡기리다. 잘 다녀오시오. (뱅코우 퇴장) 이제부터는 저녁 일곱 시까지 다들 자유 시간을 갖도록 하시오. 오늘 모임을 즐겁게 하기 위해서 나도 만찬 때까지 혼자 있겠소. 다들 물러가오. 그때 다시 봅시다! (시종 한 명과 둘만 남고 모두 퇴장) 여봐라, 이리 좀 오너라. 그 사람들은 대기하고 있느냐?

연극 〈맥베스〉 피터 홀 연출, 폴 스코필드(맥베스 역) 출연. 스트랫퍼드 왕립 극장 상연. 1967. 칼을 손에 들고 어둑어둑한 무대를 성큼성큼 걸어다니는 맥베스. 이 극은 맥베스 집안 사람이 은밀하게 행하는 부정을 어둠과 밤에 비유한다. 이 사실을 연출가들은 충분히 활용했다.

시종 네, 궁성 문밖에 대기하고 있습니다.

맥베스 이리 불러들여라. (시종 퇴장) 왕이 되는 것도 아무 의미가 없다. 나의 안전이 보장되지 않는다면 말이다. 두려운 것은 뱅코우다. 그의 왕자다운 성격이 나를 불안하게 한다. 그는 몹시 대담하다. 그리고 그 대담한 마음에 자기 용기를 안전하게 행동에 옮기는 지혜를 가지고 있다. 내가 두려워하는 것은 뱅코우뿐이다. 그의 곁에서는 내 수호신이 맥을 못 추는 것 같다. 안토니우스의 수호신이 카이사르 앞에서 그랬다는데, 그것과 꼭 같다. 마녀들이 처음 나를 왕이라 불렀을 때, 그는 그들을 꾸짖고 자기에게도 말을 하라고 명령했다. 그러자 그들은 예언자인 양 그를 역대 제왕의 아버지라 이름 붙였다. 나의 머리에는 열매 없는 왕관을 씌워 주고 손에는 불모(不毛)의 홀(笏)을 쥐어주었으니, 이것들은 결국 나의 아들이 아닌 남의 자손에 빼앗기게 마련이다. 그렇다면 나는 뱅코우의 자손들을 위하여 인자한 던컨 왕을 죽인 셈이 아닌가! 그들 뱅코우의 자손들로 왕을 삼기 위하여 불멸의 보배인 영혼을, 인류의 적인 악마의 손에 넣어준 셈이 아닌가! 그렇게 될 바에야 차라리 승부를 내자. 운명아, 오너라. 나와 결판을 내자. 거기 누구냐?

시종이 자객 두 명을 데리고 등장.

맥베스 너는 부를 때까지 문밖에 나가서 기다리고 있거라. (시종 퇴장) 어제였지, 내가 너희들과 함께 이야기한 것은.

자객 1 네, 전하.

맥베스 그러면 나의 말을 잘 생각해 보았는가? 사실 지금까지 너희를 불행하게 한 것은 그자이다. 너희는 오해하고 있는 모양이지만 나는 전혀 관계가 없느니라. 이는 어제 이야기로 충분히 알았을 것이다. 즉 너희가 어떻게 기만과 학대를 받고 있는지, 앞잡이는 누구이고 또 누가 이 모든 것을 조종하고 있는지, 그 밖의 모든 것을 다 설명해 주었다. 그러니 바보 미치광이일지라도 '그건 뱅코우의 짓이다'라고 진실을 이해했을 것이 아니냐.

자객 1 잘 알고 있사옵니다.

맥베스 그건 그렇고, 좀더 할 이야기가 있는데, 그것이 오늘 다시 만난 목적이다. 너희는 그를 그대로 내버려 둘 만큼 인내심이 강한가? 아니면 그의 손에 핍박받아 너희가 무덤 속으로 내쫓기고, 처자식들이 길거리를 헤매도록 만든, 그 알뜰한 인간과 그의 자손들을 위해 기도를 드릴 만큼 신앙심이 깊단 말이냐?

자객 1 저희도 사람입니다, 전하.

맥베스 음, 적어도 이름으로는 사람 축에 들 테지. 사냥개, 그레이하운드, 잡종, 스패니얼, 들개, 삽살개, 땅개 등도 다 개라는 이름으로 불리듯이 말이야. 그러나 가격표에서는 빠른 놈, 느린 놈, 영리한 놈, 집개, 사냥개 등등 풍부한 자연이 부여해 준 특징에 따라 일일이 나뉘어져 특별한 명칭을 받고 있으니, 다 같이 적혀 있는 명부에서는 성질이 다르게 구별되기 마련이다. 사람도 마찬가지다. 자, 너희도 인간 가격표에 실려 있는 이상, 최하등급에 속하지 않는다면 그렇다고 말을 하여라. 그러면 내가 비밀리에 할 일을 너희에게 부탁하겠노니, 이를 실행하면 너희는 너희의 원수를 없애게 될뿐 아니라 나의 신임과 총애를 받게 될 것이다. 그자가 살아 있는 한 나는

반쯤 병든 것과 같으니, 그자가 없어져야만 비로소 나의 건강은 회복될 것
이다.

자객 2 저는 세상의 지독한 천대와 학대에 분통이 터질 지경이므로, 세상에
대한 분풀이라면 무슨 짓이든지 하겠습니다.

자객 1 저도 어찌나 불행에 시달리고 악운에 부대끼어 왔는지, 이제는 잘되
든 못되든 목숨을 걸고 운명을 시험해 볼 작정입니다.

맥베스 이제는 두 사람 다 뱅코우가 너희들의 원수임을 알았을 것이다.

자객들 네, 알다뿐이겠습니까.

맥베스 그자는 나의 원수이기도 하다. 그와 나는 서로 겨루는 사이라, 그가
살아 있는 한순간 한순간이 나의 생명의 급소를 찌르는 것 같다. 물론 나
는 왕권으로 공공연히 내 눈앞에서 그를 없애고 나의 의지를 정당화시킬
수도 있지만, 이를 삼가야 할 까닭이 있다. 그에게도 친구이고 나에게도 친
구인 사람들이 있는데, 나로서는 그들의 호의를 잃고 싶지 않다. 그러므로
그를 이 손으로 쓰러뜨려 놓고 오히려 통곡을 해야 하기 때문에 이렇게 너
희의 도움을 구하는 것이다. 그 밖에 여러 가지 중대한 사정이 있어서 그러
니, 이 일은 아무도 모르게 실행해 줘야겠다.

자객들 전하의 지시대로 반드시 실행하겠습니다.

자객 1 비록 저희의 생명이……

맥베스 너희의 마음은 잘 알았다. 늦어도 한 시간 이내에 너희가 잠복할 장
소를 알려주겠다. 오늘 밤 안으로 궁성에서 멀찍이 떨어진 곳에서 단행해야
한다. 그리고 내가 혐의를 받게 되어서는 안 된다는 것을 늘 명심해라. 그런
데 그의 아들 플리언스도 함께 갈 것이니, 일을 깨끗이 처리하기 위하여 그
를 없애버리는 것도 그 아비 못지않게 나에게는 중요한 일이니까, 그 아들
마저 컴컴한 시간의 운명을 알게 해줘라. 그럼, 둘이서 결심을 하도록 해라.
곧 다시 만나자.

자객들 결심은 벌써 되어 있습니다.

맥베스 곧 부르겠다. 안에서 기다려라. (두 자객 퇴장) 계획은 끝났다. 뱅코우,
네 영혼이 천국으로 가기를 원한다면, 오늘 밤에는 천국으로 가는 길을 찾
아야 할 것이다. (다른 쪽 입구로 퇴장)

같은 곳.
맥베스 부인, 하인 한 명을 거느리고 등장.

맥베스 부인 뱅코우는 물러갔느냐?
하인 네, 밤에 다시 돌아오십니다.
맥베스 부인 전하께 가서 아뢰어라. 드릴 말씀이 있으니 시간이 있으시거든 좀 뵙잔다고.
하인 네. (퇴장)
맥베스 부인 모든 것이 허무하고 소용없는 일이다. 욕망이 이루어져도 만족이 없는 한은. 살인을 하고 얻은 명예도 이렇게 불안스러운 기쁨밖에 누리지 못할 바에야 차라리 살해당하는 신세가 더 편하겠구나.

맥베스, 생각에 잠겨 등장.

맥베스 부인 어머나, 전하! 왜 언제나 혼자 외로이 하찮은 공상을 벗삼아 생각지 않으면 자연히 사라져 버릴 망상을 하고 계세요…… 어쩔 수 없는 일은 무시해 버리는 수밖에 없습니다. 지난 일은 지난 일이에요.
맥베스 우리는 독사를 난도질했을 뿐이지 죽이지는 못했소. 머지않아 다시 살아날 것이니, 못된 장난을 한 우리는 언제 다시 그 뱀의 독이빨에 물리게 될지 알 수 없는 일이오. 그러나 우주가 산산이 부서지고 하늘과 땅이 무너지는 한이 있더라도, 불안 속에서 식사를 하고 잠을 자며, 밤마다 악몽에 시달리며 떨 수는 없지 않겠소. 양심의 가책 아래 이렇게 미칠 듯이 불안하게 사느니보다는 차라리 우리 자신이 평화를 구하여, 평화의 나라로 보내버린 그 사람과 같이 죽어버리는 편이 낫지 않겠소. 던컨은 지금 무덤 속에 있소. 인생의 끊임없는 열병을 다 치른 뒤에 편안히 잠들어 있소. 암살 덕분에 그는 모든 것에 마지막을 아뢸 수 있었소. 이제는 어떠한 칼날도, 독약도, 내란도, 외환도 더 이상 그를 괴롭히지 못할 것이오.
맥베스 부인 자, 가십시다. 전하, 그 험상궂은 얼굴을 펴시고 명랑하고 즐겁

영화 〈맥베스〉 로만 폴란스키 감독, 프란체스카 애니스(맥베스 부인 역) 출연. 1971.
촬영 중 애니스의 망토를 바로잡아 주는 폴란스키 감독. 폭력과 나체에 대한 사실적인 묘사 때문에 논란에 휩싸이기도 했으나 전체적으로는 긍정적 평가를 받았다.

게 오늘 밤 손님들을 대하세요.

맥베스 그렇게 하리다. 당신도 부디 그렇게 하시오. 그리고 뱅코우에게는 특별한 관심을 가지고 눈으로나 입으로나 주빈으로 접대하시오. 도저히 안심이 안 되오. 왕의 존엄성을 아첨의 개울 속에 담그고, 마음에 가면을 씌워 본심을 숨겨야 하는 동안은 마음을 놓을 수가 없소.

맥베스 부인 전하, 그런 생각은 하시면 안 됩니다.

맥베스 아, 내 마음속에는 독충들이 우글대고 있는 것 같소. 아무튼 뱅코우와 그의 아들 플리언스는 아직 살아 있으니 말이오.

맥베스 부인 하지만 그들의 생명이 영원한 것은 아니잖아요.

맥베스 그것이 조금이라도 위안이 되오. 그들도 습격을 피할 수는 없을 테니까. 그러니 당신도 마음을 쾌활하게 가지시오. 박쥐가 회랑 안을 날아다니고, 딱정벌레가 마녀 헤카테의 부름에 딱딱한 날갯소리를 내며 졸린 듯이 잠을 재촉하는 밤의 종을 울려대기 전에, 중대하고도 무서운 일이 일어나기로 되어 있으니까.

맥베스 부인 일어나다니요, 무슨 일이?

맥베스 당신은 모르고 있다가 결과나 칭찬하구려…… 자, 오너라, 눈을 어둡게 하는 밤아, 인자한 낮의 부드러운 눈을 가리고, 너의 보이지 않는 잔인한 손으로, 나를 겁나게 하는 그의 생명의 증서를 지우고 갈가리 찢어버려라. 빛은 어두워지고 까마귀는 숲속 보금자리로 날아들고 있다. 낮의 선량한 자들은 머리를 수그린 채 잠들기 시작하고, 밤의 악한 무리들은 먹이를 찾아 일어난다. 내 말이 이상하게 들리는 모양이구려. 그러나 당신은 가만히 있으시오. 악으로 시작한 일은 악으로 튼튼하게 해야만 하오. 자, 함께 갑시다. (모두 퇴장)

〔제3막 제3장〕

궁성 밖 숲의 언덕길.
세 명의 자객 등장.

자객 1 도대체 당신은 누구의 명령으로 이렇게 따라오는 건가?

자객 3 맥베스 왕의 명령일세.

자객 2 의심할 필요는 없을 것 같네. 우리의 직책과 해야 할 일을 하나도 빠짐없이 일러주는 걸 보니.

자객 1 그럼, 합세하게. 서쪽 하늘엔 아직 석양빛이 가물거리고, 길 가던 나그네는 제시간에 여인숙을 찾아들려고 말을 재촉하는 무렵이니 우리가 기다리는 주인공도 이제 곧 나타날 것이네.

자객 3 쉬! 말발굽 소리다.

뱅코우 (멀리서) 애, 플리언스. 그 햇불을 이리 다오! 내가 들마.

자객 2 바로 그자다. 초대를 받은 다른 사람들은 벌써 다 궁성에 들어가 있다.

자객 1 말이 길을 돌아서 가는 모양이다.

자객 3 음, 1마일쯤. 그러나 뱅코우는 보통—다른 사람들도 그렇지만—여기서부터는 궁성까지 걸어서 간다.

이윽고 뱅코우와 햇불을 든 플리언스가 언덕길을 올라온다.

자객 2 햇불이 보인다, 햇불이!

자객 3 놈이다!

자객 1 조심해라!

뱅코우 오늘 밤은 비가 내릴 모양이지.

자객 1 내리고말고. (햇불을 쳐서 꺼버린다. 동시에 다른 두 자객은 뱅코우를 습격한다)

뱅코우 아, 살인이다! 플리언스, 달아나거라, 빨리 달아나거라, 빨리! 복수를 해다오. 이 아비의 원수를 갚아다오. 으윽, 고약한 놈! (죽는다. 플리언스 도망간다)

자객 3 누가 햇불을 껐어?

자객 1 잘못했나?

자객 3 한 놈밖에 못 해치웠어. 아들 놈은 달아나 버렸다.

자객 2 중대한 임무의 반을 놓쳐버렸구나.

자객 1 자, 어서 가서 한 일만이라도 보고하도록 하자. (모두 퇴장)

궁성의 홀.

정면이 한 단 높게 되어 있고, 그 좌우에 입구가 있다. 단 위는 옥좌, 그 앞에는 식탁이 있다. 그리고 이 식탁과 T자 모양으로 맞대어 긴 식탁이 무대 중앙에 놓여 있다. 맥베스, 맥베스 부인, 로스, 레녹스, 귀족들, 시종들 등장. 맥베스는 부인을 옥좌로 안내한다.

맥베스 저마다 순서대로 앉으시오. 모두 다 잘 와주셨소.

귀족들 (긴 식탁 양쪽에 각기 자리잡고 앉는다. 그 가운데 한 자리는 주인을 위해 비어 있다) 전하, 황공하옵니다.

맥베스 나도 같이 섞여서 겸손하게 주인 노릇을 하겠소. (옥좌에서 내려온다) 여주인은 왕비석에 앉아 있지만, 곧 기회를 보아 여러분들에게 환영 인사를 하도록 하겠소.

맥베스 부인 전하께서 저를 대신하여 여러분께 인사말을 전해 주세요. 저는 충심으로 여러분을 환영하고 있으니까요.

맥베스가 왼편 입구 앞을 지날 때 자객 1이 입구에 나타난다.

그때 귀족들이 일어서서 부인에게 절을 한다.

맥베스 자, 보시오. 모두들 진심으로 기쁘게 답례를 하는구려. 양쪽 좌석의 인원 수가 같으니 나는 여기 한가운데에 앉겠소. 자, 마음껏 즐기시오. 이제 큰 축배를 돌리겠소. (입구로 다가가 자객에게 낮은 목소리로) 네 얼굴에 피가 묻어 있다. (자객과 낮은 목소리로 이야기를 주고받는다)

자객 1 뱅코우의 피입니다.

맥베스 그자의 몸 안에 머물러 있기보다는 네 얼굴에 묻어 있는 편이 나을 것이다. 그래, 잘 해치웠느냐?

자객 1 네, 이 손으로 목을 잘랐습니다.

맥베스 너는 목 따는 명수로구나! 그러나 플리언스를 처치한 자도 칭찬해 주어야지. 그것도 네가 했다면, 너야말로 천하무적의 명수이다.

자객 1 죄송합니다, 플리언스는 달아나 버렸습니다.

맥베스 그렇다면 또 불안의 발작이 엄습해 오겠구나. 그놈마저 처치해 주었더라면 나는 안전할 것을. 대리석같이 견고하고, 바위같이 꿈쩍도 않고, 만물을 둘러싼 대기와도 같이 자유분방하게 되었을 텐데. 그러나 이제 나는 좁은 곳으로 밀려들어가 감금되고, 열 겹 스무 겹으로 결박을 당했구나. 한없는 의혹과 공포의 포로로 말이다. 그런데 뱅코우가 죽은 것은 틀림이 없느냐?

자객 1 네, 틀림없습니다. 머리에 스무 군데나 깊은 상처를 입고 개천 속에 처박혀 있습니다. 가장 작은 상처만으로도 목숨은 무사하지 못합니다.

맥베스 수고했다. 아비 뱀은 죽었구나. 달아난 새끼 뱀은 독을 지니게 되겠지만, 지금 당장은 독이 없다. 그럼 물러가거라. 내일 다시 이야기하자. (자객 1 퇴장)

맥베스 부인 전하, 환대가 소홀하십니다. 모처럼의 축하 잔치도 식사 도중에 자주 환대의 말씀이 없으시면 음식점에서 식사를 하는 것이나 다름이 없습니다. 먹기만 하는 것이라면 자기 집이 으뜸이지요. 자기 집에서와 다른 것은 환대라는 양념이 아니겠어요? 환대 없는 잔치는 아무런 의미도 없습니다.

이때 뱅코우의 혼령이 나타나서 맥베스의 자리로 걸어가 앉는다.

맥베스 참 그렇구려! 자, 다들 많이 마시고 잘 소화시키고, 더욱 건강하기를!

레녹스 전하께서도 자리에 앉으십시오.

맥베스 이제 고귀한 분들이 모두 한자리에 모였구려. 저 훌륭한 뱅코우 장군만 빼놓고는. 그러나 차라리 그분의 무성의를 탓하게나 되었으면 좋겠소만, 혹시 무슨 재앙이라도 있을까 염려가 되는구려.

로스 그분의 결석은 약속 위반입니다. 황공하오나 전하께서도 같이 앉아주시옵소서.

맥베스 좌석이 다 차 있는데.

로스 여기 마련되어 있습니다.

맥베스 어디?

레녹스 여기 있습니다…… 아니, 전하께서는 왜 그렇게 놀라십니까?

맥베스 이것은 누구의 장난이냐?

귀족들 도대체 무슨 말씀입니까?

맥베스 아니다, (혼령에게) 내가 한 것이 아니다. 그 피투성이 머리털을 이쪽에 대고 흔들지 마라. (맥베스 부인, 자리에서 일어선다)

로스 여러분, 모두 일어납시다. 전하께서 편찮으신 것 같습니다.

맥베스 부인 (단에서 걸어 내려오며) 여러분, 부디 앉으세요. 전하께서는 젊을 때부터 가끔 이런 증상이 있으십니다. 그냥 앉아 계세요. 발작은 일시적이니 곧 회복되실 것입니다. 전하를 그렇게 유심히 바라보고 있으면 도리어 심해져서 발작이 오래 지속됩니다. 염려 마시고 어서 잡수세요. (맥베스에게) 이러고도 대장부라고 할 수 있겠어요?

맥베스 암, 용감한 사나이오. 악마라도 기겁할 저것을 노려볼 수 있는 대단한 사람이오.

맥베스 부인 참으로 장하시군요! 그건 마음이 불안해서 생겨난 환각이에요. 그때 공중에 떠올라 왕의 침실로 안내했다는 저 환상 속의 단검과도 같은. 조금도 두려울 것이 없는데 그렇게 흥분하고 놀라시는 것은, 기껏해야 겨울날 화롯가에서 아낙네들이 지껄이는, 옛날 할머니에게서 들은 도깨비 이야기하고나 어울려요…… 부끄럽지도 않으세요! 왜 그런 표정을 지으세요? 그건 결국 그저 의자일 뿐이에요.

맥베스 아니, 저것 좀 보오. 저기, 저것은! 어떻소? 뭐, 뭐가 무섭담? 머리를 끄덕일 수 있다면 어디 말을 해봐라. 일단 땅속에 묻힌 것을 봉안당이나 무덤이 다시 토해 놓고 만다면, 솔개의 밥통을 무덤으로 삼아야 할 판이 아니겠느냐? (뱅코우의 혼령 사라진다)

맥베스 부인 아, 어째서 그런 환영을 보고 놀라시는 거예요?

맥베스 내가 여기 이렇게 서 있는 것이 사실이라면 나는 확실히 이 눈으로 보았소.

맥베스 부인 무슨 어리석은 말씀을!

맥베스 (이리저리 걸어 다니며) 지금까지 헤아릴 수 없이 많은 사람의 피가 흘렀다. 인도적인 법률이 생겨나 이 세상을 정화시키기 이전인 태곳적에도, 그 전에도 무서운 살육은 있었지. 그러나 예전에는 골이 터져 나오면 죽어

〈맥베스〉만찬 장면 테오도르 샤세리오, 19세기
뱅코우의 피투성이 혼령이 맥베스 앞에 나타난다. 혼령과 초자연적인 것은 이 극에서 되풀이되는 주제이다.

버리고 끝장이 났는데, 지금은 머리에 스무 군데나 치명상을 입고도 다시 살아나 사람을 의자에서 밀어낸다. 이것은 예전의 살육보다도 더 괴이한 일이다.

맥베스 부인 (맥베스의 팔을 잡으며) 자, 귀한 손님들이 기다리고 있습니다.

맥베스 아, 그만 잊고 있었구려…… 나를 이상하게 생각하지들 마시오. 나는 이상한 병이 있는데, 나를 아시는 분은 예사롭게 생각하오. 자, 여러분의 건강을 비오. 그럼, 나도 자리에 앉겠소. 나에게도 철철 넘치도록 술을 주시오.

잔을 들자 등 뒤에서 뱅코우의 혼령이 다시 나타나 의자에 앉는다.

맥베스 모두의 건강을 위하여 축배를 듭시다. 그리고 오늘 보이지 않는 친구

뱅코우를 위해서도. 그의 불참은 참으로 유감스러운 일이오! 자, 축배를 듭시다. 그를 위하여, 여러분을 위하여, 모두의 건강을 빌며.

귀족들 (잔을 들면서) 우리 모두의 충성을 맹세하며 축배를 듭시다.

맥베스 (앉으려고 의자를 돌아다본다) 에잇, 꺼져라! 물러가라! 땅속으로 사라져라! (잔을 떨어뜨린다) 너의 뼈에는 골수가 없고, 피는 차디차게 식었다! 그렇게 노려봐도 네 눈동자에 시력은 없다!

맥베스 부인 괜찮습니다, 여러분. 이건 늘 있는 일이에요. 모처럼의 흥이 깨져 죄송합니다.

맥베스 인간이 하는 일이라면 무엇이라도 해 보이겠다. 텁수룩한 러시아 곰이건, 뿔 돋친 물소건, 히르카니아의 호랑이이건 무슨 모양이든 하고 나오너라. 지금의 그 모양만 아니라면, 나의 이 건강한 힘줄이 꼼짝이나 할까 보냐? 그렇지 않으면 다시 살아나와 황야에서 칼을 들고 대결해 봐라. 그래도 내가 겁을 낸다면 어린 계집아이가 낳은 자식이라고 불러도 좋다. 물러가라, 징그러운 망령 같으니! 실체 없는 환상, 에잇, 물러가라! (뱅코우의 혼령 사라진다) 음, 이젠 사라져 버렸구나. 사라지기만 하면 나는 다시 대장부가 될 수 있다. 자 여러분, 그냥들 앉으시오.

맥베스 부인 당신 때문에 유쾌했던 흥은 깨지고 좋은 모임이 엉망이 되고 말았어요.

맥베스 그러한 것이 여름날 구름같이 느닷없이 엄습해 오는데 어찌 놀라지 않을 수 있겠소? 내가 가지고 있다고 생각했던 용감한 기질마저 의심스러운 생각이 드오. 그런 걸 보고도 모두들 태연히 얼굴색도 변하지 않는데, 나만 공포에 질려 얼굴이 창백해지니 말이오.

로스 무엇을 말씀하시는 겁니까?

맥베스 부인 제발 아무 이야기도 하지 마세요. 다시 또 나빠지십니다. 이야기를 시키면 흥분하시게 됩니다. 여러분, 오늘은 이만합시다. 안녕히들 가세요. 자, 나가시는 순서는 개의치 마십시오. (귀족들 모두 일어선다)

레녹스 안녕히 주무십시오. 전하께서 속히 쾌유하시기를!

맥베스 부인 여러분, 안녕히 가세요. (맥베스와 둘만 남고 모두 퇴장)

맥베스 아무래도 피를 보고야 말 것인가. 피는 피를 부른다고 하지. 실제로 묘석이 움직이고, 나무가 말을 한 적도 있었다오. 무시무시한 징조나 뜻있는 어떤 상태가 까치나 까마귀들을 이용하여 비밀의 살인자를 알아낸 적도 있었지 않았는가. 밤은 얼마나 깊었소?

맥베스 부인 밤인지 새벽인지 분간하기 어려운 시간입니다.

맥베스 나의 명령을 거역하고 참석하지 않은 맥더프를 어떻게 생각하오?

맥베스 부인 사람을 보내 보셨습니까?

맥베스 아니, 우연히 들었소. 그러나 사람을 보내겠소. 내가 매수한 하인이 없는 집은 하나도 없소…… 내일 아침 일찍 저 마녀들을 찾아가 봐야겠소. 이렇게 된 바에야 최악의 수단을 써서라도 최악의 결과를 미리 알아야만 하겠소. 나의 이익을 위해서는 무슨 짓이라도 할 거요. 어차피 나는 피비린내 나는 일에 발을 들여놓고 말았으니, 더 이상 건너가지 않으려 해도 돌아서 나오기가 건너가는 것보다 더 어렵게 되었소. 지금 이 머릿속에는 괴이한 생각들이 떠오르고 있소. 그것을 곧 실행에 옮기고 싶소. 천천히 앞뒤를 재고 있을 겨를이 없소.

맥베스 부인 쉬셔야 합니다. 잠은 삶에 필요한 자양분, 전하께서는 잠이 부족하십니다.

맥베스 그렇소. 가서 잡시다. 이렇듯 환영에 현혹되는 것은 초심자의 불안 탓이오. 더 수련을 쌓아야지, 우리는 아직 미숙해. (모두 퇴장)

〔제3막 제5장〕

벌판.
천둥. 마녀 셋이 등장하여 헤카테와 만난다.

마녀 1 아니, 웬일이시오, 헤카테 님. 화나셨소?

헤카테 화가 안 나게 됐어? 건방지고 뻔뻔스러운 노파들 같으니. 어째서 제멋대로 생사에 관한 수수께끼를 던져 맥베스와 거래를 하는 거냐? 그리고 너희들 마술의 여주인이며 온갖 재앙을 비밀리에 고안해 내는 나를 무시한 채, 우리의 현란한 마술을 과시하지 못하게 하는 거냐? 그뿐이냐, 더욱 괘씸하게도 너희가 한 짓은 저 심술궂고 성 잘 내는 고집쟁이만을 위한 것이었다. 그자 또한 다른 놈들과 마찬가지로 자기 일만 생각하고 너희는 돌아보지도 않는데. 자, 이젠 그 속죄를 해라. 지금 즉시 이곳을 출발하여 지옥의 아케론강 동굴로 가서 새벽녘에 만나자. 맥베스는 그곳으로 자신의 운명을 알아보러 올 것이다. 너희의 마술과 도구를 준비해 두어라. 주문과 그 밖의 모든 것도 함께. 나는 공중으로 날아가마. 오늘 밤에는 무시무시하고 치명적인 일을 저질러야겠다. 큰일은 정오 안에 끝마쳐야 한다. 저 달 한구석에는 증기 같은 물 한 방울이 괴어 있는데, 땅에 떨어지기 전에 그것을 받아서 마법으로 증류시키면 이상스런 정령들이 나타나고, 그 환영의 힘에 끌려 그놈은 파멸되고 말 것이다. 그는 운명을 박차고 죽음을 비웃으며 야망을 안고, 지혜도 은총도 공포도 무시한 채 헛된 희망을 가지게 될 게다. 알다시피 방심은 인간의 가장 큰 적이다. (음악. '오너라, 오너라'의 노래. 구름이 내려온다)

헤카테 쉬, 나를 부르고 있다. 저것 봐, 나의 꼬마 정령들이 안개같이 뽀얀 구름 위에 앉아 나를 기다리고 있구나. (훌쩍 구름을 타고 날아간다)

마녀 1 자, 서두르자. 그녀는 곧 돌아올 것이오. (모두 퇴장)

〔제3막 제6장〕

포레스. 어느 성.
레녹스와 귀족 한 사람 등장.

레녹스 내가 지금 한 이야기는 당신 생각과 일치하지만 좀더 깊이 해석할 여지가 있소. 아무튼 모든 일이 참으로 기묘하게 되었구려. 인자하신 던컨 왕은 맥베스의 애도를 받았소. 그러나 그는 이미 돌아가신 분이오. 그리고 용맹한 뱅코우는 늦게 밤길을 걷다가, 글쎄…… 그분을 플리언스가 죽였다고도 할 수 있겠지요. 플리언스는 달아났으니까. 밤늦게 나다닐 것이 아니구려. 원, 맬컴과 도널베인 두 왕자가 인자하신 자기 아버지를 살해했다고 하니 괴이하게 생각지 않을 사람이 어디 있겠소? 천벌을 받을 일이지! 맥베스가 얼마나 애통해했겠소! 그래서 의분에 못 이겨 당장 그 두 역적을 베어버린 것이 아니겠소? 술의 노예가 되고 잠의 종이 된 그들을. 훌륭한 처사였지요. 암, 현명한 처사이고말고요. 그자들이 자기네 소행이 아니라고 변명하는 것을 들으면 분개하지 않을 사람이 없을 테니 말이오. 그러니 맥베스는 모든 일을 다 잘 해치운 셈이지요. 그리고 생각하니, 두 왕자가 체포되는 날에는—설마 그렇게 될 리는 없겠지만—아버지 살해죄의 대가를 톡톡히 맛보게 될 거요. 플리언스도 그렇고. 그러나 가만있자! 그저 솔직히 할 말을 하고, 폭군의 축하 잔치에 불참한 탓으로 맥더프는 지금 노여움을 사고 있다지 않소. 그런데 그분은 지금 어디에 은신 중인가요?

귀족 저 폭군에게 왕위 상속권을 빼앗긴 던컨 왕의 아들은 현재 잉글랜드 궁정에서 경건한 에드워드 왕의 후대를 받아, 불운한 처지임에도 그의 존엄성은 조금도 손상이 없다고 합니다. 맥더프는 이미 그곳으로 찾아가 그 성스러운 왕에게 호소했고, 그의 도움으로 왕자를 위해 노섬벌랜드 백작과 그의 용감한 아들 시워드를 궐기시킬 계획인즉—다행히 하느님이 허락하신다면—그 원군으로 우리는 다시 성찬과 편안한 휴식을 누리고, 축하 잔치와 향연에서 잔인한 비수를 없애서 충성을 다하고, 정당한 명예를 받을 수 있게 될 것이오. 지금 우리는 이 모든 것을 갈망하고 있소. 그런데 이 소식을 듣고 격분한 맥베스 왕은 전쟁 준비를 하고 있소.

레녹스 맥더프에게 사자를 보냈던가요?

귀족 보냈답니다. 그러나 "돌아가지 않겠다"는 단호한 거절에 불쾌해진 사자는 휙 돌아서면서 "그런 대답을 하다니 머지않아 후회하리다"라고 중얼거렸다고 합니다.

레녹스 그렇다면 그건 지혜를 다하여 멀리 몸을 피하도록 그분께 경고를 해준 셈이로군요. 어떤 하늘의 천사가 맥더프보다 먼저 잉글랜드 궁정으로 날아가서 그 임무를 전달해 주었으면 좋겠소. 저주받은 손아귀에서 신음하는 이 나라에 어서 빨리 축복이 내리도록 말이오.

귀족 나 또한 그 천사 편에 기도를 전하고 싶소. (퇴장)

〔제4막 제1장〕

동굴.
동굴 중앙에는 불길이 솟아오르는 구멍이 있고, 그 위에 끓는 가마솥이 걸려 있다.

천둥소리와 더불어 불길 속에서 세 마녀가 차례로 나타난다.

마녀 1 얼룩 고양이가 세 번 울었다.

마녀 2 내 고슴도치는 세 번하고 한 번 더 울었어.

마녀 3 기이한 새도 자꾸 운다. "어서어서" 하고.

마녀 1 가마솥 주변을 빙빙 돌며 독 있는 내장을 집어넣자. (모두 가마솥 주위를 왼쪽으로부터 돌기 시작한다) 차디찬 돌 밑에서 서른하루 동안 밤낮없이 잠을 자면서 독을 빚어대는 두꺼비, 이놈을 먼저 마법의 솥에 끓이자!

모두 불어나라, 늘어나라, 고통과 쓰라림아! 타올라라, 불길아! 끓어라, 가마솥아! (솥 속을 휘젓는다)

마녀 2 늪에서 잡은 뱀의 토막살아! 가마솥에서 끓어라, 구워져라. 도롱뇽의 눈알과 개구리 발가락, 박쥐의 털과 개 혓바닥, 독사의 혓바닥과 독충의 침, 도마뱀의 다리와 올빼미 날개, 무서운 재앙의 부적이 되도록 지옥의 찌개처럼 펄펄 끓어라.

모두 불어나라, 늘어나라, 고통과 쓰라림아! 타올라라, 불길아! 끓어라, 가마솥아! (솥 속을 휘젓는다)

마녀 3 용 비늘, 늑대 이빨, 마녀의 미라, 굶주린 상어 목구멍과 밥주머니, 한밤에 캐낸 독 당근 뿌리, 신을 모독하는 유대인 간, 염소 쓸개와 월식할 때 꺾은 소방목 나뭇가지, 터키 사람의 코, 타타르 사람의 입술, 갈보가 낳아서 목 졸라 죽여 도랑에 버린 갓난애 손가락, 모두 넣어서 진하게 이 찌개를 끓이자. 한 가지 더, 더욱 진하게 호랑이 내장까지 솥의 국 속에 넣자꾸나.

모두 불어나라, 늘어나라, 고통과 쓰라림아! 타올라라, 불길아! 끓어라, 가마솥아! (솥 속을 휘젓는다)

마녀 2 자, 식히자, 원숭이 피로. 이제는 주문의 효험이 이루어졌다.

헤카테, 다른 마녀 셋을 데리고 등장.

헤카테 아, 잘들 했다. 이익을 얻으면 고루고루 나누어 주마. 자, 가마솥을 돌며 노래 부르자. 꼬마 요정 큰 요정 다 함께 원을 만들고, 집어넣은 물건에 마술을 걸며. (음악과 노래. '검은 정령'으로 시작된다. 퇴장)

주세페 베르디 작곡 오페라 〈맥베스〉 샌프란시스코 오페라단. 2007.
마녀들이 합창단으로 변신한다.

마녀 2 엄지손가락이 쑤시는 걸 보니 어떤 악한 놈이 오는가 보다. 열려라,
자물쇠야. 문을 두드리는 자가 누구이건!

문이 열리고 맥베스의 모습이 나타난다.

맥베스 (걸어들어 오면서) 오, 너희들, 캄캄한 밤중에 몰래 다니며 흉악한 비밀
을 행하는 마녀들아! 대체 지금 무엇을 하고 있는가?

마녀들 입으로는 말할 수 없는 비밀!

맥베스 어떻게 예언할 수 있게 되었는지는 모르지만, 너희만이 아는 그 지식
을 가지고 내가 묻는 말에 대답하라. 그 대신 폭풍을 풀어 교회당을 넘어
뜨리든, 거품 이는 파도가 배를 부수어 삼켜버리든, 바람에 보리 이삭이 쓰
러지고 나무가 넘어지든, 성벽이 파수병의 머리 위로 넘어져 떨어지든, 궁성
과 탑이 기울어져 땅 위로 넘어지든, 만물을 낳는 소중한 자연의 종자가 엉
망이 되어 우주 자체가 사라져 없어지든 상관없으니, 내가 묻는 말에만 대
답하라.

마녀 1 말씀해 보세요.

마녀 2 물어보세요.

마녀 3 대답해 드리겠어요.

마녀 1 우리한테 들으시겠소, 우리 스승님한테 들으시겠소?

맥베스 스승님을 불러라, 만나고 싶으니!

마녀 1 제 새끼를 아홉 마리나 잡아먹은 암퇘지의 피를 넣자. 살인자가 교수대에서 흘린 기름을 불길 속에다 넣자.

마녀들 지옥에 있는 모든 마녀들아, 이리 나와 마술을 부려 할 일을 다해라.

천둥소리와 함께 환영 1, 맥베스와 같은 투구를 쓰고 솥 속에서 나타난다.

맥베스 네가 무슨 힘을 지녔는지는 모르나, 자, 나에게 말을 해라.

마녀 1 저쪽은 당신 마음을 잘 알고 있어요. 듣기만 하세요.

환영 1 맥베스! 맥베스! 맥베스! 경계하라, 맥더프를, 파이프의 영주를…… 그만 가야겠다. 할 말은 다했다. (솥 속으로 사라진다)

맥베스 네가 무엇인지는 모르나 그 충고는 고맙다. 너는 내 불안을 알아맞혔다. 그러나 한 가지만 더…….

마녀 1 명령을 해봐야 소용없어요. 또 하나가 나온다, 처음 것보다 더욱 신통한 것이.

천둥소리 울리며 환영 2, 피투성이가 된 아이의 모습을 하고 나타난다.

환영 2 맥베스! 맥베스! 맥베스!

맥베스 내 귀가 세 개일지라도, 다 기울여 네 말을 듣고 싶다.

환영 2 잔인하고 대담하고 단호하게 행하라. 인간의 힘일랑 모조리 지워라. 여자 몸에서 태어난 자로 맥베스와 맞설 자는 없느니라. (솥 속으로 사라진다)

맥베스 그러면 맥더프, 살아 있으라. 너 같은 걸 무서워할 필요는 없다. 그러나 거듭 분명히 해두기 위해서, 운명에게 증서를 한 장 받아둬야겠다. 맥더프, 역시 너를 살려둘 수는 없다. 이제 나는 비겁한 공포심에 호통을 쳐서 천둥이 으르렁거리는 속에서도 잠들 수 있게 되어야겠으니.

천둥소리와 함께 왕관을 쓴 환영 3, 손에 나뭇가지를 들고 어린아이 모습으로 등장.

맥베스 이것은 무엇이냐, 왕자인 양 그 조그마한 머리에 왕의 면류관을 쓰고 있지 않느냐?

마녀들 그러면 잠자코 듣기만 하시오, 한마디도 말을 걸지 말고.

환영3 사자 같은 기개를 지니고 용감하라. 그리고 개의치 말라, 누가 분개하건, 누가 초조해하건, 어디서 반역자가 나타나건 맥베스는 영원히 패하지 않느니라. 버넘의 숲이 던시네인의 높은 언덕까지 맥베스를 쳐들어오지 않는 한. (사라진다)

맥베스 그건 있을 수 없는 일. 대체 누가 숲을 불러모을 수 있으며, 땅속에 뿌리박은 나무에게 뽑히라고 명령할 수 있겠는가. 멋진 예언이로구나! 그렇다, 반역자의 시체는 다시는 살아나지 못할 것이다. 버넘 숲이 움직이기 전에는 옥좌에 올라앉은 이 맥베스는 천수를 다하고, 때가 오면 모든 사람과 마찬가지로 죽음에게 생명을 고이 바치게 되겠구나. 그러나 한 가지 더 알고 싶어 가슴이 두근거린다. 어디 말해 봐라, 너희 마술의 힘으로 말할 수 있는 것이라면. 과연 뱅코우의 자손이 앞으로 이 나라에 군림하게 되는가?

마녀들 이젠 더 묻지 마세요.

맥베스 나는 꼭 알아야겠다. 만약 거절한다면 너희에게 영겁의 저주가 내리리라. 어서 말을 해봐라. (피리 소리와 더불어 솥이 땅속으로 가라앉는다)

맥베스 저 솥은 왜 가라앉는가? 그리고 이 소리는 무엇인가?

마녀 1 나타나라!

마녀 2 나타나라!

마녀 3 나타나라!

마녀들 나타나서 눈에 보여주어 마음을 슬프게 해주어라. 그림자같이 나타났다가 그림자같이 사라져라.

여덟 왕의 그림자가 하나씩 동굴 안을 가로질러 간다. 마지막 왕은 손에 거울을 들고 있다. 그 뒤에 뱅코우의 혼령이 나타난다. 이 환영이 있는 동안, 맥베스는 대사를 말한다.

맥베스 마치 뱅코우의 혼령 같구나. 너는 꺼져라! 네 왕관을 보니 내 눈알이 타는 것 같다. 그리고 또 다른 왕관을 쓴 놈, 네 머리칼 역시 처음 놈과 같구나. 셋째 놈도 먼저 놈과 같다. 더러운 마녀들 같으니! 왜 이런 것을 내게 보이는가! 넷째 놈! 눈알아, 튀어나오라! 제기랄, 이 행렬은 최후의 심판 날까지 계속되는 것이냐? 또 한 놈! 일곱째! 이젠 보기 싫다. 또 여덟째가 나타난다. 손에 거울을 들고 점점 더 많이 비쳐 보이는구나. 그 가운데 어떤 놈은 구슬 두 개와 홀 세 개를 들고 있잖은가. 무서운 광경이다······ 이제 보니 사실이구나. 머리칼이 피에 엉긴 뱅코우가 날 보고 웃으면서, 저것들을 제 자손이라 가리키고 있다. 이것이 모두 틀림없는 사실이란 말이냐?

마녀 1 네네, 사실이에요. 그런데 맥베스 님은 왜 그렇게 멍하니 서 계시지요? 애들아, 우리의 즐거운 놀이를 보여 이분의 기분을 돋우어 드리자. 나는 마술로 공중에서 음악이 나오게 할 터이니 너희는 색다른 원무(圓舞)를 추어라. 그러면 이 위대하신 왕이 우리의 영접을 고맙다고 치사하실 것 아니냐. (음악. 마녀들 춤을 추며 사라진다)

맥베스 어디로 갔느냐? 사라져 버렸느냐? 이 불길한 순간은 달력에서 영원히 저주받는 시각이 되리라. 들어오너라, 밖에 누구 없느냐?

레녹스 등장.

레녹스 무슨 일이십니까?

맥베스 마녀들을 보지 못했소?

레녹스 네, 보지 못했습니다.

맥베스 그대 옆을 지나가지 않던가?

레녹스 네, 아무것도 지나가지 않았습니다.

맥베스 그것들이 타고 다니는 공기는 썩어버려라! 그것들의 말을 듣는 놈들은 지옥에 떨어지거라! 조금 아까 말굽 소리가 났는데, 온 사람이 누구요?

레녹스 네, 그것은 맥더프가 잉글랜드로 도망갔다는 소식을 가지고 온 자들입니다.

맥베스 잉글랜드로 도망갔다고?

레녹스 네, 전하.

맥베스 (혼잣말로) 시간아, 네가 선수를 쳤구나. 이제 무서운 일을 하려던 참이었는데 실행 없는 계획은 어찌나 빠른지 따를 수가 없구나. 이 순간부터는 마음이 낳는 것은 얼른 실행하도록 해야겠다. 음, 이제라도 생각에 행동의 관을 씌우기 위해 당장 계획하고 실천해야겠다. 맥더프의 성을 습격하여 파이프를 점령하고, 모조리 칼날 맛을 보여주리라. 그자의 처자식과 그자와 혈연 관계가 있는 불운한 놈들을 남김없이. 바보같이 호언장담만 하고있을 것이 아니다. 계획이 빗나가기 전에 실행에 옮겨야지. 이제 환영은 보기 싫다! (큰 소리로) 그 사람들은 어디 있느냐? 자, 가보자, 그리로. (모두 퇴장)

〔제4막 제2장〕

파이프. 맥더프의 성.
맥더프 부인과 그의 아들, 이어서 로스 등장.

맥더프 부인 고국을 떠나야 되다니, 그가 대체 무슨 짓을 했습니까?
로스 참으셔야 합니다, 부인.
맥더프 부인 못 참은 쪽은 오히려 그이지요. 도망치다니 미친 짓이에요. 아무런 행동도 하지 않았는데, 두려워하기 때문에 역적의 누명을 쓰게 되는 거예요.
로스 분별이 있어서 그런 것인지, 제 풀에 놀라서 그런 것인지 부인께선 아직 모르십니다.
맥더프 부인 분별이라고요! 처자식을 버리고, 성과 영지를 버리고 혼자 달아나는 것이? 그이는 처자식을 사랑하지 않습니다. 가족에 대한 애정이 없는사람이에요. 새 중에 가장 작은 굴뚝새조차도 둥우리 안의 제 새끼를 위해서는 올빼미와 싸우는데, 그이는 공포심만 있을 뿐 애정이라곤 전혀 없는 사람이에요. 분별은 무슨 분별이에요. 아무런 일도 없는데 달아날 필요가어디 있습니까?
로스 부인, 좀 진정하십시오. 그 어른은 고결하고 현명하고 분별이 있으며, 시국의 변화를 꿰뚫어 보시는 분입니다. 자세히 말씀드리진 못하겠습니다만, 아무튼 고약한 세상입니다. 지금 우리는 자기도 모르는 사이에 역적으로 몰리고, 두려움 때문에 풍설을 믿고 있으나, 도대체 무엇이 무서운지 자기 스스로도 모르는 형편입니다. 거칠고 사나운 바다 위를 정처 없이 떠돌고 있는 격입니다. 그럼, 이만 실례하겠습니다. 머지않아 다시 찾아뵙겠습니다. 재앙도 고비에 이르면 가장 심합니다. 그러나 고비만 넘으면 원상으로 복구될 것입니다. (사내아이에게) 귀여운 아가야, 잘 있거라.

맥더프 부인 엄연히 아비가 있으면서도 아비 없는 자식이 되었습니다.

로스 저야말로 바보인가 봅니다. 더 이상 지체하고 있다가는 추태를 부려 부인께 폐를 끼치고 말겠습니다. (허둥지둥 퇴장)

맥더프 부인 애야, 네 아버지는 돌아가셨다. 이제부터 어떻게 할 테냐? 어떻게 살아갈 테냐?

소년 새같이 살지요. 어머니.

맥더프 부인 뭐, 벌레나 파리를 잡아먹고?

소년 무엇이든지 잡히는 대로, 새같이 말예요.

맥더프 부인 가엾어라! 그물도, 끈끈이도, 함정도, 새덫도 무섭지 않나 보구나.

소년 무섭긴 뭐가 무서워요, 어머니. 불쌍한 새한테는 그럴 리 없어요. 어머니는 그렇게 말씀하시지만 아버지는 돌아가시지 않았어요.

맥더프 부인 아니다, 돌아가셨다. 아버지가 돌아가셨으니 너는 어떻게 하지?

소년 그럼, 어머니는 남편 없이 어떻게 살아가실 거예요?

맥더프 부인 남편쯤은 시장에서 얼마든지 살 수 있단다.

소년 그럼, 어머니는 그것을 샀다가 파시게요?

맥더프 부인 있는 지혜를 다 짜내는구나. 어쩌면 너 같은 애가 그런 말을 다 하느냐?

소년 아버지는 역적인가요, 어머니?

맥더프 부인 그렇단다.

소년 역적이 무엇인가요?

맥더프 부인 그건 맹세를 깨뜨리는 사람을 가리키는 말이란다.

소년 그런 짓을 하면 다 역적인가요?

맥더프 부인 그렇다, 역적은 모두 목을 매달아 죽인단다.

소년 그럼, 맹세를 깨뜨린 사람은 다 목매달아 죽이나요?

맥더프 부인 그래, 누구든 다.

소년 누가 목을 매달아 죽이나요?

맥더프 부인 그야 정직한 사람들이지.

소년 그럼, 거짓말쟁이나 맹세하는 이는 다 바보로군요. 거짓말쟁이나 맹세하는 이는 얼마든지 있으니까요. 정직한 사람들쯤 때려눕혀서 도리어 목을 매달아 죽여버리면 되잖아요.

맥더프 부인 원, 이 얘가, 아, 가엾은 원숭이 같으니! 하지만 아버지도 없이 불쌍한 너는 어떡할 테냐?

소년 아버지가 정말 돌아가셨다면 어머닌 우실 것 아니에요? 울지 않으시는 걸 보니 제게 곧 새아버지가 생길 것 같네요.

맥더프 부인 애도 참, 못하는 말이 없구나!

전령 등장

전령 안녕하십니까, 마님! 처음 뵙지만 마님의 신분을 알고 있습니다. 마님의 신변에 위험이 닥쳐온 것 같습니다. 미천한 이 사람의 충고를 들어주신다면, 어서 자제분들을 데리고 이곳을 피하십시오. 이렇게 놀라시게 해서 몹시 무례한 것 같습니다만, 이보다 더 참혹한 일이 신변에 다가왔습니다. 하느님의 가호가 있으시기를! 이젠 더 지체할 수 없습니다! (퇴장)

맥더프 부인 어디로 피하지? 나는 아무 잘못도 저지르지 않았는데. 하지만 이제 돌이켜 생각하니 여기는 인간 세계로구나. 인간 세계에선 나쁜 일이 흔히 칭찬을 받고, 어쩌다 있는 착한 일이 위험한 바보짓으로 여겨지게 마련이다. 이를 어쩌나? 아무 힘도 없다고 아무리 변명을 해보았자, 무슨 소용이 있겠는가!

자객들 등장.

맥더프 부인 저 사람들이 누굴까?

자객 1 남편은 어디 있느냐?

맥더프 부인   너희 같은 인간들이 찾아낼 수 있는 더러운 곳에는 안 계실 게다.

자객 1   그는 역적이다.

소년   거짓말쟁이, 삽살개 같은 악당 놈!

자객 1   요녀석 좀 보게. (소년을 칼로 찌른다) 송사리 역적 같으니!

소년   사람을 죽여요, 어머니. 제발 달아나세요. (죽는다)

맥더프 부인   살인이다! (달아나며 퇴장. 자객들이 쫓아 들어간다)

〔제4막 제3장〕

잉글랜드. 에드워드 왕의 궁성 앞.
맬컴과 맥더프 등장.

맬컴   어서 쓸쓸하고 그늘진 곳을 찾아가서 슬픈 가슴이 시원토록 울어나 봅시다.

맥더프   아니, 그보다도 징벌의 칼을 들고 용사답게 쓰러져 가는 조국을 구하십시다. 아침이 올 때마다 새로운 과부가 통곡을 하고, 새로운 고아가 아우성을 치며, 새로운 비탄이 하늘에 울려 퍼지고 있습니다. 하늘도 스코틀랜드의 비운에 공명하는지, 같이 비통한 소리로 울려대고 있습니다.

맬컴   믿을 수 있는 일이라면 나는 슬퍼하겠소. 아는 일이면 믿기도 하겠소. 그리고 구원할 수 있는 일 같으면, 좋은 시기를 만나면 구원도 하겠소. 그대가 말한 것이 사실일지도 모르오. 그 이름을 입에 올리기만 해도 혀가 부르트는 저 폭군도 한때는 정직하고 충성된 인간이라고 생각되었던 사람이오. 그대도 전에는 그자를 퍽 존경했고, 그자 또한 그대에게는 손을 대지 않았었소. 나는 나이가 어리오. 그러나 나를 이용하면 그자의 환심을 살 수 있을 것이오. 노한 신을 달래자면, 약하고 불쌍하고 죄 없는 양을 제물로 바치는 것이 현명한 수단일 거요.

맥더프   저는 반역자가 아닙니다.

맬컴   하지만 맥베스가 반역했소. 선량하고 유덕한 성품도 제왕이라는 위세 앞에서는 무너지게 마련이오. 그러나 용서하시오. 그대의 인품이 내 생각에 따라 바뀌는 것은 아닐 거요. 가장 빛나는 천사가 타락했을지라도 천사는 역시 천사요. 비록 온갖 추한 것이 덕의 가면을 쓸지라도, 참된 덕은 역시 덕으로 보일 수밖에 없는 것이오.

맥더프 저는 희망을 잃고 말았습니다.

맬컴 그 점에서도 나는 의혹을 느끼고 있소. 어째서 그대는 그런 위험 속에 소중한 인정의 근원이며 애정의 강한 매듭인 처자식을 떼어놓고 왔단 말이오? 게다가 작별 인사도 없이. 내 의심을 모욕으로는 생각하지 마시오. 이건 나의 자기 방어일 뿐이니까. 어쩌면 그대가 한 일이 옳았는지도 모르오. 내가 어떻게 생각하든.

맥더프 피를 흘려라, 피를. 불행한 조국아! 무서운 폭정아! 터전을 튼튼히 다져라. 선(善)도 이제는 너를 저지하지 못하리니, 네 멋대로 포악을 행하거라. 이제 너의 권리는 확인되었다. 이만 물러가겠습니다. 저는 왕자님이 의심하는 그런 나쁜 사람이 되고 싶지는 않습니다. 저 폭군이 쥐고 있는 전 국토에다 풍요한 동방의 나라들을 덧붙여 준다 할지라도 말입니다.

맬컴 화내지 마시오. 그대를 의심해서 이런 말을 한 것은 아니오. 나 또한 잘 알고 있소. 조국이 압제 밑에 가라앉아 울며 피를 흘리고, 이전의 만신창이에 날마다 새로운 상처를 더해 가고 있는 것을. 나는 또 나를 위해 일어날 사람들도 있으리라는 것을 알고 있소. 사실은 인자하신 잉글랜드 왕으로부터 정예 수천의 원조 제의도 받고 있소. 그러나 그건 그렇다 치고, 내가 저 폭군의 머리를 베어 짓밟고, 그것을 칼끝에 찔러 높이 쳐들게 되더라도, 불행한 조국은 전보다 더한 갖가지 고난을 겪게 될 것이오. 새 계승자 때문에 말이오.

맥더프 새 계승자라니오?

맬컴 나 말이오. 나 스스로도 알고 있지만, 이 몸에는 온갖 악덕이 들러붙어 있어서, 그것들이 움트는 날이면 시커먼 맥베스도 하얀 눈처럼 순수하게 보일 것이오. 그리고 불행한 국민들은 한없는 나의 악덕과 비교하여 그를 양같이 생각하게 될 것이오.

맥더프 무서운 지옥의 악마들 중에도, 악(惡)이라는 관점에서 볼 때 맥베스를 감히 넘어설 자가 없을 것입니다.

맬컴 사실 그는 잔인하고 음탕하며 탐욕스럽고, 거짓되고 속임수를 잘 쓰며,

온갖 나쁘다고 하는 죄악이란 죄악은 모두 가지고 있는 놈이오. 그러나 나의 음욕 또한 그 끝을 알 수 없소. 남의 아내이건, 처녀건, 나이 많은 여자이건 그 모든 것을 가지고도 내 정욕의 물통을 채우지는 못하오. 나의 욕정은 나의 만족을 방해하는 모든 장애물을 넘치는 물로 모조리 떠내려 보내고 말 것이오. 이러한 통치자보다는 그래도 맥베스가 낫소.

맥더프 한없는 방탕은 인성에 대한 하나의 포악입니다. 이 때문에 행복한 왕위가 뜻밖에도 빈자리가 되고, 숱한 국왕이 몰락했습니다. 그러나 당연한 권리를 행사하는 데 두려워하실 것은 없습니다. 쾌락은 은밀히 얼마든지 만족시키면서 시치미를 떼고 세상을 속일 수도 있지 않습니까? 자진해서 따를 여자도 얼마든지 있습니다. 왕의 의향을 눈치채면 스스로 몸을 바치는 여자는 헤아릴 수 없이 많을 테니, 아무리 탐욕해도 도저히 다 상대할 수는 없으실 겁니다.

맬컴 게다가 타고난 나쁜 근성 속에는 한없는 탐욕이 자라나, 내가 왕이 되는 날에는 귀족들의 목을 베어 영지를 몰수하고, 이 사람의 보석, 저 사람의 저택을 탐내고, 뺏으면 뺏을수록 탐욕은 입맛을 돋우어 결국 부당한 시비를 걸어서 재산을 노려 충성스러운 사람들을 멸망케 하고 말 거요.

맥더프 탐욕이란 여름철 욕정보다 더 뿌리가 깊고 해로운 것입니다. 사실 오늘날까지 숱한 국왕들이 탐욕이라는 칼 아래 쓰러지지 않았습니까? 그러나 염려하지 마십시오. 스코틀랜드에는 왕자님의 영지만으로도 왕자님의 욕망을 충족시킬 만한 자원이 있으니까요. 그런 건 다른 미덕으로 보상만 되면 모두 문제될 것이 없습니다.

맬컴 그러나 나에게는 그러한 미덕이 전혀 없소. 왕자다운 미덕, 예컨대 정의, 진실, 절제, 지조, 관용, 불굴, 자비, 겸손, 경건, 인내, 용기, 꿋꿋함 등등, 이러한 미덕은 전혀 못 갖춘 채 도리어 죄악이란 죄악은 모두 지니고 있으며, 사실 여러 면으로 저지르고 있소. 아니, 내가 만일 권력을 잡으면 화목의 달콤한 젖은 지옥에 쏟아버리고, 세계의 평화를 어지럽혀 세상의 온갖 질서를 혼란에 빠뜨려 놓고 말 것이오.

맥더프 아, 스코틀랜드! 스코틀랜드!

맬컴 그러한 인간이 사람을 다스릴 자격이 있는지 어디 말해 보시오. 이 사람은 그러한 위인이오.

맥더프 다스릴 자격이라고요? 천만에! 살아 있을 자격조차 없습니다. 아, 가련한 겨레여! 피 묻은 홀을 쥔 찬탈자의 지배에서 언제 벗어나 다시 편한 날을 볼 것인가? 왕실의 정통은 계승권을 스스로 저주하며 자기의 혈통을 비방하고 있잖은가. 부왕께서는 성자 같은 임금이셨습니다. 그리고 살아 계신 어머니인 왕후께서는 서 있는 시간보다 더 많이 신 앞에 꿇어앉아 내세를 위한 고행의 생활을 하셨습니다. 그럼, 안녕히 계십시오! 왕자님이 친히 고백하신 그 악덕들 때문에 저는 스코틀랜드에서 영영 추방되고 말았습니다. 아아, 나의 가슴아, 이제는 희망도 끊어져 버렸구나!

맬컴 맥더프 경, 진실한 마음에서 나온 그 고결한 비탄이 내 마음속에서 시커먼 의혹을 씻어주었고, 내 영혼은 경의 성의와 고결한 마음을 믿게 되었소. 저 악마 같은 맥베스는 이제까지 갖가지 술책으로 나를 손아귀에 넣으려고 꾀해 왔소. 그래서 나도 경솔히 사람을 믿지 않으려고 경계해 온 것이오. 그러나 하느님, 이젠 우리 두 사람의 증인이 되어주옵소서! 이제부터 나는 경의 지도에 따르고, 앞서 말한 나의 비방들을 모두 취소하겠소. 그리고 내가 나 자신에게 가한 결점과 비난이 나의 본성과는 전혀 무관함을 이 자리에서 맹세하겠소. 나는 아직 여자를 모르는 사람이오. 위증은 해본 적도 없소. 내 물건조차 탐내보지 않았소. 신의를 깨뜨려 본 적도 없소. 상대가 악마일지라도 배신하진 않았소. 진실을 생명처럼 사랑하는 사람이오. 거짓말은 아까 경에게 한 것이 태어나서 처음 한 것이오. 이 진실된 나를 이제 경과 불행한 조국의 명령에 맡기겠소. 실은 경이 이곳에 도착하기 전에 나이가 지긋한 시워드 경이 장비를 갖춘 1만의 정예 부대를 거느리고 이미 출동했소. 자, 우리도 같이 떠납시다. 성공의 기회는 우리의 대의명분과 일치할 것이오. 왜 아무 말이 없소?

맥더프 희망과 절망이 이렇게 함께 찾아오니, 어떻게 조화시켜야 할지 모르겠습니다.

전의(典醫)가 궁성에서 나간다.

맬컴 그럼, 나중에 또. (전의에게) 왕께서 행차하시오?

전의 네, 불쌍한 사람들이 전하의 치료를 기다리고 있답니다. 그들의 병은 고명한 의술로도 효험이 없으나, 전하께서 한번 손을 대시기만 하면—신의 영험을 받으신 손인지라—환자는 곧 나아버립니다.

맬컴 고맙소, 전의. (전의 퇴장)

맥더프 무슨 병 말씀입니까?

맬컴 이른바 연주창*¹이라는 것이오. 저 인자하신 왕이 행하는 비상한 기적을 나도 잉글랜드에 온 뒤 이따금 보았소. 어떻게 그런 영험을 얻으셨는지는 왕 자신만이 알고 계시오. 아무튼 괴상한 병에 걸려 차마 볼 수 없을 만큼 부어서 곪은, 의사도 속수무책인 환자들을 왕은 치료하십니다. 환자의 목에 금화 한 닢을 걸고 성스러운 기도를 올려주심으로써 말이오. 그리고 듣자니 이 복된 요법은 국왕 대대로 전해 내려온다 하오. 이 신기한 영험뿐 아니라 전하께서는 하늘이 내린 예언력을 지니고 계시며, 또 온갖 축복이 옥좌를 둘러싸고 있으니, 이는 전하께서 신의 축복을 받고 계신 증거입니다.

로스 등장.

맥더프 저기 누가 옵니다.

맬컴 우리 동포인 듯한데 누군지 모르겠구려.

맥더프 아, 로스 아니오…… 잘 왔소.

맬컴 오, 이제야 그를 알아보겠소. 하느님, 우리 동포의 사이를 멀게 만드는 원인을 빨리 없애주소서!

로스 아멘!

맥더프 스코틀랜드의 형편은 여전한가요?

로스 아, 비참한 조국! 모습을 알리기조차 두려운 상태로, 무덤과 같습니다. 바보 아니고는 누구 하나 웃는 낯을 보이는 사람이 없습니다. 하늘을 찢는 탄식, 신음, 규탄이 귀를 울려도 아무도 관심을 갖지 않습니다. 격심한 비탄도 예사롭게 생각됩니다. 장례식의 종소리가 울려도 누가 죽었는지 물어보는 사람조차 없습니다. 선량한 사람들의 목숨은 모자에 꽂은 꽃보다도 쉽

---

*1 scrofula. 연주창은 림프샘의 결핵성 부종인 갑상선종이 헐어서 터지는 병으로, 왕의 손이 닿으면 낫는다고 여겨졌다. 'king's evil'이라고도 한다.

사리 시들고, 병도 걸리지 않았는데 죽어갑니다.

맥더프 아, 너무도 상세한, 그러나 너무도 진실된 이야기!

맬컴 최근의 슬픈 소식은 무엇이오?

로스 한 시간 전에 일어난 일을 이야기하는 사람은 조롱을 당합니다. 일 분마다 새로운 참사가 일어나고 있습니다.

맥더프 내 아내는?

로스 그저, 무사합니다.

맥더프 애들은?

로스 역시 잘들 있지요.

맥더프 폭군도 내 처자식의 평화만은 깨뜨리지 않았구나!

로스 네, 무사했습니다. 나와 헤어질 때에는.

맥더프 왜 그렇게 말이 인색하오? 대체 어떻게 되어가고 있소?

로스 슬픈 소식을 가지고 이곳에 올 때 들은 소문인데, 수많은 의로운 이들이 궐기했답니다. 폭군의 병력이 속속 출동하는 것을 보아도, 이 소문은 사실인 것 같습니다. 마침내 도와야 할 시기는 왔습니다. 왕자님께서 스코틀랜드에 나타나시기만 하면 군대가 곧 편성되고 비참한 고통을 없애기 위하여 여자들까지도 일어나 싸울 것입니다.

맬컴 동포들은 안심해도 좋소. 이제 우리는 조국을 향해 출발할 참이오. 인자하신 잉글랜드 왕은 명장 시워드와 1만의 병력을 빌려주셨소. 어느 기독교 국가를 둘러봐도 그만한 명장은 찾아보기 어렵소.

로스 아, 뜻밖의 이 기쁜 소식에 같은 기쁜 소식으로 대답할 수 있다면 얼마나 좋겠습니까? 그러나 제가 가지고 온 소식은 아무도 듣는 이 없는 황야에서나 외쳐야 할 것입니다.

맥더프 대체 무슨 소식이오? 일반적인 것이오, 아니면 누구 한 사람에 관한 슬픔이오?

로스 참된 사람이라면 누구나 그 슬픔을 같이하지 않을 수 없을 것입니다. 그러나 주로 당신의 개인적인 일입니다.

맥더프 내 일이라면 숨기지 말고 얼른 말해 주시오.

로스 당신의 귀가 나의 혀를 언제까지나 원망하지 말기를 바랄 뿐입니다. 생전 처음 들으실 슬픈 소리를 알려드리겠습니다.

맥더프 음, 짐작하겠소.

로스 당신의 성은 습격을 당하고, 부인과 어린아이들은 참살되었습니다. 그 광경을 설명했다가는 저 참살당한 사람들의 시체 위에 당신의 시체까지 쌓는 격이 되겠습니다.

맬컴 아, 하느님! 이것 보오! 그렇게 모자로 얼굴을 가리지 말고 눈물로 슬픔을 토해 내시구려. 토할 길 없는 슬픔은 벅찬 가슴에 속삭이고, 마침내 가슴을 터지게 하고 만다오.

맥더프 어린것들까지?

로스 네, 부인, 아이들, 하인들 할 것 없이 눈에 띄는 대로 모조리.

맥더프 그런데 나는 그곳을 떠나 있어야 하다니! 아내도 참살당했다고요?

로스 네, 그렇습니다.

맬컴 진정하시오. 자, 우리 원수를 갚을 약을 만들어서 죽음과도 같은 이 슬픔을 치료하도록 합시다.

맥더프 으음, 그에게는 자식이 없다. 나의 귀여운 아이들을 모조리 죽였다고? 오, 지옥의 독수리 같으니! 모조리? 아, 귀여운 병아리와 어미 닭을 단번에 모두 채갔단 말인가?

맬컴 대장부답게 참으시오.

맥더프 참겠습니다. 하지만 대장부 또한 슬퍼하지 않을 수 없습니다. 돌이켜 생각하지 않을 수 없습니다. 저에게 보배 같은 처자식이 있었던 것을 말입니다. 하늘은 가만히 보고만 계셨단 말인가? 죄 많은 맥더프, 너 때문에 모두들 참살되지 않았는가? 나는 나쁜 놈이다. 아무 죄도 없이, 오직 내 죄 때문에 그들이 살육당하다니, 그들의 영혼 위에 안식을 내리소서!

맬컴 이 일을 칼을 가는 숫돌로 삼고, 슬픔을 분노로 돌리시오. 마음을 무디지 않게 분발시키시오.

맥더프 아, 눈으로는 여자같이 울고, 혀로는 허풍쟁이같이 떠들 수 있다면 얼마나 좋을까! 그러나 하느님, 온갖 장애물을 없애주시어 속히 저를 저 스코틀랜드의 악마와 맞서게 하옵소서. 그놈을 이 칼이 닿는 곳에 갖다놓아 주옵소서. 만약 그가 이 칼을 피할 수 있다면, 그때는 그놈을 용서해 주셔도 좋습니다.

맬컴 참으로 대장부다운 말이오. 자, 국왕 전하께 갑시다. 군대는 출동 대기

중이고, 남은 것은 작별 인사뿐이오. 맥베스는 이제 다 익어 있으니 흔들면 떨어질 것이오. 천사군(天使軍)은 우리를 격려하고 있소. 마음껏 기운을 돋웁시다. 아무리 긴 밤이라도 날은 밝습니다. (모두 퇴장)

〔제5막 제1장〕

던시네인. 궁성의 대기실.
시의와 시녀 등장.

시의 이틀 밤이나 함께 지켜보았으나, 그대가 말한 것과 같은 사실을 볼 수 없구려. 대체 왕비님께서 요즈음 그렇게 걸어 다니신 것이 언제부터였소?

시녀 전하께서 출전하신 뒤부터였습니다. 왕비님께서는 침상에서 일어나시어 자리옷을 걸치시고는 무엇인가 글을 쓰셔서 읽어보신 다음, 그것을 봉한 채 침상으로 돌아가셨습니다. 그런데 그렇게 하시는 동안 내내 깊은 잠에 빠져 계시더라니까요.

시의 심한 정신착란인가 보군. 수면의 은혜를 받는 동시에 깨어 계실 때와 같이 행동을 하시다니! 그런데 몽유 상태로 걸어 다니면서 여러 가지 일들을 하실 때에 무슨 말씀을 하시는 것을 들은 적은 없소?

시녀 네, 하지만 말씀드리기 거북한 내용이에요.

시의 내게야 상관없잖소. 이야기를 하시오.

시녀 안 돼요. 시의님에게든 누구에게든 말씀드릴 수 없습니다. 직접 보지 않고는 제 이야기를 믿을 사람은 아무도 없어요.

맥베스 부인, 촛불을 들고 등장.

시녀 저것 보세요, 나타나셨습니다! 바로 저런 모양이에요. 정말이지, 깊은 잠에 빠져 계시다니까요. 여기 숨어서 주의해서 보세요.

시의 어떻게 저 촛불을 손에?

시녀 머리맡에 있는 촛불이에요. 머리맡에 켜두라고 분부를 하시거든요.

시의   저것 봐요, 눈을 뜨고 계시네요.

시녀   네, 하지만 의식은 닫혀 있어요.

시의   대체 무얼 하시는 겁니까? 저렇게 손을 문지르고 계시니.

시녀   저렇게 늘 손 씻는 시늉을 하신답니다. 15분쯤이나 계속할 때도 있어요.

맥베스 부인   아직도 여기에 흔적이.

시의   가만, 말씀을 하시는군! 하시는 말을 적어두어야겠소. 기억을 충분히 뒷받침하려면요.

맥베스 부인   지워져라, 이 망할 흔적 같으니! 지워지라니까! 하나, 둘, 두 시다. 이제 단행할 시간이다. 지옥은 컴컴하기도 하구나! 아니, 전하, 군인이 그렇게 겁을 내세요? 누가 알까봐 겁낼 게 무엇이에요? 우리의 권력을 재판할 자가 어디 있어요? 하지만 그 늙은이가 그토록 피가 많을 줄이야 누가 생각인들 했겠어요?

시의   (시녀에게) 듣고 있소?

맥베스 부인   파이프의 영주에게는 아내가 있었지. 그 부인은 지금 어디 있을까? 이제 이 손은 도저히 말끔하게 씻어지지 않는단 말인가? 그만두세요. 이제 제발 그만두세요. 그렇게 겁을 내시면 일을 죄다 망치고 만다니까요.

시의   저런, 저런, 알아서는 안 될 일을 알고 말았군요.

시녀   왕비님께서 해서는 안 될 말씀을 하셨습니다. 그것은 아는 사람이나 알 내용이에요.

맥베스 부인   아직도 피비린내가 나는구나. 아라비아의 온갖 향수를 가지고도 이 작은 손 하나를 말끔히 씻어내지는 못할 것이다. 아, 아, 아!

시의   무슨 탄식을 저렇게 하실까! 마음이 무거우신 모양이로군요.

시녀   온몸에 여왕의 권위를 다 가진다 해도, 가슴에 저런 탄식을 갖는 건 싫어요.

시의   암, 암, 그렇고말고…….

시녀   부디 낫게 해드리세요, 시의님.

시의   이 병은 내 힘으로는 고칠 도리가 없소. 하긴 몽유병자 중에도 편안히 운명한 분들이 없지도 않소만.

맥베스 부인   손을 씻고 자리옷을 입으세요. 그렇게 질린 얼굴을 하지 마시고, 뱅코우는 이미 파묻힌 사람이에요. 무덤에서 살아나올 수는 없습니다.

몽유병 증세를 보이는 맥베스 부인 샤를 루이 뮐러. 19세기

시의 음, 그렇구나.

맥베스 부인 자, 침실로, 누가 문을 두드리고 있군요. 자, 자, 손을 이리 주세
요. 끝난 일은 어찌할 수 없잖아요. 자, 침실로 가서 쉽시다.

시의 이젠 침실로 가시는가요?

시녀 네, 곧장.

시의 흉측한 소문이 퍼지고 있소. 순리를 어기면 부자연스러운 혼란이 생기
게 마련이오. 병든 마음은 귀 없는 베개에 깊은 마음속의 비밀을 누설하는
법, 왕비님께서는 의사보다도 목사가 더 필요하오. 하느님, 가엾은 우리 인생
을 용서하옵소서! 잘 돌보아 드리시오. 위험한 도구일랑 곁에서 치우고 늘
지켜보시오. 그럼, 안녕. 내 의식은 희미해지고 눈은 혼란에 빠졌소. 생각은

있어도 말을 할 수가 없구려.

시녀　시의님, 안녕히 주무세요. (모두 퇴장)

〔제5막 제2장〕

던시네인 근처의 시골.
북과 군기. 멘티스, 케이스네스, 앵거스, 레녹스, 병사들 등장.

멘티스　잉글랜드군이 다가오고 있소. 맬컴과 그의 숙부 시워드, 그리고 용감한 맥더프의 지휘 아래 말이오. 그분들은 복수심에 불타고 있소. 사실 그분들의 절실한 원한을 안다면 지하에 계신 선왕의 차디찬 시체라도 일어나 처참한 공격에 가담할 것이오.

앵거스　아마도 버넘 숲 근처에서 우리와 만나 합세하게 될 것 같소. 저 길로 진격해 오고 있는 것을 보니.

케이스네스　도널베인 왕자도 그 형님과 같이 있는지, 누구 아시오?

레녹스　분명히 같이 계시지는 않소. 나는 명문 출신 자제의 명부를 모두 가지고 있소. 그중에는 시워드의 아드님을 비롯하여 아직 수염도 나지 않은 수많은 젊은이들이 끼어 있지만 그 왕자님은 없소.

멘티스　폭군 맥베스의 정세는 어떻소?

케이스네스　던시네인성의 방비를 강화하고 있다 하오. 그가 미쳤다고 보는 사람도 있지만, 그를 덜 증오하는 사람들은 그것을 격분한 용기라고도 하오. 그러나 아무튼 그 미쳐 날뛰는 마음을 자제력의 허리띠 안에 죄어둘 수 없는 것만은 분명하오.

앵거스　이젠 그도 느낄 것이오. 자기의 비밀스러운 살육이 손에 달라붙어 떨어지지 않고, 시시각각으로 반란이 일어나 그의 불의를 비난하고 있다는 것을. 그의 지휘 아래에 있는 사람들은 하는 수 없이 명령에 따라 움직이고 있을 뿐, 절대로 충성된 마음에서 움직이는 것이 아니오. 지금은 그도 거인의 옷을 난쟁이가 훔쳐 입은 격으로, 왕의 칭호가 자기 몸에 맞지 않음을 절실히 느끼고 있을 것이오.

멘티스　하긴 그의 고뇌에 찬 마음이 동요되고 놀라는 것도 무리는 아니오.

그의 마음 자체가 자기 존재를 저주하는 판이니.

케이스네스 자, 그럼 진군하여 진심으로 복종해야 할 분에게 충성을 바칩시다. 병든 이 나라를 치료할 분을 어서 만나, 그분과 더불어 나라를 정화하기 위하여 마지막 한 방울까지 우리의 피를 바칩시다.

레녹스 물론이오. 우리의 피를 바쳐 군주의 꽃을 이슬로 적시고, 잡초란 잡초는 모두 송두리째 뽑아버립시다. 자, 그럼, 버넘으로 진군합시다. (모두 퇴장)

〔제5막 제3장〕

던시네인. 성안의 어느 방.
맥베스, 시의, 시종들 등장.

맥베스 보고는 이제 그만 가져오너라. 달아날 놈은 다 달아나거라. 버넘 숲이 던시네인으로 움직여 오지 않는 한, 겁날 것은 하나도 없다. 애송이 맬컴이 다 뭐냐? 여자가 낳은 놈이 아닌가? 인간의 운명을 환히 알고 있는 정령들이 내게 확언한 바 있다. "두려워 말라, 맥베스. 여자에게서 태어난 자로, 그대에게 맞설 자는 없느니라"라고. 그러니 믿지 못할 영주 놈들아, 멋대로 달아나고 멋대로 도망쳐서 잉글랜드 놈팡이들과 한패가 되려무나. 내가 좌우하는 의지가, 내가 지닌 용기가 의심과 불안 따위로 꺾일까 보냐. 흔들릴까 보냐!

하인 등장.

맥베스 악마한테 끌려가 시커멓게 화장되어라! 그 새파래진 낯짝이 도대체 뭐냐, 바보 놈 같으니! 어디서 그런 거위 같은 상판을 주워 왔느냐?

하인 약 1만의······.

맥베스 거위가 왔단 말이냐, 응?

하인 적의 군사들 말씀입니다, 전하.

맥베스 그 낯가죽을 벗겨서라도 그 겁쟁이 얼굴을 빨갛게 해줄 테다. 겁쟁이

놈 같으니. 무슨 군사 말이냐, 못난 놈아? 죽어 없어져 버려라! 그 하얗게 질린 낯짝을 보면 멀쩡한 사람까지 겁쟁이가 되겠다. 무슨 군사 말이냐, 겁을 먹어 낯짝이 새파래진 녀석아!

하인 황송하오나, 잉글랜드의 군사입니다.

맥베스 그 낯짝 보기도 싫다. 썩 꺼지지 못하겠느냐. (하인 퇴장) 여봐라, 시튼! (생각에 잠겨서) 속이 메스껍다니까, 저런 낯짝을 보면. 시튼, 거기 없느냐? 이번 한바탕 싸움으로 나는 영원히 기쁨을 누리거나, 몰락을 당하거나 할 것이다. 이제는 살 만큼 살았다. 나의 생애도 노란 낙엽기에 접어들었다. 더욱이 노년의 벗이라 할 명예나 애정, 복종이나 친구 같은 것은 나와 전혀 인연이 없다. 아니 반대로, 소리는 낮으나 뿌리 깊은 저주와 아첨과 빈말 따위가 달라붙어, 물리치려고 해도 마음이 약해서 물리칠 수가 없다. 시튼!

시튼 등장.

시튼 무슨 분부이십니까?

맥베스 또 무슨 소식이 없느냐?

시튼 지금까지의 보고가 모두 사실임이 밝혀졌습니다.

맥베스 으음, 나는 싸울 테다. 이 뼈에서 살이 깎여질 때까지. 갑옷을 주게.

시튼 아직은 그렇게까지 하실 필요가 없다고 봅니다.

맥베스 아니다, 입어야 한다. 기마대를 더 내어 전국을 순찰시켜라. 공포감을 조장하는 놈들은 교수형에 처해 버려라. 당장 갑옷을 가져와라. (시튼, 갑옷을 가지러 나간다) 시의, 환자는 어떻소?

시의 네, 병환이라기보다는 격심하고 괴로운 망상에 사로잡혀 안식을 얻지 못하시는 듯이 보입니다.

맥베스 그러니 그것을 고쳐달라는 거요. 그래, 그대는 마음의 병은 치료하지 못한단 말이오? 뿌리 깊은 근심을 기억에서 뽑아내고, 뇌수에 찍힌 고뇌를 지워줄 수 없단 말이오? 상쾌하고 감미로운 망각의 잠자리에 뉘어서, 마음을 짓누르는 위험물을 답답한 가슴에서 없애줄 좋은 약이 없단 말이오?

시의 그것은 환자 스스로 치료해야 합니다.

시튼이 갑옷을 들고 무구(武具) 담당자와 함께 등장.
무구 담당자는 곧 맥베스에게 갑옷을 입히기 시작한다.

맥베스 나에게는 필요 없으니 의술 따위는 개에게나 던져줘라. 자, 갑옷을 입혀라. 지휘봉을 이리 다오. 시튼, 군대를 더 파견하라. 시의, 영주들이 달아나고 있소. 자, 어서 입혀라. 시의, 그대 힘으로 이 나라의 병세를 진찰하고 병증을 짚어내어 독을 완전히 씻어내고 다시 회복시킬 수 있다면 나는 당신을 찬양하겠소. 그 찬양하는 소리가 메아리쳐 울리고, 그 메아리가 다시 이쪽으로 울려올 정도로 말이오. 그것은 벗기라니까—대황(大黃)이나 차풀*2 또는 다른 어떤 약이라도 써서 잉글랜드 놈들을 이곳에서 모조리 쓸어낼 도리는 없겠소? 그놈들 소문을 들었소?

시의 네, 전하께서 전쟁 준비를 하시어 저희들도 그들의 소문을 들었습니다.

맥베스 그 갑옷을 나중에 가져오너라. 이제는 죽음도 파멸도 무섭지 않다. 버넘 숲이 던시네인으로 옮겨오지 않는 한.

시의 (혼잣말로) 이 던시네인에서 탈출할 수만 있다면 아무리 좋은 이득이 생긴다 해도 절대로 다시 돌아오지 않으리라. (모두 퇴장)

〔제5막 제4장〕

버넘 숲 근처의 시골.
북과 군기. 맬컴, 시워드, 시워드의 아들, 맥더프, 멘티스, 케이스네스, 레녹스, 로스, 병사들 진군하며 등장.

맬컴 여러분, 이젠 자기 집에서 편히 쉴 날도 머지않은 것 같소.

멘티스 그것은 의심할 여지가 없습니다.

시워드 저기 저 숲은?

멘티스 버넘 숲입니다.

맬컴 병사들에게 저마다 나뭇가지를 하나씩 꺾어서 앞에 들게 합시다. 그

---

*2 콩과 작은 떨기나무. 작은 잎 조각을 모아 말린 것은 '차풀잎'이라 하여 설사가 나게 하는 약으로 쓴다.

렇게 하면 이쪽 병력이 숨겨져서 적의 척후병은 잘못된 보고를 가져갈 것이오.

병사들 네, 잘 알겠습니다.

시워드 듣건대, 자신만만한 폭군은 던시네인성에서 기다리며 아군의 포위를 막아내려고 하는 모양이오.

맬컴 그것만이 그자의 유일한 희망일 겁니다. 기회만 있으면 지위가 높은 자건 낮은 자건 할 것 없이 반란을 일으키고 있으니까요. 이제는 어쩔 수 없이 붙어 있는 자들밖에 없는데, 그들의 마음 역시 이미 떠나 있지요.

맥더프 우리 쪽 판단이 정확한지는 결과로 판명될 것입니다. 아무튼 우리는 용사로서의 직분을 다합시다.

시워드 때는 다가왔소. 우리가 얻은 것과 잃은 것이 무엇인지를 정확히 심판하여 줄 때가. 흔히 불확실한 희망적인 추측을 하지만, 확실한 결과는 공격만이 판정해 줄 것이오. 자, 그 목적을 향해 진군합시다. (모두 퇴장)

〔제5막 제5장〕

던시네인 성안의 안뜰.
맥베스, 시튼, 북과 군기 등을 든 병사들 등장.

맥베스 군기를 바깥 성벽에 매달아라. 여전히 "적이 온다!" 함성을 지르고들 있다. 이 성은 난공불락, 포위가 다 뭐냐. 내버려 두어라. 굶주림과 질병에게 모조리 다 잡아먹혀 버릴 때까지. 반역자들만 놈들에게 가세하지 않았던들 이쪽에서 공격해 수염을 맞대고 싸워, 놈들을 제 나라로 모두 쫓아버릴 수 있었을 것을. (안에서 여자들의 비명) 저 소리는 무엇이냐?

시튼 부인들의 울음소리입니다. (퇴장)

맥베스 이제는 공포의 맛도 거의 다 잊어버렸구나. 밤에 비명을 들으면 가슴이 서늘해지던 시절도 있었다. 무서운 이야기를 들으면 머리칼이 살아 있는 양 뻣뻣이 곤두선 적도 있었다. 공포도 실컷 맛본 나다. 그러나 이젠 살인의 기억도 예사가 되어버리고, 아무리 무서운 일에도 나는 끄덕하지 않는다.

시튼 다시 등장.

맥베스 무엇 때문에 우느냐?

시튼 왕비님께서 운명하셨습니다.

맥베스 지금이 아니라도 언젠가는 죽어야 할 사람, 한번은 그런 소식이 있을 것이 아닌가. 내일, 내일, 또 내일은 날마다 살금살금 인류 역사의 최후 순간까지 기어들고, 우리의 어제라는 날들은 모두 어리석은 자들이 무덤으로 가는 길을 비쳐왔다. 꺼져라 꺼져, 짧은 촛불아! 인생이란 한낱 걷고 있는 그림자, 가련한 배우일 뿐이다. 제시간엔 무대 위에서 활개치고 안달하지만, 얼마 안 가서 영영 잊혀버리지 않는가. 그것은 바보가 떠들어대는 이야기 같다고나 할까. 아무런 의미도 없이 고래고래 고함을 지르지.

전령 등장.

맥베스 혓바닥을 놀리러 왔구나, 어서 말해 봐라.

전령 전하, 저의 두 눈으로 확실히 본 일을 아뢰겠습니다. 그러나 어떻게 아뢰야 좋을지는…….

맥베스 얼른 말해 봐라.

전령 제가 언덕 위에서 망을 보며 서 있다가 버넘 숲 쪽을 바라보니, 느닷없이 이 숲이 움직이는 듯한 느낌이 들었습니다.

맥베스 고얀 거짓말쟁이 같으니!

전령 사실이 아니라면 어떠한 노여움이라도 감수하겠습니다. 3마일 이내의 지점에서 확실히 이쪽으로 오고 있습니다. 숲이 움직이며 다가오고 있습니다.

맥베스 만약 거짓말이라면 근처 나무에 너를 산 채로 매달아 굶어 죽게 할 테다. 그러나 네 말이 사실이라면 네가 나를 그렇게 해도 좋다. 내 결심이 흔들리는구나! 악마들이 두 갈래 혓바닥으로 참말 같은 거짓말을 한 것이 아닐까? "염려하지 마라. 버넘 숲이 던시네인을 향해 쳐들어오지 않는 한"이라고. 그런데 지금 그 버넘 숲이 던시네인을 향해 쳐들어온다고 하지 않는가. 무기를, 무기를, 무기를 들고 나서라! 자, 출격이다! 저놈이 한 말이 사실이라면 이젠 피할 수도 머물러 있을 수도 없다. 이젠 해도 쳐다보기 싫다! 경종을 울려라! 바람아, 불어라! 파멸이여, 오라! 갑옷을 등에 걸머지고라도 죽겠다. (허둥지둥 모두 퇴장)

〔제5막 제6장〕

던시네인. 성 앞의 들판.
북과 군기. 맬컴, 시워드, 맥더프, 그들의 군대, 나뭇가지를 앞에 들고 등장.

맬컴 자, 다 왔소. 이제는 잎새의 위장물들을 다 내던지고, 본모습을 나타내시오. 장군님은 제 사촌인 아드님과 더불어 첫 번째 싸움을 지휘해 주십시오. 맥더프와 저는 작전 계획대로 나머지를 모두 맡겠습니다.
시워드 잘 가시오. 오늘 밤 폭군의 군대를 만나면 목숨을 걸고 싸웁시다.
맥더프 힘차게 나팔을 불어라. 유혈과 살육을 요란히 알리는 나팔을 불어라.
(모두 퇴장)

〔제5막 제7장〕

들판의 다른 곳.
북과 종, 나팔 소리. 맥베스 등장.

맥베스 나는 말뚝에 매여 있는 격이다. 달아나려야 달아날 수가 없으니. 이젠 곰같이 발광을 해주는 수밖에 도리가 없군. 대체 여자가 낳지 않는 놈이 누구란 말이냐? 그놈밖에 난 무서운 놈이 없다.

젊은 시워드 등장.

젊은 시워드 누구냐, 이름을 대라!
맥베스 이름을 들으면 너는 기겁할 게다.
젊은 시워드 천만에! 지옥의 악마보다 더 무서운 이름을 대도 두려울 것이

맥베스 부인의 죽음　단테 가브리엘 로세티. 1875.

없다.

맥베스　내 이름은 맥베스다.

젊은 시워드　악마가 제 이름을 대도 내 귀에는 이보다 더 밉살스럽게 들리진 않을 것이다.

맥베스　그렇지, 이보다 더 무서운 이름은 없을 것이다.

젊은 시워드　듣기 싫다, 흉악한 폭군아! 이 칼로 네 허풍을 증명해 보일 테다.

(맞싸운다가 살해당한다)

맥베스　너도 여자가 낳은 놈이로구나. 상대가 어떠한 칼을 휘둘러도, 어떤 무기를 들고 오더라도 여자가 낳은 놈이라면 모든 것이 우스울 뿐이다. (퇴장)

곧 안에서 몹시 격렬하게 싸우는 소리가 들려오며 반대 방향에서 맥더프 등장.

맥더프　저쪽에서 떠들썩한 소동이 들리는군. 폭군아, 얼굴을 드러내라! 네가 죽더라도 내 칼에 죽지 않으면, 나는 처자의 망령한테 영원히 괴로움을 받을 것이다. 고용되어 창을 든 비참한 병사를 베어서 무엇하랴. 맥베스, 네놈과 싸우지 않으면 칼날도 멀쩡하니 도로 칼집에 넣는 수밖에 없다. 저기 있나 보다. 저 요란한 소리는 어떤 큰 놈이 있다는 증거이니, 운명이여, 제발 그놈을 만나게 해다오! 그 이상은 어떤 것도 바라지 않는다. (맥베스를 쫓아 퇴장. 안에서 요란한 북과 종, 나팔 소리)

맬컴과 시워드 등장.

시워드 이쪽이오. 성은 간단히 함락되었소. 폭군의 부하들은 두 파로 분열되어 싸우고, 영주들도 용감히 싸우고 있소. 말할 것도 없이 오늘의 승리는 왕자의 것, 이젠 할 일도 그다지 없는 것 같소.
맬컴 적병들을 만났는데, 다들 마지못해 싸우는 형편입니다.
시워드 자, 입성하십시오. (모두 퇴장. 북과 나팔 소리)

〔제5막 제8장〕

들판의 다른 곳.
맥베스 등장.

맥베스 왜 내가 로마의 못난이들같이 자결을 해야 한단 말인가? 살아 있는 동안에는 눈에 띄는 대로 베는 것이 상책이 아니겠는가?

맥더프가 뒤를 쫓아 등장.

맥더프 돌아서라, 지옥의 악마 같으니, 돌아서라!
맥베스 많은 적 중에서 너만은 피해 오던 참이다. 도망가라. 자, 내 영혼은 이미 네 일족의 피로 짐이 너무 무겁다.
맥더프 너 같은 놈과는 말할 필요도 없다. 이 칼이 네 말을 대신하리라. 말로는 표현 못할 이 극악한 악당 같으니! (맥베스와 격렬하게 싸운다. 안에서 북과

나팔 소리)

맥베스 헛수고 마라. 너의 그 예리한 칼은 벨 수 없는 공기에 칼자국을 낼 수
는 있을지언정 내 몸에 상처를 내지는 못한다. 그 칼로 벨 수 있는 머리나
베려무나. 내 생명에는 마력이 들어 있어서 여자가 낳은 놈한테는 절대 굴
복하지 않는다.

맥더프 그까짓 마력은 단념해라. 네가 늘 믿어온 마녀한테 물어봐라. 이 맥더
프는 달이 차기 전에 어머니 배를 가르고 나왔다고 일러줄 게다.

맥베스 그따위 말을 하는 헛바닥은 저주나 받아라! 그 말 한마디에 사나이
다운 내 용기가 꺾이는구나. 요술쟁이 악마들 같으니, 이젠 누가 더 믿을까
보냐. 두 가지 의미로 사람을 속여 약속을 지키는 척하다가는 막판에 이르
러 깨뜨리다니, 맥더프, 너와는 싸우기 싫다.

맥더프 비겁한 자야, 그러면 항복을 해라. 그리고 목숨을 보전하여 세상의
웃음거리나 되어라. 진기한 괴물인 양 너의 얼굴을 막대기 끝에 걸고, 그 아
래에 '폭군을 보라'고 써 붙이겠다.

맥베스 누가 항복할까 보냐! 풋내기 맬컴의 발목 앞에서 땅을 핥고, 어중이
떠중이들의 저주에 욕을 보지는 않을 테다. 설사 버넘 숲이 던시네인으로
올지라도, 그리고 여자가 낳지 않았다는 너와 대적할지라도 나는 마지막 힘
을 다해 볼 테다. 맥더프, 도중에서 먼저 "손들었다" 하고 우는소리를 하는
자는 지옥행이다. (맥더프와 싸우면서 퇴장)

전투 중지를 알리는 나팔 소리, 북과 군기. 이어 맬컴, 시워드, 로스, 그 밖의 영주
들, 병사들 등장.

맬컴 지금 여기 보이지 않는 전우들이 무사히 돌아와 주었으면 좋겠는데.

시워드 약간의 희생은 어쩔 수 없는 일이오. 그러나 이만한 큰 승리에 비해
희생은 매우 적은 것 같습니다.

맬컴 맥더프가 보이지 않는구려. 그리고 장군의 아드님도……

로스 아드님은 무인의 의무를 다했습니다. 그는 이제 겨우 성년이 된 나이로,
한 걸음도 물러나지 않고 용감하게 싸워 무인다운 용맹으로 대장부임을 증
명하면서 용사답게 전사했습니다.

시워드 그 애가 전사했다고요?

로스 네, 유해는 이미 싸움터에서 옮겨놓았습니다. 전사의 슬픔을 아드님의 인격으로 헤아리지 마십시오. 그렇게 하시면 슬픔은 끝이 없습니다.

시워드 상처는 정면에 입었나요?

로스 네, 이마에.

시워드 아, 그렇다면 신의 용사가 되리라! 설사 머리털 수만큼 많은 자식을 가졌다 할지라도 그보다 더 장한 죽음은 바라지 않겠소. 이것으로 내 아들에 대한 애도도 끝났소.

맬컴 더 슬퍼해 주어야 합니다. 내가 대신 애도하겠습니다.

시워드 이것으로 충분하오. 용감히 싸워 무인의 의무를 다했다지 않소. 오직 신의 가호를 빌 뿐이오! 저기 새로운 기쁜 소식이 있는 것 같구려.

맥더프, 맥베스의 목을 장대에 꽂아 들고 다시 등장.

맥더프 국왕 전하 만세! 이젠 국왕이십니다. 보십시오. 여기 왕위 찬탈자의 가증스러운 머리가 있습니다. 이제는 천하태평, 진주 같은 이 나라의 정수들이 지금 전하의 주위에 모두 둘러서서, 저와 똑같은 축하를 마음속으로 외치고 있습니다. 자, 다들 함께 소리 높여 외칩시다. 스코틀랜드 국왕 만세!

모두 스코틀랜드 국왕 만세! (우렁찬 나팔 소리)

맬컴 오래 시일을 끌지 않고 여러분의 충성을 각각 헤아려서 응분의 보답을 할 작정이오. 나의 영주들과 근친들, 지금 여러분을 백작으로 봉하노니 이는 스코틀랜드가 처음 수여하는 명예로운 칭호가 될 것이오. 이제 앞으로 시국에 맞추어 새로 확립시켜야 할 일들, 바로 극악무도한 폭군의 함정을 피하여 해외로 망명한 동포들을 불러온다든가, 참수된 이 살인자 왕과 제 손으로 독살스럽게 생명을 끊었다는 악마 같은 왕비의 잔학한 부하들을 잡아낸다든가, 그 밖의 모든 필요한 일들을 신의 가호 아래 시간과 장소를 가려 적절하게 실행하겠소. 끝으로 여러분 모두에게, 그리고 한 분 한 분께 감사를 드리오. 그럼 스쿤에서 거행될 대관식에 참석해 주기 바라오. (우렁찬 나팔 소리, 모두 행진하며 퇴장)

Julius Caesar

율리우스 카이사르

[등장인물]

율리우스 카이사르

옥타비우스 카이사르(옥타비아누스) } 율리우스 카이사르 사후의 세 집정관

마르쿠스 안토니우스

아이밀리우스 레피두스

키케로, 푸블리우스 } 원로원 의원

포필리우스 레나

마르쿠스 브루투스, 카시우스, 카스카

트레보니우스, 카이우스 리가리우스 } 율리우스 카이사르 암살의 공모자

데키우스 브루투스, 메텔루스 킴버, 루키우스 킨나

플라비우스, 마룰루스 호민관

아르테미도루스 수사학 교사

점쟁이

가이우스 킨나 시인(루키우스 킨나와는 혈연관계가 없음)

시인

바로, 클리투스, 클라우디우스

스트라토, 루키우스, 다르다니우스, } 브루투스의 하인 또는 부하 장교

라베오, 플라비우스

핀다루스 카시우스의 하인

루킬리우스, 티티니우스

메살라, 젊은 카토, 볼룸니우스 } 브루투스와 카시우스의 친구

칼푸르니아 카이사르의 아내

포르티아 브루투스의 아내

그 밖에 원로원 의원들, 시민들, 병사들, 하인들, 전령

[장소]

로마, 사르디스 부근 및 필리피(빌립보) 부근

율리우스 카이사르

로마. 어느 거리.
플라비우스, 마룰루스와 시민 몇 사람 등장.

플라비우스 냉큼 돌아가, 이 게으름뱅이들아, 어서 집에 돌아가라고. 오늘이
무슨 잔칫날이냐? 아니, 직공이면 직공답게 평일에는 작업복을 입고 다녀
야 된다는 걸 모르느냐? 말해 봐, 너는 무슨 일을 하지?

시민 1 예, 나리, 목공입지요.

마룰루스 그래, 가죽 앞치마와 줄자는 어디 두었지? 나들이옷을 입고 무얼
하겠다는 거야? 당신은 직업이 뭐지?

시민 2 사실은 나리, 훌륭한 일을 하는 자에 비하면 저는 꿰매고 고치는 일
을 하고 있지요.

마룰루스 그러니까 직업이 뭐냐고? 딴전 부리지 말고 똑바로 대답해.

시민 2 네, 나리, 직업은 양심을 가지고 하는 일입니다. 까놓고 말하자면 망
가진 바닥을 고치는 거죠.

마룰루스 아니, 직업이 뭐냐는데? 이 엉뚱한 놈이, 어서 직업을 대라고.

시민 2 원, 나리도 성질이 급하시기는. 제가 나리를 고쳐드립죠.

마룰루스 뭣이 어쩌고 어째? 날 고친다고, 이 흉물스런 놈!

시민 2 아니 나리의 구두 말입죠.

플라비우스 구두수선공이란 말이지?

시민 2 그렇습죠, 저는 송곳 하나로 빌어먹는 놈입니다. 그저 제 일에만 매
달릴 뿐, 남의 장사나 여자일에 한눈파는 일은 없습죠. 말하자면 헌 구두를
고치는 외과 의사이옵니다. 구두가 중태에 빠지면 숨을 돌려놓죠. 훌륭하

신 분이 신고 있는 쇠가죽 신 치고 제 손을 안 거친 신은 없습니다.

플라비우스 그렇다면 오늘은 왜 일손을 놨느냐? 왜 이 사람들을 거리로 몰고 다니냐 말이다.

시민 2 솔직히 나리, 저들의 신발을 닳게 해서 제 일감을 좀더 얻어내 볼까 하는 거죠. 그렇지만 사실은 나리, 카이사르의 개선을 축하하려고 가게 문을 닫아버렸습니다.

마룰루스 축하라니 왜? 그가 전리품이라도 가져온다더냐? 사로잡은 포로들을 전차 바퀴에 장식품으로 매달아 로마에 데려온다더냐? 이 멍청이들아, 돌대가리들, 이 몰상식한 것들아! 야멸차고 인정머리 없는 로마의 상것들아, 너희들은 폼페이우스 대왕을 잊었느냐? 너희들은 툭하면 성벽과 포대, 탑과 창문, 심지어는 굴뚝 꼭대기에까지 올라가서 자식 새끼들을 팔에 안은 채 하루 온종일 앉아 있었지. 목을 길게 빼고서 폼페이우스 대왕의 로마 거리 진군 모습을 보려고 말이야. 대왕의 전차가 나타나기가 무섭게 일제히 환호성을 올렸겠다. 그 고함 소리가 푹 파인 강둑에 메아리쳐 테베레강도 둑 밑에서 떨리지 않았는가? 그래 너희들은 이번에도 외출복 차림이야? 이번에도 일손을 놓고 쉰다고? 폼페이우스 대왕의 두 아들을 무찌르고 돌아오는 자의 길목에 꽃을 뿌리려고 해? 꺼져버려! 집에 돌아가서 다들 무릎 꿇고 신에게 기도나 드려. 이런 배은망덕에 천벌을 면하게 해주십사 하고.

플라비우스 자, 다들 어서 가라. 그리고 속죄하는 뜻에서 너희들처럼 가난한 사람들을 모아서 테베레 강둑으로 끌고 가라. 거기 가서 강물에다 눈물을 잔뜩 뿌리는 거다. 저 강의 밑바닥 물이 강둑 꼭대기로 넘실거릴 때까지. (시민들 모두 퇴장) 상것들이지만 가슴이 찡하나 보군. 죄책감에 꿀 먹은 벙어리가 되어 가버렸구먼. 자넨 저 길로 의사당 쪽으로 가게. 나는 이쪽 길로 가겠네. 혹 카이사르 조각상에 장식을 한 것이 눈에 띄거든 당장 벗겨버리게.

마룰루스 그래도 괜찮을까? 알다시피 루페르쿠스 축제인데.

플라비우스 그게 무슨 상관인가? 어쨌든 조각상이건 뭐건 카이사르를 위한 장식은 일체 금물이야. 난 돌아다니며 거리에서 시민들을 쫓아버려야겠네. 그들이 몰려 있거든 자네도 쫓아버리게. 카이사르의 날개에서 자라나는 깃털을 뽑아버리면 그도 용뺄 재간은 없지. 그대로 뒀다가는 용 그림에 구름을 갖다 바치는 거나 진배없지. 우리 모두 매에 쫓기는 꿩 신세가 될걸세.
(모두 퇴장)

〔제1막 제2장〕

광장.
음악. 경주복 차림을 한 카이사르, 안토니우스 등장. 칼푸르니아, 포르티아, 데키우스, 키케로, 브루투스, 카시우스, 카스카, 그리고 점쟁이를 비롯한 수많은 사람들이 열을 지어 등장.

카이사르 칼푸르니아! (행렬이 멎는다)

카스카 조용하라! 카이사르 각하의 말씀이시다.

카이사르 칼푸르니아!

칼푸르니아 (앞으로 나와서) 예, 여기 있어요.

카이사르 부인, 안토니우스가 달리는 길목에 서 있으시오. 성전의 경주를 할 때 말이오. 안토니우스!

안토니우스 무슨 말씀이십니까, 각하?

카이사르 잊지 말도록, 안토니우스. 달릴 때 부디 잊지 말고 안토니우스, 칼푸르니아를 스쳐주게. 노인들 말씀에 애 못 낳는 여자도 경주 도중에 스쳐주면 불임(不姙)의 저주에서 벗어날 수가 있다니까.

안토니우스 명심하겠습니다. 각하의 말씀 한마디로 이미 이루어진 거나 다름 없습니다.

카이사르 시작하오. 의식의 절차를 하나도 빠뜨리지 말고. (다시 음악)

점쟁이 카이사르!

카이사르 누가 날 부르오?

카스카 다들 소리 내지 마라. 모두 조용히 하래도!

카이사르 군중 속에서 날 부르는 사람이 누구요? "카이사르!" 하고 부르는 소리가 어떤 악기 소리보다도 날카롭게 들리던데. 말하라. 카이사르가 그대 말을 듣겠다.

점쟁이 3월 15일을 조심하십시오.

카이사르 저 사람은 뭐 하는 사람이요?

브루투스 점쟁이인데, 각하께 3월 15일을 조심하시라 합니다.

카이사르 그 사람을 데려오시오. 얼굴을 좀 보리다.

카시우스 이봐라! 어서 나와라. 각하께 얼굴을 내보여라.

카이사르 방금 나에게 무어라 했는가? 다시 말해 보라.

점쟁이 3월 15일을 조심하십시오.

카이사르 그는 몽상가이다. 내버려 두고 갑시다. (화려한 나팔 소리. 브루투스와 카시우스만 남고 모두 퇴장)

카시우스 자, 경주 구경하러 안 가겠소?

브루투스 안 가겠소.

카시우스 함께 가봅시다.

브루투스 나는 경주 따윈 딱 질색이오. 내겐 안토니우스와 같은 날렵한 기질이 없으니. 그러나 당신을 방해하지는 않겠소. 그럼 먼저 실례하오.

카시우스 브루투스, 요즘 당신에게서 예전의 친절과 애정을 도무지 찾아보기가 어렵군요. 당신은 당신을 따르는 친구들에게 너무 무뚝뚝하고 차가운 것 같소이다.

브루투스 카시우스, 오해하지 말아요. 내 표정이 차가워 보였다면 그건 내가 근심에 싸여 있기 때문이오. 나는 요즘 극심한 심적 갈등으로 고민이 크오. 개인적인 문제이긴 하지만, 그 때문에 내 행동에 어두운 그림자를 던졌을 거요. 그렇다고 해서 친구들에게까지—카시우스도 그 가운데 한 사람이지만—걱정을 끼칠 수야 있겠소. 그리고 내가 차갑게 보이는 걸 달리 생각지 마오. 불쌍한 이 브루투스는 자신의 번민 때문에 남들에게 우정의 표시도 하길 잊었다고 이해해서 봐주오.

카시우스 브루투스, 내가 당신의 마음을 오해했나 보군요. 그 때문에 의논할 중요한 생각과 말해야 할 중요한 일들을 가슴속에만 묻어두고 있었소. 어때요? 브루투스, 자기 얼굴을 볼 수 있소?

브루투스 물론 볼 수 없지요. 제 눈으로 자신을 볼 수야 없지 않겠소. 다른 물건에 비춰 보지 않고서는 말이오.

카시우스 옳은 말씀이오. 그리고 사람들이 무척이나 안타깝게 여기는 것도 바로 그 때문이오. 브루투스도 그런 거울이 없기 때문에 자신의 눈 속에 숨

점술가에게 조심하라는 말을 듣는 카이사르

겨진 가치, 즉 당신의 참모습을 비춰 볼 수 없는 거요. 내가 듣건대 로마의
내로라하는 지도층 인사들이—신과 같은 카이사르는 제외하고 말이오—
당신의 이야기를 하면서 현재의 독재를 한탄하며 고결한 브루투스가 자기
를 보는 눈이 있으면 하고 간절히 소망하고 있소!

브루투스 카시우스, 당신은 내게 있지도 않은 것을 날더러 찾아보라는 것 같
소. 당신은 나를 위험에 끌어들이려는 것이오?

카시우스 브루투스, 어쨌든 내 말을 들어보시오. 당신은 거울에 비춰 보지
않으면 자신을 볼 수 없다고 했잖소. 내가 거울이 되어주겠소. 그래서 당신
이 아직 모르고 있는 참모습을 보름달 보듯 환하게 비춰 주리다. 그렇다고
이 카시우스를 의심하지는 마오. 나를 우스갯소리나 지껄이고 또 자기에게
곰살궂게 구는 이들만 보면 누구에게나 헤프게 우정을 맹세하는 사람으로
본다면, 그리고 아첨을 떨면서 껴안고 하다가 뒷전에서 험담이나 하는 졸장
부로 여긴다면, 또는 연회 자리에서 누구에게나 우정을 마구 쏟는 그런 사
람으로 생각한다면 나를 위험인물로 단정해도 좋소. (화려한 나팔 소리. 함성)

브루투스 시민들의 저 함성은 무엇을 뜻하는 것이오? 혹시 그들이 카이사르
를 제왕으로 추대하는 것이 아니오?

카시우스 왜 마음에 걸리오? 아마도 그걸 원치 않는 모양이구려.

브루투스 원치 않고말고, 카시우스. 카이사르를 꽤 흠모하기는 하지만…… 그
런데 당신은 언제까지 날 붙잡아 둘 거요? 내게 하고 싶은 말이 도대체 뭐
요? 만일 이 나라를 위하는 일이라면 한쪽 눈에는 명예를, 다른 한쪽 눈에
는 죽음을 준다 해도 좋소. 공평하게 대할 거요. 하늘은 내가 죽음을 두려
워하기보다는 영예로운 이름을 존중하는 인간임을 알 테니까 말이오.

카시우스 브루투스, 난 당신이 가슴속에 품고 있는 정의감을 잘 알고 있소.
당신의 얼굴을 잘 알고 있듯이. 사실 내가 하고 싶은 말은 바로 명예에 관
한 거요…… 당신이나 다른 사람들이 현재의 생활을 어떻게 생각하는지는
모르지만 나는 나 자신과 다름없는 인간을 두려워하며 사느니 차라리 죽
어버리는 편이 낫겠소. 나도 카이사르처럼 자유인으로 태어났잖소. 당신도
그렇고. 우리도 그와 똑같은 음식을 먹고, 카이사르 못지않게 겨울 추위를
견딜 수도 있소. 언젠가 몹시 춥고 바람 부는 날이었는데, 테베레강의 거센
물결이 강둑을 후려치고 있었소. 그때 카이사르가 내게 "이보게 카시우스,

뮤지컬 〈율리우스 카이사르〉 오손 웰즈 감독 연출. 머큐리 극장 상연. 1937.
브로드웨이에서 흥행을 기록한 유명한 작품. 웰즈는 '독재자의 죽음'이라는 부제목을 붙이고, 배우들에게 파시스트 제복과 현대식 평상복을 입히고 카이사르와 브루투스 그리고 군중에게 초점을 맞추기 위해 원작을 삭제했다.

나와 함께 이 거센 강물에 뛰어들어 저기 저 둑까지 헤엄칠 용기가 있소?"
묻기에, 나는 그의 말이 떨어지자마자 옷 입은 채 뛰어들어 날 따라오라고
했소. 그도 물에 뛰어듭디다. 물살은 사나웠소. 우린 이에 굴하지 않고 물
살을 헤치고 숨을 헉헉 몰아쉬면서 헤엄쳐 나갔지요. 그러나 그 지정된 강
둑이 코앞에 닿기 전에 카이사르가 절규합디다. "살려주시오, 카시우스. 나
빠져 죽겠소!" 로마의 위대한 선조 아이네이아스가 트로이성의 불길 속에
서 늙은 안키세스를 어깨에 메고 구했듯이, 나도 테베레강의 거센 물결 속
에서 축 늘어진 카이사르를 구해 냈다오. 그런데 이 카이사르는 현재 신과
같이 되었고, 카시우스는 볼품없는 인간이 되어, 카이사르가 무심히 끄덕이
기만 해도 허리를 굽실거려야 하는 신세가 됐소. 그가 스페인에 있었을 때
열병을 앓았었죠. 카이사르는 발작이 일어날 때마다 몸을 무섭게 떨었소.
정말이오, 이 신(神)은 덜덜 떨었다고요. 비겁한 입술은 핏기 없이 싸늘하게
창백해지고, 한번 눈썹만 꿈틀해도 세상을 벌벌 떨게 하는 그 눈도 빛을 잃

었지 뭐요. 그의 신음 소리도 들었어요. 아니, 입만 뻥긋해도 온 로마인이 그에게 주목하고 그의 말로 어록을 만드느라 야단인 바로 그 혓바닥이 "마실 것을 좀 주시오, 티티니우스" 하면서 병든 계집애처럼 말을 했소…… 아! 참으로 놀랄 일이 아니오? 그처럼 나약하고 겁 많은 위인이 이제 와서는 이 장엄한 세계에서 승리의 영광을 먼저 독차지하다니. (함성. 화려한 나팔 소리)

브루투스 또 함성이 터지는군! 저 갈채 소리는 영락없이 새로운 영예를 카이사르의 머리 위에 씌워 주기 위한 것일 거요.

카시우스 카이사르는 거대한 조각상처럼 이 세상이 좁다는 듯이 딱 버티고 서 있고, 우리 보잘것없는 인간은 그의 커다란 가랑이 밑에서 불명예스런 무덤이나 찾고 있으니 꼴불견이지 뭐요. 인간은 때로는 자기 운명을 지배할 수 있지요. 브루투스, 우리가 열등하다는 건 우리 운명이 나쁜 게 아니라 우리들 자신에게 죄가 있는 거요. '브루투스'와 '카이사르'. '카이사르'라는 이름 속에 뭐가 있단 말이오? 왜 그의 이름이 당신 이름보다 더 많이 입에 오르내리는 거, 가지런히 두 이름을 써보면 당신 이름도 훌륭하오. 함께 불러도 듣기에 전혀 어색하지 않고, 저울에 달아보아도 기울지 않을 거요. 주문을 외워도 브루투스 또한 카이사르 못지않게 그 넋을 순식간에 불러낼 수 있을 거요. 아, 모든 신들이여, 카이사르는 도대체 뭘 먹고 자랐기에 그렇게 위대해졌단 말이오? 치욕의 시대로다! 로마여, 그대는 고결한 기질의 핏줄을 잃었는가! 데우칼리온의 대홍수*¹ 이래 한 사람만이 명예를 독점한 시대가 어디 한 번이라도 있었는가? 로마 역시 그렇다. 지금까지 그 광대한 성벽이 오직 한 사람만을 포용한 시대가 언제 있었던가? 아, 대로마여, 진정 로마는 넓구나. 그런데 한 인간만이 활개를 치고 있다니! 오, 당신이나 내가 아버님들 하시는 말씀을 들었지 않소. 옛날에 브루투스라는 사람이 있었고, 그는 로마에 왕을 허용할 바엔 차라리 지옥의 악마가 다스리게 하는 편이 낫다고 확신하고 있었다지 뭐요.

브루투스 나는 당신의 우정을 티끌만큼도 의심치 않소. 날더러 무슨 일을

---

*1 데우칼리온은 그리스 신화에 나오는 프로메테우스의 아들. 제우스가 노하여 인류를 없애고자 보낸 대홍수에, 네모난 배를 만들어 그의 아내 피르하와 단둘이 살아남아 인류의 조상이 되었다.

연극 〈율리우스 카이사르〉 허버트 비어봄 트리 연출. 찰스 풀턴 출연. 런던 마제스티 극장. 1898.
사실주의 수법의 무대 배경과 근대적 해석을 연결하여 안토니우스와 로마 군중의 중요성을 강조
했다.

하라는 건지 짐작이 가긴 하지만 그 일과 세상 형편에 대한 내 생각을 다
음번에는 반드시 말하리다. 오늘은 이 정도로 하고, 진심으로 부탁드리건대
그 이상의 이야기는 하지 맙시다. 당신이 들려준 말을 깊이 생각해 보고, 그
리고 못다 한 말도 꼭 다음에 듣도록 힘써 보리다. 그리고 언제고 시간 내
서 흉금을 털어놓고 이 거사를 의논합시다. 그때까지 나의 친구여, 이걸 새
겨두오. 브루투스는 현 체제가 우격다짐으로 짓누르는 가혹한 생활을 감수

하며 로마의 시민임을 자랑하느니보다 차라리 한낱 촌민이 되겠다는 것을.

카시우스 내 변변치 못한 말이 그처럼 브루투스의 심정에 불을 지르게 되었다니 기쁘오.

카이사르와 일행 다시 등장.

브루투스 경주가 끝났나 보군요, 카이사르가 돌아오는 걸 보니.

카시우스 일행이 지나갈 때 카스카의 옷소매를 슬쩍 당겨보시오. 그럼 그는 오늘 어떤 중대한 일이 일어났는지를 그 가시 돋친 말투로 이야기해 줄 거요.

브루투스 그렇게 하리다. 저걸 보구려, 카시우스. 그런데 카이사르의 이마에는 노기가 어려 있는 것 같소. 다른 사람들은 꾸중을 들은 것 같군요. 칼푸르니아의 뺨은 창백하고 키케로의 눈은 흰족제비의 눈알처럼 핏발이 서 있소. 의사당 회의석상에서 몇몇 원로원 의원들에게 몰렸을 때 나타나는 그런 눈초리처럼.

카시우스 카스카가 무슨 일이 있었는지 말해 줄 거요.

카이사르 안토니우스!

안토니우스 네, 각하.

카이사르 내 주변엔 뚱뚱한 사람들만 있게 하면 좋겠는데. 머리 손질도 잘하고, 밤에는 잠도 잘 자는 사람만! 저기 카시우스는 바싹 여위고 굶주린 우거지상이군. 생각을 너무 많이 해. 저자는 위험천만한 인물이오.

안토니우스 심려 마십시오, 각하. 그렇지 않습니다. 고결한 로마인으로서 선량합니다.

카이사르 살이 조금 더 쪘으면! 그렇다고 그를 두려워하진 않아. 하지만 눈엣가시처럼 꺼려야 하고 멀리할 인물이 있다면, 저 여윈 카시우스를 제외하곤 없을 거야. 그는 책을 많이 읽지. 관찰력도 예민한 편이라 사람들의 행동을 꿰뚫어 보는 안목도 있고. 연극을 좋아하지 않을뿐더러 음악도 싫어하고 별로 웃지도 않아. 어쩌다 웃어 보일 때도 마치 자신을 비웃는 듯하지. 말하자면 웃게 된 자신의 마음을 경멸하는 그런 웃음을 흘리는 사람이야. 그와 같은 인간들은 자기들보다 더 위대한 인물을 대하면 속을 끓인단

말이지. 그러니까 그런 인간들은 위험천만해. 내 말은 그가 경계할 인물이
란 거지 두려워할 인물이라는 뜻은 아니야. 나는 언제나 카이사르니까. 이
쪽 오른쪽으로 와. 이 귀는 잘 안 들리니까. 그래 저 사람을 어떻게 생각하
나? (화려한 나팔 소리. 일행과 함께 퇴장. 카스카만 남는다)

카스카 옷소매를 당기시니, 내게 무슨 하실 말씀이라도?

브루투스 그렇소, 카스카. 오늘 무슨 일이 있었는지 말해 주시오. 카이사르
가 심각해 보이던데요.

카스카 아니, 함께 계시지 않았나요?

브루투스 그렇다면 카스카한테 물어볼 리가 있겠소?

카스카 실은 왕관을 바친 사람이 있었지요. 그런데 왕관이 바쳐지자 카이사
르는 손등으로 물리쳤답니다. 그래서 군중이 함성을 질렀죠.

브루투스 두 번째 함성은 무엇이었소?

카스카 그것도 같은 것이었습니다.

브루투스 함성이 세 번 울렸는데, 마지막 함성은 뭣 때문이요?

카스카 그것도 같은 일 때문이었습니다.

브루투스 왕관을 세 번이나 바쳤단 건가요?

카스카 분명 그랬습니다. 그는 세 번이나 물리쳤습니다. 그때마다 퍽 아쉬워
하는 눈치였지요. 순박한 군중은 그때마다 함성을 올렸고요.

카시우스 왕관은 누가 바쳤소?

카스카 그야 안토니우스지요.

브루투스 그 광경을 말해 보시오, 카스카.

카스카 그걸 말하니 내 숨통을 조이는 게 낫겠소. 눈여겨보진 않았지만
어처구니없는 짓이었어요. 마르쿠스 안토니우스가 왕관을 바치는 것을 보
았어요. 그러나 그건 왕관이 아니라 흔해빠진 관이었습니다. 방금도 말했
지만 카이사르는 왕관을 물리쳤죠. 그런데 말이죠, 물리치긴 했지만 내가 보
기엔 여간 갖고 싶어하는 기색이 아니었어요. 이윽고 안토니우스가 그걸 다
시 바쳤죠. 카이사르는 다시 물리쳤고요. 하지만 내 생각엔 카이사르는 왕
관을 놓치기가 꽤나 아쉬운 듯 보였습니다. 안토니우스가 세 번째로 왕관
을 바치니까 카이사르는 세 번째 물리쳤습니다. 거절할 때마다 어중이떠중
이들이 소리를 지르고 거친 손으로 박수를 치는가 하면 땀이 밴 모자를 허

공에 던지며 카이사르가 왕관을 거절한다고 지독하게 냄새나는 입으로 어찌나 떠들어대는지, 카이사르는 숨이 막혀서 거의 질식한 듯 기절하여 그 자리에 쓰러졌지 뭡니까. 그렇지만 나는 웃을 수도 없었습니다. 입을 벌리기만 하면 더러운 공기를 마셔야 했으니까요.

카시우스 아니 잠깐, 카이사르가 정신을 잃었다고요?

카스카 광장 바닥에 쓰러져 입에 거품을 가득 물고 말도 못 하더군요.

브루투스 그럴 만도 하군요. 카이사르는 뇌전증을 앓고 있으니까.

카시우스 천만에, 카이사르에게 그런 병은 없소. 병이 있기론 오히려 브루투스와 이 사람, 그리고 카스카지.

카스카 무슨 말씀인지 모르겠습니다만, 카이사르가 넘어진 건 틀림없는 사실이에요. 본디 어중이떠중이 대중이란 극장에서 배우한테 하듯이 배우가 자기들 마음에 들면 갈채를 보내고, 그렇지 않으면 야유를 내뱉고 하지 않습니까? 난 절대 거짓말은 안 합니다.

브루투스 카이사르가 정신이 들자 뭐라고 하던가요?

카스카 글쎄, 카이사르는 자기가 쓰러지기 전에 왕관을 사양한 것에 군중이 기뻐하는 것을 보고서 자기 웃옷을 풀어 헤쳐 보이며 자기 목을 베라는 시늉을 하잖겠어요. 내가 보통 직공이기만 했어도 그의 말대로 했으련만. 아니면 멀쩡한 악당들과 함께 지옥으로 떨어지든가. 어쨌든 그는 쓰러지고 말았습니다. 그는 제정신이 들자 혹시 자기가 잘못이나 말실수를 하지 않았는지 묻지 않겠어요? 그를 숭배하는 사람들이 병 탓이라 생각해 주기를 바랐던 거지요. 내 곁에 서 있던 젊은 여인 서넛이 "아이고, 가엾어라!" 외치며 진심으로 그를 용서해 줍디다. 그렇기는 하지만 그것들에게 신경 쓸 건 없습니다. 그것들은 카이사르가 제 어미를 죽여도 같은 소릴 지껄였을 테니까 말이오.

브루투스 그런 일이 있어서 저렇게 심각한 얼굴을 하고 이리로 온 거군요?

카스카 예.

카시우스 키케로는 뭐라고 말합디까?

카스카 그리스어로 뭐라고 하던데요.

카시우스 무슨 말을 했소?

카스카 글쎄, 내가 그걸 어찌 말할 수 있겠어요? 창피해서, 거짓말이라도 하지 않고선. 하지만 그 말을 알아듣는 사람들은 서로 쳐다보고 웃어대며 고개를 흔듭디다. 그러나 나야 그리스 말이라 무슨 소린지 종잡을 수가 있어야죠. 또 한 가지 소식이 있는데, 마룰루스와 플라비우스는 카이사르 조각상에서 스카프 장식을 떼냈다고 해서 근신 처분을 받았지요. 카시우스, 안녕히 계시오. 한심스런 일이 또 있었지만 기억할 거리나 되야 말이죠.

카시우스 오늘 저녁 식사나 같이할까요. 카스카?

카스카 감사하지만 선약이 있어서요.

카시우스 그럼 내일은 어떻습니까?

카스카 예, 만일 내가 살아 있고 당신의 마음이 바뀌지 않았으며, 음식이 먹음직하다면요.

카시우스 그럼 기다리지요.

카스카 그럽시다. 두 분 다 안녕히 계시오. (퇴장)

브루투스 저 친구 퉁명스런 사람이 되고 말았군요! 그도 학창 시절엔 민첩하고 총기가 있었는데.

카시우스 비록 겉보기에 굼뜨고 우둔한 것 같지만 지금도 어떤 대담하고 훌륭한 일을 해내는 데는 남다르다오. 무뚝뚝한 맛이 그의 지혜에 양념이 되어 사람들이 그의 말을 절실히 음미하게 만들거든요.

브루투스 당신 말이 옳소. 오늘은 이만 실례하리다. 그러나 할말이 있으면 내일이라도 집으로 찾아가지요. 혹시 내 집으로 오시겠다면 기다리겠소.

카시우스 내가 찾아뵈리다. 그때까지 나랏일을 잘 생각해 두시오. (브루투스 퇴장) 그래, 브루투스, 당신은 고결한 사람이야. 하지만 그 훌륭한 기질도 다루기에 따라 탈바꿈될 수도 있지. 그래서 고결한 정신을 가진 사람은 같은 사람끼리 사귀어야 해. 유혹을 물리칠 수 있는 강한 사람이 과연 있을까? 카이사르는 날 눈엣가시처럼 여기지만 브루투스는 좋아해. 만일 내가 브루투스고, 그가 나라고 해도 그는 날 호락호락 움직이진 못하지. 오늘 밤에는 여러 사람 필체로 편지를 써서, 그의 창문에다 집어넣어야겠다. 많은 시민들이 보낸 것처럼, 그 편지에는 로마인들이 모두 브루투스의 이름을 존경한다고 써야지. 카이사르가 은근히 야심을 품고 있다는 시민들의 여론도 밝히고 말이야. 카이사르, 어디 편히 있나 보자. 우리가 흔들어서 카이사르를 넘어뜨리지 못하면, 고통의 나날을 지낼 수밖에 없겠지. (퇴장)

로마. 어느 거리.
천둥과 번개. 한쪽에서는 칼을 뽑아든 카스카, 다른 쪽에서는 키케로가 등장.

키케로　안녕하시오, 카스카. 카이사르 각하를 모셔다 드렸소? 왜 숨을 헐떡거리오? 왜 그렇게 노려보는 거요?

카스카　아무렇지도 않단 말입니까? 대지가 현기증이 나도록 온통 뒤흔들리는데도? 오, 키케로, 나도 폭풍은 경험했었죠. 성난 바람이 그 억센 참나무 가지를 꺾는 것도, 그리고 거센 파도가 성내어 물거품이 일면서 먹구름에게까지 치솟는 걸 본 적도 있었습니다. 그렇지만 오늘 밤처럼 불을 토해 내는 태풍은 지금껏 한 번도 본 적이 없답니다. 어쩌면 하늘에 내란이라도 일어났는지, 아니면 인간들의 오만불손에 신들이 진노하여 이 세상에 파멸을 내리려고 하는 건지 모를 일입니다.

키케로　아니, 어떤 괴이한 변고라도 보았소?

카스카　어떤 노예 한 놈이—보시면 아실 만한 놈인데—왼손을 번쩍 쳐들자 불기둥이 치솟지 않겠어요. 횃불 스무 아름쯤 합친 것 같더군요. 그놈은 뜨거워하지도 않고 화상도 입지 않았어요. 어디 그뿐인가요—나는 줄곧 칼을 뽑아들고 있었는데—의사당 앞에서 사자 한 마리를 보았어요. 사자가 나를 노려보더니 해치지 않고 어슬렁어슬렁 지나쳐 갔습니다. 그러자 공포에 질려 얼굴이 흙빛으로 변한 아녀자들 백여 명이 모여들어서는, 불에 휩싸인 남자들이 온 거리를 쏘다니는 걸 봤다고 하지 않겠어요. 심지어 어제는 부엉이가 대낮에 광장에 내려앉아 울어댔다지 뭡니까. 부엉부엉 끼익 끼익. 이런 흉조가 갑자기 한꺼번에 몰아닥쳤는데 "이것은 다 까닭이 있는 거야. 이상할 건 없지" 하고 내뱉을 수만은 없지요. 내 생각엔 이러한 괴변들은 이 나라에 어떤 좋지 못한 사건이 일어날 징조인 것만 같습니다.

키케로　원, 이거야 정말 해괴한 일도 많은 세상이로군. 하지만 인간은 제멋대로 세상일을 해석하며 본디 의미와는 딴판으로 생각하기가 일쑤지요. 카이사르는 내일 의사당에 나오시오?

카스카　그러실 테죠. 안토니우스에게 이르시더군요, 내일 의사당에 나간다

영화 〈율리우스 카이사르〉 에드먼드 오브라이언(카스카 역, 왼쪽)·길구드(카시우스 역) 출연.
1953.

고 당신께 전해 드리라고.

키케로 그럼 편히 쉬시오, 카스카. 이런 음산한 날씨엔 나다니는 게 아니
라오.

카스카 안녕히 가십시오, 키케로. (키케로 퇴장)

카시우스 등장.

카시우스 거기 누구요?

카스카 로마 시민이오.

카시우스 목소리가 카스카로군요.

카스카 귀도 밝으시오. 카시우스, 무슨 밤이 이렇습니까!

카시우스 올바른 사람에겐 아주 유쾌한 밤이오.

카스카 하늘이 불호령을 칠 줄이야 누가 알았겠소?

카시우스 이 세상에 죄가 들끓는다는 걸 아는 사람은 다 알았을 테죠. 날

보시오, 이렇게 거리를 쏘다니고 있지 않소. 위험한 밤에 몸을 내맡기고 말이오. 카스카, 보시다시피 이렇게 앞가슴을 풀어 헤치고 천둥 벼락에게 내 가슴을 들이댔소. 그리고 번쩍하는 파란 번갯불이 하늘 가슴팍을 찢고 튀는 것을 보고, 난 바로 그 불꽃의 한복판에 뛰어들어 내 몸을 내밀었지요.

카스카 그렇지만 뭣 때문에 당신은 감히 하늘을 시험하시오? 인간은 마땅히 두려워서 떨어야 하는 거요. 전지전능하신 신들이 징조를 나타내고 그들의 사자를 보내 미리 알려주어 인간을 놀라게 할 때에는.

카시우스 허 참, 둔하시오, 카스카. 로마인이라면 누구나 가져야 할 생명의 불꽃이 당신에겐 없단 말이오? 아니, 가졌어도 안 쓰는 거요? 당신은 하늘의 미묘한 노여움을 올려다보고, 얼굴은 창백해지고 눈은 희번덕거리며 공포에 소름이 끼쳐 넋을 잃고 멍청히 있군요. 하지만 참다운 원인을 생각해 본다면 왜 이리 불기둥이 치솟고, 왜 이리 망령들이 배회하며, 왜 짐승들이 그 본성에서 벗어난 짓을 하고, 왜 노인이 얼떤 짓을 하며, 어린이가 앞을 내다보는지, 또 왜 모든 것이 평생의 습관과 본성과 타고난 기능에서 벗어나 기괴한 모습들을 나타내는지 이제 당신도 알게 될 거요. 그건 이들 모두에게 하늘이 정기를 불어넣어 썩은 냄새가 나는 사회에 대해서 공포와 경고를 주는 수단을 갖게 하는 것이오. 그럼 카스카, 내가 한 사람의 이름을 말해 주겠소. 천둥을 울리고, 번개를 치고, 무덤을 파헤치고, 의사당 앞의 사자처럼 울부짖는 이 무서운 밤과 똑같은 사람을 말이오. 인간으로서는 당신이나 나보다 더 뛰어난 점도 없지만 이런 기이한 전조처럼 불길하고 무서운 존재가 돼버린 사람을요.

카스카 카이사르 말씀이군, 그렇죠?

카시우스 누구든 상관없소. 오늘의 로마인들도 조상과 똑같은 근육과 팔다리를 갖고 있소. 한심한 노릇이오! 아버지들의 정신은 썩어 문드러지고, 우린 어머니들의 나약한 정신에 지배받고 있소. 멍에와 복종은 여자를 닮았다는 증거요.

카스카 실제로 소문에 의하면 내일 원로원 의원들이 카이사르를 제왕으로 추대한답니다. 그렇게 되면 카이사르는 이탈리아를 제외한 모든 바다와 육지에서 군림할 것이오.

카시우스 그렇게 되면 이 단검을 여기에 차고 있지 않겠소. 이 카시우스는 노예 처지에서 카시우스를 구해 낼 거요. 그러니 신들이여, 약자를 강자로 만들어 주소서. 신들이여, 폭군의 뿌리를 도려내소서. 석탑도, 철옹성도, 숨 막히는 토굴도, 튼튼한 쇠사슬도 이 의연한 정신을 억압할 순 없소. 그러나 생명은 이 세상의 굴레가 한도에 다다르면 자기 자신을 해방하는 힘을 언제나 갖고 있죠. 내가 아는 이 자연의 이치를 세상 사람들도 다 알아야 하오. 지금 내가 감내하고 있는 독재도 마음먹기에 따라 언제고 떨쳐버릴 수 있음을 말이오! (천둥소리 계속)

카스카 나도 할 수 있소. 어떠한 노예라도 누구나 굴레를 끊을 수 있는 힘을 자기 손아귀에 가지고 있는 거요.

카시우스 그럼 왜 카이사르를 폭군으로 내버려 두오? 불쌍한 친구여! 카이사르도 로마인들을 양떼로 보지만 않았다면 이리가 되진 않았을 거요. 그들이 암사슴만 아니었다면 사자가 되었을 리도 없소. 성급히 큰불을 일으키는 자도 보잘것없는 지푸라기로 시작하는 법이오. 그래 로마가 몹쓸 가지인가, 나무 부스러기인가, 찌꺼기인가, 카이사르와 같은 간악한 자를 빛내주기 위한 터전으로 쓰이다니! 오, 슬픔이여, 나를 어디로 끌고 가는가? 어쩌면 난 기꺼이 노예이기를 바라는 사람 앞에서 이런 이야기를 지껄였는지 모르오. 그렇다면 내 말에 책임을 져야죠. 난 각오가 돼 있소. 그러니 위험 따윈 문제가 안 되오.

카스카 이 카스카를 빗대는 거군요. 코웃음을 치면서 자기 친구를 배신할 사람은 아니오. 내 손을 잡아주오. 그러한 불평의 씨를 없애기 위해 동지를 모읍시다. 나도 가장 깊숙이 발을 내딛은 사람만큼 내 발을 들여놓겠소. (카시우스와 악수한다)

카시우스 그럼 맹세를 하신 거요. 이제 이야기지만 카스카, 사실 나는 이미 고결한 심성을 지닌 로마인들 몇몇을 설득해 놨소. 나와 함께 정의를 걸고 위험천만한 거사를 단행키로 했소. 지금쯤 그들은 폼페이우스 극장 앞에서 날 기다리고 있을 거요. 지금처럼 무서운 밤거리에는 사람 그림자 하나 얼씬도 하지 않소. 저 하늘도 마치 우리가 결행하려는 것처럼 험한 모양을 하고 있질 않소? 핏빛을 띠었소. 불길 같기도 하고, 무시무시하기 그지없소. (킨나가 다가오는 발소리)

카스카 잠깐 숨으시오. 누가 급히 오고 있소.

카시우스 킨나요. 걸음걸이로 알 수 있소. 우리 동지요.

킨나 등장.

카시우스 킨나, 어딜 급히 가시오?

킨나 당신을 만나려고요. 뉘시오? 메텔루스 킴버?

카시우스 아니, 카스카요. 지금 막 우리의 거사에 가담한 동지요. 모두 날 기다리고 있나요, 킨나?

킨나 동지라니 기쁜 일이오. 거참 몸서리나는 밤이군요! 동지들 몇몇이 이상한 광경을 보았답니다.

카시우스 날 기다리고 있습니까, 동지들이?

킨나 네 그렇습니다. 오, 카시우스, 당신이 고결한 브루투스를 우리 편으로 끌어들일 수만 있다면…….

카시우스 염려 마시오. 킨나 동지, 이 쪽지를 가져다가 브루투스 집정관의 의자 위에 놓아주시오. 브루투스 눈에 쉽게 띄도록요. 이건 창문 안에 던져 넣으시고. 이건 밀초이니, 옛 브루투스의 동상에 단단히 붙여놓도록 하시오. 일을 다 마치면 폼페이우스 극장 복도로 오시오. 기다리고 있겠소. 데키우스 브루투스와 트레보니우스도 거기 있습니까?

킨나 메텔루스 킴버만 빼고 다 있어요. 킴버는 당신을 만나러 댁에 갔습니다. 그러면 난 급히 가서 일러주신 대로 이 편지를 놓아두겠습니다.

카시우스 일이 끝나면 폼페이우스 극장으로 오시오. (킨나 퇴장) 자 카스카, 당신과 나는 날이 새기 전에 브루투스 집으로 갑시다. 그는 거의 우리 쪽으로 기울고 있소. 한 번만 더 만나 대화를 나누면 완전히 우리 편이 될 것이오.

카스카 오, 브루투스는 시민들 가슴속 높은 곳에 앉아 있어요. 우리가 하면 죄로 보이는 것도 그가 지지해 주면 마치 뛰어난 연금술처럼 미덕이자 훌륭한 가치로 바뀔 것이오.

카시우스 브루투스의 인품, 그의 가치, 그리고 우리에게 반드시 필요한 사람이라는 건 당신의 말씀 그대로요. 자, 갑시다. 자정도 훨씬 지났소. 날이 밝기 전에 그를 깨워서 확실하게 우리 편으로 만듭시다. (모두 퇴장)

브루투스 저택의 정원.
브루투스가 정원 안으로 들어선다.

브루투스 이리 오라, 루키우스! 별들의 위치만으로는 언제 먼동이 틀지 모르
겠다. 이봐 루키우스, 어디 있느냐? 흥이 돼도 좋으니 나도 저렇게 곤히 잠
에 빠져 봤으면. 이런 게으름뱅이 봤나! 어서 일어나래도! 일어나라니깐!

루키우스 등장.

루키우스 부르셨습니까?
브루투스 서재에 촛불을 켜다오, 루키우스. 촛불을 켜거든 이리 와서 준비됐
다고 알려라.
루키우스 네 알겠습니다, 나리. (퇴장)
브루투스 (다시 생각에 잠긴다) 아무래도 그를 없앨 수밖에 없어. 사실 나로서
야 그를 쳐야 할 개인적인 원한은 하나도 없지. 다만 로마를 위해서다. 그는
황제가 되려고 해. 황제가 되면 그의 천성이 어떻게 변할지 그게 문제야. 살
모사는 화창한 날씨에 기어나오게 마련이지. 그래서 길 걸을 때 조심하라
는 게 아닌가. 그에게 왕관을 씌워? 그건…… 그에게 독 오른 이빨을 주는
셈이지. 자기 멋대로 사람을 해칠 수 있게 될 것이니, 권력의 남용은 권력에
취해 인간성을 저버릴 때 생기는 법이 아니던가. 카이사르에 대해 솔직히
말하면 이성보다도 감정에 지배되는 일이 결코 없었지. 흔히 듣는 말이지만
겸손이라는 것은 처음에는 야망에 불타는 사람의 사다리라서 사다리를 올
라갈 땐 얼굴을 위로 쳐들지만, 막상 꼭대기에 다 오르고 나면 단번에 사다
리에 등을 돌려버리고 더 높은 구름을 쳐다보게 되지. 그리고 자기가 올라
왔던 발밑 계단을 깔보기 일쑤지. 그래, 카이사르가 바로 그럴 거야. 변고가
일어나지 않도록 미리 손을 써야지. 그렇다고 해도 그를 탄핵할 명분이 서
지 않으니까, 카이사르가 권력을 다져가게 되면 앞으로 반드시 독재의 탈을
쓰게 될지 모르므로 지금은 그를 독사의 알이라 생각하자. 만일 알을 까게

되면 독사의 본성을 드러내 반드시 사람을 해칠 거다. 그러니 알을 까기 전에 박살내 버려야 한다.

루키우스 다시 등장.

루키우스 나리, 서재에 촛불을 켜놨습니다. 창가에서 부싯돌을 찾고 있는데 이 편지가 봉한 채 있었습니다. 제가 자리에 들기 전엔 분명히 보지 못했었는데 말입니다. (편지를 건넨다)

브루투스 가서 더 자거라, 날이 새려면 멀었다. 이봐라, 내일이 3월 15일이 아니냐?

루키우스 글쎄요, 나리.

브루투스 달력을 보고 알려다오.

루키우스 네 알겠습니다, 나리. (퇴장)

브루투스 유성들이 하늘을 날며 밝은 빛을 뿜어대니 그 불빛으로 편지를 읽을 수 있을 것 같다. (편지 봉투를 뜯고 읽는다)

브루투스여, 그대는 잠자고 있다. 깨어나라, 그리고 자신을 보라. 로마는 앞으로 등등. 외쳐라, 타도하라, 바로잡자…….

"브루투스여, 그대는 잠자고 있다. 깨어나라" 이런 선동 문구가 적힌 편지가 심심찮게 떨어져 있어서 주워 읽곤 했는데. "로마는 앞으로 등등"은 이렇게 보충하면 이치가 닿겠군. 로마는 앞으로 한 사람의 독재에 무릎을 꿇을 것인가? 아니, 로마가? 우리 조상들은 타르퀴니우스가 왕으로 불리자 로마에서 그를 추방하지 않았던가. "외쳐라, 타도하라, 바로잡자" 날더러 외치고 타도하라는 간청이다. 오, 로마여, 그대에게 맹세하마. 그렇게 해서 바로잡을 수만 있다면 이 브루투스의 손으로 기어이 그대의 소원을 이루어 주리라!

루키우스 다시 등장.

루키우스 나리, 3월 15일이 맞습니다. (안에서 노크 소리)

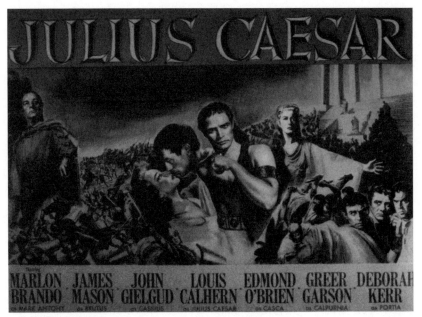

영화 〈율리우스 카이사르〉　조셉 맨키위즈 감독, 말론 브란도(안토니우스 역)·제임스 메이슨·존 길거든·루이스 칼헌·에드먼드 오브라이언·그리어 가슨·데보라 카 출연. 1953.

브루투스　이제 됐다. 문간에 나가봐라. 누가 오셨나 보다. (루키우스 퇴장) 카시우스로부터 카이사르를 제거하자는 부추김을 받은 뒤 한잠도 이루지 못했구나. 무서운 역모를 결심하고 그 결행 의지를 폭발시킬 때까지는 허깨비에 홀린 것 같고, 소름 끼치는 악몽을 꾸는 것과도 같아. 정신의 지배자인 이성과 그의 도구인 감정이 격론을 일으켜서 한낱 인간이라는 세계가 마치 작은 왕국처럼 내란의 소용돌이 속에 빠져들어 가는구나.

　　루키우스 다시 등장.

루키우스　나리, 매부 되시는 카시우스 나리께서 오셨는데 나리를 뵙겠다고 하십니다.
브루투스　혼자이시더냐?
루키우스　아니옵니다. 여러분이 함께 오셨습니다.
브루투스　네가 아는 분들이냐?

루키우스 아니옵니다. 모자를 귀밑까지 푹 눌러 쓰시고 얼굴을 반쯤은 외투로 가려놔서 어느 분이신지 도무지 알 수가 없었습니다.

브루투스 어서 이리 모셔라. (루키우스 퇴장) 동지들이겠지. 오, 역모여, 온갖 죄악이 날뛰는 한밤중에도 그대들은 그 험상궂은 얼굴을 보이는 게 창피한가? 오, 그렇다면 낮에는 그대의 볼꼴 사나운 얼굴을 감춰 줄 어두운 동굴을 어디에서 찾아낼 작정이더냐? 그래, 찾을 필요가 없다. 역모여, 차라리 상냥한 웃음 속에 그 얼굴을 감춰라! 만일 그대가 그대의 진짜 얼굴로 나다닌다면 지옥 같은 어둠도 그대를 남의 눈에서 감춰 줄 만큼 어둡지는 않으리라.

음모자들인 카시우스, 카스카, 데키우스, 킨나, 메텔루스 킴버, 트레보니우스 등장.

카시우스 쉬고 계실 텐데 이렇게 무례하게 찾아와서 미안하오. 안녕하시오, 브루투스. 방해가 되지는 않는지요?

브루투스 한두 시간 전부터 일어나 있었지만 밤새껏 한잠도 못 잤소. 함께 오신 분들은 내가 아는 분들인가요?

카시우스 그래요, 다 아시는 분들이오. 그리고 모두 당신을 존경하는 분들이시고. 또 모두가 한결같이 원하고 있소, 모든 고결한 로마인들이 당신한테 품고 있는 기대를 저버리지 않기를. 이쪽은 트레보니우스.

브루투스 잘 오셨소이다.

카시우스 이쪽은 데키우스 브루투스.

브루투스 잘 오셨소이다.

카시우스 여기는 카스카, 이쪽은 킨나. 그리고 메텔루스 킴버입니다.

브루투스 다들 잘 오셨소이다. 대체 무슨 걱정거리가 있어서 주무시지들 못한단 말입니까?

카시우스 한 말씀 드려도 되겠소? (브루투스와 속삭인다)

데키우스 이쪽이 동쪽인가요? 이쪽에서 동이 트겠군요?

카스카 아니오.

킨나 아, 미안하지만 그쪽이 맞아요. 저기 저 구름에 비친 회색 빛줄기는 새벽을 알리는 징조요.

카스카 두 분 다 잘못 아셨다는 걸 증명하겠습니다. 이쪽, 이 칼끝이 가리키는 쪽에서 해가 뜹니다. 아직은 계절이 계절인지라 좀 일러서 해가 확실히 남쪽으로 기울어 있지만, 앞으로 두어 달 뒤면 훨씬 북쪽으로 기울어서 해가 뜨게 됩니다. 그리고 동쪽 하늘은 의사당이 있는 이쪽이고요.

브루투스 여러분 한 분 한 분씩 손을 나에게 주십시오.

카시우스 우리의 결의를 맹세합시다.

브루투스 아니오, 맹세는 필요 없소. 국민들의 비통한 표정, 우리들 마음의 고통, 현 정치 세력의 부정부패―이것으로도 동기가 약하다면 일찍 집어치우고 각자 집에 가서 잠이나 자는 게 좋을 겁니다. 그래요, 저 오만한 폭군이 활개치도록 내버려 두면 그자의 변덕따라 우린 파리 목숨이오. 그러나 나는 동포들과 여자들의 나약한 정신을 단단하고 충분하게 담금질하고 밝혀 줄 수 있는 뜨거운 열정을 품어야 한다는 것을 확신합니다. 친애하는 동지들, 우리의 대의명분이 불의를 바로잡자는 것인데, 그 밖에 무슨 동기가 필요합니까? 한다 하면 절대로 약속을 어기지 않는 로마인 기질 말고 더 이상 무슨 증서가 필요합니까? 사나이끼리 거사를 하고, 실패하면 죽음을 언약하는 것 이상으로 무슨 맹세가 필요합니까? 맹세란 신관이나 비겁자, 교활한 사기꾼이나 늙고 나약한 사람, 고통을 견디는 먹통들이나 내뱉는 말이고, 수상한 자들이 부정을 저지를 때나 하는 거요. 그러니 우리의 명분과 행동에 맹세가 필요하다면 우리들 거사의 확고한 정당성을 더럽혀서는 안 되며, 또 우리 정신이 갖는 불굴의 기질을 더럽혀서도 안 됩니다. 왜냐하면 로마인이 한번 약속한 이상 아무리 사소한 일이라도 깨뜨리는 날이면, 로마인의 피는 한 방울 한 방울이 진정한 로마인이 아님을 나타내는 불순한 것이 되기 때문입니다.

카시우스 키케로는 어떻게 하죠? 의중을 떠볼까요? 내 생각엔 강력한 동지가 될 것 같습니다.

카스카 그를 빼놔서는 안 되지요.

킨나 물론입니다.

메텔루스 아, 끌어들입시다. 그 어른의 은백색 머리카락은 우리 쪽에 좋은 여론을 불러일으켜서 우리 거사가 국민의 지지를 얻게 할 거요. 사람들은 그의 판단력이 거사의 주춧돌이 됐다고 말할 거요. 그리고 우리의 거친 혈기도 그의 후덕한 인격에 싸여서 드러나지 않을 겁니다.

브루투스 아뇨, 그는 거론하지 맙시다. 그 어른에게는 알리지 않는 게 좋소. 그는 남들이 시작한 일에 뛰어들 사람이 아니니까요.

카시우스 사실 그는 적합치 않습니다.

데키우스 카이사르 이외에는 아무에게도 손을 안 댈 건가요?

카시우스 데키우스, 좋은 지적이오. 카이사르의 총애를 한 몸에 받고 있는 마르쿠스 안토니우스를 카이사르가 죽은 다음에도 그냥 살려둔다는 건 옳지 않소. 언젠가 우린 그가 교활한 모사꾼임을 깨닫게 될 거요. 아시다시피 그는 재능도 뛰어나고, 그 재능을 활용하게 되면 우린 큰 화를 입게 될 겁니다. 그러니 선수를 쳐서 안토니우스와 카이사르를 함께 해치웁시다.

브루투스 너무 많은 피를 흘리는 일이 될 거요, 카이우스 카시우스. 머리를 베고 팔다리마저 자른다는 건 분노에 사로잡혀 죽이고, 죽인 뒤에도 증오하는 격이죠. 안토니우스는 카이사르의 팔다리에 지나지 않소. 우린 제단에 제물만 바칠 뿐 도살자가 되어서는 안 되오, 카이우스. 우리가 들고일어난 것은 카이사르의 정신에 맞선 때문이오. 인간의 정신에는 피가 흐르고 있지 않소? 오, 가능하다면 카이사르의 정신만을 해치우고 육체는 다치게 하고 싶지 않소! 그러나 아, 카이사르가 피를 흘려야 되다니! 동지 여러분, 그를 대담하게 죽입시다. 격분해선 안 됩니다. 나중에 신에게 바치는 제물로서 그를 벱시다. 사냥개한테 던져주는 시체처럼 난도질해서는 안 됩니다. 교활한 주인들이 잘하듯이 하인 격인 손을 충동해서 난동을 부리게 하고는 나중에 꾸짖는 그런 태도를 간직합시다. 그래야만 이번 거사가 필연적인 것이며, 결코 사사로운 원한이 아님을 알릴 수 있소. 또 시민들의 눈에 그렇게 비친다면 우린 암살자가 아니고 숙청자로 불릴 것이오. 그리고 마르쿠스 안토니우스는 생각하지 맙시다. 카이사르의 머리가 잘리면 그의 팔은 더는 움직이지 못하오.

카시우스 그러나 불안해서요. 카이사르에 대한 그의 뿌리 깊은 애정을 생각한다면 말이오…….

브루투스 오, 카시우스, 그는 걱정하지 마시오. 카이사르를 사랑해 봤자 그가 할 수 있는 일은 고작 자기 자신에게 한정될 뿐, 상심한 나머지 카이사르를 따라 죽는 정도일 거요. 그것만으로도 대단한 일, 워낙 천성이 방탕한 데다가 운동을 하거나 친구들과 어울리기 좋아하는 위인이니까.

트레보니우스 염려할 것까진 없습니다. 죽일 것까지도 없고요. 살아남아서 이번 일을 우스개 삼아 말할 그런 위인이오. (시계가 시간을 알린다)

브루투스 가만! 몇 시를 알렸지요?

카시우스 세 시를 쳤소이다.

트레보니우스 이만 헤어집시다.

카시우스 그러나 아직 내 마음에 걸리는 건 카이사르가 오늘 의사당에 나올 건지 아닌지요. 요즘 그는 미신에 빠져 있는 것 같소. 전에는 환상이니 꿈이니 하는 징조 따위를 도무지 거들떠보지도 않았는데, 최근에 일어난 불길한 현상과 간밤의 무시무시한 괴변, 그리고 점쟁이들의 권고 때문에 어쩌면 오늘 의사당에 안 나올지도 모를 일이오.

데키우스 염려 마시오. 만일 그렇게 결심했다면 내가 설득하겠습니다. 그는 귀가 여리니까요. 외뿔소를 속이려면 나무를 이용하고, 곰은 거울을 가지고 생포하고, 코끼리는 함정으로, 사자는 덫으로, 인간이라면 아첨꾼으로 속이라는 이야기가 있잖소. 그런데 그를 보고 당신은 아첨꾼을 싫어하신다고 말했더니 그는 그렇다는 거요. 지독한 아첨에 걸려들었으면서 말이오. 내게 맡기시지요. 내가 그의 비위를 맞출 수 있소. 그래요, 반드시 의사당으로 나오게 하리다.

카시우스 아니오, 우리들 모두가 카이사르를 부르러 가십시다.

브루투스 그럼 여덟 시까지. 늦어도 그때까지는.

킨나 늦어도 그때까지로 하고, 어기지들 마시오.

메텔루스 카이우스 리가리우스는 카이사르를 원망하고 있소. 폼페이우스를 칭찬했다 해서 욕을 먹었거든요. 왜 아무도 그를 미처 생각해 내지 못했을까요?

브루투스 그럼 메텔루스 동지! 그에게 가보시오. 그는 내게 호의를 가지고 있는데, 그럴 만한 까닭이 있소. 그를 내게 보내주시오. 내가 설득해 보리다.

카시우스 날이 밝아오는군요. 그만들 가봐야겠소, 브루투스. 그럼 동지들, 다들 흩어집시다. 그렇지만 우리가 한 말을 모두 명심하시고 진정한 로마인임을 보여줍시다.

브루투스 동지 여러분, 생기 있고 밝은 표정을 지으시오. 우리 계획이 얼굴에 나타나지 않도록. 우리 모두 로마 배우들처럼 쾌활하게 위엄 있고 침착하게 행동합시다. 그럼 여러분, 안녕히들 돌아가시오. (혼자만 남고 모두 퇴장) 이봐, 루키우스! 곤히 잠들었구나. 괜찮다. 잘 자거라, 꿀처럼 달콤한 잠을 즐기려무나. 네게는 고민으로 시달리는 사람의 머릿속에 가득 차게 마련인 악몽도, 망상도 없을 게다. 그래서 저렇듯 세상모르게 자는 거지.

포르티아, 집 안에서 나온다.

포르티아 여보!

브루투스 여보! 웬일이오? 어째서 벌써 일어났소? 새벽 공기가 차가워서 약한 당신 몸에는 해로울 거요.

포르티아 해롭긴 당신도 마찬가지예요. 잠자리에서 슬며시 빠져나가시다니 너무하셨어요. 엊저녁 식사 때도 벌떡 일어나셔서 뭔가 생각하시며 팔짱을 끼고 한숨을 내쉬며 서성거리셨죠. 그래서 제가 무슨 일이냐고 캐물었더니 당신은 저를 쌀쌀한 눈길로 뚫어지게 보기만 하셨어요. 계속 물으니까 당신은 머리를 벅벅 긁으면서 퍽 답답하신 듯 발을 구르시더군요. 그래도 제가 거듭 되물으니까 대답은 안 하시고 화가 나셔는 저에게 나가라고 손짓을 하셨죠. 그래서 물러났어요. 가뜩이나 열에 들뜬 조급한 마음을 건드릴까 두려워서, 저는 남자라면 누구에게든지 흔히 찾아볼 수 있는 일시적인 기분에 지나지 않기를 간절히 바랐어요. 왠지 식사도 안 하시고, 말씀도 안 하시고, 잠도 안 주무시더군요. 걱정이 당신 마음을 바꿔 놨듯이 당신의 육신마저 바꿔 놨더라면 당신을 알아보지 못했을 거예요. 여보, 제발 뭣 때문에 괴로워하시는지 말씀해 주세요.

브루투스 몸이 좀 불편해서 그러오. 그것뿐이오.

포르티아 당신은 현명한 분이라 만일 몸이 불편하시다면 회복할 방법을 궁리하셨을 거예요.

브루투스 물론 그러는 중이오. 여보, 제발 가서 자구려.

포르티아 몸이 불편하시다고요? 그러면서 가슴을 열어 젖힌 채로 걸어다니며 습기 찬 새벽의 안개를 마시는 게 건강에 이롭다는 건가요? 아니, 몸이 불편하시다면서 건강에 이로운 침대를 빠져나오셔서 해로운 밤공기에 몸을 맡기시다니, 차갑고 더러운 공기를 마셔서 병을 도지게 하겠단 말씀이에요? 안 돼요 여보, 병의 근원은 당신 마음속에 뿌리를 내리고 있어요. 그러니 저는 아내라는 위치와 권리로서 그걸 알아야 하겠어요. (무릎을 꿇으며) 이렇게 무릎을 꿇고 빌겠어요. 한때 당신이 칭찬해 주셨던 제 아름다움과 숱한 사랑의 맹세, 그리고 우리를 하나로 맺어준 그 소중한 서약을 두고 말예요. 그러니 제게, 당신의 반쪽에게, 곧 당신 자신에게 말씀해 주세요. 왜 그렇게 우울하시죠? 그리고 어젯밤 당신을 찾아온 분들은 누구예요? 예닐곱 명쯤 되는 분들이 어둠 속에서도 얼굴을 가리고 계시던데.

브루투스 일어서요, 여보.

포르티아 당신이 상냥하게만 대해 주신다면 이럴 필요도 없겠죠. 이것 보세요, 당신에 관한 비밀을 제가 알아서는 안 된다는 조항이라도 결혼 서약에 있었던가요? 부부는 한마음 한 몸이라면서 그저 식사나 함께하고, 잠자리나 즐겁게 해주며, 말동무나 돼주는 그런 건가요? 전 그저 당신 애정의 언저리에서 맴돌며 살라는 건가요? 만일 그렇다면 이 포르티아는 브루투스의 정부이지 아내는 아니에요.

브루투스 당신이야말로 나의 진실하고 어진 아내요. 당신은 내 슬픈 심장에 흐르는 붉은 피만큼이나 소중한 사람이오.

포르티아 그 말씀이 진정이시라면 비밀을 꼭 알아야겠어요. 저는 제가 여자임을 인정해요. 그러나 또한 브루투스 당신이 아내로 맞이한 여자예요. 저는 제가 여자임을 인정해요. 그러나 또한 명망 있는 카토 장군의 딸이에요. 그런 제가 보통 아낙들처럼 허약하다고 생각하세요? 비밀을 말해 주세요. 결코 입 밖에 내지 않을 거예요. 저는 제 결심이 강하다는 걸 증명해 드렸지 않았습니까. 이렇게 제 손으로 여기 허벅지에 상처를 내서 보여드렸잖아요. 그러한 것도 참아낼 수 있는 제가 남편의 비밀을 못 지킨단 말이에요?

브루투스 오 신들이여, 이렇게 훌륭한 아내에게 부끄럽지 않게 해주소서! (노크 소리) 아, 소리가 나오! 부인 잠시 들어가 있어요. 천천히 내 마음의 비밀을 모두 당신의 가슴에 이야기하리다. 동지들과 나눈 맹세도 모두 당신한테 설명하리다. 내 고민스런 이마에 박힌 주름까지도. 그러나 지금은 어서 들어가시오. (포르티아 퇴장) 루키우스, 누가 오셨나?

루키우스, 머리를 싸맨 리가리우스를 부축하고 등장.

루키우스 여기 병자 한 분이 나리를 뵙겠답니다.

브루투스 메텔루스가 말하던 카이우스 리가리우스로군. 이봐, 좀 비켜 서게. 카이우스 리가리우스! 어서 오시오.

리가리우스 안녕하시오? 앓는 사람의 아침 인사를 받으시오.

브루투스 오, 용감한 카이우스. 하필이면 이런 때 두건을 쓰시다니! 병환이 나으시길 바라오!

리가리우스 난 병자가 아닙니다. 브루투스 당신이 명예로운 이름에 어울리는 계획만 갖고 있다면 말입니다.

브루투스 그런 계획이야 갖고 있습니다만 리가리우스, 그걸 듣는 건강한 귀 만 가지셨다면.

리가리우스 로마인들이 섬기는 신들에게 맹세하지요. 여기 내 병을 내동댕이 치겠소! (두건을 벗는다) 로마의 넋이여! 명예로운 혈통을 이어받은 용감한 사 나이여! 당신은 귀신을 쫓아내듯이 다 죽어가던 내 영혼을 불러일으켜 주 었습니다. 자, 돌격을 명하시오. 나는 불가능과도 싸울 거요. 아니, 반드시 정복할 거요. 할 일은 뭔가요?

브루투스 뭐 대단한 일은 아니지요. 병자를 고치는 일입니다.

리가리우스 하지만 건강한 사람을 병들게 할 필요도 있겠죠?

브루투스 우리가 할 일이 바로 그겁니다. 그것은요, 자, 카이우스, 그 일이 무 엇인지는 그 사람 집으로 가면서 말해 주겠소.

리가리우스 자, 앞장을 서시지요. 나는 새롭게 불타오르는 용기를 갖고 당신 을 따르리다. 무슨 일을 하는진 모르나 브루투스가 앞장선다면 그것으로 충분하오.

브루투스 그럼 나를 따르시오. (모두 퇴장)

〔제2막 제2장〕

카이사르의 저택.
천둥과 번개. 카이사르가 실내복 차림으로 등장.

카이사르　오늘 밤은 하늘과 땅이 마냥 요동을 치는군. 칼푸르니아가 잠자면서 "사람 살려요! 그들이 카이사르를 죽이려고 해요!" 세 번이나 소리를 쳤어. (큰 소리로) 거기 누구 있느냐?

하인 등장.

하인　부르셨습니까?
카이사르　즉시 신관들한테 가서 제물을 바치라 일러라. 그리고 점괘를 알아 오너라.
하인　네, 알겠습니다. (퇴장)

칼푸르니아 등장.

칼푸르니아　무슨 말이에요, 여보? 설마 나가시려는 건 아니죠? 오늘은 한 발 자국도 집에서 나가시면 안 됩니다.
카이사르　카이사르는 나갈 거요. 나를 위협했던 자들도 있었으나 내 앞에서 대들지는 못했었소. 그들이 카이사르의 얼굴을 보게 되면 다 사라지게 마련이오.
칼푸르니아　여보, 저는 징조 같은 건 믿지 않지만 오늘은 왠지 겁이 나요. 우리가 보고 들은 것 말고도, 집안사람들 이야기로는 야경꾼들이 소름 끼치는 광경을 보았대요. 암사자가 거리에서 새끼를 낳았고, 무덤들이 입을 열어 시체를 토해 냈답니다. 구름 위에서 용감하고 용맹한 용사들이 진을 치고 대열을 편성, 맹렬한 결투를 벌여 의사당 위에 마치 빗방울처럼 피를 뿌리더랍니다. 칼 부딪치는 소리가 하늘에 울리고, 군마가 울부짖고, 죽어가는 병사들이 신음하고, 망령들이 외마디 소리를 지르며 거리를 헤매더랍니다. 오 여보! 이건 예삿일이 아니에요. 정말 걱정이 돼요.
카이사르　어떻게 피할 수 있겠소, 위대한 신들이 하고자 하는 일이라면? 아무래도 카이사르는 가야만 하오. 여러 징조들은 카이사르 한 사람이 아니라 온 세상 사람들에 대한 거니까.
칼푸르니아　거지가 죽는다고 혜성이 나타나지는 않아요. 하늘도 귀인이 죽을 때만 불꽃을 뿜어 죽음을 알려준답니다.

카이사르 비겁자는 죽기까지 몇 번이든 되풀이해 죽지만 용감한 자는 단 한 번 죽음을 맞이하는 법이오. 내가 지금까지 들어온 많은 일 가운데 가장 이상한 일은 사람들이 죽음을 두려워하는 거요. 사람의 목숨은 하늘에 달려 있는 법이오. 갈 때가 되면 가게 마련이오.

하인 다시 등장.

카이사르 신관이 뭐라고 하더냐?

하인 카이사르 각하께서는 오늘 외출하지 마시랍니다. 제물로 바친 짐승의 내장을 꺼내 살피니, 그 짐승에게 심장이 없었다고 합니다.

카이사르 신이 비겁자에게 창피를 주시려 함이오. 만일 겁에 질려서 오늘 집에 죽치고 있다면 카이사르는 심장이 없는 짐승이 되고 말 거요. 아니, 이 카이사르는 그럴 수 없소. 나도 위험 그 자체, 카이사르가 위험한 존재라는 걸 잘 아오. 위험과 나는 같은 날에 태어난 쌍둥이 사자인데 내가 형님뻘이니 더 무섭지. 그러니까 나는 가야 하오.

칼푸르니아 오, 어쩌면 그러세요? 당신은 자신감에 넘쳐 분별을 잃으셨군요. 여보, 오늘은 가지 마세요. 당신을 집에 붙드는 건 당신의 공포가 아니라 제 공포 때문이에요. 마르쿠스 안토니우스를 원로원으로 보냅시다. 당신이 오늘 편찮다고 전하세요. 이렇게 무릎을 꿇고 빌 테니 이번만은 들어주세요. (무릎을 꿇는다)

카이사르 마르쿠스 안토니우스를 보내서 내가 편치 않다 전하리다. 당신을 위해 집에 있겠소.

데키우스 등장.

카이사르 데키우스 브루투스가 오는군. 저 사람에게 부탁하지.

데키우스 카이사르 각하, 문안드립니다! 안녕히 주무셨습니까, 각하? 각하를 원로원으로 모시려고 왔습니다.

카이사르 때맞춰 정말 잘 와줬소. 원로원 의원들에게 내 인사를 전해 주오.

오늘 내가 못 나간다는 말을 덧붙여서. 못 간다는 건 거짓말이고, 갈 수 없다는 건 더더욱 거짓말이오. 나는 오늘 나가지 않을 거요. 그렇게 전해 주오, 데키우스.

칼푸르니아 편찮으시다고 말씀해 주십시오.

카이사르 카이사르더러 거짓말을 전하게 시키라니? 내 팔이 뻗치는 한, 세계를 두루 정복한 내가, 저 반백의 노인들에게 진실을 말하는 걸 두려워할 리 있겠소? 데키우스, 가서 말하오. 카이사르는 나가지 않을 거라고.

데키우스 위대하신 카이사르 각하, 그 이유를 말씀해 주십시오. 제가 그대로 전하면 틀림없이 저를 비웃을 것입니다.

카이사르 그 이유는 내 의지에, 가지 않는다는 의지에 있소. 그것이면 원로원은 충분히 이해할 것이오. 하지만 내가 그대를 좋아하니 그대만은 명확히 이해하도록 사실을 말해 주리다. 실은 여기 있는 안사람 칼푸르니아가 날더러 집에 있으라는 거요. 간밤에 꿈을 꾸었는데, 내 조각상이 마치 물구멍이 백 개나 달린 분수처럼 시뻘건 피를 뿜어대고 있는 걸 보았다지 뭐요. 그리고 험상궂은 수많은 로마인들이 웃으며 몰려와서 피에 손을 씻더라는 거요. 내 아내는 그 꿈을 재앙이 일어날 흉조라 생각하고 있소. 그래서 오늘 집에 있어 달라며 무릎을 꿇고 애원하는 게 아니겠소.

데키우스 그 꿈풀이가 완전히 잘못된 것 같습니다. 그건 좋은 꿈이고 행운의 꿈입니다. 각하의 조각상이 무수한 구멍에서 피를 뿜어대고 거기에서 많은 로마인들이 웃으며 손을 씻은 것은 위대한 로마가 각하에게서 부활의 피를 마신다는 것을, 귀족들이 몰려온 것은 카이사르의 피에 그들의 손수건을 적셔 기념하고, 또 영예의 표시로 삼는 걸 뜻합니다. 이것이 부인께서 꾸신 꿈의 뜻입니다.

카이사르 그런데 당신의 꿈풀이가 참 그럴듯하오.

데키우스 그렇습니다. 제 말을 들으시면 분명해질 겁니다. 원로원 결의에 따르면 오늘 위대한 카이사르 각하에게 왕관을 바치기로 되어 있습니다. 각하께서 나오시지 않겠다는 전갈을 보내시면 의원들 마음이 바뀔 것입니다. 뿐만 아니라 누가 이렇게 비웃어댈지도 모를 일입니다. "당분간 원로원은 휴회합시다. 카이사르 각하의 부인께서 좋은 꿈을 꾸실 때까지." 또 각하께서 몸을 숨기시면 그들은 "봐요, 카이사르가 겁먹었어" 수군거릴 겁니다. 용서하십시오, 각하. 이건 다만 각하의 영광을 소망하고 흠모하는 나머지 그만 이렇게 눈이 멀어 아주 순수한 충정에서 드린 말입니다.

카이사르 부인, 당신은 쓸데없는 걱정을 한 것 같소! 나 또한 당신에게 양보하려고 한 게 부끄럽소. 어서 예복을 가져오시오, 나가봐야겠소.

푸블리우스, 브루투스, 리가리우스, 메텔루스, 카스카, 트레보니우스, 킨나 등장.

카이사르 아, 저기 푸블리우스가 날 수행하러 오는군.

푸블리우스 안녕히 주무셨습니까, 각하?

카이사르 잘 오셨소, 푸블리우스. 웬일이오, 브루투스, 그대도 이른 시각에 나와주었군요? 좋은 아침이오, 카스카. 카이우스 리가리우스, 카이사르는 절대로 그대의 적은 아니었소. 그대를 여위게 한 학질이 오히려 강적이었소. 지금 몇 시요?

브루투스 각하, 여덟 시입니다.

카이사르 여러분의 노고와 친절을 고맙게 생각하오.

안토니우스 등장.

카이사르 여! 밤새도록 술을 진탕 마셨는데도 안토니우스가 용케 일어났군. 잘 잤나, 안토니우스?

안토니우스 카이사르 각하께 인사드립니다.

카이사르 (칼푸르니아에게) 안에 들어가 준비하라고 이르시오. (칼푸르니아 퇴장) 이렇게 오래 기다리게 하다니 내 잘못이오. 여, 킨나. 아, 메텔루스. 그리고 트레보니우스도! 당신과는 할 말이 있는데 한 시간이면 되오. 잊지 말고 오늘 내 집에 와주오. 자 이리 가까이, 당신을 잊지 않기 위해 내 곁에 서시오.

트레보니우스 각하, 그러지요. (혼잣말로) 암, 바싹 붙어 있지. 내가 멀리 떨어져 있었더라면 하고 당신의 친구들이 후회하도록.

카이사르 여러분, 안에 들어가서 한잔합시다. 그리고 친구답게 우리 함께 곧바로 갑시다.

브루투스 (혼잣말로) 그래 친구답게, 그러나 친구는 아니지. 오 카이사르, 그걸 생각하면 이 브루투스의 가슴이 메인다! (모두 퇴장)

〔제2막 제3장〕

의사당 부근의 거리.
아르테미도루스가 손에 든 쪽지를 펼치며 등장.

아르테미도루스 (읽는다)

카이사르, 브루투스를 경계하시오. 카시우스도 조심하시오. 카스카를 가까이 마시오. 킨나를 눈여겨보시고 트레보니우스를 믿지 마시오. 메텔루스 킴버도 주의하시오. 데키우스 브루투스는 당신을 좋아하지 않습니다. 당신은 카이우스 리가리우스를 박대했소. 이자들이 모두 한마음으로 카이사르 각하에게 반역을 도모하고 있습니다. 당신이 불사신이 아니거든 신변을 조심하시오. 방심은 음모에 길을 터주는 법. 위대한 신들의 가호가 당신에게 있으시기를! 각하를 경애하는 아르테미도루스 올림.

카이사르가 지나갈 때까지 여기 서 있다가 청원자처럼 이 쪽지를 직접 드려야지. 덕망 높은 분도 질투의 독이 묻은 이빨에서 벗어나지 못한다는 걸 생각하면 가슴이 메어지는군. 이 글을 읽으면, 오, 카이사르여, 살아날 수 있을 거요. 만일 이것을 못 읽는다면 운명은 반역자들과 한패가 될 거요. (퇴장)

〔제2막 제4장〕

의사당 부근의 거리. 브루투스의 저택 앞.
포르티아와 루키우스, 집에서 나온다.

포르티아 이봐, 어서 빨리 원로원으로 달려가라. 대답은 필요 없다. 어서 가라니까. 왜 꾸물대지?

루키우스 어떤 심부름인지 알아야지요, 마님.

포르티아 먼저 거기 갔다가 돌아오면 그곳에서 해야 할 일을 말해 줄 수 있어. (혼잣말로) 오 굳센 의지여, 내 편이 되어다오! 내 심장과 혀 사이를 거대한 산으로 막아다오! 마음은 남자로되 힘은 역시 여자이구나. 여자로서 비밀을 지키기가 이다지도 어려운가! 넌 아직도 안 가고 있느냐?

루키우스 마님, 제가 할 일이 무엇이옵니까? 의사당으로 달려가는 것, 그것뿐이옵니까? 그리고 되돌아오는 것, 그뿐이옵니까?

포르티아 그래, 나리의 얼굴색이 괜찮으신지 잘 보고 와라. 나가실 때 몸이 안 좋으셨으니까. 그리고 카이사르 나리께선 어떻게 하고 계시는지, 어떤 소청인들이 나리께 몰려드는지 잘 보고 와라. 들어봐! 저게 무슨 소리지?

루키우스 아무것도 안 들리는데요, 마님.

포르티아 잘 들어보려무나. 싸움질하듯 왁자지껄하는 소리가 들렸어. 바람을 타고 의사당 쪽에서 들려왔어.

루키우스 고정하십시오, 마님. 정말 아무 소리도 안 들립니다.

점쟁이 등장.

포르티아 이보세요, 이리 좀 오세요. 어디서 오시는 길이에요?

점쟁이 제 집에서 오는 길이죠, 부인.

포르티아 지금 몇 시에요?

점쟁이 아홉 시쯤인가 봅니다, 부인.

포르티아 카이사르 각하께서는 의사당에 가셨나요?

점쟁이 아직 안 가셨습니다. 저도 자리를 잡으러 가는 길이죠. 의사당으로 가시는 그분을 뵈러요.

포르티아 카이사르께 청원이 있으신가 보군요?

점쟁이 그렇습니다만, 부인. 다행히 카이사르 각하께서 기꺼이 제 말을 귀담아들어 주신다면 몸을 조심하시도록 간청하려고요.

포르티아 왜요, 혹 그분을 해치려는 역모라도?

점쟁이 꼭 그렇다는 건 아니지만, 그럴 수도 있다는 염려 때문이지요. 그럼 안녕히 계십시오. 이곳은 거리가 좁아서 카이사르를 뒤따르는 원로원 의원, 법관, 일반 청원자들이 떼를 지어 몰려들다 보면 약한 자는 밟혀 죽기 안성맞춤이지요. 그러니 좀 널찍한 데로 가 있다가 위대한 카이사르가 지나가면 그분께 말씀을 드려야겠습니다. (퇴장)

포르티아 (혼잣말로) 집으로 들어가자…… 아, 여자의 마음이란 이토록 나약한가! 오 브루투스, 당신의 거사를 하늘이 도와주시기를! 쟤가 들었으면 어쩌지. 브루투스의 청원을 카이사르가 안 들어줄지도 몰라. 아, 기절할 것 같아. (루키우스에게) 달려가라 루키우스, 그리고 주인님께 난 잘 있다고 전해라. 그리고 돌아와서 그분이 네게 하신 말씀을 내게 들려다오. (모두 퇴장)

〔제3막 제1장〕

로마. 원로원 앞.
회의실 안에서 회의 중인 원로원 의원들의 모습이 열려 있는 문들을 통해 보인다. 군중이 카이사르를 기다리고 있다. 그 가운데 아르테미도루스와 점쟁이도 끼어 있다. 화려한 나팔 소리. 카이사르, 브루투스, 카시우스, 카스카, 데키우스, 메텔루스, 트레보니우스, 킨나, 안토니우스, 레피두스, 포필리우스, 푸블리우스, 그 밖의 사람들 등장.

카이사르 (점쟁이에게) 3월 15일이 되었다.
점쟁이 카이사르 각하, 아직 지나지는 않았습니다.
아르테미도루스 카이사르 각하! 제발 이 편지를 읽어주십시오.
데키우스 트레보니우스의 청원이 있습니다. 시간 나시는 대로 끝까지 읽어주시기 바랍니다.
아르테미도루스 각하, 부디 제 편지를 먼저 읽어주시옵소서. 제 청원은 카이사르 각하와 깊은 관계가 있사오니 먼저 읽어주시옵소서, 위대한 카이사르 각하!
카이사르 나와 관련된 것이라면 나중으로 돌리겠소.
아르테미도루스 지체하지 마시옵소서 각하, 당장 읽으셔야 하옵니다.

카이사르 아니, 저자가 미쳤나?

푸블리우스 (아르테미도루스를 밀어내며) 이봐라, 저리 비켜.

카시우스 거리에서 청원을 하다니 무엄하다. 의사당으로 오라. (카이사르, 원로원으로 들어간다. 일행은 그의 뒤를 따른다. 원로원 의원들이 자리에서 일어난다.)

포필리우스 오늘 여러분의 계획이 성공하기를 기원합니다.

카시우스 계획이라니, 포필리우스?

포필리우스 그럼 안녕히. (카이사르에게로 간다)

브루투스 뭐라고 했소, 포필리우스 레나가?

카시우스 오늘 우리들 계획이 성공하기를 빈다고요. 혹시 우리의 음모가 탄로난 것이 아닐까요?

브루투스 카이사르에게 가 있으니 눈여겨보시오.

카시우스 카스카, 빨리 해치웁시다. 발각될까 두렵소. 브루투스, 어쩌면 좋겠소? 들통나는 날엔 카시우스나 카이사르나 한 사람은 죽은 목숨이오. 난 자결하겠소.

브루투스 카시우스, 침착하시오. 포필리우스 레나가 우리 계획을 일러바치는 게 아니잖소. 보시오, 그가 웃고 있는 걸. 카이사르의 표정도 변함없소.

카시우스 트레보니우스는 때를 잘 알고 있소. 보세요 브루투스, 그가 마르쿠스 안토니우스를 한쪽으로 끌고 가요. (안토니우스와 트레보니우스, 웃으면서 퇴장)

데키우스 메텔루스 킴버는 어디 있소? 그가 빨리 카이사르한테 청원서를 내야 하는데.

브루투스 준비는 다 됐소. 곁에 가서 그를 돕도록 하시오.

킨나 카스카, 맨 먼저 찌를 사람은 당신이오.

카이사르 준비는 다 되었소? (음모자들이 다가와서 그의 의자를 에워싼다. 카스카만은 좀 떨어져 있다) 카이사르와 원로원 의원들이 시정해야 하는 문제가 무엇이오?

메텔루스 (무릎을 꿇으며) 가장 고귀하시고 가장 강력하시며 가장 권세 높으신 카이사르 각하, 메텔루스 킴버는 비천한 가슴을 각하 앞에 던지옵니다…….

카이사르 그런 짓 하지 마오, 킴버. 그렇게 무릎을 꿇고 머리를 조아리면 졸장부나 허영심에 들떠 막중한 국법과 계율을 어린애들 변덕처럼 뒤엎을지 모를 일이오. 엉뚱한 생각은 마시오. 이 카이사르의 핏줄에는 숫보기들이나 녹이는 달콤한 말에 철석같은 의지가 허물어지는 흐리멍덩한 피는 흐르지 않소. 꿀 바른 말, 굽실거리는 태도, 개처럼 비굴한 아첨 따윈 소용없소. 그대의 형은 국법에 따라 쫓겨난 것이오. 그런 형을 위해 허리를 꺾고 애원을 하며 매달리면 그대도 들개처럼 손 닿지 않는 곳으로 쫓아내 버리겠소. 이 카이사르는 남을 억울하게 하지도 않을뿐더러 명분 없는 용서도 하지 않을 것이오.

메텔루스 누구 안 계시오, 나보다 훌륭한 목소리로 각하의 귀에 다정하게 들리도록 쫓겨난 형의 사면을 간청드려 주실 분이?

브루투스 각하의 손에 입을 맞추겠습니다. 아첨은 아니옵니다, 각하. 바라옵건대 푸블리우스 킴버의 추방을 즉시 취소해 주소서.

카이사르 무슨 말이오, 브루투스!

카시우스 (매우 공손하게) 사면을 간청드립니다, 카이사르 각하. 사면을 해주십시오. 카시우스는 이렇게 각하의 발아래 엎드려 푸블리우스 킴버의 사면을 청원드립니다.

카이사르 내가 그대와 같다면 마음이 움직일 수도 있을 거요. 내가 애원으로 사람의 마음을 움직일 수 있는 사람이라면 나도 그대의 애원에 움직였을 거요. 그러나 나는 북극성처럼 흔들림이 없소. 하늘에서 오직 하나 변하지 않는 별 말이오. 하늘에는 셀 수 없이 많은 별들이 박혀 있으며 그 모두가 불덩어리이고 그 하나하나가 빛나고 있지만 제자리를 굳건히 지키는 별은 오직 하나뿐이오. 인간 세계도 같소. 이 땅 위에는 수많은 사람이 있고, 사람마다 혈육이 있으며 이성을 지니고 있소. 하지만 내가 알고 있는 수많은 사람 가운데 의연히 제자리를 지키고 있는 사람은 하나뿐이오. 그건 바로 나요. 자, 그걸 좀 보여주리다. 나는 킴버의 추방을 한결같이 주장했고, 지금도 그 주장을 꺾을 생각은 전혀 없소.

킨나 오, 카이사르…….

카이사르 물러가라! 올림포스산을 감히 움직이려 드는가?

데키우스 위대하신 카이사르 각하…….

카이사르 브루투스가 무릎을 꿇어도 소용없소.

카이사르 살해 카를 테오도로 폰 필로티
킴버가 카이사르의 옷자락을 끌어당기면서 탄원서를 내밀고 있고, 카스카가 카이사르 바로 뒤에서 칼을 쳐들고 있다.

카스카 손이여, 대신 말해 다오! (카이사르를 뒤에서 찌른다. 카이사르가 의자에서 일어나 피하려고 한다. 음모자들은 그를 폼페이우스 석상 곁으로 몰고 가서 난도질을 한다)

카이사르 (브루투스마저 공격해 오는 것을 보고 얼굴을 가리며) 브루투스, 너마저? 그렇다면 최후다, 카이사르! (죽는다. 원로원 의원들과 사람들이 혼란스럽게 물러난다)

킨나 자유다! 해방이다! 폭정은 무너졌다! 달려가서 선포하라! 거리마다 소리쳐라!

카시우스 누가 광장 연단으로 가서 "자유다, 해방이다, 자치를 되찾았다!"고 외치시오.

브루투스 시민들과 의원 여러분, 두려워 마십시오. 달아나지 마시고 조용히 계십시오. 그의 야심이 대가를 치렀을 뿐입니다.

카스카 연단으로 가시오, 브루투스.

카이사르의 죽음　빈첸초 카무치니
암살을 도모한 귀족들 사이에서 양아들 브루투스를 발견하고 절규한다. "브루투스, 너마저……"

데키우스　그리고 카시우스도.

브루투스　푸블리우스는 어디 있소?

킨나　여기요, 이번 거사에 꽤나 놀랐나 보오.

메텔루스　굳게 뭉쳐 있어야 합니다. 방심해선 안 돼요. 만일 카이사르의 추종자들이…….

브루투스　그럴 필요는 없소. 푸블리우스, 힘을 내시오. 당신을 해칠 생각은 없소. 또한 로마 시민 어느 누구도. 사람들에게 그리 전해 주시오, 푸블리우스.

카시우스　여길 떠나십시오, 푸블리우스. 민중이 몰려들어 혹시나 늙으신 몸에 누를 끼칠까 걱정입니다.

브루투스　그렇게 해주시오. 이 거사의 책임은 행동자인 우리가 지는 겁니다.

트레보니우스 혼자 돌아온다.

카시우스 안토니우스는 어디 있소?

트레보니우스 놀라서 자기 집으로 도망쳤소. 남녀노소 할 것 없이 최후의 심판일을 만난 듯 눈을 휘둥그렇게 뜨고 소리를 지르며 달아났어요.

브루투스 운명이여, 네 마음을 알고 싶구나. 어차피 인간은 죽는 목숨. 다만 문제가 되는 것은 그 시기일 뿐, 괴로운 삶의 나날을 언제 마치느냐는 거다.

카시우스 그러니 20년 동안이나 수명을 단축시켜 주는 건 죽음의 공포를 그만큼 덜어주는 셈이오.

브루투스 그렇다면 죽음은 은혜임이 분명하오. 우리는 카이사르가 죽음을 두려워하는 세월을 덜어주었으니까 그의 친구요. 허리를 굽히시오. 로마인들이여, 허리를 굽혀 카이사르의 붉은 피에 우리 팔꿈치까지 적셔 칼을 피로 얼룩지게 합시다. 그러고는 우리 모두 광장으로 나아갑시다. 피 묻은 칼을 머리 위로 휘두르며 우리 모두 '평화, 자유, 해방!'을 외칩시다!

카시우스 허리를 굽혀 손을 적십시다. (모두 그렇게 한다) 후세에 두고두고 우리의 이 장렬한 장면이 되풀이 상연될 것이오. 아직 태어나지도 않은 나라에서 그리고 미지의 언어로도!

브루투스 지금 폼페이우스 석상 아래 지푸라기처럼 쓰러져 있는 이 카이사르는 몇 번이나 무대에서 되풀이하여 피를 흘릴 것인가!

카시우스 그것이 연극으로 재현될 때마다 우리야말로 우리 조국에 자유를 안겨준 의사(義士)라고 번번이 불릴 거요!

데키우스 그럼 가봅시다.

카시우스 자, 다들 갑시다. 브루투스가 앞장을 서고, 우린 가장 용감하고 고결한 로마인으로서 그 뒤를 따릅시다.

안토니우스의 하인이 등장하여 브루투스 앞에 무릎을 꿇는다.

브루투스 잠깐! 저게 누구요? 안토니우스의 사람이군.

하인 브루투스 나리, 저의 주인이 이렇게 나리 앞에 무릎을 꿇으라 하셨고, 나리 발밑에 엎드리라고 일러주셨습니다. 꿇어 엎드려서 이렇게 말씀드리란 분부가 있으셨답니다. "브루투스는 고결하시고 현명하시며 용감하시고 정직하십니다. 카이사르는 강력하시고 용맹하시며 위엄 있으시고 자애로운

영화 〈율리우스 카이사르〉 조셉 맨키위즈 감독, 말론 브란도(안토니우스 역)·제임스 메이슨·존 길구드 출연. 1953.

분이셨습니다. 나는 브루투스를 사랑하고 존경하며, 카이사르를 두려워했고 존경했고 사랑했습니다. 만일 브루투스께서 안토니우스의 안전을 보장하시어 찾아뵙는 것을 너그럽게 허락하시고 카이사르가 죽어 마땅한 까닭을 설명해 주신다면, 마르쿠스 안토니우스는 죽은 카이사르보다 살아 계신 브루투스를 더 사랑할뿐더러, 고결하신 브루투스와 운명을 함께하여 불투명한 이 상황을 수습하는 데 성심껏 이바지하겠습니다." 이렇게 저의 주인 안토니우스께서 말씀하셨습니다.

브루투스 그대의 주인은 현명하고 용감한 로마인이시다. 섭섭하게 생각한 적이 없다고 전하라. 이곳에 오시면 충분히 설명할 것이며, 일신의 안전은 내 명예를 걸고 약속한다고 말이다.

하인 그럼 당장 모셔오겠습니다. (퇴장)

브루투스 마르쿠스 안토니우스를 우리 편으로 끌어들이는 게 좋을 듯하오.

카시우스 나도 같은 생각이나 그래도 무척 염려되오. 그런데 내 걱정은 언제나 맞아떨어지거든요.

브루투스 어쨌든 안토니우스를 오라고 합시다.

안토니우스, 입구에서 그 하인과 만나 이야기를 들으며 고개를 끄덕인다.

브루투스 어서 오시오, 마르쿠스 안토니우스.

안토니우스 (곧바로 카이사르 시체 앞으로 가서 무릎을 꿇는다) 오, 위대한 카이사르! 이런 비참한 모습이 되시다니! 당신의 정복, 영광, 승리, 전리품의 모든 것이 이런 모양으로 일그러졌단 말입니까? 삼가 명복을 비나이다! (일어선다) 여러분의 의도가 무언지 또 누가 피를 흘려야 하고 누가 피의 숙청을 당할지 나는 모릅니다. 만일 내 피를 보겠다면 카이사르가 돌아가신 이때보다 더 적당한 순간은 없을 겁니다. 그리고 온누리에서 가장 고귀한 피로 새빨갛게 물든 여러분의 칼보다 더 알맞은 무기도 없을 것입니다. 바라건대 나를 미워한다면 자, 붉게 물든 그 손이 피비린내와 김을 뿜고 있는 이상 마음대로 하십시오. 내가 천 년을 산다 해도 지금보다 더 기꺼이 죽을 수는 없을 겁니다. 죽음의 장소로 보나 방법으로 보나 이 이상 바람직한 경우도 없습니다. 여기 카이사르 곁에서 이 시대를 대표하는 실권자들 손에 죽게 된다면 말입니다.

브루투스 오, 안토니우스! 우린 당신의 죽음을 바라지 않소. 지금은 우리가 잔인하고 비정하게 보일지 모르겠소. 우리의 이 손, 그리고 우리의 현재 이 행위만을 보아서는 말이오. 그러나 그건 우리의 손이 저지른 피비린내 나는 행위만을 보았을 뿐 우리 마음을 보지 않았기 때문이오. 마음은 연민의 정으로 가득 차 있소. 로마인이면 누구나 겪고 있는 고초에 대한 연민이—불이 불을 끄고, 연민이 연민을 몰아내듯—카이사르를 해치게 된 것이오. 마르쿠스 안토니우스, 당신에 대해선 우리의 칼끝이 납덩이처럼 무디오. 폭정에 대한 격분에 못 이겨 떨던 우리의 팔이 그리고 형제애로 가득 찬 우리의 가슴이 우정과 신의와 존경을 가지고 당신을 맞이하오.

카시우스 새로운 관직을 정할 때에도 당신의 발언권은 누구보다 강할 것이오.

브루투스 잠깐 기다려 주시오. 우리가 공포에 넋을 잃고 있는 시민들을 진정

시켜야겠소. 그러고 나서 그 까닭을 당신에게 말해 주리다. 카이사르를 죽이는 순간까지도 그를 사랑한 내가, 왜 그런 행동을 할 수밖에 없었는가를.

안토니우스 여러분의 현명한 판단을 굳게 믿습니다. 여러분의 피 묻은 손을 쥐게 해주십시오. 먼저 마르쿠스 브루투스, 당신과 악수합시다. 다음 카이우스 카시우스, 당신의 손을 잡아봅시다. 데키우스 브루투스, 당신의 손을. 자 메텔루스도. 당신, 킨나도. 그리고 용감한 카스카, 손을. 마지막으로 두터운 우정으로서 트레보니우스, 당신의 손을. 여러분 모두…… 아, 뭐라고 말해야 할지? 나는 이제 위태로운 처지에 있소. 여러분은 나를 둘 중의 하나, 비겁자나 아첨꾼으로 생각하시겠죠. 카이사르, 제가 당신을 사랑한 건 사실입니다. 만일 지금 당신의 영혼이 저희를 굽어보신다면 당신의 죽음보다 더 비통하게 느끼실 겁니다. 이렇게 당신의 안토니우스가 고귀하신 카이사르의 유해 앞에서 당신 원수들의 피에 얼룩진 손을 잡고 화해하려는 겁니다. 이 안토니우스에게 당신 상처의 수만큼 많은 눈이 있다면, 상처에서 흐르는 피만큼 많은 눈물을 흘리는 것이 당신의 적들과 우정을 맺는 일보다 더없이 어울리겠죠. 용서하십시오, 율리우스! 용감한 숫사슴처럼 당신은 여기 쓰러지셨습니다. 당신의 사냥꾼들은 여기 버티고 서 있습니다. 당신을 죽인 증거로 당신 생명의 피를 묻힌 채. 오, 세계여, 그대는 이 숫사슴에게 숲이었소. 진실로 오, 세계여, 이 사슴은 그대의 심장이었소. 많은 왕족들에게 살해된 사슴처럼 당신은 여기에 쓰러져 있습니다!

카시우스 마르쿠스 안토니우스…….

안토니우스 용서하시오, 카이우스 카시우스. 카이사르의 적들도 이쯤은 말할 거요. 친구로서 이 정도는 아직도 비정한 거요.

카시우스 당신이 카이사르를 칭송한다고 탓하는 것이 아니오. 앞으로 우리와 관계를 맺겠는가 묻고 싶소. 당신은 우리의 동지가 되겠소? 아니면 당신을 믿지 말고 우리끼리 일을 해나가야겠소?

안토니우스 그래서 나는 당신들의 손을 잡은 겁니다. 그러나 사실 카이사르의 유해를 본 순간 마음이 흔들렸습니다. 나는 당신들의 동지입니다. 당신들 모두를 사랑합니다. 다만 여러분이 이 이유만은 밝혀주기 바랍니다. 어째서, 그리고 어떤 점에서 카이사르가 위험인물이었는지요?

브루투스 이유가 없다면야 잔학한 짓이오. 우리에겐 충분한 이유가 있고도 남소. 안토니우스, 당신이 카이사르의 친아들이라 해도 반드시 인정할 거요.

안토니우스 나는 다만 그것을 알고 싶을 뿐입니다. 그리고 한 가지 간청을 드려도 되겠습니까? 카이사르의 시체를 광장으로 옮겨 시민들 앞에서 그의 친구로서 추도사를 하게 해주십시오.

브루투스 그렇게 하시오, 안토니우스.

카시우스 브루투스, 할 말이 있소. (브루투스에게만 들리게) 당신은 자기가 하는 일을 모르고 있소. 안토니우스에게 절대로 추도사를 허락해서는 안 되오. 그자의 추도 연설로 민중이 얼마나 동요할지 생각해 보았소?

브루투스 (카시우스에게만 들리게) 염려 마오. 내가 먼저 연단에 올라가서 카이사르를 죽인 이유를 밝히겠소. 그리고 안토니우스가 추도사를 하는 건 우리가 승인했다고 공포하겠소. 그리고 카이사르의 장례식을 격식에 맞게 정중히 치를 것을 허락했다고 말하겠소. 그러는 게 해로움보다는 이득이 많을 거요.

카시우스 (브루투스에게만 들리게) 어떤 사태가 벌어질지 난 모르오. 어쨌든 내 키지가 않소.

브루투스 마르쿠스 안토니우스, 자, 카이사르의 유해를 옮기시오. 당신은 추도사에서 우리를 비난해서는 안 되오. 그러나 카이사르를 칭송하는 건 얼마든지 좋소. 다만 우리의 허락을 받았다고 밝히시오. 그렇잖으면 카이사르의 장례에 당신은 전혀 관여할 수 없소. 그리고 내가 먼저 연단에 오를 테니 당신은 내 연설이 끝난 다음에 하시오.

안토니우스 예, 그러겠습니다. 그 이상 바라는 건 없습니다.

브루투스 유해를 모실 준비를 하고 우릴 따라오시오. (안토니우스만 남고 모두 퇴장)

안토니우스 (시체 곁에서 무릎을 꿇는다) 오, 당신은 피에 얼룩진 한 줌의 흙, 저 살인자들에게 점잖고 상냥하게 구는 이 몸을 용서하소서! 지금의 당신은 우리 역사가 있은 이래 가장 고귀한 인간의 폐허입니다. 이 고귀한 피를 흘리게 한 그 손에 재앙이 있으라! 나는 이 상처 앞에서, 벙어리 입처럼 그 붉은 입술을 벌리고 내 혀가 대신 말해 주기를 애원하는 상처 앞에서 예언하노라. 인간의 육신에 저주가 내릴 것이다. 집에서는 골육상쟁이, 국가에서는 처절한 내란이 이탈리아를 온통 휩쓸리라. 피와 파괴가 밥 먹듯 벌어지

연극 〈율리우스 카이사르〉   데보라 워너 연출, 랄프 파인즈(안토니우스 역)·존 슈라넬(카이사르 역) 출연. 런던 바비칸 극장. 2005.
현대 의상을 입은 배우들. 이 장면은 안토니우스가 피투성이인 카이사르의 시신을 발견하는 장면.

고 끔찍한 일들에도 너무나 익숙해져서 자기 아이들이 전쟁의 손톱에 갈기 갈기 찢기고 할퀴어지는 것을 보면서도 어미들은 웃음만 날릴 뿐, 동정심은 악행으로 질식당하리라. 복수를 하기 위해 방황하는 카이사르의 혼령은 지옥에서 갓 나온 복수의 여신 아테를 동반하여 이 국토에서 국왕의 목소리로 외치리라. "때려부숴라!" 명령하며 전쟁의 사냥개들을 풀어놓으리라. 그리고 이 악랄한 행위는 어서 묻어달라고 신음하는 썩은 시체 더미와 더불어 그 악취로 세상을 뒤덮으리라.

옥타비우스의 하인 등장.

안토니우스   넌 옥타비우스 카이사르의 하인이 아닌가, 그렇지?
하인   그렇습죠, 안토니우스 나리.
안토니우스   로마로 오라는 카이사르의 편지가 갔을 텐데.
하인   주인 나리께선 그 편지를 받고 로마로 오시는 중입니다. 직접 말씀을

올리라는 분부를 받았습죠. 오, 카이사르 나리! (카이사르의 시체를 본다)

안토니우스 가슴이 메일 거다. 저만치 가서 울어라. 슬픔은 전염되는 모양이다, 네 눈 속에 맺힌 슬픈 눈물을 보니 내 눈에도 눈물이 고이는구나. 너의 주인이 오시느냐?

하인 오늘 밤엔 로마에서 20마일도 안 되는 곳에 묵으실 겁니다.

안토니우스 그럼 빨리 돌아가서 이 사태를 주인께 알려라. 이곳은 상중(喪中)의 로마이고, 위험한 로마다. 아직은 옥타비우스에게 안전한 곳이 못 돼. 어서 가서 그렇게 전하라. 잠깐 서 있어. 내가 카이사르의 유해를 광장으로 모셔갈 때까지는 돌아가지 말아라. 내 시험해 보련다. 추도사를 통해서 시민들이 이 살인자들의 잔인한 행위를 어찌 보는지. 그리고 그 결과를 알아본 뒤 너의 젊은 주인 옥타비우스에게 상황을 말씀드려라. (카이사르의 시체를 들고 모두 퇴장)

〔제3막 제2장〕

광장.
한쪽에 연단이 있다. 브루투스와 카시우스, 시민들 무리를 지어 등장.

시민들 우리에게 설명하시오. 이유를 밝히시오.

브루투스 친구들이여, 날 따라와서 내 설명을 들어보시오. 카시우스, 당신은 다른 거리로 가오. 군중을 둘로 가릅시다. 내 이야기를 듣고 싶은 사람들은 여기 남으시오. 카시우스를 따를 사람들은 그분과 함께 가시오. 그러고 나서 카이사르를 죽인 나의 명분을 밝히겠소.

시민 1 난 브루투스의 말을 듣겠다.

시민 2 난 카시우스의 말을 들어보겠네. 두 사람의 설명을 따로따로 듣고 나중에 비교해 보세. (카시우스는 몇몇 시민들과 함께 퇴장. 브루투스는 연단에 올라간다)

시민 3 브루투스가 연단에 올라갔다. 조용해!

브루투스 끝까지 참고 들어주시오. 로마 시민들이여, 동포여, 사랑하는 친구들이여! 내가 이유를 밝히겠소. 조용히들 하시고 내 말을 들어주시오. 내 명예를 걸고 말할 테니 내 말을 믿어주시오. 이 사람을 믿겠거든 내 명예를 존중해 주시오. 현명하게 날 판단해 주시고 더욱 현명한 판단을 위해 여러분의 이성을 일깨워 주시오. 만일 여러분 가운데 카이사르의 절친한 친구가 있다면 그분에게 말하겠소이다, 카이사르에 대한 브루투스의 우정도 그분 못지않다고. 그렇다면 아마 그 친구는 나에게 물을 것이오, 브루투스는 왜 카이사르에게 역모를 했느냐고. 내 답변은 이렇소. 내가 카이사르를 사랑하지 않은 것이 아니라, 로마를 더 사랑했기 때문이오. 여러분은 카이사르가 죽고 만인이 자유롭게 사는 것보다, 카이사르가 살고 만인이 노예로 죽는 것을 바라십니까? 카이사르가 날 사랑했기에 그를 위해 울었고, 그가 영광스러웠기에 그를 위해 기뻐했으며, 그가 용감하였기에 그를 존경했습니다. 그러나 카이사르는 야심가였기에 난 그를 죽였소. 카이사르의 사랑에 대해서는 눈물이, 영광에 대해서는 기쁨이 있을 뿐이오. 여기 누가 노예가 되길 바라는 비굴한 사람이 있겠소? 있다면 말하시오. 난 그분에겐 잘못을 저지른 셈이오. 또 로마인이 되고 싶지 않은 어리석은 사람이 어디 있겠소? 있다면 말하시오. 난 그분에게 잘못을 저지른 셈이오. 제 조국을 사랑하지 않을 비열한 사람이 어디 있겠소? 있다면 말하시오. 그분에게 또한 잘못을 저지른 셈이오. 자, 대답을 기다리겠소.

시민 모두 없소, 브루투스, 한 사람도 없소.

브루투스 그렇다면 내겐 아무런 잘못이 없소. 내가 카이사르에게 한 일은 그대로 여러분이 브루투스에게도 할 수 있는 일이오. 카이사르를 죽인 경위는 의사당에 기록해 두겠소. 물론 그것은 그가 받아 마땅한 그의 영광을 결코 훼손하는 것도 아니며, 죽음을 면치 못했던 죄과를 결코 과장하는 것도 아니오.

안토니우스 상복 차림으로 등장. 그 뒤에 카이사르의 시체가 운구되어 들어온다. 관은 뚜껑이 열린 채 관대 위에 올려진다.

브루투스 카이사르의 시체가 옵니다. 애도를 표하고 있는 마르쿠스 안토니우스는 그의 거사에 가담은 안 했지만, 카이사르 죽음의 혜택을 받아 공화국의 국정에 참여하게 된 것이오. 그 점 여러분도 다를 바가 있겠습니까? 한

마디만 더 하고 물러가겠소—나는 로마의 영광을 위해 나의 가장 친한 친구를 죽였소. 만일 나의 조국이 나의 죽음을 요구한다면, 나는 그 칼로 이 가슴을 찌르겠소.

시민 모두 만세, 브루투스! 만세, 만세!

시민 1 만세를 부르며 브루투스를 댁까지 모십시다.

시민 2 브루투스의 조각상을 그분의 선조들 곁에 세우자.

시민 3 브루투스를 카이사르로 추대하자.

시민 4 카이사르의 훌륭한 모습만이 브루투스를 통해 빛날 것이다.

시민 1 환호성을 올리면서 그분 댁으로 모십시다.

브루투스 동포 여러분…….

시민 2 쉿! 조용히! 브루투스 님의 말씀이오.

시민 1 쉿! 조용히!

브루투스 동포 여러분, 나를 혼자 물러가게 해주시오. 날 위해서 여러분은 여기 안토니우스와 남아주시오. 카이사르의 유해에 조의를 표하고 카이사르의 공적을 찬양하는 마르쿠스 안토니우스의 연설을 들어주시오. 안토니우스의 추도사를 허락했소. 부탁하오, 나 혼자 갈 테니 여러분은 안토니우스의 말이 끝날 때까지 아무도 움직이지 말아주시오. (퇴장)

시민 1 모두들 여기 있자! 마르쿠스 안토니우스의 말을 들어보자고.

시민 3 그분을 연단으로 모시자. 다들 들어봅시다. 자, 안토니우스, 어서 올라가시오.

안토니우스 브루투스 덕분에 여러분이 이야기를 들어주신다니 감사하오. (연단에 올라간다)

시민 4 뭐라고 하는가, 브루투스를?

시민 3 브루투스 덕분이라는 거야. 그리고 우리들 모두에게 감사하다고 말하는군.

시민 4 여기서는 브루투스를 욕하지 않는 게 좋을 거야.

시민 1 카이사르는 폭군이었어.

시민 3 암, 그렇고말고. 카이사르를 로마에서 없앤 건 천만다행이야.

시민 2 쉿! 안토니우스가 뭐라 하는지 들어봅시다.

안토니우스 친애하는 로마 시민이여…….

시민 모두 쉿, 조용히! 들어보자.

안토니우스 친구여, 로마인이여, 동포 여러분, 귀를 빌려주십시오. 난 카이사르를 장사 지내러 온 것이지 칭찬하러 온 건 아닙니다. 인간의 악행은 죽은 뒤에도 남지만 인간의 선행은 뼈와 함께 땅에 묻히게 마련이오. 카이사르 역시 그럴 것이오. 고결한 브루투스는 카이사르가 야심에 불탔다고 말했소. 만일 그게 사실이라면 확실히 슬픈 결점이며 가슴 아프게도 카이사르는 그 값을 치렀소…… 나는 브루투스와 그 밖의 분들로부터 허락을 받아 말씀드리는 겁니다. 브루투스는 고매한 분, 그 밖의 분들도 고매하지요. 난 카이사르의 추도사를 하러 이곳에 온 것이오…… 카이사르는 내 친구이며, 내게 성실했고, 공정하셨소. 그러나 브루투스는 그를 야심가라는 거요. 브루투스는 고매한 분이시오. 카이사르는 많은 포로들을 로마로 데려왔으며 포로들의 몸값은 모두 국고에 들여놓았소. 어찌 이것이 카이사르의 야심이란 말이오? 가난한 사람들이 배고파 울부짖을 땐 카이사르도 함께 울었소. 야심이란 이보다 더 냉혹한 마음에서 나오는 법이오. 그런데도 브루투스는 그를 야심가라 하오. 어쨌든 브루투스는 고매한 분이오. 여러분은 보셨을 거요. 루페르쿠스 축제 때 내가 세 번씩이나 카이사르에게 왕관을 바쳤지만, 그는 세 번 다 거절한 것을. 이게 야심이오? 그런데도 브루투스는 카이사르가 야심을 품었다고 말했소. 분명 브루투스는 고매한 분이시오. 내가 브루투스 말씀에 대항하는 건 아니오. 다만 아는 바를 말하기 위해 여기 있는 것이오. 여러분은 한때 카이사르를 분명 사랑했소. 물론 이유가 있어서지요. 그런데도 왜 여러분은 그를 애도하기를 꺼리는 겁니까? 오, 분별력이여! 그대는 짐승한테로 가버리고 사람들의 이성은 그대를 잃었소. 날 용서하시오. 내 심장은 카이사르와 함께 관 속에 들어갔소이다. 심장이 내게로 되돌아올 때까지 잠깐만 기다려 주시오. (눈물을 흘린다)

시민 1 안토니우스 말에도 일리가 있는 것 같군.

시민 2 사태를 꼭꼭 씹어보면 카이사르가 억울하게 당한 것 같아.

시민 3 그럴까? 여보게들, 그렇다면 더 악한 놈이 활개칠까 두렵군.

시민 4 안토니우스 말을 들었소? 카이사르는 왕관을 받으려고 하지 않았대. 그러니 야심이 없었지 뭐겠소.

시민 1 그게 사실이라면 누군가 그 책임을 단단히 져야 할 거요.

시민 2 저런 가엾게! 울어서 눈이 불꽃처럼 빨갛군.

시민 3 로마를 통틀어 안토니우스만큼 고결한 분은 없어.

시민 1 자, 들어보자. 다시 말을 시작한다.

안토니우스 그러나 어제까지 카이사르의 말 한마디면 온 세상을 떨게 하였소. 지금은 저기 쓰러져 어느 누구도 경의를 표하는 사람이 없소. 오 여러분, 만일 내가 여러분의 마음을 선동해서 폭동과 분노를 일으킬 생각이었다면 브루투스에게도 카시우스에게도 욕이 될 것이오. 여러분도 아시다시피 고매한 브루투스에게 말이오. 난 그분들을 욕되게 하지 않겠소. 차라리 죽은 자를 욕되게 하고 나와 여러분을 욕되게 할망정, 그렇게 고매한 그분들을 욕되게 할 수는 없는 일이오. 여기 카이사르의 도장이 찍힌 문서가 있소. 그분의 서재에서 발견한 것이오. 이것은 그의 유언장이오. 시민 여러분이 이 유언의 내용을 듣게 되면—용서하시오, 난 읽을 생각이 없지만—여러분은 아마도 카이사르에게 달려가 상처에 입을 맞추고 저마다 손수건을 꺼내 그 거룩한 피에 적실 거요. 아니, 그분의 머리칼 한 올을 유품으로 간직하고, 여러분이 죽을 때에는 유언장에 적어 가보로서 후손에게 물려줄 거요.

시민 4 유언을 들어봅시다. 읽으시오, 마르쿠스 안토니우스.

시민 모두 유언장이오, 유언장! 카이사르의 유언을 들읍시다.

안토니우스 진정하시오, 친애하는 친구 여러분. 난 읽을 수가 없소. 카이사르가 얼마나 여러분을 사랑했는가를 여러분은 모르는 편이 좋습니다. 여러분은 나무도 아니고 돌도 아니며 인간이오. 인간인 이상 카이사르의 유언을 들으면 반드시 격분해서 정신이 돌아버릴 것이오. 여러분은 모르시는 게 좋겠습니다. 그의 유산 상속자라는 걸. 만일 그걸 알게 되면 오, 어떤 사태가 벌어질지!

시민 4 유언장을 읽으시오. 듣고 싶소, 안토니우스. 카이사르의 유언장을 읽으시오.

안토니우스 진정해 주시오. 잠깐 기다려 주시오. 내가 해선 안 될 말을 여러분에게 한 것 같소. 카이사르를 칼로 찌른 고매한 분들에게 욕이 될까 두렵습니다. 그게 걱정이 됩니다.

시민 4 그들은 반역자요. 뭐가 고매하단 말이오!

영화 〈율리우스 카이사르〉   안토니우스를 연기하는 말론 브란도. 1953.
그는 안토니우스를 열렬한 이상주의자로 연기하고, 군중을 막힘없는 당당한 연설로 부추겼다.

시민 모두   유언장! 유언장!

시민 2   그들은 악당들이요, 살인자들이요. 유언장! 유언장을 읽으시오!

안토니우스 그럼 유언장을 꼭 읽어야 합니까? 그렇다면 카이사르의 유해에 빙 둘러서시오. 그 유언장을 만든 사람을 보여드리겠습니다. 연단에서 내려가도 좋을까요? 허락해 주겠습니까?

시민 모두 내려오시오.

시민 2 내려오시오. (안토니우스 내려간다)

시민 3 내려와도 좋소이다.

시민 4 둘러서요. 삥 둘러서.

시민 1 관대에 바싹 서지 말아요. 유해 곁에 바싹 서지 말라고.

시민 2 안토니우스께 자리를 내드려요. 고결한 안토니우스께.

안토니우스 아, 너무 밀지 마시오. 좀 물러서 주시오.

시민 모두 물러서요. 비켜요! 물러서.

안토니우스 여러분에게 눈물이 있다면 지금이야말로 눈물을 흘릴 때요. 여러분은 이 외투를 아실 겁니다. 나는 카이사르가 이 외투를 처음 입었던 날을 기억합니다. 어느 여름날 저녁 군막 속에서 네르비족을 정복하던 바로 그날이었소. 보시오, 카시우스의 칼이 여기를 찌르고 들어갔소. 시기심 많은 카스카의 칼이 찌른 이 자국을 보시오. 여긴 총애를 받던 브루투스가 찌른 자국이오. 저주받은 칼을 브루투스가 뽑아들었을 때 자, 보시오. 카이사르의 피가 얼마나 쏟아졌는가를. 마치 문밖으로 뛰어나가서 브루투스가 정말 그처럼 잔인한 짓을 했는지 확인하려는 듯이 말이오. 알다시피 브루투스는 카이사르의 총애를 받아왔소. 오, 신들은 살피소서, 카이사르가 그를 얼마나 사랑했는가를! 브루투스가 찌른 이 상처는 가장 잔인무도했소. 고귀한 카이사르는 브루투스가 찌르는 걸 보았을 때 반역자들의 칼보다 훨씬 강한 그 배신에 완전히 압도당해, 그 위대한 심장은 터지고 말았소. 그러고는 외투로 얼굴을 감싸고 바로 폼페이우스 석상 밑에, 마치 그 석상이 쏟아내는 피 속에 묻히듯 위대한 카이사르는 쓰러졌소. 나의 동포여, 이런 처참한 파멸이 어디 있겠소. 여러분이나 나, 우리 모두가 허물어지고 말았소. 피비린내 나는 역모가 승리의 칼을 휘두를 때 말이오. 이제 여러분은 눈물을 흘리는군요, 한 가닥 동정을 느끼나 보군요. 그 눈물이야말로 경건한 눈물이오. 선량한 분들이여, 카이사르의 찢긴 옷만 보고도 운단 말이오? 여길 보시오. 반역자들에게 난도질당한 카이사르가 여기 있소이다. (카이사르의 외

투를 벗긴다)

시민 1 오, 끔찍해라!

시민 2 오, 고귀한 카이사르!

시민 3 오, 원통해라!

시민 4 오, 반역자들, 악당들!

시민 2 복수를 해야 한다.

시민 모두 복수다! 당장! 찾자! 태워라! 불 질러라! 죽여라! 때려잡자! 반역자
는 한 놈도 살려두지 말자!

안토니우스 동포 여러분, 잠깐만.

시민 1 쉿, 조용히! 고결한 안토니우스의 말씀을 들어보자.

시민 2 안토니우스의 말을 듣자, 안토니우스를 따르자, 안토니우스와 죽음을
함께하자.

안토니우스 친구 여러분, 친애하는 친구 여러분, 내 말에 격분해서 갑자기 폭
동의 불길을 일으켜선 안 됩니다. 이번 거사를 한 분들은 고매한 사람들이
오. 무슨 개인적인 원한이 있어 이런 일을 했는지 나는 모르오. 그분들은
현명하고 고매한 분들이오. 틀림없이 그 이유를 여러분에게 설명해 줄 것이
오. 친구 여러분, 나는 여러분의 마음을 도둑질하러 여기 온 게 아니오. 나
는 브루투스처럼 웅변가도 아니오. 여러분이 알다시피 나는 평범하고 무뚝
뚝한 사나이요. 내 친구를 사랑할 뿐이오. 그분들도 그걸 잘 알기 때문에
추도사를 허락한 것이 아니겠소. 나는 슬기도 말주변도 품격도 몸짓도 웅
변술도 사람의 피를 끓게 하는 설득력도 없소. 그저 솔직하게 말할 뿐이오.
여러분 자신도 알고 있는 걸 이야기할 뿐이오. 여러분에게 카이사르의 상처
를, 저 불쌍한 말없는 상처를 보여드려 나 대신 말하게 할 뿐이오. 만일 내
가 브루투스이고 브루투스가 안토니우스라면, 안토니우스는 여러분의 마음
에 불을 질러 카이사르의 상처마다 혀를 달아주며 로마의 돌까지도 부추겨
폭동을 일으키게 했을 것이오.

시민 모두 폭동을 일으키자.

시민 1 브루투스의 집을 불태우자.

시민 3 자, 가자! 가서 음모자들을 때려잡자.

안토니우스 내 말을 들어주시오. 동포 여러분, 내 말을 들어주시오.

시민 모두 쉿, 조용히! 안토니우스의 말을 듣자! 고귀한 안토니우스의 말을!

안토니우스 친구 여러분, 왜 터무니없이 소동을 벌이려 합니까? 도대체 카이사르의 어떤 점이 여러분의 사랑을 받을 만하오? 여러분은 내가 말한 유언장을 잊고 있습니다.

시민 모두 맞다. 유언장! 유언을 들어봅시다.

안토니우스 이것은 유언장이오. 카이사르의 도장이 찍혀 있소. 모든 로마 시민들에게 각각 75드라크마씩을 기증한다는 거요.

시민 1 오, 고귀한 카이사르! 그의 죽음을 복수하자.

시민 3 오, 훌륭한 카이사르!

안토니우스 내 말을 들으시오.

시민 모두 쉿, 조용히!

안토니우스 게다가 카이사르는 여러분에게 그의 장원의 모든 것과 별장과 새로 가꾼 정원과 테베레강의 이쪽 기슭을 기증하셨소. 그리고 여러분의 후손들에게 영원히 그들 마음대로 거닐고 쉴 수 있는 공원을 주시었소. 카이사르는 그런 분이오! 그런 분이 언제 다시 나오겠소?

시민 1 절대로 없소, 절대로. 자 갑시다, 가! 성전에 가서 카이사르의 유해를 화장하고 불붙인 나뭇가지를 가지고 반역자들의 집을 태웁시다. 유해를 옮깁시다.

시민 2 불을 가져오라.

시민 3 의자를 때려 부숴라.

시민 4 의자고 창문이고 닥치는 대로 때려 부숴라. (시민들 뛰어나가고, 관을 맨 사람들이 그 뒤를 따른다)

안토니우스 이젠 될 대로 되라. 재앙아, 일은 벌어졌으니 네가 가고 싶은 대로 가거라.

옥타비우스의 하인이 광장으로 등장.

안토니우스 아, 너로구나!

하인 나리, 옥타비우스 나리께서 로마에 도착하셨습니다.

안토니우스 어디 계시냐?

하인 레피두스 나리와 함께 카이사르 나리 댁에 계십니다.

안토니우스 내가 만나러 곧장 그리로 가마. 마침 때맞춰 오셨구나. 운명의 여신도 기분이 좋으신 모양이니 앞으론 잘될 것도 같다.

하인 주인 나리 말씀이, 브루투스와 카시우스가 미친듯이 로마 성문을 빠져나갔답니다.

안토니우스 내가 민중을 선동한 것을 알아챈 모양이다. 옥타비우스에게 안내하라. (모두 퇴장)

〔제3막 제3장〕

어느 거리.
시인 킨나 등장.

킨나 (혼잣말로) 간밤에 카이사르와 함께 식사를 하는 꿈을 꾸어서인지 불길한 예감이 소용돌이치는군. 나다닐 마음은 없는데도 왜 그런지 밖에 나가게 된단 말이야.

시민들 곤봉을 들고 나타나 킨나를 에워싼다.

시민 1 당신 이름이 뭐요?

시민 2 어딜 가는 길이냐?

시민 3 어디 사는가?

시민 4 결혼했소, 아니면 독신이오?

시민 2 하나하나 솔직하게 대답하라.

시민 1 그리고 간단히.

시민 4 또 하나, 현명하게.

시민 3 그리고 정직하게, 그게 신상에 좋을 거다.

킨나 내 이름이 뭐냐고요? 어딜 가는 길이며, 또 어디 사느냐고요? 결혼했느냐고요? 그럼 하나하나 솔직히, 간단히, 현명하게, 정직하게 대답하리다. 먼저 요령 있게 말하리다. 난 독신이오.

시민2 이건 마치 결혼한 자는 바보라는 말투로군. 그따위로 말하다간 얻어 터질지 모른다. 솔직히 말하라.

킨나 솔직히 말해서 카이사르의 장례식에 가는 길이오.

시민 1 친구로서, 아니면 적으로서?

킨나 친구로서요.

시민 2 그건 솔직하게 대답하는 것 같군.

시민 4 어디 사는지 간단히 대답하라.

킨나 간단히 말해서 의사당 곁에 살고 있소.

시민 2 이름은? 정직하게 말하라.

킨나 정직히 말해서 내 이름은 킨나요.

시민 1 이놈을 찢어 죽여라. 음모자의 한패다.

킨나 난 시인인 킨나요, 시인 킨나.

시민 4 썩어빠진 시를 쓴 놈을 죽이자. 썩어빠진 시를 쓴 놈을 죽이자.

킨나 난 음모자 킨나가 아니오.

시민 4 그런 건 상관없다. 이름이 킨나다. 이자의 심장에서 이름만 도려내고 그를 쫓아버려라.

시민 3 찢어 죽여라, 찢어 죽여! (시민들 킨나에게 덤벼든다) 자, 불타는 나뭇가 지를 가져와, 어서! 불타는 나뭇가지를 가져오래도. 자, 브루투스 집으로 가 자. 카시우스 집으로 가자. 모두 불태워 버리자! 데키우스 집으로 가자. 카 스카 집으로도 가자. 리가리우스 집으로도. 자, 가자! (시민들 뭉그러진 킨나의 시체를 끌고 황급히 퇴장)

〔제4막 제1장〕

안토니우스의 저택 한 방.
안토니우스, 옥타비우스, 레피두스, 탁자 앞에 마주 앉아 있다.

안토니우스 이 사람들은 모조리 사형이오. 이름에 표를 해두었소.

옥타비우스 당신의 형님도 사형이오. 이의 없으시오, 레피두스?

레피두스 이의는 없소…….

옥타비우스 표를 하시오, 안토니우스.

레피두스 푸블리우스도 사형에 부친다는 조건이면요. 당신의 조카인데 괜찮습니까, 마르쿠스 안토니우스?

안토니우스 물론 그도 사형이오. 보시오, 그에게도 표를 해두었소. 그럼 레피두스, 카이사르의 집으로 가서 유언장을 가져와 주었으면 하오. 유산의 처분액을 조금이라도 줄일 수 있겠는지 우리 셋이서 챙겨봅시다.

레피두스 여보게들! 이곳에서 만나면 되겠소?

옥타비우스 여기 아니면 의사당에 있으리다. (레피두스 퇴장)

안토니우스 저 사람은 정말 쓸모없는 친구요, 고작 심부름꾼이 제격이죠. 우리가 세상을 삼등분해서 그에게 한 몫을 준다는 건 적당치가 않을 것 같소.

옥타비우스 그건 당신 뜻이었습니다. 우리가 사형자와 숙청자 명단을 작성했을 때만 해도 그 사람의 의견을 고려했던 거요.

안토니우스 옥타비우스, 당신보다 내가 더 오래 살았소. 실은 우리가 받게 될 온갖 중상의 짐을 덜려고 그자에게도 그러한 영예를 나눠 주었던 거지만, 그는 황금을 실은 노새처럼 짐에 눌려 끙끙대며 땀을 빼는 신세요. 우리가 지시하는 대로 이리 끌리고 저리 끌리면서 목적지까지 보물을 날라오기만 하면, 우린 그의 짐을 내려놓게 하고 되돌려 보내는 거요. 그다음에는 아무 짐도 싣지 않은 채 귀를 쫑긋거리며 들판에서 풀이나 뜯으라죠.

옥타비우스 당신이 알아서 하십시오. 그 사람은 경험이 풍부하고 용감한 장군입니다.

안토니우스 내 말도 그렇소, 옥타비우스. 그래서 나는 내 말에 사료를 배불리 먹여주고 있소. 그리고 이 짐승에게 싸우는 법, 돌아서는 법, 멈추는 법, 곧바로 달리는 법을 훈련시키고 있소. 그 몸의 움직임은 이젠 내 마음대로 조종된단 말이오. 그 점은 레피두스도 같소. 그는 가르쳐 주어야 하오. 그는 훈련과 명령이 필요하오. 꽉 막힌 돌대가리요. 게다가 이미 사람들이 쓰다 버려 한물간 물건이나 재주 또는 유행을 흉내내면서 그래도 본인은 유행의 첨단을 걷는 줄 알고 있소. 그 사람은 그저 하찮은 도구처럼만 다루면 될 거요. 그런데 옥타비우스, 중요한 이야기가 있소. 브루투스와 카시우스

가 군대를 모으고 있다 하오. 우리도 군사력을 키워야 되겠소. 그러기 위해
서는 먼저 결속을 다지며 동지들을 모으고 군자금도 마련해야겠소. 즉시
회의를 열어 어떻게 하면 음모를 잘 가려낼 수 있는지, 또 어떻게 해야 드러
난 위험에 안전하게 대처할 수 있는지를 의논해 봅시다.

옥타비우스 그렇게 합시다. 우린 말뚝에 매인 곰 신세가 되어 많은 적들에게
둘러싸여 있어요. 그러니 미소를 짓고 있는 자들도 속으로는 무수한 비수
를 품고 있는지도 모릅니다. (모두 퇴장)

〔제4막 제2장〕

사르디스 부근 야영지. 브루투스의 막사 앞.
북소리. 루킬리우스가 군대를 이끌고 등장. 카시우스의 노예 핀다루스도 그들 중
에 끼어 있다. 브루투스가 막사에서 나온다. 그의 뒤에 루키우스가 따라온다.

브루투스 제자리에 서!
루킬리우스 뒤로 전달하라! 제자리에 서!
브루투스 루킬리우스가 아니오! 카시우스도 왔소?
루킬리우스 근처까지 와 있습니다. 핀다루스가 장군께 주인의 인사 말씀을
드리러 왔소.
브루투스 인사성 하나 밝군. 그런데 핀다루스, 자네 주인이 변한 건지 아니
면 부하를 잘못 둔 탓인지 모르나 하지 않았으면 하는 일들만 골라 하고
있는 것 같네. 아무튼 근처에 와 있다니까 그 까닭을 알게 되겠지.
핀다루스 저는 고결하신 주인님을 의심치 않습니다. 사려가 깊고 명예를 존
중하는 분입니다.
브루투스 그를 의심하진 않아. 그래 루킬리우스, 한마디만 해주시오. 당신을
대하는 그의 태도가 어땠소?
루킬리우스 매우 공손하고 정중하게 대하시지만, 예전처럼 살가운 맛은 없
고 또한 허물없는 속말은 아예 안 했습니다.
브루투스 절친한 우정이 곰삭아 가는 걸 말하는군요. 명심하시오, 루킬리우
스. 우정에 병이 들어 틈새가 벌어지기 시작하면 으레 억지 예의를 차리는

법이오. 겉치레가 없고 성실한 사람에겐 술수가 없지만, 불성실한 인간이란 경주에 나선 말들처럼 기세를 부리고 용감한 척하는 법이오. 그러나 정작 피비린내 나는 박차를 견뎌야 할 때에는 갈기를 푹 내려뜨리고 겉모양만 그럴듯한 둔마처럼 기세가 꺾이오. 그의 군대가 오고 있소?

루킬리우스 오늘 밤은 사르디스에서 진을 친답니다. 주력부대인 기병대는 카시우스와 함께 도착했습니다. (낮은 행진곡)

브루투스 아, 그가 도착했소. 천천히 나가서 그를 맞이합시다.

카시우스가 티티니우스와 그의 부대를 이끌고 등장.

카시우스 제자리에 서!

브루투스 제자리에 서! 뒤로 전달하라.

병사 1 제자리에 서!

병사 2 제자리에 서!

병사 3 제자리에 서!

카시우스 브루투스, 처남은 날 모독했소.

브루투스 신들이여, 심판하소서. 내가 적이라고 모욕한 일이 있소? 하물며 어떻게 형제를 모독하겠소?

카시우스 브루투스, 당신의 의젓한 태도가 모욕을 감추고 있는 거요. 당신이 남을 모욕할 땐…….

브루투스 카시우스, 진정하시오, 불평을 조용히 말하시오. 난 당신 마음을 잘 알고 있소. 그리고 지금은 우리 두 군대가 보고 있소. 그들에겐 우리의 두터운 우정만을 보여줘야 하오. 그러니 말다툼일랑 맙시다. 부하들을 보내고 내 막사로 와서 실컷 불평을 쏟으시오. 카시우스, 그땐 당신 이야길 다 들어드리리다.

카시우스 핀다루스, 부대장들에게 전하라. 부대를 여기서 조금 물러서게 하도록.

브루투스 루키우스도 그렇게 해주시오. 우리 회담이 끝날 때까지 누구를 막론하고 막사 근처에 얼씬해서는 안 되오. 루킬리우스와 티티니우스는 문 앞에서 보초를 서주오. (모두 퇴장)

브루투스의 막사 안.
브루투스와 카시우스 등장.

카시우스 당신이 나를 모독한 증거를 대볼까요? 당신은 루키우스 펠라가 이곳 사르디스 사람들한테서 뇌물을 받았다고 해서 탄핵하고 오명을 씌웠소. 나는 그와 잘 아는 터라 탄원하는 편지를 보냈는데, 당신은 보기 좋게 무시했소.

브루투스 그런 편지를 쓴 것 자체가 자신을 모욕하는 것이오.

카시우스 이런 판국에 자질구레한 잘못을 일일이 책잡는 것은 옳은 처사가 못 되오.

브루투스 솔직히 말해서 카시우스, 당신에 대한 비난도 자자하오. 황금에 눈이 멀어 자격도 없는 자들에게 관직을 팔고 흥정한다는 비난이 많소.

카시우스 내가 황금에 눈이 멀어? 그따위 말을 하는 자가 브루투스니까 망정이지 만일 다른 사람이라면 이 세상에서의 마지막 말이 되었을 거요.

브루투스 카시우스란 이름 때문에 부패가 용서받고, 징벌도 맥을 못 쓰게 되고 마는 거요.

카시우스 징벌?

브루투스 잊지 마오 3월 15일을, 3월 15일을 잊어서는 안 되오! 위대한 율리우스가 피 흘린 것도 정의 때문이 아니오? 그의 몸을 찌른 사람치고 그것이 정의를 위한 일이 아니라고 하는 악당이 하나라도 있었소? 이 땅 위에서 첫째가는 인물을 다만 노략질을 옹호했다는 이유만으로 살해한 우리들 가운데 한 사람이, 이제 와서 비열한 뇌물에 우리의 손을 더럽히고 한없이 크고 엄청난 명예를 단지 몇 푼 안 되는 돈에 팔아넘기고서도 좋다는 거요? 나는 그런 로마인이 되느니 차라리 개가 되어 달을 보고 짖겠소.

카시우스 브루투스, 나를 몰아세우지 마시오. 더 이상 참을 수가 없소. 날 이렇게 닦달하다니 정신 나간 게 아니오? 난 군인이오. 난 당신보다 군인으로서 경험도 많고 일을 처리하는 능력도 뛰어나오.

브루투스 어림없소. 당신은 그렇지 못하오.

카시우스 천만에요.

브루투스 그렇지 않소.

카시우스 그만하시오. 내 자제력에도 한계가 있소. 당신의 안전을 생각해서라도 내 비위를 더 이상 긁지 마시오.

브루투스 물러가시오, 같잖은 인간 같으니.

카시우스 어떻게 그런 말을?

브루투스 들어보시오, 말할 테니까. 눈에 날을 세워 대든다고 내가 물러서야겠소? 실성한 자가 노려본다고 내가 겁을 먹어야겠소?

카시우스 오, 이런 신이시여! 이 모든 걸 참아야 합니까?

브루투스 그뿐인 줄 아오! 또 있소. 교만한 심장이 터질 때까지 화내보시오. 차라리 노예들에게나 마음껏 인상을 써서 떨게 하시오. 나더러 고이 물러서라고? 나보고 꼼짝 않고 당하란 말이오? 당신이 성질을 부린다고 내가 겁낼 줄 아시오? 확실히 밝혀두지만 자기 울화에서 나온 독은 배가 터지든 말든 자기가 마셔야 되오. 오늘부터는 당신이 아무리 성미를 부려도 나에겐 좋은 심심풀이오. 아니, 우스갯거리가 될 뿐이오.

카시우스 이렇게까지 하기요?

브루투스 당신이 나보다 유능한 군인이라고 했는데, 어디 보여주시오. 큰소리친 것을 보여주면 난 기쁘게 보겠소. 나로 말하면 훌륭한 분한테서라면 기꺼이 배우려는 사람이오.

카시우스 당신은 사사건건 내 꼬투리만 잡을 거요? 브루투스, 그건 중상이오. 난 당신보다 경험이 많다고 했지 더 유능하다고는 입 밖에도 내지 않았소. 그래, 내가 더 유능하다고 했단 말이오?

브루투스 그렇게 말했다 해도 상관없소.

카시우스 카이사르가 살아 있어도 이렇듯 내 비위를 흔들어 놓진 못했을 거요.

브루투스 그만그만! 실은 카이사르에게 대들 용기가 없었던 거겠죠.

카시우스 용기가 없었다고?

브루투스 그렇소.

카시우스 뭐요? 카이사르에게 대들 용기가 없었다고?

브루투스 분명 목숨이 아까웠을 테니까.

카시우스 내 우정을 호락호락 믿지 마시오. 후회하게 될 일을 내가 저지를지
도 모르니까.

브루투스 후회하게 될 일을 벌써 저질렀잖소. 카시우스, 당신의 위협 따위는
겁나지 않소. 난 본디 정직이란 단단한 갑옷으로 무장돼 있소. 그따위 위협
쯤은 부질없는 바람처럼 스쳐갈 뿐이오. 내가 군자금이 좀 필요해서 사람
을 보냈더니 당신은 거절했소. 난 더러운 수단으로 돈을 마련하지 못하는
사람이오. 맹세하지만 가난한 백성들의 손을 비틀어 부정한 방법으로 푼돈
을 긁어모으느니, 차라리 나의 심장을 녹여서 그 피 한 방울 한 방울로 드
라크마 화폐를 만들겠소. 난 병사들에게 줄 돈을 요청했던 것인데 당신은
거절했소. 그게 카시우스다운 짓이오? 나라면 카이우스 카시우스에게 그런
답변을 했겠소? 마르쿠스 브루투스가 하찮은 돈 몇 푼을 아까워해 친구의
부탁을 거절하는 날이면 하늘이여, 당장에 벼락을 치시어 이 몸을 박살내
주소서!

카시우스 난 거절한 게 아니었소.

브루투스 거절했소.

카시우스 안 했다는 대도 그러시오. 내 대답을 전한 녀석이 바보였던 모양이
오. 브루투스, 당신은 내 가슴을 찢어놓았소. 친구라면 친구의 약점을 감싸
주는 법인데, 브루투스는 내 약점을 크게만 보고 있다니.

브루투스 그렇지 않소, 당신이 나에게 약점을 떠밀지 않는 한.

카시우스 당신은 날 좋아하지 않는군요.

브루투스 당신의 결점을 싫어할 뿐이오.

카시우스 친구라면 그런 결점은 절대로 눈에 띄지 않을 거요.

브루투스 설령 결점이 저 높은 올림포스산처럼 거대하더라도 아첨꾼의 눈엔
안 띌 거요.

카시우스 오너라 안토니우스, 그리고 애송이 옥타비우스, 쳐들어와서 이 카
시우스에게만 복수를 해라. 카시우스는 이 세상에 넌덜머리가 났다. 사랑하
는 사람한테 미움을 받고, 처남이라 하여 따르던 사람한테서 모욕을 당하
고 노예처럼 구박을 당하여, 결점은 일일이 까뒤집혀지고, 수첩에 올려 읽
히고 암기되고 공격의 화살이 되다니. 울고만 싶구나. 눈물과 함께 사나이
의 넋을 흘려버리고 싶다! 여기 내 칼이 있소. 여기 내 맨살의 가슴팍이 있

소. 그 속에는 재물의 신 플루토스의 광맥보다 귀하고 황금보다 값비싼 내 심장이 있소. 당신이 로마인이라면 이것을 꺼내 가시오. 당신에게 돈을 거절한 나는 내 심장을 드리겠소. 카이사르를 찌른 것처럼 날 찌르시오. 이제 난 알았소. 당신이 카이사르를 증오했던 그때도, 이 카시우스보다 카이사르를 더 사랑했다는 것을.

브루투스 칼을 거두시오. 화를 내고 싶거든 풀릴 때까지 내보오. 마음껏 내 보오. 어떤 무례한 일을 하든 그 모욕도 변덕으로 치겠소. 오, 카시우스, 당신은 순한 양(羊)이오. 성을 내도 부싯돌 불처럼 오래가지 못하고, 격렬하게 부딪치면 한순간만 불꽃을 튀기다가 이내 스러지고 마니까.

카시우스 이 카시우스가 브루투스의 놀림감이나 웃음거리가 되려고 오늘까지 살아왔소? 슬픔과 격분에 이렇듯 시달리면서 말이오?

브루투스 내가 감정이 격해서 그만 말이 지나쳤나 보오.

카시우스 그 말이 사실이오? 손을 이리 주시오.

브루투스 내 마음까지도.

카시우스 오, 브루투스!

브루투스 왜 그러오?

카시우스 당신은 내가 어머니에게서 물려받은 조급한 성질로 이성을 잃었을 때 참아줄 우정도 없단 말이오?

브루투스 물론 있소. 카시우스, 이제부터는 당신이 브루투스에게 아무리 심하게 굴어도 당신 어머니한테 꾸중 듣는 셈치고 꾹 참고 있으리다.

시인 (밖에서) 장군님들을 만나 뵙게 해주시오. 두 분 사이에 충돌이 있는 것 같소. 두 분끼리만 있게 해서는 안 되오.

루킬리우스 (밖에서) 들어가실 수 없습니다.

시인 죽어도 좋으니 들어가겠소.

시인, 그의 뒤에 루킬리우스, 티티니우스, 루키우스 등장.

카시우스 무슨 일인가! 대체 왜들 그러오?

시인 장군님들 창피하지 않소? 이게 무슨 일들이오? 두 분이 하실 일은 친구가 되는 겁니다. 두 분보다 나이가 더 많은 이 사람의 말이니 들으시오.

카시우스 하하! 이 친구가 돼먹지 않은 시를 읊는군!

브루투스 물러가지 못할까. 이보시오, 이 무례한 친구, 어서!

카시우스 참으시오, 브루투스. 그게 이 사람의 버릇이오.

브루투스 버릇없이 구는 것도 때가 있는 법이거늘. 전쟁이 저런 엉터리 시인과 무슨 상관이 있나? 이 친구야, 물러가래도!

카시우스 나가요, 나가, 어서! (시인 퇴장)

브루투스 루킬리우스, 그리고 티티니우스, 부대장들에게 명령하여 모든 부대가 오늘 밤 야영할 준비를 하도록 하시오.

카시우스 그리고 당신들은 돌아오는 길에 메살라를 데리고 서둘러 오시오. (루킬리우스와 티티니우스 퇴장)

브루투스 루키우스, 술 가져오너라. (루키우스, 막사의 내실로 사라진다)

카시우스 당신이 그렇게 화낼 줄은 정말 몰랐소.

브루투스 오, 카시우스, 난 슬픔으로 가슴이 미어지오.

카시우스 우연한 불행에 맥이 풀리다니 당신의 철학도 힘을 못 쓰는군요.

브루투스 나만큼 슬픈 사람도 없소. 포르티아가 죽었소.

카시우스 아니! 포르티아가?

브루투스 죽었소.

카시우스 당신에게 그토록 대들었을 때 용케 내가 죽음을 면했군요. 오, 참을 수 없이 비통한 불운이로다! 대체 무슨 병으로?

브루투스 나와 떨어져 있어서 초조했고, 애송이 옥타비우스와 마르쿠스 안토니우스의 세력이 강해지는 걸 근심한 나머지 아내가 자결했다는 소식이 왔소. 정신착란을 일으켜 하인들이 없는 사이에 숯불을 삼켰다는 거요.

카시우스 그런 식으로 죽다니?

브루투스 글쎄 말이오.

카시우스 오호, 애통하도다!

루키우스가 술과 촛불을 들고 다시 등장.

브루투스 아내 이야긴 그만합시다. 술이나 한 잔 주오. 이 잔에 모든 불화를 묻어버립시다, 카시우스. (술을 마신다)

카시우스 내 가슴이 이 고귀한 건배를 얼마나 갈구하였던가. 자, 루키우스, 철철 넘치도록 술을 부어라. 브루투스의 우정이면 아무리 마셔도 모자란다. (마신다. 루키우스 퇴장)

티티니우스가 메살라와 함께 등장.

브루투스 들어오시오, 티티니우스! 어서 오시오, 메살라. 자 이 촛불 곁에 둘러앉아 주시오. 긴급한 문제들을 의논해 봅시다.

카시우스 포르티아, 당신은 정녕 가셨단 말이오?

브루투스 그만해 두오. 부탁이오. 메살라, 여기 편지가 있소. 애송이 옥타비우스와 마르쿠스 안토니우스가 대군을 거느리고 우리에게 오고 있다는데. 필리피로 진군하고 있는 듯하오.

메살라 내게도 같은 내용의 편지가 들어왔소.

브루투스 그 밖의 소식은?

메살라 유죄 선고와 공민권 박탈을 하고 옥타비우스, 안토니우스, 레피두스가 원로원 의원 백 명을 사형에 처했다 합니다.

브루투스 우리에게 온 편지가 서로 엇갈리는군요. 내 편지에는 원로원 의원 일흔 명이 유죄 선고를 받아 처형됐다고 되어 있소. 키케로도 끼어 있고.

카시우스 키케로까지도!

메살라 키케로는 죽었소. 그도 유죄 선고를 받아서요. 장군, 부인에게서 온 소식은 없습니까?

브루투스 없소, 메살라.

메살라 편지에도 부인 소식이 없었던가요?

브루투스 없었소, 메살라.

메살라 그건 진정 모를 일이로군요.

브루투스 왜 그러오? 무슨 소식이라도 들었소?

메살라 아니오, 장군.

브루투스 자, 그대가 로마인이면 진실을 말하오.

메살라 그럼 진실을 말하리다. 로마인답게 참고 견뎌야 합니다. 부인은 분명히 돌아가셨소. 그것도 변사했다고 하오.

브루투스 그래요, 잘 가오, 포르티아. 인간은 언젠가 죽기 마련인 법. 메살라, 아내도 인간인 이상 한 번은 죽어야 하오. 그리 생각하면 견뎌낼 수 있소.

메살라 위대한 인물은 엄청난 불행을 감내하는 법입니다.

카시우스 나도 이성적으로는 당신 생각에 동의하오. 하지만 천성으로는 그렇듯 참아내기가 어렵소.

브루투스 자, 산 사람들의 문제를 생각합시다. 당장 필리피로 진격하는 게 어떻소?

카시우스 그건 좋지 않을 듯하오.

브루투스 그 이유는?

카시우스 그건 이렇소. 적이 우리를 찾게 놔두는 것이 유리하오. 그러면 적군은 물자를 쓰게 되고 병사들은 지쳐 스스로 해를 입게 되며, 그동안 우린 가만히 앉아 충분히 쉬면서 방비를 튼튼히 하고 민첩한 행동을 할 수도 있소.

브루투스 좋은 전략이라도 훌륭한 전략에는 양보하는 것이 마땅하오. 필리피와 이 지점 사이의 주민들은 마지못해 우리 편을 들고 있는 거요. 그들은 할 수 없이 징발에 응하고 있질 않소? 적이 그 지역을 지나쳐 진군할 경우 주민들의 호응으로 병력이 더욱 증강될 테고, 신병이 늘어나 사기도 새로이 높아지고 용기도 얻게 될 거요. 그러니 우리가 필리피에서 적과 맞서면 주민들을 우리 배후에 두게 되어 적에게 그런 이점을 주지 않을 수 있소.

카시우스 내 말을 들어보시오.

브루투스 잠깐만 기다리시오. 명심해야 될 것이 또 있소. 우리 병력은 최대한으로 동원돼 있는 상태요. 우리 군은 기운이 넘치고 사기도 무르익어 있소. 그러나 적군은 나날이 병력이 늘어가고, 절정에 있는 우리 병력은 내리막길이 될 수도 있소. 인간사에도 간만의 차이가 있는 법, 밀물을 타게 되면 행운을 붙잡을 수 있지만, 놓치면 우리의 인생길은 불행의 얕은 여울에 부딪쳐 다른 불행을 맞이하게 되는 법이오. 지금 우린 만조의 바다 위에 떠 있는 셈인데, 우리에게 유리한 이 흐름을 타지 않으면 우리 시도는 실패로 돌아가고 말 거요.

카시우스 그럼 당신 뜻대로 합시다. 진격해서 필리피에서 적과 싸웁시다.

브루투스 이야기하다 보니 어느덧 밤이 꽤나 깊었소. 우리도 자연의 요구에

순응해야 하오. 잠시 눈을 붙이고 쉬도록 합시다. 더 할 말은 없소?

카시우스 없소. 그럼 편히 쉬시오. 내일은 일찍 일어나서 진군합시다.

브루투스 루키우스!

루키우스 다시 등장.

브루투스 내 덧옷을 가져와라. (루키우스 퇴장) 잘 가시오, 메살라 동지. 잘 자오, 티티니우스. 경애하는 카시우스, 편히 푹 쉬시오.

카시우스 오, 친애하는 처남! 오늘 밤은 시작이 나빴소. 하지만 우리 둘 사이에 다시는 그런 다툼이 없도록 합시다.

브루투스 모든 게 잘될 거요.

카시우스 편히 쉬시오, 브루투스.

브루투스 편히 쉬시오.

티티니우스, 메살라 편히 쉬십시오, 브루투스 각하.

브루투스 다들 편히 쉬시오. (혼자만 남고 모두 퇴장)

루키우스 덧옷을 가지고 다시 등장.

브루투스 덧옷을 이리 주게. 네 악기는 어디 있지?

루키우스 막사 안에 있습니다.

브루투스 무척 졸린 목소리구나? 가엾은 녀석, 꾸짖는 게 아냐. 과로했군. 클라우디우스와 또 한 사람을 불러와라. 내 막사 안 담요에서 자도록 하겠다.

루키우스 바로! 클라우디우스!

바로와 클라우디우스 등장.

바로 부르셨습니까, 나리?

브루투스 너희들 세 사람, 이 막사 안에서 자도록 해라. 어쩌면 곧 매부 카시우스한테 갈 일이 있어 깨울지도 모른다.

바로 그럼 분부대로 불침번을 서겠습니다.

브루투스 그럴 필요는 없다. 다들 누워 자거라. 어쩌면 내 생각이 바뀔지도 모르니. 루키우스, 내가 찾던 책이 여기 있구나. 내가 덧옷 주머니에 넣어두었던 모양이다. (바로와 클라우디우스, 누워 잔다)

루키우스 확실히 저도 받은 기억이 없었습니다.

브루투스 미안하다 루키우스, 내가 건망증이 심해진 것 같다. 무거운 눈을 잠시 뜨고 네 악기로 한두 곡 들려주지 않겠니?

루키우스 네 나리, 원하신다면.

브루투스 그래 주겠니? 내가 널 몹시 괴롭히는데도 넌 잘 들어주는구나.

루키우스 그게 제 의무인뎁쇼.

브루투스 의무라고 해서 네 힘에 벅차서는 안 되겠지. 혈기가 왕성할 땐 휴식이 필요하다는 것을 나도 잘 알고 있다.

루키우스 나리, 벌써 한숨 자두었습니다.

브루투스 그거 잘했다. 그래도 더 자야 할 거다. 널 오래 붙들진 않겠다. 내가 살아남는다면 너에게 잘해 주마. (음악과 노래) 자장가 같은 곡이구나. (혼잣말로) 오, 사람의 의식을 빼앗아 가는 잠아, 그대는 음악을 연주해 주는데도 이 소년에게 무거운 몽둥이를 대느냐? 착한 아이야, 잘 자거라. 너를 깨우는 몹쓸 짓일랑 하지 않겠다. 그렇게 꾸벅꾸벅 졸다가 악기를 깨뜨릴라. 내가 치워주마. 그럼 착한 친구, 잘 자라. (루트를 살그머니 치운다) 가만있자, 가만있자. 내가 읽다 놔둔 대목을 접어뒀는데, 어디더라? 맞아, 여기로군. (앉는다)

카이사르의 혼령 등장.

브루투스 촛불이 왜 이렇게 어둡지? 앗! 거기 누구냐? 내 눈이 어질어질해서 그런가 보다. 괴이한 허깨비의 모습이 보이다니. 내게 다가오는군. 도대체 네가 무엇이냐? 넌 신이냐, 천사냐, 아니면 악마냐? 쳐다만 봐도 피가 얼어붙고 머리칼이 곤두서니. 네가 누구냐? 네 정체를 말하라.

혼령 저주의 악령이다, 브루투스.

브루투스 어찌하여 왔느냐?

혼령 필리피에서 날 만나리라는 것을 알리러.

브루투스와 카이사르 망령   에드워드 스크리븐. 1802.

브루투스   그럼 거기서 널 다시 만나겠구나?

혼령   그렇다, 필리피에서.

브루투스   그렇다면 필리피에서 다시 만나자. (혼령 사라진다) 겨우 용기를 내
니 사라져 버리는군. 악령아, 너한테 할 말이 더 많이 있다. 애, 루키우스! 바

로! 클라우디우스! 다들 일어나라! 클라우디우스!

루키우스 악기 줄의 음이 안 맞죠, 나리.

브루투스 아직도 연주하고 있는 줄 아는 모양이군. 루키우스, 정신 차려!

루키우스 네?

브루투스 루키우스, 크게 소리 지르던데 꿈을 꾸었나?

루키우스 나리, 소리를 질렀는지 모르겠는뎁쇼.

브루투스 아냐, 소릴 질렀어. 넌 뭔가 보았지?

루키우스 아무것도 안 봤는뎁쇼, 나리.

브루투스 더 자거라, 루키우스. 이봐라, 클라우디우스! (바로에게) 너도 일어나!

바로 나리, 무슨 일이십니까?

클라우디우스 네, 뭔데요?

바로, 클라우디우스 우리가 소릴 질렀습니까, 나리?

브루투스 그래. 너희들도 뭔가 보았나?

바로 아뇨 나리, 아무것도 보지 못했습니다.

클라우디우스 저도요, 나리.

브루투스 나의 매부 카시우스에게 가서 전하거라. 아침 일찍 군대를 이끌고 먼저 떠나시라고. 우린 뒤따르겠다고.

바로, 클라우디우스 분부대로 거행하겠습니다. 나리. (모두 퇴장)

〔제5막 제1장〕

필리피의 벌판. 한쪽은 암석과 언덕.
옥타비우스와 안토니우스 군대를 이끌고 등장.

옥타비우스 자, 안토니우스, 우리 뜻대로 되어갑니다. 적군은 절대 내려오지 않고 언덕과 고지대를 지킬 거라 했는데 저들 부대가 눈앞에 와 있소. 우리가 먼저 공격하기 전에 이곳 필리피에서 싸울 모양입니다.

안토니우스 흠, 난 적의 뱃속을 훤히 뚫고 있소. 저렇게 진을 친 속셈을 말이오. 가능하다면 다른 곳에서 싸우고 싶었을 텐데. 그런데도 일부러 내려온 것은 겁을 먹고 있으면서도 큰소리치며 허세를 부려 마치 사기가 올라 있는 듯이 우리에게 보이려는 수작이오. 그러나 그렇게는 안 될 거요.

전령이 달려온다.

전령 장군님들, 준비하십시오. 적은 위풍당당하게 쳐들어오고 있습니다. 전투 개시 깃발도 걸려 있습니다. 그러니 즉시 응전 태세를 취하시옵소서.

안토니우스 옥타비우스, 부대를 이끌고 저 광야의 왼쪽으로 서서히 진격하시오.

옥타비우스 난 오른쪽을, 왼쪽은 장군이 공격하시오.

안토니우스 이런 긴박한 상황에 왜 나와 맞서는 거요?

옥타비우스 장군과 맞서는 건 아니지만 그렇게 하겠소.

북소리. 브루투스와 카시우스 각각 군대를 이끌고 등장. 루킬리우스, 티티니우스, 메살라와 그 밖의 사람들 등장.

브루투스 저들이 서 있군. 담판을 원하나 보오.

카시우스 여기서 움직이지 마시오, 티티니우스. 내 가서 이야기를 해보리다.

옥타비우스 마르쿠스 안토니우스, 전투 개시 신호를 내릴까요?

안토니우스 아니 옥타비우스, 적이 공격해 오면 응전합시다. 가봅시다. 적장들이 할 이야기가 있는가 보오.

옥타비우스 신호가 있을 때까지 움직이지 마라.

브루투스 치기 전에 말을 해보자는 건가, 자네들?

옥타비우스 우리는 그대들처럼 말하기를 좋아하지 않는다.

브루투스 좋은 말은 악랄한 칼보다 나은 것이다, 옥타비우스.

안토니우스 넌 악랄한 칼을 휘두르며 침 바른 말을 지껄이는 자다. "만수무강하옵소서! 카이사르 만세!"를 외치면서 카이사르의 심장에 칼을 꽂지 않았는가!

카시우스 안토니우스, 너의 칼솜씨는 아직 알 수 없지만 말솜씨는 꿀맛이구

나. 히블라 산지의 꿀벌도 꿀을 몽땅 빼앗겼겠다.

안토니우스 벌침도 빼앗겼지?

브루투스 암 그렇지, 날갯소리까지도 말이다. 그대는 벌들의 윙윙거리는 날갯소리마저 훔쳤겠다, 안토니우스. 그래서 쏘기 전에 위협을 잘하는군.

안토니우스 악당들아, 너희들은 위협조차도 안 했잖느냐, 너희들의 흉악한 칼이 카이사르 옆구리를 차례로 찔렀을 때 말이다. 네놈들은 원숭이처럼 이빨을 드러내고, 사냥개처럼 알랑거리며 노예처럼 엎드려 카이사르의 발에 입맞췄지. 그러면서 저주받을 카스카가 들개처럼 등 뒤에서 카이사르의 목을 찔렀다. 오, 이 아첨꾼들!

카시우스 아첨꾼들이라고! 그래, 브루투스, 당신 탓이오. 그때 카시우스의 말을 귀담아들었다면 저 혀가 오늘 이 악담을 퍼붓지 못했을 거요.

옥타비우스 자, 본론으로 들어가자. 입씨름이 땀방울을 흘리게 한다면 그것을 행동으로 증명할 때 핏방울로 바뀔 것이다. 보라. 난 역모자들에게 칼을 뽑았다. 이 칼이 다시 칼집에 들어갈 날은 언제이겠는가? 카이사르의 서른세 곳 상처의 복수를 하거나, 아니면 또 다른 카이사르가 반역자의 칼에 또 하나의 희생물이 되지 않는 한 결코 그날은 오지 않을 것이다.

브루투스 카이사르, 그대가 반역자의 손에 죽는 일은 없을 것이다. 그대들 가운데 반역자가 있다면 몰라도.

옥타비우스 그러길 바란다. 난 브루투스의 칼에 죽자고 태어나지는 않았다.

브루투스 오, 그대가 카이사르 가문에서 가장 빼어나다 해도 젊은 친구여, 내 칼에 죽는 것 이상의 명예는 없을 거다.

카시우스 애송이에게 그런 명예는 과분할 거다. 탈 쓴 광대나 주정꾼과 한패가 된 주제에!

안토니우스 카시우스, 옛날 그대로구나!

옥타비우스 자, 안토니우스, 갑시다! 반역자들아, 너희들 얼굴에다 도전장을 던져준다. 오늘 싸울 용기가 있거든 싸움터로 나와라. 용기가 날 때면 언제라도 좋다. 그때까지 기다려 주마. (안토니우스와 함께 군대를 이끌고 퇴장)

카시우스 바람아 불어라, 파도야 몰아쳐라, 배는 물살을 헤쳐라! 폭풍이 인다. 모든 것은 운에 달려 있다.

브루투스 이보오, 루킬리우스! 할 말이 있소.

루킬리우스 (앞으로 나와서) 장군! (브루투스와 떨어져서 이야기한다)

카시우스 메살라!

메살라 (앞으로 나오며) 왜 그러오, 장군?

카시우스 메살라, 오늘이 내 생일이오. 바로 오늘 이 카시우스가 태어난 거요. 손을 주오, 메살라. 내 증인이 되어주오. 난 본의 아니게도 폼페이우스*² 처럼 우리 모두의 자유를, 이 한판 싸움에 걸지 않을 수 없는 처지에 몰리고 말았소. 그대도 알다시피 난 미신을 물리치는 에피쿠로스의 사상을 깊이 믿었지만 이젠 생각이 바뀌었소. 어느 정도 전조가 있다는 걸 믿게 되었소. 사르디스에서 오는 도중 커다란 독수리 두 마리가 선두의 깃발에 내려와 그대로 앉아 있더니, 병사들 손에서 먹이를 게걸스럽게 받아먹고 이곳 필리피까지 따라왔다오. 오늘 아침엔 날아가 자취를 감추었지만 말이오. 그 대신 이 까마귀, 갈까마귀, 솔개 떼가 우리 머리 위를 빙빙 돌며 우릴 노려보지 않겠소. 우리가 병든 먹이나 되는 것처럼. 그것들의 날개 그림자는 죽음의 장막 같고, 우리 군대는 그 밑에 누워 죽어가고 있는 것 같았소.

메살라 그렇게 믿지 마시오.

카시우스 그렇다고 고스란히 믿는 건 아니오. 난 힘이 넘치고 있소. 어떤 위험이라도 단호히 맞설 각오가 되어 있으니까요.

브루투스 그렇소, 루킬리우스. (카시우스에게로 다가온다)

카시우스 오, 브루투스, 오늘은 신의 가호가 있어 우리가 태평세월의 친구로서 남은 인생을 보내길 비오! 그렇지만 무상함이 또한 인간사 아니겠소. 그러니 최악의 사태도 생각해 둡시다. 만일 이 전투에서 패하면 우리가 서로 이야기를 나누는 것도 이것이 마지막이 아니겠소. 그렇게 되면 어떻게 할 작정이오?

브루투스 내가 마음에 굳게 믿는 철학으로는 스스로 목숨을 끊은 카토의 죽음을 비난했었소. 왜 그런지 몰라도 앞으로 일어날지 모르는 재앙이 두려워서 목숨을 단축시킨다는 건 비겁하고 비열한 것으로만 생각되었소. 난 인내로 무장해 이 땅 위 인간들의 생명을 지배하는 높은 힘에 의해 정해진

---

*2 고대 로마 공화정 말기의 장군·정치가. 해적 토벌, 미토리다테스 전쟁 등 오랜 세월에 걸쳐 로마를 괴롭힌 싸움에서 모두 승리했지만, 카이사르와 전투에서 단 한 번 패배함으로써 모든 것을 잃었다.

운명을 기다릴 뿐이오.

카시우스 그러니까 만일 패전하면 포로가 되어 로마의 거리를 끌려다녀도 좋단 말이오?

브루투스 아니 카시우스, 아니오! 당신은 고결한 로마인인 이 브루투스가 로마로 끌려가리라고 생각지 마시오. 나는 체통을 지킬 줄 아는 정신을 갖고 있소. 하지만 바로 오늘은 3월 15일의 거사를 결판내는 날이오. 우리가 다시 만나게 될지는 나도 잘 모르겠소. 그러니 우리의 마지막 작별을 합시다. 영원히 영원히 잘 있으시오, 카시우스! 우리가 다시 만나게 되면 기쁘게 웃음을 나눕시다. 그렇지 않으면 이렇게 작별해 두는 게 잘하는 일일 거요.

카시우스 영원히 영원히 잘 있으시오, 브루투스! 우리 다시 만나게 되면 정말 즐겁게 웃읍시다. 안 그러면 이렇게 작별해 두는 게 잘하는 일이 될 거요.

브루투스 자, 앞서 가시오. 오, 인간이 오늘의 전투 결말을 미리 볼 수 있다면! 그러나 곧 오늘 하루도 끝날 것이다. 그럼 결과도 알게 되리라. 자, 간다! 비켜라! (모두 퇴장)

〔제5막 제2장〕

필리피의 벌판. 전쟁터.
군대가 행진해 온다. 전투 소리가 처음에는 멀리서, 이윽고 점점 가까워진다. 브루투스와 메살라 등장.

브루투스 달려라 달려, 메살라, 말을 달리시오. 어서 이 명령서를 저쪽에 있는 부대에 전하시오. 즉시 공격을 시작하라 말하시오. 옥타비우스 군대는 싸우고자 하는 뜻이 없어 보이니까 급습하면 쳐부술 수 있소. 달리시오, 메살라. 총공격을 명령하시오. (모두 급히 퇴장)

〔제5막 제3장〕

필리피 벌판의 다른 곳.

경종 소리. 카시우스가 분노하여 불안한 모습으로 군기를 들고 등장. 그 뒤를 따라 티티니우스 등장.

카시우스 저걸 보오, 티티니우스! 비겁자들이 도망가고 있소! 나 자신이 아군의 적이 되고 말았구나. 나의 기수가 도망치려 해서 그 비겁한 놈을 죽이고 깃발을 빼앗았소.

티티니우스 오, 카시우스, 브루투스의 명령이 너무 빨랐어요. 옥타비우스보다 우세하다고 자만한 것 같습니다. 부하들이 약탈하고 있는 동안 우린 안토니우스에게 완전히 포위당했소.

핀다루스 급히 등장.

핀다루스 어서 피하소서, 나리. 어서 피하소서. 마르쿠스 안토니우스가 나리의 막사를 덮쳤습니다. 그러니 피하소서. 주인 나리, 멀리 피하소서.

카시우스 (군기를 땅에 꽂는다) 이 언덕이면 문제없다. 저것 보오, 티티니우스. 저기 불타는 게 내 막사가 아니오?

티티니우스 그렇소, 장군.

카시우스 티티니우스, 그대가 날 사랑한다면 내 말에 올라타 박차를 세게 가해서 저기 군대가 있는 곳까지 갔다가 바로 와주구려. 저기 있는 군대가 아군인지 적군인지 확인하고 싶소.

티티니우스 단숨에 다녀오리다. (퇴장)

카시우스 얘, 핀다루스, 좀더 언덕 위로 올라가 봐라. 내 눈이 침침하다. 티티니우스를 살펴봐라. 그리고 전투 상황도 보이는 대로 말해 다오. (핀다루스, 언덕으로 올라간다)

카시우스 오늘은 내가 이 세상에 태어난 날! 시간은 한 바퀴를 돌고 돌아 나는 삶을 시작한 날에 삶을 마치게 되나 보다. 내 인생은 한 회전을 마쳤구나. 이봐라, 어떻게 됐느냐?

핀다루스 (위에서) 아, 나리!

카시우스 어떻게 됐어?

핀다루스 (위에서) 티티니우스 님이 기병들에게 포위당했습니다. 기병들의 한 부대가 달려옵니다. 하지만 이쪽도 막 달려요. 어이구, 적에게 곧 잡히려나. 어서요, 티티니우스 님! 몇 사람이 말에서 내리는군요. 아, 티티니우스 님 도요. 그분이 잡혔어요. (환호성) 들어보세요! 저것들이 환호성을 지르고 있어요.

카시우스 내려오너라, 더 볼 것도 없다. 오, 비겁한 자여, 이 궂은 목숨이 붙어 있어 친구가 눈앞에서 잡히는 것을 보다니!

핀다루스 내려온다.

카시우스 얘, 이리 오너라. 널 파르티아에서 포로로 잡았을 때 난 네 목숨을 살려주는 대신 네게 서약을 하게 했다. 너는 내가 하라는 명령에는 절대로 복종해야 한다고. 자 이제 그 맹세를 지켜라! 이제 넌 자유의 몸, 카이사르의 내장을 찌른 이 칼로 나의 가슴을 찌르라. 대답은 필요 없다. 자, 이 칼자루를 잡아. 내가 이렇게 얼굴을 가릴 테니. 바로 지금이다. 그 칼로 찔러. (핀다루스가 그를 찌른다) 카이사르, 당신은 복수를 했소. 당신의 목숨을 뺏은 그 칼로. (죽는다)

핀다루스 (혼잣말로) 이제 난 자유의 몸. 이렇게까지 해서 자유를 얻고 싶지는 않았는데. 내가 뜻대로 할 수만 있었던들. 오 카시우스 나리! 핀다루스는 이 나라로부터 멀리 달아나 로마인의 눈에 띄지 않는 곳으로 가겠습니다. (달아난다)

티티니우스와 메살라 등장.

메살라 피장파장인 셈이오, 티티니우스. 옥타비우스는 브루투스 군대에 패했으니까요. 카시우스 군대는 안토니우스에게 패했다고 하지만.

티티니우스 이 소식을 들으면 카시우스도 기뻐할 거요.

메살라 장군과 어디서 헤어졌소?

티티니우스 매우 낙담하고 있었소. 하인 핀다루스와 이 언덕에 함께 있었는데.

메살라 저기 땅바닥에 누워 있는 게 그가 아니오?

티티니우스 산 사람의 모습 같지가 않소. 아, 이게 웬일인가!

메살라 카시우스 아니오?

티티니우스 예전엔 그랬소, 메살라. 그러나 이젠 카시우스가 아니오. 오 지는 해여, 붉은 노을 속에 하루가 저물 듯이 붉은 핏속에 카시우스의 일생도 지고 말았구나. 로마의 태양은 졌도다! 우리의 날도 지났고, 구름아, 이슬아, 위험아, 오라. 우리의 일은 끝났다! 내가 전투에서 진 줄 알고 이런 짓을 저지르다니.

메살라 전투 상황이 불리한 줄 알고 이런 일을 저지른 거로군요. 오 가증스런 오해, 우울의 아들이여. 왜 귀가 여린 인간의 마음속에 뛰어들어, 있지도 않은 걸 있는 것처럼 보여주느냐? 오해여, 쉽게 인간의 마음에 잉태되는 주제에, 행복한 탄생을 할 때엔 너를 낳아준 어미를 반드시 잡아 죽이는구나!

티티니우스 핀다루스! 어디 있느냐, 핀다루스?

메살라 찾아보오, 티티니우스, 그동안에 난 브루투스를 찾아 이 소식을 그의 귀에 찔러 넣겠소. 내가 찔러 넣겠다고 말한 건, 예리한 칼이나 독을 묻힌 투창도 이 비참한 소식만큼 브루투스의 귀를 찌르지 못할 것이기 때문이오.

티티니우스 어서 가시오, 메살라. 그동안에 나는 핀다루스를 찾아보겠소. (메살라 퇴장) 어찌하여 그대는 나를 보냈소, 카시우스? 난 당신의 우군을 만났던 거요. 그들은 내 머리에 승리의 화관을 씌워주며 이걸 당신께 갖다드리라고 했었소. 그들의 환호성을 못 들었단 말이오? 아, 당신은 모든 걸 오해했소! 그러나 받으시오. 자, 이 화관을 이마에 쓰시오. 당신의 브루투스가 이걸 당신에게 드리라 했소. 그래서 난 명령대로 하는 거요. 브루투스, 보러 오시오. 내가 카이우스 카시우스를 얼마나 존경했는가를 보시오. 신들이여, 용서하소서. 이것이 로마인의 진실이오. 자, 카시우스의 칼아, 티티니우스의 심장을 찾아라. (자살한다)

잠시 뒤 전투 소리는 멎고 메살라를 선두로 브루투스, 젊은 카토, 루킬리우스, 라베오, 플라비우스, 그 밖의 사람들 등장.

브루투스 어디요, 어디요, 메살라, 그의 시체가 있는 곳은?

메살라 보시오, 저기요. 티티니우스가 애도하고 있어요.

브루투스 티티니우스의 얼굴이 하늘을 보고 있는데?

카토 죽었습니다.

브루투스 오, 율리우스 카이사르, 그대의 힘은 아직도 위대한가! 그대의 넓은 땅 위를 헤매며 우리의 칼로 우리들 가슴을 찌르게 하는구려.

카토 용감한 티티니우스! 보십시오, 돌아가신 카시우스께 화관을 씌워 놓았군요!

브루투스 이 두 사람 같은 로마인이 또 태어날 수 있을까? 최후의 로마인들이여, 고이 잠드시라! 이제 로마는 그대들 같은 인물을 다시는 낳지 못할 것이오. 동지들, 돌아가신 분들에게 진 빚을 내가 흘리는 눈물로 어찌 다 갚을 수 있겠소? 갚을 때를 찾으리라, 카시우스. 갚을 때를 찾겠소. 그러기 위해 여러분, 유해를 타소스로 모셔다 주오. 병사들의 사기가 떨어지니 진중에서 장례를 치르는 것은 좋지 않소. 루킬리우스, 갑시다. 그리고 젊은 카토도. 우리 전선으로 갑시다. 라베오와 플라비우스는 선발대로 떠나게. 지금시각은 세 시. 로마인 여러분, 밤이 되기 전에 다시 한 번 싸워서 운명을 결판지읍시다. (모두 퇴장. 병사들이 시체를 들고 간다)

〔제5막 제4장〕

필리피 벌판의 다른 곳.
다시 전투 개시. 브루투스, 메살라, 카토, 루킬리우스, 그 밖의 병사들이 적군에게 밀려 싸우면서 등장.

브루투스 동포 여러분, 굴하지 말고 용기를 내시오! (반격하며 퇴장. 메살라와 그 밖의 사람들 뒤따라 퇴장)

카토 용기를 내지 않을 사람이 어디 있으랴? 날 따를 사람은 없느냐? 전선에서 내 이름을 떨치리라. 난 마르쿠스 카토의 아들이다, 알겠느냐! 폭군들의 적이다. 그리고 나의 조국의 벗이다. 난 마르쿠스 카토의 아들이다, 알겠느냐?

루킬리우스 (카토에게 가세하며) 그리고 난 브루투스, 마르쿠스 브루투스가 나다. 내 조국의 벗 브루투스다. 브루투스는 바로 나다! (적병들과 싸운다. 카토

필리피 전투 BC 42년 마케도니아 필리피에서 벌어진 두 차례에 걸친 전투. 카이사르 암살 주동자인 브루투스·카시우스와 옥타비우스·안토니우스가 이끄는 군대 사이에서 벌어진 전투이다. 전투에서 패배한 브루투스와 카시우스는 자결하고, 암살파를 제거하는 옥타비우스와 안토니우스는 각각 로마의 권력을 잡기 위해 경쟁에 돌입했다.

가 살해당한다) 젊고 고결한 카토, 그대도 쓰러지는가? 티티니우스에 못지않은 용감한 죽음이오. 카토의 아들로서 그 이름은 길이 빛나리라. (두 명의 적병과 싸우다가 형세가 불리해진다)

병사 1 항복하라, 그렇지 않으면 죽인다.

루킬리우스 항복하는 것은 단지 죽기 위해서다. 당장 죽여라. 그만큼의 값어치는 있는 사람이다. 자, 브루투스를 죽이고 공을 세워라. (돈을 준다)

병사 1 그건 안될 말. 굉장한 포로다.

병사 2 야, 비켜라! 안토니우스 장군께 브루투스를 잡았다고 보고하자.

병사 1 내가 보고하지. 마침 장군님이 오신다.

안토니우스 등장.

병사 1 브루투스를 잡았습니다. 브루투스를 잡았습니다. 장군님!

안토니우스 어디 있나?

루킬리우스 무사하실 거다, 안토니우스. 브루투스는 무사하고말고. 내 장담 하지만 어떤 적이라도 고결한 브루투스를 사로잡진 못할 거다. 신들이여, 무 서운 치욕으로부터 그를 보호하소서! 브루투스를 발견할 때는 그가 죽어 있든 살아 있든 간에 브루투스다운 모습을 보여줄 것이다.

안토니우스 이자는 브루투스가 아니다. 그러나 확실히 브루투스 못지않은 수확이다. 이자를 다치게 하지 말고 정중히 대하라. 이런 자를 적으로서가 아니라 친구로서 갖고 싶다. 가라, 가서 브루투스가 살았는지 죽었는지 알 아보라. 나는 옥타비우스의 막사에 있을 테니 전투 상황을 낱낱이 보고하 라. (모두 퇴장)

〔제5막 제5장〕

필리피 벌판의 또 다른 곳.
브루투스, 다르다니우스, 클리투스, 스트라토, 볼룸니우스 등장.

브루투스 자, 살아남은 몇 안 되는 동지들, 이 바위에서 쉬도록 합시다.

클리투스 스타틸리우스가 횃불로 신호를 했습니다만 장군님, 그는 돌아오지 않았습니다. 붙잡혔거나 살해된 모양입니다.

브루투스 여기 좀 앉거라, 클리투스. 살해라는 말이 지금 유행되고 있는 것 같다. 귀 좀 빌리자, 클리투스. (속삭인다)

클리투스 아니, 제가요, 장군님? 안 됩니다. 세상을 다 준대도 싫습니다.

브루투스 그럼 잠자코 입 다물고 있어.

클리투스 차라리 제가 자살을 하겠습니다.

브루투스 귀 좀 빌리자, 다르다니우스. (속삭인다)

다르다니우스 제가 어찌 그런 짓을?

클리투스 오, 다르다니우스!

다르다니우스 오, 클리투스!

클리투스 장군께서 어려운 부탁을 하시던가?

다르다니우스 죽여달라는 거지, 클리투스. 저것 봐, 생각에 잠기셨어.

클리투스 저 훌륭한 그릇도 이제는 슬픔으로 가득 차서 저렇게 눈에서 눈물이 넘쳐흐르고 있어.

브루투스 이리 오오, 볼룸니우스 동지. 할 말이 있소.

볼룸니우스 무슨 말씀이시오, 장군?

브루투스 실은 말인데 볼룸니우스, 카이사르의 망령이 내게 나타났었소. 밤중에 두 번씩이나. 한 번은 사르디스에서, 또 한 번은 간밤에 이곳 필리피 전선에서. 나도 죽을 때가 온 것 같구려.

볼룸니우스 그럴 리가 있소, 장군?

브루투스 아니 확실하오, 볼룸니우스. 볼룸니우스 당신도 세상이 어찌 되는지 알 거요. 적은 우리를 함정으로 몰아넣었소. (멀리서 전투 소리) 적군들이 밀어닥치기를 기다리느니, 우리가 제 발로 뛰어드는 쪽이 명예롭소. 볼룸니우스, 우리 함께 학교에 다니던 친구가 아니오. 오랜 우정으로 부탁하오. 그냥 칼자루만 잡고 있어주시오. 내가 뛰어들겠소.

볼룸니우스 그건 친구로서 할 짓이 못 되오, 장군. (소리가 가까워진다)

클리투스 어서 피하시옵소서, 장군님. 지체하시면 안 됩니다.

브루투스 잘 있게 클리투스. 그리고 볼룸니우스도. (한 사람 한 사람씩 악수한다) 스트라토, 그새 넌 잠들었구나. 그럼 너도 잘 있어, 스트라토. 동지들, 나의 마음은 기쁘오. 내가 살아 있는 동안 나를 배반한 친구는 한 사람도 없었으니까. 패전의 이날에도 나는 더욱 빛나는 영광을 차지할 것이오. 옥타비우스와 안토니우스가 부정한 승리로 얻은 것보다 더욱 큰 영광을 가지게 될 거요. 그럼 마지막 작별이오. 이 브루투스가 자기 생애의 이야기를 다 마친 것 같소. 나의 눈에는 밤이 깃들고 이 한순간을 얻기 위해 고생하며 살아온 나의 뼈도 쉬고자 하오. (경종 소리가 크게 울리며 "도망쳐라, 도망쳐라, 도망쳐!" 소리가 들린다)

클리투스 속히 피하시옵소서, 장군님, 속히.

브루투스 가시오! 뒤따르겠소. (클리투스, 다르다니우스, 볼룸니우스 달아난다) 부탁한다 스트라토, 네 주인 곁에 있어다오. 너는 평판이 좋은 사람이고 네 일생은 명예로웠다. 그러니 나의 칼을 꼭 잡고서 얼굴을 돌리고 있어라. 내가 뛰어들 때까지. 그래 주겠나, 스트라토?

스트라토　먼저 손을 주십시오. 안녕히 가시옵소서, 나리.

브루투스　잘 있어라, 착한 스트라토. (칼을 향해 뛰어든다) 카이사르, 이젠 눈을 감으시오. 당신을 죽일 때 지금 심정의 절반만큼도 내키지 않았소. (죽는다)

안토니우스의 군대가 브루투스의 패잔병을 추격하며 등장. 이윽고 철수를 명령하는 신호 소리. 옥타비우스, 안토니우스 등장. 메살라와 루킬리우스는 포로가 되었다.

옥타비우스　아니, 저자가 누구냐?

메살라　브루투스의 하인입니다. 스트라토, 네 주인은 어디 계시냐?

스트라토　당신처럼 포로가 아니라 자유의 몸이시지요, 메살라 님. 정복자들이라도 그분을 화장이나 해드릴 수 있을 뿐입니다. 브루투스 나리는 스스로 자기를 정복하신 거죠. 아무도 그분의 죽음을 공으로 삼을 수는 없습니다.

루킬리우스　브루투스는 그랬어야 했을 겁니다. 감사합니다, 브루투스. 루킬리우스의 말이 맞다는 것이 증명됐으니까요.

옥타비우스　브루투스를 섬기던 자들은 모두 내가 부리겠다. 이봐라, 너는 나와 함께 지내겠느냐?

스트라토　네, 메살라 님이 추천해 주신다면.

옥타비우스　그렇게 해주오, 메살라.

메살라　주인 나리께서 어떻게 돌아가셨나, 스트라토?

스트라토　제가 잡고 있는 칼에 뛰어드셨습니다.

메살라　옥타비우스, 그럼 저 친구를 써주십시오. 제 주인에게 마지막 봉사를 한 사람이니까요.

안토니우스　이분은 그들 가운데서도 가장 고결한 로마인이었소. 브루투스를 제외한 역모자들은 모두 위대한 카이사르를 증오하여 그를 시해했소. 그러나 이분만은 공명정대한 정의감과 만인의 행복을 위하여 한패가 된 것이었소. 그분의 생애는 고결하였소. 그의 인품은 원만하여 그 때문에 대자연도 숙연히 고개를 들어 "이분이야말로 인간이었다!" 온 세계를 향해 외칠 수 있을 정도였소.

옥타비우스　브루투스의 미덕을 추모해 최대한의 경의를 가지고 정중한 예를 갖춘 장례식을 올립시다. 오늘 밤 그의 유해는 내 막사에 안치될 것이오. 물론 군인에게 어울리도록 명예롭게 배려하리다. 그럼 전쟁터에 휴전을 선포하라. 가서 다 같이 오늘의 기쁜 영광을 나눕시다. (모두 진군하며 퇴장. 몇몇 병사들이 브루투스의 시체를 들어 옮긴다)

셰익스피어의 비극 세계

《햄릿》

이 작품은 셰익스피어가 인생과 우주를 꿰뚫어 보고 기교와 표현이 성숙했던 무렵에 쓰였다. 셰익스피어의 4대 비극 가운데서도 《햄릿》이 으뜸으로 손꼽히는 까닭은 인간의 가장 보편적 주제인 삶과 죽음의 본질을 다루고 있기 때문이다. 작가는 이 극 곳곳에서 삶과 죽음의 문제들을 제기하며 깊이 있게 성찰한다. 또한 주인공 햄릿의 끊임없는 독백을 통하여 인간 심리를 효과적으로 그려내는데, 바로 이러한 점이 이 작품을 세계 문학사 정상에 우뚝 서게 했다.

이 작품의 집필 연도나 상연 연도에 대해서는 여러 주장이 엇갈리지만 정확한 사실은 알 수 없다. 넓게 잡아서 1598~1601년 사이로 추정하며, 가장 일반적인 주장은 1601년 무렵이다. 맨 처음 출판된 것은 1603년으로 이를 흔히 제1사절판(The First Quarto)이라고 하며, 첫 상연도 이즈음이었다. 그 뒤 1604~05년에 출판된 것을 제2사절판(The Second Quarto)이라고 부르는데, 이 둘은 그 내용에 적지 않은 차이가 있다. 대체로 제1사절판이 작가나 극단의 동의 없이 출판된 표절판·해적판이라면, 제2사절판은 이에 맞서 극단 자체에서 펴낸 좋은 원전이라고 생각된다. 아마도 몇몇 배우들에게 돈을 주고 그들의 기억을 더듬어 재구성했다고 짐작되는 제1사절판은 고작 2143행밖에 되지 않는 데 비하여, 제2사절판은 3800행 가까이 된다. 따라서 현재의 《햄릿》은 '좋은 사절판'을 실질적 바탕으로 삼고 있으나, '나쁜 사절판'도 널리 참고하고 있다. 이 밖에 1623년에 처음 나온 제1이절판(The First Folio) 전집 가운데 실린 《햄릿》이 있는데, 이 또한 앞의 두 사절판을 단순하게 다시 실은 것은 아니다. 아마도 작가의 자필 원고를 바탕으로 했으리라 추측하지만, 여러 사정으로 그것이 결정적으로 중요한 판본이 되지 못하고 있다. 제1, 제2의 사절판, 제1이절판에 실린 《햄릿》세 작품 사이의 관계가 이처럼 까다롭기 때문에 오늘날까지도 여러

학자들의 다양한 판본이
나오고 있는 것이다.

자기 아버지인 왕이 독
살당하여 작은아버지에
게 왕위와 어머니를 빼앗
긴 주인공 햄릿이 죽은 아
버지 유령의 "복수하라"는
명령으로 겪게 되는 이야
기는 12세기 첫 무렵 덴마
크로부터 전해 내려온 것
이다. 영국에서는 《원(原)
햄릿(Ur–Hamlet)》이라는
제목으로 각색된 바 있는
데, 이 《원(原) 햄릿》은 《스
페인 비극》으로 이름난
토머스 키드(Thomas Kyd
1558~1594)가 썼다고 알려
졌으나 현재 전해지지는

〈햄릿과 아버지 유령〉 외젠 들라크루아. 1843.

않는다. 셰익스피어는 이를 참고로 《햄릿》을 다시 만들어 낸 것으로 보인다.

《원(原) 햄릿》은 그 무렵 유행했던 유혈 복수 비극이지만, 셰익스피어의 《햄
릿》은 복수에 초점이 맞추어졌으면서도 그 방법이 전혀 다르고, 작가는 오로
지 주인공 햄릿의 인간 모습을 밝히는 데 더욱 집중한다. 예민한 햄릿은 덴마
크 궁궐에 깃든 부패를 피부로 느끼나 죽은 아버지의 유령에 의해 드러난 무
서운 비밀을 알게 되고부터는, 지금 왕에 대한 분노를 품고 있으면서도 비텐베
르크 대학에서 받은 개신교의 영향으로 연옥(죽은 사람의 영혼이 천국에 들어
가기 전에 남은 죄를 씻기 위하여 불로써 단련받는 곳)의 존재를 믿지 않게 된
까닭에 유령이 진짜인지 의문을 품고 고민한다.

사느냐, 죽느냐, 그것이 문제로다. 가혹한 운명의 화살을 참아내는 것이
중요한가, 아니면 고통의 물결을 두 손으로 막아 이를 조절하는 것이 중요

3막 1장, 〈햄릿과 오필리아〉　외젠 들라크루아. 1834.

한가? 죽음은 잠드는 것, 그뿐이다. 잠들면 모든 것이 끝난다. 마음의 번뇌도 육체가 받는 온갖 고통도. 그렇다면 죽고 잠드는 것, 이것이야말로 열렬히 찾아야 할 삶의 극치가 아니겠는가? (제3막 제1장)

　세계 문학사에서 가장 유명한 이 독백은 삶과 죽음의 본질적인 문제들을 이해하려는 햄릿의 갈등을 잘 보여준다. 햄릿은 작은 아버지 클로디어스가 저지른 아버지 살해와 어머니의 성급한 변절로 이 세상에 환멸을 느낀다. 그런 괴로움 때문에 그는 자살을 생각하기도 한다. 위 대사는 자살 충동을 느끼는 순간 햄릿이 특유의 방식으로 죽음을 진지하게 성찰하는 모습을 담고 있다.

　햄릿은 "약한 자여, 그대 이름은 여자인가?"(제1막 제2장)와 같은 여성 비하적인 대사를 많이 한다. 이는 어머니의 조급한 재혼에 대한 증오심과, 어머니의 사랑을 작은아버지에게 빼앗긴 것에 대한 원한이 깊기 때문이다. 어머니에 대한 증오는 모든 여성에 대한 증오로 확대되어 그는 연인 오필리아조차 버리고 만다. 그리고 마침내는 여성의 상징인 생식력에 대해서 아래와 같은 저주를 퍼붓는다.

　　나도 들어서 잘 알고 있다. 너희들이 얼굴에 덧칠을 한다는 걸. 하느님이 주신 얼굴 위에 위선의 탈을 뒤집어쓰고 있다. 아장거리고, 엉덩이를 흔들고, 간드러진 소리를 내고, 신의 창조물에 별명을 붙이는가 하면, 부정한 짓을 해놓고 모른다고 잡아뗀다. 제기랄, 이제 더는 못 참겠다. 그 때문에 나는 미쳤다. 이제 다시는 세상 년놈들이 혼인하지 못하게 할 테다. 어차피 혼인한 것들은 살려두지만, 딱 한 놈만은 안 된다. 나머지 혼인을 안 한 것들은 그대로 있어야 한다. 수녀원으로 가라. (제3막 제1장)

한편 햄릿은 클로디어스 왕의 범죄에 대해서는 극중극(劇中劇)으로 말미암아 그 확실한 증거를 잡게 되고, 어머니의 침실로 찾아가서 맹렬히 비난을 퍼

〈거트루드, 햄릿과 선왕의 유령〉 헨리 퓨젤리. 1793.
햄릿은 왕비(거트루드, 햄릿의 어머니)와 실랑이 중 장막 뒤에 숨어 있던 폴로니어스를 찔러 죽인다. 이때 아버지 유령이 나타나 놀란 왕비를 달래주라고 하고는 사라진다.

부음으로써 어머니 마음을 두 갈래로 찢어놓으며, 또한 주제넘은 재상 폴로니어스를 왕으로 착각하여 살해하고는, 마침내 하늘의 뜻을 대신하여 나라의 혼란을 바로잡아야 하는 자신의 임무를 깨닫는다. 이제 극은 빠르게 전개되고, 이제까지 어물어물 망설이기만 했던 햄릿은 그동안의 회의와 번민에서 벗어나 행동하는 인물로 바뀌어 맹활약하게 된다.

'복수비극'이라는 분야는 셰익스피어 시대의 영국 연극 가운데 가장 인기가 있었던 것으로서 높이 치달았다가 한순간에 바닥을 치는 기복이 심한 이야기, 자극적인 사건들, 노골적인 표현과 분위기 등이 지나친 수사(修辭)와 어우러져 사람들의 입맛을 당겼다. 《햄릿》도 그러한 전형적 작품의 하나였다. 물론 《햄릿》은 틀림없이 그 시절에 유행했던 유혈 복수비극이지만 그것만이 다는 아니다.

사실 셰익스피어 작품 가운데 이 극만큼 많은 문제를 담고 있어서 뒷날 온갖 논쟁을 불러일으킨 것은 없다. 특히 주인공 성격에 대한 해석으로는 갖가지 주장이 제기되었다. 햄릿을 지나친 반성의 지식인, 행동적이기보다는 망상적이고 우울한 인물로 보는 시각이 가장 흔하며, 이는 19세기 낭만주의 비평가들의 해석이었다. 이와 같은 심리주의 해석은 더욱 치우쳐서 주인공을 환자 다루듯 정신병리학적으로 다루었으며, 심지어 어떤 학자는 햄릿을 오이디푸스 콤플렉스라는 용어로 풀이하기에 이른다. 오이디푸스 콤플렉스란 아들이 무의식적으로 동성의 아버지를 멀리하고, 이성의 어머니를 좋아하는 잠재의식을 말한다. 즉 아버지에게 반감을 가진 아들이 어머니를 차지하고자 하는 욕망에 근거한 생각·원망·감정의 복합체로 정의된다. 그리스 신화에 나오는 오이디푸스 왕이 자신의 아버지를 잘못 알고 죽인 뒤, 그 어머니와 결혼한 이야기에 관련하여 붙인 말이다.

근대에 와서는 역사적 해석과 상징주의 해석을 통해 햄릿의 성격과 작품 세계의 시적 분위기 등이 한층 더 깊이 있게 인식되었다. 상징주의 해석의 경우 이 극의 병적인 이미지에 주목하여 햄릿을 '죽음의 사자'라고 보는가 하면, 그를 '생명의 이미지'로 바라보기도 했다. 이처럼 문학 세계에서는 그 해석 방법과 관점에 따라서 작품에 대한 여러 주장이 나올 수 있는데, 그 결론의 타당성은 그것이 어느 만큼의 객관성을 지니고 있느냐에 달려 있다.

《오셀로》

셰익스피어의 4대 비극은 1600~06년 사이에 쓰였으며, 이 기간에 작가는 가장 알찬 문학적 결실을 거두었다. 이 무렵 셰익스피어는 그의 작품들에서 —《햄릿》과《리어 왕》까지도—국가와 제왕의 주제를 집중적으로 다루었는데, 특히 주인공의 내적 갈등이 나라를 뒤흔들다가 주인공이 죽음으로써 비로소 나라의 질서가 회복되고 그의 영혼도 구제받게 된다. 그러나《오셀로》만은 주인공의 운명과 나라의 운명이 아무런 관계가 없는 독특한 내용이다.

《오셀로》는 셰익스피어의 희곡 중에서 가장 이해하기 쉽고, 친밀감을 주는 작품이다. 무엇보다도 사람들이 비교적 쉽게 만날 수 있는 가정 안에서 벌어지는 사건을 그 주제로 다루고 있으며, 작품 구성도 단순한 데다 직접적이고 자연스러워서 오늘날 우리들 눈에도 거슬리지 않는다. 문학 작품으로 읽을 때

뿐만 아니라 실제 연극
에서도 인물들 사이에
오가는 대사가 《햄릿》
처럼 어렵지 않기 때문
에, 관객이 손쉽게 극
의 내용을 파악할 수
있다.

영국 비평가 윌리엄
해즐릿(William Hazlitt
1778~1830)의 말처럼,
《오셀로》는 셰익스피어
의 어느 작품보다도 인
간 생활과 밀접한 관계
를 지니고 있다. 《리어
왕》에서 느끼는 연민
의 감정은 두렵고 압도
적인 힘을 주지만, 자연
스러운 친밀감이라는
관점에서 본다면 《오셀
로》만 못하다. 또 《맥베
스》의 정열도 어딘가

〈오셀로의 데스데모나 묘사〉 제임스 클라크 훅. 1852.

현실과 동떨어진 느낌이 없지 않다. 《햄릿》에서 느끼는 감격 또한 현실과는 거
리가 멀어서 선뜻 와닿지 않는다. 이런 점으로 미루어 볼 때, 비록 심각한 사
건이기는 하지만 《오셀로》는 누구나 일상생활 속에서 충분히 겪을 수 있는 일
과 흥미를 지닌 작품이라고 할 수 있다.

1604년 11월 1일, 런던의 화이트홀 궁전에서 《오셀로》가 국왕 극단에 의해
처음으로 상연되었다는 기록이 남아 있다. 제작 연대도 1604년으로 추정된다.
첫 출판은 셰익스피어가 죽은 뒤인 1622년의 사절판이며, 이듬해인 1623년에
는 제1이절판 전집에 포함되어 나왔다.

자료는 1566년 이탈리아 시인이자 극작가인 지랄디 친티오(Giraldi Cinthio

〈오셀로와 데스데모나〉 다니엘 매클라이즈. 19세기. 데스데모나가 애원하듯 바라보는 동안 오셀로는 저주받은 손수건을 꽉 쥐고 복잡한 심정을 드러내고 있다.

1504~1574)가 쓴 《100가지 이야기 *Gli Hecatommithi*》에서 얻었다고 한다. 이 책은 그때 아직 영어로 번역되지 않았으므로, 셰익스피어는 아마도 프랑스 번역판을 참조했으리라 짐작된다. 이 원작에는 데스데모나라는 여자의 이름이 있을 뿐 오셀로의 이름도 없고 다만 무어인이라고만 나와 있으며, 기수(旗手) 이아고와 부관(副官) 카시오의 이름도 없다. 이러한 자료를 이용하여 비극의 위치에까지 끌어올린 것은, 오로지 셰익스피어의 천재적이고 뛰어난 글솜씨 덕분이리라.

흑인으로서 직업군인인 오셀로는 베니스 정부에 고용된 장군이고, 여주인공 데스데모나는 베니스 명문 집안의 딸이다. 흑인 중년 남자와 백인 처녀의 결혼에서부터 극이 시작하여 이들의 파국으로 끝나버리는 가정비극(Domestic Tragedy) 작품이다. 오셀로는 성격이 단순 소박하며, 그의 대사들이 감상적인 분위기로 가득 차 있는 것만 보더라도 낭만적인 이상주의자이다. 한편 데스데

〈오셀로와 데스데모나〉 데스데모나의 죽음 알렉상드르 마리 콜랭. 1829.

모나는 아름다운 외모에 순진하고 소박한 성품, 그리고 결혼 문제를 자기 의지대로 결정할 수 있는 르네상스기에 자아가 깨어 있는 신여성이다. 이러한 오셀로와 데스데모나의 결혼은 처음부터 문제점을 안고 있기는 하지만, 제3자가 끼어들기 전까지는 완전히 조화로운 세계였다.

그러나 오셀로의 기수 이아고는 이 조화로운 세계를 깨부수어 버리겠다고 뛰어든다. 그는 자신의 아내 에밀리아와 오셀로가 몰래 정을 통했다는 억지 이유로 보복을 하겠다고 벼른다. 또 다른 이유는 부관 자리를 카시오에게 빼앗긴 일에 대해 오셀로에게 앙갚음하겠다는 것이다. 때문에 그는 질투의 독을 오셀로의 귀에 부어넣기 시작하여 마침내 오셀로로 하여금 아내의 부정(不貞)을 믿게 하고 만다.

오셀로는 자기 입으로 자신은 질투를 하지 않는 성격이라고 말한 바 있다. 그런 그가 사랑하는 아내와 신임하는 부관보다는, 그다지 친밀하지도 않은 이아고의 말을 곧이듣고 질투의 화신으로 변하는 과정에는 얼마간 모순이 있다. 이아고 같은 악마와 인간 오셀로와의 대결에서 인간의 패배는 숙명적이다. 더구나 오셀로는 평소 이아고를 정직한 사람으로 믿었다. 순진한 오셀로는 이아고의 속셈을 전혀 알아채지 못한다.

겉모습(현상)과 실체(실상) 사이의 어긋남, 이러한 이중성의 주제는 셰익스피어의 다른 작품에서도 곧잘 나타난다. 그래서 이아고는 그의 부정적이자 냉소적인 사악함을 마음껏 발휘하여 오셀로의 애정과 정신을 무너뜨리고, 오셀로를 어리석고 연약한 인물로 만들어 버리고 만다. 오셀로는 "분별은 부족했어도 진정 깊이 아내를 사랑한 사람이었다. 경솔하게 남을 의심하지 않는 사람이었으나 속임수에 넘어가 극도로 당혹하여, 어리석은 인도인처럼 자기의 온 민족보다 값진 진주를 그 손에서 내던져 버렸다"(제5막 제2장)고 세상에 전해 달라는 마지막 부탁을 남긴다. 그러고는 스스로 목숨을 끊어 사랑하는 아내의 차가운 입술 위에 쓰러진다. 하지만 절망 속에 죽은 맥베스와는 달리 오셀로의 비극은 그의 죽음으로써 영혼의 구제를 받게 된다.

> 이 오셀로는 어디로 가야 하나? 어디 봅시다. (침대를 돌아다본다) 당신은 어떤 얼굴을 하고 있소? 아, 불운한 당신! 속옷같이 창백하구나! 최후의 심판 날 다시 만나게 되어 당신의 이 얼굴을 보기만 해도, 내 영혼은 하늘에서 내동댕이쳐져 지옥의 마귀들에게 뜯어먹히겠지. 차다, 얼음 같구나, 당신은! 당신의 정조도 이러했었지. (제5막 제2장)

비평가 앤드루 브래들리(Andrew Cecil Bradley 1851~1935)는 《오셀로》를 하나의 거인비극(巨人悲劇, Tragedy of High Stature)이라고 부르며, 《리어 왕》을 빼면 이 작품이 가장 침통하고 충격적이며 두려운 작품이라고 격찬한다. 구성의 기교라는 관점에서도 갈등이 비교적 늦게 시작되지만 일단 시작한 뒤에는 아주 급격하게 바뀐다는 점, 어릿광대를 등장시켰으나 희극이라 할 만한 요소가 없는 순수한 비극이라는 점, 큰 인물이 간사한 흉계에 넘어가 아내를 의심하게 되고 그에 따라 아주 잔인하고 사나운 들짐승과 같은 행위로 타락해 가는 고민을 훌륭하게 그려낸 점, 셰익스피어가 자신의 작품을 통해 나타내고자 하는 뜻이 근대적이고 가정적이며 숙명적이고 일상적이라는 점, 우연한 사건을 많이 끼워 넣은 것처럼 보이나 아주 자연스럽다는 점 등을 지적하며 브래들리는 《오셀로》를 가장 훌륭한 작품으로 평가한다.

《리어 왕》

셰익스피어 4대 비극 가운데 하나인 《리어 왕》의 제작 연대는 1605년으로 추정되는데, 극작가로서 셰익스피어가 완숙기에 접어든 무렵이다. 가장 오래된 상연 기록은 1606년 12월 16일 궁정 무대이고, 첫 인쇄판으로는 1608년 사절판이 있다.

리어 왕 이야기는 1136년 즈음 영국 작가 먼머스의 제프리(Geoffrey of Monmouth 1100?~1154)가 라틴어로 쓴 《브리타니아 열왕기 *Historia Regum Britanniae*》(트로이 유민들이 브리튼섬을 발견해 정착한 뒤로 앵글로·색슨족이 쳐들어온 7세기까지의 2천년 역사를 다룬다)에 벌써 나오고 있으나, 이 극은 주로 홀린쉐드의 《연대기》 가운데 〈리어 왕 전기〉와 1594년에 상연된 바 있는 작자 미상의 《리어 왕》이다.

아득한 원시시대의 흐릿한 배경에서 벌어지는 배신과 망은의 이 비극은, 무대에서는 도저히 효과적으로 연출해 낼 수 없다고 여겨질 만큼 그 규모가 우주적이다. 등장인물들 또한 하마터면 선량한 사람과 악한 사람 두 부류의 상

1막 1장, 〈코델리아의 이별〉 에드윈 오스틴 애비. 1913.

4막 7장, 〈잠에서 깨어나 코델리아를 바라보는 리어 왕〉　조지 롬니. 1774.

징에 그치고 말 정도로 보편적 인물들이다. 먼저 주인공 리어의 성격을 상세히 살펴보면, 그는 희곡의 첫 장에서부터 병적이라고 할 수밖에 없다. 딸들의 사랑을 시험해 보겠다는 마음부터가 콜리지(Samuel Taylor Coleridge 1772~1834)의 말처럼 "어리석은 수작"이었거니와, 그럴듯하게 꾸민 말장난에 홀려서 아부와 진심을 구별하지 못한다든지, 신하의 간언(諫言)을 자기 권위를 해치는 말로 듣는 등의 모든 행동은 완전히 자제심을 잃고 정열이 병이 되어 나타난 인간의 모습이다.

부조리하고 불안정한 행동의 연속으로, 마침내 리어는 미친 인간의 자의식을 보여준다. 제3막 제4장에서 "자, 들어가십시오. 캄캄한 황야에 쏟아지는 폭풍우는 사람으로서는 견디지 못합니다" 하고 간청하는 충신 켄트 백작에게, 리어는 "사람이란 큰 병을 앓고 있으면 작은 병은 느껴지지 않는 법이지. (…) 내 가슴속에는 폭풍우가 일고 있기 때문에 육체는 아무 감각도 없다"고 대답한다. 이제 분노하는 정서 대신에 정신착란과 지적 방황이 들어설 여지가 생긴 것이다. 리어는 이미 딸들에 대한 말은 입에도 올리지 않고, 이른바 자신의 광증과 연극을 하게 된다. 여기서 눈여겨보아야 할 점은 처음 단계에서는 망

〈코델리아의 죽음에 울부짖는 리어 왕〉 제임스 바리. 1786.

상의 수도 적었을 뿐 아니라 어느 정도는 서로 간에 관련성이 있었다면, 뒤로 갈수록 그 수가 크게 늘어나면서 일시적이고 갈피를 못 잡게 되었다는 사실이다. 이 작품은 여기에서 절정에 이른다. 그리고 코델리아와 시의(侍醫)의 힘으로 그 상처받은 넋이 차츰 아무는 장면은, 말하자면 지적 착란이 가라앉기 시작하는 순간이다.

그러나 이와 때를 같이하여 이상한 연민이 다시 고개를 쳐든다. 고네릴과 리건에 대한 격노가 이번에는 코델리아에 대한 격렬한 사랑으로 급변하지만, 사실 고네릴과 리건을 못내 미워하거나 코델리아를 갑자기 사랑할 아무런 객관적인 근거도 없다. 결국 딸들에게 보여주는 태도는 정반대일망정, 그 정서적 비정상(非正常)은 끝까지 이어져서 마침내 병든 영혼을 그대로 지닌 채 리어는 죽음을 맞이한다.

리어는 늘그막에 딸들에게 나라를 나누어 주면서 첫째 딸과 둘째 딸의 달콤한 말에만 귀를 기울이고 막내딸의 솔직한 이야기에는 크게 화를 내는데, 이는 셰익스피어의 다른 작품에서도 되풀이되는 주제인 겉모습과 실체 사이의 어긋남이다. 리어는 이런 사실을 처음에는 알아채지 못하지만 조금씩 진실을 깨닫게 되고, 몰아치는 폭풍우 속에서 미친 듯이 날뛰며 지옥의 고통을 맛본 대가로 비로소 그 실체를 또렷이 바라보게 된다.

셰익스피어 작품에서 이러한 충성과 망은은 가장 큰 미덕과 악덕의 대립적인 주제이기도 하다. 충성은 인간 정신을 순수하게 해주고, 악덕은 인간 영혼을 지옥 불로 몰아넣는다. 맥베스의 말처럼 "가련한 배우일 뿐"인 우리 인생은 지적인 통찰력이 없을 때에는 실체를 파악하지 못하는 잘못을 저지르게 된다. 그러나 그러한 잘못은 시련과 진통의 대가로 바로잡게 마련이다.

글로스터 백작의 경우도 그러하다. 그는 작은아들 에드먼드가 꾸며낸 말을 곧이듣고 큰아들 에드거의 진실을 멀리한다. 이 또한 거짓과 진실을 알아보지 못한 경우이다. 그는 악인들 손에 두 눈을 뽑히고 나서야 겨우 마음의 눈으로 진실을 보게 된다. 이러한 모순은 셰익스피어의 여러 작품에서 나타나는 하나의 특징이기도 하다.

이 극에서는 리어를 비롯하여 글로스터, 켄트, 에드거, 코델리아 모두 지옥의 불과도 같은 고난을 용케 이겨냄으로써, 마침내는 초월적인 아름다움의 경지에 오른다.

이 밖에도 《리어 왕》은 여러 가지 문제를 안고 있다. 인간 목숨을 파리 목숨처럼 생각할지 모르는 신(神)의 문제, 선인과 악인을 가리지 않고 무자비한 것만 같은 정의(正義) 문제, 그리고 여러 번 되풀이되는 자연의 심상(心像) 등이다. 이 작품의 자연관은 불가사의하고 때로는 아름답기조차 하다. 등장인물들은 숙명적으로 고난과 갈등을 안고 태어났으며, 동물에서 인간으로 탈바꿈하는 데 있어 커다란 진통을 겪어야만 했다. 그들의 마음은 저마다 자기 분열의 고통을 겪는다. 그러나 고난을 겪는 과정에서 계시적인 사랑과 위대한 신의 존재를 깨닫게 된다. 더구나 이 극의 악인들은 자신과 다른 사람들에게 불행을 안겨다 주고, 사악한 인간성은 자학적이자 자기모순적이다. 선인들뿐만 아니라 고네릴과 리건, 에드먼드 등 악인들조차도 마침내는 사랑을 깨닫고 사랑을 위해서 죽는다. 셰익스피어 비극에서는 이와 같이 고난의 향불이 신의 제단에 바쳐짐으로써 인간 영혼은 구제받게 된다.

《맥베스》

《맥베스》는 셰익스피어의 4대 비극 가운데 가장 나중에 쓰인 작품으로 여

〈세 마녀〉 헨리 퓨젤리. 1783.

겨지며, 덴마크 왕이 1606년 여름에 영국을 방문했을 때 궁정에서 공연하기 위하여 쓴 것으로 추정된다. 셰익스피어 극단은 왕실 소속이었기 때문에 제임스 1세의 조상과 관계된 스코틀랜드 역사를 다룬 것은 당연한 일이기 때문이다. 이러한 사실과 여러 역사적 사건으로 볼 때, 《맥베스》는 1606년 작품이라는 것이 정설이다. 인간을 바라보는 작가의 통찰력이 깊어지고 창작력이 최고조에 이르렀을 때이다. 1623년 제1이절판 전집으로 처음 세상에 선보인 이 작품은 극장 대본의 복사본에 의해 인쇄된 것으로 보인다.

셰익스피어는 다른 역사극들과 《리어 왕》의 자료가 된 홀린쉐드의 《연대기》에 있는 〈맥베스 전기〉와 돈월드(Donwald)의 《더프 왕 시해 *The Murder of King Duff*》의 두 이야기를 하나로 엮어 《맥베스》를 만들었다. 《연대기》는 야사(野史)와 같은 것으로서 정사(正史)와는 많이 다르다. 셰익스피어는 이 자료를 가지고 하나의 이야기로 새로 짜깁기하고, 간단한 이야기에 살을 붙여서 영문학사에 길이 남을 작품으로 만든 것이리라.

《맥베스》는 이야기 줄거리가 단순하고 빠른 속도로 전개되는 것이 특색이다. 제2막 제1장의 (맥베스의) 단검에 대한 환상, 제2막 제2장의 던컨 왕 시해,

〈단검을 받는 맥베스 부인〉 헨리 퓨젤리. 1812.

제3막 제4장의 연회, 제5막 제1장의 (맥베스 부인의) 몽유병 등 널리 알려진 장
면이 많다. 또한 사람들이 즐겨 외는 이름난 글귀가 자주 나온다. "아무리 험
악한 날이라도 시간은 지나간다"(제1막 제3장), "넵투누스의 바닷물을 다 가지
면, 내 손의 이 피를 다 씻을 수 있을까? 아니다. 오히려 이 손이 한없이 넓은
바다를 붉게 물들여 푸른 바다를 핏빛으로 만들고 말리라"(제2막 제2장) 등
그 예는 얼마든지 들 수 있다.

　맥베스는 상상력이 풍부하고 도덕심이 흐린 인물로, 야욕에 불타는 잔학한
악인이면서도 보복이 두려워서 공포에 떤다. 마녀들의 유혹에 빠져서 악(惡)
으로 발을 내딛는 순간부터 그의 인간성은 혼란에 빠져 기능이 정지되고, 환
상에 사로잡혀 내적 갈등에 시달린다. 정당한 왕위를 빼앗은 이 쿠데타의 주
인공은 폭군이 되어 정적(政敵)들을 물리치고 민중을 수탈하여 나라를 아수
라장으로 내모는데, 그 모습은 차마 눈뜨고는 볼 수 없을 정도이다. 마침내 그
는 영원한 구원을 받지 못한 채 절망 속에 죽는 비참한 비극의 주인공이 되

고 만다. 그러나 이 악
인이 쓰러짐과 더불
어 그가 파괴한 나라
의 질서는 회복되고 선
(善)과 이성은 다시 움
트기 시작한다. 하늘의
심판이 내려진 것이다.

《맥베스》는 운명비
극이다. 여기 나오는 주
요 인물은 물론 맥베스
이며 다른 사람들은 그
리 중요하지 않다. 그
러나 맥베스와 맥베스
부인의 성격을 대조하
여 보는 것은 흥미로운
일이다. 이에 대하여 해
리슨(George Bagshawe
Harrison 1894~1991)은
다음과 같이 말했다.

〈투구 쓴 머리의 환영을 바라보는 맥베스〉　헨리 퓨젤리. 1793.

"맥베스의 성격은 선과 악이 뒤섞여 있다. 그의 용감하고 고상한 성격은 그
의 양심과 비슷하다. 무엇보다도 그는 압도적인 상상력을 가지고 어떤 행동의
결과를 미리 내다볼 뿐만 아니라 그 참뜻을 꿰뚫어 본다. 제2막 제3장은 예언
이 이루어지리라는 비극과도 같은 예감으로 막을 내리게 된다. 맥베스는 이미
그것을 실행할 방법을 짐작하고 그 광경에 놀란다. 그렇지만 그의 충성심은
아내에게 올 때까지는 균형 잡힌 상태를 유지한다. 맥베스 부인은 자기 남편
보다 더 낫기도 하고 못하기도 하다. 그녀는 맥베스와는 달리 두려움이 없으
며 배짱도 두둑하지만 거기에 걸맞은 예민함과 분별력을 갖추지 못했다. 맥베
스는 던컨 왕을 죽이고 나서야 자신이 끔찍한 짓을 저질렀고 그 대가를 반드
시 치르리라는 사실을 깨닫는다. 왕이 죽은 뒤에 남편과 아내의 성격은 더욱
뚜렷해진다. 맥베스는 자신의 올바르지 못한 행위가 무엇인가를 생각하고 그

생각에 짓눌린다. 하지만 맥베스 부인은 그다음에 해야 할 자잘한 일에만 관심을 가질 뿐이다. 그녀는 상상력이 없다. 던컨 왕의 피가 맥베스의 뒤를 따라 계단에 떨어지고, 그것은 우주 전체를 둘러싸며, 맥베스는 피바다에 홀로 서게 된다. 이와 달리 맥베스 부인은 물이 조금만 있으면 이 악행을 깨끗이 씻어버릴 수 있다고 생각한다. 《맥베스》가 고대 운명극과 다른 점은 맥베스의 성격과 야심이 비극의 원인이 되었다는 점이다."

이야기는 대부분 밤의 짙은 어둠 속에서 진행된다. 이 암흑 아래에서는 핏빛과 불빛 등이 서늘하게 번뜩이고, 늘 악이 퍼져 있다. 이 암흑은 배경이라기보다 극의 공간적인 분위기인 것이다. 악이 패하고 선이 찾아올 무렵에서야 비로소 이 어둠은 걷히기 마련이다. 또한 어리둥절한 의문과 풍문들이 주는 당혹스러움 속에서 이야기가 펼쳐진다. 악의 화신이자, 주인공의 자문단(Brain Trust)이라고 할 마녀들의 예언 또한 이상야릇하고 이해되지 않는다.

이러한 분위기 속에서 함축적이고 폭력적인 말들의 준엄한 표현들로 극이 흘러가며, 전체적 인상은 맹렬하고 집중적이다. 인물들이 자기 생각과 감정을 드러내는 모습도 마찬가지이다. 더욱이 처음부터 끝까지 하늘의 뜻을 어기는 심상들로 가득 차 있다. 주인공을 어울리지 않는 옷을 입은 사람에 빗댄 옷의 심상, 왕을 죽인 결과로 영광이 얻어지기는커녕 악몽에 시달리는 잠의 심상, 순리를 어기는 동물들, 하늘과 땅에서 일어나는 큰 변화, 가치 판단을 뒤바꾸는 마녀 등 '자연법칙 역행'을 표현하는 심상들은 맥베스 부부의 비인간적이고 악랄한 행위를 더욱 효과적으로 돋보이게 할 뿐 아니라, 이 둘이 서로 밀접하게 맺어져 결국 극 전체의 공간적이며 분위기적인 주제를 만들어 낸다.

던컨 왕은 반역을 꾀하는 맥베스의 마음을 알아채지 못했다. 맥베스의 미소 뒤에는 단도가 숨어 있다. 이렇듯 겉모습과 실체 사이의 어긋남은 《맥베스》에서도 되풀이된다. 언제나 악이 선을 이기고 무질서가 질서를 깨뜨리는 충돌은 인간 사회에 보편적인 현상이다. 그러한 케케묵은 현상 가운데 한 단면을 셰익스피어는 그 바닥까지 집요하게 들여다보면서, 마치 우리 눈앞에 지옥도(地獄圖)를 펼쳐 보이듯이 연극적으로 뛰어나게 처리했다. 그런 까닭에 이 작품의 예술성은 영원불멸한 것으로 오늘날까지 찬란히 빛나고 있다.

《율리우스 카이사르》

《율리우스 카이사르》는 셰익스피어 생애 중에서 역사극 시기에서 비극 시기로 접어드는 과도기에 탄생했다. 또한 비극 가운데 끼워 넣어진 희극적 요소나 사랑 이야기 등 덧붙는 내용이 전혀 없이 하나의 사건으로만 이루어진 것이 특징이다.

첫 출판은 1623년 제1이절판 전집에서인데, 이것은 문제점이 많지 않은 '좋은 원전'으로 인정받고 있다. 지은 연도는 같은 시대 작가의 작품에 나타난 기록과 역사적 사실, 그 밖의 자료들을 근거로 1599년이라 주장하는 학자와, 1601년이라 주장하는 학자가 있다. 어쨌든 1599년과 1601년 사이에 집필한 작품이라는 데는 의견이 거의 일치한다.

셰익스피어는 일찍이 《티투스 안드로니쿠스》를 썼지만, 참된 의미의 로마 역사극은 이것이 첫 작품이다. 그는 《리처드 2세》, 《헨리 4세》, 《헨리 5세》 등 영국 역사극에서 한껏 무르익은 글솜씨를 보이다가 이 작품을 계기로 로마 역사극으로 나아갔다. 여기에는 셰익스피어 개인의 여러 심리적 동기가 있는 것

《카이사르의 죽음, 포르티아의 자살》 목판화　요하네스 자이너. 1474.

으로 추측할 수도 있겠지만, 외적 동기인 정치 불안과 왕위 계승을 둘러싼 피의 투쟁이 이어지는 영국 역사를 직접적으로 다루기보다는 로마 역사를 소재로 삼아 에둘러 다루는 게 안전하다고 생각했기 때문이었을 것이라는 추측도 일리가 있어 보인다.

셰익스피어의 《율리우스 카이사르》 이전에도 율리우스 카이사르에 대한 이야기를 다룬 시극(詩劇)이 있었다. 그러나 이 작품의 주요 자료는 영국 번역가 토머스 노스(Thomas North 1535~1603)가 프랑스어판을 영어로 옮긴 《플루타르코스 영웅전》 가운데 〈율리우스 카이사르 전기〉, 〈마르쿠스 브루투스 전기〉, 〈마르쿠스 안토니우스 전기〉라는 것이 통설이다. 셰익스피어는 이 자료들을 번역판이라는 2차적인 매개체를 통해서 얻어냈음에도, 자신의 등장인물들을 원전보다도 더욱 생생하게 그려냈다.

안토니우스가 카이사르에게 왕관을 바치는 이야기, 암살 이전에 일어난 온갖 불길한 징조, 아르테미도루스의 예언, 희생된 짐승에게 심장이 없었다는 사실, 칼푸르니아의 꿈, 카시우스에 대한 카이사르의 불만, 죽여야 할 사람을 고르는 장면, 브루투스와 카시우스의 말다툼, 망령의 등장, 전략을 둘러싼 브루투스와 카시우스의 의견 대립, 자살에 관한 대화, 두 장군이 죽는 모습, 브루투스의 장례에 대한 이야기 등은 모두 전기에 있다. 이러한 소재를 고스란히 가져다 쓴 점에서 보면 셰익스피어가 새롭게 덧붙인 내용이 없어 보이지만, 이 소재로 이처럼 훌륭한 예술품을 완성한 것은 기존 작품에서 새로운 것을 만들어 내고자 했던 작가적 기질 때문이다. 하지만 그는 이 자료들을 그대로 쓴 것은 아니다.

① 카이사르가 개선한 날은 여섯 달 전인데 루페르쿠스 축제 날로 한 것.

② 카이사르가 살해된 장소를 의사당으로 한 것.

③ 카이사르가 살해된 날짜는 3월 15일, 유언장이 원로원에서 발표된 날짜는 3월 18일, 장례가 치러진 날짜는 3월 19일(또는 30일), 옥타비우스가 로마에 도착한 때는 5월인데 이 모든 일을 같은 날에 일어나게 한 것.

④ 포르티아가 자살한 것은 브루투스가 죽은 뒤였지만 그보다 앞서 일어난 일로 한 것.

⑤ 두 번의 필리피(빌립보) 전투를 한 번으로 줄인 것.

이런 사실들은 극의 진전을 위한 셰익스피어만의 창조력에 따른 것이다.

〈카이사르 암살〉 윌리엄 홈즈 설리반. 1865. 왕립 셰익스피어 극장

《플루타르코스 영웅전》에는 카시우스가 감정이 앞서는 사람으로서 카이사르에게 개인적인 원한을 품고 있었다고 서술한 내용이 있는데, 셰익스피어는 이것을 다 이용했다. 그렇지만 브루투스의 연설과 안토니우스의 웅변은 작가가 독창적으로 만들어 낸 부분이다. 〈브루투스 전기〉에는 브루투스가 자신들이 한 일이 정당하다는 연설로써 시민의 찬성을 얻었다는 이야기가 간단히 적혀 있을 뿐이며, 안토니우스의 연설에 대해서는 〈브루투스 전기〉와 〈안토니우스 전기〉에 서로 비슷한 내용이 씌어 있다. 카이사르의 주검이 광장으로 옮겨졌을 때 안토니우스는 오래전부터 내려온 관습에 따라 죽은 이를 기리는 추도 연설을 했고, 시민들이 카이사르에게 동정하는 기색을 보고는 웅변으로 그들의 마음을 부추겼으며, 피로 흥건한 카이사르의 외투를 벗겨 칼 맞은 자리를 시민들에게 보였고, 시민들은 격분하여 폭동을 일으켰으며, 카이사르 주검을 화장했다는 이야기가 있을 뿐이다.

셰익스피어는 카이사르보다도 브루투스와 카시우스에게 더 관심을 가지고 있었다. 그래서 카이사르에 대한 묘사에는 동정하는 빛이 보이지 않는다. 카이사르는 죽음을 당할 만한 행동은 하지 않았지만 우월감을 앞세워 카시우스와 같은 소인배를 격노하게 만들었다. 카이사르에 대한 대접이 불공평하다는

4막 3장, 〈브루투스와 카이사르의 유령〉 리차드 웨스탈. 1802.

비평도 있으나, 극으로 만들기 위해서는 어쩔 수 없다는 의견도 있다. 그렇게 하지 않으면 브루투스와 그의 무리가 한 일에 대의명분이 서지 않을 뿐 아니라 동정을 살 수도 없기 때문이다.

개선한 카이사르의 명성과 세력을 시기한 타고난 불평불만자 카시우스와 그의 일당은 카이사르 독재를 막는다는 명분 아래, 고귀한 브루투스를 자기들 편으로 끌어들여서, 3월 15일 원로원 의사당에서 마침내 카이사르를 쓰러뜨린다. 그러고 나서 시민들을 모아 놓고 쿠데타의 당위성을 설명했으며, 시민들 또한 그 합리성에 설득된다. 그러나 민심의 움직임을 너무나도 잘 파악하고 있는 타고난 선동정치가 안토니우스는 감정에 호소하는 추도 연설을 통해 교묘하게 시민들 마음을 조종하여 사태를 뒤집음으로써, 음모자 일당은 나라 밖으로 달아난다. 그리고 이제 로마에는 옥타비우스 카이사르(옥타비아누스), 안토니우스, 레피두스 등의 삼두정치 체제가 성립된다. 브루투스는 카시우스와 더불어 군사를 일으키지만 로마에서는 아내 포르티아의 자살 소식이 전해져 오고, 카시우스와는 의견이 충돌하며, 전투 전날 밤에는 카이사르 유령에게 시달리는 등 끊임없이 이어지는 고난 속에서 끝내는 필리피 전투에서 패하여, 고귀한 이상을 지닌 이 로마인—다른 이들과 달리 그는 오로지 정의를 위해 독재자를 쓰러뜨리는 데 참여했다—은 죽음을 맞이한다. 브루투스를 중심으로 한 이 작품은 셰익스피어 극들 중에서 가장 정치성을 띠고 있으면서도, 작가의 정치 이념인

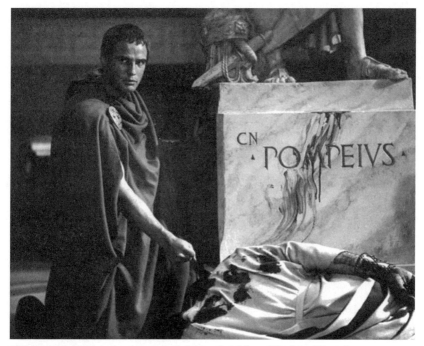

영화 〈줄리어스 시저〉(1953)　감독 조셉 맨키비츠. 안토니우스 역을 맡은 말론 브란도

국가 질서의 파괴와 회복 문제는 다른 역사극들보다 오히려 흐릿하게 다루어
졌다.

　작가의 관심은 오히려 인물 성격 묘사에 있는 듯하다. 제목이 《율리우스 카
이사르》이므로 주인공이 카이사르냐, 아니면 이 극에서 가장 돋보이는 브루투
스냐 하는 문제는 오래전부터 논의되어 왔다. 카이사르는 제3막 제1장에서 죽
어버리는 반면에 작품 전체를 통해서 존재감을 뚜렷이 드러내는 쪽은 브루투
스이다. 작품 마지막에 옥타비우스와 안토니우스가 브루투스를 추모하고 그
의 훌륭한 인격을 찬양하는 것을 보면, 작품 주인공은 카이사르가 아니라 브
루투스라는 주장이다. 이에 반대하는 의견은 카이사르가 비록 육체적으로는
(제3막 제1장에서) 죽었지만, 정신적으로는 끝까지 살아 있다고 말한다. 이는
카시우스와 브루투스가 죽음을 앞두고서 남긴 말(제5막 제3장)을 보아도 알
수 있다는 것이다.

　그러나 이 작품의 실제 주인공은 제목 '율리우스 카이사르'와는 달리 그의

암살자 가운데 한 명인 브루투스이다. 카이사르 암살이라는 역사적인 사건보다도, 그 암살에 즈음한 인간 브루투스의 심리적인 갈등에 더 초점이 맞추어져 있기 때문이다. 그는 정의감에 넘치며 고결한 정치적 이상을 지녔으나, 현실적이지 못한 이상주의 때문에 끝내 파멸하고 만다.

또한 이 극에 등장하는 민중이라는 집단을 말하자면, 브루투스는 카이사르 살해의 정당성을 그들 앞에서 호소했고, 안토니우스는 그들에게 카이사르의 미덕을 늘어놓으며 음모자들을 규탄했다. 민중은 시인 (가이우스) 킨나를 음모자의 한 명인 (루키우스) 킨나와 같은 이름이라는 이유로 찢어 죽인다. 이렇게 변덕스럽고 무시무시한 민중 집단의 힘을 셰익스피어는 이미 《헨리 6세 제2부》의 잭 케이드의 경우에서 다룬 바 있고, 앞으로 《코리올라누스》에서도 보여준다. 그리고 이상주의자 브루투스, 음모자 카시우스, 선동정치가 안토니우스, 이들 세 인물의 대립 구조는 정치성이 짙은 작품에서뿐만 아니라, 인간 사회의 기본 유형 가운데 하나가 아닌가 한다. 이 극의 또 다른 특징은 문체가 간단명료하고 유창하며 성적(性的)인 묘사가 전혀 없다는 점이다.

이 작품은 곧잘 《햄릿》과 비교된다. 서로 비슷한 점도 많지만, 브루투스는 햄릿처럼 실제성이 없고 철학적인 인물이라고 할 수 있다는 것이다. 브루투스는 전제정치(군주정치)의 가능성을 제거하느냐 마느냐의 문제로 고민한 끝에 카이사르를 죽이기로 마음을 다잡는다. 그러나 대의를 위해 바로잡으려 했던 이상주의자가, 살해로 시작한 혁명의 지도자가 될 수는 없었다. 책략가 카시우스는 안토니우스까지 죽여야 한다고 주장했지만 듣지 않았고, 안토니우스의 추도 연설을 허락하지 말자고 했지만 그 말도 받아들이지 않았다. 그리고 결국은 실패하고 말았다. 그는 카시우스의 충고를 듣지 않았기 때문에 비록 실패하긴 했지만 대의명분을 지키는 고결한 사람으로 남았으며, 개인적인 원한으로 카이사르를 죽이고 부정부패를 일삼은 소인배 카시우스와는 그 부류가 다르다.

《율리우스 카이사르》가 발표되었을 때부터 인기가 있었던 까닭은 물론 훌륭한 작품이기 때문이겠으나 독재와 자유의 문제, 명예를 위해서는 기꺼이 목숨을 버리는 로마인의 정신, 죄에 대한 마땅한 대가, 특히 안토니우스의 호소력 넘치는 웅변 등이 관중과 독자에게 공감과 흥미를 불러일으키기 때문일지도 모른다.

셰익스피어 작품 연대 일람표*

1590~91 《헨리 6세 제2부》
《헨리 6세 제3부》
1591~92 《헨리 6세 제1부》
1592 《베누스와 아도니스》
1592~93 《리처드 3세》
《실수 연발》
1593~94 《티투스 안드로니쿠스》
《말괄량이 길들이기》
《루크레티아의 능욕(凌辱)》
1593~96 《소네트》
1594~95 《베로나의 두 신사》
《사랑의 헛수고》
《로미오와 줄리엣》
《에드워드 3세》
1595~96 《리처드 2세》
《한여름 밤의 꿈》
1596~97 《존 왕》
《베니스의 상인》
1597~98 《헨리 4세 제1부》
《헨리 4세 제2부》
1598~99 《헛소동》
《헨리 5세》

---

* E.K. 체임버스의 추정임.

1599~1600	《율리우스 카이사르》
	《뜻대로 하세요》
	《십이야(十二夜)》
1600~01	《햄릿》
	《윈저의 즐거운 아낙네들》
1601~02	《트로일로스와 크레시다》
1602~03	《끝이 좋으면 다 좋아》
1604~05	《말은 말로 되는 되로》
	《오셀로》
1605~06	《리어 왕》
	《맥베스》
1606~07	《안토니우스와 클레오파트라》
1607~08	《코리올라누스》
	《아테네의 티몬》
1608~09	《페리클레스》
1609~10	《심벨린》
1610~11	《겨울 이야기》
1611~12	《폭풍우》
1612~13	《헨리 8세》

신상웅(辛相雄)

일본 교토에서 태어나 경북 의성에서 성장했으며, 중앙대 영문학과를 졸업 대학원에
서 문학박사 학위를 받았다. 1968년 〈세대〉지 신인문학상에 중편 「히포크라테스 흉
상」이 당선되어 작품활동을 시작한 뒤, 진중한 역사의식과 날카로운 현실인식이 돋보
이는 중량감 있는 작품들을 발표하여 한국현대문학을 대표하는 작가의 한 사람으로
자리잡았다. 시대의 모순과 개인적 갈등을 밀도 있게 조명한 그의 소설들은 시대를
뛰어넘어 강한 흡인력을 행사하고 있다. 장편 「심야의 정담(鼎談)」으로 제6회 한국일
보문학상을 수상하였다. 중앙대 교수와 예술대학원장 역임, 현재 명예교수이다. 주요
작품 「히포크라테스 흉상」, 「분노의 일기」, 「쓰지 않은 이야기」, 「돌아온 우리의 친구」,
장편 「배회」, 「일어서는 빛」, 「바람난 도시」, 「심야의 정담」 등이 있다. 셰익스피어30년 연
구와 열정을 바친 신상웅 옮김 「셰익스피어전집(총8권)」으로 '춘원문학상'을 수상했다.

World Book 284
셰익스피어전집3 [비극I]
William Shakespeare
HAMLET/OTHELLO/KING LEAR/MACBETH
JULIUS CAECAR
햄릿/오셀로/리어 왕
맥베스/율리우스 카이사르
셰익스피어/신상웅 옮김

1판 1쇄 발행/2019. 11. 1
발행인 고정일
발행처 동서문화사
창업 1956. 12. 12. 등록 16-3799
서울 중구 다산로 12길6(신당동 4층)
☎ 02-546-0331~6 Fax. 545-0331
www.dongsuhbook.com

사업자등록번호 211-87-75330
ISBN 978-89-497-1728-9 04080
ISBN 978-89-497-0382-4 (세트)